S 6
S/30

S. B

HISTOIRE

DE

FLORENCE

8° 4026 (6)

Un 6179

OUVRAGES DU MÊME AUTEUR

Jérôme Savonarole, sa vie ses prédications, ses écrits. Ouvrage couronné par l'Académie française. 3ᵉ édition. 1 vol. in-12 (Hachette.)

Deux ans de révolution en Italie. 1848-1849. 1 vol. in-12 (Hachette).

Étienne Marcel, prévôt des marchands. 2ᵉ édition, dans la collection municipale de l'Histoire de Paris. 1 vol. in-4.

Histoire de la littérature italienne, depuis ses origines jusqu'à nos jours. 2ᵉ édition. 1 vol. in-12 (Delagrave).

Les mariages espagnols sous le règne d'Henri IV et la régence de Marie de Médicis. Ouvrage couronné par l'Académie française. 1 vol. in-8 (Didier).

L'Église et l'État en France, sous le règne d'Henri IV et la régence de Marie de Médicis. Ouvrage couronné par l'Académie française. 2 vol. in-8 (Pedone-Lauriel).

La démocratie en France au moyen âge. Ouvrage couronné par l'Académie des sciences morales et politiques. 2ᵉ édition. 2 vol. in-12 (Didier).

Étude historique sur Sully, couronnée par l'Académie française.

MÉMOIRES LUS A L'ACADÉMIE DES SCIENCES MORALES ET POLITIQUES
ET INSÉRÉS DANS SES COMPTES RENDUS

La comtesse Mathilde de Toscane et le Saint-Siège (1865).

Un procès criminel sous le règne d'Henri IV (1867).

Le duc de Lerme et la cour d'Espagne sous le règne de Philippe III (1870).

Mémoire critique sur l'auteur et la composition des Œconomies Royales (1871).

8111. — Imprimerie A. Lahure, 9, rue de Fleurus, à Paris.

HISTOIRE

DE

FLORENCE

DEPUIS SES ORIGINES
JUSQU'A LA DOMINATION DES MÉDICIS

PAR

F.-T. PERRENS

OUVRAGE
QUI A OBTENU, EN 1883, LE GRAND PRIX JEAN REYNAUD
décerné par l'Institut
(ACADÉMIE DES SCIENCES MORALES ET POLITIQUES)

—

TOME SIXIÈME

—

PARIS
LIBRAIRIE HACHETTE ET Cie
79, BOULEVARD SAINT-GERMAIN, 79

—

1883
Droits de propriété et de traduction réservés

HISTOIRE DE FLORENCE

LIVRE XI

CHAPITRE PREMIER

GOUVERNEMENT DE L'OLIGARCHIE.
INTÉRIEUR ET EXTÉRIEUR

— 1382-1387 —

Domination transitoire de l'oligarchie. — Son chef, Maso des Albizzi. — Ses lieutenants. — Leur part dans les offices. — Les mécontents. — Leur chef Giovanni des Medici. — Manifestation et exigences des extrêmes du parti vainqueur (15 février 1382). — Contre-manifestation des mécontents (16 février). — Nouvelle échauffourée (10 mars). — Assemblée à parlement. — Nouvelles proscriptions. — Réforme arrachée par les mécontents (19 mars). — Tentative de soulèvement des *ciompi* (25 mai). — Troubles au sujet du tirage au sort (28 août). — Cipriano Alberti gonfalonier de justice. — Dernières convulsions des *ciompi* (29 nov. 1382, 21 juillet 1383). — Affaires de Naples (mai-juillet 1382). — L'oligarchie favorable à Charles III. — Enguerrand de Coucy en Toscane (septembre 1384). — Négociations pour l'achat d'Arezzo. — Coucy dans Arezzo (29 septembre). — La citadelle cédée à Florence par le lieutenant de Charles III (19 octobre). — Arezzo vendu aux Florentins par Coucy (5 novembre). — Soumission des châteaux de l'Arétin. — Sienne contrainte au gouvernement oligarchique (15 déc. 1384-23 mars 1385).— Leçon infligée au comte d'Urbino (avril-juillet 1386). — Mort de Charles III en Hongrie (28 février 1386). — Relations des Florentins avec sa veuve et avec le Saint-Siège. — Proscription des Alberti (30 avril 1387). — Nouvelles mesures restrictives des libertés. — Le *borsellino*. — Participation des arts mineurs réduite de nouveau.

La période que nous abordons est, dans toute l'Europe, une des plus troublées de l'histoire. Ammirato a laissé des horreurs de ce temps un tableau qu'il croit propre à expliquer, à excuser les fautes de ses compatriotes[1]. Il a raison quand il les montre semblables à leurs contemporains, et nullement plus mauvais qu'eux ; mais il a tort d'oublier que la pire tyrannie est celle qui se déchaîne sur un théâtre étroit. Or l'Italie reste, comme par le passé, morcelée plus qu'aucun pays d'Europe. Principautés ou Républiques n'ont pour respirer, pour assurer leur subsistance, qu'un territoire de quelques milles. Armés contre les révoltes au dedans, les tyranneaux et les seigneuries le sont aussi pour conquérir au dehors, ou pour repousser la conquête, et l'acharnement est sans pareil de ces luttes dont dépend l'existence. Entre Padoue et Vérone, il ne reste pas de vainqueurs pour chanter l'hymne du triomphe sur le cadavre des vaincus. A Ferrare, la révolte est étouffée dans le sang. A Viterbe, c'est le seigneur, le préfet de Vico, qui est tué par son peuple. A Gênes, des cardinaux sont enterrés vivants ou jetés à la mer[2]. Les deux papes, animés d'une haine sans scrupules, rivalisent de cruauté bestiale comme d'ambition[3].

Florence ne vaut pas moins, mais elle aurait dû valoir plus. N'était-elle pas au premier rang par des relations étendues, par une culture plus large et plus raffinée ? Le trafic, les lettres, les arts lui versaient à flots des lumières. Si elle restait aveugle, c'est que la passion,

---

[1] Voy. liv. XV, p. 783.

[2] Pietro Minerbetti, *Chron.*, 1386, chap. v, R. I. S. Suppl. II, 104, 105. Ce Florentin divise en années du vieux style et en chapitres. Il continue Marchionne et embrasse 22 ans. — Ammirato, XV, 723.

[3] Ammirato (XV, 783) dit d'Urbain VI, le vrai pape, qu'il était « macchiato di ferina crudeltà. » Cf. une curieuse page de Sacchetti (*Lettre après ses Nouvelles*, III, 378) sur les deux papes et la cruauté du pape de Rome.

le danger, mettent aux yeux comme des œillères, et, en ne laissant voir qu'un objet, rétrécissent, faussent l'esprit. Jamais peut-être Florence ne s'était vue ou crue plus en péril. Ne trouvant dans les républiques, désormais fort rares, que des rivales, elle redoutait les seigneurs de jour en jour plus nombreux, et quelques-uns très puissants. Elle avait pu se défendre contre les convoitises d'un Gaultier de Brienne ou d'un Pandolfo Malatesta; se défendrait-elle avec le même succès contre un duc de Milan? N'en serait-elle pas empêchée par ces ennemis de l'intérieur qui frémissaient encore de leur défaite et faisaient appel à l'étranger? Grave et obscur problème, qui faisait approuver des hommes prévoyants la concentration des pouvoirs dans un petit nombre de mains.

Le règne de l'aristocratie, ou, pour mieux dire, d'une oligarchie marchande, venait donc à son heure, puisqu'il devait y avoir une heure pour le régime que Guicciardini appelle le pire de tous dans une démocratie[1], et Royer-Collard « la plus absurde des oligarchies », l'oligarchie de l'argent. Ce règne devait rencontrer d'opiniâtres résistances, et disparaître à la fin devant un régime quasi-monarchique, plus conforme à celui qui s'étendait peu à peu sur toute la péninsule, et plus propre à donner au grand nombre évincé cette satisfaction décevante que lui donne toujours, sous la domination d'un seul, le nivellement, c'est-à-dire l'illusion de l'égalité.

[1] Guicciardini le reconnaît formellement. Voy. *Ricordi politici e civili*. *Opere inedite*, t. I, p. 162, § 212 : « Delle tre specie di governo, di uno, di pochi o di molti, credo che in Firenze quello degli ottimati sarebbe il peggiore di tutti, perchè non vi è naturale, nè vi può essere accetto, come non è anche la tirannide, etc. »

La poignée d'hommes hautains qui, en 1382, détenait le gouvernement, avait, du reste, un chef incontesté, un chef prudent, Maso des Albizzi. Né en 1347, il avait vu, dans sa jeunesse, ses maisons brûlées, son oncle décapité, ses *consorti* dispersés, réduits à changer de nom. Lui-même, il avait dû partir pour l'exil. Revenu après la chute des *ciompi*, il ne connut plus que la prospérité. Il retrouva ou reconstitua ses richesses. Dans sa famille honorée et puissante il sut devenir le premier sans le paraître, si bien que son nom, mis hors de pair après sa mort, resta confondu, pendant sa vie, avec celui de ses amis, de ses lieutenants. Il avait pris pour armoiries un chien muselé, donnant à entendre par là qu'il ne faut point faire de bruit avant l'heure[1]. Il dissimulait ses offenses, feignait d'ignorer celles d'autrui, faisait en sorte que les amis douteux ne devinssent pas des ennemis, et, quant à ses ennemis, se bornait à les mettre dans l'impuissance de nuire[2]. C'est grâce à lui que l'union, de son vivant, ne parut jamais rompue entre les autres chefs du parti.

Les deux principaux, après lui, c'étaient Niccolò d'Uzzano et Gino Capponi. L'un n'était pas non plus de ceux qui se compromettent. L'autre, plus hardi, ayant été dénoncé comme voulant changer l'État, Maso renvoyait l'accusateur à la seigneurie, qui lui faisait couper la tête[3]. Au-dessous, Bartolommeo Valori, Matteo Castellani, Palla Strozzi, Lorenzo Ridolfi, Lapo Niccolini,

---

[1] Ammirato, XVI, 840; XVIII, 978.
[2] Sauf pourtant les Alberti, envers qui il se montra toujours implacable.
[3] Cavalcanti, *Istorie fiorentine*, Flor. 1838, t. II, p. 519, append. G. Capponi, I, 460. Ce dernier prend, à partir de ce temps, une importance véritable. Dépositaire de nombreux papiers de famille, il connaît fort bien toutes les affaires où ses ancêtres ont été mêlés.

Nerone de Dionigi Neroni[1]. D'autres citoyens, moins considérables sans doute, mais qui l'étaient encore, continuaient à former, en descendant vers la base, ce qu'un historien appelle la pyramide de l'État[2].

On ne voit pas que ces personnages figurent plus souvent que d'autres dans les diverses seigneuries et la plupart des offices publics. C'est que l'aveugle tirage au sort n'est d'aucun parti, à moins qu'on ne l'éclaire, et l'on n'osait point encore l'éclairer. Mais l'importante charge des Dix de *balie*, c'est-à-dire de la guerre, étant donnée à l'élection, les chefs de l'aristocratie y tenaient invariablement les premières places[3]. Il en était de même quand on créait une *balie* ou commission, pour refaire les bourses. A cette opération présidaient les Albizzi, et ils en excluaient les Alberti, les Ricci, les Medici[4].

Avec ces grandes familles qui marchent à sa tête, le gros de la faction adverse est, à cette date, tout à fait désorienté. Leur défaite commune est trop récente pour qu'ils aient pu s'en relever encore. Heureux de n'avoir point disparu dans la tourmente, ils se replient sur eux-mêmes, se recueillent, s'absorbent dans les soins du trafic pour s'enrichir et, par là, se relever. De plus en plus, en effet, les Florentins font cas de la richesse, et comme la richesse, chez les hommes de négoce ou chez leurs fils, s'allie désormais à la culture de l'esprit, le bon sens public ne comprend pas qu'on leur refuse, dans les offices, la place qu'y occupaient jadis leurs an-

---

[1] Machiavel, IV, 52 B.
[2] G. Capponi, I, 460.
[3] Voy. dans les *Delizie degli eruditi toscani*, XIV, 284, les listes des Dix de la guerre de 1363 à 1478.
[4] Cette remarque a été faite déjà par Sismondi, V, 351.

cêtres, pauvres et grossiers artisans. De là un mécontentement qui ne fait que de naître, qui n'a pas conscience de lui-même, mais qui grandira et que les habiles sauront exploiter.

Giovanni des Medici, fils d'Averardo ou de Bicci, comme on appelait son père, était-il de ces habiles à vues lointaines et profondes? On ne sait. Mais il tenait déjà le premier rang dans le parti populaire, sans appartenir, pourtant, à cette branche de la famille, la seule illustre jusqu'alors, d'où étaient sortis le fameux Salvestro et son frère Vieri[1]. Modéré comme eux, et plus avisé qu'eux, on l'avait vu devenir, par son travail, le plus riche citoyen de Florence, et, peut-être, de l'Italie. Cette opulence, qu'on jalousait peu, tant il était libéral, affable et doux, lui valut le capricieux héritage de la faveur populaire, qui s'était, un moment, égarée sur le médiocre Salvestro. Attentif à éviter les « sectes » — c'est le mot du temps, — à n'aller au palais que s'il y était appelé, il désarmait les soupçons des meneurs, et leur ôtait tout prétexte de le tenir plus longtemps éloigné des offices[2]. Il y parut, dès le premier jour, être le protecteur du peuple, dont il devait bientôt, presque sans le vouloir, devenir le chef.

---

[1] Sur les premiers Medici, voy. nos tomes II, 201, note 1, et III, 53, 184, note 1. Voy. aussi Reumont, *Lorenzo de' Medici il Magnifico*, Leipzig, 1874, ch. I, t. I, p. 3-22, et sur Giovanni d'Averardo, ch. II, t. I, p. 23-47. A l'année 1304, Giov. Villani (l. VIII, c. LXXI, p. 404) parle des Medici comme de *popolani*, tous dans la faction des Noirs.

[2] Giovanni est prieur en 1402, 1408, 1411 (*Del.*, XVIII, 240, 310 ; XIX, 20). En 1414, il est des Dix de la guerre (*Del.*, XIV, 296). En 1421, gonfalonier de justice (*Del.*, XIX, 56). Son fils Cosimo est prieur en 1416 *Del.*, XIX, 36), des Dix de la guerre en 1427 et 1430 (*Del.*, XIV, 299, 300). Son autre fils, Lorenzo, est des Dix en 1431 (*Del.*, XIV, 301). Ils se trouvent dans ces offices à côté de leurs principaux adversaires.

Pour le moment, l'opposition n'en a point. C'est sans doute ce qui rend moins redoutable aux Albizzi les marques de mécontentement qui tiennent tant de place, jusqu'en 1390, dans l'histoire de Florence. Inévitables, ces troubles avaient leur gravité. Aux arts mineurs vaincus et dépossédés commençaient à se joindre les anciens alliés de l'aristocratie : grands qui l'avaient soutenue contre les arts mineurs, mais qu'inquiétait, qu'irritait la domination des arts majeurs, désormais sans contrepoids; *ciompi* dépités d'avoir tiré pour autrui les marrons du feu. Le nombre rendait cette opposition redoutable, et aussi l'égalité sensible d'intelligence, même de culture entre les *popolani grassi* et les *popolani magri*, entre les vainqueurs et les vaincus[1].

C'est faute d'un chef reconnu que l'explosion ne fut pas immédiatement un danger. L'insolence du triomphe, en voulant poursuivre ses avantages, en jouant avec le feu, créa le danger comme à plaisir. Mais tout réussissait alors. Pour atteindre ses plus redoutés ennemis, l'aristocratie tendit la main aux moins redoutables. Le 15 février 1382, on vit une cinquantaine d'hommes mal armés s'emparer d'une bannière de la *parte* et se diriger vers la place. C'étaient des grands toujours sous le coup d'une loi de défiance, des bannis de 1378, ardents à se venger, des *popolani grassi*, impatients d'une égalité pourtant bien incomplète, des *ciompi* continuant leur sot métier de moutons de Panurge[2]. Le complot ne se réduisait assurément pas à ce petit nombre; mais les

[1] Capponi, malgré ses prédilections pour l'aristocratie victorieuse, a loyalement reconnu cette égalité. Voy. t. I, p. 371.

[2] Marchionne est formel : « s'intesero insieme molta gente, ciò furono le famiglie ed i grandi, e li ciompi mossero con loro. » (*Del.*, XI, 913.)

enragés partaient seuls avant le signal. A leur tête marchaient Carlo Strozzi, Buonaccorso de Lapo et un juge, Giovanni del Ricco. Soit dédain, soit secrète connivence, Hawkwood, qui leur pouvait opposer quinze cents chevaux, les laissa « courir la ville », y ramasser leurs amis.

Bientôt en force, ils envoyèrent, du *Mercato nuovo*, signifier à la seigneurie leurs volontés. Ils voulaient qu'on sonnât « à parlement », pour obtenir du peuple la prorogation de la *balie* des cent trois[1], en y ajoutant quarante-deux personnes sur leur désignation[2]. La seigneurie cède; le peuple, selon la coutume, approuve et la proposition, et les noms proposés : c'étaient, d'ailleurs, les plus considérables de Florence, parmi lesquels une douzaine tout au plus d'obscurs artisans[3]. En leur nom, sans plus de retard, les chefs du mouvement font exhiber, par un notaire à eux, une pancarte contenant leurs exigences. La plus étrange, à coup sûr, était de vouloir qu'elles fussent admises directement par le peuple, sans les soumettre à la *balie* et aux seigneurs. Les hommes de la loi, ser Viviano, notaire des *Riformagioni*, et Coluccio Salutati, chancelier de la République, choqués de l'illégalité, hésitaient à lire publiquement la pancarte. Ils crurent, du moins, devoir au préalable avertir les pétitionnaires, surtout le juge, capable de comprendre leurs raisons juridiques, qu'on ne pourrait procéder au vote avant une délibération des prieurs.

[1] Ces pouvoirs étaient expirés depuis le 5 février, mais la balie ne s'en était pas moins maintenue en charge.

[2] Les auteurs disent 43, mais M. Gherardi relève l'erreur (note 3 à la p. 438 du *Diario d'anonimo*).

[3] *Diario d'anonimo*, p. 438; Marchionne de Coppo, *Del.*, XI, 913, qui donne toute la liste.

Mais quel peuple soulevé entendit jamais la voix de la raison? Il fallut lire, puis passer au vote, qui fut donné par acclamation[1].

Ce qu'enlevait ainsi l'émeute n'était guère propre à lui concilier les gens sages. Toutes les « mauvaises fèves » de la seigneurie, des collèges et de la *balie*, en d'autres termes ceux de ces officiers publics qui avaient été déchargés de l'*ammonizione (smoniti)*, ou qui étaient simplement suspects, devaient, dans les deux jours, être chassés du palais, exclus à jamais des offices[2]; tous les citoyens condamnés depuis le 16 janvier précédent, être considérés comme rebelles avec leurs fils âgés de plus de quinze ans; tous ceux des temps antérieurs, toutes les victimes de 1378, obtenir réparation. Soixante grands seront faits *popolani* et affranchis du *divieto*, qui les écartait pour vingt ans de la seigneurie et des collèges. Les petites gens auront cinq mois pour payer dettes et impôts. Nul ne sera inquiété pour ses méfaits. Chacun pourra, ce jour-là, offenser impunément ses ennemis, jusqu'à l'heure de minuit[3], liberté « inique, diabolique », mais si résolument voulue qu'on rendait leurs armes aux pauvres *ciompi* proscrits. Cette part faite à la démagogie, alliée nécessaire, l'aristocratie se faisait sa part à elle, ce qui était, au demeurant, le motif de la prise d'armes. L'inaction d'Hawkwood, le choix des membres complémentaires de la *balie*, laissaient passer le bout de l'oreille; dans ce qui suit l'oreille paraît

---

[1] March. de Coppo, *Del.* XI, 914.

[2] *Diario d'anonimo*, p. 438; March. de Coppo, *Del.*, XI, 913; ser Naddo, *Del.*, XVIII, 46.

[3] Che chi offendesse per tutto quello dì infine a mezzanotte fosse libero. (March. de Coppo, XI, 913.)

tout entière. Sur neuf membres, la seigneurie en aura désormais six des arts majeurs et trois seulement des mineurs, au lieu de quatre. Mêmes proportions dans les collèges : 11 contre 5 au lieu de 9 contre 7, pour les gonfaloniers; 8 contre 4 au lieu de 7 contre 5, pour les *buonuomini*[1]. C'était la pluralité légale des deux tiers assurée partout aux arts majeurs. A condition de s'entendre, ils étaient les maîtres. On ne pouvait plus impudemment continuer la réaction.

Aussi semblait-il aux « honnêtes gens » qu'on leur eût « coupé pieds et mains ». Déjà ils voyaient tous les pouvoirs, même celui de la vengeance, même celui de perdre la ville, livrés à des hommes de mauvaise condition, grands réhabilités, petits rappelés de l'exil[2]. La laine, quoiqu'elle fût des arts majeurs, s'en indigna et s'en trouva instinctivement rapprochée, sans le vouloir, sans se l'avouer peut-être, de ces premiers des arts mineurs qui, naguère, avaient succombé pour n'avoir pas consenti à s'appuyer sur les *ciompi*. C'était un parti moyen, modéré, dont se formait ainsi le noyau.

Le lendemain, 16 février, cinq mille de ces indignés se portent vers le palais. Ce qu'ils demandent, c'est qu'une balie qui suffit à sa tâche ne soit pas indûment augmentée, et la requête était trop modeste pour qu'on pût la repousser. Deux seulement des quarante-deux membres désignés entrèrent dans la *balie*. En cédant à cet égard, l'aristocratie marchande sauva le déplacement des forces qu'elle venait d'accomplir dans les trois principaux offices, unique point qu'elle eût à cœur. Par désir de la paix, on ne disputa point sur les satisfactions

---

[1] March. de Coppo, XI, 913.
[2] Le même, p. 914; *Diario d'anon.*, p. 438.

dont elle payait l'appui de ses victimes : le quart du *monte* fut affecté à rendre aux bannis 5 pour 100 au moins de leurs biens vendus, et quiconque, depuis 1312, avait eu père ou aïeul dans la seigneurie ou ses collèges, était déclaré apte aux emplois, sans pouvoir être ni *ammonito*, ni déclaré suspect à la *parte*[1].

Comme au lendemain de tous les compromis, on crut en avoir fini avec la discorde. Ordre fut donné d'ouvrir les boutiques, de ne plus porter d'armes[2]. Le sort ayant, au 1ᵉʳ mars, donné une bonne seigneurie[3], l'allégresse fut générale[4]; au besoin on se fût embrassé dans les rues. On s'efforçait de ne pas voir les mauvais ferments qui continuaient à lever : officiers publics sans crédit, s'ils sortaient des arts mineurs; petits offices accordés aux *ammoniti* rentrés en grâce; projets de représailles incendiaires contre eux chez les gens qui avaient eu, en 1378, leurs maisons brûlées ou quelque parent tué[5]. Mais il faut bien voir, à la fin, ce qui crève les yeux. Cette belle équipée, particulièrement honorable en des temps calmes, de promener les torches, n'était point une vaine menace. Elle avait ses promoteurs et ses chefs désignés : Alberto de Lapo de Castiglionchio, qui avait de qui tenir, Carlo de Strozza Strozzi, Luigi Beccanugi, dit Moscone, et deux obscurs artisans[6]. L'armée incendiaire se

---

[1] March. de Coppo, XI, 914, 915; *Diario d'anon.*, p. 438; ser Naddo, p. 47. Il est étrange que les faits qui précèdent, dont l'importance est manifeste et caractéristique, ne tiennent qu'une ligne dans Ammirato.

[2] *Diario d'anon.*, p. 438; ser Naddo, p. 48.

[3] Voy. la liste dans March. de Coppo, XI, 916.

[4] Tutta la città si rallegrò molto (ser Naddo, p. 49).

[5] Erano acconci d'ardere tutti gli smoniti. (March. de Coppo, XI, 916.) Cf. ser Naddo, p. 51.

[6] *Diario d'anon.*, p. 440; March. de Coppo, XI, 916, 923; Ammirato, XVI, 760.

composé des *ciompi* et des serviteurs que les riches altérés de vengeance font venir du *contado*. Les honnêtes gens de l'art de la laine, les gens modérés ont beau prendre les armes et se mettre en travers[1], ils ne sauvent les maisons ni de Morello, fils du marchand de vin Ciardo, complice décapité de Giorgio Scali, ni du cordier Maso, à ce point pris de court qu'il n'a rien pu déménager[2].

Telle était la paix que faisait régner un pouvoir fort. On vivait sur le qui-vive. Le 10 mars, pendant plus de deux heures, sonne le tocsin. Quel danger nouveau court donc la cité? Tout est louche dans cette affaire, et les contemporains déclarent n'y rien comprendre[3]. On pousse les insurgés vers la porte San-Giorgio, et ils avaient justement annoncé le dessein de la démolir. Hawkwood les rabat sur la place où les attendait le capitaine du peuple, et celui-ci les laisse s'emparer de huit des seize gonfalons de compagnies[4]. Ils exigent que le peuple soit convoqué à parlement, et voilà aussitôt en branle la cloche du palais[5]. Une seule chose semble claire, c'est que le capitaine jouait un double rôle. C'était toujours cet Obizo des Alidosi, qui avait tant contribué à mettre fin au gouvernement populaire. Il condamnait à tort et à travers, pour séparer le bon grain de l'ivraie, pour débarrasser les *popolani grassi* des *ciompi*, leurs compromettants et désormais inutiles al-

---

[1] Ser Naddo, p. 50, 51.
[2] March. de Coppo, XI, 916; ser Naddo, p. 50.
[3] Quello perchè andassero, non so (ser Naddo, p. 50).
[4] Questo sofferse il capitano;... n'andò con loro. (March. de Coppo, XI, 916.) Fu tenuta un' isconcia cosa. (*Diario d'anon.*, p. 440.) Toutefois, ce dernier auteur ne croit pas à la complicité du capitaine. Voy. p. 439.
[5] Les mêmes.

liés¹. Convaincu, à l'expiration de sa charge, de prévarication, d'abus de pouvoir pour satisfaire sa passion sur les femmes et se débarrasser d'elles ensuite en les jetant dans de mauvais lieux², il échappait à toute condamnation, sous le cynique prétexte que si l'on était sévère on ne lui trouverait plus de successeurs. Bien plus, les capitaines de la *parte*, à son départ, lui faisaient l'honneur d'un présent d'armes³. Involontairement on renverse le proverbe, et l'on juge les maîtres sur le valet.

Jamais peut-être on ne vit, dans une ville réputée libre, gouvernement plus éhonté. De l'assemblée à parlement l'émeute obtient-elle des récompenses pour ses chefs? comme il y faut de l'argent, ordre est donné au capitaine de déclarer, dans les deux jours, vingt-cinq citoyens rebelles, pour pouvoir exercer contre eux le droit de confiscation, et vingt lances lui sont accordées pour l'efficace exécution de son mandat. Ces énigmatiques émeutiers s'assurent, bien entendu, l'impunité à eux-mêmes : on ne pourra connaître d'aucun méfait commis depuis le dernier parlement jusqu'à ce jour. Poursuivant sans relâche des ennemis qui peut-être ne sont point les leurs, ils exigent que tout office soit interdit aux *ammoniti*, ces boucs émissaires de toute iniquité, à leurs descendants, à leurs collatéraux, à leurs *consorti*⁴. Quand elle restera seule à exercer les charges

---

¹ Ordinarono a molti cittadini artifiziosamente s'accozzassero con detti ciompi, e mostrando di favorirli, vedessero a persuaderli a ritirarsi nelle loro case (Ammirato, XIV, 760).

² March. de Coppo, XII, 958; *Diario d'anon.*, p. 445. C'est dans un mauvais lieu que Filippo des Figlipetri, confiné, trouva sa sœur et lui coupa la gorge.

³ March. de Coppo, XII, 958.

⁴ Voy. l'acte original aux *Capitoli*, t. XXXVIII, p. 61, sq.; Gherardi,

publiques, la secte en sera-t-elle mieux affermie? On dirait volontiers avec Tacite : *ubi solitudinem faciunt, pacem appellant.*

Les *ciompi* avaient-ils enfin compris qu'on n'avait plus besoin d'eux, ou crurent-ils, de leur côté, le moment venu de rompre avec les *popolani grassi*? Ce qu'il y a de sûr, c'est que, dès le lendemain, 11 mars, ils reprenaient les armes. Vivent les vingt-quatre arts! criaient-ils. Le sens de ce mot d'ordre était clair : rétablissons l'art des *ciompi*, supprimé en septembre 1378 ; rétablissons les deux arts mineurs supprimés en janvier 1381 ; substituons à l'alliance des arts majeurs celle des arts mineurs. Tardive lueur de bon sens! Les rancunes de ces derniers, vaincus grâce aux *ciompi*, étaient trop profondes pour qu'ils se prêtassent à cette nouvelle et suspecte évolution. Cruellement éprouvés et déçus, ils n'aspiraient plus qu'au repos. D'ailleurs, les anciens alliés des *ciompi*, furieux non de la rupture, mais de n'en avoir pas l'initiative, sont en armes sous le commandement d'Obizo et d'Hawkwood ; ils empêchent tout rassemblement ; ils se font rendre, au *Mercato nuovo*, le gonfalon de la *parte*, devenu le signe de ralliement pour cette misérable échauffourée, et ils forcent les mutins à rentrer chacun chez soi[1].

L'unique grief relevé contre eux dans les condamnations qui naturellement les atteignirent, ce fut d'avoir « mal parlé (*sparlato*) », c'est-à-dire d'avoir crié : Vivent les vingt quatre arts[2]! Les noms des vingt-cinq person-

---

note 1 à la p. 440 du *Diario d'anon.*; March. de Coppo, XI, 916 ; ser Naddo, p. 51, 52.

[1] March. de Coppo, XI, 917 ; ser Naddo, p. 53. Cf. Ammirato, XIV, 761, qui donne d'autres détails.

[2] March. de Coppo, XI, 917 ; ser Naddo, p. 54.

nes confinées dès le 14 mars attestent le but d'affranchir de ses adversaires le nouveau régime, bien plus que de punir des coupables, car on frappait jusqu'à des gens qui n'étaient point à Florence, ou qui, y rentrant à peine, n'avaient pu tremper dans aucune conjuration[1]. Sur cette liste, à côté de deux teinturiers, d'un marchand de savon, d'un ravaudeur, figurent Michele de Lando, relégué à Chioggia, et de grands noms, ceux des Rossi, des Strozzi, des Corbizzi, des Adimari[2].

Mais le sentiment public se révolta. Il exigea qu'on revînt sur les mesures prises. Comme les prieurs inspiraient peu de confiance, les conseils leur imposèrent, ainsi qu'à leurs collèges, l'assistance de divers officiers publics dont l'adjonction portait à quatre-vingt-deux le nombre des membres de l'assemblée qui prononcerait désormais sur le sort des citoyens. C'était, pensait-on, une garantie pour leur liberté menacée[3].

La *balie* avait dix jours pour accomplir les réformes qu'on attendait d'elle : en trois jours elle eut terminé[4]. Comme les violents murmuraient de sa mansuétude supposée, on fit bonne garde nuit et jour, on appela du dehors deux mille *fanti*[5], avant de rien promulguer.

---

[1] Ainsi, Recco de Guido Guazzi, capitaine à Colle, Giovanni del Bene, capitaine à Pistoia, Francesco del Bene, qui revenait d'ambassade auprès du pape, Bettino Covoni, ambassadeur auprès du roi Charles, Jacopo de Simone, châtelain à Susinana, Feozzi Casini, podestat à Gambassi.

[2] March. de Coppo, XI, 918; ser Naddo, p. 54, 55. Voy. aussi Provision de la Balie de réforme, 19 mars 1382, publiée dans les documents du *Diario d'anon.*, p. 532.

[3] *Provvisioni*, Reg. LXXI, p. 172. Les noms et délibérations sont aux *Capitoli*, t. XXXVIII, p. 65 sq.; Gherardi, note 3 à la p. 440 du *Diario d'anon.* Cf. March. de Coppo, XI, 919, qui donne les noms des membres de cette Balie.

[4] March. de Coppo, XI, 919, 920.

[5] Ser Naddo, p. 56, 57; March. de Coppo, XI, 920, 921.

C'était, en effet, une détente. La condamnation de six des confinés était rapportée. D'autres obtenaient le droit de résider où ils voudraient, pourvu que ce fût à deux cents milles de Florence. Quelques indemnités furent accordées pour maisons brûlées ou pillées[1]. On leva la peine qui obligeait le capitaine à condamner vingt-cinq rebelles, et, afin de lui en ôter la tentation avec les moyens, on lui retira ses vingt lances[2]. Le *divieto* fut réduit à quatre ans pour les *smoniti* ou affranchis de l'*ammonizione*, qu'il frappait à perpétuité, concession de beaucoup la plus difficile à faire accepter du parti guelfe, encore redoutable après tant de transformations. Pour le désarmer, on annonça que jamais, dans aucun des grands offices, il n'y aurait plus d'un *smonito* à la fois[3]. Isolé, écrit Marchionne, il ne pourrait être dangereux, car il serait suspect à ses collègues, qui se garderaient bien de traiter avec lui des choses secrètes[4]. Au surplus, ceux qui se trouvaient sous le coup de l'*ammonizione* y devaient rester toujours, étant considérés comme gibelins[5].

C'était ce qu'on appelle vulgairement une cote mal taillée, propre à semer partout le mécontentement. Six grâces, sur vingt-cinq condamnations, paraissaient une dérision aux *smoniti*, et les fauteurs de l'oligarchie, n'osant dire que ce fût trop, prétendaient qu'on aurait pu mieux choisir. Comment osaient-ils se plaindre,

---

[1] Volentes dictam pronumptiationem et mandatum in certa parte corrigere (Provision du 19 mars 1382. Texte dans les doc. du *Diario d'anon.*, p. 532).
[2] Prov. du 19 mars, *ibid.*; March. de Coppo, XI, 921.
[3] March. de Coppo, XI, 921 ; ser Naddo, p. 56; *Diario d'anon.* p. 440.
[4] March. de Coppo, XI, 921.
[5] Ser Naddo, p. 56, 57.

quand le grossier, le traître Ridolfo de Varano, leur âme damnée, se voyait rétabli dans tous ses droits[1]? Ils se plaignaient pourtant, et les forces déployées retardaient tout au plus de quelques semaines les manifestations turbulentes. On ne reculait que pour mieux sauter.

Le 25 mai, en effet[2], les quartiers San Lorenzo, Sant' Ambrogio, San Spirito, s'éveillent au bruit d'une prise d'armes. Bientôt réunis, ils ne forment encore qu'une poignée d'hommes, six cents environ. Comme plusieurs étaient *ciompi*, on leur prêtait les plus noirs desseins, de vol, de pillage, de meurtre, quoique on les crût poussés par de grands personnages[3]. La répression est facile. Quatre des mutins ont la tête coupée, vingt-six sont exilés, dont quelques-uns rentrés de la veille[4]. Ces derniers, ce sont des magnats. Les gros *popolani* voulaient bien leur faire auprès d'eux une place; mais ils n'entendaient pas que cette place devînt la première[5].

Si grande était sur ce point leur jalousie, qu'ils voyaient d'un mauvais œil le tirage au sort. Dans leur défiance, ils se divisaient : les uns, les modérés, voulant qu'on se bornât à surveiller les suspects dans leurs fonc-

---

[1] 15, 16 mars 1382. *Provvisioni*, Reg. LXXIV, f° 177 v°. Publiée aux doc. du *Diario d'anon.*, p. 534. Cf. Ammir. le jeune, XIV, 762. Il est souvent question de ce personnage au tome V. Voy. notamment p. 166 et 376, n. 6.

[2] C'est la date de ser Naddo, p. 58. March. de Coppo (XII, 928) n'en donne aucune. Le *Diario d'anon.* (p. 442) dit le 28; mais comme ce jour-là quelque agitation se manifesta encore, il doit y avoir confusion dans les souvenirs de l'auteur.

[3] « E dissesi ch'era gran trama e grandi uomini vi teneano le mani. » (March. de Coppo, XII, 928.)

[4] Pigello des Cavicciuli (ou des Adimari), Matteo de Luca de Panzano. « Ch'erano di questi ritornati. » March. de Coppo, XII, 928.

[5] Ser Naddo, p. 58; March. de Coppo, XII, 923, 928; *Diario d'anon.* p. 442; Ammir., XIV, 762.

tions; les autres, les exaltés, prétendant ne pas même permettre qu'ils y fussent installés. Le 28 août, l'occasion se présente de montrer ce que valent ces résolutions. Divers noms obscurs étant sortis des bourses pour la future seigneurie[1], « un certain nombre s'accordent à ne point vouloir de tels prieurs[2] », et, le soir du 31, pour les empêcher de prendre, le lendemain, possession de leur charge, ils poussent le sauvage cri de guerre : Vive la *parte guelfa!* Mort aux *ammoniti!* Mort aux gibelins! Quelques uns ajoutent : Mort aux Alberti ! nous ne voulons pas de Cipriano Alberti pour gonfalonier de justice ! Mollement repoussés par les *fanti* de la seigneurie sortante, ces factieux l'emportaient si Cipriano avait eu moins de vigueur. Il réunit « sa compagnie », marche droit au palais et demande qu'on lui en ouvre les portes. Il ne le pouvait requérir que le 1er septembre. On se borne donc à entre-bâiller une sorte de trappe, si basse qu'on n'y pouvait passer qu'à quatre pattes. Fier et menaçant, il exige qu'on lui ouvre à deux battants les grandes portes. On cède et il entre avec vingt hommes, maître, avant l'heure, du gonfalon de justice et du palais, où il s'établit officiellement au jour, le lendemain. Sa facile victoire s'explique : au loin grondait l'orage d'Oltrarno, où le peuple se levait pour soutenir ce gonfalonier populaire, ce défenseur courageux des droits méconnus du tirage au sort[3].

Grâce à lui, arts et artisans reprenaient courage. « S'il avait voulu, écrit Marchionne, suivre leur avis, il aurait

---

[1] « Uomini comuni e non molto signorili. » (March. de Coppo, XII, 935.) Le gonfalonier était pourtant un des Alberti.
[2] *Ibid.*
[3] *Diario d'anon.*, p. 445. L'auteur était d'Oltrarno.

réformé l'État[1]. » Mais modéré autant qu'énergique, et d'accord avec ses collègues, il invitait le peuple à se tenir en paix[2], protégeant les *ammoniti* contre l'accusation surannée, absurde, de gibelinisme, gagnant à une sage politique les capitaines de la *parte*. Ces officiers consentaient à la suspension de leur statut, concession notable, car la loi défendait même de la réclamer. Plus d'un craignait d'y surprendre les prodromes d'un coup d'État[3].

C'était, on le vit bien, pure calomnie, et dès lors les mécontents n'avaient qu'à attendre une seigneurie plus favorable. La suivante parut l'être. Le fleuve détourné de son lit peut y rentrer librement. Un complot sans importance (29 novembre) coûte la vie à six ou huit des coupables, dont leur chef, un marchand de vin. Rien de plus ordinaire, et pas n'est besoin de s'y arrêter. Ce qui importe ici, ce sont les mesures préventives, propres à affermir les pouvoirs établis. Désormais, tout officier public dont la maison aura été pillée ou brûlée sera indemnisé aux frais de la cité. Sur 285 *popolani* dont il se compose, le conseil du peuple n'en comptera plus que 95 des arts mineurs, et le conseil de la commune que 64 sur 192, sans préjudice, bien entendu, de 40 magnats qui le complétaient[4]. A tout prix, en toute occasion, il fallait ramener les vaincus à la situation modeste, humiliée, d'où ils cherchaient à sortir. Sur ce

---

[1] March. de Coppo, XII, 935.

[2] Les mêmes. Ser Naddo, Ammirato, Capponi, ne soufflent mot de ce fait significatif contre l'oligarchie qui a leurs préférences.

[3] « E ciò fu fatto, *secondo si disse*, a buona fine. » (March. de Coppo, XII, 937.) Marchionne en doutait donc.

[4] March. de Coppo, XII, 947, 948, 950; *Diario d'anon.*, p. 446, 447 ; ser Naddo, p. 61, 62; Ammirato le jeune, XIV, 764.

point capital, nulle hésitation. Le 21 juillet de l'année suivante, on entend par les rues crier : Vivent les vingt-quatre arts et le peuple! Meurent les traîtres qui nous veulent faire mourir de faim ! Défense est faite aussitôt aux fauteurs du gouvernement de quitter Florence, où sévissait alors la peste, ordinaire signal de la désertion[1]. Tous doivent faire face à l'ennemi. Tel fut, dit Ammirato, le quatrième et dernier soulèvement des *ciompi*. Il ne plaît pas à cet auteur de dire que c'étaient là des échauffourées sans péril, et que ces petites gens, depuis 1378, n'étaient guère plus, quand ils sortaient de l'ombre, que d'aveugles instruments d'une politique où l'on reconnaît bien les ancêtres de Machiavel.

Les inquiétudes, inquiétudes sérieuses, pour lors étaient ailleurs. Aux derniers mois de 1382, on ne parlait à Florence que de la succession de Naples[2]. Charles III de Naples chancelait déjà sur le trône d'où il avait, presque sans coup férir, précipité sa cousine Jeanne. Devant lui se dressait, redoutable compétiteur, Louis, duc d'Anjou, frère de Charles V, roi de France, dont les droits, aussi oubliés qu'anciens, venaient d'être rajeunis, remis en lumière par une formelle adoption[3].

---

[1] *Diario d'anon.*, p. 451; March. de Coppo, XII, 948; ser Naddo, p. 61, 62, 66; Ammirato jeune, XIV, 765.

[2] Di che in contesa era la cosa tanto che in Firenze non si aveva altro che parlare di ciò. (March. de Coppo, XII, 941.)

[3] Lettres patentes de Jeanne, 29 juin 1380. *Ann. eccl.* 1380, § 11, t. XXVI, p. 409; Giannone, l. XXIII, c. v, t. III, p. 334. L'arrière-grand-mère de Louis, Marguerite de Sicile, qui avait apporté à Charles de Valois le comté d'Anjou, était fille aînée de Charles II de Naples. Charles de Durazzo était le dernier descendant mâle des Angevins de Naples, mais ses droits étaient douteux, puisque dans ce royaume les femmes succédaient. Il faut remonter jusqu'au père de saint Louis pour trouver une commune origine entre les deux compétiteurs. Voy. un excellent travail de M. Paul Durrieu dans la *Bibl. de l'Éc. des Chartes*, 1880, 2ᵉ livr. p. 163.

Le sire des fleurs de lis avait paru en Italie vers le milieu de mai[1]. Il était accompagné du comte de Genève, frère de l'antipape Clément VII, du comte de Savoie, de divers seigneurs français, et pour le moins de quinze mille chevaux[2]. Il s'appuyait, en outre, sur les barons napolitains, qui l'avaient rejoint en nombre à son entrée dans les Abruzzes (17 juillet), et il croyait pouvoir compter sur les Florentins, séculaires alliés de la couronne de France.

Mais son adversaire ne se tenait pas pour battu. Il avait pour lui la force morale et les ducats d'Urbain VI, qui invitait Florence à verser entre les mains de ce prince une partie de ceux qu'elle devait au Saint-Siège, en vertu de la paix de 1376[3]. Il avait les vœux, à vrai dire légèrement platoniques, de Richard II d'Angleterre, qui pesait aussi sur la République, pour qu'elle prît le parti du vrai pape et du vrai roi de Naples[4]. Il la pressait, de son côté, pour qu'elle payât la solde des compagnies qu'il retirait d'Arezzo uniquement en vue de défendre son royaume, prétention singulière qui suggérait au chroniqueur Marchionne cette remarque humoristique : « C'est une bénédiction : l'argent de Florence est si doux que tout le monde en veut[5]. »

L'occasion était belle, pour les deux factions en présence, de se diviser sur les affaires de l'extérieur comme sur celles de l'intérieur. Elles n'avaient garde de la laisser échapper. Ce n'est pas qu'elles fussent prises d'un

[1] Le 20 mai la nouvelle de son arrivée à Turin parvenait à Florence. *Diario d'anon.*, p. 443 et n. 1 de Gherardi.
[2] *Chron. est.*, XV, 508.
[3] March. de Coppo, XII, 929.
[4] Doc. publié à la suite du *Diario d'anon.*, p. 535.
[5] March. de Coppo, XII, 929.

grand zèle pour l'un ou l'autre des deux rivaux ; mais, comme au vieux temps où guelfes et gibelins se distinguaient par la couleur et la forme de leurs habits, par la manière de couper les pommes et de prononcer les mots, elles ne négligeaient rien pour accentuer, pour aigrir les discordes. Le parti populaire, fidèle aux traditions, s'étant prononcé contre Charles de Durazzo, ennemi du roi de France, prince luxurieux et parjure, même quand il avait juré sur le missel[1], et de qui Florence n'avait jamais reçu que du mal[2], le parti oligarchique s'acharna à défendre un monarque guelfe plus que personne, soutien du Saint-Siège et soutenu par lui. Qui ne disait pas comme eux vive le roi Charles! n'était pas Florentin; c'étaient des gibelins, des traîtres, de vils *ammoniti*, qu'il fallait mettre en pièces, ou tout au moins expulser. Au premier bruit du moindre succès, même diplomatique, de leur héros, ils ordonnaient de grandes fêtes, « comme si l'on eût conquis Pise[3] ».

Le moindre grain de mil eût mieux fait l'affaire de Charles III : il voulait des subsides pour ses mercenaires, et plus encore, une formelle alliance. Mais sur ce point l'opposition eût été formidable dans les conseils et dans le peuple, grâce surtout aux renforts des *fratricelli*, ces béguins d'Italie, alors fort nombreux dans la ville, « parmi les personnes simples et idiotes », dit Ammirato[4], et

---

[1] Minerbetti, *Cron.*, ann. 1385, c. xviii. R. I. S. Suppl. II, 92.

[2] « Nel vero da lui i Fior. non ebbero mai se non male. » (March. de Coppo, XII, 995).

[3] March. de Coppo, XII, 995; *Diario d'anon.*, p. 464; Sismondi, V, 41, 42.

[4] Ammirato jeune, XIV, 764. Cf. Tommaseo, dans l'*Arch. stor. ital.*, n. ser., t. XII, part. I, p. 42. — Ce rameau détaché des Franciscains suivait la doctrine condamnée comme hérétique de Michel de Cesena, ancien général de l'ordre. (Voy. notre tome IV, p. 113). Ils prêchaient secrètement que, depuis Jean XXII, tous les papes et cardinaux avaient été hérétiques,

qui, sans se prononcer pour Clément VII, étaient trop hostiles à Urbain VI pour ne pas tendre la main à ses ennemis. Il fallut se borner à des secours indirects, à licencier en apparence Hawkwood, fourni de douze mille florins sur ce qui était dû au Saint-Siège (8 octobre). En le voyant s'acheminer vers le Royaume[1], Louis d'Anjou devina le dessous des cartes, et s'empressa d'écrire en France que « les amis florentins envoyaient des troupes contre lui ». Ses lettres surprises par les Bolonais et par Bernabò, communiquées à ceux qu'elles dénonçaient[2], les retinrent sur la pente[3]; mais ils étaient déjà bien compromis. On n'empêcha point la nouvelle de parvenir à Paris; les marchands florentins et leurs marchandises y coururent de grands risques, ainsi que dans les provinces et au pays d'Avignon[4]. Voilà ce que les Albizzi gagnaient à rompre sans motifs sérieux avec les séculaires traditions de la politique extérieure dans leur patrie. Une autre raison encore aurait dû les déterminer à y rester fidèles : le rival de Charles III, intronisé à Naples, eût intronisé à Rome le rival d'Urbain VI. C'eût été la fin du schisme, que, depuis si longtemps, les Italiens appelaient de leurs vœux.

Faute d'un concours déclaré, manquant d'hommes et d'argent, Charles III n'avait plus qu'à battre monnaie.

que les *fratricelli* seuls avaient le droit de célébrer la messe, d'administrer les sacrements, d'élire le pape, de réformer l'Église. On ne put avoir raison d'eux que par la prison et l'inquisition.

[1] *Diario d'anon.*, p. 446; L. Bruni, L. IX, p. 200.
[2] March. de Coppo, XII, 945.
[3] Goro Dati (I, 24), qui voit superficiellement les choses, dit que si Florence se retint, c'est qu'elle était amie des deux adversaires. Il avoue que l'amitié était plus grande pour Charles « en souvenir de la maison de Naples ».
[4] March. de Coppo, XII, 941.

Il occupait Arezzo, mais il en sentait l'occupation précaire : son vicaire y avait dû chercher dans la citadelle un refuge contre les attaques des Tarlati, Ubertini et autres, par lui pourtant rappelés de l'exil. Devant la menace d'une ligue toscane, le comte de Barbiano et ses mercenaires avaient dû évacuer la ville, que révoltaient, d'ailleurs, leurs excès de conquérants[1]. La vendre aux Florentins restait peut-être le seul moyen de ne l'avoir pas conquise en pure perte, et ce marché était prévu : des ambassadeurs de Louis d'Anjou venaient à Florence pour en détourner la seigneurie (12 février 1383). Arezzo aux Napolitains avait pour lui le double avantage d'immobiliser une partie de leurs forces et de laisser leur maître dans la pénurie d'argent[2]. Contre ses plaintes, la fierté florentine revendiquait bien l'indépendance de la République[3] ; mais, au fond, le désir était grand d'une prompte paix entre deux princes qu'on tenait également à ne pas mécontenter : rester neutre n'est pas toujours aussi facile qu'on le veut[4].

---

[1] Capponi, I, 576. On peut voir l'analyse des documents relatifs à l'affaire d'Arezzo du 27 octobre 1384 au 23 juin 1399 dans *I capitoli di Firenze*, I, 371-449.

[2] Ser Naddo, p. 63, qui donne la date du 2 février. La vraie date est donnée par le *Diario d'anon.*, p. 447, dont l'auteur déclare ne pas savoir ce que venaient faire ces ambassadeurs. Leur venue est relatée à la date du 13, à la fin du reg. XXIV des *Consulte*.

[3] Dicatur oratoribus quod comune credit Urbanum papam et quod est liberum (*Consulte* du 13). — Ad inhonesta verba et contra papam et regem honeste fiat querela. Et honeste dicatur quod hec civitas est libera, et pro libertate omnia fierent. Et dicatur hoc ita magnanimiter quod nullus timor ostendatur (*Consulte* du 14, dans *Diario d'anon.*, p. 447, n. 5. M. Gherardi indique à tort le reg. XXIII; c'est XXIV qu'il faut lire).

[4] *Diario d'anon.*, p. 448, 453 et n. 2; *Consulte*, Reg. XXV, 93. Négociations, 15 mars, 20 août 1383. Donato Acciajuoli, si fortement implanté à Naples, y est employé. Machiavel (II, 48.B) et Ammirato (XV, 767) en contestent, on ne voit pas trop pourquoi, la sincérité.

N'obtenant rien de Florence, le duc d'Anjou, après deux ans de séjour en Italie, s'y trouvait dans la position de son rival : forces amoindries et bourse vide. Il avait beau être tuteur de son neveu Charles VI, il ne pouvait à son gré puiser dans le trésor de France : par leur faute ou par les circonstances, nos rois, presque toujours, ont été besogneux. Des hommes, il était plus facile d'en avoir : les ducs de Bourgogne et de Berry, frères d'Anjou, lui envoient Enguerrand, sire de Coucy, déjà connu dans la péninsule, où il avait guerroyé contre les Visconti pour le compte du Saint-Siège. Gendre d'Édouard III d'Angleterre et allié à toutes les familles souveraines, il avait un juste renom de valeur, d'habileté[1], et ne méritait point que Marchionne l'appelât dédaigneusement « un petit gentilhomme expert aux armes[2] ». On le disait conduit par la duchesse d'Anjou et escorté de plusieurs *condottieri*, dont un Anglais, Richard Ramsey, un Italien, Guasparre des Ubaldini[3]. Ce dernier nom sonnait mal pour Florence; il lui rappelait ses anciennes querelles avec des voisins vaincus plus que ralliés. En Lombardie (été de 1384), Enguerrand n'avait point à tirer l'épée, car le fils d'Anjou était gendre de Bernabò. Mais dans sa marche vers le sud, par où passerait-il, à qui s'attaquerait-il ? Pour l'écarter de son territoire, Florence lui préparait des vivres en Romagne, dans la Marche d'Ancône, sur le littoral de l'Adriatique. Elle ignorait qu'il eût ordre de camper dans les terres soumises à la République, pour

---

[1] Voy. sur la vie d'Enguerrand VII, le dernier de sa maison qui ait porté le titre de sire de Coucy, Paul Durrieu, *la Prise d'Arezzo* (1384) *par Enguerrand VII, sire de Coucy*, dans la *Bibl. de l'Éc. des chartes*, 1880 2ᵉ livr., p. 161, 165.

[2] March. de Coppo, XII, 960. Cf. Goro Dati, p. 25.

[3] 17 novembre 1384. *I Capitoli di Fir.*, I, 376.

l'empêcher de secourir Charles de Durazzo[1], et pour faire vivre ses troupes aux dépens de ces pays riches et plantureux. De là un désaccord fâcheux entre ses paroles et ses actes[2]. Les Florentins, à l'entendre, sont pour lui des alliés ; mais il est bientôt à Lucques, et aux ambassadeurs florentins qui arrivent les mains pleines de présents[3], qui promettent de ne pas favoriser leurs rebelles exilés et de respecter leur territoire, il ne donne que des réponses évasives. Puis, le 7 septembre, il entre en Toscane, occupe San Miniato, Empoli, Castelfiorentino, Montespertoli, laisse frapper et blesser les indigènes, voler des vivres et des bestiaux[4]. Il n'en continue pas moins d'affirmer ses intentions pacifiques, et pousse l'effronterie jusqu'à solliciter de ceux qu'il offense un emprunt de vingt mille florins.

Que faire devant cette exigence ? La seigneurie n'avait sous la main que quatre mille *contadini*, à la hâte armés d'arbalètes. Pourtant, elle repousse sa demande[5]. C'est à peine si les plus conciliants osent proposer de lui fournir six mille florins[6]. Ainsi éconduit, Enguerrand hésitait encore devant des hostilités ouvertes, quand le moyen s'offrit à lui d'occuper Arezzo et de s'assurer, aux

---

[1] Ser Gorello, *Cron.*, en vers, R. I. S., XV, 882.

[2] Voy. sa lettre du 20 octobre 1384 au roi de France, publiée par P. Durrieu, *loc. cit.*, p. 179-184. Cf. Lettre de la seigneurie à Bernabò du 1ᵉʳ octobre. *Sign. cart. miss.* Reg. I, Cancell., n° 20, f° 21 v°.

[3] « Ut amicus et benivolus habeatur. » (Provision des 26 et 27 août 1384, dans *Diario d'anon.*, p. 453, n. 4). Cf. March. de Coppo, XII, 960.

[4] *Diario d'anon.*, p. 453 ; ser Naddo, p. 68 ; Ammirato, XV, 768 ; Lettre à Bernabò citée plus haut. Nous pourrions renvoyer aussi à Saint-Antonin (titre XXII, II, xi) : mais c'est un auteur sans autorité : il suit constamment ses devanciers, surtout Minerbetti et Buoninsegni.

[5] *Diario d'anon.*, p. 453 ; ser Naddo, p. 68 ; Ammirato, XV, 767.

[6] Conseil des *richiesti*, des 11 et 12 septembre ; *Consulte* du 12. Reg. XXV, p. 113, dans *Diario d'anon.*, p. 453, n. 4.

portes de Florence, une solide base d'opérations, de continuer cette politique équivoque dont il avait l'ordre et peut-être le goût.

Au nombre des bannis qui étaient récemment rentrés dans Arezzo, se trouvait le fils du fameux Pier Saccone, Marco des Tarlati, qu'on appelait Marco de Pietramala du nom d'un de ses châteaux. Dix ans il était resté aux *Stinche*. Presque étranger dans sa patrie, impuissant à y vivre en maître, il avait conçu la patriotique pensée de la vendre. Il l'avait offerte à ses anciens geôliers, offre dérisoire, car il promettait plus qu'il ne pouvait tenir. Un refus semblait donc inévitable; mais de cette cynique ouverture était né le désir d'atteindre le but par d'autres voies. Tandis que Florence négociait avec Charles III pour acquérir Arezzo « à titre gratuit ou onéreux[1] », Marco avait le temps de trouver un autre acquéreur, étant résolu, disait-il, s'il ne s'en présentait point, à livrer Arezzo au diable[2]. Le diable était à sa portée. Coucy accepte sans mystère, et déclare qu'il n'a pu refuser[3]. Vainement les Florentins mettent sur ses gardes Jacopo Caracciolo, gouverneur pour Charles III. Aussi défiant d'eux que du Français, ce Napolitain ne sait que résoudre, et à la faveur de ses hésitations, le 29 septembre, Coucy avec Marco escalade les murailles, prend la ville d'assaut et la met à sac[4].

[1] Per viam donationis et seu mediante pecunia. (Conseils du peuple et de la commune, 17 et 19 septembre 1384. *Provvis.* Reg. LXXIV, p. 94-97, et *Diario d'anon.*, p. 453, n. 5. Voy. les doc. auxquels renvoie P. Durrieu, *loc. cit.*, p. 174, 175.

[2] March. de Coppo, XII, 962.

[3] Ser Gorello, XV, 881.

[4] Acte de la remise de la forteresse d'Arezzo, dans *Inventario e regesto de' Capitoli*, I, 371. Cf. *Diario d'anon.*, p. 454; ser Naddo, p. 69.

Caracciolo tenait bon dans la forteresse, et par là il laissait le temps de s'armer aux Florentins, qu'il ne regardait plus d'un œil ennemi. Florence, à cette heure, est comme la ruche attaquée : tout s'y agite pour réparer le temps perdu. Aux ressources du trésor public s'ajoutent les dons des particuliers[1]. L'instrument accoutumé de la secte dominante, Giovanni des Obizi, est nommé capitaine de guerre. Hawkwood, rappelé du sud, rentre à la solde de la République. Tous les mercenaires disponibles sont dirigés sur Arezzo, et les contingents du *contado* sont appelés à Florence, ainsi que ceux des villes alliées, Bologne, Pise, Lucques, Pérouse, dont la bannière d'azur porte en lettres d'or le mot *Pax*[2]. Sienne seule n'envoie rien, parce qu'elle jette aussi sur Arezzo des regards de convoitise. Elle fournit même à Coucy vivres et fourrages[3]; mais les temps sont proches où elle devra plier, sous peine de voir son territoire envahi[4].

Le plus imprévu des événements vint brusquer la conclusion. Le 2 octobre, par la voie de Venise, arrivait à Florence cette nouvelle que, le 20 septembre précédent, Louis d'Anjou était mort d'un refroidissement à Bisc-

---

[1] Matteo Tinghi offre 500 fl.; Lotto des Castellani 1000, dans les vingt-quatre heures; Simone Vespucci, Cece Fruosini, Maso des Albizzi, tout leur avoir, et ils trouvent des imitateurs (Conseils de *richiesti*, 30 sept. et 1ᵉʳ oct. 1384, dans *Diario d'anon.*, p. 454, n. 2).

[2] Ser Naddo, p. 69 ; *Diario d'anon.*, p. 454; Ammirato le jeune, XV, 768. Le jour même où était conclue la ligue, la seigneurie écrivait au roi de France une longue lettre où elle lui exposait les faits, pour l'empêcher de soutenir la cause de Coucy. Le texte est dans Durrieu, p. 179-184.

[3] *Cron. san.*, XV, 284; March. de Coppo, XII, 963.

[4] Nulla impresa fiat contra Senenses de intrando territorium eorum, si aliter fieri potest; si autem aliter fieri non potest, fiat sicut ipsis Decem videtur. (*Consulte* du 24 octobre, dans *Diario d'anon.*, p. 455, n. 1).

glio, terre de Bari[1]. Ses lieutenants, déjà débandés, ne pensaient plus qu'à rentrer en France. Charles III libre de ses mouvements, les neutres, humiliés d'avoir eu peur, pouvaient se tourner contre Coucy[2], et la seigneurie florentine les sollicitait avec ardeur de le faire sans retard. Il n'est point de puissance italienne à qui elle n'écrive contre l'ennemi commun[3]. Le triomphe des Français, dit-elle à Urbain VI, serait celui de Clément VII et des gibelins[4].

Dans Arezzo, cependant, on ignorait encore qu'un rhume avait changé la face des choses. Enguerrand l'apprit par la réponse des Florentins à la lettre qu'il leur écrivait pour les informer de son succès, « dont il ne doutait pas, ajoutait-il non sans malice, que se réjouît un peuple partisan du prince français[5]. » Tout d'abord il ne voulut point croire que le prince français eût disparu de la scène du monde; d'autant moins qu'il voyait Caracciolo, las d'une résistance à laquelle manquaient les vivres, vendre aux Florentins la citadelle, plutôt que de la lui laisser prendre[6]. Ce fut pour eux l'affaire de

[1] *Diario d'anon.*, p. 454 et n. 3; Ammirato, XV, 768. Morbo subito et humore gutturis decessisse. (Lettre des Flor. à Coucy, 4 oct., publiée dans Durrieu, p. 177, 178).

[2] Caracciolo était averti qu'il allait être secouru. Lettre du 3 oct. *Sign. cart. miss.* Reg. I, Cancell., n° 20, f° 24.

[3] Lettres du 1ᵉʳ oct. à Bernabò, au comte de Vertus, au marquis d'Este, aux seigneurs de Padoue et de Vérone; du 6 au roi de Naples; du 7 au pape; du 8 aux Bolonais, du 24 au doge de Gênes. Pour les indications précises des registres où se trouvent ces lettres dans les *Sign. cart. miss.*, voy. P. Durrieu, *loc. cit.*, p. 177.

[4] Illic factio Gebellinorum exultat; illic Gallorum fremit exercitus; illic, Urbano nomine prophanato, Clemens adoratur et colitur. (Lettre du 7 oct. *Sign. cart. miss.* Reg. I, Cancell., n° 20, f° 26. — Bibl. nat. de Paris, nouv. acquis. latines, n° 1152 f° 5 v°; P. Durrieu, *loc. cit.*, p. 177.)

[5] Voyez le texte dans Durrieu, p. 177, 178. Lettre du 4 octobre.

[6] Meglio affidarlo al com. di Fir. che... caccerebbe da quell'assedio la

vingt mille florins (19 octobre)[1]. A ce prix ils tenaient Enguerrand à leur merci[2].

Que pouvait-il, en effet, privé, comme il l'était, de son maître, abandonné de ses compagnons d'armes? Au nom du roi de France, il négocia la remise d'Arezzo à la République. Le traité fut conclu le 5 novembre. Quand on en voulut mettre les clauses par écrit, un des négociateurs florentins proposa d'introduire ces mots : — réserve faite des droits de Monseigneur le roi Charles. — Pourquoi êtes vous donc ici? interrompit Enguerrand. Le premier qui prononce ce nom, je le fais jeter par la fenêtre[3]. — Moyennant un silence qui ne leur coûtait guère, les Florentins furent mis en possession de cette ville, où ils pouvaient seuls, était-il dit dans l'instrument, réparer les maux récemment faits. Il y était parlé aussi du dévouement de la République à la royale et haute maison de France, et des Arétins à la République, de la nécessité de ne les point livrer à Charles de Durazzo, de conserver leurs biens aux Pietramala, de ne point molester les gibelins[4]. Un acte spécial en date du même jour accordait à Coucy quarante mille florins, dont trente mille après la ratification, et le reste dans

---

gente ribelle de Petramala e del signor de Conciaco. (*Consulte* du 18 oct. dans *Diario d'anon.*, p. 455, n. 2.)

[1] Ser Naddo, p. 71; *Diario d'anon.*, p. 455; March. de Coppo, XII, 965. L'acte officiel de cession est du 27 octobre; la ratification, du 18 novembre. Voy. *Inventario e regesto de' capitoli*, I, 371, 377-79.

[2] Quod utilius est prius capi arcem Aretii quam civitatem, quia hoc facto, meliora pacta sperant cum Domino de Conciaco (*Consulte* du 18 oct. dans *Diario d'anon.*, p. 455, n. 2.) Charles de Durazzo approuva la cession faite par Caracciolo, car il avait besoin des Florentins, ne fût-ce que comme banquiers et prêteurs. Voy. sur l'ambassade qu'il se fait envoyer, March., XII, 983, ser Naddo, p. 78, Ammirato, XV, 771.

[3] March. de Coppo, XII, 965; ser Naddo, p. 72; Ammirato, XV, 769.

[4] Voy. le texte dans *Inventario e regesto de' capitoli*, I, 373.

les quinze jours qui suivraient sa sortie d'Arezzo, s'il remettait cette ville indemne de tout dégât, de tout incendie[1]. Il est clair qu'on voulait dissimuler le marché, faire croire à une cession gracieuse du roi Charles VI de France, éviter toute revendication du roi Charles III de Naples. Mais personne ne prit le change. Furieux d'être vendus, les Pietramala et leurs compatriotes gibelins attiraient dans des guet-apens les Français sortis d'Arezzo depuis le 10 novembre. Contre des gens qui, la veille encore, combattaient à ses côtés, Coucy dut solliciter humblement la protection des Florentins[2]. Tenu de la payer en prêtant main-forte pour reprendre aux Pietramala leurs quarante châteaux[3], il préféra, ayant reçu à Bologne son dernier versement (25 décembre)[4], poursuivre son chemin vers la France. Il sortit d'Italie bannières déployées, seul des lieutenants d'Anjou qui eût sauvé ses hommes et ses écus[5].

Pour son début, l'oligarchie jouait de bonheur : elle acquérait une ville importante et désirée. Mais peut-on dire qu'elle eût bien joué? Elle avait rompu avec les traditions séculaires qui rattachaient les Florentins à la France. Elle l'avait fait sans franchise, sans décision, et elle l'eût fait sans profit, si la mort d'Anjou n'avait désarçonné son lieutenant. Elle payait très cher à ce dernier ce qu'elle eût acquis à peu de frais de Marco Tarlati[6], ce qui, même, ne lui eût rien coûté, si, mai-

---

[1] Voy. le texte dans *Inventario e regesto de' capitoli*, I, p. 375.
[2] Lettre du 18 nov. dans Durrieu, p. 188.
[3] Lettre de la seigneurie, 24 nov. *Ibid.*, p. 190.
[4] *Invent. e regesto*, I, 387.
[5] Durrieu, p. 193. Cf. March. de Coppo, XII, 965; Ammirato le jeune, XV, 769.
[6] C'est la critique que fait March. de Coppo (XII, 965).

tresse de la citadelle, elle avait su attendre que la ville déjà affamée se rendît à discrétion[1]. Mais le résultat emportait tout. Réjouissances et messes solennelles, processions avec les reliques des saints et force cierges, célébrèrent, pendant plusieurs jours, l'heureux événement[2].

Depuis le 17 novembre, Giovanni des Obizi occupait Arezzo[3]. Quant aux châteaux du territoire arétin, ils tenaient bon, et des Siennois qui en occupaient quelques-uns, comme des Tarlati maîtres de la plupart, tout faisait prévoir une vive résistance. Les Tarlati protestaient contre l'abus de la force, rappelant que les places mêmes de la commune d'Arezzo, c'étaient eux qui les avaient fortifiées à leurs frais[4]. La désunion, qui les gagna, produisit ses effets ordinaires : elle leur fit tomber les armes des mains. Deux d'entre eux livrent leurs repaires pour cent florins par mois leur vie durant, et d'autres suivent leur exemple, avant même d'avoir vu sous leurs murailles les enseignes florentines[5], ou dès qu'ils les entrevoient à l'horizon[6]. Le 20 juin 1385, tombait le château de Montaguto, qui surplombait celui de Pietramala[7]. Les trombes de l'ennemi retentirent comme un glas funèbre aux oreilles de l'énergique Marco, acharné

[1] Critique de ser Naddo, p. 74.
[2] *Diario d'anon.*, p. 456, 457 ; ser Naddo, p. 73, 74.
[3] Les mêmes, p. 456, 72. Les actes relatifs à l'organisation florentine d'Arezzo et des villes de son territoire sont dans l'*Inventario e regesto de' capitoli*, I, 371-449.
[4] March. de Coppo, XII, 972, 981.
[5] Huit places au moins furent ainsi acquises. Voy. le détail dans Ammirato, XV, 771, 772 ; Minerbetti, 1385, c. iv, II, 84 ; March. de Coppo, XII, 981 ; *Diario d'anon.*, p. 457 ; *Inventario e regesto*, etc., I, 56.
[6] Voy. le détail dans *Diario d'anon.*, p. 459.
[7] *Ibid.*, p. 462.

à défendre ce dernier réduit de sa puissance. Deux mois plus tard (16 août), il le livrait en échange de deux mille florins d'or et d'une provision mensuelle de dix florins. C'était l'aumône, aux conditions les plus humiliantes : ce fier seigneur devait au loin chercher un refuge, les territoires d'Arezzo et de Florence lui étaient interdits[1].

Il pouvait être moins facile de triompher des Siennois. Entre cette petite république et sa grande voisine les anciennes rivalités étaient bien atténuées, et, d'ordinaire, l'une suivait l'autre dans ses trop multiples évolutions. Mais, cette fois, Sienne se faisait tirer l'oreille, elle s'attardait au gouvernement populaire. Ses chefs redoutaient le contre-coup naturel de la réaction oligarchique[2], et même un secret dessein de le provoquer[3]. Avaient-ils tort, quand on voit le chroniqueur Marchionne, tout partisan qu'il est du gouvernement renversé, tenir pour une offense ce retard du satellite à graviter docilement autour de son soleil[4]? De là les secours en vivres et fourrages qu'avait reçus de Sienne Enguerrand de Coucy. De là le désir de ne point livrer des forteresses qui eussent accru si près la force d'une faction détestée.

Mais il faut compter avec les raisons du plus fort,

[1] La ville même de Florence ne lui est pas interdite, souvenir adouci de la vieille politique qui avait réduit les nobles. *Diario d'anon.*, p. 463; ser Naddo, p. 79. L'acte de cession est du 16 août. Provvis. Reg. LXXV, f° 122 v°.

[2] Voy. sur les affaires de Sienne *Cron. san.*, R. I. S. XV, 286.

[3] I Fior. temendo molto del reggimento de' Riformatori cominciaro, sotto mantello, a mettere animo a' Dodici e a' gentili uomini e a far trattato contro di loro... Essendo la città molto sollevata... i Riformatori si lamentavano che questo venisse da' Fior. (*Ibid.*)

[4] Si sentivano (i Sanesi) colpevoli in avere offeso... perocchè non era conforme lo stato de' Sanesi a quello dei Fiorentini. (March. de Coppo, XVI, 968.)

et c'est ainsi que, dès le 16 octobre 1384, les Siennois rendaient gorge de Monte San Savino, Palazzuolo, Gargonza, San Pancrazio[1]. Leur illusion d'avoir, à ce prix, acheté la paix, ne fut pas de longue durée. Les archives indiscrètes nous livrent le secret de la politique florentine à l'égard des voisins. « Il faut, lit-on dans le résumé des *consulte*, les amener, tout en feignant de ne se point mêler de leurs affaires, à confier aux nobles leurs destinées[2] ». D'aussi honnêtes dispositions manquent-elles jamais de prétextes? Sienne se refuse à restituer Lucignano et prétend y avoir des droits : les Bolonais prononceront sur ce litige; mais pendant toute une année ils font attendre leur arbitrage[3], et c'est autant de gagné pour les querelles d'Allemand. Florence suit ponctuellement le programme tracé dans les *consulte* : elle travaille les nobles siennois; elle se plaint que les chefs du parti populaire aient « médit l'an passé », et depuis, de l'oligarchie florentine[4]. Des complots éclatent à Sienne, motivés par les intempérances du parti au

[1] March. de Coppo, XII, 987; Ammir. le jeune, XV, 775.
[2] *Consulte* du 13 janvier 1385. Fil. Bastari exprime le sentiment universel : « Senenses vere sunt inimici comunis.... Fingatur et simuletur quod comune non curet de factis eorum, coperiendo intentionem comunis... sed Decem Balie vel alii deputentur ad audiendum et praticandum honeste et secrete cum Senensibus volentibus recuperare statum, et si volunt incipere, juventur .. ». Rinaldo Gianfigliazzi au nom des *richiesti* : Quantum est possibile procuretur mutatio status Senensium : non fiat tamen guerra patens, sed per alium modum veniatur ad hoc, videlicet favendo nobilibus et tenendo clausas stratas ». (Reg. XXVI, p. 9 sq. dans *Diario d'anon.*, p. 457, n. 6.)
[3] Le 25 octobre 1386, ils prononcèrent en faveur de Florence. Voy. *Inventario e regesto*, I, 148. Cf. *Diario d'anon.*, p. 497; March. de Coppo, XII, 987; Minerbetti, 1386, ch. ix, II, 100; Ammir. le jeune, XV, 775, qui se trompe sur la date.
[4] Questo fecione i Fior. per le villane cose che li detti del reggimennto faceano e diceano a ogni ora di loro. (Minerbetti, 1385, ch. v, II, 84.

pouvoir[1]. *Is fecit cui prodest.* On y voit dès lors le doigt des Florentins[2], et bientôt la main tout entière. Sur le bruit de quelque agitation parmi les petites gens à Sienne, leur cavalerie y venait, sous prétexte d'assistance, chercher quelque bonne occasion (15 décembre 1384).

L'occasion se fit attendre, et les choses, tout d'abord, parurent marcher mal. Les Siennois, peuple de premier mouvement, « hommes de furie », comme les Français, chassaient les étrangers, incarcéraient ceux qui ne partaient pas assez tôt, condamnaient à mort sept habitants de Staggia et de Colle, quatre *contadini* de Florence[3]. Sauverait-on leur vie? L'honneur de la République y était engagé. Une ambassade est désignée dont les instructions portaient impudemment qu'on avait eu bien tort, à Sienne, de voir de mauvais œil l'approche d'un corps de troupes qui venait, *recreationis gratia*, après ses fatigues d'Arezzo[4]. Mais les ambassadeurs reculent devant une mission qui peut, avec de telles gens, leur coûter la tête. Benedetto des Alberti décline même formellement l'honneur qu'on lui fait, et il ne se met en route que parce qu'on lui a donné le choix entre sa mission ou l'exil. Livrés à leurs réflexions assez noires, ces ambassadeurs malgré eux s'arrêtaient à distance respectueuse de Sienne, pour attendre leurs sauf-conduits, ne séjournaient que dix jours dans cette ville courroucée (1er-10 janvier 1385),

---

[1] Minerbetti, *loc. cit.*
[2] Tennono da principio che da' Fior. venisse la novità. (March. de Coppo, XII, 968.)
[3] *Cron. san.*, XV, 286; *Diario d'anon.*, p. 457; ser Naddo, p. 74, 75; March. de Coppo, XII, 968; Ammir., XV, 771.
[4] 19 décembre 1384. *Sign. cart. miss.*, Reg. XX, p. 44, dans *Diario d'anon.*, p. 458, n. 6.

et en repartaient avec empressement, sans avoir pu sauver les existences pour lesquelles ils venaient d'exposer les leurs.

Mais à la longue, après un verbeux échange de vaines paroles[1], les menées des Florentins obtenaient leur plein effet. Le 23 mars, la noblesse siennoise, suffisamment travaillée et se sentant soutenue, chassa du pouvoir le menu peuple[2]. Écoutons l'oraison funèbre de ce gouvernement des petites gens. C'est un chroniqueur siennois qui parle : « Je vous dis, moi écrivain, quoique je ne sois pas des réformateurs, que les réformateurs, qui avaient parmi eux plus d'artisans qu'il n'y en eut jamais dans un autre gouvernement, étaient les plus loyaux envers leur commune et les plus courageux contre leurs voisins qu'on eût jamais vus. Ce qui les perdit, c'est que, sur le nombre, il y en avait six mauvais[3] ». L'explication est insuffisante, mais l'éloge bon à retenir, pour l'opposer aux partis pris de l'histoire. A Sienne comme à Florence, les gens des arts mineurs valaient les autres pour gouverner. Leur tort fut de perdre courage, de ne pas croire à un retour possible de la fortune. Aux réjouissances par lesquelles l'oligarchie florentine marquait sa joie d'avoir à ses portes une alliée, prit part cette population frivole qui oubliait tout dans le tourbillon de ses fêtes. Ce n'est point certes qu'elle approuvât : « Cette révolution, écrit Marchionne, déplut fort à la généralité des citoyens, car il ne paraît pas honnête qu'une com-

---

[1] Disposero in consiglio assai parole e poca conclusione, e avidesi la gente che i Fior. davano parole. (*Cron. san.*, XV, 291.)

[2] *Cron. san.*, XV, 286-294; ser Naddo, p. 74, 75; March. de Coppo, XII, 970, 977; *Diario d'anon.*, p. 458, 459. Les détails sont dans la chron. siennoise, qu'ils terminent.

[3] *Cron. san.*, XV, 294.

mune provoque des nouveautés dans une autre, et, si elle
l'a fait, il paraît indigne de se réjouir du mal de gens
qui ne sont pas des ennemis[1] ». Mais les gouvernements
oligarchiques ne se piquent point d'être des gouvernements d'opinion.

Leur force, en attendant que ce soit leur faiblesse,
c'est le dédain du nombre, qui leur permet la suite dans
l'énergie. Encore, l'oligarchie florentine n'avait-elle de
hauteur qu'avec les petits et dans les petites choses. C'est
ainsi qu'elle rappelait au comte d'Urbino, Antonio de
Montefeltro, qui s'était permis d'emprisonner un ambassadeur, que la République avait à sa tête non plus des
ciompi, mais des hommes nobles; c'est ainsi qu'elle
entreprenait contre l'insolent une campagne (avril-juillet 1386), et le contraignait à subir dans Agobbio un
guelfe florentin pour podestat[2]. Son point d'appui,
c'était alors le triomphe accidentel de Charles de
Durazzo. Personne, à Florence, ne contestait plus qu'il
fût « bon guelfe, le patron des guelfes ». Singulier
patron, cependant, qui confisquait pour quarante-cinq
mille florins de marchandises florentines (août 1385),
et qui répondait cyniquement aux réclamations officielles qu'il avait besoin d'argent pour payer ses troupes
et se rendre en Hongrie[3]! Mais un tel gouvernement met
son honneur et sa force dans la fixité de ses idées. Changer d'avis, même sur les conseils de l'expérience, ce
serait nuire à son prestige, et quel moyen de régner,
pour une poignée d'hommes, si leur prestige disparaît?

[1] March. de Coppo, XII, 977.
[2] *Diario d'anon.*, p. 466. L'acte de paix, daté du 18 juillet 1386, est
dans *Invent. e regesto dei capitoli*, I, 506.
[3] Minerbetti, 1385, ch. vi, II, 85.

Ce voyage de Charles III en Hongrie allait mettre à une rude épreuve la constance des meneurs florentins. Il allait dans ce pays revendiquer la couronne. Non qu'elle fût en déshérence : reconnaissants d'un règne glorieux de quarante années, les Hongrois venaient de la placer sur la tête de Marie, fille du feu roi Louis[1]. Mais en vertu de la coutume ou loi salique, Charles se déclarait héritier légitime et parvenait même à s'imposer. Ce nouveau succès faisait éclater parmi les Florentins des transports de joie intolérante. « A quiconque restait froid, on disait : *Et tu de illis es* ; c'est-à-dire tu es un gibelin, tu es un traître. Florence eût-elle soumis Pise, qu'elle n'eût pas fait la moitié tant de fêtes. Qu'une femme eût crié : Vive le roi Charles ! et il était seigneur[2] ».

Grand fut donc le désappointement, quand on apprit les suites de l'abdication arrachée au « roi » Marie (20 février 1386). Ce Charles, que ses ennemis hongrois appelaient Satan, avait eu les oreilles et le nez coupés. D'aucuns le disaient même déjà mort de ses blessures. Les Florentins n'y voulaient pas croire, et la seigneurie versait des flots d'encre pour procurer sa liberté[3]. Mais il fallait enfin se rendre à l'évidence (23 mars). Charles de Durazzo mutilé et tout enflé, peut-être par le poison[4], était mort « après vingt jours de martyre[5] ». Il y avait pourtant

---

[1] Louis était mort le 11 septembre 1382. Voy. Sismondi, V, 42, 43.

[2] March. de Coppo, XII, 995.

[3] Le 14 mars, la *consulte* demandait qu'on écrivît en Hongrie et qu'on y envoyât des ambassadeurs (Reg. XXVII, f° 46 v°). Lettres au « roi » Marie, 15 mars; aux mercenaires italiens en Hongrie, 17 mars ; à la reine de Naples, à son fils, aux barons du Royaume, 15, 18 mars. *Sign. cart. miss.* Reg. XX, p. 163 sq.

[4] Ut quidam aiunt. (Joh. de Thwrocz, *Hist. Caroli parvi*, part. III, cap. VIII, *Rer. Hungar. script.* I, 212.)

[5] Post diem vigesimam sui martyrii. (Lettre de la seigneurie à Urbain VI,

encore des « guelfissimes » qui, par haine de leurs rivaux, s'obstinaient dans la négation et « l'auraient affirmé vivant même au jour du jugement dernier[1] ». L'arrivée à Florence de l'étendard royal et de trois têtes coupées convainquit enfin les plus incrédules. Ces têtes étaient celles de Nicolas Gara, amant de Marie, de son neveu, de Blaise de Forgach qui avait mutilé le chef royal[2]. Elles furent exposées dans la boutique d'un mercier, puis envoyées à Naples[3].

C'était, pour l'oligarchie florentine, une occasion propice de montrer son savoir-faire en diplomatie. Marguerite de Naples, veuve de Charles III, n'entendait point renoncer pour son fils aux prétentions paternelles sur la Hongrie. Il parut expédient de l'en détourner. Ce lointain royaume était fort agité, fort peu sûr, et la présence des souverains de Naples sur le sol italien assurait seule leur tranquillité. Pourquoi la reine ne donnerait-elle pas la main de sa « délicieuse fille » à l'héritier du dernier duc d'Anjou? Ainsi cesserait toute crainte d'un retour offensif de cette maison[4]. Prenant feu pour cette belle conception, la seigneurie, sans attendre l'assen-

---

5 avril. *Sign. cart. miss.* Reg. XX, p. 172 dans *Diario d'anon.*, p. 464, n. 4.) Charles était mort le 28 février.

[1] March. de Coppo, XII, 995. Ici nous prenons congé de ce vieux compagnon de route, obscur, diffus, détestable écrivain, mais qui parle de ce qu'il a vu, de ce qu'il sait, et qui est plein de renseignements, de jugements curieux.

[2] Lettre du 7 août à la reine de Naples, dans *Diario d'anon.*, p. 467, n. 1.

[3] *Diario d'anon.*, p. 467; ser Naddo, p. 87. — Sur toute cette affaire, voy. en outre Minerbetti, 1385, c. vi, viii, 1386, c. v, II, 85, 86, 98; *Giorn. napol.*, XXI, 1053; And. Gataro, *Stor. padov.*, XVII, 521, 523; Ammir., XV, 777.

[4] Lettre de la seigneurie à la reine de Naples, 10 août 1386. *Sign. cart. miss.* Reg. XX, p. 199. — Cette lettre a été publiée dans les *Delizie degli eruditi toscani*, XVII, 96, et dans le *Diario d'anon.*, p. 466, n. 7.

timent des intéressés, dépêchait en France des ambassadeurs (26 septembre)[1]. Le succès qu'ils y obtinrent, on ne le sut que deux ans plus tard (5 janvier 1388), quand Louis II d'Anjou fit annoncer à la République qu'il s'allait mettre en route pour conquérir le royaume de Naples, héritage de son père[2]. Florence, malgré ce mécompte, eut alors la sagesse de rester neutre[3]. Mais ce n'est pas à Venise que le gouvernement oligarchique eût fait pareille école. On voit de reste que, sur les bords de l'Arno, il n'était pas sur son terrain.

Était-il plus habile dans ses rapports avec le Saint-Siège? Sans doute sa situation était difficile entre Urbain VI et Clément VII, s'appuyant sur l'obédience l'un des Napolitains, l'autre des Français. Il lui déplaisait fort de voir le premier de ces pontifes s'établir à Lucques, y séjourner près d'une année[4], car, outre les maladresses et rudesses qui lui avaient aliéné les Napolitains, sa principale force, il était d'un caractère peu sûr[5], ardent à reconquérir ce qu'il avait perdu des domaines de l'Église[6]. Mais il aurait fallu plus de netteté dans la politique. Du moment qu'on s'alliait aux ennemis du pape de Rome, et qu'on obtenait de Pérouse, où il s'était réfugié en quittant Lucques, qu'il n'y serait maître que du spirituel, il fallait se prononcer nettement pour le pape d'Avignon. Or quand, à leur retour de France, les ambassadeurs

---

[1] Même lettre, et ser Naddo, p. 87.
[2] Ammirato, XV, 787.
[3] Che noi non ci dovessono travagliare de' fatti di Puglia. E fu detto loro che questo fatto era loro e non nostro. (*Diario d'anon.*, p. 476.)
[4] Il y arriva en décembre 1386; il repartit en septembre 1387.
[5] Del mancamento di sua promessa non si curava. (Minetrbetti, 1386, ch. xv, II, 105.)
[6] Ammirato, XV, 785.

qui s'y étaient rendus pour cette ridicule démarche du mariage napolitain, s'arrêtaient à la cour de Clément VII, ils étaient sans pouvoirs pour rien conclure avec ce pontife. Quand lui-même, encouragé par leurs politesses, faisait demander à Florence tout au moins la neutralité, jusqu'à ce qu'un concile eût prononcé entre les deux tiares (16 novembre 1387)[1], la seigneurie ne recevait ses envoyés que comme ceux d'un « grand personnage », et les faisait avertir sous main de ne point visiter les églises quand on y célébrait les divins offices[2]. Elle leur signifiait que si la République souhaitait la réunion du concile, elle avait reconnu Urbain VI pour vrai pape et ne pouvait s'en dédire. Loin de les retenir, elle leur donnait congé (4 janvier 1388). Elle n'écoutait pas davantage les ambassadeurs de France qui, avec une rapidité de coup d'œil bien française, jugeaient toute insistance inutile, et ne faisaient que toucher barre à Florence[3]. Cette prudence intempestive n'empêchait point le pontife qu'elle prétendait ménager de donner cours à ses brutales boutades, et d'appeler les Florentins « hérétiques, membres du Diable, qui retenaient dans leur ville les émissaires de l'antipape[4] ».

[1] *Diario d'anon.*, p. 472-474; ser Naddo, p. 97; Sozomeno, XVI, 1134; Minerbetti, 1397, c. xxvii, xxxiii, II, 131, 138; Ammirato, XV, 785-787.

[2] Oratores Clementis moneantur quod abstineant a visitatione ecclesiarum, quando officia celebrantur divina; et hoc suggeratur eis curialiter per hospitem a seipso. Et audiantur et honorentur, tanquam oratores magni Domini. (*Consulte* du 16 nov. Reg. XXVIII, f° 135 v°, dans *Diario d'anon.*, p. 474, n° 4.)

[3] Les ambassadeurs français arrivaient le 8 janvier, et ceux de Clément VII retardaient leur départ, attendant le résultat de ces nouvelles négociations. Mais les Français repartaient le 22, les précédant de 5 jours. Voy *Diario d'anon.*, p. 476; Ammirato, XV, 787.

[4] Ammirato, XV, 786.

Ce n'est donc ni par plus de hardiesse ni par plus d'habileté que la politique extérieure de l'oligarchie se distingue de celle des arts mineurs. On y trouvera plus tard un machiavélisme avant la lettre qui n'était pas dans les cordes des petites gens ; mais pour l'heure la crainte du danger rend timide un gouvernement peu sûr de son lendemain. A l'intérieur seulement il est lui-même. Sa caractéristique, ce sont ces violences à froid qu'on croit utiles et qui ne sont que des fautes. De toutes les familles qui portaient ombrage à l'aristocratie marchande, une seule restait debout, mais c'était une de trop. Tenus en suspicion, écartés le plus possible des offices, les Alberti[1] n'en restaient pas moins au premier rang par leurs richesses et leur faste princier. Ils avaient éclipsé leurs rivaux et l'État lui-même dans les fêtes somptueuses qui célébraient l'éphémère conquête de la Hongrie par Charles de Durazzo. Les maîtres du moment, dit Machiavel, pouvaient d'un jour à l'autre trouver des maîtres à leur tour[2]. Ils n'attendaient donc qu'une occasion pour appesantir leur main de fer sur ces vaincus redoutés. Le 27 avril 1387, cette occasion se présenta.

Le sort venait de désigner comme gonfalonier de justice, pour entrer en charge le 1er mai, Filippo Magalotti, et comme gonfalonier de compagnie, membre par conséquent d'un des collèges, son beau-père Benedetto Alberti. Marchand enrichi dans le trafic des draps français et des laines anglaises, Benedetto avait plus d'une fois

---

[1] Sur ces Alberti, qui ne sont pas la vieille famille des comtes du même nom venus du Val de Bisenzio, voy. Passerini, *Gli Alberti di Firenze*. G. Capponi leur a consacré deux pages. (I, 379.)

[2] Machiavel, II, 48 B.

fourni de l'argent à l'État[1] : il était un personnage. Simple, affable, généreux, il se voyait entouré d'une popularité de bon aloi. Le gendre, premier magistrat de la République, ne serait-il pas l'instrument du beau-père ? On le craignit, ou l'on feignit de le craindre. La haine en éveil et en quête d'armes contre eux s'avisa qu'à Filippo, âgé de vingt-quatre ans, il en manquait deux encore, pour qu'il pût légalement devenir membre du principal office[2]. Rien n'était plus douteux : dans ce temps-là, et malgré les registres baptismaux plus ou moins irrégulièrement tenus à San-Giovanni, il n'était pas facile, comme dans le nôtre, d'établir l'âge d'un citoyen. Ces scrupules de légalité étaient donc excessifs, peu sincères et, pour le moins, tout nouveaux. On n'y insista qu'avec plus de force. On poussa en avant, pour soulever officiellement l'objection, un des *consorti* de Filippo, Bese Magalotti, qu'une querelle de famille avait rendu son ennemi. Les prieurs sortants, ayant seuls qualité pour juger le cas, ne s'y arrêtèrent point. Entre Filippo, « homme de grande bonté et valeur[3] », et Bese, « caractère querelleur et méchant[4] », comment eussent-ils tenu la balance égale ? Mais les adversaires des Alberti s'étaient découverts : ils ne pouvaient plus reculer sans péril. Le 29 avril au matin, ils vinrent en armes sur la place reproduire et appuyer l'objection, menacer d'un tumulte, si l'on passait outre. Intimidés, n'étant point d'accord entre eux[5], les prieurs et leurs collèges

---

[1] Minerbetti (1387, c. vii, II, 118), Machiavel (III, 48 B), Ammirato (XV, 783), s'accordent à faire de lui le plus élogieux portrait.

[2] Ser Naddo, p. 92 ; Minerbetti, 1387, c. iv, II, 125 ; Ammirato, XV, 781.

[3] Ammirato, XV, 781. — [4] Minerbetti, 1387, c. iv, II, 125.

[5] Voy. la preuve de leurs divisions plus bas, p. 47. On condamna, quelques jours plus tard, deux d'entre eux à la relégation.

faiblissent : ils consentent à remettre dans la bourse le nom de Filippo, et à en tirer un autre[1]. Le hasard — était-ce bien le hasard? — fit sortir celui de Bardo Mancini, ennemi déclaré des Alberti et du parti populaire.

Que fallait-il de plus à l'oligarchie? Elle avait vaincu presque sans résistance. Mais il faut bien profiter de la victoire. Les Alberti ont toujours favorisé *ammoniti* et « gibelins »; on brûlera donc leurs maisons. A cet indigne mot d'ordre, qui ne part pas, cette fois, de la populace, toute la ville est en armes, les uns pour l'attaque, les autres pour la défense, et, des deux parts, on appelle du dehors des auxiliaires (30 avril)[2]. C'est, semble-t-il, l'histoire des vieux temps qui recommence. A des maux connus on oppose l'éternel remède, la création d'une *balie*. Celle-ci sera de soixante-dix personnes, prieurs et collèges, capitaines de la *parte*, Dix de la guerre, gonfaloniers de compagnies, devant entrer en charge le 8 mai. Nommée le 4, elle a jusqu'au 7 pour accomplir sa tâche : le 5, tout est fini, tant on lui a bien mâché les morceaux[3]. Qui n'a pas vingt-cinq ans d'âge ne pourra exercer aucun office, et qui n'en a pas trente, être gonfalonier de justice.

Pour parer le coup, pour sauver les siens, Benedetto Alberti s'était proposé lui-même en holocauste. A cette assemblée dont il était membre, en sa qualité de gonfalonier d'une compagnie, il demandait par lettre à être exempté de toute charge publique, pour cause d'âge

---

[1] Ser Naddo, p. 92; Minerbetti, ch. iv, II, 116; Ammirato, XV, 782.
[2] Minerbetti, 1387, ch. v, II, 116.
[3] Minerbetti, 1387, ch. vi, II, 117; ser Naddo, p. 92, 93; Ammirato, XV, 782.

et de santé[1]. Avec une cruelle ironie il lui fut répondu qu'on faisait droit à sa demande, qu'on exemptait avec lui Cipriano des Alberti, le courageux gonfalonier de septembre 1382[2], et même qu'on leur interdisait à tous deux, sous peine de mille florins, de mettre le pied dans le palais des seigneurs, dans ceux de l'exécuteur, du podestat, du capitaine. Toute poursuite est prohibée au sujet des attaques dont Cipriano a pu être l'objet depuis huit jours. Tous les Alberti, sauf de rares exceptions, sont *posti a sedere*, frappés du *divieto* pour cinq ans. Et ce n'est pas assez encore : Benedetto et Cipriano reçoivent, « sur leur demande[3] », l'autorisation de rester dehors deux ans, de partir dans les huit jours, d'être, avant vingt, éloignés d'au moins cent milles, de ne pas séjourner en Lombardie, de ne pas se rapprocher de Florence tout le temps de leur exil ; enfin, suivant l'usage, de se présenter tous les quinze jours devant les magistrats du lieu où ils résideraient, et d'en faire dresser acte par un notaire[4].

Joindre à la proscription la raillerie, c'est provoquer la résistance; mais Benedetto pouvait-il, pour l'entreprendre, compter sur de nombreux amis? Il ne le crut pas. Son passé le condamnait à l'isolement. Après avoir combattu jadis les capitaines de la *parte* et leur tyrannie pour la cause populaire, il avait déserté celle-ci, en haine de ses excès. Il devait donc subir le sort trop souvent réservé, en tout temps, en tout pays, aux intermé-

---

[1] Cette lettre, datée du 5 mai, a été publiée par M. Gherardi, dans les doc. du *Diario d'anon.*, p. 536.

[2] Voy. plus haut, même chapitre, p. 18.

[3] Per compiacerli. (Ammirato, XV, 782.)

[4] Ammirato le jeune, XV, 782. L'acte de la Balie contre Benedetto Alberti a été publié par Passerini. Voy. *Gli Alberti di Firenze*.

diaires, aux modérés. Le sort tragique de Giorgio Scali l'avertissait de ne pas compromettre, dans une lutte désespérée, sa vie et celle des siens. Il partit et s'en alla, avec son neveu Agnolo, visiter, au delà des mers, le tomeau du Christ. Il en revenait aux premiers jours de l'année suivante, lorsqu'il mourut à Rhodes, suivi à trois jours de distance, dans la mort, par son compagnon de route (3, 6 janvier 1388). Leurs os furent rapportés à Florence, et honorés par les persécuteurs eux-mêmes d'une sépulture à Santa-Croce, le Panthéon florentin[1].

Cette amende honorable ne coûtait point à l'oligarchie ; elle s'était assuré, en chassant les chefs de ses ennemis, les coudées franches pour tailler en plein drap. N'étant ni rassasiée de vengeance, ni rassurée sur l'avenir, elle poursuivait, avec un grand esprit de suite, son œuvre d'épuration, d'affermissement. La *balìe* prolongée procède à de nouvelles relégations. Deux des prieurs sortants, et, avec eux, quelques hommes de la plèbe infime, furent frappés. L'*ammonizione* à perpétuité mit au nombre des parias bien des familles, Covoni et Scali, Benini et Corbizzi, Mannelli, Alderotti, Rinuccini del Garbo[2]. Ainsi vidées, les bourses pour la seigneurie furent refaites avec des noms de magnats, des noms d'enfants qui, de vingt ans encore, ne pouvaient exercer aucune magistrature, scandale qui ne s'était jamais vu.

On en allait voir un bien plus grand encore. Quatre citoyens présidés par Bese Magalotti, cet homme à tout

---

[1] Minerbetti, 1387, ch. vii, II, 118; ser Naddo, p. 99; Passerini, *Gli Alberti di Firenze.*

[2] *Priorista del Petribuoni* dans *Deliz.*, etc., XVIII, 94; Minerbetti, 1387, c. viii, II, 118; *Diario d'anon.*, p. 470; Ammirato, XV, 784.

faire, qui tenait toujours en ses mains déshonnêtes le gonfalon de justice, reçurent mission de retirer des bourses les cédules des hommes les plus dévoués à la faction dominante, et d'en former une bourse à part, une petite bourse (*borsellino*), où devraient être pris « au moins » deux membres de chaque seigneurie[1]. C'était restreindre les hasards du tirage au sort, et acquérir presque la certitude d'avoir, dans le principal office, la pluralité légale des six fèves. Le contemporain Minerbetti déclare que cette audacieuse innovation fut fort blâmée des honnêtes gens, et que, désormais, pour parler d'une chose triée avec soin, on disait : elle est du *borsellino*[2].

Mais qu'importe à des effrontés un blâme impuissant? L'impulsion est donnée, les prieurs n'auront qu'à la suivre, quand la *balie* aura disparu. Les 23 et 24 mai, ils font adopter par les conseils deux provisions significatives. L'une oblige les arts mineurs à remettre au palais les noms de tous leurs membres étrangers. Comme on croyait ces étrangers partisans de l'ancien ordre de choses, on les voulait bien connaître, pour leur interdire l'accès aux offices, et les frapper de peines très fortes, si, nommés par erreur, ils acceptaient. L'autre provision, en même temps qu'elle exclut les quatorze arts mineurs de certaines charges au dehors, des lucratives charges de vicaire ou de podestat, restreint au quart, au lieu du tiers, leur participation aux offices du dedans[3]. Sur neuf membres de la seigneurie, il n'y en aura donc

---

[1] Minerbetti, 1387, c. x, II, 120.
[2] *Ibid.*
[3] Ces provisions sont au Reg. LXXVII, f° 51 v° sq. Voy. *Diario d'anon.*, p. 470 et 471, n. 1.

plus que deux des arts mineurs. Il y en avait quatre encore en février 1382, et on les avait alors réduits à trois[1]. Cinq ans à peine écoulés, on leur enlevait une de ces trois places, déjà si insuffisantes pour qu'ils pussent peser de quelque poids dans les délibérations. Ce n'est pas tout. Les deux prieurs tirés de ces arts devront désormais être du même quartier, et toujours de celui auquel appartiendra le gonfalonier de justice[2], perfide innovation dont l'effet se comprend sans peine. De plus en plus le gonfalonier devient chef de la seigneurie, et il ne doit jamais être pris dans les arts mineurs[3] : il sera donc le vrai représentant de son quartier, et ses deux collègues qui le représentent avec lui, étant de ces arts peu considérés, seront réduits à une position inférieure pour l'autorité de leur parole, comme ils le sont déjà pour l'importance de leur vote. En même temps qu'on les rabaissait, on relevait les magnats, en supprimant le tambour aux dénonciations[4]. C'était tout ensemble couvrir leurs violences, leur assurer l'impunité, et, par ce retour de faveur après des siècles d'oppression, faire d'eux les résolus champions du régime établi.

« C'est de cette manière, écrit Ammirato, que fut fortifié l'état des nobles *popolani*, et tout à fait affaibli celui de la plèbe[5] ». Ce courtisan des Medici parvenus ne blâme ni n'approuve : il sent bien que, sans le règne de l'oligarchie, jamais n'eussent régné ses patrons, et il évite de condamner ce qu'ils ont combattu, parce

---

[1] Voy. plus haut, même chapitre, p. 10.
[2] Ammirato, XV, 785.
[3] Voy. le doc. dans Capponi, I, 614, append. IX, et notre tome V, p. 578.
[4] *Diario d'anon.*, p. 471 ; Minerbetti, 1387, c. x, t. II, p. 120.
[5] Ammirato, XV, 785. Pour les faits cet auteur suit Minerbetti comme il a suivi les Villani, réserve faite des additions de son neveu.

qu'ils en ont profité. Mais ce gouvernement tyrannique a ses apologistes déclarés. Le plus récent est notre contemporain Gino Capponi. Sans dissimuler que l'audacieux remaniement des bourses supprimait l'incertitude du tirage au sort, alors que le tirage au sort n'était pas supprimé, il approuve hautement « ce retour à l'antique et bonne forme de la République, où la plèbe était exclue, où chaque art avait sa place, où ceux qui l'emportaient par le savoir et la richesse, assurés de la prééminence, distribuaient le travail aux autres, ce qui était rentrer dans la voie de la vérité[1] ».

Ce point de vue ne saurait être le nôtre. Dans l'oligarchie, tout nous déplaît : le but poursuivi, d'abord, puisqu'elle ne tend, au sein d'une démocratie, qu'à écraser les petites gens, qu'à leur ôter l'exercice non seulement des droits naturels, mais même, ce qui est plus grave encore, de droits acquis ; puis les moyens d'atteindre ce but, hideux mélange d'hypocrisie et d'audace, de perfidie et de violence. Les paroles d'un Visconti de ce temps ont leur poids : « Sous le nom d'archiguelfes, disait-il, quelques citoyens florentins tiennent leurs compatriotes à terre et oppriment cette république[2] ». Si c'est un ennemi qui tient ce langage, il n'est rien de tel qu'un ennemi pour découvrir le défaut de la cuirasse et y frapper ceux qu'il combat.

Tient-on à excuser, à expliquer du moins l'oligarchie ? Ce qu'on peut dire c'est que, dans l'âpre lutte pour vivre, dominer et s'étendre, tout se subordonnait alors au désir d'unité, de concentration. Rassembler ses forces était nécessaire pour lutter avec chance de succès contre

---

[1] G. Capponi, I, 391.
[2] Paroles de Gian Galeaz Visconti dans Ammirato, ann. 1390, XV, 803.

des adversaires que la concentration ou l'unité rendait plus redoutables. Or la monarchie n'étant pas mûre encore dans la démocratique Florence, l'aristocratie avait son heure, sa raison d'être, parce qu'elle respectait les anciennes formes, en les animant d'un esprit nouveau, parce qu'elle était plus propre qu'une mobile démocratie à tenir tête au conseil des Dix de Venise, aux ducs de Milan, aux rois de Naples, aux papes, qui comptaient désormais comme puissance temporelle. Ce fut une transition sinon nécessaire, au moins naturelle, pour passer des seigneuries de deux mois au pouvoir à vie, et même héréditaire, qui était dans le génie du quinzième siècle et des siècles suivants.

Mais, comme l'a reconnu Guicciardini[1], la domination de l'aristocratie répugnait aux Florentins. Les succès qu'elle a obtenus, et que nous aurons à signaler, n'eussent point échappé au gouvernement des petites gens : il ne s'agissait que de conquérir des villes voisines, faibles ou affaiblies. Contre de plus lointaines, de plus fortes ou de plus soutenues, l'oligarchie échouera piteusement. C'était pourtant la seule bonne carte de son jeu. Si elle eût répondu aux aspirations publiques, les Medici, malgré leur ambition, ne l'eussent point supplantée : elle eût obtenu, comme à Venise, la consécration suprême du temps.

[1] Voy. plus haut, même chapitre, p. 3, note.

CHAPITRE II

GOUVERNEMENT DE L'OLIGARCHIE
GUERRE CONTRE GIAN GALEAZ VISCONTI.

— 1390-1402 —

Gian Galeaz gendre et meurtrier de Bernabò (1385). — Son intervention dans les démêlés de Sienne et de Florence (1388). — Hostilités indirectes. — Négociations. — Préparatifs de guerre (1390). — Campagne en Lombardie. — Hawkwood ramené en Toscane par les intrigues de Gian Galeaz à Sienne. — Traité entre les Florentins et Jean d'Armagnac (16 oct. 1390). — Hawkwood de nouveau en Lombardie pour opérer avec lui sa jonction. — Témérité et défaite d'Armagnac (24 juillet 1391). — Habile retraite d'Hawkwood. — Sa campagne en Toscane contre Jacopo del Verme. — Négociation pour la paix (21 déc.). — La paix conclue (28 janv. 1392). — Embarras financiers. — Mort d'Hawkwood (16 mars 1404). — Rapports douteux entre Florence et Gian Galeaz duc de Milan. — Ambassade de Maso des Albizzi en France (1396). — Traité d'alliance (29 sept.). — Nouvelle guerre (18 mars 1397). — Campagnes de Toscane et de Lombardie. — Défaite des Milanais à Governolo (28 août 1397). — Trêve imposée par Venise (11 mai 1398). — Occupation de Pise par Gian Galeaz (21 janvier 1399). — Soumission de Sienne et autres villes à Gian Galeaz. — Isolement de Florence. — Son alliance avec Robert, roi des Romains (1401). — Les Allemands en Italie. — Victoire de Jacopo del Verme. — Retour de Robert en Allemagne (15 avril 1402). — Bologne aux mains de Gian Galeaz (26 juin). — Florence menacée. — Mort de Gian Galeaz (3 sept. 1402).

Les armées florentines n'avaient encore que par exception combattu loin de la Toscane. Des pouvoirs plus concentrés et plus stables allaient permettre à Florence d'élargir ses horizons belliqueux. « Maintenant, écrit Goro Dati, la commune commence à mettre les mains à de grandes actions[1] ». Ce contemporain veut parler de la

[1] Goro Dati, l. III, p. 50.

guerre contre Gian Galeaz Visconti, l'affaire capitale de ce temps.

Fils et héritier du Galeaz qui avait partagé avec son frère Bernabò les possessions de leur oncle l'archevêque[1], ce seigneur était veuf d'Isabelle de France, fille de Jean le Bon. Du comté de Vertus en Champagne, dot de cette princesse, il avait conservé le nom de *conte di Virtù*, que lui donnent les auteurs, quand ils n'y substituent point, par une malice facile, celui de *conte di Vizi*[2]. Gendre en secondes noces de son oncle Bernabò (1380)[3], il se flattait, par cette alliance, d'échapper à ses embûches; mais ne s'y fiant point, il résidait à Pavie, affectait le détachement des grandeurs et l'horreur de la guerre, vivait frugalement, vêtu d'habits modestes, entouré de clercs, visitait les églises un cierge à la main, se prosternait jusqu'à terre devant les saintes images. Il endormit ainsi la vigilance de Bernabò, put s'emparer de lui et de deux de ses fils (6 mai 1385), le fit enfin mourir, après sept mois de prison et trois tentatives d'empoisonnement (18 décembre 1385)[4].

---

[1] Galeaz était mort le 4 août 1378.

[2] Goro Dati, l. I, p. 30. Coluccio Salutati, lui aussi, dit souvent « Comes vitiorum ». Voy. Guasti, *Lettere di un notaro (Ser Lapo Mazzei) ad un mercante*, Flor. 1880. Préface, p. 72. Nous aurons occasion de revenir sur ce recueil précieux pour l'histoire et si soigneusement édité.

[3] Isabelle était morte en 1372. De Catarina, fille de Bernabò, il eut deux fils, Giovanni Maria et Filippo Maria qui lui succédèrent, plus Valentine qui épousa le duc d'Orléans, frère de Charles VI et aïeul de Louis XII. Voy. Litta, *Famiglie celebri italiane. Famiglia Visconti*, Tav. VI.

[4] And. Gataro, *Stor. padov.*, XVII, 498; *Ann. mediol.*, XVI, 784; Ant. de Radusio, *Chron. Tarvis.* XIX, 785; Poggio, l. III, XX, 247 *Diario d'anon.*, p. 461; Giulini, *Mem. stor. di Milano*, l. 72, t. VII; p. 653. — Poggio commence ici à avoir la valeur d'un contemporain. La, vie de Poggio de Guccio Bracciolini de Terranova, écrite par Shepherd, a été traduite en italien par Tommaso Tonelli. Flor. 1825.]

Déjà maître d'une moitié du duché, il put, sans coup férir, s'emparer de l'autre. Appelés au secours par Carlo Visconti, un des fils de la victime[1], les Florentins s'en excusaient sur les embarras que leur causaient les compagnies et se bornaient à de vaines condoléances[2], exemple bientôt suivi par les autres alliés de Bernabò. L'on vit alors le nouveau seigneur, rejetant son masque de dévotion et d'hypocrisie, cruel au besoin, mais non par goût du sang comme ses ancêtres, toujours sur le qui-vive dans sa forteresse de Pavie contre ses sujets, et dans ses appartements contre ses gardes. Trop peu apte aux combats pour paraître à la tête de ses armées, il était assez résolu pour les lancer au loin, pour rester ferme après les revers et profiter par d'habiles accords du moindre avantage, pour faire succéder la guerre aux traités comme les traités à la guerre, et couronner l'intrigue par la trahison[3]. Voilà comment il enlevait aux Scaligeri Vérone, Vicence, Padoue, comment il faisait dépouiller le vieux Francesco de Carrare par son fils, et dépouillait ensuite le fils de ses propres mains, comment il portait la bannière milanaise jusqu'en face des clochers de Venise[4], comment, en un mot, il devenait riche de terres et d'argent. Ses domaines accrus lui rapportaient régulièrement douze cent mille florins, et avec les taxes

---

[1] La lettre de Carlo, datée du 8 mai, est dans les *Ann. mediol.*, XVI, 786, dont l'auteur a la bonne habitude, rare dans son temps, d'insérer des documents au cours de son récit.

[2] Fiat cum oratoribus D. Karoli condolentia de captura D. Bernabovis, et de gentibus fiat excusatio, tam propter bellum quod geritur quam pro factis societatum. (Consulte du 12 mai, dans *Diario d'anon.*, p. 461, n. 3.) — La lettre de la seigneurie, datée du 14, est dans *Ann. mediol.*, XVI, 787.

[3] Les mêmes et Ammirato, XV, 773.

[4] Sismondi, V, 49-58, qui donne les sources.

ordinaires ou extraordinaires dont il écrasait ses peuples, son budget des temps de paix, pour parler le langage moderne, se soldait en excédant[1].

Mais insatiable comme tous ceux de sa race, il jetait comme eux de cupides regards sur la riche Toscane. L'heure lui semblait venue d'agir. Aucun ennemi du dehors, aucune menace ne le forçait à la défensive. L'Allemagne était impuissante sous l'ivrogne et débauché Wenceslas, la France sous Charles VI enfant, bientôt aliéné. La Hongrie, l'Angleterre, déchirées d'ailleurs par les guerres civiles, étaient trop loin, et l'Aragon ne s'était pas aperçu encore que les côtes d'Italie étaient tout près. En Italie même, nul seigneur qui ne tremblât devant le comte de Vertus. Venise avait laissé tourner contre elle ses boulevards de terre ferme; le pape se débattait contre le schisme; le jeune héritier du trône de Naples le sentait branlant sous ses pieds[2]. La résistance vint d'où l'on pouvait le moins l'attendre. Exilé, accablé d'années, Francesco de Carrare trouva dans sa haine assez de force pour tramer par toute l'Europe la perte de son ennemi. Le dédain avait sauvé sa tête : Gian Galeaz dut se repentir amèrement.

Dans Florence menacée, le seigneur spolié trouvait un point d'appui. Les circonstances lui vinrent en aide. L'éternelle question de Montepulciano se réveillait pour rallumer la discorde entre la République et sa voisine Sienne, qu'elle avait cru dompter en lui imposant l'oligarchie[3]. En haine d'Arezzo, Montepulciano avait recher-

---

[1] A tempo di pace avanzava assai danari (Goro Dati, l. IV, p. 51).
[2] Voy. Ammirato, XV, 785; Capponi, I, 383; Sismondi, V, 60, 62; Zeller, *Hist. d'Ital.*, p. 283.
[3] Voy. le chapitre précédent, p. 33 sq.

ché le protectorat de Sienne; maintenant, par crainte de Sienne, elle recherchait celui de Florence, elle en arborait la bannière, elle se faisait inscrire au livre des « recommandés ». La seigneurie florentine protestait de n'y être pour rien[1]; mais pouvait-on ajouter foi à ses paroles, quand il était constant qu'elle avait envoyé trente lances, sous prétexte d'arbitrage et de protection? C'est ainsi que Sienne fut conduite à implorer le comte de Vertus[2]. Il devenait l'ennemi de Florence, sans qu'il fût besoin d'une déclaration de guerre que Francesco de Carrare eût peut-être arrachée difficilement.

Gian Galeaz campait alors devant Padoue. Il promit d'accourir dès qu'il serait libre, recommandant aux Siennois de ne point, en attendant, démasquer leurs batteries. Lui, il masquait les siennes : il se déclarait, à Florence, tout feu pour la paix; il rappelait ses obligations de confédéré envers cette ville et envers Bologne[3]; il n'avait garde d'avouer son ressentiment de ce qu'on l'avait voulu détourner de conquérir Vérone[4]. C'est par-dessous main qu'il envoyait, en cas d'attaque contre Sienne, quelques milliers d'hommes dont les chefs, implacables ennemis de Florence, pouvaient passer pour agir de leur propre mouvement. Ces deux capitaines, Giovanni d'Azzo des Ubaldini et Giantedesco des Tarlati, dont le meurtre d'un Tudesque avait enflé le prénom[5],

---

[1] Lettre du 11 août 1388. *Sign. cart. miss.* XXI, 43; Ambassade d'Andrea Vettori, 13 août. *Legazioni e commissarie*, 1, 127, dans *Diario d'anon.*, p. 478, n. 6.

[2] Poggio, l. III, XX, 249; Minerbetti, 1388, ch. IX, II, 164; L. Bruni, l. IX, p. 206; Ammirato, XV, 791.

[3] Cette ligue avait été conclue le 31 août 1385.

[4] Minerbetti, 1388, c. XI, II, 167 ; Ammirato, XV, 791, 792.

[5] Giov. de Jacopo Morelli, *Ricordi* dans *Delizie*, etc., XIX, 2. — Ne pas confondre cet auteur avec Giov. de Paolo Morelli, dont la chronique a été

échouèrent et devant Pise, grâce à l'invariable fidélité de Piero Gambacorti[1], et devant San-Miniato, dont l'occupation eût permis, en ce temps de disette, de couper les Florentins de la mer[2]. Qu'importait, après ce double échec, la maigre prise de quelques petits châteaux? Giovanni des Ubaldini, au surplus, bientôt malade et empoisonné, dit-on, se voyait réduit à l'impuissance, et comme il avait seul un renom militaire, sa mort opportune (25 juin 1390) mettait fin à ces hostilités préliminaires, dont personne, sauf les deux *condottieri*, n'assumait la responsabilité[3].

Mais Gian Galeaz avait d'autres cordes à son arc. Il usait sans vergogne de la corruption. Les documents parlent d'un certain Bonaccorso de Lapo Giovanni, banni en 1378 par le parti populaire, gonfalonier de justice en septembre 1388, et ambassadeur à la cour de Milan, qu'il acheta pour mille florins[4]. Il chassait les Floren-

---

imprimée à la suite de Malespini (éd. de Flor. 1718, p. 217 sq.) L'un est né vers 1360, l'autre en 1371. Ce dernier est partisan de l'oligarchie. Il a plus de vie et d'intérêt que son homonyme. Voy. sur tous les deux *Istoria genealogica de' Morelli* par Ildef. de San Luigi, *Del.*, XIX, p. 180, 181, et sur Giovanni de Paolo une monographie du Dr Paolo Giorgi, dans la publication intitulée *Il R. Liceo ginnasiale Melchiorre Delfico nell'anno scolastico* 1880-81. Flor. Il y a un troisième Morelli, Leonardo de Lorenzo, qui vivait au temps de la chute de la République, et qui a laissé deux chroniques publiées par le P. Ildefonso à la suite des *Ricordi* dont il vient d'être question, en supprimant ce qui faisait double emploi avec les *Ricordi*. Pour ne pas répéter indéfiniment les noms patronymiques, nous distinguerons désormais les deux premiers Morelli par le titre de leur ouvrage.

[1] Minerbetti, 1388, c. v, III, p. 158.
[2] Minerbetti, 1389, c. xxi, II, 193; Ammirato, XV, 800.
[3] Fra Bart. de la Pugliola semble accuser les Florentins d'avoir suscité l'empoisonneur qu'écartelèrent les Siennois. (*Cron. Bol.* XVIII, 545.) Cf. Minerbetti, 1390, c. xxvii, II, 222; Ammirato, XV, 807.
[4] Le traître dut s'enfuir. Il demanda à venir se disculper. Franco Sac-

tins de ses domaines[1]. Contre tout droit des gens, il emprisonnait au passage tel orateur de la République à destination de la France, sous l'accusation d'avoir parlé contre lui dans les *consulte*, et proposait même de l'assassiner[2].

Au demeurant, il n'avait pas tort de croire que Florence lui suscitait partout des ennemis. Ces négociations dont nous avons parlé, pour unir la « délicieuse » fille de Charles III à l'héritier de la maison d'Anjou[3], avaient pour but inavoué de rendre disponibles contre Milan les forces de Naples. Un de ces ambassadeurs qui se succédaient incessamment à la cour de France, Filippo Corsini, homme sûr[4]; recevait mission d'offrir à Charles VI toutes les conquêtes qui se feraient du Pô à la rivière de Gênes, et du territoire de Pavie aux montagnes, ou de le prier, s'il se refusait à entrer dans la ligue, de permettre que la République traitât avec ses barons, et pût, ainsi que Bologne, arborer l'étendard aux fleurs de

---

chetti était d'avis de ne le recevoir que de nuit. (*Consulte* du 5 nov. 1588). Vint-il? En ce cas il n'aurait persuadé personne, car on le fit peindre avec des vers injurieux. Il était disciple de sainte Catherine de Sienne, avec Giannozzo Sacchetti, ce tartuffe dont nous avons parlé (t. V, p. 322, 325), et quand la réaction fut triomphante, on l'avait rappelé, remis en jouissance de ses droits civiques. Voy. *Diario d'anon.*, p. 480 et n. 4; préf. de Gherardi, p. 280. Cf. Ammirato, XV, 793.

[1] Ammirato, XV, 797.
[2] L. Bruni, IX, 205, 207.
[3] Voy. chapitre précédent, p. 39.
[4] Filippo Corsini tenait aux Albizzi par sa mère, et le triomphe de Maso l'avait seul rappelé de l'exil. Il avait été gonfalonier de justice en juillet 1568, et gouverneur d'Urbino pour Grégoire XI. C'était un docte, qu enseignait le droit public au *Studio* et avait acquis l'expérience diplomatique dans plusieurs ambassades. *Diario d'anon.*, p. 467; Desjardins, t. I, p. 29, n. 1. Le 10 août 1389, la seigneurie annonçait à la reine de Naples le prochain départ de cet ambassadeur et de ses collègues. *Sign. cart. miss.*, XX, 199, *Diario d'anon.*, p. 466, n. 7. Les instructions sont du 23 juin précédent. Desjardins, p. 29, donne l'indication du ms.

lis[1]. Le gouvernement des fleurs de lis objectait, en effet, ses embarras intérieurs et son alliance avec le Visconti[2]. Acquiescerait-il nonobstant à la ligue? Il y mettait deux conditions : la reconnaissance de l'antipape et le payement d'un tribut. Ce tribut, si faible qu'il pût être, lui paraissait nécessaire pour qu'il eût un prétexte de prendre Florence sous sa protection. Là était la pierre d'achoppement. Sur le premier point la République acceptait d'avance la décision d'un concile; sur le second, elle n'entendait point dépasser les limites de la soumission par le langage[3].

A défaut de la France, fort refroidie par ces réponses, parviendrait-on à s'assurer Amé VII, comte de Savoie[4], et le duc Étienne de Bavière[5]? C'était douteux, quoique ce dernier, gendre de Bernabò, dût être, plus que personne, hostile au meurtrier. L'honnête et bon Piero Gambacorti, qui risquait, la guerre éclatant, d'être pris dans l'engrenage, s'évertuait à la conclusion d'une ligue de trois ans qui eût obligé Gian Galeaz à ne se point mêler des affaires de Toscane plus que Florence de celles de Lombardie (9 octobre 1389)[6]. Mais les Siennois refu-

---

[1] Résumé d'Ammirato le jeune, XV, 796. Cet auteur proteste contre l'assertion de Juvénal des Ursins (éd. du *Panthéon littér.*, p. 372), que Florence et Bologne suppliaient le roi « qu'il les voulust prendre en sa seigneurie et pour ses subjets ». Juvénal, en effet, a dû se laisser tromper par les formules de soumission dont Florence use et abuse en s'adressant à la couronne de France.

[2] Juv. des Ursins, p. 372.

[3] L. Bruni, IX, 208; Ammirato, XV, 801. L'ambassade française, venue le 8 janvier 1388, repartie le 22, n'avait obtenu qu'une promesse de neutralité dans les affaires de Naples. Voy. *Diario d'anon.*, p. 476. Il a été question de cette ambassade au chapitre précédent, p. 41.

[4] Voy. Desjardins, t. I, p. 30, note, qui renvoie au document.

[5] Ammirato le jeune, XV, 797.

[6] Ammirato le jeune, XV, 798; Minerbetti, 1389, c. xiv. II. 188.

saient de se laisser enrôler, et l'on soupçonnait le comte de Vertus de leur avoir soufflé une réponse qui le dégageait d'une négociation si peu sérieuse[1].

Dès le mois de mars 1390, les Florentins pouvaient donc préparer la guerre au grand jour. Les citoyens ouvrent spontanément leur escarcelle, et l'on force à s'ouvrir celle des clercs, qui subissent sans crier, sous un gouvernement fort et de leur goût, les charges qui, sous le gouvernement populaire, leur avaient fait pousser les hauts cris[2]. Pour l'aider dans ses efforts, la République peut compter sur Bologne, sur les mille lances de Giovanni de Barbiano, sur les exilés de Pérouse, sur les fils de Bernabò et son gendre Hawkwood, rappelé de Naples, mis à la tête de deux mille lances ou six mille hommes de cavalerie, enfin sur Francesco de Carrare, dont l'énergique passion valait un corps d'armée[3]. Gian Galeaz, lui, ralliait Sienne, Pérouse, les Montefeltri d'Urbino, les Manfredi de Faenza, les Malatesti de Rimini, les seigneurs de Ferrare, de Mantoue, de Forlì, d'Imola. Ses troupes, montant à quinze mille chevaux et six mille fantassins, étaient échelonnées de Bologne à Sienne[4].

Le 25 avril, il envoyait son défi aux Florentins, les accusant d'avoir rompu la paix, accusation aussitôt retour-

---

[1] Fu fatta di questa lega grande beffe da tutti i collegati. (Minerbetti, 1389, c. xiv, II, 189.) Cf. Ammirato, XV, 799.

[2] Minerbetti, 1389, c. xxiv, II, 196, 197; Poggio, l. iii, XX, 252; Ammirato, XV, 801.

[3] Francesco de Carrare était venu à Florence en mars 1389 après bien des malheurs et une dramatique odyssée. On l'avait traité alors, les négociations de Gambacorti étant pendantes, comme un simple fugitif. Voy. Ammirato, XV, 795, Minerbetti, 1389, c. xxvii, II, 199.

[4] Minerbetti, 1390, c. xiv, iv, II, 210, 203; And. Gataro, *Stor padov.*, XVII, 769; Ammirato, XV, 803; Ricotti, II, 189.

née contre lui[1]. Il comptait prendre l'offensive, on le réduisit tout d'abord à la défensive. Ce n'est point sur le sol toscan que furent portés les premiers coups de la guerre. En mai 1390, Francesco de Carrare se présentait à la frontière de ses anciens États avec trois cents lances d'emprunt, et s'emparait de Padoue, tandis qu'Hawkwood et les Bolonais, pour faire avec lui leur jonction, battaient près de Pimaccio et forçaient à la retraite Jacopo del Verme, capitaine de Milan[2]. En même temps arrivait avec six mille chevaux Étienne de Bavière, et toutes ces forces réunies enlevaient les châteaux de la frontière, assuraient les communications avec Venise et l'Allemagne[3].

On se flattait que par la voie libre d'Allemagne arriverait enfin la seconde moitié des troupes que le duc de Bavière avait promises, sans l'amener avec lui[4]. Elle ne servit qu'à le ramener lui-même dans son pays. Ce n'était point un homme sûr, et on le sentait. Il n'était pas encore dans les plaines lombardes qu'on le disait déjà gagné par l'or et les promesses de Gian Galeaz[5]. Le leurre d'une alliance de famille et d'une riche dot l'ayant déterminé à entraver les opérations militaires, à marquer son dessein de repasser les Alpes, nul n'y contredit. Il n'était pas resté un mois en Lombardie[6].

[1] Voy. les deux doc. dans *Ann. mediol.*, XVI, 815-817.
[2] Jacopo del Verme, né à Bologne, avait fait ses premières armes dans la compagnie de San Giorgio, sous Alberico de Barbiano. Il resta attaché à Gian Galeaz la vie durant de celui-ci. Ensuite, il passa au service des Vénitiens.
[3] And. Gataro, *Stor. padov.*, XVII, 777-801; Minerbetti, 1390, c. xxv, xxvi, II, 219, 221; Poggio, l. iii, XX, 258; *Cron. Bol.*, XVIII, 545; Ammirato, XV, 805.
[4] And. Gataro, XVII, 798. — [5] Minerbetti, 1390, c. xxx, II, 224.
[6] Minerbetti, *ibid.*; Poggio, l. iii, XX, 258; Bonincontri, XXI, 56; Goro Dati, l. III, p. 31; Ammirato, XV, 809; Ghirardacci, l. xxvi, II, 443.

Hawkwood y restait presque seul, avec des forces insuffisantes. Pour le rejeter sans combat vers la Toscane, Visconti n'avait qu'à inquiéter Florence sur ses derrières. Il en connaissait les moyens. Grâce à ses intrigues, Andrea Cavalcabò, son conseiller intime, était appelé à Sienne en qualité de sénateur, — c'est le nom que, dans cette ville ainsi qu'à Rome, on donnait au podestat. Là, s'alliant aux gibelins Salimbeni contre les guelfes Tolomei et Malavolti, cet officier faisait conférer par décret à son maître la seigneurie sur Sienne, au même titre que sur Milan ou sur Pavie : les proscriptions, les supplices avaient eu raison des opposants[1]. Huit ans encore devaient s'écouler avant que Sienne fût effectivement livrée[2] : ce long temps n'était pas inutile pour faire d'une grimace une vérité. Le comte de Vertus n'y parvint qu'en s'emparant des forteresses l'une après l'autre, qu'en garnissant de troupes la ville même, qu'en faisant main basse sur les revenus, comme sur les mercenaires, qu'en réduisant ses ennemis à demander asile aux Florentins[3]. C'est toujours le mot de la fable : laissez mettre un pied chez vous, on en aura bientôt mis quatre.

Menacée au sud comme au nord, n'étant couverte vers Sienne que par ses propres armes ou ses murailles, et vers Milan que par Bologne, qui, supportant à peine un tiers des frais, se montrait découragée[4], Florence cherchait ailleurs de plus efficaces secours, et elle en trouvait en France, sans se soumettre aux conditions du roi.

---

[1] Malavolti, part. II, l. IX f° 171 ; Minerbetti, 1390, c. xxxviii, II, 232.
[2] Elle le fut le 6 nov. 1399. Voy. le doc. dans Malavolti, part. II, t. X, f° 185-189.
[3] Malavolti, ibid., f° 87.
[4] Poggio, l. iii, XX, 264 ; L. Bruni, III, X, 213.

Les comtes Jean III et Bernard d'Armagnac avaient marié leur sœur à Carlo Visconti, fils aîné de Bernabò, et partageaient ses sentiments de haine envers le seigneur meurtrier[1]. Ils ne pouvaient que se montrer faciles aux sollicitations des ambassadeurs de la République, aux encouragements des ducs de Bourgogne et de Berry, oncles de Charles VI, enchantés de nuire et de déplaire au duc d'Orléans leur rival, récemment marié à Valentine de Milan, fille de Gian Galeaz (17 août 1389). Ils trouvaient une armée toute prête dans les restes de ces bandes qui avaient désolé les rives de la Loire et du Rhône[2] : s'ébattre dans les luxuriantes plaines du Pô n'était pour elles qu'une partie de plaisir, les Lombards ayant un grand renom de couardise[3].

C'est ainsi que, le 16 octobre 1390, Jean III d'Armagnac s'engageait par traité à descendre en Lombardie avant la fin de novembre, à y guerroyer pendant un semestre, ou deux au besoin, avec deux mille lances et trois mille « pillards ou saccageurs ». Des vivres, quinze mille florins d'or par mois, une gratification de cinquante mille autres, tels étaient les avantages stipulés en leur faveur. En retour, Florence exigeait — précaution sage avec de telles gens — qu'ils s'abstiendraient de toute violence à l'égard des villes et pays qui, volon-

---

[1] Bernard d'Armagnac ne devint qu'en 1410 chef de la faction d'Orléans, après avoir marié sa fille au duc Charles d'Orléans (le poète), veuf de la fille de Charles V. C'est lui qui devint connétable de France après Azincourt (1415) et qui fut massacré par les Bourguignons (12 juin 1418). Voy. H. Martin, V, 459, 508; VI, 22, 57 sq.

[2] Minerbetti, 1390, c. XLVI, II, 238. Sur tout cela Ammirato (XV, 810 est très mal informé, et il entraîne dans son erreur Sismondi (V, 89), auteur pourtant d'une histoire de France.

[3] Si sont Lombards de leur nature riches et couards. (Froissart, l. IV, ch. XX, t. III, p. 109.)

tairement, se détacheraient du comte de Vertus¹. Celui-ci essaya bien de retenir en France son futur adversaire par les objurgations sollicitées de maint seigneur français, et surtout par des présents considérables². Armagnac n'écouta personne, refusa tout. S'il se hâta lentement, s'il ne parut en Piémont qu'au mois de juin de l'année suivante, après sept mois de retard et d'attente, c'est peut-être qu'il était malaisé de réunir tous ces *capitanei, caporales, proceres, nobiles, barones, mariscalli, submariscalli, ductores*, dont fait mention le traité, et plus encore d'apaiser les mutineries, de maintenir la concorde dans cette poussière du commandement³.

A la rencontre de ces hypothétiques sauveurs s'avançait Hawkwood : la jonction devait se faire sur les rives du Pô⁴. Pour donner du cœur à l'Anglais, Florence venait d'augmenter de deux mille florins la pension de douze cents qu'elle lui servait depuis 1375, de le nommer, ainsi que ses fils, citoyen de la ville⁵, et de les exempter tous des impôts, d'assurer enfin à sa femme, si, restée veuve, elle habitait sur le territoire, mille florins de pension, et à chacune de ses filles deux mille florins de dot⁶. Le 10 mai 1391, il s'avançait, de Padoue, jusqu'à

---

¹ Atti pubblici, t. XL. Cartapecore, 46, et Riform. l. xi, dist. 3, Reg. 53. Doc. analysé par Desjardins, I, 50. Cf. Ammirato le jeune, XV, 810.
² L. Bruni, X, 215 ; Minerbetti, 1390, c. xlvi, II, p. 238.
³ Voy. le traité, l'analyse de Desjardins, et Ricotti, II, 190, 191.
⁴ Ricotti, *ibid*.
⁵ Mars 1391. Hawkwood est inscrit sur les livres publics, comme citoyen, au quartier san Giovanni, au gonfalon du lion d'or. Il avait diverses maisons de plaisance où il passait une partie de l'année. Voy. Ammirato, XV, 813 ; Manni, *Vita di G. Aguto*, R. I. S. Suppl., II, 641 ; Ricotti, II, 200 ; F. Ceretti, note sur Hawkwood, dans la *Commissione municipale di storia patria*. La Mirandole, séances des 25 avril et 30 mai 1878.
⁶ Hawkwood avait-il besoin de ce stimulant ? On peut en douter, si l'on se rappelle avec quelle rudesse il relevait deux moines qui lui avaient

quatre milles de Milan. Là, couvert par l'Adda, il attendait. Son adversaire, peu jaloux d'être bientôt pris entre deux feux, devait donc l'abattre ou le refouler tandis qu'il était seul encore. Jacopo del Verme marcha sur Hawkwood, le contraignit à repasser l'Oglio, et vint s'enfermer dans Alexandrie pour faire face aux arrivants. Armagnac n'y vit qu'une preuve nouvelle de la couardise lombarde. Avantageux comme un Français de vingt-huit ans, il resta sourd aux avis des ambassadeurs florentins, Rinaldo Gianfigliazzi et Giovanni Ricci, — un Ricci au service des Albizzi! — qui ne le quittaient pas d'une semelle. Il ne voulut point différer tout engagement jusqu'à sa jonction avec Hawkwood, au-dessous de Pavie, sur la rive droite du Pô[1]. Jacopo del Verme se garderait bien de sortir d'Alexandrie, et, s'il l'osait, quinze cents chevaux auraient raison de lui. Les chefs subalternes applaudissaient à ces vanteries. « Plus courageux que sages, écrit Goro Dati, plus hardis qu'au courant de la tactique italienne, ils méprisaient tout ce qui n'était pas eux, et croyaient marcher à la conquête du monde[2] ».

Le 24 juillet, s'avança le téméraire. Il tenait parole, n'emmenant avec lui qu'une poignée d'hommes, et laissant à quatre milles le gros de son armée. Pour lui donner confiance, Verme ne lui opposa qu'une escouade, laquelle fut aisément rejetée dans la ville; mais sortant par une autre porte, il courut à la rencontre des assaillants, tandis que trois cents lances les atta-

souhaité « la bonne paix », à lui qui vivait de la guerre et n'avait nulle envie de mourir de faim. Voy, Sacchetti, *Nov.* 181. Cela prouve du moins le prix que les Dix de la guerre mettaient à son concours.

[1] Minerbetti, 1391, c. xviii, II, 260; L. Bruni, X, 216; Ammirato, XV, 820.

[2] Goro Dati, l. III, p. 33. Cf. L. Bruni, l. X, p. 216.

quaient par derrière (25 juillet). Sur le midi, la chaleur était accablante : quelques escarmouches avaient exténué hommes et chevaux. Aux hommes devait rester du moins la force morale : Armagnac leur ordonne de mettre pied à terre, de former une phalange serrée, de marcher, lance en avant, sur la cavalerie milanaise. Celle-ci, habilement conduite, les attire loin des chevaux, et alors, les ayant à sa merci, aveuglés par la poussière, à moitié morts de soif, succombant sous le poids d'armures non faites pour combattre à pied, elle les taille en pièces, et emmène prisonnier Jean III, qui mourut peu de jours après [1]. Privé de son chef et attaqué par les vainqueurs, le camp français fit peu de résistance. Ce fut en Piémont une débandade, dans les Alpes un massacre : les montagnards prenaient plaisir à tuer au passage les soldats fugitifs. Quant aux officiers, les principaux restaient captifs, avec les commissaires florentins [2].

Grave ou non, l'échec était cruel à qui comptait sur la victoire. Au porteur de la nouvelle le roi de France,

---

[1] Sa mort est attribuée à ses blessures, à une boisson froide quand il avait très chaud, et même à l'empoisonnement. Voy. Minerbetti, 1394, c. xviii, II, 263; Poggio, l. iii, XX, 262; L. Bruni, X, 216; Ammirato, XV, 821; Froissart, t. III, p. 107-115. Son corps fut enseveli dans l'église de Saint-Marc d'Alexandrie, où se lit son épitaphe. Elle est rapportée par De Conti, *Notizie storiche di Casale*, t. III, p. 321, et Ricotti, II, 193.

[2] Les mêmes, plus Goro Dati, III, 33; Boninconiri, XXI, 57; Sozomeno, XVI, 1146; ser Naddo, p. 125; Corio, part. III, c. vii, p. 362. Giulini (Continuaz., l. LXXIV, p. 534) a publié deux lettres écrites le 25 et le 26 juillet par Verme au seigneur de Milan sur la bataille. Les deux ambassadeurs, pour ravoir, longtemps après, leur liberté, payèrent : Gianfigliazzi 2500 fl., Ricci 7000. Ce dernier passait pour être l'instigateur de la guerre. (Poggio, l. iii, XX, 263 et note de Muratori; Ammirato, XV, 823.) Voy. encore la lettre de Gian Galeaz à Boniface IX, dans Osio, *Doc. dipl., tratti dagli archivi milanesi*, n° 208.

blessé seulement dans son amour-propre, donnait un vigoureux coup de poing sur la figure[1]. Les Florentins, bien autrement compromis, n'avaient d'yeux et d'oreilles que pour les messagers de Lombardie : Hawkwood et son armée étaient-ils détruits? Là était pour eux la question, car ils avaient besoin de lui vers Bologne, pour couvrir la Toscane[2]. Tout d'abord, Hawkwood avait refusé de croire au désastre des Français; mais toujours prudent, il accentuait sans retard son mouvement de retraite. Pour être en sûreté, il devait franchir encore le Mincio et l'Adige, l'épée aux reins, car les vainqueurs accouraient, grossis de toutes les garnisons devenues inutiles. Il prit son temps, laissa approcher, endura quatre jours d'insultes, et, le cinquième, tomba sur les assaillants de ses lignes, enhardis par son inertie, les mit en déroute, leur prit plus de douze cents chevaux[3]. Passer le Mincio n'était plus qu'un jeu. L'Adige même, plus impétueux et plus large, se prêtait, par ses digues, à inonder le chemin, ce qui pouvait être, pour une armée en retraite, le salut comme la mort. En voyant la plaine couverte d'eau, Verme chantait déjà victoire : il faisait demander à son maître dans quel état il lui devrait livrer ses ennemis, et il envoyait à Hawkwood un renard dans une cage. L'apologue était transparent; l'Anglais sut en modifier la moralité. Le renard, fit-il répondre, ne semble point triste; c'est qu'il sait sans doute comment échapper. Puis, rompant un des bar-

[1] Vos ipsum in maxilla impresso pugillo nobilissimis illis vestris manibus percussisse. (Lettre de Col. Salutati, 28 sept. 1391, au nom de la Seigneurie, dans les *Lettere di un notaro*, préface, p. 71, n. 1.)
[2] Minerbetti, 1391, c. xix, II, 264; Ammirato, XV, 823.
[3] L. Bruni, X, 217; Poggio, l. iii, XX, 263; Boninconti, XXI, 58; Ammirato, XV, 817.

reaux de la cage, il lui donna la clef des champs[1]. Le lendemain, il la prenait lui-même, avant le jour. Ses tentes dressées, ses bannières flottant dans l'air tenaient Verme en respect, tandis que les chevaux cherchaient leur route plongés jusqu'au poitrail dans la plaine submergée, et que les hommes de pied se cramponnaient à la queue des chevaux. A tâtons et au prix de beaucoup de pertes, le gros des troupes parvint ainsi au château de Castel Baldo, où l'Adige, lâché en amont, n'avait plus un filet d'eau. Le repos nécessaire après de telles fatigues ne fut point inquiété : Verme n'avait aucun goût pour les marécages; pas plus à Hawkwood qu'aux grenouilles il n'enviait l'art de s'y orienter[2].

Florence croyait tout perdu. Elle vit donc avec joie son capitaine s'avancer par Bologne et Pistoïa sur San Miniato al Tedesco, que menaçait l'ennemi. Verme, en effet, sur l'ordre de Gian Galeaz, s'était porté à marches forcées, par les Alpes de Lunigiane, vers le territoire de Lucques et de Pise, pour y opérer sa jonction avec les Siennois. Déçu dans son espoir, car la crainte de voisins avec qui ils finiraient par rester en tête-à-tête, réduisait les Siennois à ne le secourir que de volontaires, il ne put, durant les mois de septembre et d'octobre, que tenir Hawkwood en échec[3]. Les deux renommés capitaines étaient dignes l'un de l'autre. Impatient de ces retards, le seigneur de Milan voulait au moins que son armée

---

[1] Poggio, l. III, XX, 264; *Chron. d'Agobbio*, XXI, 945.

[2] Minerbetti, 1391, c. XVI, II, 256-259; Poggio, l. III, XX, 264; L. Bruni, X, 217; *Chron. est.*, XV, 523; *Cron. d'Agobbio*, XXI, 945; Bonincontri, XXI, 59; And. Gataro, XVII, 808.

[3] On peut voir le détail des mouvements stratégiques dans Minerbetti, 1391, c. XXIII-XXV, II, 267-271; L. Bruni, X, 219; ser Naddo, p. 126; Ammirato, XV, 824-827.

empêchât le ravitaillement de Florence; mais il eût fallu occuper Pise, et plutôt que de s'y risquer, Verme préféra se retirer vers Serezzana et Lavenza[1]. Il espérait atteindre le but sans s'exposer au danger. Le vieux Gambacorti, qui venait de l'échapper belle, ne pouvait, quoique ami des Florentins, refuser, à qui le serrait de si près, d'intercepter les vivres qui, de la mer, s'acheminaient vers Florence.

Placé entre l'enclume et le marteau, hors d'état de maintenir cette neutralité qui l'avait rendu cher à Pise, il était excédé de cette guerre sans résultats, il proposait d'y mettre fin et trouvait partout de bonnes dispositions[2]. Boniface IX[3] le soutenait; Antonio Adorno, doge de Gênes, avait fait aux Florentins des ouvertures[4]; Gian Galeaz était trop habile aux négociations pour ne pas les préférer aux combats. C'est à Gênes que se réunirent les fondés de pouvoirs des belligérants. Ricciardo Caracciolo, grand maître de Rhodes et légat du pape, présidait le congrès (21 décembre 1391)[5].

---

[1] Les mêmes, plus *Annali sanesi*, XIX, 396.

[2] L. Bruni, X, 220; Ammirato, XV, 826.

[3] Pietro Tomacelli, né au royaume de Naples, exalté en 1389; doux et aimable, il prenait, au début du moins, l'avis de ses cardinaux, ce qui, au regard de son prédécesseur Urbain VI, le fit passer pour un bon pape.

[4] Ammirato, XV, 824.

[5] Il y avait alors deux grands maîtres de l'ordre de Saint-Jean de Jérusalem, l'un Ricciardo Caracciolo, qu'avait soutenu Urbain VI; l'autre F. de Heredia, qui était du parti de Clément VII. Voy. un travail de M. Delaville Le Roulx dans la *Bibl. de l'École des chartes*, 1879, 5ᵉ et 6ᵉ livraison, p. 525-544 : *Un anti-grand maître de l'ordre de Saint-Jean de Jérusalem, arbitre de la paix conclue entre Jean Galéas Visconti et la République de Florence, 1391-1392*. Il publie en appendice plusieurs lettres, tirées des archives florentines, sur ces négociations (p. 536-44). Gênes ne fut pas acceptée par les Florentins sans répugnance : « quamvis non aptus sed difficilis locus sit... cum honestate non potuimus aliter providere ». Au doge, au grand maître, 25 août, p. 538.)

On y vit des nouveautés singulières ; on y rencontra de sérieuses difficultés. Les communes sont désormais des États et autour des grands Etats commencent à se grouper les petits, pour inaugurer cette politique d'équilibre qui sera si fort en honneur dans la seconde moitié du quinzième siècle. Boniface IX parle de la guerre entre Italiens comme d'une guerre civile[1]. Gian Galeaz reproche à ses adversaires d'appeler en Italie les Français et les Allemands, « nations barbares et étranges, dit-il, que la nature avait, par le moyen des Alpes, exclues de l'Italie, et qui en causaient la ruine commune ». Il rappelait que l'empire romain en avait chassé les Cimbres et les Teutons[2]. Mais

Quis tulerit Gracchos de seditione querentes?

Ce n'est pas sans peine qu'on posa les bases du traité. Comme on demandait que chaque partie contractante donnât des garants de l'exécution : — Notre garant, dit un Florentin, sera l'épée. Galeaz sait ce que nous pouvons, et nous savons ce qu'il peut[3], — bravade médiocrement redoutable de la part d'un peuple qui ne combattait qu'à coups de florins. Caracciolo et Adorno, désignés pour

---

[1] Nam una et eadem Italia partes eduxit in lucem, et in gremio continet atque nutrit. (Theiner, t. III, Doc. 15. Citation d'un récent ouvrage, sérieux et utile, de M. Carlo Cipolla, *Storia politica d'Italia. Storia delle signorie italiane dal* 1313 *al* 1530. Milan, 1881, p. 207.)

[2] Voy. le texte et d'autres dans le même sens, chez Carlo Cipolla, *loc. cit.*, p. 207.

[3] L. Bruni, X, 222; Poggio, l. III, XX, 270; Bonincontri, XXI, 62. Tous les auteurs, à l'envi, rapportent cette fière parole. Celui à qui on l'attribue est appelé Guido Neri par les uns, Guido Tommasi ou del Palagio par les autres. Morelli (*Del.* XIX, 4) les met d'accord en disant: Guido di M. Tommaso di Neri di Lippi. Del Palagio est un surnom, devenant nom de famille. Voy. Ammirato, XV, 824. Il est beaucoup parlé de ce personnage dans les *Lettere di un notaro*.

arbitres (janvier 1392), ne s'entendirent guère mieux. De plus, ils étaient suspects, celui-ci comme gibelin et favorable à Milan, celui-là comme guelfe, et inclinant vers Florence[1]. Les délégués milanais proposent de remplacer Caracciolo par le peuple génois, et leur proposition est repoussée[2], mais on y substitue celle, qu'ils acceptent, de prendre le peuple génois comme tiers arbitre pour départager les deux autres. Quatre syndics le représentèrent, suspects à leur tour aux deux partis, si bien qu'on décida de n'admettre comme valable qu'une sentence rendue à l'unanimité[3].

Le 26 janvier, non sans peine, on parvint à rallier tous les suffrages[4]. Francesco de Carrare le jeune, cause de la guerre, ne conservait Padoue qu'à la condition de payer au comte de Vertus, pendant cinquante années, un tribut annuel de dix mille florins d'or. Pour tous les autres belligérants, selon l'usage, restitution réciproque des conquêtes, interdiction de se mêler des affaires les uns des autres. En Toscane, Gian Galeaz, était-il dit, n'obtiendrait « que de l'eau fraîche[5] », quoiqu'il dût

---

[1] Minerbetti, 1391, c. xxxii, II, 283.

[2] Petebant quod rupte fidei judices essent prefatus Dom. Dux et communitas januensis. Quod quidem fuit apertissime denegatum. (Aux Bolonais et autres, 25 déc. dans *Un anti-grand maître*, etc., app. 5, p. 540.)

[3] L. Bruni, X, 222. Cf. Minerbetti, *loc. cit.*, p. 284. Tandem nostri consentiebant... ita tamen quod duo ex eis nichil possent sine presentia et consensu tertii judicare.... Quod totum fuit per adversarios recusatum. (Même lettre du 25 déc., *ibid.*)

[4] Nunc autem audivimus hostem nostrum, dum pacem se velle simulat, solitis artibus bellum struere.... Audivimus quosdam nostros cives nescimus que verba iracunda cum quodam commissario comitis habuisse.)Au pape, 20 janv. 1392, dans *Un anti-grand maître*, etc., app. VII, p. 542, 543.) La date est fixée contrairement à Minerbetti qui dit le 28, dans Rousset, *Suppl. au Corps dipl. de M. du Mont*, I, part. II, p. 260-263.

[5] Oltre l'acqua fresca. — Cette expression revient deux fois au résumé du traité dans Ammirato le jeune (XV, 829, 830).

bientôt (15 février) accorder aux Florentins, comme aux Bolonais et à leurs alliés, libre trafic, libre résidence chez lui[1]. Des deux parts on promettait d'effacer toute peinture ignominieuse. Boniface IX menaçait d'excommunication quiconque n'observerait pas ce traité[2].

Florence n'était point satisfaite[3]. Elle n'avait cédé que pour préserver d'une saisie ses navires mouillés au port de Gênes[4]. Mais elle faisait de nécessité vertu[5]. Ses dépenses avaient été énormes[6]. Ses citoyens avaient tant payé, qu'ils ne trouvaient plus rien au fond de leur bourse. Sa dette était si forte que presque tous ses revenus passaient à servir les intérêts du *monte*. Aussi en réduisait-elle les créances à trois et demi pour cent pendant trois ans, après lesquels seraient payés, dans leur intégralité, les intérêts réduits. Les acheteurs desdites créances étaient tenus de les vendre à la commune au prix coûtant, plus deux pour cent pour les frais, me-

---

[1] Osio, *Documenti diplom., tratti dagli arch. milanesi*, I, 304.

[2] L. Bruni, X, 222 ; Goro Dati, III, 35 ; Poggio, l. III, XX, 269 ; *Chron. est.*, XV, 525. Les documents dans Du Mont, *Corps dipl.*, II, Suppl. par Rousset, t. I, p 229-276.

[3] « Et quanquam non habuerimus id quod decuit, et quod merebatur nostra justitia, et totus noster populus infallibiliter expectabat, nichilominus tamen certi sumus Reverentiam vestram pro nobis et nostro populo quantum scivit et potuit effecisse. » (Col. Salutati au grand maître Caracciolo, 11 févr. 1392, dans *Un anti-grand maître*, etc., app. VIII, p. 543.)

[4] Lettres apologétiques de la seigneurie au duc de Padoue et aux Bolonais, 24 janv. 1394. Reg. de la magliab., *Un anti-grand maître*, etc., p. 533, 534.

[5] Bellum fuit honorabiliter gestum, paxque tali condictione conclusa quod quondam hostis noster de perditis nihil recuperat, et omnes qui audiunt reputant ligam ex hujus pacis capitulis honoratam. (Col. Sal. aux Bolonais, 14 févr. 1392. *Ibid.*, app. IX, p. 543).

[6] 3200 m. fl. selon G. Dati, III, 35 ; 1266 m. selon L. Bruni, X, 216. Ammirato (XV, 822) conteste même ce dernier chiffre, mais G. Capponi (I, 390) l'enregistre sans le contester.

sures impopulaires qui faisaient accuser l'État de ne point tenir ses engagements. Mieux valait, pour les tenir, non pas, comme on le fit, augmenter certaines gabelles, mais licencier mercenaires et *condottieri*. On s'y décida finalement au mois d'août[1], et l'on fit bien : c'est par la réduction des dépenses militaires que se font les grandes économies.

La paix devait durer assez pour condamner Hawkwood au repos pendant les deux dernières années de son existence agitée : il s'y résignait sans doute, depuis que sa fortune était faite, plus volontiers que par le passé. Il mourut de maladie (16 mars 1394) dans un de ses domaines, et fut enseveli avec plus d'honneurs que n'en avait reçu jamais aucun citoyen[2]. C'est que Florence sentait l'étendue de sa perte : tous les autres bons capitaines étaient du côté de Milan. Avec cet Anglais disparaissent les compagnies qui prenaient un nom et se donnaient un chef. A l'avenir, ce seront les chefs, et surtout des Italiens, qui formeront les compagnies, qui en soigneront l'organisation et leur dicteront des lois, plus dangereux aux princes que leurs devanciers, parce qu'ils seront plus maîtres de leurs soldats, princes ou seigneurs bientôt eux-mêmes, par l'hérédité du commande-

---

[1] Minerbetti, 1392, c. xii, II, 303; Ammirato, XV, 831 ; Capponi, I, 390.

[2] Il fut enseveli dans le chœur de S. M. del Fiore. Paolo Uccello, le grand peintre du temps, fut chargé de le peindre à cheval sur la façade. (Minerbetti, 1393, c. xxviii, II, 331 ; Priorista del Ridolfi, *Del.*, XVIII, 141 ; Ammirato, XVI, 844). Cette peinture à fresque, transportée il y a quarante ans sur la toile, se voit maintenant à l'intérieur sur une des petites portes d'entrée. (Capponi, I, 399, n. 2.) Le portrait équestre a été gravé, avec l'inscription, à la fin de la vie d'Hawkwood par Manni, R. I. S. Suppl. II, 633 sq. Richard II d'Angleterre demanda et obtint les os de son sujet. (Pignotti vol. V, t. IV, part. I, l. IV, c. vii, p. 212). On dit que Hawkwood avait formé le dessein de finir ses jours en Angleterre, et que quand ses os y revinrent, son fils s'y était déjà rapatrié (Ricotti, II, 201).

ment[1]. C'est pour remplacer Hawkwood que les Florentins prenaient à leur solde, après l'avoir réhabilité, le traître Ridolfo de Varano (juillet 1395)[2].

D'hostilités contre Gian Galeaz, il n'y en avait alors que d'indirectes. Tenaces, malgré la paix, en leurs ressentiments, les Florentins étaient, dans toutes les querelles de l'Italie, du parti opposé au sien : à Ferrare pour Niccolò III, bâtard encore enfant du dernier marquis d'Este, contre le marquis Azzo qui prétendait à la succession[3]; à Lucques, pour les habitants contre Jacopo d'Appiano, nouveau tyran de Pise, qui menaçait leur liberté[4]. Mais, officiellement, Florence et Milan se faisaient bon visage, rivalisaient d'ambassades amicales. Quand le comte de Vertus eut acheté de Wenceslas, dont Florence avait refusé la protection vénale, le titre de duc de Milan au prix de cent mille florins (1er mai 1395)[5], la seigneurie florentine envoyait ses compliments; ses délégués prenaient part aux fêtes de l'investiture[6], ce qui n'empêchait point de refuser à Gian Galeaz le titre de duc, et de l'appeler « comte », quand on ne l'appelait pas « le tyran[7] ».

Lui susciter des ennemis est le soin principal de ce

[1] Voy. Ricotti, II, 212-217.
[2] Ammirato, XVI, 848.
[3] Ammirato, XVI, 846. Voy. pour plus de détails Sismondi, V. 107.
[4] Une ligue de cinq ans était conclue entre Florence et Lucques. Ammirato le jeune en donne les clauses (XVI, 848). On verra au chapitre suivant les faits relatifs à Pise.
[5] Le diplôme impérial est dans *Ann. mediol.*, c. CLVII, XVI, 824.
[6] 5 Sept. 1495. L. Bruni, XI, 228; Poggio, l. III, XX, 272; Morelli, *Cron.*, p. 301; Ammirato, XVI, 849. Goro Dati, qui parle de ces fêtes (p. 51), dit à tort que Florence n'y envoya pas d'ambassadeurs : Morelli entre dans le détail de leur équipement.
[7] Ainsi fait notamment ser Lapo Mazzei, le notaire. Voy. *Lettere di un notaro*, I, 280 et passim.

temps de trêve. Le registre-copie des lettres de la République en 1396 contient des instructions pour soixante ambassades [1]. C'est au sujet des missives rédigées en ces occasions par l'habile et élégante plume de Coluccio Salutati, que Visconti attribuait à la moindre d'entre elles plus de force contre lui qu'à mille cavaliers [2]. En tout pays, les marchands florentins attisaient la haine. C'est par eux surtout que les Albizzi épiaient et savaient toute chose. Ils connaissaient les recettes, les dépenses de l'adversaire, le chiffre des impôts, le ressentiment des sujets, les conséquences calculées comme la plume à la main, la défaite finale que retarderaient à peine des enrôlements gros de désertions, car si l'on a dit au seizième siècle « pas d'argent pas de Suisse », ce n'est point parce que les mercenaires étaient Suisses, c'est parce que les Suisses étaient mercenaires [3].

On ne fait guère qu'après coup les prophéties : tel est le cas de Goro Dati, qui écrivait sur toutes ces choses après l'événement. Au cours de la lutte, les plus affirmatifs sont pleins de doutes et d'anxiétés. S'ils veulent être aidés du ciel, ils s'aident eux-mêmes. Florence n'y manquait point. Elle agissait surtout sur Naples et sur la France. C'est pour fortifier Ladislas, menacé par ses barons, secrets instruments de l'intrigue angevine, qu'elle voulait marier au nouveau roi de Hongrie la sœur de ce prince, en dépit du pape ardent à contrecarrer la seigneurie tant qu'il la verrait en amitié avec la France, en coquetterie avec l'antipape d'Avignon [4].

[1] Capponi les a comptées, et il en énumère quelques-unes. Voy. I, 401, note.
[2] Voy. notre tome V, p. 436. — [3] Goro Dati, l. IV, V, p. 56, 57, 66, 67.
[4] Le cardinal florentin Corsini résidait en cour d'Avignon. Il y mourut en 1405. Voy. Desjardins, I, 31, n. 5.

Le roi Charles VI surtout était le fondement de beaucoup d'espérances. Il paraissait, de loin, être quelque chose. En Italie, où nul ne le tenait pour étranger, il soutenait les intérêts de ses proches[1], et sa couronne avait des intérêts positifs. La principauté d'Asti, dot de Valentine Visconti, appartenait au duc d'Orléans, et, dès la fin de 1394, le duc d'Orléans renvoyait le sire de Coucy guerroyer dans ces contrées[2]. De plus, Gênes, pour échapper à Gian Galeaz, s'était donnée au roi de France, et l'époux de Valentine qui, dans l'intérêt de « son père de Milan », déconseillait l'acceptation, n'avait point prévalu contre le duc de Bourgogne, son rival[3]. Son crédit était alors à la baisse: on accusait l'Italienne d'avoir causé la maladie du roi[4], et le duc de Milan soulevait l'indignation générale en jouant jeu double, en essayant de soulever Gênes contre la domination française, tandis qu'il signait un traité avec la France. Les Florentins, avertis par ordre de la reine, se faisaient aussitôt représenter à Paris par Maso des Albizzi, le principal d'entre eux[5]. Il y devait rester six longs mois, ayant reçu,

[1] En 1391 et 1392, il donnait à Louis I d'Anjou, parti pour l'Italie afin de poursuivre l'entreprise de son père sur Naples, la moitié des aides levées pour la guerre dans ses pays d'Anjou, du Maine et autres. (*Archives nat.* K, 54 n° 11. Lecoy de la Marche, *Le Roi René*, I, 24 et n. 1.)

[2] Voy. Paul Durrieu, *Le Royaume d'Adria* (1393-1394), dans la *Revue des questions historiques*, juillet 1880. Tirage à part, p. 38 et pièces justificatives n° 4. Les Florentins en furent prévenus par lettre officielle de Charles VI. Voy. l'indication des documents, à la date des 26 oct. et 30 déc. 1394, *ibid.*, p. 39, n. 1.

[3] *Religieux de Saint-Denis*, l. XVI, c. xix, t. II, p. 400-402. Voir les détails dans Sismondi, V, 113-118, 123.

[4] Froissart, l. IV, c. i. et liv, t. III, p. 243, 278. Religieux de Saint-Denis, l. XVI, c. xx, t. II, p. 406.

[5] 6 mars 1396. *Legazioni e commiss. Istruzioni e lettere*, n° 1 *bis*, f° 3 sq. dans P. Durrieu, *Le Royaume d'Adria*, p. 39.

durant son séjour, l'ordre de ne pas revenir sans l'expresse licence de la seigneurie[1]. Pour les communications verbales, plus sûres et plus secrètes que les communications écrites, Buonaccorso Pitti courait incessamment les chemins, entre les bords de l'Arno et les bords de la Seine, Pitti, ce joueur heureux et riche, voyageur infatigable qui nous a laissé le récit de ses pérégrinations[2]. Maso et lui avaient mission de provoquer une expédition en Italie, et d'engager à la solde de la République Bernard VII d'Armagnac, frère et successeur de ce Jean III qui, cinq années auparavant, avait trouvé la défaite et la mort devant Alexandrie[3]. Se venger du vainqueur d'alors en soutenant contre lui les Florentins, devait être une tentation irrésistible. Aussi Buonaccorso, en arrivant à Paris, y trouvait-il l'accord établi en principe. Le 29 septembre, une ligue de cinq ans était conclue, dont les conditions devaient sourire au gouvernement de Charles VI. La République s'engageait à fournir mille lances, plus cinq cents des villes confédérées ; quant à lui, il n'était tenu de donner que son enseigne royale. A ce prix, toutes les conquêtes à effectuer devaient être partagées entre les contractants : ce qui serait enlevé en dehors de la Toscane irait grossir le domaine royal, et, en Toscane, le domaine florentin. Trois mois étaient laissés à Bologne et à Lucques, aux

[1] Non si parta dal Re senza nostra espressa licenza (1er juillet, dans Capponi, I, 402, n. 2). Capponi croit que la seigneurie n'était pas fâchée de tenir éloigné un homme gênant, qui faisait la loi. Ce n'est pas impossible ; il faut remarquer pourtant que l'affaire était d'importance, et que l'intimation qu'on vient de voir n'est faite qu'après trois ou quatre mois de séjour.
[2] Voy. passim sa chronique déjà souvent citée.
[3] Voy. plus haut, même chapitre., p.64, 65. Ces instructions sont du 14 juillet. L'analyse est dans Desjardins, I, 51.

marquis d'Este et de Mantoue, aux seigneurs de Padoue et de Rimini pour accéder à cette ligue, et ils y accédèrent le 28 décembre. Tel fut même l'empressement de Lucques, qu'elle devança, en envoyant sa ratification dès le 17 novembre, jusqu'à celle de Florence et de Charles VI, qui est du 23 de ce mois[1]. C'est alors surtout que Buonaccorso Pitti bat les grandes routes, au souverain déplaisir du duc d'Orléans. Ne faut-il pas régler les détails, hâter le départ d'Armagnac? Au roi son maître comme aux Florentins, ce seigneur faisait de dures conditions pécuniaires pour l'entretien des soldats qu'il promettait d'amener[2].

Pourparlers, marchandages étaient sans fin, et, cependant, il fallait agir. Florence avait donc pris à sa solde, comme capitaine général en Toscane, un gentilhomme gascon, d'autres disent breton, c'était tout un pour les Italiens, qui avaient vu les deux races dans les compagnies. — Il se nommait Bernard de Serres; dans la péninsule, on le connaissait sous le nom de Bernardone, le grand Bernard, car il guerroyait depuis longtemps en *condottiere*, avec six cents cavaliers et deux cents

---

[1] Documents analysés par Desjardins, I, 51, 52. — Minerbetti, 1396, c. vii, p. 363, 364; Morelli, *Cron.*, p. 300; ser Naddo, p. 158; Sozomeno, XVI, 1162; Ammirato le jeune, XVI, 853.

[2] Voy. B. Pitti, p. 54-56. Bernard estime qu'on ne peut avoir des troupes françaises à moins de 15 francs de gages mensuels pour chaque homme d'armes. (Relations de l'ambassade de ser Pero de S. Miniato. Rif. cl. X, dist. 4. Reg. n° 1, f° 18 v°.) Les trésoriers de France versent 60 000 francs pour l'entretien, pendant un semestre, de 800 hommes d'armes et 500 arbalétriers au delà des Alpes. (Bibl. nat., coll. Doat, vol. 207, f° 113 et 120). Malgré ce subside, malgré la promesse d'un don de 25 m. fl., Bernard déclare qu'il ne peut partir, si on ne lui assure 10 m. fl par mois. (Relation de l'ambassade de Berto Castellani, Rif. cl. x, dist. 4. Reg. n° 1, f° 65. — P. Durrieu, *Bibl. de l'Éc. des chartes*, 1880, 2° livr., p. 169).

fantassins[1]. Aux premiers jours de 1397, on l'envoyait à Pescia contre Alberico de Barbiano qui opérait du côté de Lucques, avec les meilleurs capitaines du temps, formés par lui dans sa compagnie de Saint-Georges. Agent inavoué du duc, il attendait l'effet d'intrigues par lui nouées à San Miniato. Il attendit en vain : un corps ennemi coupa les insurgés de tout secours. Le coup était manqué, le territoire à l'abri[2].

Mais quand Florence cessait de craindre pour elle, il lui fallait pourvoir au salut de ses alliés, et sa patience était à bout. Mieux valait cent fois entreprendre une guerre ouverte que de supporter tant de sournoises infractions à la paix. Tel fut l'avis, le vote d'une assemblée de six cents *richiesti* : la seigneurie leur avait mis sous les yeux de nombreuses lettres constatant ces infractions (18 mars 1397)[3].

Barbiano, pendant ce temps, rôdait autour des frontières florentines, prêt à envahir le territoire, s'il n'eût toujours trouvé Bernard de Serres devant lui. Inférieur par le nombre, Bernard y suppléait par l'agilité. Il courait d'une forteresse à l'autre, s'y enfermant pour ne point être attaqué. C'était comme une partie d'échecs. Barbiano prend l'avantage par une feinte : d'Arezzo, qu'il a paru menacer, il revient brusquement par le Chianti et le val de Greve ravager tout le val d'Arno inférieur avec des profits immenses, car, la guerre n'étant point déclarée, les *contadini* n'avaient mis en sûreté ni

---

[1] L. Bruni, XI, 230.
[2] Bonincontri, XXI, 69, 71 : Marangone, I, 815 ; Minerbetti, 1397, c. xiii, II, 368 ; L. Bruni, XI, 230 ; Sozomeno, XVI, 1162 ; Ammirato, XVI, 856.
[3] Minerbetti, 1396, c. xiii, II, 370 ; Ammirato, XVI, 857.

meubles ni bétail (18-31 mars)¹. Florence trouve sa revanche en lui prenant les principales pièces de son jeu. Elle gagne à son service, par l'appât d'une solde sûre, Paolo Orsini, Biordo des Michelotti et son frère Ceccolino, lieutenants de Barbiano; elle fait passer au service des Bolonais Alberico, le propre frère de ce dernier. Telle était l'ordinaire fin des compagnies.

La délivrance était complète, et la sécurité si grande que la République pouvait voler au secours du Mantouan². Francesco de Gonzaga s'y était fait du duc de Milan un implacable ennemi : contre lui n'avait-il pas récemment soutenu les Scaligeri? ne traitait-il pas de courtisane, de concubine, la duchesse, parce qu'elle était cousine germaine de son mari³? Pour cette sorte d'inceste, il se montrait, lui laïque, plus rigoureux que le chef de la chrétienté. En brûlant le pont fortifié de Borgoforte (14 juillet), Jacopo del Verme s'était rendu maître du cours et des deux rives du Pô⁴. Trois mille chevaux partirent de Florence, sous la conduite de Carlo Malatesta, capitaine général de la ligue, tandis que Bernard de Serres restait seul pour la défense du territoire avec ses mercenaires irrités contre lui : ils ne lui pardonnaient pas d'avoir fait tomber la tête d'un de ses lieutenants, coupable d'avoir poussé sans ordre une pointe vers Pise⁵.

Ces renforts arrivaient à propos. Devant le château de

¹ L. Bruni, XI, 231; ser Naddo, p. 159; Minerbetti, 1396, c. xiii, xiv, II, 570; Bonincontri, XXI, 72; Marangone, I, 816; Ammirato, XVI, 857.
² L. Bruni, XI, 232; Bonincontri, XXI, 73; Ammirato, XVI, 858.
³ Marin Sanuto, *Vite de' duchi di Venezia*, R. I. S., XXII, 763.
⁴ L. Bruni, XI, 232; *Ann. est.*, XVIII, 942; Ammirato, XVI, 858; Platina, *Hist. inclytæ urbis Mantuæ*, l. IV, p. 257, Vienne, 1675.
⁵ Quod quidem supplicium rem florentini populi pene subvertit. (L. Bruni, XI, 232.) Cf. Ammirato, XVI, 860.

Governolo, au confluent du Mincio et du Pô, campaient les deux armées milanaises. Ugolotto Biancardo assiégeait la place ; Jacopo del Verme, par un pont de bateaux, maintenait avec lui ses communications. Le 28 août, Malatesta et Gonzaga attaquèrent l'un Verme, l'autre Biancardo. Le pont brûlé, la flottille capturée, les ennemis forcés à la retraite[1], c'était pour les confédérés un brillant succès : ils n'en surent ou n'en purent profiter. Florence, craignant de s'être trop engagée, ne voulait plus risquer un pas qu'elle n'eût conclu une ligue avec les Vénitiens. Elle s'engageait, selon le bon plaisir de ceux-ci, à faire paix ou guerre au duc de Milan[2], « ce qui, dit Buonaccorso Pitti, ne fut pas à l'honneur de notre commune[3] ». Bientôt Venise, trop peu puissante encore en terre ferme pour avoir grand intérêt à ces hostilités, imposait à ses alliés une trêve de dix ans, dont tous les contemporains ont révoqué en doute la sincérité (11 mai 1398)[4].

A peine était-elle signée, que Gian Galeaz entreprenait de l'exploiter. Dans le machiavélisme avant la lettre il paraît l'emporter sur les compatriotes de Machiavel, même sur cette oligarchie tant vantée. On le voit la déta-

---

[1] And. Gataro, XVII, 826-830 ; Sozomeno, XVI, 1164 ; Marin Sanuto, XXII, 763 ; L. Bruni, XI, 253 ; Ammirato, XVI, 863 ; *Ann. est.*, XVIII, 943 945. Pour ce dernier auteur, la pagination est fautive, elle porte 925-927. Elle doit être rectifiée comme ci-dessus.

[2] Les ambassadeurs florentins se rendirent à Venise en décembre 1397. Voy. Minerbetti, 1397, c. xxiv, II, 385-387. Ammirato le jeune (XVI, 867) donne les clauses de cette ligue.

[3] B. Pitti, p. 56.

[4] Finta e mala pacie (B. Pitti, p. 56) ; nec tamen quietæ fuerunt indutiæ, sed plenæ suspicionum et insidiarum (L. Bruni, XI, 235). Cf. Minerbetti, 1397, c. xxiv, II, 385-387. — Le texte de ce traité se trouve aux archives de Venise, *Pacta*, Ser. I, busta XVI, 525, XVIII, 536. Voy. Cipolla, p. 210, n. 8.

cher de la France, en réveillant les vieilles susceptibilités des guelfes, contre toute immixtion étrangère[1], tandis que lui-même il appelle en Italie le roi des Romains et d'autres Tudesques, pour les opposer aux Français[2]. Son gendre le duc d'Orléans, en toute hâte averti par lui de la trêve, redoublait ses manœuvres pour retenir Bernard d'Armagnac, et y avait beau jeu, puisqu'il pouvait montrer la paix à l'horizon[3]. Charles VI, qui avait déjà expédié au Pont-Saint-Esprit quatre-vingt-dix mille écus, envoyait l'ordre de ne les point compter, et Armagnac déjà parti revenait sur ses pas, aussi mécontent des Florentins qu'ils l'étaient de lui, et de tant de dépenses faites sans honneur ni profit[4].

En Toscane, le duc de Milan essayait de s'implanter à Pise, où il se promettait d'être un incommode, un dangereux voisin. Tout populaire qu'y fût le vieux, le modeste, le désintéressé Gambacorti, il avait fini par succomber aux coups de quelques envieux. Un notaire, son familier, Jacopo d'Appiano, qu'il avait fait parrain de son fils et chancelier perpétuel de la République pisane[5], quoique issu d'un père décapité par ordre de Charles IV[6], s'était déclaré partisan de Gian Galeaz, et avait fini (21 octobre 1392) par faire périr son bienfaiteur avec tous ses héritiers mâles, par se rendre maître de Pise, sous la protection du duc de Milan, instigateur de

---

[1] Meglio essere che gli Italiani si tengano Italia, che lasciarsi pigliare piede ai Francesi (Lettre du 28 août, citée par Capponi, I, 402, qui renvoie aussi aux Instructions à Palmieri Altoviti et Lodovico Albergotti, envoyés à Milan, 13 juin.)
[2] Lettre au roi de France, 30 nov., citée par Capponi, I, 402.
[3] P. Durrieu, *Le royaume d'Adria*, p. 40, n. 5.
[4] B. Pitti, p. 56, 57; Morelli, *Ricordi*, Del. XIX, 6.
[5] Ser Naddo, Del. XVIII, 133.
[6] Voy. Sismondi, V, 100. Le père était originaire du territoire florentin.

ce crime abominable. Les marchands florentins, n'osant sortir dans les rues, avaient été impunément volés[1], ce qui promettait pour l'avenir. Agé pour lors de soixante-quinze ans, le meurtrier n'avait eu de ses quatre mariages que trois fils, et le seul capable de lui succéder venait de mourir (6 octobre 1397). La défiance fondée que lui inspiraient les survivants faisait de lui plus que jamais l'homme lige d'un protecteur qui vendait cher sa protection. Mais il eût fallu être aveugle pour n'avoir pas les yeux dessillés, quand on vit trois ambassadeurs milanais, soutenus de trois cents lances, réclamer les clefs des citadelles de Pise, Livourne, Piombino, Cascina (2 janvier 1398). Appiano regimba. Se retranchant d'abord derrière la nécessité d'obtenir l'autorisation des *anziani*, dont en toute autre occasion il ne se fût guère soucié, il finissait par jeter en prison Paolo Savelli, le chef des trois cents lances, et les ambassadeurs eux-mêmes; il expulsait ces mercenaires et châtiait ceux des Pisans qui avaient conjuré avec eux[2].

L'occasion s'offrait donc aux Florentins d'attirer Appiano dans leur alliance. Ils le félicitèrent de son succès et lui offrirent des secours. Mais le duc de Milan parait le coup. Froid et prudent jusqu'en ses colères, il approuva hautement ce qu'avait fait Appiano, et ce dernier, dès lors sans inquiétudes, déclinait les ouvertures faites,

---

[1] Marangone, I, 810-812; Minerbetti, 1392, c. xviii, xxi, II, 305, 306, 310; Morelli, *Cron.*, p. 297; Goro Dati, l. III, p. 39; ser Naddo, *Del.* XVIII, 132; L. Bruni, XI, 225; Poggio, l. iii, XX, 270; Ammirato, XV, 827-837.

[2] Les confessions d'un scribe du *condottiere* n'avaient laissé aucun doute sur la réalité de ses intrigues. Voy. Minerbetti, 1397, c. xx, II, 384; Marangone, I, 817; L. Bruni, XI, 234; Sozomeno, XVI, 1165; Bonincontri, XXI, 75; Ammirato, XVI, 865.

n'acceptant que son inscription au traité de trêve[1]. S'il eût vécu davantage[2], peut-être eût-il retardé les périls auxquels succombait, le premier jour, son incapable successeur Gherardo[3]. Sans espoir d'y faire face, il vendait Pise à Milan pour deux cent mille florins, et, l'occupation faite comme par surprise, il publiait son traité (21 janvier 1399)[4].

Les Pisans au désespoir se seraient bien rachetés; mais auraient-ils garanti au vendeur, comme faisait le duc, la possession de Piombino et de l'île d'Elbe[5]? Sur ce point, Gian Galeaz tenait ses engagements : sur les autres, il en usa avec un sans-gêne princier : des deux cent mille florins, Gherardo n'en reçut que cent vingt mille. Pour le reste, il lui fut remis, comme gage, « une barrette du duc qui valait quinze mille florins au moins ». Plus tard, quand il réclama son dû, il n'obtint que railleries et menaces de son Harpagon armé jusqu'aux dents[6].

Maître de Pise et voisin de Florence, le duc devait

---

[1] Minerbetti, 1397, c. xxvi, II, 389; Marangone, I, 818; L. Bruni, XI, 234; Ammirato, XVI, 866; Corio, *Ist. mil.*, part. IV, c. 1, p. 412.

[2] Jacopo d'Appiano mourait le 5 septembre 1398.

[3] Le troisième fils de Jacopo d'Appiano, Manuele, est signalé comme vivant en Ligurie dans la plus grande pauvreté. (Sozomeno, XVI, 1153.) M. Cipolla (p. 210) présente pourtant Gherardo comme unique fils de Jacopo à cette date.

[4] Voy. le texte des deux documents, datés du 31 mars 1400, dans Du Mont, *Corps diplom.*, t. II (Supplément par Rousset, t. I, p. 298-301).

[5] Poggio, l. III, XX, 279; Sozomeno, XVI, 1166; Minerbetti, 1398, c. xv, II, 399; Bonincontri, XXI, 77; Marangone, I, 820; L. Bruni, XI, 235; Ammirato, XVI, 870; Cesaretti, *Storia del principato di Piombino*, Flor. 1788, t. I, p. 138. Ainsi commença la principauté de Piombino, conservée deux siècles dans la maison d'Appiano (jusqu'en 1600, Muratori, *Ann.* 1599, XVI, 332), réunie ensuite à la couronne de Naples. (Sismondi, V, 135.)

[6] Morelli, *Cron.*, p. 302.

s'imposer par la modération, pour faire envier aux villes toscanes le sort des Pisans. Il déclare donc aux Florentins qu'il observera scrupuleusement la trêve et ne leur donnera aucun sujet de plainte¹. Il laisse ou rend à Pise toutes les institutions de son ancienne liberté, ne se réservant d'autre pouvoir que la garde des villes et des forteresses, ce qui, à vrai dire, était le principal². Par ce moyen, et par d'autres, il attire à soi tous les seigneurs qui redoutaient Florence, tous les exilés qui en haïssaient le gouvernement³. A son instigation, le *condottiere* piémontais Broglio ravage les territoires de Pérouse et de Sienne, mais loin de le prendre officiellement à son service, il le fait passer pour être secrètement au service des Florentins⁴. C'est alors qu'il réduit à subir son joug — un joug qu'il sut rendre léger — Sienne dépeuplée par la peste et les dissensions, à la veille de voir expirer son traité qu'il refusait de renouveler⁵, et si résignée à la servitude qu'il n'eut pas besoin de la tenir en respect en y élevant des

---

¹ Minerbetti, 1398, c. xvi, II, 400; Muratori, *Ann.* 1399, XVI, 332.

² Ammirato le jeune, XVI, 370.

³ Morelli, *Ric., Del.* XIX, 6; Minerbetti, 1399, c. i, II, 402; Sozomeno, XVI, 1166-67; Ammirato, XVI, 871; *Commissioni di Rinaldo degli Albizzi*, Flor. 1867-73, 3 vol. in-4°. Commiss. 1 et 3, t. I, p. 3, 4, 8. Nous commençons ici à mettre à contribution cette copieuse et importante publication de M. Cesare Guasti, où se trouvent toutes choses, pour la période qu'elle embrasse; ce ne sont que documents, avec quelques notes du savant éditeur. Le ms. a été copié dans la bibliothèque de M. Alberto Ricasoli Firidolfi par la députation des études d'histoire nationale.

⁴ Minerbetti, 1399, c. iii, II, 404; Sozomeno, XVI, 1167. Ce Broglio était de Chieri en Piémont, de la famille qui a donné à la France des maréchaux et des ministres. On peut voir sur lui quelques détails dans *Commiss. di Rin. degli Alb.*, t. I, p. 8. Cf. Lodrisio Crivelli, *De vita Sfortiæ vice comitis*, R. I. S., XIX, 630; L. Bruni, XI, 222.

⁵ Traité conclu dix ans auparavant, le 22 sept. 1389.

citadelles[1] ; celles du territoire, livrées au nouveau maître, suffiraient largement à sa sécurité[2]. A l'exemple de Sienne, Pérouse, quoique sollicitée par Florence, se donnait au plus fort, au plus riche, au plus généreux (21 janvier 1400)[3]. Assise, s'étant vu refuser tout trafic sur les domaines de la République[4], laissait Broglio, récemment passé à la solde des Florentins, livrer sa citadelle au duc de Milan (mai 1400)[5]. Lucques même se laissait entraîner au mouvement général : les ennemis de Florence y portaient pour longtemps au pouvoir Paolo Guinigi, créature de son adversaire[6]. Bologne, plus fidèle, était impuissante : Giovanni Bentivoglio y luttait, pour la tyrannie, contre les Gozzadini et les Zambeccari[7].

[1] Morelli, *Cron.*, p. 303.

[2] Malavolti, part. II, l. X, p. 185 ; L. Bruni, XI, 236 ; Ammirato, XVI, 872. On trouve les documents dans *Ann. san.*, XIX, 413-419, résumés en langue italienne ; le texte latin dans Du Mont, *Corps dipl.*, II, Suppl. I, p. 294-98, aux dates des 18 nov. et 11 déc. 1399.

[3] Florence prêtait aux Pérugins 15 000 fl. pour payer une dette au pape ; mais le duc prenait à sa solde des *condottieri*, distribuait des présents aux principaux citoyens, promettait des fêtes au peuple. Voy. Minerbetti, 1394, c. xiv, II, 414 ; Sozomeno, XVI, 1169 ; L. Bruni, XI, 236, 238 ; Morelli, *Cron.*, p. 303 ; Ammirato, XVI, 875 ; Corio, part. IV, c. i, p. 421 ; Bonazzi, I, 535. Le traité est par extraits dans Pellini, part. II, l. XI, p. 118.

[4] Florence se refusait à lever cette interdiction qui remontait peut-être au temps de l'expulsion du duc d'Athènes. (Instruction à Rinaldo des Albizzi, 29 nov. 1399. *Commiss.* 3, t. I, p. 9, et commentaire de Guasti, p. 8).

[5] Minerbetti, 1400, c. ii, II, 420. Broglio ne tardait pas à mourir de la peste à Empoli (15 juillet 1399). Le poignard, le bourreau, faisaient disparaître presque en même temps que lui deux autres *condottieri*, Biordo des Michelotti, maître de Pérouse, et Giov. de Barbiano, au moment où il essayait de le devenir de Bologne. Voy. Ammirato, XVI, 878 ; Ricotti, II, 205.

[6] L. Bruni, XI, 236, 239 ; Minerbetti, 1399, c. xvi, II, 416 ; Giov. ser Cambi, *Cron. di Lucca*, XVIII, 798-813 ; Ammirato, XVI, 875, 878.

[7] Bentivoglio réussit le 28 mars 1401 ; mais, même après, il eut encore assez à faire de se maintenir. *Ann. est.*, XVIII, 931-963 ; M. Griffoni, XVIII, 205-209 ; *Cron. Bol.*, XVIII, 564-567 ; L. Bruni, XII, 240 ; Goro Dati, V, 62 ; Ammirato, XVI, 883 ; Ghirardacci, l. xxvii, xxviii, II, 496-517.

Venise, garante de la trêve, n'avait cure d'en imposer l'observation, ni Rome ou Naples de soutenir la seule cité de terre ferme qui maintînt encore avec quelque fierté son indépendance. Il n'était pas jusqu'aux tyranneaux de Lombardie, ennemis de Milan par situation, qui ne s'en rapprochassent par effroi[1].

Ainsi l'abandon était complet. L'oligarchie régnante se voyait, au dehors, dans un tel discrédit, que le Conseil des Dix à Venise, malgré ses engagements formels, concluait la paix à Pavie (21 mars 1400) au nom de ses confédérés, sans les consulter, sans stipuler en leur faveur ces restitutions de places si ordinaires dans les traités, et si propres à les faire accepter[2]. Comment s'y prendre pour retrouver la force et se relever après ces outrageantes marques de dédain? Des alliés, Florence n'en pouvait plus chercher qu'au nord des Alpes : les circonstances la portèrent à détourner ses regards de la France en détresse pour les fixer sur l'Allemagne en révolution. La plus guelfe des villes, faute d'autre branche de salut, s'accrochait au successeur contesté des anciens chefs gibelins.

Wenceslas déposé[3] avait vu placer sa couronne sur la tête de l'électeur palatin, Robert de Wittelsbach (20 août 1400)[4]. Une des conditions de ce choix était

---

[1] Platina, *Hist. Mant.*, l. IV, p. 278-282; Minerbetti, 1401, c. vii, II, 439 (le vol. porte par une erreur qui s'étend à quatre colonnes, p. 361-362); G. B. Pigna, *Storia de' principi di Este*, l. V, p. 442. Venise, 1572.

[2] Ammirato le jeune, XVI, 876. M Cipolla renvoie pour le document aux Archives de Venise, *Commem.*, IX, f° 79 v°.

[3] Ser Lapo Mazzei énumère les causes de sa déposition au point de vue florentin. Selon lui, c'est surtout parce que Wenceslas avait fait duc pour de l'argent le comte de Vertus et soumis Pise par corruption qu'il fut remplacé. Voy. *Lettere di un notaro*, 2 oct. 1400, I, 280.

[4] Du Mont, *Corps dipl.*, t. II, Suppl., t. I, p. 301; Martène et Durand,

que le nouveau roi des Romains chercherait à s'enrichir aux dépens non des Tudesques, mais des Italiens. Ces prétendus rêveurs de la nébuleuse Germanie savaient calculer comme de simples marchands. Ils n'ignoraient point que les revenus de Gian Galeaz surpassaient ceux de tout l'Empire. Il fallait donc ramener ce Crésus sous la suzeraineté immédiate de l'Empereur, et, dans ce dessein, lui retirer l'investiture. Aux frais de l'expédition suffiraient bien les recettes, les trésors des villes que l'Empereur soumettrait[1].

Sur ce terrain, Robert et Florence pouvaient s'entendre. Ce n'était entre ces alliés contre nature qu'envoi d'ambassadeurs. Ceux de Robert demandaient que la République le fît reconnaître du pape, qui n'osait, par crainte du Visconti[2]. Ceux de la République, Andrea Salvini, qui connaissait bien l'Allemagne, puis Buonaccorso Pitti, qui connaissait bien tous les pays, nous apprennent des choses fort édifiantes. « Il n'y a en Allemagne, écrivait Salvini, ni soldats, ni argent; je n'y entends que ces paroles : — Combien de millions de florins aurons-nous de la Commune? — Ne demandez rien, disait-il, car vous auriez l'air de venir pour l'argent. Venez à vos frais, battez l'ennemi, et l'on vous en

---

Vet., script. coll., IV, 21 sq.; Chmel, *Regesta chronol. diplom. Ruperi regis Rom.* Francfort, 1834, n° 1, 2; Janssen, *Frankfurt, Reichs Correspondenz*, t. I, p. 36, 56, n° 184, 187. Fribourg en Brisgau, 1863. M. Cipolla (p. 213) dit que dans les accusations portées contre Wenceslas au sujet de Gian Galeaz, on peut entrevoir les Florentins, et il cite Höfler, *Ruprecht von der Pfalz*, p. 109. Fribourg en Brisgau, 1861.

[1] L. Bruni, XII, 240; Ammirato, XVI, 882.

[2] Les ambassadeurs florentins, nommés le 18 févr. 1401, arrivaient à Rome le 24 et y restaient deux mois. Voy. *Cronica o memorie* de Jacopo Salviati, qui était un d'eux, dans *Del.* XIX, 199. L. Bruni, XII, 240.

donnera plein vos robes. — Mais eux, obstinément, ils répondaient : — Combien aurons-nous[1]? »

Pitti serait-il plus heureux ou plus habile? Peut-être, car il chantait une autre gamme. Il avait mission d'inviter Robert à descendre en Italie cette année même, et de lui promettre cent mille florins d'or. Marchand consommé, il se garda bien de livrer ce chiffre; il promit seulement que la Commune ferait le possible. Ses interlocuteurs exigeant plus de précision, il les priait de faire connaître eux-mêmes leurs prétentions pécuniaires. Au mot de cinq cent mille florins, il jette les hauts cris et réclame une entrevue avec l'Empereur. — S'il demande tant, c'est apparemment qu'il ne veut pas, cette année, se mettre en route? — Je l'avoue, répond Robert, car je suis à sec. Plus tard, je pourrai réclamer moins; mais si vous me voulez sans retard, à vous de supporter les frais. — La seigneurie informée répond que plus tard la situation pourrait être moins favorable; elle autorise Pitti à offrir jusqu'à deux cent mille florins, sans préjudice d'une somme égale, payable en Italie[2]. Les distances se rapprochaient sensiblement. Lui, néanmoins, il reprit son marchandage, ne s'avançant que peu à peu, en quelque sorte sou par sou[3], plus juif que ces juifs qu'on parquait alors au Ghetto, mais trouvant, dans la vertueuse et antisémitique Allemagne, plus juif encore qu'il n'était.

Longtemps aurait pu durer cette lutte vraiment comique, si l'imprévu n'avait fait pencher la balance.

---

[1] Morelli, *Cron.*, p. 309.
[2] B. Pitti, p. 62. Cf. Morelli, *Cron.* p. 310; Minerbetti, 1401, c. viii, II, 440; L. Bruni, XII, 341.
[3] Salendo a parte la proferta della quantità. (B. Pitti, p. 62.)

Invité à la table de l'empereur, le rusé Florentin s'étonne de le voir manger sans précautions, et le met en défiance contre le poison de la vipère milanaise, plus redoutable encore que le poignard. Robert n'y pensait point; mais le voilà en éveil. A la chasse, sur un courrier qu'il surprend, il saisit une lettre. Cette lettre, écrite par le médecin de Gian Galeaz à son élève le médecin de Robert, lui proposait une récompense de quinze mille florins, s'il voulait administrer à son maître un clystère empoisonné[1].

Dès ce moment, la campagne d'Italie était résolue : elle devenait une vengeance. C'était peu, en effet, d'avoir fait périr dans les tortures le malheureux qui n'avait ni reçu ni provoqué les ouvertures homicides; il fallait châtier et le médecin du duc et le duc lui-même, inspirateur certain du criminel projet. Mais il y a place encore pour les négociations financières : Robert n'entend équiper ses hommes qu'au fur et à mesure des versements; la République ne veut verser que par termes, en Italie, et surtout en Toscane. Pitti, malade de la fièvre, souvent forcé de garder le lit, n'en use pas moins du sabot de son cheval la route d'Heidelberg à Florence, et quand enfin l'empereur s'ébranle, c'est lui qui, une fois les Alpes franchies, sert de maréchal des logis, prépare, assure sur le passage la manne céleste, les bienheureux payements[2].

Depuis tant d'années que l'Italie ne croisait plus le

[1] B. Pitti, p. 58-66. Cf. Minerbetti, 1401, c. iv, II, 436; Sozomeno, XVI, 1172; L. Bruni, XII, 341 ; Ammirato, XVI, 885. Ces auteurs portent à 40 m. fl. la somme offerte pour le clystère.

[2] Parti le 15 septembre 1401, Robert est à Trente le 17 octobre, il est, le 21, près du seigneur de Padoue. Voy. Minerbetti, 1401, c. x, II, 442; B. Pitti, p. 58-66; L. Bruni, XII, 341-42; Ammirato, XVI, 885.

fer avec l'Allemagne, elle ne la voyait plus qu'à travers le prisme trompeur de souvenirs lointains, de récits exagérés, de faveurs reçues. Pitti a obtenu des titres de noblesse pour lui, ses frères et leurs descendants, le droit de porter les armes de Robert dans les siennes, la promesse de bien d'autres honneurs après la victoire[1]. Andrea Vettori, son compagnon d'ambassade, écrivait n'avoir oncques vu plus belle baronnie et plus beaux hommes. Chacun des seigneurs, ajoutait-il, qui se mettaient en route, avait, à lui seul, plus de puissance que le duc de Milan. Morelli qui rapporte ces paroles, les commente d'après l'événement : « Enfin, dit-il, ils écrivaient, chaque jour, tant et tant de merveilles que les paladins de Charlemagne étaient des enfants, auprès de ces gens-là[2] ».

Comme tous ses compatriotes, Gian Galeaz se faisait d'eux un épouvantail. Mais il tenait bravement tête à l'orage. Sommé d'évacuer toutes les villes d'Empire qu'il occupait, il répondait les tenir du souverain légitime et refusait de les livrer à un usurpateur[3]. Il faisait des prodiges d'activité, levait sur ses sujets une contribution de six cent mille florins, envoyait sur la frontière Jacopo del Verme, près de cinq mille lances et de douze mille hommes de pied, sans autre concession à la prudence que l'ordre de s'abriter derrière les forteresses[4]. Il suffit à Verme de quelques escarmouches pour toiser ses adversaires. Leurs freins légers, bons pour une course ra-

[1] B. Pitti, p. 66.
[2] Morelli, *Cron.*, p. 309.
[3] Corio, part. IV, c. I, p. 429. Cet auteur donne le texte des lettres échangées entre Robert et Gian Galeaz.
[4] L. Bruni, XII, 242; Minerbetti, 1401, c. IX, II, 441; *Ann. mediol.*, c. CLXIII, XVI, 834; And. Gataro, XVII, 841.

pide, mauvais pour le combat, leurs plastrons ou cuirasses, leurs traits à courroies, marques d'enfance dans l'art de la guerre comme on l'entendait alors, lui rendirent une pleine confiance dans les armures de ses Italiens; et il sut la leur communiquer[1].

Aux escarmouches succéda la bataille. Jacopo de Carrare, avec sa cavalerie italienne, préserva seul les Allemands d'une déroute complète. Ces alliés d'un jour ne pouvaient attribuer leur échec ni à l'infériorité du nombre, ni à une surprise, ni au désavantage du terrain, ni à aucune ruse de guerre : ils furent donc démoralisés. Léopold d'Autriche, un moment prisonnier, ne revenait au camp que pour y donner le signal de la débandade : il signifiait à Robert que l'archevêque de Cologne et lui entendaient retourner en Allemagne. Que ferait sans eux leur triste chef? Il réclame ses termes échus, l'accession du pape et des Vénitiens à la ligue, sans quoi, dit-il, rien ne se fera. — Vous aurez tout, répondaient les ambassadeurs de Florence, après le premier succès. — Cent dix mille florins pour trois jours passés sur le territoire milanais avec une poignée d'hommes, c'était assez, c'était trop; maintenant on voulait des gages[2]. Lui, plutôt que d'en donner, il sollicitera l'arbitrage des Vénitiens, et plutôt que de s'y soumettre, il partira vers Trente[3], vraie retraite de Ga-

---

[1] L. Bruni, XII, 242, et *Comment. rerum suo tempore gestarum*, R. I. S. XIX, 919. Cf. Ammirato, XVI, 886.

[2] L. Bruni, XII, 242; B. Pitti, p. 68, 69; Morelli, *Cron.*, p. 309, 310; Minerbetti, 1401, c. xii, II, 445.

[3] And. Gataro, XVII, 842; Poggio, l. xx, III, 282: L. Bruni, XII, 242; Minerbetti, 1401, c. xvi, II, 445; B. Pitti, p. 68; Cambi, XVIII, 827; Sozomeno, XVI, 1174; Ammirato, XVI, 886, qui prétend à tort que Pitti supprime la retraite sur Trente.

latée, qui veut être vue et poursuivie. Ses adversaires au tribunal de Venise le poursuivent, en effet, lui payent, pour le ramener, soixante mille florins à compte, se contentent de sa promesse de maintenir son quartier général à Padoue et de reprendre, au printemps, la guerre avec plus de vigueur (6 novembre)[1]. C'était bien la peine de tant marchander !

Mais gagnerait-on le printemps? Comment vivre jusque-là? comment faire vivre les troupes, sinon de l'or des Florentins? Le duc de Bavière, l'évêque de Spire viennent en quémandeurs à Florence, et l'on voit dans le chroniqueur Morelli en quelle estime ses compatriotes les tenaient. « S'ils étaient riches, écrit-il, ce n'était pas d'argent. Ils avaient cent chevaux que dix des nôtres auraient chassés. Ils vivaient misérablement. Si nous voulûmes qu'ils s'en allassent, il fallut leur compter, pour leur voyage, quatre mille florins. C'est tout ce qu'ils tirèrent de nous[2] ». Les Dix de la guerre revenaient un peu tard au bon sens. Puisqu'ils ne voulaient de l'empereur que comme général de leurs troupes, tout *condottiere* vaudrait mieux, coûterait moins cher, serait plus dépendant. Ce n'était pas le compte de Robert : au retour de ses piteux députés, il jeta le manche après la cognée et reprit le chemin des Alpes, sérieusement, cette fois (15 avril 1402)[3].

Gian Galeaz avait les coudées franches : sans perdre de temps, il jette toutes ses forces contre Bologne, la

---

[1] B. Pitti, p. 69; Minerbetti, 1401, c. xiv, II, 446; L. Bruni, XII, 243; And. Gataro, XVII, 845; Ammirato, XVI, 887.

[2] Morelli, *Cron.*, p. 811.

[3] Minerbetti, 1401, c. xvii, 1402, c. i, II, 450-454; L. Bruni, XII, 243; Ammirato, XVI, 849.

dernière alliée des Florentins. Depuis moins d'un mois (20 mars 1402), Giovanni Bentivoglio, tyran de cette ville, avait signé avec eux une formelle alliance[1]. Le renverser, c'était tout ensemble isoler, réduire à merci l'insaisissable République qui soutenait cette longue guerre, et châtier un parjure qui avait promis, avant son triomphe, de vendre Bologne, et oublié, depuis, son engagement[2]. En mai 1402, paraissent deux armées milanaises, que conduisent Verme, le meilleur capitaine du duc, et Alberico de Barbiano, dont Bentivoglio a fait décapiter le frère[3]. Pour les Florentins, Bernard de Serres tenait la campagne. Se sentant faible, il voulait s'enfermer dans Bologne, et, en attendant des ordres, il se fortifiait, à quatre milles de là, dans son camp de Casalecchio. Le présomptueux tyran veut la bataille, n'y peut entraîner des sujets qui l'exècrent, et laisse battre le prudent Gascon, qui tombe prisonnier avec la plupart des siens (26 juin)[4]. Bologne ouvre ses portes, livre son odieux maître à la vengeance de Barbiano, vote la suppression temporaire de ses libertés, se soumet au duc de Milan. Quant à Florence, elle portait la peine de son alliance avec un perfide : de ses deux ambassadeurs auprès de lui, l'un, Bardo Rittafè, meurt de ses blessures,

---

[1] Minerbetti, 1401, c. xxii, II, 453.
[2] Le même, c. iii, II, 436.
[3] Goro Dati, p. 63.
[4] La date est certaine, quoique Morelli (*Cron.*, p. 313) dise le 27 mercredi à midi. Minerbetti et Ghirardacci donnent l'un et l'autre le 26 ; le mercredi, en 1402, tombait le 28 juin ; enfin, le 27, à Florence on tenait une consulte pour remédier à la défaite. *Liber consiliorum secretorum Com. Flor.* Voy. *Commiss. di Rinaldo*, t. I, p. 11). Sur les faits, Minerbetti, 1402, c. vii, II, 457 ; L. Bruni, XII, 246 ; Morelli, *Cron.*, p. 311 ; Morelli, *Ric., Del.* XIX, 7 ; Goro Dati, l. V, p. 63 ; *Cron. Bol.*, XVIII, 571 ; Bonincontri, XXI, 87 ; Sozomeno, XVI, 1175 ; And. Gataro, XVII, 853 ; Ammirato, XVI, 890 ; Ghirardacci, l. xxviii, II, 532.

l'autre, Niccolò d'Uzzano, est aux mains de l'ennemi. Niccolò était alors un des Dix de la guerre, et déjà un des principaux personnages de l'État[1].

Ainsi tombait, au nord, le dernier boulevard de l'indépendance florentine. Marchands et artisans affolés couraient au *Mercato vecchio*, croyant tout perdu[2]. Découragement excessif aux yeux des gens réfléchis, mais dont ils ne pouvaient méconnaître la cause : abandonnée de tous, haïe de ses exilés et même de ses *contadini*, Florence voyait déjà ou croyait voir en marche ses ennemis, anciens et nouveaux, prêts à la livrer aux flammes[3]. Le fâcheux, au demeurant, ce n'était point la perte d'un tyran éphémère; c'était qu'il fût remplacé par « un aussi gros oiseau[4] ». La salle des *consulte* ne retentit que de fermes paroles : il faut continuer la guerre, une guerre offensive, jusqu'à extermination; il faut tout consigner par écrit, afin de punir ceux qui se seront trompés dans leurs conseils[5]. En ôtant à l'erreur

---

[1] *Ann. est.*, XVIII, 971; Goro Dati, l. V, p. 65; B. Pitti, p. 70; Morelli, *Cron.*, p. 312; Morelli, *Ric.*, *Del.* XIX, 7; L. Bruni, XII, 247; Minerbetti, 1402, c. viii, II, 458; And. Gataro, XVII, 854; *Cron. Bol.*, XVIII, 572; Griffoni, XVIII, 209-215; Ammirato, XVI, 892; Ghirardacci, xxviii, II, 533.

[2] A noi parve essere perduti sanza rimedio. (Morelli, *Cron.*, p. 313.) Savamo perduti. (Morelli, *Ric.*, *Del.* XIX, 7.) Cuncta desperationis plena videbantur. (L. Bruni, XIX, 247.)

[3] Voy. Morelli, *Cron.*, p. 313; B. Pitti, p. 70; Minerbetti, 1402, c. x, II, 460.

[4] Non dico perchè Giov. Bentivogli abbia perduto suo stato, — che di questo veruno non sene sarebbe levato da sedere, — ma perchè è troppo grande uccello quegli che presa l'ha, et ha un gusto insaziabile (Tommaso Sacchetti et Lorenzo Ridolfi à Rinaldo des Albizzi, Venise, 4 juillet 1402, dans *Commiss. Rin.* I, 17.)

[5] Vanni Castellani : Non solum ad defensam, sed etiam ad offensam. — Jacopo de Gilio : Nec unquam poterit esse concordia, nisi una partium deleatur. — Piero Baroncelli : Omnia redigantur in scriptis, ita quod qui er-

sincère l'impunité, sa juste garantie, l'aveugle despotisme se condamnait à n'entendre plus que sa propre voix.

Le *contado*, pourtant, sinon la ville, était à la merci du vainqueur[1]. Ses lenteurs imprévues laissèrent le temps de mettre à l'abri les récoltes, magnifiques cette année-là[2], de lever force gabelles, de concentrer les mercenaires[3], de les remplacer, dans les châteaux, par deux mille *ciompi* armés à cet effet : on utilisait cette populace suspecte en l'éloignant de la ville, c'était double profit[4].

Gian Galeaz se flattait pour lors de vaincre sans coup férir. Plus que jamais il travaillait à isoler, à ruiner les Florentins. Il détournait d'eux le pape, par la crainte de sa puissance et par les cardinaux qui recevaient de lui des pensions[5], Venise en la désintéressant des hostilités. Pise était dans ses mains, et Lucques malgré lui ayant ouvert au trafic florentin le port de Motrone[6], il occupait Lucques, interceptait les marchandises au passage[7], privait les marchands de toute communication avec la mer, de toutes relations commerciales avec l'Italie. C'est à grand peine que des négociations avec

raverit notetur et puniatur. (*Consulte* du 27 juin. *Liber consiliorum*, dans *Commiss. Rin.*, t. I, p. 11.) Une lettre intime de Maso des Albizzi à son fils Rinaldo (3 juillet) est dans le même ton. *Ibid.*, p. 16.

[1] Hostes singulis horis adesse putantes. (L. Bruni, XII, 247.)
[2] Morelli, *Cron.*, p. 313, 314.
[3] Abbiamo già di qua più di mille lance, e fanti e balestrieri assai, e dacci il cuore di difenderci valentemente. (Maso à Rinaldo, 3 juillet. *Commiss. Rin.*, t. I, p. 16.)
[4] E questo fu più per trargli della terra che per altra cagione. (Morelli, *Cron.*, p. 314.)
[5] Goro Dati, l. V, p. 68.
[6] Non obstante quod ipse putaret predicta cedere in displicentiam ducis. (Relation d'Antonio de ser Chello, ambassadeur auprès de P. Guinigi, dans *Commiss. Rin.*, t. I, p. 10, 11.)
[7] Cambi, XVIII, 835.

Carlo Malatesta leur permettaient de remplacer Pise et Motrone, par l'incommode et lointain port de Rimini (22 juin)[1].

Florence devait donc prêter l'oreille aux propositions de paix que, dans le même temps, lui faisait Gian Galeaz. Pourquoi n'eussent-elles pas été sincères? Agé de cinquante-cinq ans, il n'avait que des enfants tout jeunes, dont l'aîné n'atteignait pas encore sa quinzième année. Mais cette paix, il eût fallu la payer cher, la subir humiliante. La mort secourable, une mort presque subite, en dispensa les Florentins : elle les délivra du Visconti, comme jadis de Castruccio. Le duc, pour éviter la peste, s'était enfui à Melegnano; il l'y apporta et en fut la victime (3 septembre). A Florence, comme à Lucques et à Gênes, on n'y voulait pas croire; on offrait même de parier[2]. Il semblait impossible que la nature eût si aisément triomphé du puissant athlète, créateur du plus grand État qu'eût encore vu l'Italie, qui, depuis douze années, tenait suspendue, en quelque sorte, la vie du petit peuple adversaire obstiné de son ambition[3].

Eût-il fait un tout de ce grand duché, composé de pièces et de morceaux? Eût-il enfin conquis l'amour ou la fidélité de ses sujets, de ses mercenaires, de ses *condottieri?* On peut en douter : la ruse perfide est mère de la défiance. Mais il fut bon administrateur; il protégea les lettres et les arts. Malgré tant de guerres et son faste royal, il trouvait de l'argent pour bâtir le dôme de Milan et la chartreuse de Pavie. Quelques années plus tard, un moine de ce monastère magnifique, y pro-

---

[1] Voy. les documents dans *Comm. Rin.*, t. I, p. 10-19.
[2] Morelli, *Cron.*, p. 315.
[3] B. Pitti, p. 70; Ammirato, XVI, 893.

menant Philippe de Comines, qualifiait Gian Galeaz de saint, quoique mauvais tyran, « attendu, disait-il tout bas, que nous appelons en ce païs icy saincts tous ceulx qui nous font du bien[1] ».

Sa mort donnait la paix, mais son testament annonçait la guerre. A ses deux fils légitimes il laissait le duché de Milan et le comté de Pavie; à son fils naturel, la seigneurie de Pise[2]. Querelles probables entre ses héritiers, subordination douteuse des seigneurs de Pise et de Pavie à leur aîné le duc de Milan, que leur père commun, dans une pensée d'unité et de force, leur imposait pour suzerain, lutte certaine contre Florence, qui n'accepterait pas pour voisin un Visconti, même bâtard, telles étaient les menaces d'un prochain avenir. Que pèse, après leur mort, la volonté des puissants de la terre? Le monde qu'ils ont tenu dans leurs mains vigoureuses, ils le livrent aux disputes et aux combats.

[1] *Mémoires de Comines*, liv. VII, c. ix. Éd. de la Société de l'Hist. de France, t. II, p. 353.

[2] Goro Dati, l. V, p. 72; Morelli, *Ric. Del.* XIX, 8 ; Andrea Bigli, *Hist. rer. mediol.*, l. i. R. I. S. XIX, 12; Corio, part. IV, c. i, p. 436.

CHAPITRE III

GOUVERNEMENT INTÉRIEUR DE L'OLIGARCHIE

— 1391-1404 —

Trahison des fils de Lapo de Castiglionchio (sept. 1391). — Efforts du part féodal pour secouer le joug. — Réformes antidémocratiques de Maso de Albizzi (oct. 1393). — Assemblée à parlement (19 oct.). — Les bourses remaniées. — Le *borsellino*. — Réhabilitation des magnats. — Les grandes familles dans les arts mineurs. — Tentative populaire de résistance (24 oct.) — Nouvelles persécutions contre les Alberti. — Accroissement de la force publique (27 oct.). — Nouveaux supplices (28 oct.) — Tentative de réforme démocratique par Donato Acciajuoli (janv. 1396). — Conjuration des bourgeois mécontents et des exilés (4 août 1497). — Derniers complots (nov. 1400, 1411, 1412). — Suppression de la balie de réforme (1404). — Procession des pénitents blancs (août 1399). — Les deux processions florentines.

L'ordinaire effet des guerres extérieures est d'éteindre, de ralentir du moins le feu des discordes intestines : c'est un avantage que n'en retirait point le gouvernement de l'oligarchie. Il avait soulevé de trop violentes colères, provoqué de trop profondes rancunes pour qu'il fût maître de leur donner un dérivatif, et des combats sans gloire contre Gian Galeaz ne le dispensaient point de rigueurs sans pitié contre les débris de la démocratie. Pour préparer des succès au dehors, il fallait assurer sa force au dedans, tâche ardue, ingrate, et qui le mettait parfois aux prises même avec des amis.

On voyait pour lors à Florence, spectacle nouveau, des citoyens de la secte dominante en livrer les secrets à l'étranger. Paolo de Castiglionchio, fils du fameux

Lapo et facteur d'un marchand de Padoue établi à Milan, le tenait au courant des desseins de la République, et ce Padouan, nommé Diacomello, les communiquait à Visconti. L'habitude prise dans l'exil par le père de trahir le gouvernement de sa patrie, avait fait passer aux fils la trahison dans le sang. Nul châtiment n'eût été trop sévère; mais l'oligarchie avait pour les siens des entrailles maternelles. Paolo, n'ayant pu nier, est condamné à la hart (septembre 1391) : sa famille, la seigneurie, se hâtent d'intervenir auprès du capitaine; la peine est commuée; le coupable en sera quitte pour la prison provisoirement perpétuelle et une amende de trois mille cinq cents florins. Sur son frère contumax on laisse peser la terreur inoffensive des tenailles et de la potence, et l'on n'a garde, comme pour tant d'autres, de le vouloir appréhender au corps. Tel est pourtant le progrès de la perversité publique, que les auteurs du temps, qui sont de la secte, s'indignent de condamnations si rigoureuses, en blâment le capitaine, dur comme on l'était à Venise, sa ville natale[1]. C'est plus tard seulement que les fauteurs des Medici au pinacle, rendus justes par la haine, flétriront comme traîtres à la patrie les deux fils du fougueux et opiniâtre conspirateur[2].

Cet incident est un symptôme. Lapo de Castiglionchio avait émis jadis cette impertinente doctrine que la noblesse ne se perd point par l'inscription aux rangs du peuple[3], et la semence, jetée en bonne terre, y produisait un regain d'insubordination féodale. A des gens aveuglés le moment paraissait favorable pour faire

---

[1] Minerbetti, 1391, c. xxvi, II, 271.
[2] Ammirato, XV, 827.
[3] Voy. notre tome V, p. 81.

remonter le fleuve vers sa source : ils croyaient l'entreprise possible, l'oligarchie ne pouvant s'y opposer. Toutes les tentatives des anciens hobereaux pour reconquérir leurs repaires restaient impunies, celles notamment des Ricasoli, les plus hardis d'entre eux (1390)[1]. D'anciens ennemis, toujours frémissants, les Ubaldini par exemple, tendaient incessamment la main à Gian Galeaz, aux Siennois, aux aventuriers que les seigneurs du nord déchaînaient, pour ne les plus payer, sur la riche Toscane[2]. Les exilés, en ébullition constante, n'inspiraient pas de moins vives craintes. Par ce qu'elle avait fait si souvent, l'aristocratie jugeait de ce qu'on pouvait faire contre elle, et rien ne lui coûtait pour désarmer ses ennemis.

La plupart lui échappaient, vivant à l'étranger : raison de plus pour frapper sur leurs complices, présumés ou possibles, qui vivaient dans la ville. Déjà la réforme de 1387 les avait réduits à l'impuissance, en supprimant par l'épuration des bourses les intolérables hasards du tirage au sort[3]. Piper les dés est toujours un moyen tentant de gagner la partie. En septembre 1393, Maso des Albizzi, qui tenait le gonfalon de justice, ne le voulait point déposer sans avoir rendu quelque grand service à la faction. A qui veut fermement, les prétextes ne manquent point ; au besoin, on les fait naître.

---

[1] Minerbetti, 1390, c. xliii, II, 236 ; Ammirato, XV, 812.

[2] Ces aventuriers étaient en nombre. Leurs noms et leurs hauts faits tiennent beaucoup de place dans les auteurs. Voy. Minerbetti, 1391, c. xlvii, 1392, c. ix, II, 290, 299 ; Ammirato, XVI, 833 sq ; Ricotti, II, 197.

[3] Capponi, I, 391. L'aveu est à enregistrer sous la plume d'un historien qui, dans la même page, caractérise le régime oligarchique comme étant « non seulement l'ancienne, mais encore la bonne forme, qui excluait la plèbe, qui mettait chacun à sa place, qui, en donnant du travail aux pauvres, réservait la prééminence aux plus riches, aux plus éclairés ».

Le 9 octobre, la rumeur se répand de pratiques en vue de rétablir le gouvernement populaire et les vingt-quatre arts[1]. « De telles pratiques, écrit judicieusement Capponi, il y en a dans tout pays ayant des exilés, et les dénonciations ne manquent jamais quand elles peuvent servir aux gouvernants pour écraser leurs adversaires[2] ». Un contemporain affirme que ce fut une pure machination de Maso[3]; Machiavel a bien compris que le fait, à le supposer réel, était sans importance, uniquement bon à fournir l'occasion qu'on cherchait[4], et Ammirato est, contrairement à sa coutume, si sobre de détails, qu'on est fondé à croire que, pour en donner, il aurait dû les inventer[5]. Trois artisans, mis à la question, déclarèrent ce qu'on voulut. Comme chefs du complot, ils nommèrent les principaux ennemis de la secte régnante, trois des Alberti, Cipriano, Nerotto et Alberto, accusés, ainsi que d'autres de leur famille, d'entretenir des pratiques avec Ghino de Giorgio Scali, gendre de Cipriano : exilé de longue date, ce Ghino avait rompu son ban, s'était rapproché et résidait à Bologne[6]. Une fois ceux des personnages dénoncés qu'on avait sous la main mis sous les verrous, on s'empressa de compléter les ré-

---

[1] Quod quidam tractatus ordinabatur et fiebat contra presentem statum (Provision du 19 octobre 1393, publiée par Capponi, t. I, p. 625, app. X).

[2] Capponi, I, 392.

[3] Segui il sudetto romore per opera di M. Maso degli Albizzi per vendicarsi contra gli Alberti. (Priorista di Nic. Ridolfi, *Del.* XVIII, 140). Causa vero hujus fuisse creditur non tam recens aliquod admissum quam vetus partium contentio. (L. Bruni, XX, 225.)

[4] Machiavel, III, 49 B.

[5] *Fere* tota civitas erat commota, et jam per multos, *etiam* cum armis, in principio preterite noctis *certi* tumultus facti fuerant. (Provision du 19 oct. *Ibid.*) Voilà ce qu'on trouve dans l'unique document qui parle de ce fait.

[6] Priorista de Niccolò Ridolfi, *Del.* XVIII, 140; Ammirato, XVI, 840.

formes qui assuraient déjà, mais n'assuraient jamais assez, au gré des meneurs, la domination de l'oligarchie[1].

Le dimanche 19 octobre, la cloche fut mise en branle pour l'assemblée à parlement. Il s'agissait de donner, jusqu'à la fin du mois, *balie* aux prieurs et à leurs collèges, conjointement avec les capitaines de la *parte*, les Huit de garde, les Six de la marchandise et un certain nombre de citoyens que désignerait le parlement lui-même[2]. D'ordinaire, on ne nommait une *balie* que pour un ensemble de mesures à prendre; cette fois, le document officiel ne fait mention que d'une seule : il s'agit simplement, en apparence, de rejeter parmi les magnats tous les Alberti, sauf les descendants de Niccolaio, un d'entre eux, qui n'avait pas épousé la querelle de sa famille[3]. On va voir que bien plus étendus étaient les desseins.

Sur la place du palais[4] ne se rendirent guère que

---

[1] La provision étant du 19 octobre, Minerbetti, pour justifier les actes de la faction à laquelle il était attaché, montre dans un soulèvement de toute la ville, le 18, la cause des mesures prises. (1393, c. xxi-xxiv, II, 325-329.) Il est plus affirmatif que la provision même. S'il disait vrai, on aurait commencé par la réorganisation de la force publique, laquelle n'eut lieu que le 27.

[2] Et aliis civibus quorum nomina in fine dicti parlamenti scripta erunt. (Provision du 19 oct. *Ibid.*, p. 626.)

[3] Quod omnes et singuli de domo et stirpe ac progenie de Albertis de Flor.... tam nati quam nascituri, exceptis filiis et descendentibus per lineam maschulinam olim D. Nicolay Jacopi de Albertis,..... intelligantur esse et sint in perpetuum et omni tempore magnates civ. Flor. (Provision du 19 oct. *Ibid.*, p. 626.)

[4] On avait commencé le 2 juin 1386 à paver la place en dalles quadrangulaires. Le 3 août suivant, pour l'agrandir, on démolissait maisons et boutiques. (*Diario d'anon.*, p. 466; ser Naddo, p. 85.) Il y a une provision du 11 août « circa negotia laborerii platee palatii Dominorum ». (Reg. LXXVII, p. 105. Voy. *Diario d'anon.*, p. 466, n. 4.)

ceux qu'on y voulait voir[1]. Les autres s'abstinrent, par découragement ou par crainte d'un piège. C'est donc comme en famille qu'on prit les décisions provoquées, et toutefois sans plus de régularité, de légalité qu'au temps décrié des petites gens. Ser Viviano, selon l'usage, demanda si l'assemblée formait les deux tiers du peuple florentin, et aussitôt, sans se compter, contre toute évidence, de toutes parts on répond *sì, sì*, personne n'y contredisant[2]. Les vingt et un membres dont devait se composer la *balie*[3] furent nommés comme aux jours les plus tumultueux de la domination populaire : — Nous voulons celui-ci! nous ne voulons pas celui-là! — Et, sans l'ombre d'un vote, la *balie* se trouvait créée. Le lendemain, elle était à l'œuvre[4].

De toutes ses résolutions[5] nous n'indiquerons que celles qui montrent la fixité du but dans la variété des moyens. La seigneurie reçut l'énorme pouvoir de frapper des impôts, de lever des emprunts sans l'autorisation des conseils[6]. Francesco des Gabbrielli d'Agobbio fut créé capitaine de garde. C'est toujours à cette famille que Florence demandait des instruments pour la rigueur dans la répression et la violence sans scrupules. On lui accorda quatre-vingts *famigli*, beaucoup plus que n'avait eu jamais aucun capitaine. Son autorité fut augmentée,

---

[1] Capponi, I, 392.
[2] Nemine contrarium asserente. (Provis. du 19 oct. *Ibid.*, p. 627.)
[3] Voy. Actes de la Balie de 1393, 20 octobre, doc. publié par M. Carlo Pellegrini, à l'append. p. 1 de son savant travail, intitulé : *Sulla repubblica fiorentina a tempo di Cosimo il vecchio.* Pise, 1880.
[4] Capponi, I, 392.
[5] Voy. le doc. cité plus haut dans l'appendice du travail de M. Pellegrini.
[6] *Ibid.*, p. 4; Ammirato, XVI, 840.

et la seigneurie obtint le droit de le maintenir en charge, s'il faisait bien[1].

Ces précautions prises, on pouvait mettre la main à la pâte, remanier une fois de plus les institutions, supprimer ce qui restait des libertés publiques. Les bourses, les registres des scrutins dataient de 1385, et par conséquent étaient l'œuvre du parti dominant ; bourses et registres n'en furent pas moins brûlés[2]. Des bourses reconstituées on exclut les noms des tièdes : depuis longtemps tout ennemi, tout suspect en était exclu. Si le gonfalonier de justice tiré au sort ne plaît pas, on en prendra un autre, fallût-il puiser dans la bourse des prieurs de son quartier[3]. Quelques mois plus tard, aux premiers jours de 1394, on décidait qu'il devrait être âgé d'au moins quarante-cinq ans, sous prétexte qu'il aurait alors plus de maturité, mais en fait, Ammirato l'avoue, comme moyen de diminuer le nombre des éligibles et d'écarter de la première des charges publiques ceux qu'on voudrait, sans avoir, chaque fois, besoin d'un acte illégal et tyrannique[4]. On poussa plus loin encore le raffinement. Sur les huit prieurs, trois durent être

---

[1] Provisions de la Balie, 20 oct., publiées par Capponi, I, 628, app. X.

[2] Et quod tam burse quam registra dicti scrutinei comburantur et annichilentur, ita quod omnia ipsius monumenta penitus evanescant. (Provision de la Balie, 21 oct., publiée par Capponi, I, 635, app. X.) Cf. Ammirato, XVI, 840.

[3] Et quod illi ibidem descripti seu imbursati de quibus videretur dictis videntibus et perquirentibus quod non essent ydoney vel confidentes pro vexilliferis, possint et debeant per eos inde extrahi et mieti et poni in bursis ejusdem quarterii pro officio prioratus ordinatis. (Provision de la Balie, 21 oct., dans Capponi, I, 636.) Cf. Ammirato, XVI, 840.

[4] Il che non tanto per la riputazione e maestà del magistrato fu fatto quanto perchè molti potevano esser tratti a quell'uffizio, i quali a quelli dello stato non piacevano, e di rimuoverli senza espressa nota di tirannia non havevano cagione. (Ammirato, XVI, 843.)

pris désormais dans le *borsellino* ou petite bourse qui contenait les noms des purs entre les purs, un pour chacun des trois quartiers dont ne serait pas ce gonfalonier de choix[1]. On en aurait ainsi quatre sur neuf triés sur le volet, pour diriger leurs collègues dans les vues du parti.

C'est à peine si, parmi ces réformes effrontées, on en trouve une plus avouable, le droit d'*ammonizione* ôté à la *parte;* encore n'y renonce-t-on que comme à une forme usée de la tyrannie, à un instrument de règne devenu inutile[2]. Le dessein reste invariable d'assurer à la haute bourgeoisie tout pouvoir sur les classes sociales qui sont au-dessus et au-dessous d'elle. Seulement, pour n'avoir plus à craindre les magnats, loin de les écraser comme jadis, on les ménage, on renouvelle avec eux une profitable alliance[3], on comble de faveurs les plus compromis[4], on admet au rang de *popolani* des familles entières, les plus suspectes aux vieux Florentins[5]. Un expédient ingénieux acheva d'annihiler les arts mineurs: des jeunes gens de noble ou bonne famille s'y faisaient

---

[1] Prov. de la Balie, 21 oct., dans Capponi, I, 635. Cf. Ammirato, XVI, 840.

[2] Cum hoc salvo quod in aliquo non sit derogatum ordinamentis editis in dicto anno 1378 de mense junii, in illis partibus dumtaxat ipsorum ordinamentorum que continent et seu disponunt de non monendo... pro ghibellino, seu non vero guelfo aut parti guelfe suspecto. (Prov. de la Balie, 20 oct., dans Capponi, I, 654.)

[3] Item quod presentes capitanei possint et debeant de magnatibus guelfis eligere et deputare pro predictis scruttineis in eo numero de quibus eis videbitur et prout in similibus esse consuevit. (*Ibid.*)

[4] Par ex. Bettino Ricasoli, qui mettait les votants sous clef (voy. notre t. V, p. 199), et ce grossier Ridolfo de Varano mis à la tête des troupes. (Voy. les deux chapitres précédents, p. 17 et 73).

[5] Ricasoli, Bardi, Cavicciuli, Rossi, Cavalcanti, Frescobaldi, Buondelmonti, Adimari, Pazzi, Marabottini, Popoleschi, Tornabuoni (anciens Tornaquinci), etc. Voy. Ammirato, XVI, 842.

immatriculer, et, par l'ascendant de la naissance, de la richesse, peut-être de quelque supériorité d'esprit, fruit de la nature ou de l'éducation, ils y prenaient sans peine, avec le premier rang, un ascendant irrésistible[1].

En d'autres temps, cette politique à outrance eût soulevé la moitié de la ville; mais toute vigueur avait disparu. Une poignée d'artisans prennent seuls les armes, enlèvent son pennon au capitaine et débouchent sur la place en criant : Vivent le peuple et les arts! On n'eut qu'à leur courir sus pour les forcer à crier : Vivent le peuple et la *parte guelfa*! Deux d'entre eux s'y refusèrent seuls, et ce refus leur coûta la vie[2]. Pas un instant on n'avait craint une commotion sérieuse et cru à la nécessité d'une répression énergique, car on avait laissé à Donato Acciajuoli la bannière des guelfes, à Rinaldo Gianfigliazzi celle du peuple, et ils étaient, dans la secte régnante, des plus modérés[3]. Pénétrés de leur impuissance, les plus irrités des moindres arts suppliaient Vieri et Michele des Medici, l'un cousin, l'autre frère de Salvestro, mort depuis 1388, et dès lors chefs de la famille, de prendre la direction du mouvement : ce fut en vain, soit que l'ambition de ces marchands ne fût pas encore éclose ou mûre, soit plutôt qu'ils ne crussent pas au succès[4].

---

[1] A tutte l'arti minori fecionsi matricolare molti gentiletti, e questi erano signori e principali di quelle arti. (Morelli, *Cron.*, p. 293.)

[2] Priorista de Nic. Ridolfi, *Del.*, XVIII, 141.

[3] Machiavel, III, 50 A; Ammirato, XVI, 841, 844.

[4] Minerbetti, 1393, c. xxi-xxiv, II, 525; Poggio, l. iii, XX, 271; Sozomeno, XVI, 1156; Ammirato, XVI, 841. Les auteurs s'accordent à dire qu'avec plus d'audace Vieri aurait pu réussir, porter déjà sa famille au pinacle; mais rien n'est moins vraisemblable : l'oligarchie était depuis trop peu de temps au pouvoir pour n'être pas encore dans sa période ascendante ; elle

Mais les vaincus avaient donné signe de vie : c'était assez pour frapper à nouveau les malheureux Alberti. Déjà persécutés en 1387[1], relégués parmi les magnats le 19 octobre 1393[2], privés de leurs chef Benedetto mort à Rhodes[3], ils ne paraissaient pas encore inoffensifs ; on voyait leur main dans toute agitation. C'est ainsi que nos pères, au cours de la Révolution française, accusaient, les uns, des infortunes de la royauté Voltaire et Rousseau, les autres, de celles de la patrie Pitt et Cobourg. Clameurs risibles quand le bouc émissaire, par la mort ou l'éloignement, est hors d'atteinte, mais bien redoutables quand elles peuvent armer le bras des pouvoirs publics ! Les Alberti sont relégués à de grandes distances, qui en Flandre, qui à Barcelone, contraints à donner caution pour toute rupture de ban, à payer des amendes, à s'abtenir de vendre ou d'engager leurs biens, pour qu'ils restent à la disposition de la République[4]. Le courageux Cipriano versera deux mille florins d'or dans les deux jours, et sera, dans les cinq, hors du territoire, sous peine de la tête. Rhodes lui est assignée pour résidence à perpétuité (25 octobre). Ses *consorti* fourniront une caution de cinquante mille florins. Les frères, les parents sont relégués à de grandes distances les uns des autres : l'intention est manifeste de rompre les liens de famille entres les proscrits ; il faut qu'ils

---

réprime presque sans coup férir toutes les tentatives de soulèvement. Machiavel se montre historien peu sérieux quand (III, 50 A) il montre Vieri haranguant le peuple sur la place, recommandant la soumission aux prieurs, faisant même leur éloge.

[1] On peut voir dans le *Diario d'anon.*, p. 470, l'énumération des victimes de cette persécution.

[2] Voy. plus haut même chapitre, p. 102.

[3] Même vol. c. I, p. 46.

[4] Passerini, *Gli Alberti di Firenze* ; Capponi, I, 393.

soient désormais de misérables grains de poussière. Leurs plus humbles adhérents ne trouvent pas grâce : un simple maréchal paye mille florins, donne caution de mille autres, est relégué en Sardaigne; un teinturier est condamné aux *Stinche* sa vie durant[1].

C'est la haine qui agit, et non la crainte, car la persécution s'étend aux moindres choses, qui ne sauraient être d'aucun danger. En mars 1394, Marco Alberti croit pouvoir marier sa fille à Jacopo Gianfigliazzi, et Rinaldo Gianfigliazzi la sienne au fils de Niccolaio Alberti, nominativement excepté de la proscription. Nonobstant, les Huit de garde font appeler Rinaldo, le réprimandent sévèrement, le réduisent à se confondre en excuses, à promettre que cette union n'aura pas lieu. Elle eut lieu, cependant, mais quelques années plus tard, par la rare constance de la jeune fille, et sans rendre à son père le crédit qu'il avait perdu par sa soumission humiliante. Quoiqu'il fût loin d'être un ennemi, on le traitait comme tel, parce qu'il n'était qu'un ami tiède[2]. Ce n'est pas un sectaire qui aurait dit jamais qu'il ne faut pas trop de zèle.

Du zèle, on en avait toujours contre les Alberti dans la secte des Albizzi. Ces rigueurs ne sont pas les dernières. Au risque d'anticiper sur l'ordre des temps, il faut indiquer ici celles qui suivirent, pour n'y plus revenir. Le 15 janvier 1401, encore sous prétexte d'une alerte, nouvelles proscriptions, dont ne sont pas exceptés, cette fois, les fils mêmes de Niccolaio : ils sont faits grands, confinés pour trente ans à trois cents milles,

---

[1] Ammirato, XVI, 842.
[2] Ammirato, XVI, 844; Passerini, *Gli Alberti di Firenze*; Capponi, I, 395.

condamnés à payer trois mille florins d'or[1]. Aucun des Alberti ne pourra, sous peine de la vie, s'approcher de Florence à plus de deux cents milles, ni résider sur le territoire milanais. Leur *loggia* est rasée, toutes leurs maisons sont vendues, leurs armes en sont effacées. Qui prendra femme chez eux ou leur donnera fille en mariage, payera mille florins d'or. Aucun citoyen ou sujet de Florence ne pourra, dans un rayon de deux cents milles, se faire, pour le trafic, leur associé ou leur facteur, et quiconque l'était déjà, devra se retirer d'eux dans les six mois. Tout enfant de seize ans sera compris dans la sentence commune, et contre toute rupture de ban, la peine édictée c'est la mort[2]. Le 20 août 1411, sont renouvelées encore prescriptions et proscriptions.

Tant de rigueurs, de si terribles menaces n'empêchaient point, paraît-il, certains des Alberti de s'aventurer dans le district, dans le comté, dans la ville même[3]. La terreur, quand elle se prolonge, cesse de terrifier. Mais il est rare que l'expérience persuade d'y renoncer. Dans les conseils, ceux qui prennent la parole s'obstinent à déclarer nécessaires ces mesures inexorables, et Niccolò d'Uzzano, qu'on présente toujours comme porté à la douceur, pense, parle comme ses plus rudes amis, demande qu'elles soient prises par tous les moyens[4].

---

[1] Selon Minerbetti (1400, c. x, II, 426) les fils de Niccolaio auraient encore été exceptés ; mais Ammirato (XVI, 882) donne des détails si précis que le doute n'est guère possible.

[2] Ammirato, XVI, 882; Passerini, *Gli Alberti di Firenze;* Capponi, I, 398.

[3] Quod non possint stare Florentie vel ejus comitatu vel districtu, sub pena capitis. (Provision du 20 août 1411 adoptée en conseil du peuple par 178 voix contre 46, en conseil de la commune par 104 contre 52. Voy. cette provision et le résumé des débats dans les documents publiés par M. Pellegrini, n° 4, p. 14.)

[4] Quod per omnem modum obtineatur. (*Ibid.*)

Les auteurs contemporains ne croient pas qu'elles répondissent à un danger public : ils n'y voient que l'effrayante, l'odieuse persistance de la rancune et de la haine[1].

C'est pour donner à la rancune et à la haine les satisfactions dont se montraient avides ces esprits vindicatifs, qu'en 1393, le 27 octobre, toutes les réformes liberticides étant déjà accomplies et les mesures rigoureuses édictées, les meneurs de l'oligarchie augmentaient enfin les forces publiques dans une proportion sensible, preuve, d'une part, qu'ils n'avaient point jusque-là cru courir le moindre danger, d'autre part, qu'ils n'étaient pas très rassurés pour l'exécution de leurs projets ultérieurs. Ils auraient voulu armer six mille hommes[2]; mais où en eussent-ils trouvé autant qui leur inspirassent pleine confiance[3]? Ils se réduisirent à enrôler deux mille citoyens soigneusement triés, avec quelques centaines de fantassins et d'arbalétriers génois. Cette milice civique fut affublée d'une soubreveste où étaient peintes les armes du peuple et celles de la *parte guelfa*, et divisée en gonfalons, dont les membres se réunissaient sous une *loggia* à eux assignée. Aux autres habitants il était défendu, sous peine de la tête, de porter des armes[4].

Cette organisation avait-elle été préparée avant de la faire connaître par une provision? Rien ne semble plus croyable, puisque, dès le lendemain 28 octobre, recommençaient les supplices. Pour avoir crié, le 24, vivent

---

[1] Voy. plus haut, p. 101, n. 3.
[2] Morelli, *Cron.*, p. 294.
[3] C'est la raison que donne Capponi (I, 594), toujours honnête et sincère, malgré ses opinions et préjugés.
[4] Ammirato, XVI, 842.

le peuple et les arts[1] ! un tavernier et un orfèvre furent mis à mort, et vingt-trois contumaces condamnés à être pendus. Un d'eux ayant été découvert pendant qu'on lisait la sentence, la vit aussitôt exécutée sur sa personne. D'autres encore encoururent l'amende, l'exil, la relégation, la mort[2]. La confiscation, toujours imminente, était une sanction, car on n'y échappait point, comme à la potence ou au cachot, par la fuite.

C'est par cet esprit de suite dans la rigueur, force des aristocraties, que fut vaincu, à la longue, l'esprit de rébellion. Le doux Niccolò d'Uzzano, succédant, le 1er novembre, à Maso des Albizzi comme gonfalonier de justice, en continue le système, que blâment Machiavel et Ammirato[3]. Il rencontre si peu de résistance, il trouve ses concitoyens si avilis, qu'il les déclare, comme Jugurtha les Romains, prêts à se vendre s'ils trouvent un acheteur.

Des tentatives de révolte, il y en aura encore, mais de plus en plus rares, et elles échoueront misérablement, fussent-elles l'œuvre des plus considérables personnages. Il en était peu qui eussent plus d'autorité que Donato Acciajuoli[4]. Sa famille avait poussé de profondes racines dans le sol florentin. Son bisaïeul paternel était gonfalonier de justice dès 1298. Par sa mère il tenait aux Ricasoli, anciens seigneurs du Chianti. De ses trois frères un était cardinal, un autre archevêque de Patras, le troisième, seigneur du duché d'Athènes. Lui-même il avait été deux fois gonfalonier de justice[5], plusieurs fois

---

[1] Voy. plus haut, p. 106.
[2] Ammirato, XVI, 843.
[3] Machiavel, III, 50 B ; Ammirato, XVI; 843. Capponi, au contraire loue ce système. (I, 395.)
[4] L. Bruni, XI, 228 ; Ammirato, XVI, 850.
[5] Septembre 1391, novembre 1394.

des Dix de la guerre et orateur de la République auprès des plus grands princes. Le peuple l'avait fait chevalier, et il était, le 24 octobre 1395, un de ses porte-bannière[1]. Pas un ambassadeur ne venait à Florence qui n'eût mission de le visiter. L'antipape Benoît XIII lui donnait personnellement avis de son exaltation, et le pape Boniface IX, dans des lettres patentes, faisait très honorable mention de lui[2].

Il n'était point un ennemi de l'oligarchie, puisqu'elle le laissait prendre en main le gonfalon de justice, dans un temps où elle avait supprimé, pour cette charge, le tirage au sort[3]. Mais son bon sens était choqué de voir se restreindre de plus en plus le cercle des citoyens aptes aux emplois. En janvier 1396, comme il voyait dans la seigneurie Michele Acciajuoli, son *consorte*, prieur, et Niccolò Ricoveri, son ami, gonfalonier, il crut l'occasion favorable pour demander, par voie de pétition, l'incinération des bourses et la restitution de tous leurs droits aux *ammoniti*, aux bannis[4]. Malheureusement, les premiers à qui il s'ouvrit de ce dessein en prirent peur et en informèrent la seigneurie. Sur le champ une *balie* de douze membres[5] fut chargée d'instruire, et, dans le nombre, par un raffinement digne de remarque, se trouvait Donato lui-même. Ses amis, flairant la perfidie, lui conseillaient de réunir ses adhérents pour en appeler à la force, ou, du moins, se protéger[6]. Il hésita. Persuadé

---

[1] Voy. plus haut, p. 106.
[2] L. Bruni, XI, 228 ; Ammirato, XVI, 851. Le grand duc Cosimo fut son arrière-petit fils, étant issu de Laudomia, fille de son fils Jacopo.
[3] Le 1er novembre 1394.
[4] Ser Naddo, p. 153 ; L. Bruni, XI, 228 ; Machiavel, III, 50 B.
[5] Minerbetti, 1395, c. xiv, II, 356 ; Morelli, *Cron.*, p. 296. Ammirato (XVI, 850) dit dix membres seulement.
[6] L. Bruni, XI, 228.

même qu'on n'oserait rien contre sa personne, il se rendit au palais. Là, tous les regards fixés sur lui, il entendit déclarer que le mal était au sein de la *balie*, et qu'il l'en fallait extirper. Aussitôt dit, aussitôt fait. On l'enferme dans la chambre du *frate*, on l'invite à avouer qu'il a dit que si la pétition ne passait pas, il la ferait bien passer[1]. Pour ce grand crime, pour ce projet plus ou moins établi, il méritait la mort, et il n'y échappa qu'en demandant sa grâce à genoux, sans capuchon[2]. Il dut s'estimer heureux d'être confiné pour vingt ans à Barletta. Encore dut-il donner une caution de vingt mille florins, somme énorme, et laisser ses fils prisonniers, jusqu'à ce qu'on eût appris son arrivée dans sa résidence d'exil. Sa disgrâce entraîna celle d'Alamanno de Salvestro des Medici, d'autres membres de cette famille, et de divers artisans[3]. Mais c'était lui surtout dont la proscription faisait scandale. La seigneurie crut devoir s'en excuser auprès du cardinal Agnolo Acciajuoli : elle ne pouvait point ne pas bannir un citoyen convaincu d'avoir voulu renverser par la force l'État qu'il ne pouvait renverser autrement[4].

L'année suivante, au mois d'août[5], éclatait une conju-

---

[1] Morelli, *Cron.*, p. 297. Filippo Rinuccini, *Ricordi* (1395, p. 42) se borne à dire que l'accusation contre Donato pourrait bien être fausse : « e chi disse che fu per invidia ».

[2] Ser Naddo, p. 153.

[3] Ammirato (XVI, 851) donne plusieurs noms.

[4] Ser Naddo, p. 153 ; Minerbetti, 1396, c. xiv, II, 554-57 ; Morelli, *Cron.*, p. 296 ; L. Bruni, XI, 228 ; Ammirato, XVI, 850 ; Lettre de Donato Acciajuoli à la seigneurie, avec les œuvres de Sacchetti, Flor. 1857. Dans cette lettre, dit Capponi (I, 396), on ne voit pas bien si Donato n'osa tout dire ou s'il craignit les puissants qui l'opprimaient, les misérables qui l'avaient trahi.

[5] Fil. Rinuccini (1398, p. 43) met à tort ce fait en 1398, et il se trompe sur les noms, comme le prouve le document officiel cité plus bas.

ration plus effective. Le regret du passé, principal mobile des gens d'âge quand ils pensaient à prendre les armes, laissait froids les jeunes gens; mais ils s'échauffaient aux souffrances d'une guerre sans fin et d'impôts sans mesure; ils nouaient, entretenaient des intrigues avec les exilés réunis en nombre à Bologne. Parmi les nouveaux conjurés on relève quelques-uns des plus grands noms de Florence. De la famille des Cavicciuli plusieurs membres, quoique *ammoniti*, étaient restés dans la ville : ce sont eux qui donnent le signal. Huit jeunes gens, pas davantage, s'introduisent à leur appel par le lit de l'Arno, se cachent deux jours, puis, le 4 août sur le soir, s'aventurent dans les rues pour chercher et tuer Maso des Albizzi, véritable chef de l'État. Ils faillirent l'atteindre dans la boutique d'un épicier, près de San-Pier Maggiore; mais, le coup manqué, ils durent se rabattre, au *Mercato vecchio*, sur deux victimes moins illustres. En traversant le Corso et Calimala, ils criaient : Vive le peuple! A mort les tyrans! Fermez les boutiques, suivez-nous, vous ne payerez plus d'impôts et vous n'aurez plus de guerre! — La foule accourait sur leur passage, curieuse, mais sans armes, et nullement disposée à faire chorus avec eux. « Ils sentirent alors, dit Machiavel, combien il est périlleux de vouloir rendre libre un peuple qui veut être esclave[1] ». A la *loggia* des Adimari, aux *Servi*, comme à San-Pier Maggiore et au *Mercato vecchio*, ils ne rencontrent qu'un accueil glacial. Isolés, impuissants, découragés, ils ne cherchent plus qu'un refuge : ils se jettent dans Santa-Reparata, en ferment les portes et montent sur les toits.

[1] Machiavel, III, 51 A.

Deux heures suffisent pour les réduire à merci. Le 7 août, huit têtes tombent : Masino des Ricci, Picchio des Adimari, Benedetto des Spini, Barone Girolami, Bastardino des Medici, Cristofano de Niccolò de Carlone, et deux obscurs artisans. Il ne restait à retrouver, pour avoir sous la main toute la conjuration, que Scortichino des Gangalandi[1] et Boccaccio ou Pizzelli des Cavicciuli, que les détenus désignaient comme leur chef, et qui, appréhendé au corps, subit bientôt le même sort qu'eux[2]. Ici les noms importent : ils confirment ce qu'établit tout ce chapitre, que l'oligarchie avait contre elle non seulement le peuple, mais aussi, dans les meilleures familles, bien des citoyens que révoltait l'injustice, la dureté de sa domination.

Le 12 novembre 1400, nouveau complot, ourdi, comme le précédent, à Bologne, où la peste qui sévissait à Florence avait conduit beaucoup de Florentins. Ce n'est pas impunément qu'ils y renvoyaient les exilés : ils se laissaient par eux entraîner dans la révolte, et ne repoussaient pas, dit-on, le concours du duc de Milan. On devait rentrer dans la patrie soit par l'Arno, comme trois ans auparavant, soit en forçant la porte San-Gallo. Mais un des conjurés, Salvestro des Cavicciuli, éventa la mèche : le souvenir lui revenait à temps du sort récent des siens. Le 19, le 22 novembre, Samminiato des Ricci, Francesco Davizi ont la tête coupée, et, entre ces deux exécutions, une *balie* de quatre-vingt-dix personnes

---

[1] Lettre de la seigneurie aux ambassadeurs à Venise, 5 août 1397, publiée dans les *Lettere di un notaro*, I, 181, note.

[2] Minerbetti, 1397, c. xii, p. 378; Morelli, *Cron.*, p. 305; Ser Naddo, p. 167; L. Bruni, XI, 225; Bonincontri, XXI, 74; Sozomeno, XVI, 1164; Machiavel, III, 51 A; Ammirato, XVI, 860.

reçoit l'ordre de trouver des coupables avant la fin du mois. Comme ils y échouèrent, faute de matière condamnable, ou parce que les suspects avaient eu le temps de s'enfuir, on s'en vengea en frappant à tort et à travers sur des absents : furent déclarés rebelles, sujets par conséquent à confiscation, six des Ricci, six des Alberti, deux des Medici, trois des Scali, deux des Strozzi, un des Altoviti, un des Adimari et beaucoup de gens obscurs. L'*ammonizione* pour dix ans, pour vingt ans, frappa les plus ménagés, et l'on n'épargna point d'anciens ennemis du dehors, les comtes de Bagno, de Modigliana, les Ubertini[1].

En 1411, en 1412, nouvelles alarmes, réelles ou feintes : rien de sérieux que les châtiments. Tel auteur parle d'un complot, et tel d'un autre, preuve qu'aucun n'avait de consistance. Les gens qu'on accuse et qu'on punit sont autant des hommes considérables que des petites gens : Nanni Buondelmonti, par exemple, et Bindaccio Alberti. Cette fois, les plus jeunes enfants sont compris dans la proscription, ceux de Salvestro des Ricci et de Francesco des Scali, comme ceux des Alberti. Un prêtre est mis en cage, parce qu'on n'osait verser son sang sacré[2].

C'était méchanceté pure. A y regarder de près, on voit bien que l'oligarchie tient ses adversaires pour vaincus sans retour. En 1404, elle se croit assez forte pour supprimer la tyrannique *balie* qui, depuis 1393, excluait systématiquement des bourses ceux qui n'étaient

---

[1] Minerbetti, 1400, c. vii-xi, II, 423-27; Morelli, *Ric.*, *Del.*, XIX, 6; Morelli, *Cron.*, p. 305; B. Pitti, p. 60; L. Bruni, XI, 240; Machiavel, III, 54 B; Ammirato, XVI, 879, 882.

[2] D. Boninsegni, p. 3, 4; Ammirato, XVIII, 963, 964.

pas « gens de bien », Florentins d'ancienne date et âgés de trente ans. La population civile, disent les contemporains, y vit comme une délivrance : les peuples ont de ces illusions naïves dont le réveil est parfois terrible; mais les gens de guerre furent très mécontents[1] : ce n'est pas d'hier que la liberté déplaît aux gens de guerre; elle les gêne pour « faire leurs besognes », comme disait Comines. L'oligarchie, au reste, savait les remettre en joie : elle n'avait qu'à déchaîner la guerre. Elle y trouvait l'avantage, tout en rassasiant des appétits gloutons de mercenaires, d'ouvrir des horizons à l'ambition florentine, de faire oublier la compression par l'agrandissement, et, en donnant pâture aux esprits, de supprimer pour un temps les complots, que produisaient les heures d'accalmie[2].

Nous verrons au chapitre suivant la grande entreprise des Albizzi; mais nous ne saurions, ici, passer sous silence des démonstrations religieuses fort singulières, qui eurent alors un extrême retentissement.

Dans les embarras et les ennuis du schisme, le souverain pontife avait négligé d'annoncer un jubilé pour la dernière année du siècle. Les fidèles résolurent d'y suppléer. Leur imagination, vivement frappée de tant de maux déchaînés pour lors sur l'humanité, subissait un de ces accès de folie religieuse qui ne se mesurent point au degré des croyances et des convictions. Des princes partout méprisés, comme vicieux, incapables ou en démence; le Turc de plus en plus menaçant pour la Hon-

[1] Il popolo ne fu molto lieto, ma gli uomini di guerra molto dolenti. (Morelli, *Ric., Del.*, XIX, 10.) Cf. Morelli, *Cron.*, p. 324.
[2] Frutto ordinario che solea nascere quando la città punto dalle cose di fuori si riposava. (Ammirato, XVIII, 963.)

grie et la Pologne, avant même d'avoir planté l'étendard du Croissant sur les murs de Byzance ; partout la disette, la famine, la peste, et pis encore, ce schisme désolant qui donnait à la chrétienté deux pilotes, deux oracles, s'anathématisant l'un l'autre, sans qu'on pût savoir au juste quel était le bon : autant de motifs d'anxiété, de tristesse qui poussaient chacun à faire pénitence de ses péchés et surtout de ceux d'autrui. N'était-on pas à la veille, sérieusement cette fois, de la fin du monde, et ne convenait-il pas de penser au salut dans un monde meilleur ?

Ces crises n'étaient pas sans exemple ; mais ce qui était sans exemple, c'est la forme que prit la pénitence, cette fureur de pérégrination qui poussa les pénitents d'un pays à l'autre avec une sorte de pompe théâtrale. D'où vint l'impulsion ? Nul ne le sait. Les uns disent d'Écosse ou d'Angleterre ; les autres d'Espagne ou de France[1]. Une seule chose est sûre, c'est que l'Italie la reçut de la Provence et du Comtat Venaissin. Les premiers pèlerins parurent en Piémont et à Gênes le 5 juillet 1399[2]. Le 15 août suivant, ceux de Lucques et de Pise étaient à Prato au nombre de plus de cinq mille, sans compter les enfants. A Prato, ils font huit cents recrues ; et par Sesto, le 20, ils s'acheminent vers Florence[3]. Avec des draps de lit, avec des sacs, ils s'étaient fait des capuchons et des robes qu'ils ceignaient de cordes ; aussi

---

[1] Voy. Minerbetti, 1399, c. vii, II, 408 ; *Ann. foroliv.*, XXII, 200 ; *Ann. mediol.*, XVI, 832 ; *Ann. est.*, XVIII, 956.

[2] Minerbetti, 1399, c. viii, II, 409.

[3] Fragments de chroniques conservés à la Roncioniana de Prato et cités par Guasti, *Lettere di un notaro*, II, 358, n. 1. Les auteurs varient sur les chiffres. Selon Sozomeno, prêtre de Pistoia, qui commençait à écrire vers la fin du siècle et qui mourut en 1458, Pistoia en fournit 4000 et Prato 3000 (XVI, 1168).

les appelait-on les blancs, la compagnie des blancs, malgré la croix rouge de leur poitrine. A leur tête un crucifix, rouge aussi, qui jetait, disaient-ils, du sang par ses plaies et avait fait beaucoup de miracles. « Pur mensonge, écrit le contemporain Minerbetti ; mais beaucoup d'idiots y croyaient[1] ».

La promenade durait neuf, dix, onze jours. Chaque jour, on entendait la messe. Tout le temps libre était consacré aux prières. On dormait sans se déshabiller, hors des villes, sur des planches, dans la paille ou le foin, jamais dans un lit, jamais sous un toit. Les femmes et les enfants étaient admis, mais à l'écart. On jeûnait ; on ne mangeait ni œufs ni viande ; le vendredi, on ne buvait que de l'eau. Sur les routes on chantait, en pleurant, des laudes, le *stabat*[2]. Dans les carrefours, on répétait l'hymne de la Vierge, puis on faisait trois fois la génuflexion ; on criait trois fois et plus, en s'inclinant jusqu'à terre : « Miséricorde et Paix! » Avec des fouets à nœuds de corde, on se flagellait humblement les épaules nues. On cherchait à procurer des réconciliations entre ennemis, et un refus causait scandale. On n'admettait dans la compagnie que des gens résolus au pardon des injures.

Et ce n'étaient pas seulement des gens de peu qui faisaient cette singulière campagne : y affluaient aussi les marchands, les premiers citoyens des villes. Le bruit de leur approche provoquait le rire, la plaisanterie ; mais

---

[1] Erano bugie, e molta gente idiota credeva loro. (Minerbetti, 1399, c. viii, II, p. 409.)

[2] Composé, dit-on, par le Franciscain Jacopone de Todi au commencement du quatorzième siècle. Un ms. appelle le *Stabat* « himnum sanctissimi Gregorii ». (Ms. Strozziano, dans *Lettere di un notaro*, II, 360, n. 2.)

leur vue poussait aux larmes, à la contrition. Reçus avec enthousiasme, ils se voyaient prodiguer les aumônes. Tous les métiers étaient suspendus : nul ne travaillait plus que pour fabriquer et vendre des sacs et des fouets. Au jour fixé, les pénitents retournaient chez eux, en laissant d'autres former le flot qui coulait toujours vers le sud, par la route de Rome, pour ne s'arrêter qu'à la mer[1].

Florence avait accueilli, non sans beaucoup d'honneurs, les pèlerins de Pise, de Lucques, de Pistoia, de Prato, qui lui communiquèrent la dévote contagion. Quarante mille de ses enfants, dit-on, s'ébranlèrent (28 août). Dans une telle foule, le désordre était facile ; la seigneurie imposa donc à l'expédition des règlements. L'évêque et des officiers publics se mettent à la tête d'une moitié, la guident dans la visite des églises, la retiennent à peu de distance des villes, la ramènent tous les soirs pour la nuitée. L'autre moitié, conduite par l'évêque de Fiesole, se lance plus au loin. Elle se composait de deux quartiers de la ville et des gens du *contado*. De cette bande faisait partie un riche marchand florentin, Francesco Datini, qui était loin d'être un dévot, — on le verra dans un autre chapitre, — et dont une publication toute récente a mis au jour les notes sur la part qu'il avait prise à l'expédition. Ces notes, c'est la vie même : nous les reproduisons, en supprimant redites et longueurs.

---

[1] Fragm. de chron. de Prato et ms. Strozziano dans *Lettere di un notaro*, II, 358, n. 1, 360, n. 2 ; Minerbetti, 1399, c. vii-x, II, 408 sq. ; Sozomeno, XVI, 1168 ; Poggio, l. iii, XX, 279 ; *Ann. mediol.*, XVI, 852 ; *Ann. foroliv.*, XXII, 200 ; *Ann. est.* XVIII, 956 ; *Cron. placent.*, XVI, 559 ; Griffoni, XVIII, 207 ; Bonincontri, XXI, 79 ; Manetti, *Hist. Pist.*, XIX, 1069 ; L. Bruni, XII, 238, et *Comment. rer. suo tempore gest.*, XIX, 919 ; Platina, l. IV, p. 283 ; Corio, part. IV, c. i, p. 419 ; Ammirato, XVI, 872.

Le 28 août à l'aube, « par inspiration de Dieu et de madone sainte Marie, sa mère », il s'habille de laine blanche, se met pieds nus, comme tout le monde, et, emmenant avec lui sa maison, parents et facteurs, en tout douze personnes, — il paraît avoir laissé au logis femmes et enfants, — il va communier à Santa-Maria Novella, puis se rend hors de la porte San-Gallo, où étaient réunis avec leurs crucifix les habitants des quartiers de Santa-Maria Novella et Santa-Croce. Chacun avait en main un fouet et se flagellait en expiation de ses péchés, « comme doit faire tout fidèle chrétien ». Au lever du soleil, les pénitents s'acheminent processionnellement en longeant les murs jusqu'à la porte *alla croce*, par où ils rentrent en ville, trois par trois, portant tous un cierge bénit. Suivant toujours les murs, mais cette fois à l'intérieur, ils ressortent par la porte San-Niccolò et remontent le cours de l'Arno jusqu'à la *pieve* (ou paroisse) *a Ripoli*. De là, l'évêque de Fiesole leur ayant dit une messe solennelle, ils se répandent sur la route et dans les champs, ne mangeant que pain, fruits et fromage, car la viande leur était interdite durant les neuf jours de l'expédition. Pour les treize bouches qu'il devait nourrir, Datini avait emmené deux juments chargées de pain frais, de biscuit, de fromage, de gâteaux sucrés et non sucrés, de friandises de toutes sortes, les friandises n'étant point censées rompre le jeûne. En outre, des chandelles, des cierges, des vêtements, non pour le rechange, puisqu'il était interdit de se déshabiller, mais pour mettre, la nuit, par dessus les sacs, uniforme un peu léger de la procession. Il conduisait aussi un mulet, pour porter à tour de rôle les malades ou les fatigués.

On passa ensuite par San-Donato *in poggio*, Feghine, Castel-San-Giovanni, Montevarchi, Arezzo, Laterina, Pontassieve. On couchait tantôt chez un ami, tantôt dans un couvent ou dans une maison inoccupée, — formelle infraction à la règle établie, — parfois même à la belle étoile. Le samedi 6 septembre, la sainte mascarade rentrait à Florence par la porte *alla croce*, en ressortait aussitôt pour ramener le crucifix à Fiesole et entendre la dernière messe, le dernier sermon du pèlerinage ; mais avant le lendemain dimanche, nul ne reprit ses habits ordinaires, nul ne coucha dans un lit.

Datini, en bon comptable, n'oublie pas de noter ses dépenses : elles se montent à 35 *lire*. La plus considérable, c'est le vin, qu'on avait dû acheter sur place ; puis de la paille, du vinaigre, des raisins, des figues, des prunes, des pêches, de la salade, du pain et du blé[1]. La pénitence prenait ses aises, comme de nos jours, et il y a, dans ces pérégrinations pieuses, du voyage de plaisir. Les Florentins, toujours passionnés pour les fêtes, s'en étaient procuré une de deux mois, d'un ragoût nouveau, à cause de l'étrangeté, et d'un mouvement irrésistible. Ni le pape, trop en guerre avec ses barons et ses villes pour ne pas redouter un tel déplacement d'hommes, ni les seigneurs, qui sous les sacs craignaient quelque ruse ou invasion ennemie, n'avaient pu retenir le torrent. Les plus habiles furent les Florentins, qui surent lui creuser un lit et y diriger ses eaux.

[1] Dans les *Lettere di un notaro*, proemio, p. 99-106.

CHAPITRE IV

GOUVERNEMENT DE L'OLIGARCHIE
L'ACQUISITION DE PISE

— 1402-1407 —

Régence de la veuve de Gian Galeaz à Milan. — Florence arme contre elle. — Premiers pourparlers avec Carlo Malatesti pour l'acquisition de Pise (1402). — Obstacles apportés par le Saint-Siège. — Insistance des Florentins. — Désaccord entre les pouvoirs florentins. — Impopularité de Gabriele-Maria à Pise. — Tentative pour surprendre Pise (15 janv. 1404). — Traité avec Sienne (7 avril). — Alliance de Gabriele Maria avec Bouciquaut, gouverneur de Gênes. — Opposition de Bouciquaut aux projets florentins (18 avril). — Réclamations des Florentins à la cour de France (24 avril). — Marchandises florentines confisquées par Bouciquaut. — Trêve de quatre ans (25 juillet). — Bouciquaut plus favorable aux Florentins. — Gino Capponi à Gênes. — Pourparlers entre Bouciquaut et Gabriele Maria, entre Gabriele Maria et Maso des Albizzi (1405). — Soulèvement des Pisans (22 juillet). — Traité entre les Florentins, Gabriele Maria et Bouciquaut (27 août). — La citadelle de Pise occupée, puis perdue par les Florentins (30 août-6 sept). — Leurs projets de vengeance. — Rappel et tyrannie des Gambacorti à Pise. — Succès des Florentins et blocus de Pise (12 avril 1406). — La famine à Pise. — Cruautés des assiégeants. — Inutile appui donné par le duc de Bourgogne aux assiégés. — Pise livrée par Gambacorti (8 oct.). — Entrée des Florentins. — Gino Capponi, capitaine de Pise (17 oct.). — Mesures pour assurer la conquête. — Dépopulation et misère de Pise. — Efforts de Florence pour devenir puissance maritime.

Par la mort de Gian Galeaz Visconti tombait pour un temps en quenouille le plus considérable État qu'on eût vu en Italie depuis Frédéric Barberousse[1]. Caterina, veuve du duc défunt, avait la haute main dans le conseil de régence[2]; mais sous cette main, dure sans être

[1] Le duché de Milan comprenait toute la Lombardie, des Alpes à l'Adriaque, sauf Padoue, Modène et Mantoue; plus, hors de la Lombardie, Sienne, Pérouse, Assise, Bologne, Pise, la Lunigiane. Voy. Ricotti, II, 218.
[2] Voy. Ricotti, II, 218, 223; Sismondi, V, 204.

ferme, se déchaînaient l'anarchie et la guerre : tandis qu'on tue à Milan les favoris de la régente, sur les étaux des bouchers, à Brescia, se vend la chair humaine[1]. Les *condottieri* mal payés ou passent de dégoût au service d'autres puissances, ou prennent chacun ce qui est à sa convenance et à sa portée. Jacopo del Verme, le meilleur de ces capitaines, s'engage à la solde des Vénitiens; Alberico de Barbiano, grand connétable de Naples, à la solde des Florentins[2] : tous deux étaient, à Milan, membres du conseil de la régente. Facino Cane s'attribue Alexandrie[3]; Giorgio Benzoni, Crema; Giovanni de Vignate, fils d'un boucher, Lodi. Les seigneurs abaissés relèvent la tête, et les peuples la baissent, après l'avoir relevée : sous un joug capricieux et voisin ils regrettent le joug plus lointain et plus uniforme des Visconti[4].

Ces circonstances nouvelles, favorables, inespérées, traçaient aux Florentins leur conduite : ils les devaient mettre à profit pour ravir aux imberbes héritiers de Gian Galeaz tous les territoires dont leur habile père s'était indûment emparé. On les voit donc sans retard (septembre 1402) signer avec Boniface IX un traité qui leur assure quinze cents lances[5], soutenir Ugolino de Cavalcabò dans ses entreprises sur la seigneurie de Crémone[6],

[1] Ammirato, XVII, 900.
[2] Dans des instructions relatives à cet engagement (18 avril 1403), les Dix de la guerre ordonnent de signifier à Alberico qu'il n'a pas droit à la *benvenuta*, parce qu'il est dans son pays et qu'elle n'est due qu'aux *condottieri* qui viennent de loin. Nonobstant, on lui donne de la main à la main (sanza iscriverlo) 50 m. fl. en deux mois (Morelli, *Cron.*, p. 315).
[3] Sur Facino Cane, voy. une note biographique de Ricotti, II, 218.
[4] Voy. sur tous ces faits Ricotti, II, 219 sq.; Sismondi, V, 229.
[5] Minerbetti, 1402, c. xv, II, 465; Ammirato, XVII, 894.
[6] Morelli, *Cron.*, p. 316; Minerbetti, 1403, c. xxii, xxx, II, 486, 493; Goro Dati, l. VI, p. 82.

opposer Barbiano à Pérouse et à Sienne, et, tout en affectant de souhaiter la paix à des conditions honorables, marquer le dessein, dans la prochaine campagne, au printemps, d'anéantir l'ennemi[1].

C'étaient là de grands mots. Au fond, les visées de l'oligarchie étaient moins vastes et plus pratiques : ayant bien digéré Arezzo; elle avait faim de Pise. L'occasion pouvait sembler bonne, car le bâtard Gabriele Maria, déjà exécré des Pisans parce qu'il était leur maître, n'avait de longtemps rien à espérer de ses frères, tout ensemble parce qu'ils étaient jaloux de lui et eux-mêmes fort empêchés. Si peu mûre pourtant paraissait l'entreprise, qu'on n'ose en souffler mot dans les conseils. C'est aux dépêches secrètes que se trouvent les premières traces de ce projet inavoué. Carlo Malatesta — ou Malatesti, comme on commençait à dire[2], — avait écrit au seigneur de Mantoue que, pour rétablir la paix, ceux de Milan devraient rendre son bien à l'Église, et abandonner les terres de Toscane, cause de leur différend avec les Florentins[3]. Ces paroles semblant d'un ami, les Dix de la guerre saisissent la balle au bond : ils félicitent le seigneur de Rimini d'un langage si conforme à

---

[1] Sed in tempore novo, conjunctis viribus, fiat quod fieri poterit in hostis destructionem. (Conseil de *richiesti*, 9 oct. 1402. *Commiss.* V *Rin.*, I, 20.)

[2] A cette date, les auteurs commencent à employer en parlant d'une seule personne les noms propres avec la finale *i*, qui est celle du pluriel. Cela permet de supprimer l'article qui indique la provenance. On dit encore Carlo Malatesta, mais on préfère dire Carlo Malatesti, ce qui est parfaitement clair pour tous. Avec le temps, le sens de cet *i* final s'oubliera, et il terminera les noms les plus roturiers. — Voy sur les Malatesti le commencement d'une étude de M. Ch. Yriarte, *Un condottiere italien au XVe siècle, Sigismond Malatesta*, dans la *Revue des Deux Mondes*, n° du 1er déc. 1881.

[3] Voy. le texte dans *Commiss.* V *Rin.*, I, 22.

leurs propres pensées. « S'il veut s'entremettre pour procurer Pise à la République, fût-ce à prix d'argent, il sera adoré du peuple florentin, et sa mémoire vivra éternellement dans les cœurs[1] ». Si Goro Dati, qui est du temps, eût connu ces dépêches ou deviné ces desseins, il n'eût pas écrit peut-être que « les Florentins se contentaient de leurs territoires, et qu'ils ne soutenaient la guerre que pour se défendre[2] ».

Il fallait l'aveuglement de la passion et de la convoitise pour voir en Malatesta un ami. Allié à la duchesse de Milan, dont il avait épousé une sœur, il s'entendait avec Francesco de Gonzaga, leur beau-frère à tous deux, pour conclure la paix avec le pape, en lui abandonnant Bologne et Pérouse, sans rien stipuler en faveur de Florence, sans rien communiquer aux ambassadeurs florentins (25 août 1403)[3]. De concert avec lui, Baldassare Cossa, cardinal-légat en Romagne[4], loin de profiter de

---

[1] Ma quello che sarebbe porre fine a ogni suspetto e fare la pace durabile si è che il signor Carlo, oltre alle dette cose, o col signor di Mantova o con altri che avesse a ragionare, facesse che noi avessimo Pisa, eziandio pagando noi quella quantità di danari che fosse convenevole... esso acquista una gloria e uno amore perpetuo nel popolo nostro; che mai non fu signore in alcuno luogo del mondo tanto amato quanto sarà egli, e non vorrà cosa dal nostro popolo che non abbia; anzi da ciascuno sarà di ciò adorato. (12 août 1403. Lettre à Vanni Castellani et Domenico Giugni, dans *Commiss. V Rin.*, I, 22.)

[2] Goro Dati, l. VII, p. 90.

[3] Minerbetti, 1403, c. i, xiv, II, 470, 479; Morelli, *Cron.*, p. 318; Poggio, l. iv, XX, 292; Ammirato, XVII, 901.

[4] Fils de Giovanni, seigneur de Procida, sujet napolitain par conséquent, meilleur guerrier que prêtre, et qui fut pape plus tard sous le nom de Jean XXIII. Voy. Ammirato, XVII, 897, et un travail de M. Gozzadini, intitulé : *Nanne Gozzadini e Baldassare Cossa*, dans *Reale deputazione di storia patria*, Bologne, nᵒˢ des 25 nov. et 28 déc. 1879, 14 mars 1880, et en volume sous ce titre : *Nanne Gozz. e Bald. Cossa poi Giovanni XXIII, racconto storico*, Bologne, 1880. Les auteurs l'appellent les uns Coscia, les autres Cossa; lui-même, il signait Cossa.

la situation précaire des jeunes Visconti et d'un soulèvement de Bologne, signait avec la duchesse un accord[1] qui ne faisait de lui le maître de cette ville, qu'en lui liant les mains pour les hostilités auxquelles la ligue avec Florence obligeait le saint-siège.

Énergiques et vives étaient les plaintes de Florence. C'est Maso des Albizzi lui-même qui se rendait auprès de Boniface (14 septembre). La Commune, disait-il, s'était ruinée pour ses alliés : elle avait compté à Carlo Malatesta plus de quatre-vingt mille florins, à Bologne plus de cent cinquante mille pour la paye des mercenaires[2]. Mais il ne pérorait que pour l'acquit de la conscience : il s'était fait donner l'ordre, alors même que le pontife ratifierait les accords conclus par son légat, comme il le fit[3], de n'en pas venir à une rupture avec lui non plus qu'avec les autres alliés[4]. Un mois à peine écoulé, l'industrieuse araignée rattachait les fils de sa trame rompue, auprès de ceux-là mêmes dont elle se plaignait avec tant de fracas. La susceptibilité n'est pas le fait des ambitieux. C'est Malatesta, c'est le légat qu'on sollicite. La copie des lettres missives, des instructions aux orateurs, nous a été conservée : le nom de Pise y reste invariablement en blanc. Dans l'original, probablement, il était en chiffre, selon l'usage même des correspondances privées, quand on y voulait du secret.

[1] Voy. *Commiss. V Rin.*, I, 22.
[2] Minerbetti, 1403, c. xvi, II, 582. Maso avait deux collègues d'ambassade, Tommaso Sacchetti et Jacopo Salviati. Ce dernier a laissé quelques pages où il parle de cette affaire. Voy. *Del.*, XVIII, 214.
[3] Minerbetti, 1403, xvi, xix, II, 481, 484; Ammirato, XVII, 902.
[4] Providendo quod cum papa nec cum aliis collegatis veniatur ad rocturam; et quantocius fieri potest, scribatur oratori qui est Rome, ostendendo comune semper velle esse concorde cum papa. (*Consulte* du 3 sept. 1403, dans *Commiss. V Rin.*, I, 23.)

Tout le reste étant « au clair », nous y voyons que si Carlo Malatesta, si Baldassare Cossa accordent leur concours, « ils seront adorés comme saints; mais que la République n'entend point se mettre en dépense, si c'est pour que.... reste en liberté[1] ».

Voilà qui était parler net. Quelle déception que d'obtenir à peine de vagues réponses, que de voir traîner les choses en longueur, que d'apprendre les propos de Malatesta[2], mécontent de ce que les Florentins n'avaient point acquiescé à ce qu'il avait fait! « C'est, disait-il, un nid de villains qui veulent détruire tous les gentilshommes d'Italie et s'emparer de Pise. Autant qu'il dépendra de moi, les Pisans ne seront pas vendus aux guelfes[3] ». Eh bien, au lieu de regimber avec la fierté d'antan, l'oligarchie se cramponne à ces dédaigneux, à ces douteux alliés, parce que sans eux elle ne croit rien pouvoir. Elle écrit des lettres vraiment honteuses, qui rappellent le mot de Tacite : *omnia serviliter pro dominatione*. « Ils mentent ceux qui ont prétendu que nous voulions rompre avec le pape. Nous attestons qu'il n'est pas venu à notre pensée que Bologne restât en liberté. Nous souhaitons que cette cité soit gouvernée par la sainte Église et par votre Révérence; nous ne

---

[1] Se Carlo e il legato fanno che noi abbiamo.... colle sue castella, noi siamo disposti fare quello si contiene nella lettera tua, ma perchè.... rimanesse libera, non vi faremmo spesa. — S'ils procurent à Florence cette acquisition, ce sera « buona pace e sicurtà al paese; non vorrebbono cosa dal nostro comune che non avessono; anzi sarebbono adorati per santi ». (Lettre des Dix de la guerre à Giov. de Bicci des Medici, 5 oct. 1403, dans *Commiss.* VI *Rin.*, 1, 52.)

[2] Essere menati per parole. (*Commiss.* VI *Rin.*, I, 52.) — Tenemmoci ingannati dal legato, ma riputossi il difetto da Carlo Malatesti, e da lui ce ne tenemmo gravati. (Morelli, *Cron.*, p. 518.)

[3] Ammirato, XVII, 902.

souhaitons que cela. Nous méritons créance, sinon pour un autre motif, au moins pour l'amour que nous avons de nous-mêmes, car la défense de Bologne nous a causé bien des maux, tandis qu'elle ne nous en causait point quand elle était sous le gouvernement de notre sainte mère l'Église. Que votre paternité ferme donc l'oreille aux hommes impies, qu'elle les repousse, qu'elle nous croie, nous dont la parole est véritable, dont la fidélité est inébranlable : nous souhaitons pour Bologne la direction actuelle et non une autre[1] ». Avec le pape, les ambassadeurs devront aller plus loin encore : ils offriront de « faire tout » pour que Bologne soit soumise à l'Église[2]. Qu'il n'y ait au monde qu'une sage politique, la politique de l'intérêt, soit; mais il y a des intérêts d'ordre divers, et un peuple sacrifie les plus vrais, les plus nobles, quand, jaloux de son indépendance, il livre celle d'un allié, supprime lui-même celle de ses voisins, et donne à son dam le spectacle le plus écœurant.

L'accord, d'ailleurs, s'il existait sur le but, à Florence, manquait sur le choix des moyens et du moment. Les Dix de la guerre, que leur popularité faisait maintenir dans leur charge expirée, comme jadis les Huit Saints, voulaient passer outre à l'opposition déclarée de

[1] Lettre au card. Cossa, 26 oct. 1403. Texte dans *Commiss.* VI *Rin.*, I, 33.

[2] Alla parte che voi dite esservi stato detto che noi abbiamo fatto ciò che noi abbiamo potuto perchè Bologna rimanesse in libertà, risponderete che chi dice questo parla falsamente e contro a verità ; che mai di questo non che opera, ma una minima parola non ne facemmo, nè mai n' avemmo pensiero o imaginazione ; ma abbiamo noi bene fatto e faremmo ogni cosa perchè Bologna sia sotto la Chiesa, perchè è ragione e fa più per noi che se stesse in libertà. (Lettre aux ambassadeurs auprès du Saint-Siège, 26 oct. 1403. *Ibid.*)

Carlo Malatesta : ils représentaient la nécessité de suivre le sentiment du peuple, qui, lorsqu'on le détourne de ses libertés, se montre belliqueux. La seigneurie, elle, soit par inimitié envers les Dix, soit plutôt pour gagner du temps, engageait avec Malatesta une négociation si secrète que les instructions données à Rinaldo des Albizzi, fils de Maso (11 mars 1404), étaient écrites non de la main exercée du chancelier Coluccio Salutati, mais de celle d'Ugo de la Stufa, un des prieurs, *proposto* le jour où elles furent libellées, et remises à Maso, pour qu'il les passât à son fils sans tambour ni trompette. Elles enjoignaient à Rinaldo de procurer la paix avec Milan, de protester que Florence voulait Pise aux mains des Pisans[1], qu'elle ne demandait, dans cette ville, rien au delà des franchises dont elle y jouissait au temps de Piero Gambacorti[2]. Quand les Dix de la guerre connurent ces instructions, entièrement opposées à leurs vues, ils en furent si courroucés qu'ils refusèrent à l'ambassadeur son salaire, et qu'après bien des tiraillements, la seigneurie dut le donner *de potentia*, d'autorité[3].

Entre ces pouvoirs rivaux l'accord se fit par la faute de Gabriele Maria. Ce jeune seigneur, quoique ayant pour mentor sa mère, la sage et virile Agnese Mantegazza, avait répondu au froid accueil de ses sujets pisans, en les accablant d'impôts. Les impôts ne lui suffisant pas,

---

[1] Vogliamo domandi Pisa debbi rimanere nelle mani de' Pisani, e no siamo contenti promettere per modo bastevole trattargli come amici e fratelli e non gli offendere. (Instructions à Rinaldo des Albizzi, 11 mars 1404. *Commiss.* VI *Rin.*, I, 34.)

[2] *Ibid.*

[3] Notes ajoutées par Rinaldo lui-même aux documents qu'il nous a conservés. *Ibid.*, p. 35.

comme il voulait de l'argent à tout prix et qu'il était « têtu comme un mulet », c'est l'expression d'un contemporain, poète et bientôt podestat[1], il profita d'une conjuration réelle, ou en simula une, pour ordonner des supplices et, par conséquent, des confiscations[2]. Son imprudence aurait pu dès lors lui coûter cher, car, impuissant par lui-même, il n'avait aucun espoir des secours de Milan; la précipitation des Florentins le sauva. Informés que sur un point le mur de Pise était faible, à cause d'une ancienne porte à peine recouverte d'une mince maçonnerie, ils y voulaient pratiquer la brèche par leurs bombardes. Le jour était fixé (15 janvier 1404). Des troupes se réunissaient à San-Miniato sous le commandement de Bertoldo Orsini, comte de Soana, et la surveillance de plusieurs commissaires, dont l'inévitable Maso des Albizzi[3]. Un ingénieur nommé Domenico, fameux dans son temps, avait construit de nombreuses machines[4]. Mais à leur arrivée sous les murs de Pise, les Florentins trouvèrent le point faible fortifié. Ils durent se retirer « avec peu d'honneur[5] », car il n'y en

[1] La lasciòne
Per parte a Gabriele, ch'era muletto.

(*Sei capitoli dell' acquisto di Pisa*, par Giov. de ser Piero, podestat à Castelfiorentino en 1408, dans *Arch. stor.*, 1ª ser., t. VI, part. II, p. 250.)

[2] Ammirato, XVII, 903.

[3] *Commiss.* VII *Rin.*, I, 35; B. Pitti, p. 75, qui était sur les lieux; Minerbetti, 1403, c. XXVI, II, 490; Ammirato, XVI, 904.

[4] B. Pitti (p. 75) l'appelle « maestro d'ingiengni ». Ammirato (XVII, 904), « ingegnosissimo maestro d'istromenti bellici ». Il était fils d'un autre ingénieur, maestro Matteo de Florence, et avait servi le duc de Milan. Il mourut en 1466. Voy. les annotateurs de Pitti (p. 75, note) et de Minerbetti (p. 489, note), et en outre, Mariano d'Ayala *Degl' ingegneri militari italiani*, dans *Arch. stor.*, 3ª ser., t. IX, part. II, p. 71.

[5] B. Pitti, p. 76.

avait guère, après cet échec, à ravager la campagne pisane sans défense[1].

Contre des voisins si entreprenants Gabriele Maria cherchait des protecteurs. Il en croyait trouver à Sienne : son espoir fut déçu par un traité imposé à cette ville (7 avril 1404), qui l'obligeait à ôter la vipère milanaise de dessus ses édifices et ses monnaies, à rappeler ses exilés, à reconnaître la juridiction de Florence sur Montepulciano, cause ou prétexte des précédentes difficultés entre les deux républiques, et cela sans autre compensation que de rentrer en jouissance de quelques châteaux conquis par les Florentins[2]. C'est au nord, en Ligurie, que le seigneur de Pise trouve l'allié qu'il cherchait au midi, dans un Français qui gouvernait Gênes au nom du roi de France, et qui n'accorda son appui qu'au prix du protectorat.

Ce gouverneur avait nom Jean Le Maingre, dit Bouciquaut, à cause d'un léger défaut de sa taille. Fils d'un maréchal de Charles V, et âgé de trente-six ans, il avait eu déjà des aventures pour plus d'une vie d'homme[3].

---

[1] Minerbetti, 1403, c. xxvi, II, 489 ; Sozomeno, XVI, 1179 ; Ammirato, XVII, 904.

[2] Minerbetti, 1404, c. i, II, 497 ; Goro Dati, l. VII, p. 91 ; Bandini, *Hist. Senensis*, R. I. S., XX, 7 ; ser Giov. Cambi, *Chron. de rebus gestis Lucensium*, R. I. S., XVIII, 845. Ce dernier est un notaire, qui n'est toujours ni bien informé, quoique contemporain, ni de bonne foi, parce que contemporain ; mais on voit chez lui ce que pensaient les ennemis de Florence. Voyez en outre Malavolti, part. II, l. x, f° 195 ; Ammirato, XVIII, 906.

[3] Voy. sur un mot énergique de son enfance *Introduction aux mémoires de Bouciquaut*, coll. Michaud et Poujoulat, 1re série, t. II, p. 206. Le ms. publié pour la première fois en 1620 par Théod. Godefroi, est conservé à la Bibl. nat., n° 11 432, sous ce titre : *Le livre des faicts du bon messire Jehan Le Maingre, dit Bouciquaut, maréchal de France et gouverneur de Gennes.*

On l'avait vu partout, à Constantinople, à Jérusalem, au Caire, où le Soudan le faisait prisonnier, à Königsberg, dont il fondait le château avec le grand maître de Prusse, en Hongrie, à Nicopolis, où il fut un des seize que Bajazet sauva du massacre, puis en Guyenne, puis une seconde fois à Constantinople, au secours des Grecs. C'était bien un homme de son temps, plus aventureux qu'héroïque, sans notables exploits, mais grand amateur de poésie, et, à ses heures, auteur de ballades[1], créateur de l'ordre de « la Dame Blanche à l'escu verd, pour défendre les dames et damoiselles oppressées et travaillées d'aucuns puissants hommes (1399) ».

L'ayant connu en Orient, les Génois avaient prié Charles VI de le mettre à leur tête (1401). Il avait accepté avec empressement, soit qu'il éprouvât enfin le désir de se fixer, soit au contraire parce que Gênes possédant Péra, il comptait sur quelque occasion de venger sur les infidèles son ancienne captivité[2]. Sa vigueur fut appréciée des Génois. C'est un mérite qu'on prise fort, et même trop, après les temps troublés. On trouva bon qu'il fît régner l'ordre par la terreur et que, pour réprimer les excès de la liberté, il supprimât toute liberté, jusqu'au jour, lointain encore, où, lasse de son joug, et profitant d'une pointe audacieuse qu'il poussait sur Milan, la population lui ferma les portes de Gênes (1409)[3].

En somme, superficiel et léger, il ne comprenait rien au génie, aux mœurs des Italiens, toujours impatients

---

[1] Note 7 à la p. 76 de B. Pitti.
[2] Stella, *Ann. gen.*, XVII, 1187.
[3] Prisonnier à Azincourt, Bouciquaut devait mourir dans sa captivité d'Angleterre en 1421. Voy. *Le livre des faicts*, etc. Introd.

de changer de lois et de maîtres, toujours prêts aux appels à l'étranger, pour les gouverner et « seigneurier[1] ». Il voyait dans leurs discordes héréditaires, à en juger du moins par le témoignage du serviteur qui rédige ses mémoires, « une coutume diabolique, une pestilence que Dieu permettait sans doute pour l'expiation des horribles péchés qui se trouvaient alors dans certains peuples d'Italie[2] ».

Pour plaire aux Génois, car il ne pouvait qu'à ce prix être leur maître, c'était peu de faire bonne et courte justice, s'il n'entrait dans leurs vues politiques. Mais sur ce point son embarras était extrême. D'une part, la haine de son peuple pour Venise l'obligeait à se rapprocher de Francesco de Carrare et par conséquent des Florentins, alliés de ce seigneur. D'autre part, Gênes ne pouvait admettre que les Florentins s'emparassent de Pise et de Livourne; d'où la nécessité de les combattre en Toscane, tandis qu'il les appuierait en Lombardie. Voilà ce qu'il ne faut pas oublier, si l'on veut comprendre ses brusques évolutions. Pour le moment, le plus pressé, c'était l'indépendance du seigneur de Pise. On vit donc Bouciquaut le reconnaître feudataire du roi de France. Il lui promit aide et protection, moyennant le tribut annuel d'un faucon pèlerin et d'un destrier, sans oublier pourtant d'exiger la remise de Livourne entre ses mains.

Rien ne pouvait être plus déplaisant aux maîtres de Florence. Comment poursuivraient-ils leur dessein contre Pise, s'ils devaient s'attaquer à la France leur alliée? Ils essayaient bien, par des négociations secrètes avec

[1] *Le livre des faicts*, etc., part. III, ch. vi, p. 296.
[2] *Ibid.*, p. 209.

Agnese Mantegazza, d'obtenir la préférence pour Livourne, ainsi que pour quelques autres places[1]; mais Bouciquaut leur mettait des bâtons dans les roues, en les sommant (18 avril) de renoncer à tout projet contre Pise, et leur dorant la pilule par la promesse qu'ils y pourraient trafiquer non moins librement qu'à Gênes et en tout autre lieu de la chrétienté[2].

Les chroniqueurs florentins prétendent et les historiens répètent que la seigneurie répondit avec hauteur, qu'elle refusa d'admettre que le roi de France fût pour rien dans cette sommation, ajoutant qu'au surplus on aurait soin de s'en assurer[3]. La hauteur est de trop. Florence ne pouvait parler qu'avec modestie et réserve quand elle voyait les Visconti se relever par l'alliance des Vénitiens, quand elle suppliait ceux-ci de retirer leur main puissante[4]. En fait, les hommes sensés étaient d'avis de ne point résister aux injonctions de Bouciquaut[5], sauf à plaider en appel auprès de la cour de France. L'élégante plume de Coluccio Salutati écrivit la dépêche qui soutenait que la vente abusive de Pise, « notre port », à Gian Galeaz par Jacopo d'Appiano, ne constituait aucun droit[6], non sans se plaindre que le sire

---

[1] Instructions des Dix de la guerre à Perotto Fedini, 17 avril 1404. *Commiss.* VII *Rin.*, I, 35.

[2] Morelli, *Cron.*, p. 321. — [3] Voy. Morelli, *Cron.*, p. 322.

[4] De facto Venetorum mittatur orator ad dolendum et rogandum quod desistant ab inceptis. (Fil. Magalotti, dans un conseil du 30 avril 1404. *Commiss.* VII *Rin.*, I, 36.) Cf. Ammirato, XVII, 910.

[5] Quod ab offensionibus abstineretur tam publice quam occulte. (Fil Corsini au Conseil du 21 avril 1404. *Commiss.* VII *Rin.*, I, 35.)

[6] Nec eum latebat tali venditore se prorsus non posse dominium aliquod adipisci. (Texte dans les *Miscellanées* de Baluze, t. IV, p. 518. C'est Baluze qui a, le premier, publié cette lettre. G. Capponi, la croyant inédite, l'a de nouveau imprimée au tome I des *Documenti di storia italiana*. On ne la trouve point, il n'en est pas même fait mention au recueil de M. Abel Desjardins.

de Bouciquaut eût enlevé à la République une victoire qu'elle avait entre les mains[1].

Discret dans cette dépêche, le mécontentement s'exhalait sans discrétion dans les propos. A Gênes, les marchands florentins menaçaient de quitter cette ville; à Florence, de ne plus trafiquer avec les Génois, de ne plus charger leurs marchandises sur les navires génois, d'user, à l'avenir, du port de Piombino[2]. Pour toute réponse, Bouciquaut fit saisir un navire florentin chargé de laine et autres marchandises, valant deux cent mille florins d'or[3], et défendit à tout navire génois d'aborder à Telamone, où trafiquaient les Florentins[4].

La leçon ne fut pas perdue : évidemment il fallait, avec le gouverneur de Gênes comme avec le roi de France, baisser le ton. Si Buonaccorso Pitti, envoyé à Bouciquaut (29 avril), devait signaler la protection accordée à Pise en guerre avec Florence comme une violation du droit des gens, il avait charge d'annoncer que, pour ne pas offenser le roi, l'expédition serait suspendue, bien que les Pisans eussent saccagé le territoire de

---

[1] Sed voluit, cum illa civitas portus noster sit... nos tam opportuna commoditate privare... Dolemus victoriam quæ in manibus est auferri. (*Ibid.*, p. 518, 520.)

[2] « Qui si ragionò, etc. », dit Morelli (*Cron.*, p. 222). Ces mots doivent s'entendre du bruit public, ce qu'un chroniqueur sait le mieux.

[3] La date de ce fait n'est donnée nulle part; mais B. Pitti, envoyé à Bouciquaut le 29 avril 1404, porteur de lettres datées de la veille, dit expressément que sa mission a pour objet les laines confisquées (p. 76). D'autre part, la confiscation ne peut être antérieure à l'ambassade de Bouciquaut. Elle eut donc lieu entre le 20 et le 28 avril. Quant à la valeur de ces marchandises, le témoignage de Pitti est confirmé par les instructions données, le 25 janvier 1405, aux ambassadeurs envoyés à Ladislas. Voy. *Commiss.* XI *Rin.*, I, 55. Ainsi se trouvent rectifiés Ammirato (XVII, 905, 911) et Capponi (I, 411) qui disent l'un 150 m., l'autre plus de 100 m. fl.

[4] *Commiss.* XI *Rin.*, I, 55.

Piombino, placé sous le protectorat de la République[1]. Il ajouta que sa patrie s'était abstenue de tout acte d'hostilité depuis la notification du gouverneur, qu'elle promettait de n'en commettre aucun sans l'en informer au préalable, mais qu'elle le priait de ne pas s'opposer à la continuation d'une guerre déjà commencée avant que la protection de la France se fût étendue sur Pise, et de restituer sans plus de retard les marchandises confisquées. A Pitti, comme à quatre ambassadeurs qui lui succédèrent[2], Bouciquaut refusa net, jusqu'à ce que Florence eût contracté avec Pise la paix ou tout au moins une bonne trêve. Il fallut se soumettre, la trêve fut signée pour quatre ans (25 juillet 1404)[3].

On n'est pas plus humble que cette oligarchie réputée si fière. Pour sortir d'embarras, elle n'imagine que de nouvelles supplications à la France, au risque d'irriter le pape et Ladislas qui craignaient un accord de la République avec l'antipape et le duc d'Anjou[4]. Elle demandait l'abandon de la trêve et la fin des vexations infligées à son trafic (28 septembre)[5]. Toujours implorer,

[1] Lettre analysée dans Desjardins, I, 35. Cf. B. Pitti, p. 76. Gherardo d'Appiano, en mourant, avait laissé son fils et héritier Jacopo sous la tutelle de Florence. Voy. Ammirato le jeune, XVII, 908.

[2] *Commiss.* VII *Rin.*, I, 37; Cambi, XVIII, 847; Pitti, p. 77; Morelli, *Cron.*, p. 322.

[3] B. Pitti, p. 77; Minerbetti, 1403, c. xxvii, II, 492; Cambi, XVIII, 845, 847; Sozomeno, XVI, 1180; Ammirato le jeune, XVII, 908.

[4] Les ambassadeurs envoyés à Ladislas, le 25 janvier 1405, avaient ordre de le rassurer à cet égard. Voy. *Commiss.* XI *Rin.*, I, 55.

[5] M. Guasti (*Commiss.* XI *Rin.*, I, 55) relève l'erreur de M. Desjardins qui met cet ambassade au 28 novembre (I, 35). La proposition en est faite en Conseil le 12 septembre. Cf. Salviati (*Del.*, XIX, 230-38) qui est un des trois ambassadeurs envoyés, et sur toutes ces choses, *Livre des faicts*, etc., part. III, c. iii-v, p. 292-95; Minerbetti, 1403, c. xxvii, II, 490; Uberto Foglietta, *Historiæ Genuensium* lib. IX, f° 184, Gênes, 1585; Ammirato le jeune, XVII, 911.

ne rien faire de son chef, telle était, en plein pouvoir, sa position humiliée.

Elle n'eût rien obtenu, si Bouciquaut n'eût fait un changement de front. Contre ses Génois, déjà impatients d'un maître oppresseur et peu ménager des impôts, il avait besoin d'un appui. Pouvait-il l'espérer du faible et menacé seigneur de Pise? Que les mécontents de Pise tendissent la main à ceux de Gênes, et ils étaient renversés tous les deux. Mieux valait donc pour lui Florence que le bâtard de Milan. Il la pourrait pousser vers Padoue, au secours de Francesco de Carrare, ennemi né de Venise et qu'il ne pouvait soutenir lui-même sans traverser le Milanais hostile¹. Benoît XIII, l'antipape, l'encourageait, persuadé que pour obtenir les coudées franches contre Pise, l'oligarchie florentine abandonnerait sans sourciller l'obédience du nouveau pape Innocent VII².

Le chroniqueur Morelli affirme que ce furent les florins de sa patrie qui rendirent « doux comme miel » Bouciquaut, Gabriele Maria et même le duc d'Orléans, lesquels « aimaient fort à en ouïr le son³ ». Un nouvel acteur qui entre en scène et qui devient un des premiers personnages du temps, Gino Capponi⁴, déclare qu'il

---

¹ Voy. And. Gataro, XVII, 915; *Ann. est.*, XVIII, 1037; Cambi, XVIII, 849.

² Cosimo des Migliorati de Sulmona dans l'Abruzze, archevêque de Ravenne, exalté le 17 oct. 1404. Les pourparlers étaient incessants pour attirer Florence vers le pape d'Avignon. Le 7 février 1405, arrivait pour cet objet une ambassade française. Voy. *Commiss.* XIII Rin., I, 63; Ammirato, XVII, 913.

³ Morelli, *Cron.*, p. 327, 328.

⁴ Né au milieu du quatorzième siècle, prieur en 1396, gonf. de just. en 1401 et 1418, Gino Capponi mourut en 1421, laissant trois fils et des commentaires, probablement rédigés par un d'eux, Neri, d'après les notes

reçut avis de Buonaccorso des Alderotti, marchand florentin en Ligurie, que Benoît XIII et Bouciquaut ne seraient pas éloignés de vendre Pise[1]. Aussitôt envoyé par les prieurs à Gênes, il y connut les conditions de Bouciquaut : reconnaissance du pape d'Avignon et quatre cent mille florins, partie pour désintéresser le seigneur de Pise, partie pour soutenir le seigneur de Padoue. Si énorme que fût la somme, on la pouvait trouver, et, quant à un changement d'obédience, le schisme prolongé avait rendu les plus guelfes sceptiques et coulants[2]. Mais en homme avisé, Gino voulut savoir comment on s'y prendrait pour livrer Pise. Bouciquaut répondit, avec une légèreté peut-être calculée, que son pape trouverait moyen de la lui remettre[3]. C'était un seau d'eau froide sur l'enthousiasme du Florentin.

On en apprit bientôt une autre : Bouciquaut négociait à Pise pour la donner au roi, son maître. Tout en exhortant, pour la forme, les Pisans à la fidélité, il représen-

---

ou *ricordanze* paternelles. Manni établit (préf. à ces commentaires dans la *Bibl. scelta Silvestri*, t. 468) que cet ouvrage, de beaucoup supérieur au *Tumulto dei ciompi*, œuvre de Gino, ne peut être que de Neri. Voy. p. 25, 26. Lesdits commentaires ont été reproduits en latin au quinzième siècle par Matteo Palmieri (*De captivitate Pisarum*, R. I. S. XIX) et Bernardo Rucellai (*De bello pisano*). L'un et l'autre avouent qu'ils sont des copistes. Voy. R. I. S. XIX, 164 et la préface citée de Manni.

[1] *Commentari dell' acquisto di Pisa*, R. I. S. XVIII, 1127, et *Bibl. scelta Silvestri*, t. 468, p. 336. Cf. Bibl. nat., un ms. ital., n° 257, œuvre de Giovanni Berti, qui paraît du dix-septième siècle, et s'inspire des sources connues.

[2] Voleva (Bouciquaut) che noi dessimo l'ubbidienza a papa Benedetto, e certe altre cose assai, che tutte erano possibili, quando egli avesse avuto Pisa nelle mani. (*Comment. Bibl. Silv.* t. 468, p. 336.) Ammirato (XVII, 915) confirme, presque dans les mêmes termes.

[3] Rispuose che per ancora non l'avea in sua potestà, ma che, col favor del papa, prestamente l'arebbe nelle mani. (*Comment.* Ibid., p. 337.) Cf. Goro Dati, l. VII, p. 96; Ammirato, XVII, 913.

tait à leur faible seigneur ses graves périls, ajoutant que
« puisque ainsi estoit, il n'y avoit remède que jamais il
en jouist et ils se vouloient donner au roy de France;
que mieux vauldroit que le roy les eust que autre seigneur estranger, considéré que luy mesme luy en avoit
fait hommage; mais qu'on luy donneroit compensation[1] ».

Ému et inquiet, impuissant et incapable, Gabriele
Maria ne sut, pour éviter Charybde, que tomber en
Scylla : il demanda une entrevue au grand chef des
Florentins, Maso des Albizzi. Maso, d'accord avec la
seigneurie, se rendit, sous apparence de villégiature,
à sa villa de Montefalcone, puis, sous prétexte de pêche,
il descendit l'Arno, et, à Vico-Pisano, s'aboucha secrètement avec l'infortuné bâtard (17 juillet 1405). Mais
comment auraient-ils pu se mettre d'accord? L'un ne
voulait entendre qu'à la vente de Pise; l'autre ne demandait qu'une alliance pour fortifier son pouvoir[2].

Au surplus, ces secrets pourparlers s'ébruitèrent. Les
Pisans, résignés à la servitude, ne l'étaient pas à l'idée
d'être vendus comme vil bétail, et, s'il fallait changer
de maître, ils auraient mieux aimé, dit Goro Dati, être
soumis aux Turcs et au Soudan qu'aux Florentins[3].
Malgré les protestations de leur seigneur[4], ils se levèrent
en armes sous la conduite d'un traître conseiller. Des
défenseurs du pouvoir établi, les uns se retranchent
dans la citadelle, les autres vont au dehors tenir la
campagne; et leur maître se réfugie lâchement à Sarzana

[1] *Le livre des faicts*, etc., c. VII, p. 296. Cf. Ammirato, XVII, 914.
[2] *Comment.* de G. Capponi, p. 337; Morelli, *Ricordi, Del.*, XIX, 11;
Morelli, *Cron.*, p. 328; Cambi, XVIII, 852; Ammirato, XVII, 914.
[3] G. Dati, l. VII, p. 97.
[4] Cambi, XVIII, 852.

(22 juillet 1405)¹, tandis que sa courageuse mère accourait en hâte de Gênes, pour s'enfermer dans la citadelle de Pise et défendre la cause d'un fils avec qui elle ne s'entendait plus.

Déjà Bouciquaut amenait ses gens d'armes, et les plus furieux des révoltés se jetaient sur une galère génoise montée par des Français, « disant grandes vilenies du roy de France, du mareschal et des François, et, comme chiens enragés, les environnèrent. Si prirent, battirent et navrèrent aucuns, et menèrent en obscure et vilaine prison. La galée et la barque pillèrent, et, pour plus les injurier, prirent la bannière du roy de France qui sur la galée estoit, et l'allèrent traisnant au loing dès bouës, et marchèrent et crachèrent sus² ».

Sentant bien le danger de ces outrages, les *anziani* de Pise en rejetaient la responsabilité sur le menu peuple, non sans faire des ouvertures à Florence pour attaquer conjointement Gabriele et Bouciquaut. Mais, sous prétexte de la trêve, « à cette chose ne voulurent point les Florentins consentir ». Ils en donnèrent même avis au maréchal qui se trouvait à Livourne³, en même temps qu'ils négociaient à Sarzana, pour la vente de Pise. La négociation était facile avec un seigneur à moitié dépossédé, découragé en outre par la mort de sa mère, qui était tombée de haut alors qu'elle passait sur une planche faisant office de pont⁴. A la condition de garder

---

¹ *Comment.* de G. Capponi, p. 337; Minerbetti, 1405, c. VII, II, 527 Cambi, XVIII, 854; Ammirato, XVII, 914.
² *Le livre des faicts*, etc., c. VII, p. 297.
³ *Ibid.* et c. VIII, p. 298.
⁴ On prétendit qu'elle avait été poussée à dessein. D'autres disent qu'elle

Sarzana et de recevoir deux cent six mille florins, il livrait aux Florentins la citadelle de Pise avec les châteaux de Ripafratta et de Santa-Maria in Castello [1].

Mais Bouciquaut consentirait-il? Tout était là. Or, en communiquant aux Pisans le projet de traité, il leur chantait la même antienne qu'il avait chantée naguère à leur seigneur : il leur conseilla de se livrer plutôt au roi de France. Les Pisans ne disaient pas non; seulement, ils l'entendaient à leur manière. Ayant payé cher les leçons de l'expérience, « nous ne voulons, se dirent-ils, qu'il y ait autre seigneurie que le nom d'en estre seigneur [2] ». Ce n'était pas le compte de Bouciquaut. Il les voulait à Charles VI comme les Génois, comme eux-mêmes s'étaient donnés à « messire Girard de Plombin [3] ». Eux, non contents de répondre que « rien n'en feroient », ils exhortaient à la révolte les ambassadeurs génois que le gouverneur de Gênes leur envoyait : « Ostez, leur disaient-ils, la seigneurie à vostre roy et tuez Bouciquaut et tous ses François, et vivez en République comme nous [4]. »

Son échec de ce côté forçait le maréchal à une prompte volte-face. Puisqu'il voulait Pise pour la France, il devait s'opposer au traité qui la livrait aux Florentins, et, dans cette vue, négocier avec eux. Il les trouva fort ac-

---

avait eu peur à l'explosion d'une pièce d'artillerie. Voy. *Comment.* de G. Capponi, p. 338; Bonincontri, XXI, 39; Ammirato, XVII, 914.

[1] Traité de Pietrasanta, 27 juillet 1405. Morelli, *Cron.*, p. 333; Ammirato, XVII, 915. Une clause obligeait les Florentins, s'ils s'emparaient de Pise, à secourir le seigneur de Padoue. Celui-ci, escomptant cet engagement, rompit les négociations qu'il avait entamées avec les Vénitiens, fut battu et tué par eux. (Décembre 1405.)

[2] *Le livre des faicts*, etc., c. VIII, p. 298.

[3] C'est ainsi que les Français appelaient Gherardo de Piombino.

[4] *Ibid.* et c. IX, p. 299.

commodants. Sur sa déclaration « qu'il ne consentiroit point que autres eussent la seigneurie et l'héritage dont une fois avoit esté faict hommaige au roy, et que plus tost il feroit bonne guerre aux Pisans et les conquerroit par force », ils admirent « qu'ils deviendroient hommes et féaulx du Roy de la seigneurie de Pise, tant en la manière que l'estoit messire Gabriel[1] ». Bouciquaut élevant alors la prétention de ne jamais se dessaisir de Livourne, ils y consentent. Il exige d'eux l'engagement de ne trafiquer sur mer que par navires génois, de se soumettre au pape d'Avignon, de faire dans les six mois la guerre « à l'esleu de Rome, s'il estoit encore en son erreur ». Cela aussi fut accordé, en présence de Gabriele et de cent notables. Le 27 août, furent signés les deux traités avec le seigneur de Pise et le gouverneur de Gênes, et le 30, les Florentins étaient mis en possession de la citadelle[2].

Ce ne fut pas pour longtemps : sept jours plus tard (6 septembre), les Pisans l'avaient reprise. Rien de plus honteux pour ceux qui l'occupaient. Par défiance ou présomption, ils avaient congédié les gens d'armes de Gabriele Maria, qui auraient pu la défendre avec eux. Comme il fallait, en ce temps-là, plusieurs heures pour charger les bombardes, les Florentins assiégés avaient fini, dit un contemporain, par s'en soucier comme d'un

---

[1] *Le livre des faicts*, etc., c. x, p. 300.
[2] *Ibid.* c. xi, p. 301; Goro Dati, l. VII, p. 101; Morelli, *Ric., Del.*, XIX, 12; *Comment.* de G. Capponi, p. 339; Ammirato, XVIII, 1129. Les clauses sont dans Cambi, XVIII, 861. Voy. aussi quelques conditions ou *capitoli* dans *Commiss.* XXIII *Rin.*, I, 194. Gabriele Maria, obligé de partager avec Bouciquaut le prix de son héritage, fut ensuite dépouillé par lui du restant, et eut la tête coupée à Gênes (sept. 1408), sur une accusation calomnieuse de trahison. Voy. Sismondi, V, 258.

éternuement[1]. Voyaient-ils l'ennemi prêt à tirer, ils se mettaient en lieu sûr. Les Pisans, ayant remarqué cette manœuvre, profitèrent d'une de ces éclipses pour tenter une escalade qui réussit à souhait. Tous les défenseurs de la tour furent faits prisonniers, sans autre refuge de leur honneur que de se prétendre trahis[2].

Malgré ce succès, les Pisans restèrent sages : ils offrirent la paix et le remboursement des dépenses faites, si Ripafratta et Santa-Maria in Castello leur étaient rendues[3]. Mais Florence exaspérée ne pensait qu'à se venger. Elle vitupérait, elle châtiait ces chefs indignes qui n'avaient su qu'injurier les Pisans et leurs femmes, que leur montrer....[4]. Chacun résolut « de rester nu ou de vaincre Pise[5] ». Il y fallut une année. Trop pressés d'agir pour attendre l'arrivée de Bertoldo Orsini, à qui ils destinaient le bâton du commandement, les Dix de la guerre enjoignirent à Jacopo Salviati d'ouvrir immédiatement les hostilités[6], précipitation bien inutile, car, le 5 oc-

[1] Di bombarda meno ch' uno sternuto
Facieno stima.

(*Capitolo terzo di Giov. di ser Piero*, Arch. stor. 1ª ser., t. VI, part. II, p. 258.)

[2] *Comment.* de G. Capponi, p. 342; Salviati, *Del.*, XVIII, 243 ; Minerbetti, 1405, c. ix, II, 531 ; Goro Dati, l. VII et VIII, p. 101, 118; Bonincontri, XXI, 93 ; Ammirato, XVII, 917. Morelli (*Ric.*, *Del.*, XIX, 12) a un mot curieux : La citadelle perdue, dit-il, si les Pisans avaient été sages, nous nous serions accordés avec eux; mais leurs railleries nous indignèrent, et l'on délibéra de vouloir Pise. — Ainsi on ne la voulait pas auparavant ! De même, en 1870, les Prussiens n'ont voulu l'Alsace et la Lorraine qu'après la provocation provoquée de Napoléon III.

[3] *Comment.* de G. Capponi, p. 343 ; Ammirato, XVII, 917.

[4] Morelli, *Cron.*, p. 330. Ces points pudiques sont dans son texte.

[5] *Comment.*, de G. Capponi, p. 343. Cf. Morelli, *Cron.*, p. 331 : Mai dimenticarono questa perdita, e mai si dimenticherà, se non quando sia fatta la vendetta compitente, e quella sia nell' acquisto di Pisa.

[6] Morelli, *Cron.*, p. 331 ; G. Dati, VIII, 118 ; Minerbetti, 1405, c. xv,

tobre, Orsini le remplaçait. Ce capitaine était nommé pour quatre mois, un siècle au gré des Florentins, tant ils avaient hâte, le trouvant incapable, de le congédier[1].

Devant cette rage belliqueuse, les Pisans étaient perplexes : un moment, ils crurent avoir trouvé le joint. Florence pourrait-elle leur garder rancune, s'ils rappelaient les Gambacorti, ses fidèles amis[2]? Cette famille, avec la faction des Bergolini, vivait dans l'exil, depuis que Jacopo d'Appiano et les Raspanti avaient pris le haut du pavé. Devant les autels la réconciliation fut scellée par serment. On but des coupes d'un vin mêlé au sang des chefs de l'un et de l'autre parti. Des mariages achevèrent de rétablir une union apparente, que les Florentins crurent réelle, tant leur ambition la redoutait[3], mais dont les Pisans ne furent pas dupes, et qu'ils qualifièrent d'hypocrite[4]. La vérité des choses parut bientôt à tous les yeux. C'est un Florentin, c'est Giovanni Morelli qui montre Bergolini et Raspanti toujours divisés, un citoyen considérable de Pise, Piero Gaetani, s'exilant par haine et crainte des Gambacorti, s'emparant de quelques forteresses pour les livrer à l'ennemi et s'engageant à son service[5]. Quelle concorde attendre d'exilés qui rentraient avec leurs rancunes aigries, altérés de vengeance? Gio-

II, 537; Salviati, Del., XVIII, 243; Comment. de G. Capponi, p. 343; Cambi, XVIII, 858; Ammirato, XVII, 918.

[1] Morelli, Cron., p. 331.
[2] Goro Dati, l. VIII, p. 222.
[3] Par exemple, Gino Capponi, un des acteurs du drame (Comment., p. 345).
[4]
  Fu per l'una parte e l'altra chiesta
  Union santa : e così insieme fanno,
  Ma fu tal fede per pocresia mesta.

(Capitolo 2º di ser Piero. Arch. stor. 1ª ser., t. VI, part. II, p. 255.)
[5] Morelli, Cron., p. 332.

vanni Gambacorti, neveu de Piero et, comme lui, capitaine du peuple, exerçait une véritable tyrannie : il affaiblissait à ce point ses ennemis que, suivant l'énergique expression du même Morelli, ils ne pouvaient plus éternuer sans s'appuyer au mur[1]. Bientôt il se faisait nommer seigneur, sous prétexte de mieux défendre sa patrie (20 avril 1406)[2], en réalité pour régner sous la protection des Florentins[3].

Son premier soin, par conséquent, devait être d'obtenir d'eux la paix. Ce fut la fin de ses illusions, car elle lui fut refusée. Qui avait acheté Pise de son seigneur légitime, ne voyait plus dans les Pisans que des sujets rebelles. Les lettres de la seigneurie en réponse à leurs ouvertures portaient cette suscription insolente : « Au capitaine et aux *anziani* de notre cité de Pise[4] ». Florence admettait donc qu'un seigneur vendît un peuple, et de cette vente elle se faisait un titre ! Mais il y avait encore, hors des rangs de l'oligarchie, quelques consciences plus délicates, qui en réprouvaient la politique ignominieuse : en rapportant la création d'une *balie* (août 1405), le chroniqueur Morelli écrit ces paroles : « elle reçut le droit de faire toute chose,.... excepté de nous vendre[5] ».

Avec de tels ennemis, Pise sentait bien le danger : tandis qu'un de ses navires portait aux rivages napolitains ce qu'elle possédait de plus précieux[6], elle faisait venir

---

[1] *Ibid.* Cf. Minerbetti, 1405, c. xvii; II, 538; Poggio, l. iv, XX, 298.
[2] Minerbetti, 1406, c. ii, II, 550.
[3] Sperans propter antiquam majorum suorum cum populo florentino amicitiam se ejus voluntate tyrannidem retenturum. (Poggio, l. iv, XX, 299.)
[4] G. Capponi, *Stor. di Fir.*, I, 417.
[5] A poter fare ogni cosa, salvo che venderci. (Morelli, *Cron.* p. 330.).
[6] Minerbetti, 1405, c. xxiii, II, 543.

des blés de Sicile, autant que le permettaient les galères armées à Gênes par les Florentins[1] ; elle engageait des *condottieri*, pour les opposer à ceux de sa rivale. Mais que faire, quand la mer n'était plus libre ; quand, sur terre, le paysan célèbre qui a illustré le nom d'Attendolo et le surnom de Sforza[2], battait Gasparre des Pazzi, espoir de Pise (24 décembre 1405), et lui faisait promettre de ne plus servir contre Florence[3] ; quand Ottobuono des Terzi de Parme, une brute qui avait quelque force, en sa qualité de seigneur de Parme et de Reggio, était détourné à prix d'argent d'amener les secours demandés[4], et Ladislas de Naples d'accepter la libre domination que les Pisans lui offraient en retour de son appui[5] ? Cet appui, Florence, de son côté, le sollicite[6], avec plus de

---

[1] Morelli, *Cron.*, p. 333 ; G. Capponi, *Comment.*, p. 348. C'est dans la chasse donnée aux transports pisans qui s'étaient réfugiés sous la tour de Vada dont les galères florentines ne pouvaient approcher, qu'on vit l'exilé florentin Piero Murenghi se jeter à la nage une torche à la main, mettre sous une grêle de traits le feu à un navire ennemi, revenir à terre blessé et s'ouvrir ainsi les portes de sa patrie. (G. Capponi, *Comment.*, p. 345.)

[2] Il s'appelait Mutio Attendolo, de Cutignola en Romagne. Il servait sous Alberico de Barbiano, quand, dans une querelle dont il s'était fait l'arbitre, Alberico ne pouvant vaincre son obstination, lui dit : « Tu veux donc me forcer, moi aussi ? Eh bien ! je t'appellerai Sforza ». Il avait ensuite servi Milan, puis Florence. Haï pour son caractère fier et dédaigneux, pour la rudesse avec laquelle il privait ses subordonnés des plaisirs et du sommeil dont il n'avait pas besoin lui-même, il eut d'une concubine le fameux Francesco Sforza. (Bonincontri, XXI, 54 ; Ricotti, II, 228, qui cite d'autres sources.)

[3] Minerbetti, 1405, c. xxvi, II, 544 ; *Leodrisii Cribelli de vita Sfortiæ comitis*, l. I, R. I. S., XIX, 642 ; Ammirato, XVII, 921.

[4] G. Capponi, *Comment.*, p. 346 ; Ammirato, XVII, 926 ; Ricotti, II, 222.

[5] Offerentes regi Ladislao liberam dominationem. (Sozomeno, XVI, 1187.)

[6] In caso che la sua Serenità ci facesse mettere liberamente nelle mani la città di Pisa, siamo contenti, fatto questo, venire di poi in lega comune colla sua Serenità a difesa e conservazione degli stati toto posse... ma tale cosa bisognerebbe tenere secretissima per piu rispetti. (Instructions à

chance de l'obtenir, car ses capitaines parcourent en vainqueurs tout le pays[1], assiègent Vico Pisano, à dix milles en amont de Pise, et bloquent la malheureuse ville de concert avec les galères. Près de San-Piero *in grado*, Jacopo Salviati barre le fleuve d'une grosse chaîne, et sur les deux rives construit deux redoutes qu'unit un pont fortifié (12 avril 1406)[2]. Sur le théâtre de la guerre se succèdent les commissaires de la République, Maso des Albizzi et Gino Capponi, puis Vieri Guadagni, Jacopo Gianfigliazzi, Matteo des Castellani, Niccolò Davanzati, tous personnages du premier rang. Ils ont sous les ordres des Dix la haute direction, depuis que le système a prévalu de multiplier les *condottieri*, pour que leur défection toujours à redouter pût être sans conséquence[3]. C'est à ces commissaires civils qu'appartient tout l'honneur d'une campagne qui avait ses difficultés, car, disent les mémoires de Bouciquaut, « n'estoit mie légère chose à conquérir les Pisans[4] ».

Bart. Popoleschi et Giov. des Medici, 14 janv. 1406. *Commiss.* XVI *Rin.*, I, 87.) Cf. Minerbetti, 1405, c. xxiii, II, 543.

[1] Minerbetti, 1405, c. xxviii-xxxi, II, 545-47 ; Ammirato, XVII, 922.

[2] Morelli, *Cron.*, p. 335 ; Morelli, *Ric.*, *Del.* XIX, 12 ; G. Dati, l. VIII, p. 118 ; Minerbetti, 1406, c. ii, II, 549 ; Ammirato, XVII, 926.

[3] Guardisi chi ama il comune dalle gran condutte.... non si dia mai gran condutta o mezzana a nessuno cittadino nè a signore vicino, se la necessità non lo stringe. (*Ricordi* laissés par Gino Capponi à son fils en 1420. R. I. S. XVIII, 1149). On peut voir dans Ricotti (II, 213 et doc. n° 14, p. 547), qu'il y avait trois sortes de *condottieri :* 1° ceux qui étaient dits *a soldo disteso*, ils fournissaient avec un nombre déterminé de soldats un service régulier ; 2° ceux qui avec un nombre indéterminé, sans passer la *mostra* ou revue, combattaient à leur gré dans les régions où on les envoyait. Ils étaient dits *a mezzo soldo* ; 3° ceux qui, moyennant une faible paye, se tenaient *in aspetto*, à la disposition de la République. Ces derniers étaient souvent des seigneurs dont elle prenait les domaines sous sa protection, et qu'on appelait *raccomandati*.

[4] *Le livre des faicts*, etc., part. III, c. ii, p. 501.

L'honneur, toutefois, c'est celui du succès, non celui du génie. Ce fut une conception chimérique, au dire même des ingénieurs, que de vouloir détourner le cours de l'Arno, à l'heure de la fonte des neiges qui, le jour de l'Ascension (mai 1406), emportaient le pont des redoutes. La plus faible des deux, isolée de l'autre, eût été prise du coup, si, pour la défendre, Sforza Attendolo et un autre *condottiere*, Angelo Lavello, surnommé Tartaglia, ne se fussent jetés dans une barque avec quelques serviteurs, faisant croire par leur audace qu'ils étaient suivis[1].

Quelques jours plus tard, un commun dessein n'eût pas réuni ces deux capitaines : entre eux, quoiqu'ils fussent rapprochés par une alliance de famille, éclatait une haine qui ne prit fin que quinze ans plus tard, par la mort de Tartaglia, décapité sur l'ordre de Sforza[2]. Gino Capponi, qui était alors des Dix de la guerre, leur fut envoyé et les réconcilia en apparence ; mais connaissant bien la nature humaine, pour les tenir unis il les sépara, chargeant l'un en amont et l'autre en aval du fleuve, de rendre le blocus plus rigoureux[3]. Ses collègues, entre temps, ôtaient aux assiégés tout espoir de secours, en écrivant par toute l'Europe que « la soumission était prochaine, grâce à la famine et à de multiples afflictions[4] ».

---

[1] G. Capponi, *Comment.*, p. 349 ; Poggio, l. IV, XX, 302 ; Ammirato, XVII, 926. Ce dernier prétend qu'ils passèrent l'Arno à cheval ; mais la crue rend cette assertion peu vraisemblable.

[2] Une fille de Tartaglia avait épousé un fils de Sforza. Déjà devant Pise Tartaglia accusait Sforza de vouloir l'empoisonner. Voy. Ammirato, XVII, 932.

[3] G. Capponi, *Comment.*, p. 352.

[4] Dignemini firmiter et, ut speramus, effectualiter providere quod dicte gentes in Pisanorum subsidium aut detrimentum aliqualiter nequeant

Sans la famine, l'été aurait pu être le salut. Torride et malsain dans ces marécageuses campagnes, il avait contraint les Dix à ramener dans divers châteaux plus salubres leurs soldats malades et découragés[1]. Mais à Pise, le pain de six onces valait un florin d'or, et bientôt il n'y en eut plus, le fît-on même avec de la graine de lin. On se rabattit alors sur des galettes pétries avec l'herbe des places publiques, séchée et réduite en poudre, sur les feuilles d'arbres cuites, sur le crottin de cheval. Heureux qui pouvait placer sur sa table un chien ou un chat[2]. La population virile était exténuée; les bouches inutiles, on les chassait au dehors.

C'est un peu l'histoire de tous les grands sièges; ce qui révolte dans celui-ci, ce sont les barbaries. Ces expulsés tombant aux mains des assiégeants, les hommes sont pendus, les femmes ont leurs vêtements coupés au milieu du corps[3], sont marquées aux joues de l'empreinte du lis avec un fer rouge, puis, en cet état, renvoyées vers la ville. Comme elles n'y étaient point reçues, quelques jours encore elles soutenaient, entre les murs et le camp, avec l'herbe desséchée d'un sol brûlé, leur misérable existence, jusqu'à ce qu'elles mourussent d'inanition[4]. Bientôt, pour empêcher que personne ne sortît de Pise, les Florentins imaginèrent de couper le nez aux femmes et de pendre les hommes

---

proficisci.... qui in limine deditionis sunt propter inediam et afflictiones multiplices. (Au pape, 17, 25 sept. 1406, *Commiss.* XVI *Rin.*, I, 89.)

[1] Palmieri, *De captivitate Pis.*, XIX, 183.
[2] Goro Dati, l. VIII, p. 123; G. Capponi, *Comment.*, p. 361.
[3] Tagliare i panni sopra al culo alle donne (G. Capponi, *Comment.*, p. 354).
[4] G. Dati, l. VIII, p. 124; G. Capponi, *Comment.*, p. 354; Minerbetti, 1406, c. ix, II, 555.

assez haut pour que les assiégés en pussent voir les cadavres[1].

Quand même il serait vrai que les Pisans eussent provoqué ces atrocités en traînant sur une planche le corps d'un de leurs ennemis mort[2], cet acte, — le seul que cite Gino Capponi l'ancien, intéressé pourtant à justifier ses compatriotes, — était plutôt une profanation qu'une cruauté. C'est contre les assiégeants, non contre les assiégés, que se prononce le sentiment public. Des marchands de Barcelone écrivent de Pise à leurs magistrats municipaux « que le grand orgueil, que la cupidité diabolique des Florentins se refuse à tout accord, parce qu'ils veulent leurs ennemis morts et non vivants[3] ». La cruauté politique n'est pas plus horrible peut-être au quinzième siècle qu'aux siècles du moyen âge; mais combien ne paraît-elle pas plus révoltante chez des générations dont les yeux se sont ouverts à la pure lumière des deux antiquités!

Déjà Florence escomptait son triomphe; déjà Pise envoyait au camp deux de ses Gambacorti chargés de discuter, mais d'accepter, si dures qu'elles fussent, les conditions de la paix, quand, un soir, aux premiers jours de juillet, on vit s'allumer sur les murs de l'infortunée ville des feux de réjouissance, et, le lendemain matin,

---

[1] G. Capponi, *Comment.*, p. 354.
[2] *Ibid.*, p. 354.
[3] A vostra gran saviesa es notori com la comunitat de Florença ab lur gran superbia, è moguda ab avaricia diabolical, que es desplaint a Deu è a tota la humanitat, tenen en destret è en setge asats estret aquesta comunitat pisana, è nols volen per homens vius, mas per homens morts. Car la comunitat pisana continuament han cercat è cerquen tota humanitat de pace è d'acordi, è prometent los molt grans avantatges, entre les altret coses nols han volgut oïr ni escoltar. (Capmany, II, 207, cité en note aux pages 972, 973 de Roncioni, *Archiv. stor.*, 1ª ser., t. VI, part. I.)

les armes du duc de Bourgogne s'étaler peintes sur les portes, ses bannières flotter sur les tours[1]. Un héraut vint notifier aux commissaires que Pise appartenait à ce puissant seigneur, et qu'en conséquence ils devaient lever le siège. Ce fut comme un coup de théâtre : rien n'avait percé de cette secrète négociation. Mais ce fut aussi comme un coup d'épée dans l'eau : pour toute réponse, le héraut, pieds et poings liés, fut jeté dans l'Arno. Lui, plein d'énergie, il se dégage en étouffant, il gagne le bord, court à Florence même porter son message, et là, trouvant un peu plus de respect du droit des gens que chez les capitaines d'aventure, il en est quitte pour être chassé[2]. Ordre est donné de continuer le siège.

La sotte intervention du duc de Bourgogne ne méritait pas un meilleur succès. S'il voulait secourir les Pisans, que ne leur envoyait-il un corps d'armée, et quelle idée se faisait-il des Florentins, s'il croyait que la vue de ses bannières, de ses armes héraldiques suffirait à les intimider? Ses ordres, ceux du duc d'Orléans, ceux de la cour de France n'intimidaient même pas Bouciquaut. « Il ne pouvoit, disait-il, aller contre ce qu'il avoit accordé, juré et promis. C'estoit un jeu d'enfant d'octroyer et puis vouloir retollir. N'estoit pas grand honneur à la maison de France telle variation comme d'aller contre ce qui estoit promis et scellé. Enfin, n'estoit pas légère chose de forçoyer contre si grant puissance comme estoit celle des Florentins, car moult y conviendroit

---

[1] Salviati (*Del.* XIX, 249) met ce fait entre le 29 mai et le 14 juin, date à laquelle, dit-il, Vico Pisano n'était pas encore pris. La prise de cette place est donc pour lui un moyen de fixer approximativement la date ; or Vico Pisano ne se rendit que le 16 juillet.

[2] G. Capponi, *Comment...* p. 355; Ammirato, XVII, 929.

grant foison de gens d'armes, dont mal estoit garny pour l'heure, et grant finance d'argent pour telle chose entreprendre[1] ».

D'autres Français, à vrai dire, eurent moins de constance, et, malgré le serment exigé d'eux, sur le conseil de Bouciquaut, de ne point partir, alors même qu'ils en seraient requis, ils se retirèrent pour ne pas tomber dans la disgrâce de la cour de France. Mais le gros de leurs compatriotes n'ayant pas suivi leur exemple[2], l'incident n'offrait plus de danger : il relevait exclusivement de la diplomatie. Des ambassadeurs florentins, chargés de représenter à Charles VI qu'il était de son intérêt, comme l'avait compris Bouciquaut, que Florence possédât Pise, s'il voulait conserver Gênes[3], purent bien être jetés et détenus dans les prisons de Blois, au grand scandale de la République, oublieuse du héraut pisan[4]; mais elle se déclarait affranchie de tout engagement avec une cour qui ne tenait pas les siens ; Bouciquaut approuvait ce langage[5], et la chute de Pise n'était plus qu'une question de jours. C'était vraiment, à pareille heure, un luxe de précaution et de prudence que d'envoyer Rinaldo des Albizzi au pape et au roi de Naples, pour les détourner d'accorder à Pise des secours *in extremis*[6].

[1] *Le livre des faicts*, etc., part. III, c. xi, p. 301.
[2] G. Capponi, *Comment.*, p. 355 ; Salviati, *Del.*, XIX, 249 ; Ammirato, XVII, 929.
[3] Lettre au roi de France, 15 août 1406. Texte dans Desjardins, I, 37.
[4] Voy. Instructions à B. Pitti, janv. 1407, dans Desjardins, I, 45. Ces ambassadeurs ne furent délivrés qu'après la mort du duc d'Orléans, assassiné le 23 nov. 1407. Ils en furent redevables à sa veuve Valentine Visconti. Voy. B. Pitti (p. 79, 80), envoyé en ambassade à leur sujet.
[5] « Si pouvons dire et penser qu'il en est aux Florentins de tenir ou non les convenances du susdit traité, puisque le roy avoit révoqué l'accord fait avec eux ». (*Le livre des faicts*, etc., part. III, c. xi, p. 302.)
[6] *Commiss.* XVI *Rin.*, I, 90.

Gambacorti demandait une fois de plus la paix. Ses délégués introduits de nuit dans la maison qu'occupaient deux des Dix de la guerre, Gino Capponi et Bartolommeo Corbinelli, reçoivent de quoi assouvir leur cruelle faim de bloqués; mais comme il voulait mettre en réserve quelques morceaux de pain : — Non, leur dit durement Gino Capponi ; emportez-en dans votre corps tant que vous voudrez ; mais autrement vous n'en emporterez pas de quoi vous tenir en vie pendant un centième d'heure [1]. — Notre Henri IV, au fort des atroces guerres de religion, était plus humain quand il nourrissait et fournissait d'argent les bouches inutiles de Paris qu'il assiégeait, et quand, pour ne pas voir ravitailler ses adversaires, il fermait résolument les yeux.

Pour tirer son épingle du jeu, Gambacorti livra sa patrie. Son excuse, c'est qu'elle ne pouvait plus tenir, c'est qu'il lui voulait épargner les horreurs du sac [2]. Son intelligence bornée ne lui permettait pas de comprendre que Florence interdirait le sac à ses mercenaires, pour conserver intact le plus riche, le plus précieux joyau de son domaine [3]. Il obtint cinquante mille florins, la seigneurie de Bagno, sous le protectorat de la République, et conserva les îles de Capraja, de la Gorgona, du Giglio. Andrea Gambacorti eut la *rocca* de

---

[1] G. Capponi, *Comment.*, p. 355.
[2] Flaminio dal Borgo, Cambi et des Annales siennoises (R. I. S. XIX, 421) accusent Gambacorti de trahison. Pignotti, veut l'en défendre (t. VI, p. 256, l. IV, c. vii) disant qu'il avait seulement voulu ne pas être enveloppé dans l'inévitable ruine de Pise. Ce n'est ni héroïque, en tout cas, ni même patriotique. Un document pisan montre tous les Gambacorti s'unissant pour vendre leur patrie. (Voy. dans Roncioni, p. 972, note, n° 101.) Tel fut donc tout au moins le sentiment public
[3] G. Capponi, *Comment.*, p. 355.

Sillano[1]. Tous les membres de cette famille devinrent citoyens de Florence ; à la condition d'y posséder trois maisons, ils y furent exemptés d'impôts et de gabelles, comme de toute incarcération pour dettes. Vingt otages leur furent livrés en garantie, vingt jeunes gens des meilleures familles, entre autres Cosimo des Medici et Neri de Gino Capponi, tous deux à peine âgés de dix-huit ans (5 octobre 1406)[2].

Contre le pillage de Pise, seul point sur lequel s'entendissent Sforza et Tartaglia, Gino Capponi alla chercher à Florence une formelle approbation des défenses qu'il avait faites à cet égard. Dans le conseil des Seigneurs, des collèges et des Dix, sur quarante sept votans il n'y eut qu'une fève blanche. C'était trop encore: on voulait l'unanimité, et on l'eut par un second tour de scrutin[3]. Cessant alors de redouter les mercenaires, Gambacorti, dans la nuit du 8 au 9 octobre, livra la porte de San Marco. Le quartier du Borgo, ayant été occupé en silence, le lendemain, à l'aube, entra l'armée, toutes bannières au vent. L'ex-seigneur la reçut, et remit à Gino Capponi une grosse flèche, en signe de domination[4]. Au bruit des trompettes, du sabot des chevaux sur les dalles sonores,

[1] Sillano de Garfagnana, dans la vallée supérieure du Serchio sur le versant occidental de l'Apennin. Voy. Repetti, V, 407.

[2] Le traité en 36 articles est publié *in extenso* dans Marangone dont il termine la chronique (I, 835). G. Capponi (*Comment.*, p. 357) en donne des extraits et Ammirato le jeune (XVII, 931) un résumé. L'acte est indiqué en note à la page 972 de Roncioni. Cf. Morelli, *Cron.*, p. 336. Aux premières lignes, il est fait mention des personnages considérables (spectabilibus) auxquels Pise est livrée. Au nombre des deux premiers nommés est Gino Capponi. Il n'a donc point exagéré en se donnant le principal rôle dans cette affaire. Il est désigné avec Tommaso Corbinelli et Bernardo Cavalcanti, avant tous les autres, parce qu'ils sont des Dix de la guerre.

[3] G. Capponi, *Comment.*, p. 358-60.

[4] Ammirato, XVII, 933.

les habitans éveillés en sursaut parurent demi-nus à leurs fenêtres ou sur leurs portes, stupéfaits, car rien n'avait transpiré de la négociation mystérieuse. Trop affaiblis par la famine pour s'emporter en de patriotiques fureurs, ils n'eurent d'yeux qu'au pain que leur jetait la soldatesque et dont, avec une ardeur bestiale, ils se disputaient les moindres morceaux. Bientôt, sur l'ordre des commissaires, il en vint en abondance, ainsi que de la farine et d'autres vivres. On achetait sans égard au prix, on mangeait sans précaution et sans mesure: plus d'un fut mort avant d'être rassasié. Dans toute la ville, les Florentins n'avaient trouvé, en fait de comestibles, que trois vaches maigres, réservées sans doute aux chefs, un peu de sucre et de cassia [1].

Avec les forces revint la colère; mais elle se porta sur le tyran qui livrait sa patrie sans se livrer lui-même [2], et elle ne fut qu'un feu de paille. De longues souffrances débilitent les cœurs, s'ils ne sont d'une trempe supérieure. Le capitaine général des Florentins, Luca del Fiesco [3], exigea qu'ils criassent: Vivent la commune de Florence, la *parte guelfa* et les guelfes! et ils crièrent, quoique à contre-cœur [4]. Il avait reçu l'ordre d'armer chevaliers les commissaires et les capitaines [5]; mais sur les cinq

---

[1] Fruit d'un arbre d'Égypte et d'Amérique, qui contient une moelle noire, rafraîchissante et purgative, de médiocre utilité pour des gens que la diète avait purgés.

[2] G. Capponi, *Comment.*, p. 361-63; G. Dati, l. VIII, p. 123-25; Poggio, l. IV, XX, 303; *Cron. pis.*, XV, 1088; Marangone, I, 834; Ammirato, XVII, 933. Ici s'arrêtent tous les auteurs pisans. Plusieurs sont singulièrement secs : ils enregistrent les faits sans réflexions.

[3] Élu le 19 juin précédent, ce Luca, entre les commissaires civils et les capitaines d'aventure, n'avait guère fait parler de lui. Voy. Ammirato, XVIII, 928.

[4] Minerbetti, 1406, c. XIV, II, 560.

[5] Scriviamo al... capitano generale di guerra che in nome del gonfalo-

commissaires, les trois qui étaient des Dix se dérobèrent à cet honneur[1], moins sans doute par modestie que par sentiment de l'avoir peu mérité.

Poursuivant leur marche à travers les rues, ils arrivèrent au palais communal. Là, en bas des escaliers, ils reçurent des *anziani* les clefs de la ville. Tandis qu'on appendait aux fenêtres leurs triomphantes bannières, ils se souvinrent d'une que les Pisans, au début, avaient prise, traînée sur le pavé, suspendue ignominieusement, le bas de la hampe en haut, dans la cathédrale. Ils l'y envoyèrent prendre en grande pompe, et l'arborèrent parmi les autres. En voyant qu'à si peu se réduisaient les représailles de l'occupation, vingt quatre châteaux se soumirent sans retard[2], et les vaincus se résignèrent à leur défaite, ne laissant aux plus énergiques d'autre ressource que d'émigrer, que de vendre à bas prix ce qu'ils possédaient. C'est plus tard seulement que la juste appréciation d'une clémence intéressée réveillant la haine, ils se firent un grief de ce que le vainqueur s'était emparé de reliques vénérées et du célèbre exemplaire des *Pandectes* que des marchands de Pise, avec la permission de l'empereur Lothaire, avaient emporté d'Amalfi, trois siècles auparavant. Le vol des reliques surtout blessa les âmes pieuses. On devait l'exploiter plus tard, pour leur mettre les armes aux mains[3].

niere della justitia della nostra città... vi debba promuovere alla degnità della cavalleria. (Instructions du 8 oct. à Bart. Corbinelli, G. Capponi, Bern. Cavalcanti, des Dix de la guerre, Matteo Castellani, Jacopo Gianfigliazzi, commissaires au camp. Texte dans G. Capponi, *Stor. di Fir.*, I, 639, Append. XI.)

[1] G. Capponi, *Comment.*, p. 362.
[2] G. Capponi, *Comment.*, p. 365; Minerbetti, 1406, c. xiv, II, 558; Goro Dati, l. VIII, p. 125.
[3] Voy. G. Capponi, *Stor. di Fir.*, I. 426 et 430 n. 1.

Le vent, pour l'heure, soufflait à la conciliation. La commune de Florence, disait Gino Capponi, entend conserver sa conquête; mais elle veut traiter en bons fils le peuple conquis[1]. Chargé de répondre à ces paroles, un certain Bartolo de Piombino, — notons au passage que ce n'était pas un Pisan, — affirma le repentir, la gratitude de ce peuple, et son ferme dessein d'envoyer vingt ambassadeurs à Florence, pour y porter humblement sa soumission[2]. Ainsi fut fait, et deux mois de réjouissances, où les lois somptuaires furent outrageusement violées, célébrèrent cette heureuse et tant souhaitée acquisition, qui doublait le territoire de la République et lui donnait la mer[3]. Des lettres la justifiaient, adressées à tous les États d'Italie : Florence avait acheté de ses deniers une ville longtemps source de discordes, de bouleversements en Toscane et dans toute la péninsule[4]. C'étaient là deux raisons aussi mauvaises l'une que l'autre, car on n'acquiert pas un droit en achetant de qui n'a pas le droit de vendre, et, quant aux troubles causés par Pise, le même motif devait être allégué plus tard par Charles-Quint contre Florence, par Cosimo I contre Sienne, comme il l'est, en général, par quiconque a la force, la volonté, l'occasion[5]. Pise n'avait rien de l'agneau, et il

---

[1] Le discours est tout entier dans les *Comment.*, p. 364, et notre contemporain le marquis Gino Capponi le reproduit (I, 426). Ammirato (XVII, 934) s'était borné à en donner un résumé. C'était peut-être trop encore. La rédaction des commentaires étant l'œuvre de Neri, bon écrivain, on peut craindre qu'il n'ait développé ce discours sur les notes paternelles ou même sans notes, comme font si souvent L. Bruni, Ammirato et d'autres, à l'imitation de l'antiquité.

[2] Ce discours, hérissé de textes latins, est aussi dans les *Comment.*, p. 367-371.

[3] Minerbetti, 1406, c. xv, xvi, II, 560; Morelli, *Cron.*, p. 337, 339.

[4] Voy. le texte dans *Commiss.* XVI *Rin.*, I, 89.

[5] C'est l'honneur de M. Guasti d'avoir dit à ce sujet la vérité aux Flo-

est certain qu'elle avait plus d'une fois troublé l'onde pure; mais le succès du loup vorace était menaçant pour ses voisins : ils ne s'en répandirent pas moins en félicitations. On est lâche devant les victorieux.

Sans retard Florence procède à l'organisation de sa conquête. Elle nomme Gino Capponi capitaine pour huit mois, Corbinelli podestat pour six, et les flanque de « dix provéditeurs pour les affaires de Pise », c'est-à-dire pour bâtir des forteresses, lever des gabelles, désigner les officiers publics, et dépenser jusqu'à mille florins par mois. Quelques-uns résideront à Pise, mais la plupart à Florence (17 octobre)[1], car accepter des fonctions dans la cité conquise était regardé comme un acte de courage : on y craignait les vengeances et le mauvais air. « Dieu prête vie et santé à qui y va ! » écrivait Morelli[2]. Contre le mauvais air, il n'y avait guère de remède, car à nul ne fût venue l'idée d'assainir les Maremmes; mais contre les vengeances on pouvait prendre des précautions, et on les prit.

A cet égard, il faut suivre de près l'implacable, la forte politique de l'oligarchie. Les ambassadeurs pisans sont retenus otages à Florence. Dans Pise, à poste fixe, sont entretenus quinze cents *fanti* et huit cents lances mercenaires, force vraiment considérable[3]. Des forte-

---

rentins (*Ibid.*, p. 89); mais l'impartialité lui est facile, parce qu'il est de Prato, ville victime aussi de l'ambition florentine. En Italie, malgré l'entraînement tout moderne vers l'unité, le patriotisme local ne désarme pas.

[1] Guasti dans *Commiss.* XXIII et XXIV *Rin.*, I, 191-196; Morelli, *Cron.*, p. 338; Ammirato, X̄VII, 936. — Peu de jours avant la mort d'Innocent VII, qui mourut le 6 novembre 1406, le siège archiépiscopal de Pise était obtenu pour Alamanno des Adimari, à défaut de Giovanni des Albizzi, frère puîné de Rinaldo, et dont on n'avait pu arracher la nomination. (*Commiss.* XVI *Rin.*, I, 100 et note.)

[2] Morelli, *Cron.*, p. 359. — [3] Minerbetti, 1406, c. xvii, II, 562.

resses rapidement élevées tiendront les Pisans en respect[1], et c'est eux qui en font les frais : de 1406 à 1409 on leur extorque cent deux mille florins, la plupart pour cet objet[2]. C'est en tenant la capitale avec vigueur qu'on assurera la fidélité de ses châteaux[3]. Quiconque obtient de résider à Pise, n'obtiendra pas aisément d'en sortir[4], apportera ses armes dans un délai déterminé, verra ses maisons fouillées, et s'il n'a tout remis, sera châtié sévèrement. Les campagnards, les émigrés qu'attire en ville l'abondance des vivres, on les renvoie mourir de faim dans la campagne désolée, et, par un raffinement cruel, les commissaires veillent à ce que les subsistances n'entrent que « jour par jour[5] ».

Dépeupler Pise semble le point cardinal de cette politique. Il faut que l'herbe pousse dans les rues. En mars 1407, la seigneurie ordonne que trois cents au moins des citoyens pisans, les plus riches, les plus vaillants, les plus influents, soient envoyés à Florence[6], et elle en désigne nominativement cent huit à Capponi, lesquels, dans le courant de ce même mois, devront être rendus à leur résidence obligée, certains avec leurs familles, et sous l'obligation de se présenter, chaque matin, au podestat. Si quelqu'un d'entre eux est absent de Pise, notification est laissée à sa porte ou à ses proches, et, s'il n'obéit, il sait bien que l'odieuse confiscation

---

[1] Morelli, *Cron.*, p. 338.
[2] Canestrini, p. 128.
[3] Delle castelle non ci pare per ora da dubitarne, tegnendo bene la città. (Instructions aux commissaires, 14 oct. dans G. Capponi, *Stor. di Fir.*, I, 640, append. XI.)
[4] Quand Grégoire XII vint à Lucques, aucun Pisan n'obtint la permission d'aller dans cette ville si voisine. (Cambi, XVIII, 871.)
[5] Provedete che victuaglia non v'entri, se non dì per dì. (Instruct. *Ibid.*)
[6] Morelli, *Cron.*, p. 338.

l'attend[1]. C'est ainsi que l'oligarchie florentine traitait les nouveaux sujets « en bons fils ».

A vrai dire, ses instruments rechignent parfois, et à Gino Capponi, exécuteur attitré de ses ordres, il faut mettre l'épée dans les reins. « Nous voyons, lui écrit la seigneurie, que tu te soucies peu de nos lettres. Tu n'as pas voulu nous envoyer de ces hommes que la sécurité de notre commune nous force à tirer de Pise, à faire venir ici. Tu en fais à ta guise. Ces gens sont ceux qui pourraient faire des rassemblements et des nouveautés. Si tu ne veux pas obéir, nous ferons des choses qui te déplairont : nous enverrons à Pise des personnes dociles. Ouvre donc les oreilles, ou tu t'en repentiras. Nos citoyens ne sont pas disposés à entretenir dans Pise tant d'hommes à cheval et à pied. Nous voulons diminuer la dépense et retirer de Pise assez d'habitants pour que nous puissions vivre tranquilles[2] ». Quiconque imitait Capponi dans sa résistance, recevait un avertissement semblable : la République ne supportait pas l'insubordination[3].

Convaincu qu'il fallait se soumettre ou se démettre, — et l'on ne voit pas que se démettre fût dans les habitudes florentines, — Gino Capponi semble être entré à

---

[1] Voy. le doc. dans G. Capponi, *Stor. di Fir.*, I, 641, 642, app. XI. La date n'y est pas donnée, mais le mois de mars y est mentionné, et il est, dans le registre des archives, entre deux lettres des 3 et 15 mars 1407. Cf. Morelli, *Cron.*, p. 338 ; Minerbetti, 1406, c. xvii, II, 561 ; Poggio, l. iv, XX, 305, 306.

[2] La seigneurie à Gino Capponi, 24 nov. 1406. Texte dans G. Capponi, *Stor. di Fir.*, I, 641, app. XI.

[3] Tenete in ciò tali e sì fatti modi che quanto vi comandiamo abbi effetto, però che non ne saremo pazienti di vostra disubbidienza. (Decem provisoribus civitatis Pisarum, Pisis existentibus. Flor., 11 juillet 1408, dans *Commiss.* XXII *Rin.*, I, 185.)

l'excès dans l'esprit de ses instructions. Quelques mois plus tard, la seigneurie lui reproche, sur un ton, il est vrai, beaucoup plus doux, d'avoir soumis au supplice de l'eau et de la corde une jeune fille qu'il détient en prison [1]. Ne sait-il pas que les précédentes seigneuries ont menacé d'un châtiment exemplaire tout abus de pouvoir [2]? Il faut d'autant plus rechercher les soldats coupables, que le cas n'est point unique : une damoiselle de la noble famille des Lanfranchi a été violée, non sans escalader, pour cet attentat, la maison d'autres femmes honnêtes et bien nées. « C'est là, poursuit la seigneurie, une cause de meurtres et de guerres. Depuis que le monde est monde, il y a bien peu de gouvernements dont la ruine n'ait pas eu un tel point de départ [3] ».

L'humanité n'est donc ici que de la politique. Une seule chose paraît nécessaire : régner à Pise, y régner sans obstacles. C'est pourquoi, tandis qu'on renverse par la force ceux du dedans, on s'attaque par la persuasion à ceux du dehors, on justifie la conquête auprès des princes étrangers. Buonaccorso Pitti et Alberto des Albizzi représenteront au roi de France, entre autres, « avec douceur et humilité », que l'agrandissement de leur patrie est dans l'intérêt de son royaume, et qu'ils n'ont conquis que pour se défendre. S'ils n'obtiennent pas une réponse gracieuse, il faudra implorer l'intervention du Parlement, de l'Université [4]. De janvier à

---

[1] Ecci stato amiratione che lei abbi posto alla tortura, benchè pensiamo non l'abbi fatto sanza grande cagione. (La seign. à G. Capponi, 20 juin 1407, dans G. Capponi, *Stor. di Fir.*, I, 642, app. XI.)

[2] Instructions aux commissaires, 14 oct. 1406. *Ibid.*, p. 640.

[3] La seigneurie à G. Capponi, 20 juin 1407, *loc. cit.*

[4] Instructions à B. Pitti, janv. 1407. Texte dans Desjardins, I, 40-49.

juin 1407 durent ces démarches, sans le moindre succès, et les ambassadeurs reçoivent l'ordre de protester énergiquement, puis de revenir[1]. La cour de France se montre sévère : on l'est souvent pour l'injustice d'autrui. Peu importait, au demeurant, et Florence pouvait faire de la dignité sans péril : un gouvernement aux abois ne se poserait point en Don Quichotte avant la lettre, et Bouciquaut, le seul de ses agents qui fût proche, en mesure d'agir, était complice de l'œuvre d'iniquité. Auprès de lui, ce n'est point la neutralité qu'on négocie, c'est l'achat de Livourne. Les Génois en ont offert quarante-cinq mille florins, pour que Florence ne devienne pas redoutable sur mer; Florence en offrira cinquante mille[2], et le dernier mot, avant peu, finira par lui rester.

Dans Pise même, ainsi malmenée, la résignation des premiers jours fit bientôt place à un morne désespoir. Ne croyant point la lutte possible, plus maltraités que des Juifs[3], ceux des habitants qu'on n'a pas transplantés à Florence, et qui ont des ressources personnelles, font tristement leur exode vers Naples et la Sicile, où désormais on retrouvera leurs noms. Ils n'acceptent pas le titre de citoyens florentins qu'obtiennent maintenant ceux des villes soumises[4]. Plus d'un se fait, avec ses enfants, soldat et, s'il le peut, capitaine d'aventure, pour combattre l'oppresseur. Ceux des couvents de femmes dont les cellules ne se vident point, « n'ont pas devant

[1] Voy. le doc. dans Desjardins, I, 49-51.
[2] 5 juillet 1407. Doc. analysé dans Desjardins, I, 55.
[3] Cambi, XVIII, 871.
[4] En 1410, dans un codicille à son testament, Fr. Datini se nomme lui-même « mercante di Prato, cittadino fiorentino ». (*Lettere di un notaro* II, 301.)

eux un mois et demi de vivres assurés », ne peuvent plus subvenir aux misérables[1]; mais le patriotisme pisan persiste et persistera longtemps dans l'ombre de ces retraites troublées[2]. Tout disparaît à la fois : les capitaux, le trafic, les bras pour travailler aux métiers, ou même pour retourner la terre, pour empêcher la plaine de devenir marais. Si grand est le mal que les Florentins mêmes s'en inquiètent : ils repeuplent Pise des fils de la prolifique Allemagne capables d'exercer une industrie, attirés, retenus par des exemptions d'impôts et de gabelles, par l'autorisation de porter des armes, par l'octroi d'une maison qui sera réputée lieu d'asile pour les malfaiteurs (1421)[3]. Mais que le moindre mouvement se produise, et l'on verra reparaître aussitôt, s'exprimer en termes féroces les terreurs florentines : « Le meilleur moyen d'être en sûreté à Pise, écriront en 1431 les Dix de la guerre après l'inutile tentative de Gualandi, c'est de la vider de ses citoyens. Nous l'avons si souvent écrit au capitaine du peuple, que nous en sommes fatigués. Nous voulons que tu le lui fasses bien comprendre, et que vous usiez de toutes les rigueurs, de toutes les cruautés possibles, car toute autre médecine servirait peu... On ne saurait faire chose plus agréable à ce peuple[4] ».

[1] Iddio il sa che abiamo tanto afanno che non ricogliamo da vivere un mese e meso sia 40 boche : non sono nè possano sovenire li citadini come facevano. (Lettre de Beata Chiara Gambacorti, fille de Piero, couvent des Dominicaines de Pise, 27 sept. 1407, dans *Lettere di un notaro*, II, 327.)

[2] Voy. des lettres de la prieure de ce couvent au gonfalonier de Pise en juillet 1505, publiées par Bonaïni dans *Giorn. stor. degli arch. tosc.*, I, 104.

[3] Ammirato, XVIII, 993.

[4] Les Dix à Averardo des Medici, 14 janvier 1431. Le texte de ce fragment de lettre se trouve dans Fabroni, *Magni Cosmi Medicei vita*, Pise, 1789,

Le succès fut complet cette fois. Désormais, le silence règne dans Pise et même sur Pise. Les rares auteurs qui en disent un mot encore jusqu'à la révolte désespérée de 1494, se bornent à enregistrer les noms des châtelains et quelques autres misères. De leur cœur, pourtant, s'échappe un cri d'allégresse quand la peste décime Florence[1], et l'irrémédiable chute de l'oppresseur, succombant aux armes de Charles-Quint, semble aux opprimés une vengeance bien douce, quoique tardive. Mais cette joie de la haine reste stérile. Pise ne se relève point. Aujourd'hui encore, malgré les communications faciles qui auraient pu lui rendre la vie, cette infortunée cité, trop grande pour le nombre de ses habitants, semble déserte. L'herbe pousse toujours entre les dalles de ses rues. Au milieu de ses vastes jardins, si les ruines n'ont pas péri, elles sont sans caractère, sans intérêt. On ne les respecte que parce qu'on n'a pas besoin de les enlever pour bâtir. L'impression est celle d'une ville morte, où quatre monuments, réunis sur un même point, attirent seuls les voyageurs dans la saison des voyages. Si le rempart de l'Apennin, en dotant Pise d'un climat particulièrement doux, n'eût fait d'elle une station d'hiver pour les délicats et les malades, elle ne serait plus que l'image agrandie, mais sans beauté, de son beau *Campo Santo*, son incomparable ornement.

Même en cédant aux tendances d'un siècle qui transformait en États les communes, Florence aurait pu communiquer la vie; elle préféra donner la mort. Dans le prin-

---

Adnotationes et monumenta, p. 8. Les documents, dans ce volume, portent une pagination spéciale. L'abbé Fabroni était curateur de l'Académie de Pise.

[1] G. Capponi, *Stor. di Fir.*, I, 431.

cipe, elle y trouva son avantage, la sécurité vers l'ouest, l'extension de son trafic par le libre accès à la mer. Elle put traiter avec Manuel Paléologue, pour que les privilèges des Pisans dans l'empire fussent transférés aux Florentins (1416)[1]; avec Antonio des Acciajuoli, seigneur de Corinthe et d'Athènes, pour obtenir des franchises commerciales (1422)[2]. Le dessein est manifeste, avoué, de devenir une puissance maritime[3], et déjà l'on connaissait assez la République en Orient pour que ceux de ses citoyens qui y étaient établis, réclamassent son intervention, quand ils y voulaient obtenir quelque faveur[4]. De là, pendant le quinzième siècle, une prospérité du trafic d'outre-mer que Florence n'avait jamais connue, et qu'elle ne retrouvera plus; de là une prospérité financière qui permit à la vie plus de largeur. Goro Dati évalue les possessions immobilières, dans sa patrie, à vingt millions de florins d'or. Les capitaux sur le *monte*, qui s'élevaient à cinq millions de florins, augmentèrent d'un quart après l'acquisition de Pise, belle compensation à des dépenses qui n'avaient pas été moindres, pour un an et quelques mois, en y comprenant l'achat fait à Gabriele-Maria, de quinze cent mille florins[5].

Mais la médaille avait son revers. Toujours inquiète

---

[1] Giuseppe Muller, *Documenti sulle relazioni delle città toscane coll'oriente cristiano e coi Turchi fino all' anno 1531.* Flor. 1879, p. 149.

[2] 22 et 25 juin 1422. Instructions à Tommaso Alderotti. (*Ibid.*, p. 152.) Le 7 août suivant, Antonio accordait ce qui lui était demandé. Texte grec, *ibid.*, p. 153.

[3] Dirai come la nostra comunità à diliberato di navicare con galee grosse nelle parti d'Alexandria e di Soria, et ancora nelle parti di Romania; e se per lo passato non s'è fatto, è stato per non aver avuta la marina spedita come al presente. (Instructions à Tommaso Alderotti, *ibid.*, p. 152.)

[4] 10 janv. 1422. *Ibid.*, p. 151.

[5] Goro Dati, l. VIII, p. 129, 131.

devant la sombre et silencieuse haine des vaincus, Florence ne connut pas le repos et ne devint pas une puissance maritime. Elle ne sut jamais armer un grand nombre de vaisseaux de guerre pour escorter ses navires marchands, consentir d'énormes dépenses pour des avantages qui n'apparaissaient qu'hypothétiques et dans le lointain. L'économie prévalut. Le pli était pris, on n'en sut prendre un autre. On ne sut même plus discerner ce qu'exigeait l'égoïsme bien entendu.

L'erreur mesquine qui empêcha Florence de devenir sur mer une rivale pour Gênes et pour Venise, l'empêcha pareillement sur terre de prendre toute l'extension qu'elle souhaitait. « Chacun chez soi, chacun pour soi » est une politique ; mais il fallait, dans l'Italie morcelée, en comprendre les difficultés et en prévoir les conséquences. Quand on a presque à ses portes celui qu'on appelle l'ennemi, le mur de la Chine est une faible barrière. Quand on n'est pas le plus fort, il faut savoir défendre ses alliés, pour se défendre soi-même. Florence laissa tomber les siens à Vérone et à Padoue, d'où la prépondérance de Milan et de Venise, un nouvel équilibre entre des États de moins en moins nombreux, mais de plus en plus puissants, et l'impossibilité, malgré des accroissements successifs, de prétendre sur eux aucune suprématie[1]. Loin de là, pour leur tenir tête, pour traiter avec eux d'égal à égal, il faudra faire flèche de tout bois, chanter la palinodie, troubler au dehors chacun chez soi, étouffer au dedans toute liberté, comme toute égalité. Venise, plus habile en son ambition, savait du moins s'attacher ses sujets, mériter leur fidélité constante dans l'adversité comme dans la bonne fortune.

[1] Voy. pour le détail des faits Sismondi, V, 267 sq.

Gino Capponi, notre contemporain, l'honnête et sincère descendant du Florentin de même nom qui avait joué, dans cette immorale acquisition de Pise, un si grand rôle, reconnaît cette irrémédiable faiblesse d'un gouvernement qui a ses préférences, qu'il aime et qu'il admire[1]. Elle est donc la vérité même, qu'on ne saurait trop mettre en lumière : le respect de la vérité exige qu'on réagisse contre l'enthousiasme superficiel ou calculé d'historiens qui ont fait la loi à l'histoire : les uns s'en tenaient aux apparences, les autres voulaient louer un temps où le parti aristocratique, dont ils étaient, croyait se reconnaître comme dans un miroir.

[1] Voy. *Stor. di Fir.*, I, 432

CHAPITRE V

GOUVERNEMENT DE L'OLIGARCHIE
LE CONCILE DE PISE. — LA GUERRE CONTRE LADISLAS

— 1407-1414 —

Embarras du grand schisme. — Les papes compétiteurs refusent de se réunir à Florence. — Ils évitent de se rencontrer. — Grégoire XII à Lucques. — Le concile convoqué à Pise (mars 1409). — Election d'Alexandre V (15 juin). — Rupture de Ladislas de Naples avec les Florentins. — Dévastation de la Toscane par les troupes napolitaines. — Ligue avec le duc d'Anjou. — Courte et inutile expédition du duc. — Rome prise par les alliés (2 janvier 1410). — Election de Jean XXIII (mai). — Retour du duc d'Anjou en Italie. — Défaite de sa flotte (16 mai). — Négociations de Ladislas avec Florence (29 oct). — Traité de paix (31 décembre). — Occupation de Cortone par les Florentins (18 janvier 1410). — Victoire inutile (19 mai 1411) et départ du duc d'Anjou (3 août). — Ladislas entre à Rome (juin 1412). — Ses mauvais procédés, ses menaces contre Florence. — Il est contraint de rentrer dans son royaume. — Négociations pour la paix. — Traité de paix (22 juin 1414). — Mécontentement à Florence. — Mort de Ladislas (6 août). — Joie des Florentins. — Dix ans de paix pour Florence.

L'infortunée Pise allait devoir à sa sujétion un honneur qu'on eût refusé à son indépendance : elle devint le siège d'un concile. Non soumise aux Florentins, elle n'eût point paru aux cardinaux un refuge assuré. Sans doute ses nouveaux maîtres se flattèrent qu'une grande affluence de clercs et de laïques ramènerait quelque vie dans ce corps épuisé; mais les villes, comme les livres, ont leurs destins.

Depuis longtemps un concile était dans les vœux de la chrétienté. Les fidèles y voyaient la fin possible du long schisme dont ils étaient excédés. La France même se montrait tiède pour cette cour d'Avignon qu'il fallait sustenter et défendre. Coup sur coup (1395 et 1398) elle avait convoqué deux conciles, afin d'exhorter, et, au besoin, de contraindre les deux papes à l'abdication[1]. Bouciquaut avait même assiégé Benoît XIII dans son château des bords du Rhône, exigeant de lui la promesse de déposer la tiare, si Boniface IX lui en donnait l'exemple ou venait à mourir[2]. La mort de ce rival (29 novembre 1404) ne lui avait pourtant pas coûté sa moitié de tiare; devant l'empressement de l'Italie et de l'Allemagne à reconnaître et à soutenir Innocent VII, puis Grégoire XII[3], il trouvait à Paris un appui persistant.

Grégoire XII, avant son élection, avait contracté l'engagement, qu'il dut renouveler après, de tout sacrifier à la concorde. Il ne pouvait donc se refuser à une entrevue avec l'antipape, et les Florentins proposaient qu'elle eût lieu dans leur ville, impartiale, disaient-ils, entre les deux sièges, plus abondante que toute autre en vivres et en maisons habitables[4]. Les deux pontifes avaient préféré la petite et faible Savone, où ils craignaient moins qu'on ne leur forçât la main; ils faisaient, d'ailleurs, en sorte de ne s'y point rencontrer. Grégoire vint à Lucques et Benoît à la Spezzia, « ne voulant l'un,

---

[1] Voy. Sismondi, V, 268; H. Martin, V, 445, 452.

[2] Voy. J. Lenfant, *Hist. du Concile de Pise*, l. II, t. I, p. 96, 114, Amsterdam, 1724; Sismondi, V, 268-69.

[3] Innocent VII, mort le 5 novembre 1406 était remplacé par le Vénitien Angelo Cornaro, patriarche titulaire de Constantinople, cardinal de Saint-Marc ou d'Aquilée.

[4] Si perchè ciascheduna delle parti se ne può fidare, e sì perchè abbiamo l'attitudine del provedere delle cose necessarie al vivere.... non sappiamo in qual parte del mondo potessero le parti avere più magnifiche, ample e amene abitazioni, nè in magior numero. (Instructions aux ambassadeurs, 22 mars 1407, dans *Commiss.* XXI *Rin.*, I, 153.)

comme un animal aquatique, quitter le rivage, l'autre, comme un animal terrestre, s'en approcher[1] ».

La prise de Rome par Ladislas de Naples (22 avril 1408) achevait de brouiller les cartes. C'était le pape d'Avignon qui tentait de dégager Rome avec les galères de Bouciquaut. C'était le pape de Rome qui se réjouissait en voyant ses sujets châtiés de leur révolte pendant l'interrègne[2], et la guelfe Florence qui allumait les feux d'une joie officielle, qui faisait sonner ses cloches *a gloria*[3]. Grégoire XII ne pensait qu'à modifier l'esprit du sacré collège, dont les membres lui rappelaient ses engagements et fuyaient son courroux en le laissant à Lucques, en venant se mettre, à Pise, sous la protection de Florence[4]. Celle-ci les protégeait, en effet, mais en faisant sonner si haut le regret de leur escapade[5], que Grégoire, pour répondre à cette politesse, comprenait parmi ses cardinaux de création nouvelle deux citoyens de la République, Luca Mazzuoli des Umiliati, évêque

[1] L. Bruni, *Comment.*, XIX, 926. Cf. Jacopo de Delayto, *Ann. est.*, XVIII, 1043. Pour les détails, Lenfant et Sismondi (V, 277) qui, selon son habitude, cite des autorités. Voy. deux curieuses lettres de ser Lapo Mazzei (12 août et 3 sept. 1406) montrant combien cette question du schisme occupait les esprits : « Les démons sont hors de l'enfer ; les neveux, les frères, les compagnons, et, si l'on pouvait dire, la femme du pape sont les ennemis de son âme. Que ne va-t-il à Savone, fût-ce sur un ânon ! » (*Lettere di un notaro*, II, 92, 93.)

[2] Minerbetti, 1404, c. xx-xxii, 1405, c. xii, II, 517, 534 ; Infessura, *Diario della città di Roma*, R. I. S., III, part. II, p. 1116 ; Giannone, l. XXIV, c. vi, t. III, p. 293 ; Sismondi, V, 269, 276.

[3] Fu tenuta pessima novella, e molto si turbò la cittadinanza.... Si sonò a gloria e fecesi i fuochi ne' luoghi usati ; ma non pe' cittadini o molto pochi. Tutto si fece a male in corpo. (Morelli, *Cron.*, p. 355.)

[4] Minerbetti, 1408, c. vii, II, 580 ; Poggio, l. iv, XX, 306 ; Ammirato, XVII, 942 ; Lenfant, l. II, p. 190. Il y a nécessité de rectifier l'indication fautive des dernières années dans Minerbetti. 1407 commence à la col. 565 ; 1408 à 577 ; 1409 à 593.

[5] Ammirato le jeune, XVII, 942.

de Fiesole, et Giovanni Dominici, des Frères prêcheurs, le prêcheur à la mode[1], qui bientôt devenait le bouc émissaire des fautes reprochées au pontife de qui il tenait le chapeau[2].

Mais, comme dit Corneille, à reculer l'effet on accroît le désir. Le roi de France publiait un édit (janvier 1408), pour obliger ses sujets à retirer leur obéissance aux deux papes, si l'union de l'Église n'était pas accomplie le jour de l'Ascension[3]. Il invitait les cardinaux des deux obédiences à trouver enfin un lieu où se réunir, suivant leur promesse, fût-ce malgré leurs maîtres (22 mai)[4]. Quant à Florence, n'ayant pu ni prévenir par une entente amiable les débats publics d'un concile[5], ni faire agréer sa proposition première d'ouvrir ses portes à cette assemblée, elle proposa Pise[6], et à ce choix rallia les cardinaux[7].

[1] En 1399 et 1400. Voy. sur ce personnage le dévôt ser Lapo Mazzei, *Lettere di un notaro*, I, 228, 237, 240.

[2] Mehus (*Vita Ambr. Traversari*, p. 240) cite un ms. contenant des lettres qu'on prétendait lui avoir été écrites par Satan. Il est qualifié « fons caputque schismatis idemque hypocrisis, luxuriæ, superbiæ, simoniæ, etc. » Minerbetti (1408, c. viii, II, 581) parle de ses intrigues « molto ree e malvagie ». Mais on pourrait bien l'avoir calomnié. Saint-Antonin (t. III, p. 683) parle de lui comme de son maître, qu'il fallut forcer à accepter l'archevêché de Raguse et le chapeau de cardinal. Donato Salvi (Préface à la *Regola del governo di cura familiare del B. Giov. Dominici*, et p. 190, Flor. 1860) cite une lettre de lui, écrite le jour de sa promotion, et qui semble confirmer le fait. M. Guasti incline dans le même sens. Voy. *Commiss. Rin.*, I, 157, n. 1.

[3] Voy. H. Martin, V, 501.

[4] Lettre du 22 mai 1408, dans *Ann. eccl.* 1408, § 20, t. VIII, p. 205. Cf. Lenfant, l. II, p. 204, 206.

[5] Lettres des 14 févr. et 28 mai, analysées dans Desjardins, I, 52, 53.

[6] Se nominassono la nostra città di Firenze, e qua deliberassono d'essere, direte che per noi non si sperò che essi dovessono eleggere questa nostra città per molte cagioni e massimamente per la carestia del vivere,... ben vogliamo che con quelle savie ragioni che saprete, voi mostriate loro il luogo di Pisa essere molto più comodo che questa nostra città. (Instruct. du 13 fév. 1408, dans *Commiss.* XXI *Rin.*, I, 155).

[7] Morelli, *Cron.*, p. 357 ; Ammirato, XVII, 943.

Quand ils eurent mordu à l'hameçon, il se trouva des gens pour le regretter, quoique ce fût, au dire naïf d'un contemporain, « le plus grand événement qu'on eût vu depuis trois cents années [1] ». On redoutait les dévastations de la suite des deux papes [2]. Des laïques contestaient, ce qu'admettaient pourtant les clercs, qu'il fût permis de déserter le pape de Rome [3], ou pronostiquaient une agglomération funeste à la concorde, propre à faire renchérir les vivres, et demandaient qu'en tout cas on ne fît rien contre l'aveu de Ladislas. Mais la voix du grand nombre fit loi [4]. Le choix de Pise c'était « le bien de Dieu, l'honneur du monde, l'utilité des citoyens, la force de l'État, et, par surcroît, une réparation aux offenses jadis faites à l'Église [5] ». Maître de Florence, le parti *guelfissime* faisait, par ce dernier mot, amende honorable de la patriotique guerre soutenue jadis par les Huit Saints.

En vain les deux papes essayèrent-ils de fuir Pise comme Savone, et de convoquer l'un à Rimini, l'autre en Aragon un concile à leur gré [6] : à Pise accoururent

---

[1] *Lettere di un notaro*, II, 121.

[2] Che nelle nostre terre e luoghi, senza farcene conscienzia, essi non farebbono atto niuno el quale a noi potesse essere cagione d'alcun scandalo o d'alcuna infamia o gravezza (*Ibid.*, p. 156).

[3] Une réunion de tous les clercs eut lieu à l'évêché (6 févr. 1408). Ultimamente determinarono l'ubbidienza si potea levare di buona conscienza ; di questo ne fu differente la cittadinanza. (Morelli, *Cron.*, p. 357.)

[4] Altri e quasi si può dir tutti dissono di sì. (Morelli, *ibid.*)

[5] *Ibid.* Voy. les actes dans Martène et Durand, *Ampl. collect.*, VII, 957 sq. Les lettres de Grégoire XII et des cardinaux pour le concile se trouvent dans *Ann. eccl.*, 1408, § 20, t. XXVII, p. 206 sq. — 24 juin, 2 juillet.

[6] Minerbetti, 1408, c. xii, II, 584; Lenfant, l. III, t. I, p. 221. — Sur toutes les négociations relatives au concile de Pise, voy. M. Cipolla, p. 288 sq., qui entre dans de grands détails que nous devons nous interdire ici, et qui, selon sa coutume, cite ses autorités. Sur la question de savoir si le concile de Pise fut un concile ou un conciliabule, voy. outre Lenfant, Cipolla, p. 295.

(mars 1409) plus de dix mille étrangers, prélats et abbés, généraux et prieurs d'ordres monastiques, fondés de pouvoirs des absents, ambassadeurs d'universités, de princes, de rois, même *in partibus*, comme Wenceslas et Louis d'Anjou. Ceux de Louis d'Anjou et de Ladislas se coudoyaient sur ce terrain neutre où ils pouvaient difficilement se trouver d'accord[1].

Mais l'accord, on le vit bien à Pise, s'imposait aux volontés. En se déclarant œcuménique, le concile mettait à néant les deux conciles partiels qu'avaient convoqués les deux papes, et se rendait juge de leur cause. Tous les deux, ils étaient condamnés (5 juin 1409), comme coupables de schisme et d'hérésie, exclus de la communion des fidèles. Au trône pontifical déclaré vacant fut porté (15 juin) l'archevêque de Milan, créature de Gian Galeaz, le franciscain Pietro Filargo de Candie qui prit le nom d'Alexandre V[2], élection douteuse

[1] *Ann. eccl.* 1409, § 12, t. VIII, p. 247; Lenfant, l. III, t. I, p. 239; Jac. de Delayto, *Ann. est.*, XVIII, 1086. — La première maison d'Anjou n'était pas éteinte, mais il s'en était élevé une seconde. Charles II le Boiteux, de Naples, possédait en patrimoine l'Anjou et le Maine. Pour récompenser Charles de Valois de ses services, il lui avait donné ces deux provinces avec la main de sa fille (Traité de Tarascon, 1291). Le fils de Charles de Valois étant devenu roi de France sous le nom de Philippe VI, les avait transmises à son fils le roi Jean, et c'est celui-ci qui en avait fait l'apanage de son fils puîné, Louis Ier d'Anjou, adopté par la reine Jeanne, appelé par les Florentins en Italie et auquel avait succédé, en 1385, son fils Louis II. Ce dernier avait essayé de faire valoir ses droits sur Naples, mais s'était vu contraint, en 1399, d'abandonner le royaume à Ladislas. Voy. Desjardins, I, p. 53, note 3. Sur cette expédition infructueuse, Sismondi, V, 271.

[2] Ciacconi, II, 774; Griffoni, XVIII, 217; *Cron. Bol.* XVIII, 597; Onuphr. Panvinius, *Rom. pontificum chron.*, p. 48, à la suite de Platina, *De vitis pontificum; Ann. eccl.* 1409, § 71, t. XXVII, p. 286; Minerbetti, 1408, c. xi, II, 605; Cipolla, p. 295. Sur la vie de ce pape avant son élection, voy. Théod. de Niem, *De schismate*, III, 51. Cf. Markos Renieri, Ἱστορικαὶ μελέται. Ὁ Ἕλλην πάπας Ἀλέξανδρος Ε'. Athènes, 1882. 1 vol. 8°.

malgré l'unanimité des suffrages, et qui, en créant un troisième pape, ne parvenait pas à l'imposer aux convictions[1]. Renommé comme théologien, honoré comme saint dans quelques couvents de Bologne où régnait Baldassare Cossa, l'âme du concile, il fut tenu, dans toute l'obédience du pape de Rome, pour schismatique, et par surcroît pour confiant envers ses flatteurs jusqu'à l'aveuglement, prodigue jusqu'à la folie, ami de la table jusqu'à y passer des journées entières[2]. Benoît XIII restait soutenu par l'Espagne, Grégoire XII par Ladislas, par Robert de Bavière, par les Malatesti de Romagne.

Le support d'Alexandre, c'était Florence, tenue, on le comprend, de prendre au sérieux l'élection faite sous son égide. Sollicité par elle de ramener l'unité dans l'Église et d'en réformer les abus[3], il ne l'essaya point, tout occupé qu'il était à désarmer les intérêts en confirmant les nominations faites, les dispenses accordées par ses deux rivaux, et en abolissant les excommunications et censures qu'avaient multipliées les divisions de l'Église[4]. L'Église ébranlée pressentait déjà la nécessité d'un nouveau concile qui, en effet, se réunit à Constance cinq ans plus tard[5]. Ayant une fois jugé son chef, elle ne devait plus s'arrêter dans les voies de l'indépendance et de la révolte. Constance et Bâle ne seront que des étapes, en attendant la diète de Worms, et il faudra le désir d'ar-

---

[1] Un chroniqueur de Prato, mentionnant l'élection d'Alexandre V, dit : « Si fu eletto il papa, se papa è ». Voy. *Commiss.* XXVI *Rin.*, I, 205.

[2] A. Biglia, *Rer. mediol. hist.* R. I .S., XIX, 41.

[3] *Legazioni Serristori*, publiées par Canestrini, Florence 1852, p. 475-76.

[4] Minerbetti, 1409, c. I, II, 604; *Ann. est.*, XVIII, 1087; *Ann. eccl.*, 1409, § 75 sq., t. XXVII, p. 286 sq.

[5] Lenfant, l. III, t. I, p. 300.

racher au luthéranisme la moitié de l'Europe qu'il n'avait pas encore entamée, pour que s'accomplisse enfin cette réformation ecclésiastique du Concile de Trente, qu'avaient réclamée, durant des siècles, les plus sages esprits.

Ainsi, au point de vue religieux, le concile de Pise était inutile, nuisible même; au point de vue politique, il avait des conséquences sérieuses pour les Florentins : il les brouillait avec le roi de Naples. Déjà irrité contre eux pour la ligue qu'ils avaient conclue avec le cardinal Cossa, né son sujet, devenu son ennemi, le roi de Naples ne leur pardonnait point d'avoir reçu dans une de leurs villes un concile et un conclave dont il ne voulait pas, où l'on affectait de lui refuser le titre de roi, de l'appeler Ladislas de Durazzo[1]. A soutenir Grégoire XII il était porté par bien des raisons : contrarier Cossa, ne pas perdre sur Rome son droit de conquête qu'il payait à Grégoire vingt mille florins par an[2], avoir un prétexte de marcher sur Lucques où résidait alors ce pontife : des lettres de Ladislas, qui furent surprises, annonçaient au seigneur de Lucques sa prochaine arrivée[3]. Ce fut bien pis quand il vit ceint de la tiare le seul cardinal qui eût refusé de signer l'engagement, pris par les membres italiens du sacré collège, de le maintenir contre le duc d'Anjou[4].

[1] Instructions à Fil. Corsini, 8 mars 1409, dans *Commiss.* XXV *Rin.*, I, 199.
[2] Bonincontri, XXI, 100.
[3] Lettre du 22 mars 1409. Texte dans *Commiss.* XXV *Rin.*, I, 200.
[4] Ci fu detto... che noi gli mostrassimo una scritta secreta che il comune haveva, di promessione, sottoscrittai di mano di tutti cardinali italiani salvo che del card. di Milano, dove ciascuno di per se prometteva che essendo papa ci conserverebbe lo stato del Re Ladislao. (Salviati, *Del.* XVIII,

Les Florentins, de leur côté, éprouvaient un vif déplaisir de ce qu'il comptait venir à Lucques, de ce qu'il occupait la plupart des terres d'Église, Ascoli et Fermo, Pérouse et Assise, Todi et Rome[1], de ce que ses troupes campaient aux frontières de la Toscane et semblaient prêtes à les franchir. Ce n'était un secret pour personne qu'aussi perfide et plus brave que Gian Galéaz, il rêvait de devenir le troisième larron de l'Empire, comme Alexandre V l'était de l'Église, en posant sur sa tête la couronne impériale que se disputaient Wenceslas et Robert. N'avait-il pas pris pour devise ces mots dénués d'artifice : *Aut cæsar aut nihil*[2] ?

Entre gens que tout divise, la conciliation est pure chimère. Florence veut éloigner l'armée napolitaine, mais sans rien accorder. Ladislas veut être reconnu souverain légitime des États de l'Église, ce qui, justement, lui donnerait le droit de ne pas s'éloigner. — Quelles troupes comptez-vous donc m'opposer? demandait-il. — Les tiennes, lui répondait Bartolommeo Valori[3]. Dans la bouche d'un Florentin, le paradoxe devenait vérité. Pour enlever à Ladislas ses *condottieri*, qui avait plus d'argent que Florence? Pour le faire sans perfidie, elle n'avait qu'à attendre le terme de leur

---

304. — Salviati était un des ambassadeurs envoyés, cette année même, à Ladislas.)

[1] Voy. Sismondi, V, 287; Capponi, I, 435.

[2] Morelli, *Cron.*; p. 355 ; *Ann. est.*, XVIII, 1088. Voy. le portrait de Ladislas dans Ammirato (XVIII, 951), qui dit le bien comme le mal.

[3] Poggio, l. iv, XX, 307. On peut voir dans *Arch. stor.*, 1e ser., t. IV, part. I, p. 256, la vie de B. Valori par Luca della Robbia, traduite en italien par Piero della Stufa. — Le lecteur remarquera peut-être que nous commençons à dire dans les noms propres *della* au lieu de *de la*. C'est que ce qui était d'abord une simple indication de provenance, finit par devenir partie du nom, lorsque ce qui suit l'article n'est pas le nom d'une famille connue.

engagement. Seul, peut-être, par haine de Cossa, Alberico de Barbiano fût resté inaccessible, ou il n'eût maintenu dans le parti de Naples qu'Ottobuon Terzo, son disciple. Tous deux moururent à point[1], et le plus redoutable après eux, Andrea Braccio de Montone, noble pérugin émigré, s'engageait, en même temps que Malatesta de Pesaro, au service de la République[2]. En peu de jours, se trouvèrent réunis deux mille cinq cents lances et trois mille hommes d'armes[3]. C'était quelque chose ; mais la partie était encore inégale : Ladislas disposait de douze à quinze mille chevaux[4].

Qu'il eût Sienne dans son alliance, et Florence se tenait pour perdue. Or « on craignait beaucoup, écrit Morelli, que les Siennois ne tinssent pas bon, car ils ont peu d'amitié pour nous, ils sont mobiles, ils avaient le camp napolitain à leurs portes au moment de la récolte ; Ladislas leur faisait de bonnes conditions, il ne demandait que le passage, il promettait de payer les vivres qui seraient pris. Grâce à leur loyale fermeté, ils ont échappé à la servitude, et nous avec eux ; car dans leurs mains était alors notre sort[5] ».

[1] Alberico à Pérouse, le 26 avril 1409 ; Ottobuon Terzo, assassiné, dit-on, par Sforza sur l'ordre du marquis Niccolò d'Este. (Antonio et Alberto de Ripalta, *Ann. placentini*, XX, 872 ; B. Platina, *Hist. Urbis Mantuæ*, XX, 796 ; Griffoni, XVIII, 217 ; A. Biglia, l. III, XIX, 49 ; Minerbetti, 1409, c. x, II, 603.

[2] Giov. Campano, *Vita Brachii Perusini*, l. II, R. I. S., XIX, 468, 471 sq. ; Salviati, *Del.*, XVIII, 328.

[3] Salviati, *Del.* XVIII, 313 ; Minerbetti, 1409, c. VII, II, 604 ; Ammirato, XVII, 946.

[4] Cambi, *Del.*, XX, 154 ; *Ann. san.*, XIX, 422 ; *Diar. napol.*, XXI, 1072.

[5] Morelli, *Cron.*, p. 358. Cf. Giov. Bandini des Bartolommei, *Hist. senensis*, R. I. S. XX, 9 ; Malavolti, part. III, l. I, f° 5 r° ; Minerbetti, 1409, c. I-V, II, 593-99 ; Poggio, l. IV, XX, 508.

De même aussi pensait sans doute le roi de Naples, car son premier acte d'hostilité fut un acte de vengeance, la dévastation des environs de Sienne. La ville bien défendue bravait ses attaques, et il n'était pas heureux devant Arezzo : détruire les récoltes, c'est tout ce qu'il pouvait faire, d'où son surnom de roi gâtegrain (*guastagrani*). Cortone ne lui ouvrit ses portes (30 juin 1409) qu'en haine de son seigneur [1]. Dans le même temps, douze galères napolitaines faisaient sur mer semblable besogne, écumaient les eaux de Pise, y capturaient des navires chargés de riches marchandises, et enlevaient l'île d'Elbe au seigneur de Piombino, « recommandé » aux Florentins, c'est à dire vivant sous leur protectorat [2].

C'était peu en soi; c'était assez pour leur troubler la cervelle. Braccio de Montone a eu beau refouler les Napolitains vers le sud, leurs garnisons restent partout menaçantes, à Cortone, à Pérouse, dans les villes de la Marche et du duché de Spolète [3] : Florence prête donc l'oreille à toutes les ouvertures, à celles des Vénitiens qui proposent la médiation [4], à celles de Louis d'Anjou qui sollicite son alliance pour la guerre. En fait, c'est Anjou qui l'emporte, et il devait l'emporter : le concile de Pise était une victoire morale de la France, dont la République prenait sa part; Ladislas n'était plus que le champion d'un antipape, l'envahisseur de l'Église, l'ennemi redouté des communes dans l'Italie centrale.

---

[1] Luigi de Casale, pour être maître à Casale, avait tué son cousin. Voy. Minerbetti, 1407, c. xi, II, 575. Sur tous ces faits Legazione di Gino Capponi, dans Capponi, *Stor. di Fir.*, I, 437; Salviati, *Del.* XVIII, 514; Minerbetti, 1409, c. vi-ix, II, 600-602; Poggio, l. iv, XX, 512; Ammirato, XVII, 949.

[2] *Ann. est.*, XVIII, 1090.

[3] Minerbetti, 1409, c. xii, II, 606. — [4] Ammirato, XVIII, 952.

Une ligue est signée (27 juin 1409), où entrent les Siennois et le légat Cossa, au nom du nouveau pontife. Le prince français s'engageait à porter, avant la fin d'avril 1410, la guerre dans la Pouille, de sa personne ou par lieutenant[1].

Évidemment il ne s'engageait qu'à la condition d'être soutenu. Grande dut donc être sa surprise, quand, dès son arrivée à Gênes, et prêt à repartir pour Pise, des ambassadeurs florentins lui vinrent représenter que leur patrie n'avait pas coutume de recevoir des princes sur son territoire, — effronté mensonge, comme le prouvaient toutes ses annales ; — qu'elle lui fournirait le passage et des vivres, mais qu'il ne devrait venir à Pise qu'avec un seul navire, tandis que sa flotte pourrait utilement s'employer à reprendre l'île d'Elbe aux Napolitains[2]. La seigneurie disait donc vrai, sans en être moins fourbe, quand elle écrivait à Ladislas que les projets de son rival étaient plus en paroles qu'en actes[3]; mais à qui la faute? Anjou, d'ailleurs, investi par Alexandre V du royaume de Naples, reconnu roi de Sicile et de Jérusalem, gonfalonier de la sainte Église, ne tardait guère à s'acheminer vers Rome par le val de Chiana. Il était accompagné du cardinal Cossa et de Malatesta de Pesaro, capitaine des Florentins, auxquels venaient se joindre Braccio de Montone, Agnolo de la Pergola, les contingents de Sienne et de Bologne : forces plus que suffisantes contre les garnisons napolitaines des villes de

---

[1] B. Pitti, p. 80 ; Minerbetti, 1409, c. xiii, II, 606 ; Ammirato le jeune, XVII, 949.

[2] 17, 26 juillet 1409. Riform. cl. x, *Dist.* I, Reg. 18, dans Desjardins, I, 53, 54.

[3] Più in parole che in fatti. (Riform. cl. X, *Dist.* I, Reg. 16, dans Desjardins, I, 53.)

l'Église et de la Toscane[1], retirées en toute hâte, pour couvrir le passage du Tibre. Le comte de Troia[2] y parvint, malgré la défection de Paolo Orsini[3], mais seulement au pont Saint-Ange. Il est vrai qu'Anjou découragé, poursuivi jusqu'à Monte Rotondo, persuadé qu'il ne vengerait son échec qu'avec des forces considérables, revenait en Provence pour les réunir, tandis que Cossa rejoignait à Pistoia le pape qu'il s'était donné[4].

Le léger sire des fleurs de lis avait désespéré trop tôt. Si les *condottieri* restaient seuls devant Rome, c'était assez pour vaincre. Des attaques répétées lassèrent la garnison napolitaine, enhardirent, à l'intérieur, ses ennemis. Le 2 janvier 1410, la bannière florentine entrait dans la ville éternelle. Les Romains se consolèrent de ne point voir la bannière de l'Église, au spectacle de la bonne discipline qu'observaient les confédérés; ils en remercièrent la seigneurie, principal auteur de leur délivrance[5].

[1] Minerbetti, 1409, c. xiii-xv, II, 606-608; Bandini, *Hist. senensis* XX, 10; Ammirato, XVIII, 952.

[2] Perotto de Andreis d'Ivrée en Piémont, comte de Troia en Capitanate. Voy. Ricotti, II, 243; *Dict. géogr.* de Corneille, et *Memorie storiche della città di Troia*. (*Arch. stor. per le provincie napoletane*, 5ᵉ année, fascic. 1.)

[3] 18 septembre 1409. Voy. les détails dans Salviati, *Del.*, XVIII, 517. Salviati commandait alors le château Saint-Ange. Minerbetti, 1409, c. xxi, II, 613; Sismondi, V, 292.

[4] Minerbetti, 1409, c. xxiv, II, 615.

[5] Ant. Petri, *Diarium Romanum*, R. I. S., XXIV, 1012; Minerbetti, 1409, c. xxvi-xxxv, II, 615-628; Poggio, l. iv, XX, 313; Ammirato, XVIII, 955. L'auteur de la *Vita Brachii* (XIX, 480) fait la part trop grande à son héros, que Minerbetti ne nomme même pas en cette circonstance. Ici se termine le terne et diffus, mais bien informé Minerbetti. A peu près vers le même temps disparaissent Morelli, plus vif, plus élégant, plus personnel, et Boninsegni, médiocre historien, continué par un autre de son nom, plus médiocre encore. Il faut, avec le secours de ce dernier, avec les secs *Ricordi* de l'autre Morelli, avec les Rinuccini, tout aussi peu développés, attendre les commentaires de Neri Capponi, qui commencent en 1419.

Que devait-on faire en attendant qu'Anjou revînt avec ses renforts? Amener Alexandre V à Rome, sous la protection des *condottieri* vainqueurs[1]. Mais Cossa ne se sentait solide qu'à Bologne : il y voulait retourner, et il y emmena son pape, pour l'empoisonner, dirent quelques uns, quand on vit soudainement mourir (mai 1410) ce pontife d'un jour, et Cossa se faire décerner à lui-même la tiare sous le nom de Jean XXIII[2]. Le nouveau chef de l'Église, qui n'avait rien du prêtre[3], et qu'attendait, au concile de Constance, une déposition évitable peut-être, s'il n'eût été trop universellement décrié, était du moins, par son habileté profane[4], son fort point d'appui à Bologne, sa haine de Ladislas et son amitié des Florentins[5], le principal espoir de la ligue. La ligue venait justement, à cette heure, de recevoir un rude coup. Bouciquaut était expulsé de Gênes (6 septembre 1409) et remplacé par le marquis de Montferrat, ennemi de la France, ami de Ladislas, prêt à arrêter au passage Louis d'Anjou[6], malgré les efforts de Florence pour ménager un accommodement[7].

---

[1] *Diarium Romanum*, XXIV, 1015.

[2] A. Biglia, l. III, XIX, 41; Griffoni, XVIII, 218; *Cron. Bol.*, XVIII, 598; Bonincontri, XXI, 103; Morelli, *Ric.*, *Del.*, XIX, 16; Ghirardacci, l. XVIII, t. II, p. 518. Théodoric de Niem, un des secrétaires de Jean XXIII, et qui le charge des plus noires accusations, le disculpe pourtant de cet empoisonnement. Voy. *De vita Johannis* XXIII, dans *Meibonii Rerum germanicarum* t. I, p. 13. Helmstadt, 1688.

[3] Voy. les accusations de Théod. de Niem, *ibid.*, p. 6-8, confirmées par un ms. de Vienne que cite en marge Lenfant, *Hist. du Concile de Constance*, l. II, p. 181, Amsterdam, 1714.

[4] Il avait gouverné Bologne « prudentissime et fortissime. » (*Additamenta ad Ptolomæum Lucensem*, R. I. S., t. III, part. II, p. 854.)

[5] Domenico Boninsegni, *Storie*, p. 1. Flor. 1637.

[6] G. Stella, *Ann. gen.*, XVII, 1225; Ub. Foglietta, l. IX, p. 188.

[7] 24 sept. 1409. Riform., cl. X, *Dist.* I, Reg. 18-19, dans Desjardins, I, 54.

Le Français n'avait pas parlé en Gascon. Reparti des rivages provençaux avec une vingtaine de navires, il paya cher l'imprudence de n'avoir pas exigé qu'ils naviguassent de conserve. Il n'arriva à Porto Pisano qu'avec les meilleurs voiliers. Les autres, restés en arrière, furent attaqués par les Génois dans les eaux déjà célèbres de la Meloria (16 mai 1410), et bientôt vaincus par la flotte napolitaine. Une seule galère réussit à se réfugier dans le port de Piombino[1]. Les Génois purent s'emparer de Telamone et poursuivre trois ans ces hostilités contre Florence[2], mais non empêcher Anjou d'envoyer sur les côtes de Naples les navires qu'il avait sauvés, tandis que lui-même, par la voie de terre, il s'acheminait vers Rome, flanqué de Buonaccorso Pitti et Jacopo Salviati, commissaires florentins[3].

Ce fut, au reste, une misérable campagne. Il fallut s'arrêter vingt-quatre jours à Montepulciano, pour détourner Sforza de passer à la solde de Naples. Devant Rome (24 septembre 1410) manqua l'argent : *condottieri*, Provençaux, chefs des exilés napolitains, tous réclamaient leur paye à grands cris. Or Florence ne pouvait ou ne voulait suffire à tout. De là des querelles incessantes, et l'obligation, pour la seconde fois, de quitter Rome (31 décembre). Le duc rejoignit à Bologne Jean XXIII, pour concerter avec lui de nouvelles opérations[4].

Le renvoi aux calendes grecques mettait Florence

---

[1] Salviati, *Del.*, XVIII, 338 ; Stella, XVII, 1229-33 ; *Diario ferrarese*, XXIV, 176 ; D. Boninsegni, p. 1 ; Ammirato, XVIII, 957.

[2] Elles ne prirent fin que le 27 avril 1413 par le traité de Lucques. On en peut voir les clauses dans Ammirato le jeune, XVIII, 966. Cf. Bandini, *Hist. senens.*, XX, 12.

[3] B. Pitti, p. 84 ; Bonincontri, XXI, 105.

[4] Salviati, *Del.*, XVIII, 344 sq. ; B. Pitti, p. 84 ; *Diar. Rom.*, XXIV, 1020.

dans une discorde dont l'habile Ladislas sut profiter. Si l'oligarchie était opiniâtre en ses entreprises, le peuple paraissait excédé de la guerre : l'occasion était donc favorable pour en détourner les familles puissantes. Déjà depuis quelque temps (29 octobre), Gabbriello Brunelleschi, Florentin d'origine et attaché à Ladislas, était en son nom à Florence[1], menant les négociations, tandis que se poursuivaient les hostilités. De concession en concession, le débat ne portait plus que sur un point unique, l'abandon de Jean XXIII et de Louis d'Anjou ; mais la résistance était si vive[2], que le Napolitain, acharné à son but, finit par lâcher tout, par faire des offres tentantes. Son agent, qu'il avait rappelé pour lui donner verbalement ses ordres[3], proposait aux Florentins de leur céder Cortone avec les châteaux de Pierli et de Mercatale, moyennant soixante mille florins, et de leur restituer, en nature ou en espèces, les marchandises confisquées pendant la guerre. Ladislas s'engageait à ne rien tenter sur Rome ni sur les villes toscanes, à la réserve de Pérouse[4], et, par son silence, il laissait la République libre de maintenir six cents lances au service d'Anjou. Fin politique, il devinait bien que les bons calculateurs de Florence n'auraient garde de renouveler

---

[1] Morelli, *Cron.*, p. 360.

[2] Vanni des Castellani, capitaine de la *parte*, craint qu'une fois la paix faite, on ne voie Ladislas se tourner vers l'Église, et « tollere nobis hoc medium ad quod semper habuimus refugium. » Il conclut qu'il n'y aura de paix véritable que si Jean XXIII est un des contractants. Un des Huit de garde dit plus vivement : « Cavendum est ut non decipiamur sub dulcedine rei quæ dicitur pax ». Filippo Corsini : « Periculum est separare nos ab Ecclesia ». (8 nov. 1410, et jours suivants. *Commiss.* XXVIII *Rin.*, I, 211.)

[3] Morelli, *Cron.*, p. 361.

[4] Les clauses du traité sont données par Ammirato (XVIII, 960). On en peut lire le commencement dans *Commiss.* XXVIII *Rin.*, I, 211.

avec son rival un traité près d'expirer. Rentrer dans son argent, acquérir Cortone, double tentation, et la dernière irrésistible : cette nouvelle acquisition, sitôt après celle de Pise et d'Arezzo, c'était pour l'oligarchie la gloire, l'affermissement de son pouvoir. Le traité ne contenait que la promesse de vendre Cortone (7 janvier 1411); mais l'instrument de vente était dressé onze jours plus tard, et, le jour même, eut lieu l'occupation (18 janvier)[1].

Tout pacte de ce genre a ses détracteurs. Un Florentin mêlé à toutes les grandes affaires, et dont nous avons invoqué plus d'une fois l'important témoignage, Jacopo Salviati, proclame en termes énergiques que « cette paix ne put être conclue qu'en manquant à la foi publique, au grand dommage et déshonneur de notre commune[2] ». Mais invoquer la foi publique, c'était parler à des sourds. Nul, au XVe siècle, n'entend plus ce langage des anciens temps. On fait fi de l'honneur des armes, depuis qu'il est tout entier pour les mercenaires; on tient à gagner, et l'on sait qu'il faut mettre la main

---

[1] *Commiss.* XXVIII *Rin.*, I, 212; Morelli, *Cron.*, p. 361. D. Boninsegni (p. 2) dit que le prix d'achat fut de 30 m. fl.; mais Ammirato qui a eu le traité sous les yeux dit 60, et il mérite d'être cru; la dissimulation d'une moitié du prix par la seigneurie n'a d'ailleurs rien d'invraisemblable.

[2] Così poi con gran mancamento della fede del comune fecero la detta pace, perciocchè si fece durante il tempo della lega, si che... non si potè niuno buono ordine seguitare, anzi aghiacciò ogni cosa con gran vergogna et danno et vilipendio del nostro comune ». (Salviati, *Del.*, XVIII, 352.) Ce qui n'empêche pas Capponi (*Stor. di Fir.*, I, 444) d'appeler la politique de l'oligarchie « decorosa ». — Malavolti (part. III, l. I, f° 8 r°) se plaint que les Florentins conclurent la paix « senza farne sapere nulla ai collegati »; mais c'est prouvé faux par les instructions données à Rinaldo des Albizzi, envoyé à Sienne le 21 décembre. Voy. *Commiss.* XXVIII *Rin.*, I, 212. La seule chose dont les Siennois pussent se plaindre, c'était d'être pris un peu de court. Cf. Poggio, l. IV, XX, 314; Bandini, XX, 12; Ammirato, XVIII, 960.

à la bourse pour gagner davantage, comme pour épargner le sang. Après tout, ce n'est pas un Italien du XV° siècle, c'est bien notre Henri IV qui a dit, au XVI° : « Le chef-d'œuvre d'un grand capitaine est moins de combattre et de vaincre que de faire ce qu'il a entrepris sans hasarder de combats ». Comment ce qui est vrai d'un capitaine ne le serait-il pas d'une poignée de marchands?

Cet accord était à ce point dans la logique des choses, que ni Jean XXIII ni le duc d'Anjou n'en marquèrent le moindre ressentiment. Il est vrai que, ne pouvant plus compter sur Florence pour continuer la lutte, ils aimaient mieux l'avoir neutre qu'ennemie. En ne la brusquant point, ils en pouvaient encore espérer de bons offices : c'est à elle que le pape, qui, en retournant à Rome (11 avril), avait perdu Bologne (12 mai), fut redevable d'un compromis qui sauvait son amour-propre : à condition que leur liberté serait reconnue, les Bolonais restaient nominalement dans son obéissance[1].

Au duc d'Anjou il fallait davantage, une prompte victoire. Il l'obtint à Ceperano, sur les bords du Garigliano (19 mai), heureux si le pillage de ses mercenaires ne lui en eût ôté tout le profit[2]. Trois jours perdus[3] ne laissaient plus au vaincu qu'une plaie d'argent[4], tandis

---

[1] Salviati, *Del.*, XVIII, 557; *Diar. Rom.*, XXIV, 1024; *Cron. Bol.*, XVIII, 600; Griffoni, XVIII, 218; Ammirato, XVIII, 952; Ghirardacci, l. XXVIII, t. II, p. 586. Ici finit Salviati, plus utile par la précision sûre des faits que par les minutieux détails où il les noie en racontant ses ambassades.

[2] *Giornali napoletani*, XXI, 1073; Théod. de Niem, *Vita Joh. XXIII*, dans Meibom., I, 15; *Diario ferrarese*, XXIV, 180; *Ann. eccl.*, 1411, § 4, t. XXVII, p. 533; Morelli, *Del.*, XIX, 17; Giannone, l. XXIV, c. vii, t. III, p. 299; Ammirato, XVIII, 962.

[3] L. Bruni, *Comment.*, XIX, 927; S. Antonin, *Chron.*, part. III, tit. XXII, ch. vi, f° 477; Ammirato, XVIII, 962.

[4] D. Boninsegni, p. 5; Giannone, *loc. cit.*

que le vainqueur, devant les exigences de la soldatesque, le manque de vivres et les maladies de la saison chaude, jetait le manche après la cognée et repartait pour la France (3 août). Il y devait mourir en 1417, avant d'avoir donné un nouveau coup d'épée dans l'eau[1].

Ladislas respirait à pleins poumons. Il se souciait bien, désormais, de son Grégoire XII, auquel il avait, dans ses États, offert un asile! Florence lui sert à obtenir de Jean XXIII trente mille florins et l'investiture du royaume de Sicile, ce qui ne lui coûte que de reconnaître le concile de Pise et le pape que ce concile avait institué (15 juin 1412)[2]. En homme de son temps, il n'en marche pas moins sur Rome, sous prétexte de poursuivre Paolo Orsini; il fait remonter le Tibre par ses galères, et les Romains, pris entre deux feux, ne résistent pas à sept jours de siège : malgré la liberté que le pape leur a tardivement donnée, pour les intéresser à sa défense, ils abattent un pan de leurs murailles, reçoivent Tartaglia, capitaine du Roi, et forcent à la fuite le chef de l'Église[3].

Si mécontent qu'il pût être, Jean XXIII ne l'était guère plus que les Florentins. Le pillage de leurs marchandises dans Rome, l'incarcération des marchands pillés,

[1] *Diar. Rom.*, XXIV, 1026; Bonincontri, XXI, 113.

[2] Ce traité ne fut publié à Rome que le 19 octobre suivant. Voy. *Diar. Rom.*, XXIV, 1031; *Ann. eccl.*, 1412, § 3, XXVII, 348; D. Boninsegni, p. 3, 4; Pigna, *Storia de' principi d'Este*, l. VI, p. 526. Le don de cent mille florins dont parle Théod. de Niem (vie de Jean XXIII), se trouve réduit à trente mille dans les *Diar. napol.*, XXI, 1075, et expliqué par la nécessité de racheter quelques membres de la famille Cossa, arrêtés à Naples; mais il tombe sous le sens que c'est un prétexte. Ladislas, qui savait faire de nombreux sacrifices, aurait rendu ces personnes à la liberté sans rançon, s'il n'avait eu besoin d'argent.

[3] *Diar. Rom.*, XXIV, 1034; Stella, XVII, 1249; Griffoni, XVIII, 224; Ammirato, XVIII, 967.

dont le brutal vainqueur ne voulait pas entendre les cris, pouvaient n'être le fait que d'un *condottiere* sans vergogne; mais Ladislas n'osait-il pas dire à ses soldats qu'il les enrichirait par le sac de Florence même[1]? Toute affaire cessante, il faut parer à cette éventualité redoutable. Les Dix de la guerre sont renouvelés (14 juin 1413), et l'âme de leur office, c'est Niccolò d'Uzzano, l'homme le plus considéré du temps. Malatesta de Pesaro redevient capitaine général, et tous les petits seigneurs qui veulent entrer à un titre quelconque dans l'alliance de la République, y sont reçus à bras ouverts[2]. Néanmoins, la prudence ne perdant pas ses droits, les négociations continuent avec Ladislas; pour ne pas l'irriter, on marchande l'hospitalité au pape fugitif[3], on laisse les Napolitains reprendre les villes de l'Église jusqu'aux confins de Sienne et de Florence[4]. C'est, en somme, sur l'échiquier de la diplomatie, autour du marquis d'Este, que se joue la principale partie. Ladislas voulait jeter cet allié sur le Bolonais, pour occuper ses ennemis au nord, tandis que, lui-même, il agirait librement dans le sud. Les Florentins obtinrent de l'empereur Sigismond, alors à Trente, qu'il retînt Niccolò d'Este dans l'alliance de l'Église, et ce coup décisif forçait le roi de Naples à

---

[1] D. Boninsegni, p. 4.

[2] Voy. leurs noms dans Ammirato le jeune, XVIII, 969.

[3] Jean XXIII n'est d'abord admis que dans un monastère hors de la porte san Gallo, résidence de l'évêque en été. Ce n'est qu'au bout de trois mois que ce pape est reçu dans Florence même. Il y reste jusqu'en novembre 1413), après quoi il retourne à Bologne que les nobles avaient arrachée au peuple et remise en son pouvoir (25 août 1412). Voy. *Cron. Bol.*, XVIII, 604; Griffoni, XVIII, 220; Ghirardacci, l. xviii, II, 592.

[4] B. Pitti, p. 97; D. Boninsegni, p. 4; Th. de Niem, dans Meibom., I, 23; *Ann. eccl.*, 1413, § 19. XXVII, 366.

retourner dans son royaume¹. Pour habile qu'il fût, il avait, cette fois, trouvé ses maîtres.

Mais l'hiver commençait, et, perdu pour la guerre, il ne l'était point pour la préparer. Ses exactions donnèrent à Ladislas de l'argent, et l'argent lui donna des hommes. Au printemps de 1414, il reparaît à Rome, criant derechef à ses soldats qu'ils auront dans Florence la liberté du pillage. Son tort fut de le crier trop haut : dans une ville qui se prêtait aux négociations et qui souhaitait la paix, il provoquait la formation d'un parti de la guerre. Maso des Albizzi, qui joint alors à son autorité personnelle celle de ses fonctions de gonfalonier de justice (mai 1414), a beau prêcher la paix tout ensemble dans l'intérêt du trafic et de l'oligarchie, le bon sens public répugne à un accord qui peut cacher des embûches. Filippo Corsini et Gino Capponi rappellent que Ladislas a joué deux fois la République; qu'il est moins à craindre par ses forces militaires que par les perfidies de Brunelleschi, son négociateur; qu'on doit s'entendre contre lui avec Sienne, Bologne et le pape. — Ce n'est pas nous, ose répondre d'un ton tranchant Agnolo Pandolfini, un vieux guelfe, ce n'est pas nous qui devons suivre le pape, c'est lui qui doit nous suivre². — Mais Gino Capponi ne reste pas sans réponse : si quelqu'un a intérêt à la paix, c'est lui-même, car les marchands dépouillés dans le Royaume sont ses débiteurs pour douze cents florins, somme considérable, eu égard à sa fortune³.

---

¹ Bonincontri, XXI, 106; Pigna, *Storia de' principi d'Este*, l. VI, p. 533; Sismondi, V, 302.

² Dominum papam sequi non debemus, sed ipse nos. (27 mai 1414. Consulte, dans *Commiss.* XXXI *Rin.*, I, 236.)

³ Que summa grandis statui suo est. (*Ibid.*)

Ce n'est pourtant pas une raison de faire tout ce que veut le Roi. Mieux vaudrait la tyrannie des *ciompi* que la sienne. Tous les traîtres louent la paix[1].

Or, pour qui se prononcera Maso, le grand arbitre? Cinq jours plus tard (1er juin), il envoie à Ladislas justement Agnolo Pandolfini, son fidèle, porteur des conditions auxquelles Florence peut renoncer à la guerre[2]; ce ne sont pas, tant s'en faut, celles du Roi, qui prétend être, moyennant tribut, vicaire du pape dans les villes pontificales[3]. Quel argument pour ceux chez qui domine la défiance! — Si les seigneurs, dit aigrement Vanni Castellani, ont pris leur résolution, plus n'est besoin de discuter; mais si la chose est encore en suspens, comment ne pas voir que le Roi ne veut pas la paix et que Brunelleschi n'est qu'un espion? — Gino Capponi est convaincu que le Roi n'a qu'un but, soumettre Florence[4]. Le moins qu'on puisse faire, dit-il, c'est de s'en tenir aux instructions de Pandolfini; il ne faut accorder rien de plus[5].

La division était dans la rue comme dans les conseils[6]; mais le parti qui soufflait la guerre ne pouvait qu'être battu, ayant à lutter contre l'indifférence de Jean XXIII, qui ne pensait plus qu'à son concile de Constance, et contre le despotisme de Maso des Albizzi.

---

[1] Nam melius esset sub ciompis esse quam sub thirannide regis. Pax per omnes commendatur proditores. (*Ibid*, p. 237.)

[2] Voy. les clauses proposées dans *Commiss*. XXXI *Rin*., I, 237.

[3] *Legazioni Serristori*, p. 528; Ammirato, XVIII, 978.

[4] Hec que querit aliud non sonant nisi ut nos subjiciat (*Consulte* du 14 juin 1414, dans *Commiss*. XXXI *Rin*., I, 238).

[5] *Consulte* du 15 juin. *Ibid*.

[6] Funne in Firenze gran differenza e discordia fra' cittadini, perchè in vero era signore da non potersi fidare di lui, e in tutto havea diritto l'animo a occupare la nostra libertà (D. Boninsegni, p. 7).

Le 22 juin 1414, dans le camp de Ladislas près d'Assise, fut signée la paix, ainsi qu'une ligue de six ans où étaient compris Braccio de Montone, Sienne et Bologne, résidence du pape. Quant au pape lui-même, quant à ce Jean XXIII « que les syndics florentins, était-il dit au traité, affirment être leur saint père et seigneur en Jésus-Christ[1] »; on lui laissait, par l'article 1er, le droit d'adhérer; mais la manière dont il était désigné prouvait bien quel accueil Ladislas entendait lui faire, s'il s'avisait d'invoquer le bénéfice de cet article[2].

Le fait accompli n'apaisa point l'irritation publique : elle était générale[3]. Ceux qui, comme Lorenzo Ridolfi, conseillent de ratifier le traité, ne le font qu'afin d'éviter un danger plus grand[4]. — Nous sommes désormais les sujets du Roi, dit Vanni Castellani; nos ambassadeurs n'ont pas été fidèles à leur mandat[5]. — Gino Capponi renchérit sur ces paroles : Si l'on traitait, s'écrie-t-il, les agents infidèles comme à Venise, ils seraient plus scrupuleux observateurs de leurs instructions[6]. — A cet égard, la mauvaise humeur faisait fausse route : mais

---

[1] Quod in presenti pace et infra scripta liga reservetur et sit locus domino Johanni quem dicti sindici sanctissimum in Christo patrem et D. Johannem papam vicesimum tertium esse asserunt et appellant. Voy. Commiss. XXXI Rin., I, 238.

[2] Voy. les clauses du traité dans Ammirato le jeune, XVIII, 971. Cf. Neri Capponi, Bibl. scelta Silvestri, t. CCCCLXVIII, p. 346 ; D. Boninsegni, p. 7.

[3] B. Pitti, p. 101.

[4] Quod ratificatio fiat pro minori malo, non obstantibus periculis (Consulte du 26 juin. Commiss. XXXI Rin., I, 239).

[5] Videns oratores non servasse mandatum et contra ordinationem egisse... Et nunc se subditum regis conspicit. (Ibid.)

[6] Mandatum fuit ut observaretur et non ut agerent modo suo. Et si contra eos fieret ut fit Venetiis, non sic ageretur... Et si oratores egerunt contra mandata, ipsi satisfaciant, etiam de pena. (Ibid.)

on n'a pas les dépêches des deux orateurs, on a celles que leur adressait la seigneurie; et l'on y voit qu'en les invitant à insister sur certains points, elle leur enjoignait de ne pas rompre, s'ils ne les obtenaient pas[1].

Le vrai coupable, c'était donc la seigneurie, et surtout Maso, son chef; mais n'osant l'attaquer, on attaquait ses agents. Les plus autorisés citoyens ne se risquèrent à parler que plus tard. Niccolò d'Uzzano disait alors à Niccolò Barbadori : — C'est surtout messer Maso qui nous a toujours fait obstacle. Vois en 1414 : pour nous rendre odieux aux peuple et nous ôter l'état, il fit la paix avec le Roi[2].— C'est donc, on n'en saurait douter, un motif de politique intérieure qui dictait, dans les affaires extérieures, les plus graves résolutions. L'oligarchie sans contrepoids se divisait, et la fraction alors dominante jouait un jeu médiocrement patriotique : Machiavel écrivait, un siècle plus tard, qu'il ne manquait dès lors à Ladislas que Florence, pour pouvoir se porter en Lombardie[3], et c'est Florence qui faisait son jeu!

L'instinct public était mieux inspiré, et il parlait si haut qu'on ne put sans une sorte de violence arracher aux conseils leur ratification[4]. Dans le conseil des Deux Cents, — on verra plus bas ce qu'était ce nouveau rouage, — il fallut vingt-six tours de scrutin, et la plura-

---

[1] Voy. Guasti dans *Commiss.* XXXI *Rin.*, I, 259.
[2] Cavalcanti, *Storie fiorentine*, l. VII, c. vııı, . I, p. 383. Cet auteur obscur, confus, verbeux, partial, va devenir une de nos principales autorités. Il contient des détails curieux et surtout des appréciations précieuses, celles d'un parti ; quant aux faits, il faut les contrôler avant de les emprunter à Cavalcanti.
[3] Machiavel, III, 52 A.
[4] *Storie anonime fiorentine*, R. I. S. XIX, 955. L'auteur en est un marchand de vin, Bartolommeo de Michele. Voy. *Commiss. Rin.*, t. III, p. 529, note.

lité légale ne fut obtenue que par la menace de sonner le tocsin, d'ameuter les souteneurs de l'oligarchie. « On tenait à voir, dit un chroniqueur, qui voulait et qui ne voulait pas la paix; mais si Maso n'eût pas été gonfalonier de justice, il ne l'eût point emporté [1]. Agnolo Pandolfini, à son retour, courut grand risque d'avoir la tête coupée [2]. Au dehors comme au dedans, la paix était mal vue. Pour en justifier la nécessité, les prieurs envoyaient Niccolò d'Uzzano et Bernardo Guadagni au pape Jean XXIII, qui répondait sèchement qu'on y avait mis trop de précipitation et trop peu d'égards pour lui [3].

Une fois de plus, la mort fut secourable aux Florentins. Fort à propos elle frappa Ladislas, comme jadis Henri VII, Castruccio, Gian Galeaz. Ce prince habile, mais débauché, succomba au mal, nouveau alors, qu'un siècle plus tard les Italiens appelèrent le mal français, et les Français le mal italien (6 août 1414) [4]. Dans sa

---

[1] *Ist. anon. fior.*, XIX, 955, 956.

[2] Vespasiano de Leonardo Bisticci, papetier, *Vita di Agnolo Pandolfini*, dans e *Spicilegium Romanum* du card. Angelo Mai, Rome, 1839, t. I, p. 385. Cette vie a été publiée aussi en tête du *Trattato del governo della famiglia*, Flor. 1734, attribué à Pandolfini, et précédemment à Vespasiano. On trouve des Vies écrites par ce papetier dans divers recueils. Le tome I du *Spicilegium* de Mai en contient plus de cent. Une nouvelle édition a été publiée sous ce titre : *Vite di uomini illustri del secolo XV, scritte da Vespasiano da Bisticci, stampate nuovamente da Adolfo Bartoli*, Flor. 1859. On peut voir dans l'*Arch. stor.*, 1re série, t. IV, part. I, p. 504, n. 6, que Bisticci est le nom de l'aïeul de Vespasiano, et qu'il ne faut pas dire *da* Bisticci, c'est-à-dire originaire du château de Bisticci dans le Val d'Arno.

[3] Instruction du 7 juillet et rapport des orateurs, du 29 septembre. *Commiss.* XXXI *Rin.*, I, 240.

[4] Th. de Niem, dans Meibom., I, 24; *Ann. eccl.* 1414, § 6, t. XXVII, p. 376; *Chron. Eugub.*, XXI, 957; Redusio de Quero, *Chron. Tarvisin.*, XIX, 821 ; Leodrisio Cribelli, *De vita Sfortiæ*, XIX, 659; *Diar. Rom.*, XXIV, 1045; *Giorn. napol.*, XXI, 1076; A. Biglia, l. III, XIX, 42; Bonincontri, XXI, 107; Giannone, l. XXIV, c. VIII, t. III, p. 302.

bouche de moribond résonnaient encore des menaces de destruction pour Florence, qui venait pourtant de subir ses conditions[1]. Au sein des *consulte* s'échappe donc comme un cri de délivrance : — Nous avions, dit Gino Capponi, un ennemi au dehors et un Néron au dedans[2].
— Il n'ajoute pas que le Néron est moins à craindre quand l'ennemi a disparu ; mais tout le monde a compris. Si l'on se tait, c'est que Bartolommeo Valori a recommandé la discrétion, à cause de la paix conclue[3]. Antonio des Alessandri veut mettre aussi une sourdine à tant de voix joyeuses : — Ce n'est pas, dit-il, de la mort d'autrui qu'on doit se réjouir, mais de l'avantage qui en résulte pour la liberté[4]. — Nous voilà en plein dans la direction d'intention, Ignace de Loyola peut venir.

Au fond, la joie était légitime. Nul prince, parmi ceux qui avaient troublé l'Italie de leurs armes, n'avait paru, autant que Ladislas, capable de conduire la guerre par lui-même. L'héritière de sa couronne était sa sœur, la seconde Jeanne, moins redoutable à coup sûr, et de qui l'on obtenait sans retard cette déclaration qu'en dépit de son frère, elle avait toujours tenu Jean XXIII pour vrai pape[5]. Dès ce moment, plus de dissidences sur la paix : tout Florentin l'appelle entre Jean XXIII et Sigismond, entre Sigismond et Venise[6], comme entre les

[1] Ammirato, XVIII, 971.
[2] *Commiss.* XXXI *Rin.*, I, 240.
[3] Dolendum est quod nos de tali casu letari habeamus.... temperate tamen fiat et non palam, propter pacem contractam (*Ibid.*, p. 239).
[4] Quod nemo de obitu alicujus letari debetur, sed de utilitate quæ sequitur ab hoc nostre libertati letatur (*Ibid.*, p. 240).
[5] La seigneurie aux ambassadeurs à Naples, 31 août 1414. *Commiss.* XXXI, *Rin.*, I, 248.
[6] Voy. *Discorso sulle relazioni di Firenze coll'Ungheria*, par Canestrini, dans l'*Arch. stor.*, 1re sér., t. IV, part. I, p. 197. — Vie de Bartolommeo Valori, traduite en italien par Piero della Stufa, *Ibid.*, p. 235-283.

deux papes. On voudrait bien éviter le concile de Constance, cause possible et prévue d'un embrasement universel[1]. La République aspire à localiser la guerre : les grandes luttes l'effrayent, sans autre allié que ce Baldassare Cossa, si inférieur, décidément, à la dignité suprême. Elle tient à reconquérir sur ses voisins de Gênes les places de Porto Venere, Porto Pino, Lerici, Sarezzanello, payées de bel et bon argent au Normand Jean de Grigny, qui y commandait lors de la chute de Bouciquaut, puis abandonnées aux Génois, pour les arracher à l'alliance de Ladislas[2].

Cette politique se comprend, mais elle échoue. Florence prêchait au désert. Elle ne parvint ni à empêcher le concile de se réunir, ni à réconcilier Sigismond avec les Vénitiens. Tout ce qu'elle obtint, c'est que le théâtre des agitations qu'elle prévoyait fût reporté loin de ses frontières, et que le concile ne fût point, comme le souhaitait Jean XXIII, tenu en Italie, car elle aurait dû alors, pour le protéger, joindre ses armes aux armes de Sigismond.

Près de dix années de repos lui furent ainsi assurées[3], d'un repos qu'elle n'avait jamais connu ni si durable, ni si profond, et qu'elle dut aux mains de fer qui tenaient les rênes. Ces années sont, au jugement du plus récent historien de Florence, notre contemporain Gino Capponi, les plus belles que sa patrie ait connues[4]. Il n'est donc

---

[1] Mission de Rinaldo des Albizzi, 1ᵉʳ janv. - 15 avril 1413. *Commiss.* XXX *Rin.*, I, 220-234.

[2] Avril 1414. D. Boninsegni, p. 7.

[3] D. Boninsegni, p. 7. Machiavel (III, 52 A), dit huit ans seulement.

[4] Nous avons plus d'une fois cité le jugement de G. Capponi à cet égard. Voy. en outre et notamment t. I, p. 450. — Sismondi (V, 349) reconnaît bien que le régime oligarchique c'est l'oppression ; mais il ajoute que « les

pas hors de propos de jeter pour la seconde fois un coup d'œil sur la vie intérieure des Florentins, sur leurs mœurs publiques et privées, sur leurs idées et leurs sentiments, ne fût-ce que pour établir, par des faits précis d'un autre ordre, la transformation de ce peuple, laquelle paraît bien déjà aux actes de sa vie politique, tels que nous les avons rapportés. Comme pour les siècles antérieurs, nous nous attacherons aux témoignages fournis par le siècle même qu'il s'agit de connaître. Le rôle de la postérité est surtout de les recueillir et de les confronter pour asseoir son jugement. C'est une tâche laborieuse qu'elle a trop rarement remplie jusqu'à nos jours, préférant peupler l'histoire de légendes qui en sont tout ensemble l'ornement et le fléau.

intérêts matériels étaient satisfaits, » et que « les Florentins vivaient heureux dans une position puissante ».

CHAPITRE VI

GOUVERNEMENT DE L'OLIGARCHIE
INTÉRIEUR. — MŒURS PUBLIQUES ET PRIVÉES

Apogée du gouvernement oligarchique. — Les seigneurs recommandés. — Fortune publique et privée. — Efforts pour créer une marine. — Prospérité du trafic sur terre. — Les Florentins à l'étranger. — Les Scolari. — Gouvernement occulte. — Imitation de Venise. — Les conseils. — Création du conseil des Deux Cents. — Les divers offices. — La seigneurie. — Les Dix de la guerre. — Les collèges. — Les *richiesti*. — Les conseils du peuple et de la commune. — Les capitaines de la *parte*. — Les Huit de garde. — Les Dix de la liberté. — Les Six de la marchandise. — Les consuls des arts. — Autres offices au dedans et au dehors. — Les ambassadeurs. — Décadence florentine sous l'oligarchie. — Mécontentement et défiance. — Les institutions non protectrices des intérêts. — Abaissement de l'esprit public. — Fuite devant la peste. — Relâchement de toute discipline. — La famille. — La femme. — Le mari dans le ménage. — Le père et l'éducation des enfants. — Les employés et serviteurs. — Les amis, les relations. — Les fêtes. — Les sentiments religieux. — Fêtes civiles et religieuses. — La fête de la Saint-Jean.

Le gouvernement de l'oligarchie existe depuis trente-deux ans à peine, et déjà il atteint son apogée. Sa décadence est donc prochaine; mais, loin de s'en douter, il croit si fermement avoir fixé pour jamais les destinées de Florence, qu'il entreprend, en 1415, de reviser, corriger, codifier les anciens statuts de la République, pour que ce code en devienne l'unique loi[1]. Nous devrons ici montrer tour à tour l'endroit et le revers de la mé-

---

[1] Confié à Paolo de Castro, juriconsulte renommé, à Bartolommeo de Volpi, assistés de neuf notaires et procureurs, ce travail ne fut qu'un travail d'assemblage, sans aucune méthode. Il a été imprimé pour la première fois en trois gros volumes in-4°, 1783.

daille, ce qui fait la puissance de ce régime et ce qui en prépare la chute.

Fondée en 1382 par l'abaissement des arts mineurs, organisée en 1387 après la première expulsion des Alberti, fortifiée en 1393 par Maso des Albizzi, la domination de l'oligarchie avait obtenu au dehors quelques-uns de ces succès qui consolident pour un temps les pouvoirs humains. Elle avait tenu les Visconti en respect, conduit heureusement deux guerres dangereuses, acquis Arezzo, Pise, Livourne, Montepulciano, Porto Venere[1], Cortone. Au spectacle de ces progrès rapides, les seigneurs du voisinage, découragés de la résistance, se « recommandaient » à la commune, eux et leurs châteaux, pour un temps plus ou moins long, quelquefois pour vingt années[2]. Ils subissent, comme les hobereaux du douzième et du treizième siècle, la condition d'avoir maison à Florence[3]. Ils y reçoivent le nom de fils[4]; mais l'autorité paternelle s'exerce envers eux dans toute sa rigueur, et s'ils espèrent, le terme du protectorat expiré, recouvrer leur indépendance, ils ont compté sans leur hôte. S'ils sont encore une cause de difficultés, ces difficultés deviennent moindres chaque jour. Avant la fin du siècle, on verra les petits-fils de ces gentilshommes abaissés aux

---

[1] Cette dernière place en 1411. Voy. Ammirato, XVIII, 963.

[2] Voy. *I capitoli del com. di Fir.*, *Inventario e regesto*, de 1349 à 1440. t. I, p. 452-625. Les noms propres sont dans Campani, *Vita Brachii*, XIX, 440 sq.; Ammirato, XVII, 938-975; Ricotti, II, 225 sq., 251 sq.; G. Capponi, *Stor. di Fir.*, I, 465.

[3] Voy. *Lettere di una gentildonna fiorentina del secolo XV*, éditées et soigneusement annotées par l'exact et infatigable Cesare Guasti. Flor., 1877. Lettre II, p. 44, note 1.

[4] « Nostro figliuolo e accomandato », est-il dit dans les instructions données à un ambassadeur envoyé à Imola en 1423. *Commiss.* XXXVIII Rin., I, 402.

modestes conditions : un Geri des Guidi sera *speziale* dans le *contado*, en d'autres termes, apothicaire ou épicier de campagne[1].

Ainsi est définitivement brisé le cercle de fer qui, jadis, enserrait Florence. Son trafic a les coudées franches pour étendre sa fortune, pour assurer son crédit à l'étranger. Dans quelles conditions, les unes bonnes, les autres mauvaises, s'exerçaient alors et ce trafic et les grandes industries, c'est ce qu'on verra dans un autre chapitre; ici doivent paraître seulement les résultats. Telle était la confiance financière qu'inspiraient les Florentins, qu'en 1409, tandis qu'en sept mois ils dépensaient à la guerre quatre cent mille florins et en perdaient deux cent mille par la saisie de leurs marchandises sur mer, le roi don Juan de Portugal demandait la faveur d'acquérir pour vingt mille florins de bons du *monte*. Le crédit de cet établissement s'élevait à quatre ou cinq millions de florins[2]. En 1422, on estimait à deux millions de florins d'or comptant l'avoir des riches particuliers en biens meubles[3], et à vingt millions de florins leurs possessions immobilières. Après l'acquisition de Pise, cette valeur avait augmenté d'un quart[4]. Elle eût augmenté bien plus encore sans la dépréciation de la propriété dans le *contado*, dont les causes seront indiquées ailleurs.

Si l'acquisition de Pise ne donna pas, au point de vue du trafic maritime, tout ce qu'elle semblait promettre, c'est que Naples, Gênes, Venise avaient une irrémédiable

---

[1] *Commiss.* XLIII *Rin.*, Introd. II, 67.
[2] Goro Dati, l. VIII, p. 130; Ammirato le jeune, XVIII, 954.
[3] Goro Dati, l. VIII, p. 131; Ammirato, XIII, 997.
[4] Goro Dati, *Ibid.*

avance; mais elle avait, du moins, ouvert des horizons nouveaux. Les sujets du roi d'Aragon obtenaient au port et dans la ville de Pise mille faveurs pour leurs personnes et leurs marchandises. En attendant d'avoir créé une flotte, ce qui n'était, pensait-on, qu'une affaire de temps, on lui désignait un amiral, Andrea Gargiolli, fils d'un notaire, et, ce qui était plus sensé, on essayait de ramener au métier de marin les Pisans du bas peuple : chacun d'eux était tenu d'avoir chez soi une rame, et pouvait, dans l'occasion, être requis de monter sur les galères[1]. A l'imitation de Venise, six consuls de mer étaient institués, renouvelables tous les ans. Ceux d'entre eux qui devaient résider à Pise, où l'on avait la pratique des constructions maritimes, étaient tenus de faire construire deux grosses galères marchandes, et six petites pour la garde des autres. Ce fut une solennité publique que la mise à l'eau de la première. On y embarqua, pour habituer la jeunesse à la navigation, douze jeunes gens des meilleures familles, et on la fit cingler de voiles vers Alexandrie, où l'on voulait établir un grand trafic d'épiceries et de marchandises diverses. Les gains merveilleux qu'en retirait Venise faisaient venir l'eau à la bouche. Pour s'en assurer de semblables, Florence avait réduit son florin si estimé au poids de celui de la première puissance maritime d'Italie[2], multiplié partout les ambassadeurs, envoyé aux quatre vents de l'horizon toutes les galères disponibles[3].

---

[1] Ammirato le jeune, XVII, 939, 944; XVIII, 975.

[2] Ammirato, 1421, 1422 ; XVIII, 994, 997. Ce florin réduit fut appelé « florin large de galère ».

[3] Voy. pour les détails *I Capitoli di Firenze, Inventario e regesto*, t. I, passim ; Gius. Muller, *Documenti sulle relazioni delle città toscane coll'*

Mais on eut beau faire, la marine des Florentins ne battit jamais que d'une aile. Quand il en est parlé dans les documents ou les auteurs, c'est pour mentionner des mécomptes, des désastres. Les jeunes gens embarqués étaient traités « comme chiens » par ces rudes marins qui ne cessaient de se recommander à Dieu, à tous les saints, au Saint-Sépulcre[1]. « Nos galères de Flandre, écrivait en 1465 Alessandra Strozzi, ont, depuis quelques années, essuyé tant de traverses, que je crois vraiment qu'elles sont excommuniées[2] ».

C'est donc, comme par le passé, et en dépit de bien des espérances, le trafic sur terre qui était la source vive de la prospérité florentine. C'est là que les aïeux de Buonaccorso Pitti avaient puisé cette immense fortune qui lui permit, exilé ou agent politique d'un gouvernement de son goût, de faire si grande figure dans les capitales d'Europe. Et le cas n'était ni unique, ni rare. Les documents, les correspondances qu'on déterre et qu'on publie nous font connaître des opulences non soupçonnées jusqu'à ce jour. Dans la toute petite ville de Prato, se trouvait, par exemple, un marchand, Francesco Datini, qui avait, disait-on, commencé de s'enrichir au trafic des chats. Il avait des boutiques, des magasins, des comptoirs à Florence, Pise, Gênes, Avignon, Barcelone, Valence, Majorque[3]. Un de ses agents, ser Lapo Mazzei, lui disait qu'il était assez riche pour entretenir, une année durant, la compagnie de Gian Colonna, *condottiere* au service

---

Oriente, passim; Ammirato, 1416-1429; XVIII, 975, 990, 997; XIX, 1046, 1049.

[1] *Lettere di una gentildonna fior.*, proemio, p. xxx.
[2] *Ibid.*, Lettre 61, p. 526, Cf. lettre 29, p. 282.
[3] *Lettere di un notaro*, t. I, proemio, p. I, V, VIII, XIV, XVIII.

de la République[1]. Ayant travaillé jour et nuit jusqu'en sa soixante-dixième année, il pouvait, en mourant, laisser aux pauvres de sa ville natale soixante-dix mille florins, dont vingt-un mille quatre cent vingt-cinq placés sur le *monte* florentin[2]. Nous retrouverons plus d'une fois cet obscur richard et son fidèle facteur, si heureusement exhumés.

L'argent coulait à flots, même des mains les plus parcimonieuses; mais par le jeu naturel du trafic il refluait à sa source. Celui qu'on donne aux soldats, — et c'est la grosse dépense, — ils le prodiguent dans la ville et sur le territoire, pour leurs armes, leurs chevaux, leurs vêtements, leur nourriture, leurs plaisirs. De même font les seigneurs qui se « recommandent[3] », sans parler du tribut et du cens qu'ils ont à payer. Goro Dati compare ce flux et ce reflux de florins à l'eau que la mer répand en pluie sur les terres, et qui, par les rivières et les fleuves, retourne à la mer[3].

Il suffit de parcourir, dans Pagnini, les précieuses écritures de Francesco Pegolotti et de Giovanni d'Uzzano[4], pour reconnaître la grande extension qu'avait prise, au quatorzième et au quinzième siècle, le trafic florentin. En 1422, Florence compte soixante-douze banquiers, qui ne se bornent point à faire le change. En 1472, ils ne seront plus que trente-trois, sans que le

---

[1] *Lettere di un notaro*, t. I, p. 235, 26 janv. 1400.
[2] *Ibid*, t. II, p. 273-310, et proemio, p. 139. Voy. le même ouvrage, t. II, p. 399, 409 n. 2, 413, 414-416, pour les dépenses que Datini fait en vue d'enrichir maisons et églises jusqu'en Corse, mettant aux peintures le nom, le portrait du donateur, quelquefois même en faisant trafic sur ce dernier point. (T. II, p 415, n. 3.)
[3] G. Dati, l. VIII, p. 129, 130.
[4] Pagnini, *Della Decima*, t. III et IV.

chiffre de leurs affaires ait diminué : il s'est opéré un mouvement de concentration, qui a augmenté la puissance de ces gros financiers. Ils envoyaient à Venise trois cent quatre-vingt-douze mille ducats par an, plus de sept mille par semaine, sept mille draps fins [1], sortis des deux cent soixante-treize boutiques de la laine que l'on comptait encore en 1460 [2], et aussi des laines françaises et catalanes, de l'or et de l'argent filés, des joyaux, surtout les étoffes de soie, velours, brocarts, draps d'or et d'argent, qui ne furent jamais plus activement, plus habilement travaillés. Il y avait, en 1474, quatre-vingt-quatre boutiques de cet art [3]. Pour retenir ou rappeler les artisans qui en faisaient la gloire, on ne craignait pas de les garantir pendant trois années contre leurs créanciers [4].

Nous avons dit qu'en France, en Flandre, en Angleterre, Florence avait de nombreux établissements; nul besoin, par conséquent, de revenir sur ce sujet. Mais il n'est pas hors de propos de montrer avec quelle facilité ses enfants, transplantés au loin, y poussaient de profondes racines. On a vu [5], on verra encore, au cours de ce récit, l'importance qu'avaient prise à la cour de Naples les Acciajuoli, dont une branche s'était implantée à Athènes et à Corinthe [6]. Ici, il suffira de montrer la puissante colonie que l'exil et les intérêts du trafic

---

[1] Marin Sanuto, XXII, 960. C'est l'assertion du doge Tommaso Mocenigo (1433), si alarmé du trafic de Florence qu'il en signalait à ses contemporains les progrès.
[2] Ben. Dei, *Cron.*, p. 22, dans Pagnini, t. II, p. 104.
[3] *Ibid.*, p. 124.
[4] Ammirato, 1429, XIX, 1049.
[5] Tome V, p. 14, 27.
[6] Voy. plus haut, même vol., ch. IV, p. 166, et t. V, p. 9.

avaient fixée en Hongrie, dans un pays resté longtemps en dehors de la sphère d'action florentine. On y rencontrait des Medici, des Tosinghi, des Portinari, des Boscoli, des Del Bene, des Del Nero, toutes gens de familles connues. Niccolò d'Uzzano y entretenait des agents[1], et les hommes de nom obscur y coudoyaient leurs compatriotes de nom célèbre[2]. Plusieurs s'y établirent sans dessein de retour, et quelques-uns s'y firent de grandes destinées. De ce nombre étaient les Scolari.

Alliés aux vieux Buondelmonti, mais bannis en 1267 comme gibelins et exclus en 1280 de la paix entre les deux partis, les Scolari avaient fait souche en Hongrie, et c'est probablement eux qui attiraient tant de Florentins. Aux premières années du quinzième siècle, de trois frères, chefs de cette famille, un était évêque à Varadin; un autre, par élection, despote de la Rascia (1416)[3]; le troisième, Filippo, dit Pippo Spano et comte de Temesvar, avait fait la fortune de tous les trois, par les services qu'il rendait à Sigismond, dont il était tout ensemble le trésorier et le capitaine. En 1410, Sigismond, devenu empereur, l'envoyait en ambassade à Florence[4]. L'oligarchie guelfissime n'y vit en lui qu'un gibelin et un étranger, double titre à sa défiance; mais le peuple était ébloui des grandes richesses, du faste de

---

[1] Voy. *Discorso delle relazioni di Firenze coll' Ungheria*, dans Canesrini, appendice aux deux Vies de Filippo Scolari dit Pippo Spano, *Arch. stor.*, 1re sér., t. IV, part. I, p. 189-213.

[2] Les noms de Macigni, Federighi, Sasselmi, Inghilese figurent avec celui des Tosinghi dans une recommandation adressée à Sigismond, alors roi de Hongrie (Doc. du 25 avril 1396. *Ibid.*, p. 220).

[3] La Rascia est cette partie orientale de la Serbie située entre les deux rivières Rasca et Bosna. Belgrade en est la capitale.

[4] Voy. sur l'objet et les détails de cette ambassade Ammirato le jeune, XVIII, 958.

l'orateur impérial, et de la cour qu'il tenait. On lui savait gré de commander, malgré le froid accueil des hauts personnages, un élégant oratoire au grand architecte Brunelleschi[1]. L'exilé avait pardonné à sa patrie; sa patrie ne pouvait lui tenir rigueur. Plus tard, Rinaldo des Albizzi, fils de Maso, envoyé ambassadeur à Sigismond et renvoyé par Sigismond à Pippo Spano qui résidait à Bude, mariait son fils à la nièce de Pippo, fille du despote de la Rascia, avec une dot de deux mille cinq cents florins d'or[2]. Il nouait, en outre, des relations avec Simone et Tommaso Milanesi, marchands de Prato établis à Bude, et ces relations étaient assez familières pour en venir au tutoiement[3]. Que de faits semblables ne trouverait-on pas pour d'autres pays, si des recherches patientes étaient dirigées en ce sens!

La grandeur de ces exilés empêchait de dormir les nouveaux maîtres de Florence. Sans rivaux dans leur patrie, ils supportaient mal, ailleurs, la rivalité. Celui d'entre eux qu'ils poussaient au premier rang était une sorte de despote temporaire, remplacé, à sa mort, par une désignation tacite et implicite de ses pairs, si bien qu'avant les Medici, et avec moins de franchise encore, Florence connut dès lors le régime quasi-monarchique qu'ils passent pour avoir inauguré, et qu'ils n'ont fait que perfectionner par la transmission héréditaire du pouvoir. A l'énergique Maso des Albizzi, mort en 1417,

[1] Près de S. Maria degli angeli. On en voit encore les murs de forme octogone. (Capponi, *Stor. di Fir.*, I, 446.)

[2] *Commiss.* XLVIII *Rin.*, II, 588 note. On peut voir, sur Filippo Scolari, *Vita del famosissimo e chiarissimo capitano Filippo Scolari*, par Domenico Mellini, Flor. 1570, et 2ᵉ éd., 1606.

[3] Un de ces Milanesi était, en 1426, évêque de Varadin. *Commiss.* XLVIII *Rin.*, II, 599, 610.

peut-être de cette peste dont il y eut alors une recrudescence terrible[1], succédait Gino Capponi, qui était comme son lieutenant, et Gino Capponi ayant lui-même disparu en 1420 de la scène du monde, Niccolò d'Uzzano prit sa place, qu'il devait garder longtemps, car il était appelé à vivre très vieux. Son caractère à la fois doux et ferme prolongea sans doute le règne de l'oligarchie que Rinaldo de Maso, son successeur, devait, par son tempérament fougueux, conduire plus tard à sa perte.

Sous les uns comme sous les autres, le gouvernement ne s'exerçait plus que dans des conciliabules d'un très petit nombre de personnes, souvent à table[2], et les propos de table devenaient propos d'État. La seigneurie, les collèges, les conseils n'avaient voix au chapitre que pour confirmer ce qu'on faisait sans eux, et la simagrée de les consulter n'avait pour objet que d'éviter la commotion qu'eût produite le renversement de statuts peu gênants qu'on pouvait fausser et tourner, ce qui est, suivant un tabellion de comédie, une manière de les respecter[3]. Un membre de la secte, le vieux Gino Capponi, estimait, en 1414, qu'il y avait, à cet égard, excès et abus. Il exprimait le vœu que les affaires fussent traitées par les prieurs, dans des lieux publics[4], et c'est au sujet

---

[1] En 1417 la peste enleva 9 membres de la seigneurie et des collèges. Il y eut jusqu'à 16 mille morts. Les gens aisés prirent la fuite, selon l'usage. Voy. *Ricordi di Filippo Rinuccini*, p. 54, 55.

[2] Fuori del palagio si amministrasse il governo della Rep... Il comune era più governato alle cene e negli scrittoi che nel palagio, e che molti erano eletti agli ufici e pochi al governo. (Cavalcanti, l. II, c. i, t. I, p. 28.) Les membres du conseil privé de Niccolò d'Uzzano étaient Bartolommeo Valori, Nerone de Nigi, Rinaldo des Albizzi, Neri Capponi, Lapo Niccolini. Voy. Machiavel, IV, 52 B.

[3] Voy. *Maître Guérin*, d'Émile Augier. Paris, 1865.

[4] Et quod in hoc palacio negocia communis tractarentur, et non in lo-

de ce mystère dans le gouvernement, que l'autre Gino Capponi, notre contemporain, s'écrie : « L'histoire officielle n'est pas l'histoire entière, et n'est pas toujours l'histoire vraie[1] ».

On ne se transforme guère, passé un certain âge, et une vieille démocratie, qui veut se modeler sur l'aristocratique Venise, n'y saurait apporter trop de ménagements. Dès l'année 1365, le dessein en était avoué[2]. Il l'est bien plus ouvertement, au temps où nous sommes parvenus. Venise ne dure-t-elle pas depuis mille années[3]? On n'oubliait qu'une chose, c'est que Venise n'ayant jamais changé de voie, n'avait pas eu à se faire violence. Son doge, alors même qu'il avait le moins d'autorité dans les conseils, était une sorte de prince ou de roi sur la place publique. La formule était connue : *Rex in foro, senator in curia, captivus in aula.* Toujours, en outre, la République des lagunes avait pris son point d'appui sur un patriciat qui concentrait dans un petit nombre de mains le trafic d'outre-mer, et le préféra invariablement au trafic sur le continent et à l'industrie. Les possessions de ces patriciens, c'étaient ces navires où un chef unique

cis privatis. (*Consulte*, 1414, au moment de la mort de Ladislas. *Commiss.* XXXI Rin., I, 240.)

[1] *Storia di Firenze*, I, 485.
[2] Voy. notre t. V, p. 78.
[3] Ut fit Venetiis quorum exempla sequi debemus. (Rinaldo en Conseil des richiesti, 4 oct. 1414. *Commiss.* XXXII Rin., I, 272, note.) Niccolò d'Uzzano exprime en vers (1426) le désir de jeter

> Giù per le scale a quella gente nuova
> Che voglion rimbottare ogni vil uomo,

et il recommandait que « all' ordinanza delle leggi » on prit exemple des Vénitiens

> Che son mill' anni stati ne'lor seggi.

(*Arch. stor.*, 1re sér., t. IV, p. 298, 300.)

exigeait de tous le plus rude travail, où tous ne voyaient leur salut que dans le savoir et la direction du chef. Rentrés chez eux, ces marins s'y sentaient plus libres qu'à bord, et ne songeaient à demander aucune liberté. Ils en trouvaient assez pour leurs plaisirs, unique occupation du retour. Enfin, les mille canaux dont la ville était coupée faisaient également obstacle à l'organisation de la révolte et à sa répression, et l'on éprouvait d'autant moins le désir de secouer le joug, que tant de richesses venues de loin dispensaient d'impôts écrasants[1].

Par malheur pour ce beau projet, l'aristocratie, qui est de toutes les formes de gouvernement la plus durable, en est aussi la moins souple. A Florence, où elle n'avait pas de racines, où tout lui semblait contraire, cette raideur ne pouvait que devenir funeste aux oppresseurs, après l'avoir été aux opprimés. Selon Machiavel, l'oligarchie commit deux fautes graves, deux fautes de tactique, les seules qui comptent à ses yeux : par la continuité du pouvoir elle devint insolente, fit inutilement des victimes, provoqua des désirs de vengeance, et les méprisa comme impuissants; par ses jalousies intestines elle s'affaiblit à l'heure où toutes ses forces n'eussent pas été de trop contre ses adversaires grandissants[2].

Il faut revenir à ses actes, qui permettent seuls de la juger en connaissance de cause. D'abord elle est et elle veut rester une secte. Quand un des siens vient à mourir, elle s'attache à lui donner un successeur : le fils, n'eût-il que douze ans, est armé chevalier sur le

---

[1] G. Capponi (*Stor. di Fir.*, I, 458) a très judicieusement signalé tous ces obstacles que rencontrait à Florence le gouvernement aristocratique, oligarchique.
[2] Machiavel, IV, 52 B.

cercueil de son père, au nom de la commune, comme par droit d'hérédité[1], innovation qui, à vrai dire, ne passa point sans murmures[2], mais qui n'en est que plus significative. Dans les corps délibérants, en si petit nombre sont les représentants des arts mineurs, que, pour ne pas perdre leurs votes, ils en sont réduits à voter constamment avec les maîtres. En s'insinuant dans les arts mineurs, les jeunes gens riches savaient bien qu'ils en altéreraient l'esprit. Les artisans n'étaient plus que poussière. La vie politique s'était entièrement retirée d'eux. Même les arts majeurs, avec leurs consuls ou *capitudini*, n'étaient plus qu'un vain nom[3]. Même quand elle est représentée par le plus prudent de ses membres, la secte affiche le dédain des institutions qu'elle subit. Cavalcanti, un ancien noble que le dégoût de ce régime fera passer aux Medici, nous montre Niccolò d'Uzzano endormi d'un profond sommeil dans un conseil de *richiesti*, où l'on discute une mesure à prendre. A la fin, il se réveille ou on le réveille, et, tout engourdi encore, il monte à la *ringhiera*, il dit négligemment ce qu'il faut décider, et tous le décident avec empressement[4]. Ce n'est pas de ces conseils de l'oligarchie qu'on pourrait dire, comme jadis de ceux de la démocratie, qu'on n'y a jamais ou presque jamais connu l'unanimité.

---

[1] Le 5 oct. 1429, à Santa Croce, sur le cercueil de Messer Matteo des Castellani, son père, Francesco est armé chevalier. (*Commiss.* LI *et* LII *Rin.*, III, 167.)

[2] Dominatio inspiciat et provideat quod hec dignitas militie detur potius et conferatur dignitati personarum quam divitiis. (*Consulte* du 5 oct. 1429. Paroles de Luigi Vecchietti, *Ibid.*)

[3] G. Capponi (*Stor. di Fir.*, I, 457) en fait l'aveu.

[4] Cavalcanti, l. II, c. I, t. I, p. 28.

Comment se fait-il donc, puisque les conseils n'étaient plus que d'inutiles ou serviles rouages, qu'il ait paru bon, alors, d'en créer un nouveau? Loin d'en manquer, Florence en avait pléthore : la seigneurie et ses collèges; les conseils du peuple et de la commune, presque aussi anciens que la commune elle-même, et à tout propos ces conseils de *richiesti* ou *arruoti*, admirable instrument de règne, qui laissait la porte grande ouverte à l'arbitraire, puisqu'on y appelait qui on voulait, dans le nombre qu'on voulait. Et ce n'était pas tout encore. L'usage s'étant peu à peu introduit d'adjoindre à la seigneurie et aux collèges, pour prendre part à leurs délibérations, les capitaines de la *parte*, les Dix de liberté, les Six de la marchandise, les vingt et un consuls des arts, et quarante-huit autres citoyens, douze par gonfalon, on avait un nouveau conseil, dit des Cent trente et un, du nombre de ses membres. Toute pétition, toute provision lui était soumise, avant de l'être aux conseils ordinaires. Y avait-il donc encore des précautions à prendre contre les hasards du vote populaire? On le crut, car une provision du 4 février 1411 créait un nouveau conseil, dit des Deux cents, dont l'avis devait être pris avant celui des Cent trente et un[1], dès qu'il s'agirait de déclarer la guerre, de faire une *cavalcata*, de conclure une ligue ou confédération, d'engager plus de cinq cents lances ou de quinze cents arbalétriers, de prêter sur le trésor public, de prendre une place ou forteresse au nom de la commune, et même de recevoir un seigneur pour recommandé[2].

[1] Cette provision se trouve dans les documents publiés par M. Pellegrini, Doc. 3, p. 9. Ce qui concerne le conseil des 200 est à la page 11.
[2] Provision citée, *ibid.*, p. 10, 11.

Pourquoi le conseil des Cent trente et un ne paraissait-il plus suffire ? C'est peut-être que son seul avis ne balançait pas celui des deux conseils populaires ; c'est certainement parce qu'il était composé d'officiers publics, dont le choix par tirage au sort, dans des bourses multiples et variées, de réfection compliquée et difficile, échappait dans une certaine mesure à la direction des puissants, et devait leur inspirer quelque défiance. En admettant à délibérer le premier un conseil plus sûr, on lui donnerait le ton et la note, il les communiquerait sans doute aux Cent trente et un, et l'accord de ces deux conseils de gouvernement avec la seigneurie et ses collèges pèserait d'un si grand poids sur les deux conseils populaires, qu'il les détournerait de l'opposition.

Tout se réduisait donc à bien composer le conseil des Deux cents. Comme il était toujours plus facile de former des bourses nouvelles que de réformer les anciennes, ce qui laissait, d'ailleurs, trop passer le bout de l'oreille, une bourse fut formée pour chacun des quatre quartiers, où l'on put, « embourser » à son gré. On n'y admit que ces citoyens âgés de trente ans qui, depuis 1381, c'est-à-dire depuis le règne de l'oligarchie, avaient été mis dans les bourses si habilement composées pour la seigneurie et ses collèges[1]. La piperie est manifeste. Elle n'en fut pas moins approuvée des contemporains, et elle était appelée à durer autant que la République, tant il est vrai que, pour ce peuple, le seul moyen d'assurer la maturité aux résolutions publiques, fut toujours de multiplier les conseils. C'était l'exagération sensible

[1] D. Boninsegni, p. 2 ; Ammirato, XVIII, 961. Le 28 avril 1413, on augmentait le *divieto* pour le conseil des 200. Voy. cette provision dans les documents Pellegrini, p. 12, note 2.

de l'opinion, si répandue aujourd'hui et soutenue de si fortes raisons, que deux chambres valent mieux qu'une. Il est bien vrai que les animaux d'ordre supérieur sont ceux qui ont les organes les plus compliqués ; mais il y a une mesure en tout.

Cette nouveauté, pourtant, ne passa point sans objections. Quand on vit combien de noms honorables avaient été indûment écartés, un grand nombre réclamèrent des bourses formées dans un esprit moins exclusif (3 octobre 1414). Mais Rinaldo des Albizzi, Niccolò d'Uzzano s'obstinèrent, craignant, s'ils cédaient, que, par cette porte entr'ouverte, les *ciompi* ne rentrassent dans les emplois[1], et leur crainte fut partagée par le Conseil de la commune, le plus aristocratique des deux conseils populaires. La proposition des opposants y échoua trois fois, et l'on espérait qu'elle y échouerait toujours[2]. Il n'en fut rien, cependant[3], et c'est peut-être ce mécompte, avec quelques autres semblables, qui déterminait un peu plus tard les meneurs (24 mai 1419) à établir le scrutin secret pour protéger leurs fidèles contre les courants trop marqués d'opinion[4], arme à deux tranchants qui put bien les blesser plus d'une fois.

Une autre revanche plus sûre de l'étroit esprit de caste consista à décider (1421) qu'il ne suffirait plus, pour être admis aux emplois, de payer régulièrement

---

[1] *Commiss.* XXXII *Rin.*, I, 273, note.

[2] Lettre de Matteo des Albizzi à son frère Rinaldo, 24 oct. 1414. *Ibid.*, p. 272.

[3] Lettre de Luca des Albizzi à son frère Rinaldo, 25 nov. 1414. *Ibid.*, p. 280.

[4] Secretam fabarum dationem multum ad judicii libertatem valere judicantes... quia nihil interesset inter judicium quod voce daretur et id quod publicatis seu scopertis fabis fieret. — 25 fl. d'amende à qui aura montré sa fève. (Provision dans les doc. Pellegrini, Doc. 5, p. 15.)

les impôts; il fallut désormais les avoir payés depuis trente ans sans interruption, soi, son père ou son aïeul[1]. Combien Florence pouvait-elle contenir de citoyens remplissant cette condition rigoureuse? Ainsi se rétrécissait chaque jour le cercle de la vie publique, et l'on voulait le rétrécir plus encore. N'imagina-t-on pas, un jour, d'en exclure tout célibataire âgé de trente à cinquante ans, justement dans la période de leur vie où ils étaient le plus propres à l'action? Il est vrai que ces préférés d'Horace trouvèrent des défenseurs dans le Conseil du peuple, dont on ne put, cette fois, vaincre la résistance[2].

Inconvénient inévitable, mais de plus en plus rare, d'un régime fondé sur les votes populaires, ces résistances ne portaient plus que sur des points de détail, où la secte pouvait prendre philosophiquement son parti de la défaite. Elle n'était gênée ni pour les relations extérieures et la guerre, on l'a vu, ni pour les finances, on va le voir. Elle imposait ou faisait accepter les expédients financiers les plus susceptibles de provoquer le mécontentement : par exemple, quand elle obligeait les bâtards légitimés à payer gabelle sur les biens paternels dont ils héritaient[3], ou quand elle exigeait des clercs dix pour cent des revenus de leurs biens ecclésias-

---

[1] Arch. Riform., dans Canestrini, p. 90; Ammirato, XVIII, 991. Voici peut-être quelle fut l'occasion de cette réforme : Le 26 octobre 1417, Buonaccorso Pitti était tombé au sort, dans la bourse de 1391, pour être gonfalonier de justice. Il était en retard pour le payement de trois impôts frappés sur ceux qui s'étaient éloignés afin de fuir la mortalité. Il avait encore, pour payer, les trois jours qui séparaient le tirage au sort de l'entrée en charge. Néanmoins, quoiqu'il soit loin d'être un ennemi, les seigneurs et collèges déclarent qu'il n'est pas en règle et déchirent la cédule de son nom. (B. Pitti, p. 110.)

[2] Ammirato, XVIII, 994.

[3] Ammirato le jeune, 1414, XVIII, 970.

tiques, quinze pour cent des revenus de leurs biens patrimoniaux. Tout ce qu'obtenaient les réclamations des clercs, soutenues du saint-siège, c'était une réduction de la moitié sur les uns, d'un tiers sur les autres[1], et ils se résignaient. La résignation leur était facile sous un régime selon leur cœur qui, trouvant quelques-uns d'entre eux impliqués dans une conjuration, se bornait à les mettre pour quelques jours en cage, tandis que leurs complices laïques portaient leur tête sur le billot[2]. Il fallait la tonsure et la robe du prêtre pour braver la secte implacable qui brisait tout obstacle, qui broyait et fauchait petites gens et même personnages, quand elle les trouvait sur son chemin[3].

C'était le calme par la terreur; mais la terreur ayant toujours été, plus ou moins, le régime normal des Florentins, ils en sont moins frappés que du calme. L'heure paraît venue à Goro Dati de jeter un coup d'œil sur les principaux offices. Il semble vouloir en fixer sur le papier les divers caractères, au moment où ces caractères s'effacent, où ces offices en décadence ne sont guère plus que des prête-noms. Nous le suivrons dans cette rapide revue, sauf à l'abréger sur des rouages qui nous sont connus et, dans l'occasion, à le compléter, même à le corriger[4]. Notre but, en effet, est et doit être ici de montrer dans des détails qui ne sauraient trouver

---

[1] Ammirato, 1412, XVIII, 965. Cf. loi du 16 nov. 1409, et *Legazioni Serristori*, p. 485, dans Canestrini, p. 84.

[2] Ammirato, XVIII, 964.

[3] On peut lire dans B. Pitti (p. 87-93) une longue histoire personnelle qui lui inspire de mélancoliques réflexions sur le danger de se mêler des questions de bénéfices ecclésiastiques.

[4] Voy. Goro Dati, l. IX, p. 135 sq. Tout ce chapitre de ce chroniqueur est reproduit en appendice par G. Capponi, *Stor. di Fir.*, t. I, p. 643, app. XII.

place au récit des événements, à quel point, dans des institutions faussées, règnent l'hypocrisie et le mensonge, tout ce qui peut tromper l'esprit.

A tout seigneur tout honneur. Plus la seigneurie perd de son pouvoir, plus on lui prodigue les marques de la déférence publique. « Son pouvoir est grand, sans mesure, elle peut ce qu'elle veut, mais elle n'use de ce pouvoir que dans les cas extrêmes[1] », ce qui signifie que les machinistes de la coulisse font mouvoir sur la scène ces comparses du premier plan. Ils ne sont responsables qu'en cas de prévarication, et cela devant l'exécuteur, ou, à son défaut, devant le podestat, deux officiers à ce point avilis que cette responsabilité en devient illusoire, et n'est plus qu'une épée de Damoclès suspendue à un câble[2]. Il n'y a pas assez de formules d'adulation dans la langue toscane pour enguirlander les « magnifiques seigneurs ». Revenir d'ambassade c'est, même pour Rinaldo des Albizzi, un des meneurs, « retourner aux pieds de la seigneurie », et cette expression est si usitée qu'elle devient synonyme d' « être rappelé[3] ». Giovanni de Paolo Morelli, en pleine consulte, assimile les prieurs au Christ[4], et, dans la même séance, Lorenzo Ridolfi s'écrie : « Ainsi qu'on ne doit adorer qu'un Dieu, ainsi

[1] G. Dati, l. IX, p. 137.
[2] La seule crainte que pussent concevoir les prieurs était celle d'être cassés aux gages par les meneurs, qui avaient bien pour deux mois de patience, ou assiégés, massacrés dans une commotion populaire. C'est contre le peuple, pour élargir la rue qui séparait leur palais de San Pier Scheraggio, qu'on démolit, en 1410, une nef de cette vieille église. Voy. D. Boninsegni, p. 2.
[3] 17 sept. 1424. *Commiss.* XLV *Rin.*, II, 187, et *Commiss.* XLVII, II, 522, note.
[4] Stetit Dominus in medio discipulorum suorum et dixit : Pax vobis! Ita vos, Domini priores.... (*Consulte* du 25 janv. 1429. *Commiss.* LI et LII *Rin.*, III, 164.)

vous, seigneurs prieurs, vous devez être vénérés de tous les citoyens, et ceux qui se tournent vers d'autres pratiquent le culte des idoles : ils doivent être condamnés[1] ». Est-ce du moins la pointe légère d'une discrète opposition? Nullement : Lorenzo Ridolfi est un des fidèles de l'oligarchie, un des meneurs de la coulisse. C'est que la secte ne veut pas la formation de sectes rivales.

Dans la rue, au palais, comme dans les conseils, abondent les honneurs. Tous les deux mois, à l'avènement d'une nouvelle seigneurie, les boutiques se ferment, la population afflue sur la place pour faire escorte aux prieurs sortants, qui, après avoir installé leurs successeurs, retournent solennellement chacun à son logis[2]. Dans l'exercice de leurs fonctions, ils ne mettent ensemble le pied dehors qu'entourés de cent *fanti*, vêtus de vert aux armes de la commune, commandés par un capitaine dont la charge est honorée et enviée. Au palais, il n'y a plus trace de la vie simple, un peu mesquine, des anciennes seigneuries. Chacun des seigneurs a sa chambre, un serviteur qui l'y sert ainsi qu'à ses repas, et un *donzello* ou page de bonne condition. Qu'on est loin de l'ancienne règle qui leur défendait d'admettre personne à leur table frugale, sauf leur notaire, les ambassadeurs, les seigneurs et princes étrangers! Ils ont désormais table ouverte, une table somptueuse, qui coûte, par mois, trois cents florins d'or; pendant leur repas, fifres, musiciens, bouffons, jongleurs leur donnent des divertissements variés[3]. Le salaire des emplois publics passe pour une idée démocratique : ici c'est l'aris-

---

[1] *Consulte* du 25 janvier 1429. *Ibid.*, III, 164.
[2] Goro Dati, l. IX, p. 135.
[3] *Ibid.*, p. 136, 137.

tocratie qui l'introduit dans les usages. Jusqu'en 1421, les ambassadeurs seuls recevaient une certaine somme, à titre d'indemnité de déplacement. A cette date commence à prévaloir le principe contraire : le notaire de la seigneurie reçoit un salaire, et bientôt chacun des seigneurs une provision mensuelle[1].

On a vu que le gonfalonier de justice, alors même qu'il n'occupait encore que le neuvième et dernier rang sur les listes officielles, devenait en réalité le premier de son collège. Sa chambre était la première de toutes. Le *proposto* n'en reste pas moins le chef légal, officiel, de la seigneurie, et, comme par le passé, il est renouvelé tous les trois jours. C'est lui seul qui a l'initiative des propositions, lui seul qui les met aux voix. Sans lui on ne peut rien faire. Il marche en tête, dans les pompes publiques, quoique le gonfalonier se place désormais à côté de lui. Un chef de trois jours est d'une mobilité gênante pour une secte qui tend à la stabilité; mais il y a des remèdes. D'abord, on ne trouverait pas un nom ennemi dans les bourses pour la seigneurie. Ensuite, le scrutin secret protège les votants contre toute pression extérieure, sans être si secret pourtant que le *frate* qui reçoit les fèves dans sa main, n'en voie la couleur, et ne puisse à qui de droit dénoncer les indépendants[2]. De ceux-là les noms désormais suspects ne font plus long séjour dans les bourses : ils en sont rejetés, à la première épuration.

C'est, en général, par les officiers de la seigneurie qu'on a principalement prise sur elle, car on les lui impose ou on les achète : son notaire en titre, qui arri-

---

[1] Ammirato, XVIII, 994.
[2] Goro Dati, l. IX, p. 135, 136.

vait et se retirait avec elle; son notaire-adjoint qui restait, au contraire, tenait les livres des lois, les registres des délibérations, des réformes introduites, et était comme la tradition vivante; son chancelier, qui restait aussi, car il rédigeait les lettres, et, de tout temps, les belles plumes sont rares. C'est à ce poste subalterne, mais en vue, qu'on vit successivement les hommes les plus doctes, Coluccio Salutati, Leonardo Bruni, Poggio Bracciolini, Carlo Marsuppini, Marcello Vergilio, et le plus grand de tous, Niccolò Machiavelli. Avec de telles intelligences dans la place, on en était le maître, même du dehors.

Contribuaient encore à la décadence de la seigneurie les progrès des Dix de *balie*. Cet office en avait usurpé tous les pouvoirs pour les choses de la guerre, quoique, dans le principe, il ne fût qu'une sorte d'intendance. Peu à peu, les Dix s'étaient arrogé le droit de diriger les opérations militaires, d'abord sans quitter Florence, ce qui avait été cause de bien des échecs, puis en envoyant quelques-uns d'entre eux aux camps, à titre de commissaires. Que parmi ceux qui restaient un ou deux tombassent malades, les autres n'étaient plus en nombre pour délibérer, et il fallait, en toute hâte, rappeler les absents, car la tentative d'abaisser de sept à six voix la majorité légale, était repoussée par les conseils : la majorité des deux tiers passait alors, non sans raison peut-être, pour le seul protecteur des minorités[1].

Comme la guerre était presque l'état normal des sociétés de ce temps, les Dix de la guerre devinrent sans peine le premier des pouvoirs officiels. Leurs empiéte-

[1] 24 février 1430. *Commiss.* LIV *Rin.*, III, 395, note.

ments continuels ne s'arrêtent point à l'illégalité. On les voit, avant même d'être entrés en charge, écrire des lettres, non seulement militaires, mais encore politiques, « attendu que, l'hiver, il faut penser à ce qu'on fera l'été[1] ». Tel d'entre eux, nommé des Dix alors qu'il est au loin, en ambassade, abandonne aussitôt, et sans permission, son poste pour celui qu'il ne doit occuper officiellement que six semaines plus tard[2]. Ne se permettent-ils pas, un jour, de recommander un sujet pour l'évêché de Pistoia, quand la seigneurie en recommandait un autre[3] ?

Nous avons peu à dire des deux collèges, conseillers de la seigneurie, « comme les cardinaux le sont du pape[4] ». Les douze *buonuomini* semblent avoir eu moins d'importance que les seize gonfaloniers. C'est que ceux-ci n'étaient pas uniquement des conseillers : on voyait surtout en eux les chefs des quartiers, les chefs du peuple, et, à ce titre, leur avis avait bien plus d'importance. Pour leur installation, comme pour celle des prieurs, les boutiques se fermaient. La seigneurie venait sur la *ringhiera* les recevoir. Sur une autre *ringhiera*, ou chaire dressée tout exprès, un officier public débitait un beau discours à l'honneur de la seigneurie et des gonfaloniers. Le gonfalon était ensuite remis à chacun avec ses trois pennons, puis ils retournaient chez eux au son des trompettes et des fifres,

[1] Lettres écrites le 21 oct. 1424 par des Dix qui ne doivent entrer en charge que le 25 nov. Voy. *Commiss.* XLV *Rin.*, II, 215.
[2] C'est le cas de Vieri Guadagni dans ce même office. Il a quitté Rome le 8 octobre. Rinaldo, son collègue d'ambassade, lui écrit dès le lendemain. (*Ibid.*, p. 215.)
[3] Ann. 1425. *Commiss.* XLVII *Rin.*, II, 463, note.
[4] G. Dati, l. IX, p. 138.

escortés de leurs hommes, et aussi de la multitude des oisifs[1]. Ils entraient en charge le 8 janvier, et leur office durait quatre mois; les *buonuomini*, le 15 mars pour trois mois : à changer les principaux corps de l'État en même temps, on eût craint une trop grande perturbation.

Même avec l'assistance de ces deux collèges, il était souvent si difficile d'obtenir la pluralité légale des deux tiers, que l'usage s'était établi d'appeler aux délibérations divers citoyens, dont le nombre variait au gré des prieurs. De là ces fameux conseils de *richiesti* ou requis, dont on a fait, bien à tort, un nouveau conseil ajouté à tant d'autres. Les *richiesti* n'y figuraient point seuls, mais leur nom était donné aux réunions dont ils faisaient partie, parce qu'ils y étaient l'élément nouveau, destiné à donner aux délibérations plus de poids. En général, c'est la crainte de la responsabilité qui, dans les conseils ordinaires de la seigneurie et des collèges, poussait les irrésolus, les timides, mais parfois aussi les rares opposants, à demander qu'au lieu d'aller aux voix, il fût fait appel aux lumières d'un plus grand nombre[2].

Mais cet appel lui-même n'était guère plus qu'une formalité banale, dans un temps où tout devenait formalité au jeu des institutions. Si la pensée dirigeante rencontrait, parfois encore, quelque opposition, c'était, nous venons de le voir, dans les deux conseils populaires; et jusque dans leur sein elle avait bien des

---

[1] G. Dati, l. IX, p. 138.

[2] Les exemples sont presque à l'infini aux documents publiés soit dans l'*Archivio storico*, soit dans le *Giornale storico degli archivi toscani*, soit dans les *Commissioni di Rinaldo degli Albizzi*. Voy. entre autres ce dernier recueil, *Commiss.* LIV, 21 avril 1430.

chances d'être obéie. Parmi les deux cent cinquante membres du conseil du peuple et les deux cents du conseil de la commune, se trouvaient compris, en effet, les seigneurs, leurs collèges et certains autres offices, noyau permanent qui, en se portant d'un côté ou de l'autre, faisait presque infailliblement pencher la balance[1].

Il fallait des circonstances bien extraordinaires pour que le restant des membres des deux conseils refusassent d'opiner du bonnet. On ne saurait trop le redire, il n'y a plus de vrai, de vivant, à Florence, que la pensée dirigeante, et elle est presque toujours hors des pouvoirs publics.

Il n'y a donc guère qu'un intérêt de curiosité à jeter un rapide regard sur les autres offices, qui sont en décadence ou de rang inférieur. Les célèbres capitaines de la *parte* n'étaient plus que l'ombre d'eux-mêmes, depuis qu'en 1378 on avait brisé ou émoussé dans leurs mains l'arme dangereuse de *l'ammonizione*. Personne, aux premières années du quinzième siècle, ne voulait plus aller avec eux à l'offrande de San Giovanni. Aussi, en 1413, songeaient-ils à réformer leur office, par l'exclusion « des gens vils et gibelins[2] ». En retard de deux siècles, impuissants à reprendre l'avance, ils n'avaient guère plus d'autre occupation que de recevoir des rentes, de les dépenser pour l'honneur de la *parte*[3]; et si, dans certaines circonstances solennelles, ils essayaient de marcher de pair avec la seigneurie, d'écrire comme elle à Martin V pour le féliciter de son exaltation (1418), de se rattacher « à la sainte mère Église de Rome, dont

[1] Voy. G. Dati, l. IX, p. 139.
[2] B. Pitti, p. 97 sq.
[3] G. Dati, l. IX, p. 140.

l'université des guelfes est une partie[1] », le tronc de la sainte mère Église n'avait plus assez de vigueur pour en communiquer une nouvelle à la branche vermoulue que le moindre souffle pouvait briser.

Les Huit de garde avaient la direction de la police, mais surtout de la police politique. Leur mission était de prévenir toute attaque contre le gouvernement, la ville, les châteaux, le territoire, n'ayant d'ailleurs qu'à découvrir les coupables, et à les remettre, pour la punition, à qui de droit[2].

Les Dix de Liberté faisaient en quelque sorte la contre-partie de cet office. Ils étaient chargés de protéger la liberté individuelle, d'écouter les plaintes de quiconque se disait molesté, accusé indûment de n'avoir pas payé ses dettes ou ses taxes, jugé par une juridiction non compétente, trompé ou fraudé par autrui. Ces officiers, toujours pris parmi les hommes de savoir et d'expérience, ménageaient le plus possible des compromis, et rendaient de grands services aux pauvres gens qui ne pouvaient payer ni avocat, ni procureur, ni frais de procédure[3].

On a vu plus haut que les officiers de la marchandise avaient été successivement au nombre de cinq, sept, neuf, puis encore sept[4]. Au temps de Goro Dati, ils ne sont plus que six[5]. Ainsi, leur nombre variait selon les besoins ou le caprice du moment. Leur office durait six mois. Leur président, un étranger comme le podestat,

---

[1] Voy. le texte de la lettre dans *Commiss.* XXXIII *Rin.*, I, p. 302-304.
[2] G. Dati, l. IX, p. 139. Voy. sur l'origine de cette charge notre t. V, p. 303.
[3] G. Dati, l. IX, p. 140. Voy. sur l'institution de cet office notre t. V, p. 85.
[4] Voy. notre t. V, p. 85, 86, 260, 379.
[5] G. Dati, l. IX, p. 141.

habitait, comme lui, sans sa femme ni ses enfants, un palais, le palais magnifiquement orné de la marchandise. Cinq d'entre eux appartiennent aux arts majeurs, l'art des juges seul n'en pouvant point fournir. Quant au sixième, il est pris soit dans un des quatorze arts mineurs, soit souvent parmi les pelletiers qui comptaient au nombre des arts majeurs. Ainsi, dans cet office, les moindres arts n'étaient point, d'ordinaire, représentés directement, ce qui s'explique, cette fois, parce que les plus grandes causes commerciales y ressortissaient sans appel, affaires de terre et de mer, intérêts des compagnies, faillites, représailles, et autres encore[1].

Pour les affaires de moindre gravité, les consuls des arts, comme par le passé, jugeaient aussi sans appel. Au nombre de huit, six ou quatre pour chaque art, selon son importance, ils se réunissaient deux fois au moins par semaine dans la maison siège de leur art. Ils connaissaient des plaintes de tous les membres, quand même celui contre qui l'on avait porté plainte y était étranger[2].

Bien d'autres offices encore sont mentionnés dans les auteurs. La division du travail était la règle. On ne craignait pas de multiplier des emplois qui ne survivaient guère aux besoins du moment. C'est ainsi qu'on avait vu, au temps de la guerre des Huit Saints, les Huit, puis les Dix des prêtres[3], dont il cesse bientôt d'être question. L'on pourrait citer les six régulateurs des revenus et recettes, qui forçaient les débiteurs à

[1] G. Dati, l. IX, p. 141.
[2] *Ibid.*
[3] Voy. notre t. V, p. 106, 161. Goro Dati ne parle pas de cet office, non plus que de quelques autres.

payer, qui vérifiaient les comptes des Camerlingues ou officiers de finance ; puis les gouverneurs des gabelles, des portes ou maîtres des douanes, du sel, du vin, des contrats[1] ; les officiers de l'honnêteté[2] ; les officiers de l'abondance, nommés seulement en temps de disette ; les officiers dits de *grascia*, préposés aux vivres, aux denrées, à la mouture du blé ; les officiers des veuves et pupilles, choisis parmi les « gens craignant Dieu et aimant la miséricorde[3] » ; les officiers de la tour, chargés de conserver, de réparer les murs, le pavé des rues, les toits, les saillies, les ruines, les ponts de la ville et du *contado;* les officiers de *condotta*, qui engageaient et soldaient les gens d'armes[4]. Aux Dix de la guerre, enfin, correspondaient ou s'opposaient les Dix de la paix[5], dont on ne saurait bien exactement définir les attributions.

Restaient les offices du dehors. Dans des siècles où l'on ne connaissait de patriotisme que le patriotisme de clocher, ils auraient dû être moins recherchés que les autres, et ils l'étaient davantage. C'est qu'on y obtenait des honneurs lucratifs, et qu'on s'y trouvait, dans une certaine mesure, à l'abri de l'œil vigilant ou soupçonneux des magistrats de la métropole ; c'est surtout qu'on y pouvait, comme dit Comines, « faire ses besognes ». Non seulement on était fort bien rétribué aux frais des localités dont on devenait capitaine, podestat ou vicaire, mais encore on pouvait pressurer pendant six mois les administrés

---

[1] G. Dati, l. IX, p. 140.
[2] Ammirato, 1415, XVIII, 974.
[3] G. Dati, l. IX, p. 140.
[4] *Ibid.*, p. 141.
[5] Institués au nombre de huit en 1380 (voy. notre t. V, p. 358), ils sont dix en 1415, parce qu'il y a dix officiers de la guerre.

dont on jugeait les procès civils et criminels, jusqu'au jour où ces prévarications devinrent si scandaleuses et si criantes, que Florence dut finir par regarder quelquefois d'assez près à une si inique gestion[1]. C'était, en outre, un théâtre commode pour s'exercer à la tyrannie, sur le modèle de tant de seigneurs qui avaient ôté à leurs villes toute liberté. Ces officiers bourgeois jouaient au tyran.

Une dernière charge, dont croissait chaque jour l'importance, mérite encore de nous arrêter : c'est celle des ambassadeurs, ou, comme déjà l'on préfère dire, des orateurs. Ils ne résidaient point et ne sauraient, par conséquent, être assimilés qu'à nos envoyés « extraordinaires » des temps modernes ; mais si ces missions avaient peu de durée, elles étaient incessantes : Rinaldo des Albizzi, pour sa seule part, fut chargé de cinquante-six ambassades ou « commissions ». Cette fonction était salariée : un chevalier ou docteur, envoyé au dehors, pouvait recevoir jusqu'à cinq florins par jour, l'entretien de dix chevaux restant à ses frais. Qui n'était chevalier ni docteur ne recevait que quatre florins et n'entretenait que six chevaux[2]. S'agissait-il d'une ambassade solennelle, on allouait des « frais de représentation », cent florins, par exemple, pour huissiers, fifres, tambours, etc.[3]

Allouer et compter, n'était point, il est vrai, même

---

[1] G. Dati, l. IX, p. 143, 144.

[2] Provision de septembre 1408. Texte dans *Commiss.* XXXIII *Rin.*, I, 294, n. 2. Cf. *Commiss.* XLIX, III, 9. En 1480, Francesco Gaddi, allant en France, ne reçoit que deux florins par jour. Voy. sa commission dans Desjardins, I, 188.

[3] Note de Rinaldo des Albizzi, *Commiss.* XXXIII, *ibid.*, p. 295. Il fut fait ainsi pour l'ambassade envoyée au-devant de Martin V arrivant en Italie.

chose. Le versement se faisait souvent attendre, et les réclamations, de ce chef, sont incessantes[1], parce que les dépenses étaient considérables. L'orateur devait payer les courriers qu'il expédiait à Florence, donner des gratifications aux musiciens que lui envoyaient, par manière d'honneur, les princes ou États auprès de qui il était accrédité, ou même sur le territoire desquels il passait[2]. Ajoutez les pertes qu'occasionnait le pillage des brigands, et même des soldats, car les sauf-conduits n'en protégeaient personne, et c'était l'exception si un prince vigilant envoyait une escorte à ses frontières[3].

Les présents faits ne compensaient point ces dépenses et ces pertes : de peu de prix, ils avaient surtout un caractère honorifique. La riche Venise, par exemple, donnait à tel ambassadeur quarantes boîtes de pâtisseries, six torches et quatre paquets de chandelles de cire, deux petits pots de gingembre en conserve, quatre d'autres friandises, un tonneau de vin. Il recevait tous les jours du poisson pour sa table, et, à l'occasion, des faisans. Parfois on le fournissait de pain ; mais c'était l'exception, et plus rarement encore on le défrayait à l'auberge[4].

---

[1] Pour le seul Averardo des Medici, en 1531, M. Pellegrini rapporte cinq lettres en ce sens. Doc. n°⁸ 61, 83, 87, 92, 97.

[2] Rinaldo présente son compte sur ce point pour une de ses ambassades : il se monte à 53 l. 18 s. 9 d. (*Commiss.* XXXV *Rin.*, I, 380.) Cf. *Commiss.* XXXVI, I, 397, pour d'autres dépenses. Ailleurs, Rinaldo dit que ces gratifications ont nui à sa bourse. (*Commiss.* XLII, II, 60.)

[3] *Commiss.* XXXV *Rin.*, I, 360. Voy. une note curieuse de Sismondi (VI, 241) sur les dangers que couraient les ambassadeurs et l'obligation où ils étaient parfois de se déguiser en pèlerins. Il renvoie au journal de Nicolas Lanckmann de Falkenstein, chapelain de Fréderic III, *Historia desponsationis et coronationis Frederici III et conjugis ipsius Eleonoræ*, ap. Pezium, *Script. austr.*, II, 569-682.

[4] *Commiss.* XXXVI *Rin.*, I, 393, 396. Cf. pour d'autres présents analogues faits par le légat de Bologne au passage, *Commiss.* XXXVII, I, 407.

Les questions d'argent devaient donc revenir et revenaient souvent dans les dépêches des ambassadeurs. L'âpreté florentine ne faisait grâce de rien à l'État, et l'État savait au besoin se défendre. La seigneurie, informée de la perte d'un mulet, accordait une indemnité, et, par surcroît, des compliments de condoléance[1]. Mais elle accusait ses orateurs de vivre avec parcimonie, de prolonger leur séjour au delà du temps fixé afin de toucher plus longtemps un salaire jugé considérable[2]. C'était un vrai scandale, car on n'envoyait point à l'étranger des citoyens besogneux. Aussi n'accordait-on plus de prolongations de séjour qu'en supprimant le salaire[3]. Étaient elles commandées dans l'intérêt public, les orateurs savaient bien signifier qu'ils n'entendaient pas que ce fût à leur frais[4]; mais il ne l'obtenaient pas sans peine[5]. A marchand, marchand et demi.

On recherchait pourtant les ambassades, car, supputation faite, nul n'y mettait du sien, et la vanité y trouvait son compte. Les marques d'honneur ne manquaient pas. Venise envoyait en pompe, au-devant de Rinaldo, plusieurs gentilshommes. Le doge, entouré de ses collègues, le recevait au seuil de la salle d'audience, le prenait par la main pour le conduire à sa place, et lui

---

[1] *Commiss.* XL *Rin.*, I, 527.

[2] Nonnulli cupiditate adducti eligi et micti appetunt et importune querunt; et cum revocantur, tardius redeunt, et, quod gravius ferendum est, non vivunt quemadmodum pro honore comunis decet, sed tanta parsimonia ut non sine nota civitatis et sua transeat. (Provision du 9 mars 1430. *Commiss.* XXXIII *Rin.*, I, 306, n. 1.)

[3] 1430. *Ibid.* Et cette mesure avait déjà été prise en 1418.

[4] Non vogliendo star di qua alle nostre spese.... non sarebbe ragionevole.... che una ora non s'è perduta di tempo. (Dépêche de Rinaldo, datée de Gaëte, 8 nov. 1421. *Commiss.* XXXV *Rin.*, I, 333, 349.)

[5] 16 déc. 1421. *Ibid.*, p. 379.

adressait des compliments personnels. Pendant son dîner, les trompettes et fifres du Conseil des Dix lui venaient faire une assourdissante musique[1]. L'empereur Sigismond autorisait les ambassadeurs florentins à lui parler debout et non à genoux, lui-même restant debout avec toute sa cour[2]. Les rois les admettaient à leur messe et quelquefois à leur table[3]. Seul le pape en usait plus librement. Dans son habitation exiguë de Frascati, il faisait attendre dehors, « au soleil et aux mouches », ou ne permettait d'entrer qu'à pied, avec un seul serviteur. Parfois, quand l'attente était longue, il faisait servir une collation ; mais parfois aussi, après de mortelles heures d'attente, il refusait de recevoir[4]; c'est peut-être que, comme on sait, entre Martin V et Florence il n'y eut jamais d'atomes crochus.

Dans ces mœurs publiques, comme dans le jeu faussé des institutions, est-il possible de ne pas voir les prodromes de la décadence? Le malaise était universel, la défiance générale. On se plaignait de la guerre, et aussi de la paix, surtout des impôts, toujours croissants et inégalement répartis. On accusait le tiers et le quart de provoquer par des dénonciations ces injustices. — Il sait bien que je ne peux pas, disait-on. S'il voulait mon avoir, que ne le demandait-il? je le lui aurais cédé pour moins qu'il ne vaut. — Et un autre : On me compte les bouchées, on me refuse le nécessaire : on veut donc pousser ma famille au déshonneur et au mal[5]? — Or, cette oppression de l'existence matérielle est ce qu'un

---

[1] *Commiss.* XLII *Rin.*, II, 60.
[2] Rapport général de Rinaldo, 1426. *Commiss.* XLVIII, II, 603.
[3] *Commiss.* XXXV *Rin.*, passim, I, 312-383.
[4] *Commiss.* XLV; XLVII *Rin.*, II, 165, 171, 342.
[5] Cavalcanti, l. I, c. xi, t. I, p. 24.

peuple supporte le moins. Devant les honteux tripotages des bourses le désir naturel de l'égalité n'avait fait entendre que de faibles murmures; il parlait haut, et impérieusement, pour protéger l'escarcelle.

Veut-on que Cavalcanti, qui est d'humeur maussade, ait assombri les couleurs, exagéré les propos qu'il rapporte? Il y a d'autres témoignages contemporains, non moins authentiques, non moins significatifs. Ser Lapo Mazzei, notaire obscur, ami du régime en vigueur, n'en constate pas moins « que l'art de la laine ne travaille pas, et que les pauvres en sont réduits à boire de l'eau[1] ». Le vieux Gino Capponi, si important dans l'État depuis l'acquisition de Pise, et qui veut qu'on accepte les faits accomplis, qu'on soutienne ceux qui gouvernent, signale en mourant les dangers que court sa patrie : elle ne prospérera, dit-il, qu'à la condition de ne pas s'engager pour l'Église et de laisser faire la nature[2], de tenir l'épée en main contre l'étranger, de se garder des grands *condottieri* comme des grandes dépenses, et surtout de ne laisser aucun particulier, aucune famille, aucune faction avoir plus de puissance que la seigneurie[3], car les citoyens sont avilis, incapables d'entreprendre ce qu'ont accompli leurs pères, et, s'ils l'essayaient, on y perdrait la liberté[4]. Les deux chroniqueurs qui portent le

---

[1] L'arte della lana non lavora, e la grande turba de' poveri, che solea qui bere, fa con l'acqua. (29 févr. 1410. *Lettere di un notaro*, II, 259.)

[2] La chiesa divisa fa per il comune nostro, ma è contro all'anima, o però non vi si deve dare opera, ma lasciare fare alla natura.... ne' fatti dello stato concludo che voi tegnate con chi lo tiene, e pigliatene poco e date favore a chi regge, etc. (R. I. S. XVIII, 1149, 1152.)

[3] *Ibid.*, p. 1149.

[4] A pena sarebbe possibile con i cittadini di presente far le cose che sono già fatte, o se a fare s'avessino di nuovo, perderemmo la nostra libertà prima che si facessino. (*Ibid.*)

nom de Morelli, encore des fauteurs de la secte, marquent leur mécontentement, chacun à sa manière, mais tous les deux avec une singulière énergie. L'un pousse ce cri de colère désespéré : « Faites la guerre, poussez à la guerre ! Nourrissez ceux qui nourrissent la guerre ! Jamais Florence n'a été, jamais elle ne sera sans guerre, si l'on ne coupe, chaque année, la tête à quatre des puissants[1] ». L'autre donne à son fils les conseils suivants, où la sagesse pratique est réelle, mais va jusqu'à l'impudeur de la défiance : « Si tu te consacres à l'art de la laine, ne travaille qu'avec ton argent, ne te presse pas d'envoyer ta marchandise au dehors, à moins d'y être représenté par quelqu'un en communauté d'intérêt avec toi. Si tu peux te passer de compagnon, fais-le. Si tu ne peux pas, associe-toi à un homme honnête et riche, mais non de rang supérieur au tien. Il te faudra voyager au moins une fois par an, pour surveiller les agents, t'assurer qu'ils ne dépensent pas trop, qu'ils n'acceptent que de bonnes créances, qu'ils n'excèdent pas leur mandat. Il est sage de se faire petit dans sa famille, sa personne, son train de maison, de ne jamais laisser connaître que la moitié de ce qu'on possède, et, pour cela, de ne point faire venir chez soi les récoltes de sa campagne, parce que les voisins diraient qu'il y en a pour nourrir six familles : il faut les acheminer directement au marché. Ne te fie à personne, et, s'il est possible, ne traite qu'avec des parents et des amis. Tiens les livres bien en règle, et, dans ce dessein, confie-les à une tierce personne. Retire-toi des affaires dès que tu le pourras. Tant que tu y seras engagé, ne cesse jamais de te plaindre des impôts, de dire que tu devrais payer

---

[1] Morelli, *Ric.*, *Del.* XIX, 75.

moitié moins, de représenter les lourdes dépenses que tu dois faire, les charges que t'aura laissées l'héritage paternel, les pertes que t'auront causées le trafic et les récoltes. Il ne faut pas craindre de mentir, pourvu qu'on ne fasse tort à personne; mais il faut mentir juste assez pour pouvoir être réputé véridique[1] ». Comme on peut le penser, Morelli n'est pas seul à crier misère. Le riche Francesco Datini sollicite sans cesse, lui aussi, des dégrèvements d'impôts, et il fait rédiger ses suppliques par celui de ses agents, — un notaire, — dont la plume a le plus d'habileté[2]. — Heureux, s'écrie un contemporain, qui peut le plus voler la pauvre commune[3]!

Quand des amis du pouvoir cherchaient ainsi leur bien privé dans la ruine publique, qu'on juge ce que devaient tenter ses ennemis du dedans, un tiers de la ville, sinon la moitié! Plus que personne ils marchandaient leurs deniers, et c'était de bonne guerre; le curieux, c'est que les seigneuries, de guerre lasses, finissaient quelquefois par céder. Alessandra Strozzi, mère de plusieurs exilés, gênée ou disant l'être pour

[1] Morelli, *Cron.*, p. 260-270. C'est ce même chroniqueur, grand donneur de conseils, qui en donnait aussi pour se préserver de la peste. Nous les avons reproduits à l'append. de notre t. IV, p. 520. On peut voir à la suite des *Lettere di un notaro* plusieurs lettres de médecins qui donnent de curieux détails sur leur art, sur celui des apothicaires, sur l'hygiène, etc., t. II, p. 355-379.

[2] Poichè questi miei fanno migliori lettere di me.... (*Lettere di un notaro*, t. I, p. 394.)

[3] E beato e felice quello che più poteva rubare il povero comune! (Priorista cité par Moreni dans le livre *Della carcere e dell' ingiusto esilio.... di Cosimo.* Voy. Agenore Gelli, *L'esilio di Cosimo de'Medici*, dans *Arch. stor.*, t. X, ann. 1882. Tirage à part, p. 17.) On est confondu quand on voit Vespasiano de Bisticci dire à plusieurs reprises que tout allait mal parce que tout allait trop bien. Voyez *Vita di Agnolo Pandolfini*, c. xiv; *di Leon. d'Arezzo*, c. iii; *di Palla Strozzi*, c. vii, dans *Spicil. Rom.*, t. I.

payer à l'État deux cent quarante florins, voit mettre quatre offices à ses trousses, passe six mois en démarches, et obtient de ne payer que peu à peu, à raison de neuf florins par mois[1]. Les débiteurs du dehors, que la République obligeait de sommes considérables, pour accroître sa puissance, ne se piquaient guère non plus d'exactitude pour s'acquitter, si même ils ne payaient en monnaie de singe, en promesses de protection[2].

C'était un vrai désastre. Après des guerres qui avaient coûté onze millions et demi de florins[3], la paix seule permettait de couvrir l'arriéré, d'avoir un excédent de recettes, de dégager les livres du *monte* des inscriptions qu'y avaient prises nombre de prêteurs forcés et marris, car ils ne recevaient que cinq pour cent d'intérêts, tandis que les prêts privés donnaient des intérêts usuraires, bien autrement lucratifs[4]. Parce qu'il est un débiteur solvable, l'État loue à vil prix les capitaux comme les terres, comme les maisons[5]; mais quand il ne permet pas de lui refuser les locations qu'il réclame, il tarit avec la confiance les sources de la prospérité, et ainsi manquait souvent cette finance que Rinaldo des Albizzi appelait déjà le nerf de la guerre[6].

[1] *Lettere di una gentildonna fior.*, lettre I, p. 6.
[2] Ainsi le légat de Bologne, Fra Antonio Corario, conteste tout ou partie de sa dette, puis promet de servir Florence auprès du Saint-Siège (15 juillet, 9 sept. 1424. *Commiss.* XLV *Rin.*, II, 119, 178.)
[3] La guerre des Huit Saints, 2 1/2 millions; les trois contre Milan, 1 1/2; l'acquisition de Pise 1 1/2. (G. Dati, l. VIII, p. 128, 129.)
[4] G. Dati, l. VIII, p. 130. On verra des détails plus loin dans un chapitre sur le régime de la propriété.
[5] Les propriétés de Matteo Strozzi valaient à peine 4000 fl.; elles lui en rapportaient 165 en 1454. Il louait 20 fl. une grande maison d'habitation. Voy. *Lettere di una gentild. fior.*, proemio, p. 24.
[6] Pecunia que est nervum guerre. (*Consulte* du 28 fév. 1414. *Commiss.* XLI *Rin.*, II, 6.)

Jusque dans la vie des affaires, malgré son éclat du moment, il n'est pas difficile d'entrevoir l'imminente décadence. Le conseil que Morelli donnait à son fils de ne pas s'éterniser au trafic, et que ne comprendrait ni un Anglais, ni un Américain, devient un précepte de la sagesse florentine. On le trouve aussi sous la plume d'un homme sérieux et sage, qui a mis longtemps la main à la pâte : « Le riche qui fait le trafic, écrit-il, n'a pas de bon sens, d'abord parce qu'il n'a pas besoin de renoncer à toutes les satisfactions de la vie, ensuite parce que le moindre de ses associés peut le voler, le mettre en faillite. On raille ceux qui couvrent leur ardeur au travail du prétexte de laisser aux pauvres le bien qu'ils auront amassé[1] ». Jouir au plus tôt, tel est le conseil de la prudence, car la confiance, âme du commerce, manque pour l'avenir. On semble comprendre que le régime oligarchique, également contraire aux traditions de l'ancienne démocratie et aux aspirations de plus en plus générales vers le pouvoir d'un seul, ne saurait être de durée. On n'ose plus trafiquer qu'au comptant, et une maison a beau avoir le renom d'être solide, on n'y risque pas trois cents florins sans des renseignements confidentiels et minutieux sur l'état de ses affaires[2] : on sait que tout ce qui reluit n'est pas or.

La mauvaise foi croissante, lèpre ordinaire du trafic, aggravait le mal, un mal terrible pour ce peuple, qui, hors du trafic, ne connaissait plus l'aisance. Voici ce ser Lapo Mazzei dont nous avons parlé, dont nous parlerons souvent encore : il a plusieurs cordes à son arc, car, notaire, il rédige force testaments, actes privés et

---

[1]. *Lettere di un notaro*, 26 sept. 1400, t. I, p. 277.
[2] *Ibid.*, 8 mars 1397, t. I, p. 174.

publics, il est le scribe à la fois d'un hôpital et d'un riche fabricant. Eh bien, cet homme de vie ordonnée et vertueuse déclare, sur la fin de ses jours, que deux cents florins seront tout son héritage[1]. Tel est pourtant son labeur, qu'il sera mort, dit-il, avant de s'être reposé une journée[2]. Il n'y a plus, à Florence, que des riches et des pauvres[3], et la condition de ceux-ci a bien empiré sous l'oligarchie : notre notaire parle d'une femme qui a quatre filles en âge d'être mariées : elle ne gagne pas trente sous par mois à vendre des cordes, et elle les paye en une fois à un messager pour une commission[4].

Assurément, l'oligarchie n'était pas responsable de tous les maux. Les institutions civiles du passé ne garantissaient pas suffisamment les intérêts. On ne connaissait point le système des hypothèques ; on se bornait à une promesse verbale, tout au plus un mot d'écrit du prêteur et de l'emprunteur sur les livres respectifs[5]. Ce fut même une innovation sage, pour permettre aux pauvres gens de voir clair dans leurs procès, que d'exiger l'emploi de la langue vulgaire dans les écritures des arts[6]. Mais il eût fallu davantage pour se faire pardonner les mécomptes de la liberté politique. On pouvait mettre un terme au révoltant arbitraire des tribunaux, ou, du moins, le modérer : on ne le fit jamais. Sur la simple dénonciation d'un créancier, sans rien vérifier, on mettait

---

[1] *Lettere di un notaro*, 6 janv. 1409. II, 142.
[2] *Ibid.* 10 déc. 1407. II, 251. Il est vrai que c'est un honnête homme. Ayant une mission payée de la commune, il travaille jour et nuit pour lui causer moins de frais. (*Ibid.*, 7 mai 1394. II, 264.)
[3] G. Capponi le reconnaît. Voy. *Stor. di Fir.*, I, 457.
[4] *Lettere di un notaro*, 8 avril 1396. II, 183.
[5] *Ricordi* d'Oderigo de Credi, *loc. cit.*, p. 94.
[6] Ammirato le jeune, XVIII, 970.

aux enchères les biens du débiteur. Puis, le magistrat, pour des motifs inconnus, sur des sollicitations sans doute, annulait sa sentence, se déclarait arbitre, dépassait les limites de l'arbitrage, forçait les parties à subir ses capricieuses décisions[1].

Aussi, que d'amertume s'amassait dans les cœurs! L'orfèvre Oderigo de Credi, qui n'a pu obtenir justice contre un certain Niccola de Lotto, écrit les paroles suivanets dans ses *Ricordi*, qu'il ne destinait point à la publicité : « Pour ne pas gâter mes affaires, et par égard pour ma famille plus que pour lui, j'ai pris de mon mieux patience; mais si je le puis jamais récompenser, j'y ferai tous mes efforts, et j'en ai fait ici mention pour l'avoir toujours présent à l'esprit[2] ». S'il n'a point de menaces contre le juge, c'est qu'il se sait impuissant. Mais n'en doutons pas, sa haine, en se dissimulant, s'avive et s'étend au gouvernement tout entier. Moins malheureux, puisqu'il finit par obtenir satisfaction, un citoyen obscur, Rainuccio de Farnese, s'était vu condamné, comme débiteur, non seulement à payer, ce qui était tout naturel, mais encore, ce qui était illégal, à se voir peinturé sur les murs, dans le portrait d'infamie[3] Il n'obtint de faire effacer sa honte que sur les démarches de l'ambassadeur de Sienne, du souverain pontife

---

[1] *Ric.* d'Oderigo, p. 67, n. 1. — Un sujet florentin, Guelfo des Pugliesi, de Prato, étant podestat à Pérouse, les juges ordinaires condamnent, selon les lois du pays, un meurtrier à 500 liv. d'amende. Guelfo, assez judicieusement du reste, estime que c'est trop peu, il paye l'amende de sa poche, et fait décapiter le coupable. Voy. *Lettere di un notaro*, I, 414, note 2, d'après des mémoires inédits de Prato.

[2] *Ric.* d'Oderigo, p. 62.

[3] Sanza alcuna conscienzia della signoria, perchè non si richiede seguitando i nostri ordini. (Lettre de la seigneurie à Rainuccio. *Commiss.* XLVII *Rin.*, II, 422, note 2.)

lui-même, et en désintéressant jusqu'au dernier sou des créanciers douteux[1]. On garde rancune aux gens dont l'injustice fait loi et force à se donner tant de mal. Dans ces sortes de griefs, incessamment accumulés, il faut voir une des causes les plus lointaines, les plus profondes, de changements futurs. La bonne administration de la justice a toujours été l'idéal, vainement poursuivi, des peuples du moyen âge.

Pour le moment, les Florentins en sont encore à la période de soumission et de silence. S'ils rongent leur frein, ils ne veulent point casser les vitres. Le père conseille formellement à son fils d'être toujours du côté de la seigneurie, de ceux qui occupent le palais. Il faut obéir à leurs commandements, ne jamais mal parler d'eux ni de ce qu'ils font, même quand ce qu'ils font est mauvais. Il ne faut jamais prêter l'oreille à qui les attaque, eût on été injurié par eux, et, si l'on est réduit à parler aux mécontents, ne le faire que devant témoins. Entend-on, par malheur, quelque parole malsonnante, vite qu'on la rapporte à la seigneurie ou aux Huit de garde[2].

Telle est, dans Morelli, la théorie du prudent citoyen. D'autres nous en montreront la pratique. Ser Lapo Mazzei, tout dévot qu'il est, n'ose être agressif que contre le pape, sa cour, le concile; encore, tremblant de son imprudence, recommande-t-il qu'on brûle ses lettres à peine lues[3]. Quant à la politique florentine, c'est à peine s'il en souffle un mot dans les quatre cent soixante

---

[1] *Commiss.* XLVII *Rin.*, II, 422, et lettre des ambassadeurs auprès du Saint-Siège à la seigneurie, 14 oct. 1425.
[2] Morelli, *Cron.*, p. 276.
[3] Voy. *Lettere di un notaro*, notamment 12 août et 3 sept. 1407. II, 92, 93.

et onze missives de lui récemment publiées; et le fait-il par hasard, jamais il ne discute, jamais il ne s'étend; il n'a que des compliments pour les hommes en place. Les Huit de garde sont « tous de bons citoyens », Niccolò d'Uzzano est « notre père[1] ». De même, Alessandra Strozzi, qui a mille sujets de mécontentement, et dont les fils vivent loin d'elle dans l'exil, n'est pas moins réservée dans sa correspondance la plus intime avec eux.

Le silence a sa dignité, mais à la condition d'être complet. Or il ne l'est point, et il n'y a guère, ici, plus de dignité que d'héroïsme. Les caractères sont abaissés, l'énergie est émoussée. Jadis, des réconciliations obligées laissaient subsister des haines vigoureuses, héréditaires[2]; maintenant, on ne sait plus être soi, on ne sait plus haïr, ni aimer par conséquent. « Dans le triste monde où nous sommes, écrit encore ser Lapo, neuf cents sur mille vivent comme les moutons, la tête penchée à terre, pleins de folies et de mauvaises pensées[3]. Chacun est méchant, avide, sans foi, superbe, envieux, n'aimant que soi; ou, si l'on fait montre d'aimer autrui, c'est à la manière des marchands : donne-moi, je te donnerai[4]. Si je vis et que mes fils me viennent en aide, je sortirai de ce pharaon mondain de Florence, où il n'y a que mauvais usages, et j'irai habiter avec les oiseaux ou les poissons, qui ne font, ni ne disent le mal[5]. »

---

[1] *Lettere di un notaro*, I, 297, 300.

[2] B. Pitti (p. 131) en ses mémoires non destinés à la publicité recommande ou plutôt commande à ses frères et neveux d'observer fidèlement la réconciliation procurée entre lui et les Fibindacci de Ricasoli.

[3] *Lettere di un notaro*, 24 août 1400. I, 260.

[4] *Ibid.*, 194.

[5] *Ibid.* 19 juin 1407. II, 85 et 227. M. Guasti flatte donc ses compatriotes quand il voit en eux « le sentiment profond du bien (*Ibid.* proemio,

Le fléau de la peste, devenu presque endémique, donne un moyen d'apprécier l'avilissement moral de ce peuple. Certes, on comprend son désarroi profond, lorsque, en 1348, elle éclata, inconnue et foudroyante; on excuse l'égoïsme des élégants de Boccace et leur fuite. Mais, depuis, les Florentins ne se sont point aguerris, tant s'en faut : Boccace a fait école. Dans l'été de 1400, à la nouvelle des premières victimes que fait la peste[1], c'est une débandade. On fuit à Prato et à Pistoia[2] : ceux de Prato et de Pistoia s'en vont plus loin. Francesco Datini se retire à Bologne avec tous les siens, et, prudemment, il y reste toute une année[3]; Niccolò d'Uzzano l'y rejoint[4]. Nofri del Palagio part pour Arezzo, non sans avoir fait son testament, où il constate que presque tous ont pris la fuite avant lui[5]. Buonaccorso Pitti, si souvent au loin, a la male chance de se trouver trois fois dans sa patrie quand la peste y éclate. Il reprend aussitôt la clef des

p. LVII, LVIII) ». On ne peut même admettre que ser Lapo — une exception — vit les choses en noir, quand on étudie le quinzième et le seizième siècle.

[1] Le mal, au reste, ne tarda pas à devenir grave : 100 morts par jour. Le 5 juillet, 204, sans compter les couvents, les hôpitaux, chiffre exact, M. Guasti l'a vérifié sur les registres (*Lettere di un notaro*, I, 243). Dans l'hôpital de ser Lapo, il meurt huit ou dix personnes par jour et il y a deux cent cinquante malades à la fois. (*Ibid.*, I, 244). Du 3 mai 1400 au 25 avril 1401, les *beccamorti* font inscrire 11,788 décès de gens enterrés dans les églises de Florence, et comme on n'y enterrait pas tout le monde, les chroniqueurs n'exagèrent pas autant qu'on pourrait croire, quand ils parlent du tiers de la population enlevé. (*Ibid.* Voy. *Ricordi* de Fil. Rinuccini.) Au déclin, il mourait encore quarante personnes par jour. (*Ibid.*, I, 266.)

[2] D. Boninsegni, p. 23.

[3] *Lettere di un notaro*, I, 241 et n. 3. La dernière lettre qui lui est adressée à Bologne est du 31 août 1401 (dernière du Ier vol.), et il est parti de Florence le 27 juin 1400. (Doc. dans proemio, p. 119).

[4] *Ibid.*, I, 245, n. 1.

[5] Putans de proximo transire ad certas partes ut fugiat instantem pestem, ut plurimi cives fecerunt. (*Ibid.*, I, 241, n. 2.)

champs, et, chaque fois, il emmène famille, serviteurs, chevaux[1]. Cosimo des Medici s'aperçoit-il que deux de ses domestiques sont malades, en toute hâte il les met à l'hôpital, et se sauve non dans sa villa de Careggi, qui est trop près et trop bas, mais à l'air pur des montagnes du Mugello[2]. Et il érige cyniquement sa lâche pratique en théorie, lui qui a charge d'âmes : « Il faut laisser derrière soi toute affaire et s'ingénier à sauver sa peau[3] ». Un de ses familiers énonce en ces termes cette théorie : Si Cosimo et sa famille vont à Cafagiolo en Mugello, tenez pour sûr que Florence est atteinte, qu'il y meurt huit ou dix personnes par jour. S'ils quittent Cafaggiolo, tenez que le mal a empiré[4] ». Précautions souvent bien inutiles, la peste montait en croupe et galopait avec les fuyards[5].

Passe encore quand elle faisait de grands ravages. Mais en 1450 il n'en mourait que deux ou trois personnes par jour[6], la plupart du menu peuple, moins attentif aux soins hygiéniques, et moins en état de se les donner[7]. Nonobstant, tous les « gens de bien », ceux qu'on appelait au dix-septième siècle les « honnêtes gens », désertent Florence[8]. Alessandra Strozzi, quoique

[1] B. Pitti, ann. 1400, 1417, 1425, p. 106, 124, 132. Voy. plus haut sur la peste de 1417, p. 206, n. 1.
[2] 11 juillet 1431. Doc. Pellegrini, n° 61, p. 142. — Nicodemo à Sforza, 17 août 1463. Bibl. nat. ms. ital., Arch. sforz. Orig. n° 1589, f° 190.
[3] Se la moria faciesse danno, mi pare da lassarne indrieto ogni faccienda et ingegniarsi champare la persona. (Lettre de Cosimo, Rimini, 21 oct. 1430. Doc. Pellegr. n° 7, p. 17.)
[4] Nicodemo à Sforza, Flor. 2 juillet 1464. Arch. sforz. orig. n°. 1590, f° 262.
[5] Voy. *Lettere di un notaro*, I, 246, 295.
[6] *Lettere di una gentild. fior.*, p. 292.
[7] *Ibid.*, p. 274.
[8] *Ibid.*, p. 89, 274, 281.

gênée, fuit de ville en ville avec les siens. « Il ne faut pas regarder à la dépense, écrit son fils Matteo ; nous morts, mort est le monde[1] ». En 1464, elle recommande à son autre fils Filippo de quitter Naples « au premier bruit de la peste[2] ». C'est entré dans les mœurs : les Florentins ont toute honte bue. Tel est l'effroi que cause l'idée seule de la contagion, qu'en 1463, au mois de décembre, Cosimo prend ses précautions contre ces maladies d'été qu'on grossit du nom de peste[3] ; qu'en 1465, Nicodemo de Pontremoli, ambassadeur de Francesco Sforza à Florence, y pilotant les fils de ce seigneur, ne leur permet pas, en temps ordinaire, de visiter un hôpital qu'ils voulaient voir, autrement que du seuil de la porte, à cheval et en courant[4].

L'excuse, car il y en a une, c'est que 1348 avait laissé d'ineffaçables souvenirs : cinquante-deux ans plus tard, on appelait encore « gens de 48 » les débauchés, les capteurs d'héritages[5]. Mais c'est surtout qu'alors on savait moins encore qu'aujourd'hui guérir ou se préserver. Les préservatifs indiqués par Morelli sont si anodins et si bizarres qu'ils font sourire[6]. Enfin, de simples particuliers, des marchands, sont dans leur

---

[1] *Lettere di una gentild.*, p. 85 et 91, n. A. — [2] *Ibid.*, p. 295.

[3] El m°° Cosimo me ha dicto hogi che Piero suo vole andare a Pisa prestissimo, et che gli commette manūi a Pontremolo a vedere le stancie del palasio et de la roca per potervi andare quando la peste malignasse, che pur ne dubitano grandemente, a questa primavera. (Nicodemo à Sforza, Flor. 9 déc. 1463. Archiv. sforz., orig. n° 1589, f° 315.)

[4] Nel quale, etiam che sia sano, non gli lassay intrare, ma el videro de la porta, poy intrarono in quelli cortili a cavallo, et non gli lassay fermare quasi niente. (Nicodemo a Sforza, 24 juin 1465. Arch. sforz., orig., n° 1591, f° 67.)

[5] Lettre de Fr. Datini, 25 déc. 1400. (*Lettere di un nótaró*, I, 323.)

[6] Voy. notre t. IV, p. 520, app. n° 2.

droit quand ils subordonnent tout à leur vie et s'enfuient à tire-d'aile, laissant chômer les notaires, négligeant de poursuivre leurs débiteurs et d'ouvrir leurs boutiques, comme de rendre les derniers devoirs aux morts[1]. S'ils sont pusillanimes, rien ne les oblige au courage.

Mais que les officiers publics et les gouvernants désertent leur poste, voilà qui est plus grave. Or le palais est désert[2]. Les chefs ont donné l'exemple : comment gourmanderaient-ils leurs subordonnés de le suivre ? Loin de l'oser, ils leur envoient dans leur retraite les ordres de service[3], lorsqu'ils n'ont pas refusé de s'y soumettre, comme a fait Buonaccorso Pitti[4]. En 1424, Rinaldo des Albizzi est en ambassade auprès de Martin V, à Gallicano, où il mourait de douze à quinze personnes par jour. « Dieu nous vienne en aide ! » écrit-il, et il s'enfuit à Tivoli, méritant l'aide du ciel, puisqu'il savait si bien s'aider. Les Dix de la guerre regrettent sans doute qu'il en soit empêché de communiquer avec le pape, comme sa mission l'exigerait ; mais si naturelle leur paraît sa désertion, qu'ils ne lui adressent pas l'ombre d'un reproche[5]. Un an plus tard, Rinaldo et ses deux collègues sont à Rome, et la peste les y poursuit. La campagne du voisinage ne leur paraît plus un suffisant refuge, et ne pouvant, sans permission, mettre

---

[1] *Lettere di un notaro*, I, 250, 260.

[2] *Ibid.*, p. 250. 6 août 1400.

[3] Rinaldo des Albizzi s'est enfui à Pratovecchio avec sa famille (avril 1424. *Commiss.* XLII Rin., II, 50) : il y reçoit les lettres de sa quarante-troisième ambassade. (*Commiss.* XLIII Rin., II, 67).

[4] B. Pitti, nommé capitaine de Livourne, refuse de s'y rendre, parce que la peste y règne (p. 152).

[5] Assai c'è molesto il disagio del luogo dove siate e per la moria e per non potere essere spesso con la sua Beatitudine. (27 août 1424. *Commiss.* XLV Rin., II, 169.) Cf. lettre du 4 juillet précédent, *ibid.*, p. 100.

fin à leur ambassade, ils demandent sans vergogne leur congé[1].

Et ce qui rend plus condamnable leur défaillance, c'est qu'on trouve encore des esclaves du devoir. Ainsi Martin V savait rester à Gallicano, au foyer de la peste. Ainsi, à Pérouse où elle régnait, l'évêque de Turin vient prendre les périlleuses fonctions de légat, qu'avait refusées le cardinal Corario, légat de Bologne. Il est vrai que l'évêque de Turin, n'ayant point le chapeau, le souhaitait peut-être, que l'ambition est un des stimulants de la bravoure[2], et que les cardinaux sans ambition se montraient lâches[3]. Mais l'honnête et modeste ser Lapo Mazzei, qui a perdu de la peste deux de ses fils, qui voit sa fille aux portes de la mort, qui approuve son patron d'être à Bologne et qui l'exhorte à y vivre gaiement, n'en reste pas moins à son comptoir. « Meure qui voudra, écrit-il, je ne m'en puis éloigner[4] ».

Ce sont là, il faut bien le dire, de rares exceptions. En ce triste temps, toute discipline morale s'affaiblit. Ce même pontife que nous venons de voir brave devant

---

[1] Dove la nostra stanza non fusse di gran bisogna, umilmente vi preghiamo vi piacesse vedere modo fussimo rivocati da questi pericoli (14 août 1425. *Commiss*. XLVII *Rin.*, II, 565, 566).

[2] *Commiss*. XLV *Rin.*, II, 154, n. 1. M. Guasti indique les sources.

[3] El card. di Bologna era venuto da Sarzana a Luca per andar a Roma, et lì ha inteso che la moria dampneza Roma. Essi fremò et scrive al patriarcha che non voglia andare a morire. (Nicodemo à Sforza, Flor. 25 oct. 1463. *Arch. sforz.*, orig. n° 1589, f° 265.)

[4] Priegovi che non partendovi dalla memoria di Dio, che v'ingegnate di vivere sanza malinconia. Io v'ho detto altra volta in ciò mio pensieri, e quel che fo io, muoia chi vuole, poichè riparar non posso. Non dico facciate come il vicino mio che, sanza avere mai niuno buono pensieri, pensa che sia empiere e votare e scoppiare, e di ciò sempre ragionare, che so ne siete nemico, e fate bene a dispiacervi quello che piace agli animali. (16 août 1400. *Lettere di un notaro* I, 251.)

la peste, est lâche ou complaisant devant le vice, devant ceux qui « mettent leur paradis dans l'argent, ne songent qu'à la bombance ou à suivre les femmes[1] ». S'il condamne à jeûner une année tel particulier qui veut faire sa paix avec l'Église, cela s'entend d'un jour par semaine pendant une année; encore pourra-t-on s'abstenir du jeûne en faisant une aumône pour l'amour de Dieu[2]. S'il voit condamnés à l'amende ces voleurs qu'on punissait jadis de mort, il obtient que l'amende soit diminuée, *propter beneficium confessionis*[3]. Le seul vol qui coûte parfois la vie, c'est, désormais, le vol sacrilège d'ornements d'église; mais, même en ce cas, la justice, naguère si expéditive, ajourne trois mois l'exécution, comme si elle attendait, pour fléchir, une puissante intervention[4].

Aussi le vol devient-il de plus en plus une industrie lucrative. Les riches marchands en sont réduits à se faire garder, la nuit, à leurs frais[5]. C'est à ce point que les gens lettrés eux-mêmes se font voleurs, et qu'on s'étonne presque de trouver hors des *Stinche* des gens qui aient une belle écriture[6]. En ce siècle d'érudition curieuse, les livres, coûtant cher, sont de bonne prise.

[1] *Lettere di un notaro*, II, 107.
[2] Note de Rinaldo sur son fils et un peintre miniaturiste, Battista des Sanguini. (*Commiss.* XLV *Rin.*, II, 165.)
[3] Il s'agit d'un ser Anselmo de Spolète, *socius* ou chevalier du capitaine, condamné, sous peine d'être promené, mitre en tête, et pendu, à 1500 livres pour avoir volé une dague et une ceinture garnie d'argent. (*Commiss.* XLVII *Rin.*, II, 465 et note.)
[4] Le 15 oct. 1424, la condamnation d'un certain Domenico de Prato est annoncée comme imminente. Le 3 janvier suivant, elle n'était pas encore exécutée. (*Commiss.* XLVI *Rin.*, II, 248, 286, 287 n. 3.)
[5] *Lettere di un notaro*, 15 sept. 1394. I, 72.
[6] Ho trovato un bello scrittore fuor delle stinche. (*Lettere di un notaro* 12 juillet 1394. I, 61.)

On vole le commentaire de Dante par Benvenuto Rambaldi d'Imola, récemment imprimé à Bologne sur parchemin, et qui valait cinq florins environ. On vole l'*Achilléide* de Stace, qui avait à peu près même valeur[1]. La tromperie est partout. On trompe en usurpant le nom et le titre d'autrui[2]. On se défie de la parole donnée, on ne croit plus qu'aux écrits[3].

Nous touchons ici aux mœurs privées, et il n'est pas hors de propos de pénétrer dans la famille. Nous l'avons étudiée déjà dans un précédent volume[4]; mais avec le temps elle a changé comme tout le reste, et, comme tout le reste, ce n'a pas été pour s'améliorer.

Dans les sociétés vieillies, le mariage perd du terrain devant le célibat. L'égoïsme croissant pèse les charges de la famille et les rejette. Ainsi en était-il à Florence au quinzième siècle. « Si tout le monde, écrit Alessandra Strozzi à ses fils, était comme vous, le monde serait fini depuis longtemps. Le diable n'est pas si noir qu'on le fait[5] ». Le diable, c'était la femme. Elle passait pour usurper toute l'autorité dans le ménage. « Il ne faut pas qu'elle soit le mari, disait Morelli à son fils; ce serait l'avilir[6] ». Il faut l'empêcher d'être « le juge de la

---

[1] Le voleur était ce même Domenico qui faisait main basse sur l'argent et les ornements d'église. On l'appelle « furem publicum famosum et consuetum. » (*Commiss.* XLVI *Rin.*, II, 286 287.)

[2] Averardo des Medici se plaint de ce que l'on veut tromper les gens sous le couvert de sa parole, quand il est commissaire. (1431. Doc. Pellegrini, n° 92, p. 190.)

[3] Arei charo, per fuggir charico, avessi auta la comessione *in scriptis*. (Cosimo des Medici à Averardo, 28 juin 1431. Doc. Pellegrini, n° 57, p. 132. Cf. du même au même, 3 oct. 1431. Doc. Pell., n° 76, p. 167).

[4] Voy. t. III, p. 326 sq.

[5] *Lettere di una gentild. fior.*, lett. 59, p. 541.

[6] Morelli, *Cron.*, p. 255.

maison », comme ser Lapo Mazzei appelle la sienne[1]. On le peut, et le moyen, c'est la même Alessandra Strozzi qui le donne : elle aime trop ses fils pour ne pas leur sacrifier son sexe. « L'homme, quand il est homme, fait la femme femme. Le tout est de ne pas trop s'énamourer d'elle[2] ».

Et avec raison. N'est-elle pas toujours, selon la doctrine de l'Église, un être inférieur[3]? Dans une société de plus en plus instruite, elle reste ignorante : celle du riche Francesco Datini sait si peu lire qu'on lui écrit en caractères d'imprimerie, ou, comme on disait alors, en caractères formés[4]. Souvent la femme marque le respect au mari qu'elle domine, en ne le tutoyant pas, dans ce pays où tout le monde se tutoie[5]. Toujours elle entre si complètement dans sa nouvelle famille qu'elle semble en perdre sa personnalité[6].

Si elle se résigne à vivre légalement en tutelle, c'est que le mariage lui est, bien plus qu'à l'homme, une nécessité. A seize ans, elle n'en dort plus, elle est déjà presque une vieille fille; on ne se hâte jamais assez de lui constituer une dot sur le *monte delle doti*[7], car le

---

[1] *Lettere di un notaro*, I, 128.
[2] *Lettere di una gentild.*, lett. 53, p. 471.
[3] Marco Parenti console Filippo Strozzi d'avoir une fille, en lui représentant qu'il a déjà un garçon. *Lettere di una gentild.*, note B à la lettre 71, p. 596.
[4] *Lettere di un notaro*, II, 181, n. 1.
[5] *Lettere di una gentild.*, note C à la lettre 71, p. 598.
[6] La femme, écrivant à son mari, signe par exemple : « Vostra Fiammetta di Mona Allesandra. » (*Ibid.*, p. 599.) Or Monna Alessandra Strozzi, c'est sa belle-mère. Voilà un génitif de possession que n'admettraient guère nos femmes modernes.
[7] Il y avait deux *monti delle doti*, l'un pour les garçons, l'autre pour les filles. On déposait dans cet établissement une somme qui se trouvait fort accrue au moment du mariage. Si la fille mourait auparavant, le père

sans dot d'Harpagon est une rareté au quinzième siècle comme au dix-septième[1]; et qui a touché la moitié de la somme promise ne fait pas deux ans crédit pour le reste. Comment croirait-on celles qui font fi du mariage? Rien de plus fréquent que les secondes noces, et il y en a même de troisièmes[2]. Trop longtemps fille, la femme est dédaignée, et, veuve, on se défie d'elle. Il faut qu'elle soit bien méritante pour qu'on lui laisse la direction de ses enfants et une partie de l'héritage de son mari, si l'on arrive à temps pour l'empêcher de faire main basse dessus[3]. La menace de ne lui rendre que sa dot, ce qui est obligatoire, voilà, écrit Morelli, le bon moyen pour la forcer à se bien tenir dans le mariage[4]. S'il admet que « la plus triste mère est encore pour les enfants ce qu'il y a de mieux », c'est qu'il compte sur les tuteurs chargés de la surveiller; et si la surveillance est impossible ou difficile, il ne reste qu'à remettre les orphelins au gouvernement de la commune[5].

Les hommes, qui tenaient presque seuls la plume, sont-ils injustes? Ils nous représentent leurs femmes vaines, courant les noces, les fêtes, les plaisirs avec tant d'ardeur qu'on était réduit à les leur interdire[6]; car, à

---

touchait la moitié de la dot qu'elle aurait eue. (*Lettere di una gentild.*, note à la lettre I, p. 11). On mettait 100 fl.? Au bout de 15 ans, si l'on se mariait, on recevait 500 fl. pour capital et intérêts. La mortalité, grande chez les jeunes enfants, assurait aux deux *monti* de beaux bénéfices. Voy. Ammirato, XIX, 1020. Capponi (I, 467) blâme ce système.

[1] *Lettere di una gentild.* Lettre I, p. 4. « Chi to' donna, vuol danari », dit Alessandra Strozzi.

[2] *Ibid.* Lettre 27, p. 267, et note A à la lettre 24, p. 240. Les trois filles de Braccio de Montone se marièrent chacune deux fois à Florence. Voy. chapitre suiv., p. 269, n. 2.

[3] *Lettere di una gentild.*, n. A à la lettre 24, p. 240.

[4] Morelli, *Cron.*, p. 256, 257. — [5] *Ibid.*, p. 257-259.

[6] La question de dépense était, à vrai dire, pour beaucoup dans ces in-

vivre ainsi, la meilleure devenait vicieuse[1], étant toutes « mobiles comme la feuille[2] ». Si l'on peut dire d'une jeune fille qu'elle n'est pas toujours aux fenêtres, c'en est assez pour qu'une mère en veuille faire sa bru[3]. Il y avait pourtant des femmes sérieuses. Les lettres d'Alessandra Strozzi mettent en lumière son esprit net et solide, comme son cœur affectueux. Elle y fait le portrait séduisant de la femme d'un de ses fils qu'elle avait souhaitée, quoique pauvre, parce que, étant l'aînée de douze enfants, elle leur servait de mère en place de leur mère commune, femme de peu de mérite et toujours enceinte[4]. Ser Lapo dépeint Niccolosa des Albizzi, belle et jeune encore, s'habillant en vieille femme, n'allant jamais aux fêtes et timide à cinquante ans comme une jeune fille[5]. Mais c'étaient, là encore, des exceptions.

Ce qui est singulier, c'est qu'ayant sans cesse à la

---

terdictions. Il y fallait pour robes et bijoux plusieurs centaines de florins. Alessandra Strozzi dit qu'une mariée portait sur elle toute sa dot. (*Lettere di una gentild.*, lett. 65, p. 548; lett. 71, p. 592, et n: D, p. 600.) De même à l'entrevue d'Ardres, ou camp du drap d'or, les gentilshommes, selon Du Bellay, portaient sur leurs épaules leurs moulins, leurs bois et leurs prés.

[1] Morelli, *Cron.*, p. 256.
[2] « Girano come foglia. » (*Lettere di un notaro*, I, 34.) Ce pauvre ser Lapo n'était pas heureux par sa femme. Il dit que de tous ses enfants elle n'en voulait voir qu'un, et que « per la infermità quasi ismisurata, mi pare in tutto fuori di se, e fa cose da non dire. » (*Ibid.*, II, 169.)
[3] *Lettere di una gentild.*, lett. 53, p. 471.
[4] *Ibid.*, Lett. 49, p. 444. Voy. le portrait de cette bru, lettre 51, 52. 53, p. 459, 464, 470.
[5] *Lettere di un notaro*, I, 34. L'annotateur de cet ouvrage, M. Cesare Guasti, fait un portrait séduisant de la femme en ce temps-là. Voy. *Proemio alle Lettere di una gentild.*, p. 8. C'est qu'il laisse résolument de côté tout ce qui ferait ombre au tableau. Comme c'est la femme qui forme l'homme, on ne s'expliquerait pas, si elle était telle que le dit M. Guasti, les générations dépravées, perfides, cruelles des quinzième et seizième siècles.

bouche l'éloge du célibat et la critique des femmes, les Florentins avaient hâte d'en prendre une. Volontiers ils mariaient à dix-huit ans leurs fils, autant que possible dans leur quartier ou même dans leur gonfalon, c'est-à-dire dans la section du quartier qu'ils habitaient. On cherchait une famille ancienne, marchande, riche, guelfe, bien vue, et l'on n'espérait savoir au juste à quoi s'en tenir que dans le voisinage. Le prétendant, de son côté, devait faire preuve de bonne éducation, plaire aux voisins, se distinguer par des actions honorables qui pussent être rapportées, donner à la belle une sérénade par an, — car la cour durait des années, — avec trois ou quatre bons jeunes gens dans le secret, qui assourdissaient la rue du bruit des trompettes et des fifres. Point d'ostentation, d'ailleurs, et peu de dépense : il n'y faut pas sacrifier plus de deux florins. A faire davantage, on passerait pour « une petite bête[1] ».

Marié, le jeune Florentin n'a qu'un médiocre respect de la foi conjugale. « Nous avons vendu notre âme, écrit ser Lapo, pour nous faire une condition, nous enrichir, mener une vie bestiale en emplissant notre ventre, nuire au prochain en lui prenant son bien ou sa femme[2] ». Le désordre s'insinue, par la faute de l'homme, jusqu'au foyer domestique. La servante, jolie ou non, a de lui des enfants, et l'épouse ne regimbe pas. Plus tard même, elle contribue de ses dons à l'établissement des adultérins et elle y a quelque mérite, — un mérite qui témoigne bien haut sur les mœurs, — car si la loi permettait au mari de recommander par testament sa

---

[1] Bestiuolo. (Morelli, *Cron.*, p. 271. Cf. p. 275.)
[2] *Lettere di un notaro*, I, 292.

L'INSTRUCTION.   249

maîtresse à sa femme, elle lui interdisait cette recommandation pour les fruits de l'adultère[1]. Les affections de famille semblent, en ce temps-là, bien refroidies, bien superficielles, à en juger du moins par la manière dont chacun mentionne la perte des siens, brièvement, incidemment, au cours d'une lettre d'affaires[2]. Le plus riche économise sur le médecin, et ce n'est point par dédain de la médecine[3].

Pour l'instruction seule on dépense sans compter, véritable signe du temps. Cet ignorant Morelli, qui confondait Ovide avec Ésope[4], n'en veut pas moins que son fils aille à l'école et qu'il y apprenne la musique, le chant, la danse, l'escrime, un peu de calcul et la science de la grammaire[5]. La grammaire a, dans cet esprit inculte, un sens plus compréhensif qu'on ne pourrait croire. Il veut que son fils entende à la lettre les papiers des notaires et des docteurs, qu'il sache s'exprimer, bien composer

[1] Voy. *Lettere di un notaro*, proemio, p. 45-48, et *Lettere di una gentild.*, lett. X, n. B, p. 125.

[2] Voy. *Lettere di un notaro*, I, 248 et lettres environnantes, plus I, 308, II, 170. Au milieu d'une longue lettre d'affaires, ser Lapo glisse négligemment ces mots : « Mon fils, que je viens d'enterrer de la petite vérole, marchait sur ses sept ans ; c'était un des deux jumeaux, le plus gros et le plus agréable. *Deo gratias*. J'aurai soin des affaires de.... » (I, 287.) Involontairement on pense au sec Balzac, le premier, annonçant, au cours d'une lettre de rhéteur, la mort de « son bonhomme de père ». Ser Lapo est pourtant une des meilleures natures qu'on puisse voir.

[3] Ainsi fait la femme du riche Datini, et ser Lapo l'en raille. (*Lettere di un notaro*, I, 340.) Or, Datini est assez riche pour que le duc d'Anjou, passant par Prato, loge deux fois chez lui. (*Ibid*, II, 157, n. 2.)

[4] Il cite, en les estropiant comme suit, ces deux vers d'Ovide :

Tempore felici multi numerantur amici,
Dum fortuna perit, nullus amicus erit.

Il les attribue à Ésope, « sauf erreur, dit-il, car je suis fort ignorant ». (Morelli, *Cron.*, p. 279.)

[5] *Ibid.*, p. 270.

et écrire une lettre, consacrer chaque jour au moins une heure à lire Virgile, Sénèque, Boèce, comme on les lit à l'école. Cet exercice, un peu dur et malaisé dans les jeunes années, sera la consolation et l'honneur de l'âge mûr, « car c'est la science qui donne rang d'homme et non d'animal ». Tu pourras, ajoute ce grand conseilleur, rester dans ton cabinet avec Virgile, jamais il ne te dira non, toujours il répondra à tes questions; il t'enseignera « gratuitement », il t'ôtera de la tête toute pensée mélancolique. Tu pourras aussi étudier Dante et les autres poètes, Cicéron pour parler parfaitement, Aristote pour connaître la philosophie et la raison des choses. Enfin, il ne faudra négliger ni les prophètes ni la Bible[1]. Le correctif à ce bel enthousiasme, c'est qu'un commis marchand est plus estimé qu'un notaire[2].

La famille, en ce temps-là, s'étendait aux employés, aux serviteurs. L'employé se permet familièrement avec le patron conseils, sermons, plaisanteries[3]. A la femme du patron, qu'il appelle son élève, ser Lapo demande ironiquement si elle ne sait pas écrire, si elle aurait, dans ses griffonnages qu'on ne voit point, un style de religieuse, d'ermite, de bigote ou de femme ordinaire[4]. Avec les serviteurs on est, dans le principe, plein de défiance. On fait ostensiblement un inventaire de tout le

---

[1] Morelli, *Cron.*, p. 274.

[2] Salutate Monna Margherita, benchè io ho poca ragione di volelle bene, tanto ha a vile me e gli altri cui ella chiama notaiuoli. (Lettre de ser Lapo à Fr. Datini son patron, *Lettere di un notaro*, I, 202.) Il ne faut pas oublier que ser Lapo était à la fois notaire d'un hôpital et agent de Datini pour le trafic.

[3] Ser Lapo appelle Datini « Messer lo Conte del Palco », parce qu'il se faisait construire une habitation au Palco, colline sur le Bisenzio, près de Prato. (*Lettere di un notaro*, I, 65 et note, 130, 227.)

[4] *Ibid.*, I, 159, 163.

mobilier, et l'on exige qu'ils rendent, à première réquisition, un compte exact de tout ce qui est laissé à leur disposition[1]. Mais, serviteur ou servante, — la servante surtout, — domine aisément au logis, quoiqu'on dise qu'ils sont « esclaves » et qu'on les a « achetés[2] ». D'eux on redoute leur goût pour la boisson, leur méchante langue, leurs grogneries, leurs violences, même leurs coups[3]; si bien qu'on les ménage[4], qu'on tolère qu'ils soient toujours dehors ou dans leur chambre[5], qu'on n'ose ni les châtier, ni les renvoyer. Le chef de famille voit de fort mauvais œil cette domination de la servante[6], excepté pourtant, on peut le supposer, quand il lui fait l'amour, quand il a d'elle des enfants, et tel est le cas qui, d'ordinaire, permet à ces maritornes de commander, le verbe haut. Il y en a pourtant, comme aujourd'hui, qui s'imposent parce qu'elles servent de cœur et de temps immémorial : ainsi, celle qui grognait tout le jour d'être enfermée « comme une patarine », mais qui s'enfermait elle-même, de crainte qu'on ne vînt frapper à la porte sans qu'elle y fût; crime, à ses yeux, si irrémissible que toute l'eau, disait-elle, du Bisenzio, du Mugnone, de l'Arno, ne suffirait pas à l'en laver[7].

---

[1] Morelli, *Cron.*, p. 263.
[2] *Lettere di una gentild.*, p. 104, 123 n. B. Bien entendu les serviteurs sont toujours libres de se « vendre » ailleurs. — « Fa quel conto di me che s'io fussi la schiava e ella la donna ». (*Ibid.*, p. 104.)
[3] *Ibid.*, p. 104, 118, 123, 274, 280, 422, 474, 505.
[4] Per non dare fatica alle fanti di casa, ho mandato al forno una pollastra e una schiena di montone, se volesse cenare meco. (*Lettere di un notaro*, II, 12.)
[5] *Lettere di una gentild.*, p. 422, 474.
[6] Sapete che quella casa ove la fante signoreggia la donna, dispiace agli uomini. (*Lettere di un notaro*, I, 139.)
[7] *Lettere di un notaro*, I, 148.

Tout aussi difficiles, mais moins obligatoires heureusement, étaient les relations avec les amis. Y avait-il des amis? On peut en douter. Au premier bruit d'un malheur, écrit ser Lapo, ils prennent la fuite. Il n'y a que des marchands[1]. Donc, éprouvez-les cent fois avant de vous y fier une, et jamais ne vous mettez entre leurs mains. Plus on vous fait de protestations, moins vous devez avoir confiance. Rendez paroles pour paroles et tenez-vous-en là. Gardez-vous surtout des dévots hypocrites qui se frappent la poitrine : mieux vaut un soldat. Or, on sait quelle exécrable engeance étaient alors les soldats, tous mercenaires et gens d'aventure.

A défaut d'amis, on aura forcément des relations; mais qu'on n'en ait point avec qui, dans le trafic, a souvent changé d'associés ou de patrons, ou, dans la vie ordinaire, acquis renom de joueur, de fastueux, de prodigue, de gourmand, d'écervelé. Pour en nouer ou en entretenir d'agréables, sachez vous suffire à vous-même, avoir de l'argent comptant, ne jamais parler mal de personne, ne point faire chorus avec les médisants, ne vous point mêler des affaires d'autrui ou, si vous en êtes requis, ne vous en mêlez que pour plaire. Soyez sociable, gracieux, donnez à manger et à boire à des convives de choix, les jours surtout de fête solennelle[2]. Gracieux, on savait l'être, c'est dans les cordes florentines; mais inviter les gens à sa table, rien de plus rare : « On ne m'aurait pas donné un verre d'eau, écrit un Lombard, ce n'est pas l'usage ici[3] ».

---

[1] *Lettere di un notaro*, I, 191; II, 107.
[2] Morelli, *Cron.*, p. 264, 271, 277, 278.
[3] Io sto qui dove non che me sia facte le spese, ma non me seria dato un bichiero d'aqua, perchè non l'usano. (Nicodemo de Pontremoli, ambas-

Les fêtes n'ont pas cessé d'être un des points cardinaux de la vie florentine. Toute victoire, tout traité de paix, le passage d'un prince ou d'un seigneur, l'installation d'un évêque ou d'officiers publics, comme la retraite de ceux qui cédaient la place, comme les funérailles de tout personnage marquant, enfin les innombrables féries chômées et carillonnées de l'Église, fournissaient d'incessants prétextes aux réjouissances, aux divertissements, aux cérémonies. La religion surtout était précieuse à cet égard, parce que ses jours solennels revenaient à date fixe et qu'on pouvait s'y préparer de loin. Mais il importe de constater la part qu'y prenaient les sentiments religieux.

On a vu dans les précédents volumes avec quelle liberté d'esprit les Florentins du treizième et du quatorzième siècle entendaient la foi et pratiquaient le culte[1]. C'était bien pis à l'heure où soufflait le vent de la Renaissance. Les plus sincères croyants, — car il y en a, — ont, comme on dit, la manche large. Notre précieux notaire, ser Lapo, en est un. Fleur d'honnête homme et charitable[2], chaste dans son langage, il cite l'Évangile à chaque instant, notamment celui du jour[3], et presque jamais les auteurs profanes. Il est un peu sermonneur pour son compte[4], et si passionné pour les sermons des autres qu'il lui semble renaître quand il en

---

sadeur de Sforza, à son maître. Florence, 19 févr. 1459. *Arch. sforz.*, originaux, n° 1588, f° 225.)

[1] Voy. l. II, ch. III, t. I, p. 338 sq., et l. VII, ch. I, II, t. III, p. 314, 320, 379-386.

[2] *Lettere di un notaro*, II, 183, 184. Il considère les biens terrestres comme foin qui sèche en une heure ». (*Ibid.*, I, 348.)

[3] *Ibid*, I, 111.

[4] Il signe quelquefois : « Ser Lapo, vostro predicatore ». *Ibid.*, I, 45. cf. II, 36, 245 et partout.

entend un bon[1]. Il a tant de résignation chrétienne qu'il loue Dieu quand « ses enfants hors de la mer des douleurs, ont abordé à la rive de vérité[2] », ou même quand ils sont sur le point d'y aborder[3]. Mais s'il pense que « nous-sommes méchants, il tient les *frati* pour pires, lesquels passent leur vie à flatter veuves et gens, pour leur tirer de bons ducats[4] », et sont, selon le vieux Gino Capponi, « l'écume du monde[5] », selon le roi d'Aragon, « des gens à bâtonner[6] ». Plein de tolérance[7], il ne croit pas au petit nombre des élus; il ouvre à deux battants pour lui, son entourage, et aussi pour bien d'autres, les portes du ciel[8]. On peut ne pas jeûner, ne pas prier; si l'on vit honnêtement, on n'en sera pas moins d'accord avec le Seigneur Dieu[9].

Ser Lapo partage d'ailleurs les superstitions qui, pour tant de dévots, sont la religion même, et, pour tant d'incrédules, la remplacent. Il croit au diable, qu'il appelle « le maudit[10] »; il consulte les astrologues[11], et, n'en

---

[1] *Lettere di un notaro*, I, 228.

[2] *Ibid.*, I, 249. Cf. I, 287. Voy. plus haut, p. 249, n. 2.

[3] Sta molto male, anzi molto bene ch'esce di queste pazzie e vilupri e sogni del mondo. (*Ibid.*, I, 68.)

[4] *Ibid.*, II, 121. Il n'exagère pas. A Sienne, avant 1408, des augustins honteux de voir leur règle si mal observée, s'en vont au loin dans les bois. On leur ordonne de rentrer en ville; plutôt que d'obéir ils préfèrent s'exiler. (*Ibid.* II, 152.)

[5] *Ricordi*, R. I. S. XVIII, 1149. Les mots *i preti* ne sont pas dans le texte publié par Muratori, qui les a supprimés par respect. On les trouve dans une copie ms. Bibl. nat. ms. ital. n. 803, p. 172.

[6] Dicendo che li preti sono homini da bastonate, non da pregere. (Marcolino Barbavara à Sforza, 8 mars 1447. *Archiv. sforz.*, orig. 1584, f° 74.

[7] Abbiate compassione a tutti gli erranti, perchè tutti siamo una famiglia, e Iddio è il padre nostro, e faravvi Iddio bene. (*Ibid.*, II, 116.)

[8] *Ibid.*, I, 247. — [9] *Ibid.*, I, 177.

[10] Le peuple appelait l'Enfer : « Casa maladetta ». (*Lettere di un notaro*, II, 156 et n. 1.)

[11] Pour une consultation à un astrologue il donne 11 sous 9 deniers. (*Ibid.*, I, 187, n. 2.)

doutons pas, il a, comme tant d'autres après une chute, acheté une poupée en cire, reproduisant plus ou moins ses traits, chez les *fallimagini* qui en vendaient dans la *via de' servi*, pour la suspendre dans l'église de la santissima Annunziata et se consacrer ainsi à la Vierge[1]. Combien de faits semblables on pourrait citer! Les Florentins se représentaient saint Christophe, à cause de son nom, comme un géant portant le Christ sur ses épaules, et le représentaient en peinture à la porte des maisons, parce qu'on croyait qu'il protégeait contre la grêle, la faim, la peste, le feu[2]. Les pèlerins qui revenaient d'Orient en rapportaient et donnaient à leurs amis des médailles à l'effigie de sainte Hélène, et le nom de *Santelene* s'étendit bientôt à toute sorte de médailles, même à ces grandes en étain qu'on suspendait dans les chambres, comme les saintes images, avec ou sans chandelles autour[3].

Mais c'est surtout chez les incrédules, que la superstition est curieuse. Francesco Datini, qui est certes le meilleur et le plus serviable des hommes[4], ne va pas à la messe; s'il fait, dans son testament, donation de ses

---

[1] Vasari, éd. Lemonn. V, 152-154, et *Lettere di una gentild.* p. 134, n. F à la lettre 11. Ces images étaient quelquefois grandes comme nature. Alors, à l'intérieur, l'ossature était en bois. Le tout peint à l'huile avec cheveux et ornements. Pour les plis du vêtement, on appliquait la cire sur du drap. La ressemblance était parfois très grande. La décadence avait déjà commencé pour cet art au temps de Vasari.

[2] *Lettere di un notaro*, proemio, p. 42.

[3] Voy. Cennini, *Trattato della pittura*, c. 183, et *Lettere di una gentild.*, p. 516, n. 1.

[4] Non so altro inferno chez la casa vostra, tanto affanno pigliate a bisogno e sanza bisogno per li vostri amici. (*Lettere di un notaro*, I, 137.) Comment ser Lapo qui loue les mérites de son patron, peut-il écrire : « quegli che non sono forti in fede o non credono bene, si menano come la canna a ogni vento? » (II, 189).

biens aux pauvres, c'est par l'intermédiaire de la commune de Prato, pour que l'évêque de Pistoia n'en ait pas l'administration[1]. Cependant il réclame pour lui les prières[2] qu'il néglige de faire lui-même[3]; il tient les livres saints dans un riche coffret, soigneusement fermé à clef, lequel, à vrai dire, ne s'ouvre jamais[4]. Ses occupations sont-elles une excuse? Il pourrait bien, lui écrit son agent, se lever de grand matin pour entendre la messe, dire à l'autel ou au chœur cinq *pater noster* en invoquant le nom de Dieu sans remuer les lèvres et en levant les yeux au ciel. Il serait de retour chez lui avant que personne en fût sorti[5]. Mais Datini faisait la sourde oreille, et il paraît être mort dans l'indifférence finale. C'était le cas de la plupart des marchands. Les invocations à la divinité, les préceptes pieux qu'ils inscrivaient en tête de leurs livres[6] ne prouvent rien. On les reproduisait, ces invocations, par routine, sans y regarder. On inscrivait bien aussi ces mots : *unum crede Deum!* Il est clair, nonobstant, que personne, alors, ne croyait à plusieurs dieux.

De l'indifférence à l'incrédulité, le pas était grand, mais plus d'un le franchissait. On en venait jusqu'à ergoter ou gouailler. Si Dieu est cause que nous sommes bons, disait l'un, pourquoi le prier, en récitant le *Pater*,

---

[1] *Lettere di un notaro*, I, 115 et n. 6. Une copie de ce testament se trouve aux archives de Florence. M. Guasti donne les indications. (Proemio, p. 134, n. 3.) Le dernier testament de Datini est au t. II des *Lettere*, p. 273-310.

[2] Voi non mi scrivereste ch'io pregasse Iddio per voi che non udite messa, etc. (*Ibid.*, I, 114.)

[3] L'orazione che usavate, che avete lasciate. (*Ibid.*, II, 162.)

[4] *Ibid.*, II, 161. — [5] *Ibid.*, I, 347.

[6] Par exemple : « Sabata sanctifices, habeas in honore parentes, non sis occisor, fur, mechus, testis iniquus. » (*Ibid.*, proemio, p. 41.)

de ne pas nous induire en tentation? — Dieu, dit un autre, aurait bien pu nous faire mieux que nous ne sommes[1]. — Un troisième l'accuse, parce qu'il aide les uns et non les autres. — Ou encore on soutient que les Juifs n'ont pas péché en tuant Jésus, puisque c'est Dieu qui les a aveuglés[2]. — Le mal est grave, et il ira en empirant. Ce n'est pas au quinzième siècle qu'on retrouvera les pénitents de 1399. Aux lettres ferventes, sermonneuses de ser Lapo Mazzei, succèdent les lettres exclusivement profanes d'une femme, d'Alessandra Strozzi[3], et bientôt on pourra faire dire sur la scène par des acteurs ce mot qui est une profession de foi, une théorie : « Ceux qui étudient croient peu[4] ».

Mais incrédules, superstitieux et croyants couraient à l'envi les fêtes, celles de la vie religieuse comme celles

---

[1] Ser Lapo répondait par l'exemple d'Isaïe : le potier a fait un vase d'argile, fragile, mais utile. De quoi se plaindrait le vase? Il n'était rien et il est quelque chose. (*Ibid.*, II, 100.)

[2] *Ibid.*, II, 100, 101. L'objection sur les Juifs embarrasse ser Lapo. Voici comment il s'en tire : Dieu ne s'est jamais trompé. Il faut donc croire que, voyant toute chose, il a vu que les Juifs devaient pécher, que, pour conserver leur état, ils voulaient tuer le Verbe, et qu'alors il leur a retiré son aide (p. 102). C'est à peu près ainsi que Bossuet essaye de concilier la prescience divine avec le libre arbitre. Ser Lapo est si peu sûr de sa réponse, qu'il recommande de ne pas juger, d'avoir la foi humble que prêche Saint-Paul. Cela rappelle le mot de Diderot : « L'homme n'a qu'une faible lumière, la raison, il souffle dessus et pense ensuite voir plus clair! » Mais pour ser Lapo, quand la raison entre dans l'homme, c'est la grâce de Dieu qui y entre, qui trouve la volonté maîtresse et foi servante, l'envoie laver les écuelles, panser le cheval. (II, 108.)

[3] Il faut pourtant reconnaître qu'Alessandra laisse par testament une terre à la compagnie des prêtres, sous condition de lui faire, le lendemain de N. D. d'août, un office à S. M. Ughi, et de dire dix messes des morts pour l'âme de ses parents. (*Lettere di una gentild.*, p. 544, n. B à la lettre 64.) Les *Lettere di un notaro* contiennent plusieurs testaments, tous pieux : Proemio, p. 93, 110; I, 262, 326; II, 95, 118.

[4] Sempre mai questi che studiano credon poco. (Gelli, *La Sporta*, act. III, sc. IV.)

de la vie publique ou privée. Ce sujet frivole n'est pas sans importance pour qui veut bien connaître un peuple, et l'on ne trouvera pas mauvais que nous nous y arrêtions un instant.

L'*Osservatore fiorentino* décrit une vieille peinture représentant des noces, célébrées en 1420 dans la famille des Adimari. Sur la place San Giovanni, des couples, vêtus d'habits élégants et garnis de vair, d'or, de perles, se tiennent par la main. Vont-ils danser sur la place? On le croirait, car ils s'avancent dans une enceinte formée par des bancs recouverts de tapisseries, il y a beaucoup de spectateurs, et les trompettes de la seigneurie, assis sur les marches de la *loggia* du Bigallo, contiguë à la maison des Adimari, sonnent de leurs trombes, d'où pend le pennon carré, blanc, au lis rouge, armes du premier des offices. De la *loggia* à la *via de' Martelli*, est tendue, au-dessus des têtes, une toile rouge et blanche, qui s'attache aux murs du baptistère et que soutiennent des colonnes[1]. Ce luxe n'est pas celui du premier venu; mais il y avait bien d'autres familles aussi considérables et plus opulentes que les Adimari.

Le 17 avril 1465, don Federigo, un enfant de treize ans, deuxième fils du roi de Naples don Ferrante, passait par Florence pour se rendre à Milan, où il allait chercher Hippolyte, fille du duc, fiancée à son frère

---

[1] *Osserv. fior.*, I, 100. L. Del Migliore émet des doutes sur les danses. Peut-être, dit-il, ces gens se promènent-ils en attendant d'être tous réunis pour entrer dans la maison, comme on voit dans Sacchetti (*Nov.* 51) que c'était l'usage pour les festins et noces. Mais la tente, les bancs, la musique, semblent indiquer des réjouissances sur la place, toute maison florentine étant trop petite pour un si grand nombre d'invités. — On peut voir dans le Proemio des *Lettere di un notaro* (p. 35) le détail des dépenses pour un repas de noces.

aîné, don Alfonso, duc de Calabre[1]. On le fête à l'aller; on le fête au retour, et il en coûte vingt-cinq mille florins ou plus. Il en eût coûté bien davantage encore, si le roi lui-même fût venu chercher sa bru. On l'espérait, et Alessandra Strozzi, femme d'âge mûr, sérieuse, attristée, s'en promettait de belles réjouissances. A défaut du roi, le second passage de son jeune fils mit les Florentins en liesse pour huit jours[2].

Le 25 mars 1436, Florence consacrait sa cathédrale restaurée, reconstruite, la vieille Santa-Reparata, devenue Santa-Maria del Fiore. Il y eut des processions magnifiques, et la seigneurie donna aux ambassadeurs étrangers un festin qui ne coûta pas moins de deux cent cinquante florins d'or. Malgré son fleuve sans eau et une grande difficulté à se procurer du poisson, elle en servit sur sa table, de toute sorte et des plus rares, sans parler du blanc-manger, des friandises et des vins les plus « solennels[3] ».

Mais la fête essentielle, patronale ou nationale, à la fois religieuse et civile, c'était celle de la Saint-Jean. Dès le printemps « tout Florentin » s'y préparait, comme au siècle de Dante[4]. On se pourvoyait de beaux vêtements neufs[5], de joyaux et d'ornements variés, de che-

[1] *Ricordi* de Al. Rinuccini, p. 95.
[2] *Lettere di una gentild.*, p. 399-403. On peut voir dans une lettre de Marco Parenti (22 juin 1463, *ibid.*, p. 423-431) les fêtes commencées le jour même pour le retour du jeune prince. Elles se continuèrent au moins jusqu'au 27, et Marco continue au jour le jour sa lettre, pour relater les détails. On peut voir dans *Istorie fiorentine* (R. I. S. XIX, 958), que suivent G. Cambi (*Del.* XX, 141) et Ammirato (XVIII, 980), la réception faite en 1419 à Martin V par les Florentins. M. Trollope (II, 591) a reproduit ce récit d'après Cambi.
[3] Cambi, *Del.*, XX, 210.
[4] Da quel che corre il vostro annual gioco. (*Parad.*, XVI, 42.)
[5] *Lettere di una gentild.*, p. 593.

vaux, de trompettes, de draps pour le *palio*, de cierges pour l'offrande. Deux mois auparavant, on ajournait toutes noces, pour réunir en ce jour-là les réjouissances privées aux réjouissances publiques, ce qui n'empêchait point, dans l'intervalle, de célébrer par des banquets, des joutes, des danses, des chants, des concerts d'instruments, les fêtes de San-Zanobi, de l'Ascension, de la Pentecôte, de la Trinité, du *Corpus Domini* ou fête du Saint-Sacrement[1].

Goro Dati nous a laissé une description détaillée des fêtes de la Saint-Jean. La veille, dès le matin, tous les arts exhibaient hors des boutiques les richesses accumulées en vue de ce jour. A l'heure de midi, le clergé sortait de la cathédrale, vêtu de ses plus beaux habits d'or et de soie qu'ornaient des figures brodées, et portant les reliques des saints. Avec lui bon nombre de personnes travesties en anges et en saints. La procession parcourait la ville au son des instruments. Quelques heures plus tard, une fois la chaleur passée, les citoyens se réunissaient sous les gonfalons de leurs seize compagnies, puis ils s'avançaient deux à deux, les plus âgés et les plus considérables tenant la tête, tous richement vêtus, pour offrir à l'église ou baptistère de San-Giovanni chacun son *torchietto*, petit cierge d'une livre. Les rues étaient tapissées sur leur passage, les femmes, les jeunes filles parées de leurs plus beaux atours et de tous leurs joyaux.

Le lendemain, jour de la fête, se trouvaient réunies sur la place du palais cent tours portées sur des chars,

---

[1] Sur la fête du *Corpus Domini*, il y a tout un volume : *Della festa e della processione del Corpus Domini in Firenze, ragionamento storico*, par Fineschi. Flor. 1768. Voy. *Commiss.* XLVII *Rin.*, II, 348, n. 2.

symbole des tributs payés par les villes le plus anciennement soumises à Florence. Ces tours étaient en bois, en carton, en cire, mais ornées d'or et de vives couleurs, avec des figures en relief qui représentaient des hommes à cheval caracolant, des hommes à pied courant armés de lances ou de pavois, des jeunes filles dansant des rondes, divers animaux et oiseaux, des arbres avec leurs fruits, en un mot « tout ce qui pouvait charmer la vue et le cœur ». Cachés à l'intérieur de ces tours, des manœuvres les faisaient tourner sans cesse, pour que tout spectateur les pût voir sous toutes leurs faces. Autour de la *ringhiera*, étaient suspendus à des anneaux de fer « une centaine de *palii* ou draps de velours, de vair, de soie, de taffetas rayé, offerts par les principales villes du domaine et les seigneurs recommandés ».

La matinée était consacrée aux « offrandes ». Pour cette cérémonie, les capitaines de la *parte* ont le pas. Précédés de leur gonfalon, que porte un jeune homme sur un beau palefroi recouvert jusqu'à terre d'un drap blanc aux armes de la *parte*, accompagnés de seigneurs, d'ambassadeurs, de chevaliers étrangers, d'une foule de citoyens considérables, suivis des *palii* dont les villes et les « recommandés » ont fait hommage et que portent des hommes également à cheval, ils vont les « offrir » à San Giovanni. Viennent ensuite, dans le cortège, les tours, qu'on va suspendre à l'intérieur de cette église, jusqu'à la fête patronale de l'année suivante. Quant aux *palii*, un partie sert aussi à orner le monument; le reste est vendu aux enchères.

C'est maintenant le tour des groupes de citadins et de campagnards, apportant leurs cierges, dont certains pèsent jusqu'à cinquante et même cent livres. Celui des seigneurs de la *zecca* ou monnaie est immense et magnifique, trainé sur un char somptueux par deux bœufs richement harnachés, escorté de quatre cents personnes immatriculées à l'art de *calimala* ou à l'art des changeurs, chacun portant un cierge d'une livre. Les prieurs et leurs collèges vont les derniers à l'offrande, avec le podestat, le capitaine et l'exécuteur, en grande pompe et parure, avec tous leurs *fanti* ou serviteurs, au son des trombes et des fifres, qui font un tel bruit que le monde entier semble en retentir.

Quand les prieurs sont de retour, on va « offrir » les chevaux qui ont été admis à courir le *palio*. Tous les Flamands ou Brabançons présents à Florence pour travailler à la laine leur font cortège. Enfin, on « offre » à San Giovanni douze prisonniers pauvres, quel qu'ait été le motif de leur incarcération [1].

Sur ces entrefaites, l'heure est venue du dîner, de ces festins de noces qu'accompagnaient ou suivaient les chants, la musique, la danse. « Il semblait que Florence fût le paradis [2] ». Après le dîner et la sieste, on allait voir courir le *palio* dans la plus droite et la plus riche rue de la ville, celle qui joignait le palais à la place où San Giovanni et Santa Maria del Fiore se regardent éternellement. Elle était en partie couverte de tentes d'azur aux lis jaunes [3]. La ville et le *contado* étaient là dans

---

[1] I quali sieno gente miserabili e sienvi per che cagione si voglia. (G. Dati, l. VI, p. 88.)

[2] Goro, Dati, *ibid.* On voit dans les *Lettere di un notaro*, qu'en faisant une invitation à dîner, on communiquait volontiers le menu : un poulet, une échine de mouton (II, 12), une oie et deux bons poulets (II, 33).

[3] Il s'agit de la rue des *calzaioli*. Elle n'était point alors large comme aujourd'hui, car on ne connaissait pas les rues larges. On peut se faire une idée de ce qui se passait à Florence par ce qu'on voit encore à Rome, où les courses de chevaux se font dans la longue, mais étroite rue du *Corso*.

leurs brillantes ou pittoresques toilettes. Le *palio*, de velours cramoisi, fourré de vair, ourlé d'hermine, frangé d'or et de soie, d'une valeur de trois cents à six cents florins, était porté sur un char à quatre roues, très orné, avec quatre lions sculptés aux quatre coins, et qui semblaient vivants. Deux chevaux aux armes de la commune traînaient ce char, conduits eux-mêmes par deux valets à cheval. Trois coups sonnés par la cloche de la seigneurie donnaient le signal du départ. La course finie, le vainqueur était porté sur le char du *palio*, qui devenait un char de triomphe[1]. On faisait aussi quelquefois des courses au lion. Mais ces lions en cage n'étaient guère féroces, et il arriva, en juin 1465, qu'un taureau suffit à les faire rentrer dans leurs stalles, « comme des agneaux[2] ».

Ces fêtes publiques, dont le programme ne variait pas plus que celui de nos fêtes modernes, suffisaient à charmer la vie des Florentins, de ceux du moins qui étaient d'esprit frivole; car les hommes sérieux maugréaient de ces pertes de temps, si souvent renouvelées. Ce brave notaire, ser Lapo Mazzei, qui nous a si souvent servi de guide en ce chapitre, nous en fournira la conclusion, discrète critique de ses contemporains : « Je pense. écrit-il à son patron, que vous avez peu de temps pour vous divertir : je ne saurais comprendre comment un homme sage en trouverait jamais[3] ». Comme tous, ou presque tous en trouvaient, on s'explique ce que ce labo-

---

[1] G. Dati, l. VI, p. 84-89; *Osserv. fior.*, III, 160. *L'Osservatore* donne un dessin au trait, qui représente la course du *palio* d'après un ancien coffret.
[2] Lettre de Marco Parenti, dans *Lettere di una gentild.*, p. 432.
[3] *Lettere di un notaro*. I, 427.

rieux et honnête scribe pensait et disait de sa patrie. Ce n'est pas ce qu'on a l'habitude d'en dire. Mais la postérité mieux éclairée revisera, nous l'espérons, les jugements trop favorables portés, jusqu'à ce jour, sur Florence au quinzième siècle.

LIVRE XII

CHAPITRE PREMIER

GOUVERNEMENT DE L'OLIGARCHIE
GUERRE CONTRE FILIPPO MARIA VISCONTI

— 1422-1428 —

Pontificat de Martin V (22 avril 1418). — Martin V à Florence (26 février 1419). — Braccio de Montone à Florence. — Mécontentement du pape. — Filippo Maria Visconti, duc de Milan. — Hésitations de la politique florentine à son égard. — Paix entre les deux puissances (8 février 1419). — Le traité violé par l'une et par l'autre. — La guerre résolue (1423). — Premières hostilités (1424). — Florence abandonnée de ses alliés. — Enrôlement et mort de Braccio. — Défaite de Carlo Malatesti et des Florentins à Zagonara (28 juillet). — Explosion du courroux florentin. — Conseils de gouvernement. — Expédients financiers. — Réclamations des riches contre les impôts. — L'armée battue par les paysans du val de Lamone (1er février 1425). — Perfidie des Florentins envers le seigneur de Faenza. — Echecs sur mer et sur terre. — Défection de Piccinino. — Ligue entre Florence et Venise (4 décembre). — Difficultés à Florence sur la ratification (janvier 1426). — Siège et prise de Brescia par Carmagnola (17 mars-20 novembre). — Rôle effacé des Florentins. — Négociations pour la paix. — Traité de paix (30 décembre 1426). — La paix violée par Filippo Maria (1427). — Hostilités en Lombardie. — Victoire de Carmagnola à Maclodio (10 octobre). — Nouveau traité de paix (18 avril 1428).

Le 11 novembre 1417, pour mettre fin au grand schisme, les cardinaux et prélats de Constance n'avaient su qu'ajouter un quatrième pape aux trois qui se disputaient la tiare[1]. Mais Oddo Colonna, ou Martin V, arri-

[1] Les trois autres étaient Benoît XIII (Pierre de Luna) résidant en

vait à l'heure propice de la lassitude. Il aura beau ne point provoquer les réformes qu'on attendait de lui, se heurter aux obstinées prétentions de nonagénaire qu'encourageait chez Benoît XIII le roi d'Aragon[1], se borner à clore les interminables luttes du Concile (22 avril 1418), on lui sait gré des espérances qu'il fait naître, on croit à son bon vouloir, on compte qu'il tranchera ou dénouera le nœud gordien.

Pour le moment il ne pouvait même entrer dans Rome, que le schisme avait faite indépendante; mais il cherchait du moins à s'en rapprocher. Florence se savait sur sa route, et quoique tenue envers Jean XXIII, son appui contre Pise et Ladislas[2]; elle offrait un asile à l'élu de Constance, dont elle avait jadis protégé la sœur et le neveu, seigneurs de Piombino[3]. Une solennelle ambassade le vint saluer à Mantoue. Fra Leonardo Dati, citoyen de Florence, théologien renommé, général des Frères prêcheurs, était chef de cette mission. Dans sa longue harangue d'une heure[4], il pria le pontife d'accepter l'hospitalité florentine; et il lui recommanda « très instam-

Avignon, puis en Espagne; Alexandre V et Jean XXIII, nommés par le concile de Pise. Peut-être même faudrait-il ajouter Grégoire XII, déposé à Pise en 1409, mais qui venait à peine d'abdiquer à Constance, en 1415.

[1] Voy. *Vita Johannis XXIII*, R. I. S. III, part. 2, p. 537-539; *Additamenta ad Ptol. Luc.*, t. III, part. 2, p. 857, 859; *Gobelini Personæ Cosmodromium*, ætas VI, c. xcvi, p. 303. Francfort 1599; D. Boninsegni, p. 12; Sismondi V, 333.

[2] Contre Ladislas, il avait fourni et entretenu à ses frais 300 lances. (Paroles de Fil. Corsini: *Consulte* du 24 sept. 1414. *Commiss.* XXXIII *Rin.* I, 291.)

[3] Rapport de Fra Jacopo de Rieti, envoyé pour complimenter Martin V de son élection. Mars 1418. *Commiss.* XXXIII *Rin.*, I, 293.

[4] Doc. dans *Commiss.* XXXIII *Rin.*, I, 294; *Ricordi* de Filippo Rinuccini, p. 55. Ce Filippo était un des *donzelli* de l'ambassade, attaché à la personne de Bartolommeo Valori. Il donne les noms des ambassadeurs et des *donzelli*. Amirato, XVIII, 972.

ment » son prédécesseur Jean XXIII, prêt à se démettre et à se soumettre[1]. Martin V répondit « qu'il voudrait, pour sa sûreté, être à Florence plutôt aujourd'hui que demain », mais qu'il devait auparavant rétablir la paix entre Gênes, le duc de Milan et Pandolfo Malatesti, pour ouvrir la Lombardie aux ultramontains qui l'y devaient suivre. Il promit de venir au printemps[2] et, de fait, il arriva le 26 février 1419. Reçu magnifiquement, il fut logé au couvent de Santa-Maria Novella, dont les constructions n'étaient pas encore terminées[3].

Entre la République et lui ce ne fut d'abord qu'échange de bons procédés. Reconnaissant d'une hospitalité brillante, il transforma en archevêché l'évêché de Florence, dont ceux de Fiesole et de Pistoia devinrent suffragants[4]; il décerna à ses hôtes cette fameuse rose d'or que le Saint-Siège donne chaque année, et qu'il donne souvent si mal[5]. Très vive fut sa satisfaction de voir à ses

[1] Instructions aux ambassadeurs, 29 sept. 1418. Voy. le texte dans *Commiss.* XXXIII *Rin.*, I, 298.

[2] Rapport des ambass. 7 nov. 1418. *Commiss.* XXXIII *Rin.*, I, 308.

[3] *Vita Martini V*, ex cod. ms. Vatic. R. I. S., III, part. II, p. 857 sq. *Istorie di Fir.*, XIX, 958; G. Cambi, *Del.* XX, 141; Ammirato, XVIII, 980.

[4] 2 mai 1419. D. Boninsegni, p. 14; Ammirato, XVIII, 983.

[5] Par exemple, de notre temps, à la reine Isabelle d'Espagne et à l'impératrice Eugénie de France. C'était un rameau d'or avec neuf roses dont la supérieure portait un saphir. Le gonfalonier Quaratesi qui aurait dû la recevoir, étant malade, fut remplacé par Francesco Gherardini, d'où le nom que porta désormais sa famille, Gherardini della Rosa. La rose devint l'ornement de la salle des Seigneurs. Elle fut placée dans un tabernacle très orné, avec ces mots *in grammatica* et avec faute de quantité :

Hoc munus sublime rosarum
Martinus quintus dedit pro laude perenni.

(*Ric. de Fil.* Rinuccini, p. 57; D. Boninsegni, p. 13; *Ist. di Fir.*, XIX, 958; Cambi, *Del.*, XX, 145; Ammirato, XVIII, 981. On peut voir encore *La Rosa d'oro pontificia, Racconto storico*, par Carlo Cartari, p. 17. Rome, 1861.)

pieds, où le poussaient les Florentins, Jean XXIII échappé à ses geôliers, et qui avait modestement repris son nom de Cossa. Il lui rendit le chapeau de cardinal et lui assura le premier rang dans le sacré collège. Ce ne fut pas pour longtemps : cette ombre de rival, qui n'avait passagèrement obtenu qu'une ombre de papauté, mourait à Florence sept mois plus tard[1].

C'est encore la République qui conduisait au saint-père un des plus considérables personnages du temps, Braccio des Fortebracci de Montone, le fameux *condottiere*, seigneur de Pérouse. Mais les choses, cette fois, ne tournèrent pas aussi bien. Chassé de Pérouse, sa patrie, par les luttes des partis, successivement à la solde d'Alberico de Barbiano, du pape Boniface, de Florence, de Rome, de Ladislas, Andrea Braccio, des comtes de Montone, était rentré chez lui en triomphateur, en maître, et il entendait y rester, quoique Pérouse fût terre d'Église : il voulait même obtenir en fief les villes

---

[1] 22 déc. 1419. (*Ric. de Fil. Rinuccini*, p. 58). On a prétendu que Cossa avait laissé son trésor aux mains de Giovanni des Medici, un de ses exécuteurs testamentaires, et que de là vint la grande fortune de Giovanni et de Cosimo. Cette assertion a été réfutée par les deux Ammirato (XVIII, 985) et par Canestrini (*Arch. stor.*, 1ᵃ ser. IV, 431, note). Ce recueil (*ibid.* p. 432 sq.) a d'ailleurs publié les obligations de Cossa envers Giovanni. On peut voir en outre dans les documents indiqués par Fabroni (*Vita di Cosimo de' Medici*, adnotationes et monumenta, p. 15), que sa fortune ne suffit pas à ses legs, pourtant peu considérables. Ses fonds étaient déposés à la banque des Guadagni (Ammirato, XVIII, 985). Ce qui est vrai, c'est que Giovanni des Medici était l'homme de sa confiance, qu'il s'entremit pour le faire sortir de prison, qu'il l'avertit du danger où il fut un moment d'y rentrer, à Mantoue, du fait de son successeur (voy. dans *Arch. stor.* loc. cit., p. 437, la lettre de Cossa du 5 juin 1419). Niccolò d'Uzzano et Bart. Valori s'employèrent aussi à sa sécurité (*Ibid.* p. 430). Florence lui rendit de grands honneurs funèbres et lui éleva, au Baptistère, un monument, œuvre élégante de Donatello, où on lit encore aujourd'hui qu'il avait été pape (Capponi, *Stor. di Fir.*, I, 449).

d'Ombrie qu'il détenait[1]. On ne l'ignorait point, et ses génuflexions en parurent suspectes. Déjà Martin V avait pris ombrage de son entrée à Florence (23 février 1420). Ce vainqueur illustre du grand Sforza à Viterbe, d'extérieur à la fois agréable et grave, qu'entre mille guerriers on eût reconnu pour leur chef, s'était produit vêtu d'une magnifique robe de pourpre, brodée d'or et d'argent, entouré des capitaines de son armée, suivi des courtisans de sa fortune, seigneurs ou députés des villes qu'il avait soumises, orateurs des pays qui recherchaient son amitié, en tout plus de quatre cents cavaliers, reluisant d'acier et d'or, avec de grands panaches, de riches habits, des caparaçons soigneusement historiés. Les honneurs ne lui étaient pas plus ménagés qu'au pape lui-même, et le peuple, bien plus enthousiaste d'un guerrier que d'un prêtre, saluait en lui le victorieux, le puissant voisin qui était presque un compatriote, car, depuis deux ans, il avait reçu droit de cité à Florence, il y mariait ses trois filles[2], et, par surcroît, il donnait des tournois, des fêtes militaires aux portes de la cité[3]. On chantait trop sur son passage :

> Braccio valente,
> Che vince ogni gente,

pour que ses protestations d'humble dévouement tirassent Martin V de son humeur maussade. S'il traite avec lui, il traite aussi avec Sforza, qui venait solliciter l'appui de

[1] Campano, *Vita Brachii*, XIX, 439, 562 ; Ricotti, t. II, p. 235 sq., 251 sq., part. III, ch. II, III.

[2] La première à Niccolò des Medici, puis à Domenico Martelli ; la seconde à Bertoldo Gianfigliazzi, puis à Giovanni Venturi ; la troisième à Niccolò Guicciardini, puis à Bastiano Capponi. Voy. Manni, note à B. Pitti, p. 105, et Ricotti, II. 279 n.

[3] *Vita Brachii*, XIX, 562 ; Ammirato, XVIII, 987.

l'Église contre Jeanne de Naples[1], et il reporte sa rancune sur les hôtes négligents qui laissaient leurs enfants crier à tue-tête sous les fenêtres de Santa Maria Novella :

> Papa Martino
> Non vale un quattrino,
> O vero un lupino.

Ces refrains insolents, il se les répétait avec une ironie amère en arpentant sa vaste chambre, où Leonardo Bruni le suivait, comme un valet de comédie, cherchant à l'apaiser par l'énumération des services qu'il avait reçus de Florence[2].

Cette blessure d'amour-propre aliénait pour toujours aux Florentins leur hôte susceptible autant qu'ombrageux[3]. Quelque temps encore, il contint ou dissimula ses sentiments : en quittant Florence (9 septembre 1420), il consacrait le grand autel et les parties alors terminées de Santa-Maria Novella ; il accordait des indulgences à qui lui en venait demander[4] ; il lui arriva même, un an plus tard, de dire que Florence était son bâton de vieillesse[5]. Mais nul ne s'y trompait. Le chroniqueur Morelli, après avoir joui, en vrai Florentin, du spectacle des honneurs rendus à Martin V s'éloignant, rentrait chez lui pour écrire sur son livre de *Ricordi*, que « le pape semblait vouloir relever le gibelinisme en Italie, et abaisser le guelfisme partout[6] ». Le temps n'était pas

---

[1] *Vita Brachii*, XIX, 566-568 ; *Vita Sfortiæ*, XX, 699, 700; *Cron. Bol.*, XVIII, 609; Griffoni, XVIII, 227; Ghirardacci, l. 29, t. II, p. 631-635.

[2] L. Bruni, *Comment.*, XIX, 931; D. Boninsegni, p. 16 ; *Vita Brachii*, XIX, 566 ; Cavalcanti, l. II, c. xxi, t. I, p. 66 ; Ammirato, XVIII, 987.

[3] Voy. à cet égard les *Commissions* de Rinaldo auprès du Saint-Siège, presque à chaque page.

[4] *Ricordi* de Fil. Rinuccini, p. 58 ; Ammirato, XVIII, 988.

[5] 14 oct. 1421. *Commiss.* XXXV *Rin.*, I, 321.

[6] Morelli, *Del.*, XIX, 51.

loin où un ambassadeur de la République, après avoir séjourné cinq mois à sa cour, écrirait : « Le pape est cupide; plus que personne il cherche son utilité propre[1] ». Le fait n'était ni nouveau ni rare, même sur le siège de Pierre; mais jadis un Florentin eût gardé le silence, et voilé, comme les fils de Noé, la nudité paternelle.

En somme, ces marchands, n'ayant rien pu tirer de ce pontife, le voyaient partir sans regret. Leur attention, d'ailleurs, était alors détournée vers la Lombardie. Les embarras et la mort de Gian Galeaz, le jeune âge et les rivalités de ses successeurs, avaient suspendu plutôt que terminé la guerre, aucun traité de paix n'y ayant mis fin. Filippo Maria, comte de Pavie, et Giovanni Maria, duc de Milan, faibles par leur jeunesse, affaiblis par leur faute, avaient dû subir la tutelle de Facino Cane, tyran d'Alexandrie, et Facino Cane, quoique atteint d'une maladie mortelle, avait pourtant été précédé dans la mort par Giovanni Maria, tombé sous les coups des nobles milanais, qu'irritaient ses cruautés[2].

Filippo Maria pouvait se croire seul maître : en présence d'un nouveau rival, Ettore, bâtard de Bernabò, surnommé le soldat sans peur, il s'était soudain révélé homme. D'âme vile et de corps laid, il rappelait son père, comme la copie fait le modèle. Moins magnifique, mais non moins ambitieux et pusillanime, il protégeait sa vie en la cachant; il élevait l'ingratitude à la hauteur d'une vertu politique, sauf à être reconnaissant par intérêt[3]. On le vit imposer son joug à Pavie, où il

[1] 2 juillet 1425. *Commiss.* XLVII *Rin.*, II, 327.
[2] 16 mai 1412. Biglia, XIX, 36; Stella, XVII, 1242. Sur les cruautés de Giovanni Maria, extraordinaires même à Milan, voy. Sismondi, V, 310, qui donne les sources.
[3] Voy. Piero Candido Decembrio, *Vita Philippi Mariæ*, R. I. S. XX,

vivait comme prisonnier; épouser, à vingt ans, la veuve de Facino Cane, qui en avait quarante, et, après lui avoir dû en partie la conquête de Milan (1416), se débarrasser d'elle par la calomnie et le supplice[1]; discerner, enfin, les rares mérites du *condottiere* Carmagnola, et l'élever du dernier rang au premier pour tenir dans les camps et les combats la place qu'il n'osait y prendre lui-même[2], heureuse inspiration qui lui valut, en peu d'années, la Lombardie (1419)[3].

Il lui restait à prendre Brescia, qu'il assiégeait, et Gênes, qu'il menaçait. Génois et Milanais, en prévision d'une lutte prochaine, sollicitaient également les Florentins de leur alliance. Mais les Génois ne surent pas y mettre le prix, leur vendre Livourne, vendue jadis par Gabriele Maria à Bouciquaut, et restée, depuis l'expulsion du Français, au pouvoir de la République ligurienne[4]. Plus habile, Filippo Maria proposait qu'une paix signée remplaçât la paix de fait qui régnait entre Florence et Milan. La Magra, qui sépare la Lunigiane de l'État de Gênes, et le Tanaro, qui sépare le Modenais du Bolonais, devaient servir de limite à la sphère d'action des contractants[5].

985, 988, 999 et, en général, les 30 derniers chapitres (p. 1000 sq.), où cet auteur, secrétaire de Filippo Maria, entre dans les plus minutieux détails sur le personnage de son héros. M. Cipolla a résumé les principaux en un portrait intéressant qu'on peut lire à la page 318 de son livre, *Storia delle signorie italiane*.

[1] Biglia, XIX, 51. Voy. aussi Cipolla, p. 345.

[2] Francesco Bussone, dit Carmagnola, ancien vacher, de la localité de ce nom, où il naquit en Piémont vers 1390. Il servit d'abord Facino Cane, puis, à sa mort, Filippo Maria. Voy. Biglia, XIX, 39-50, Ant. de Ripalta, *Ann. placent.*, XX, 874; Ricotti, part. IV, c. I, t. III, p. 11 sq.

[3] Voy. pour les détails Sismondi, V, 369-73.

[4] 1412. Voy. Sismondi, V, 373, et Capponi, I, 453.

[5] Ces limites ne sont pas nettement indiquées au traité de paix tel qu'on

Séduisante était l'offre, car depuis que l'héritage de Naples absorbait toutes les forces du royaume dans l'ardente compétition d'Alfonse V d'Aragon et de Louis d'Anjou[1], Filippo Maria pouvait seul empêcher Florence de s'agrandir, de tailler en plein drap dans l'Italie centrale, où les petits seigneurs attendaient des maîtres. Toutefois cette paix n'était point populaire[2], et, même au sein de l'oligarchie, Niccolò d'Uzzano, Gino Capponi la repoussaient. Traiter avec Milan, c'était, disaient-ils, lui abandonner Gênes et Brescia. Mais ils n'étaient que des dissidents, et Gino est même blâmé par son fils[3]. Quant au peuple, il n'avait point voix au chapitre. Le gros du parti fit prévaloir sa politique. Le meilleur moyen d'acquérir Livourne n'était-il pas de laisser ou même de mettre Gênes dans l'embarras? Obtenir ses coudées franches en Toscane avait bien son prix, et si Filippo Maria, perfide comme ses pères, manquait aux conventions, on aurait un bon motif de courir aux

---

peut le lire dans *Commiss.* XLV *Rin.* II, 232; mais elles résultent de l'énumération détaillée des alliés de l'une et l'autre des parties. Cela devait être parfaitement clair pour les contemporains qui avaient dans la tête la géographie de l'Italie, telle qu'elle était alors constituée. Dans un document de décembre 1423, on trouve lesdites limites indiquées un peu différemment : « quod secundum tenorem pacis... Dux non potuit se intromittere de partibus Lunigiane a jugo Alpium existentium supra Pontem Tremulum citra versus Florentiam... nec de Bononia, Forolivio, Ymola, Faventia... » (*Commiss.* XLVII *Rin.*, II, 497.)

[1] Sur l'immixtion d'Alfonse d'Aragon dans les affaires de Naples et de Gênes, voy. Cirneo, *Hist. Corsicæ,*, R. I. S., XXIV; *Vita Brachii*, XIX; *Giorn. napoletani*, XXI; Sismondi, V, 362, 366.

[2] Non fu intesa dal popolo, ma sì da alquanti. (Morelli, *Del.*, XIX, 43.)

[3] Ammirato (XVIII, 986) donne les arguments de Gino, qui sont condamnés par Neri, son fils. Voy. ses commentaires qui commencent à cet endroit, dans R. I. S. XVIII, 1157. Cf. D. Boninsegni, p. 18, 19; Cavalcanti, l. I. c. v-x, t. I, p. 11-23.

armes, sans encourir le reproche de reprendre la guerre pour dominer et s'enrichir.

Le 8 février 1419, était conclu le traité « entre la puissance lombarde et la liberté toscane », comme dit Cavalcanti[1]. Il était gros de difficultés futures, de bonnes aubaines pour la mauvaise foi, grâce à des limites mal déterminées, « les sommets des Alpes de Pontremoli et de la Magra, comme le remarquaient en 1424 des cardinaux négociateurs, se prolongeant jusqu'en France[2] ». Bientôt, d'ailleurs, il perdait, aux yeux des Florentins, son principal mérite, celui d'embarrasser les Génois. Après deux ans d'hésitation, Gênes, attaquée en Corse par Alfonse, se décidait à désarmer Florence : elle lui vendait Livourne au prix de cent mille florins (30 juin 1421), à condition que les marchands florentins se serviraient de navires génois pour le transport des marchandises de France et d'Angleterre[3]. Elle eut bien voulu, en outre être défendue contre les Catalans et les Milanais ; mais n'obtenant que la neutralité, elle dut subir, pour n'avoir plus qu'un ennemi, le joug du plus redoutable et du plus voisin, se soumettre au duc de Milan, comme naguère au roi de France[4].

Cette paix, au surplus, Filippo Maria la violait sans vergogne. Au doge génois, Tommaso de Campofregoso, il donnait, en échange de sa dignité perdue, la seigneu-

---

[1] Voy. le texte du traité dans *Commiss.* XLV *Rin.*, II, 232. Chronologiquement, il n'est point à sa place ; mais il se trouve là parce que les Dix de la guerre l'envoyèrent plus tard aux ambassadeurs à Rome, pour les guider dans leurs négociations. Cf. Poggio, XX, 319 ; Neri Capponi, *Comment.*, XVIII, 1157 ; Ammirato, XVIII, 986.
[2] Dépêche des amb. à Rome, 7 oct. 1424. *Commiss.* XLV *Rin.*, II, 214.
[3] B. Pitti, p. 129 ; D. Boninsegni, p. 17 ; Ammirato, XVIII, 990.
[4] *Ric.* de Fil. Rinuccini, p. 59 ; Stella, XVII, 1284 ; Folieta, l. X, 201 v°.

rie de Sarzana, située au sud des limites que le traité lui interdisait de franchir[1]. Il les franchissait encore en défendant Bologne et le légat contre les Bentivogli; en attaquant ceux-ci à Castel-Bolognese, où ils s'étaient retirés[2]; en envoyant, dans le Royaume, des troupes à Louis d'Anjou, devenu son parent; en protégeant le fils de Giorgio Ordelaffi, que celui-ci, à son lit de mort, lui avait recommandé, tandis que la veuve le recommandait aux Florentins[3]. Aux réclamations il répondait effrontément que ses secours avaient été réclamés et que la République lui était suspecte[4]. Enfin, comme seigneur de Gênes, et en exagérant les termes du traité, il prétendait empêcher Florence de se créer une marine, d'envoyer ses navires dans le Levant[5]. Il n'en protestait pas moins qu'il observait la paix *ad unguem*[6], mais il refusait de recevoir à Milan des ambassadeurs florentins, sous prétexte qu'ils venaient de lieux infectés par la peste[7]. De leur côté les Florentins approuvèrent hautement le prompt retour de l'ambassade[8]; ils franchis-

---

[1] Les mêmes; Du Mont, II, 2, 158 sq; Cipolla, p. 328.

[2] *Cron. Bol.*, XVIII, 612; Griffoni, XVIII, 229; Poggio, XX, 324. Il est très souvent question de cette affaire de Castel Bolognese dans les *Commiss.* XXXVII et XXXVIII *Rin.*

[3] Cette veuve, Lucrezia des Alidosi, Rinaldo l'appelle « une des plus franches femmes qu'on eût jamais vues, et de qui l'on pouvait dire: inveni in muliebri sexu virilem animum ». (22 nov. 1423. *Commiss.* XL *Rin.* I, 579.)

[4] Voy. tous les historiens et chroniqueurs, surtout Cavalcanti, étrange, mais bien informé, et *Commiss.* XXXVII *Rin.*, I, 399.

[5] Instructions aux ambassadeurs envoyés au duc, 30 août 1422. *Commiss.* XXXVII *Rin.*, I, 399.

[6] *Commiss.* XL *Rin.*, I, 517-518, note.

[7] *Commiss.* XL *Rin.*, I, 517, n. 1; D. Boninsegni, p. 18, 19; Poggio, XX, 323; *Chron. foroliv.*, XIX, 890; *Ann. foroliv.*, XXII, 212; *Chron. Tarvisin.*, XIX, 851.

[8] Voy. les textes dans *Commiss.* XL *Rin.*, I, p. 518, note.

saient, à leur tour, les limites défendues, et répondaient aux réclamations que les coupables étaient des mercenaires à la solde d'Imola[1]. De ces taquineries, de ces mauvais procédés à la guerre il n'y avait qu'un pas; mais ce pas, Filippo Maria le pouvait faire plus facilement qu'une oligarchie.

Florence, en effet, était fort divisée. Les opposants s'y prononçaient pour ce qu'on appellerait, de nos jours, la paix à tout prix[2]. Les naïfs croyaient aux protestations pacifiques, démenties pourtant par la prise de Forlì. Les politiques, dont Giovanni des Medici et Agnolo des Pandolfini, orateur d'une douce éloquence[3], se faisaient les organes, représentaient la guerre dangereuse, sans profit, sans conquêtes possibles, puisque les terres qu'on aurait pu conquérir étaient d'Église. A quoi bon une entreprise dont on n'aurait que les charges? Le duc est fort, et c'est mal venger la honte que de l'aggraver[4]. Mais le plus grand nombre, dans la secte dominante, étaient d'avis qu'il fallait se défier; que Filippo Maria déclarerait la guerre à Florence avant de la déclarer à Venise, laquelle il ne craignait guère, tant qu'elle aurait sur les bras l'Istrie, l'Albanie, la Dalmatie[5]. Rinaldo des Albizzi, pour faire prévaloir cette opinion[6],

---

[1] Cavalcanti, l. II, c. vii, t. I, p. 44; *Commiss.* XXXIX *Rin.*, I, 457, 462.

[2] Opinio Italicorum usque nunc fuit ut dominatio vestra disposita erat non se excitare ad aliquod per omnia que emergerent. (Paroles de Rinaldo. *Consulte* du 28 mai 1423. *Commiss.* XXXIX *Rin.*, I, 442.)

[3] Voy. *Commiss.* XLVII *Rin.*, II, 529 et note.

[4] *Commiss.* XL *Rin.*, I, 458.

[5] D. Boninsegni, p. 18. Ces affaires de Venise contre des feudataires du roi de Hongrie étaient si absorbantes qu'elle conclut la paix pour dix ans avec Filippo Maria, afin d'être plus libre vers l'est. Voy. Biglia, XIX, 53; Sismondi, V, 376.

[6] Voy. *Commiss.* XL *Rin.*, I, 460, où sont rapportées les paroles de plusieurs orateurs des *consulte.* Cf Ammirato, XVIII, 1001.

voulait qu'au lieu de se restreindre au plus petit nombre possible dans les *consulte*, suivant la proposition de Lorenzo Ridolfi et la tradition des oligarchies, on en appelât un très grand nombre, dans des questions surtout où « chacun y était pour son cuir et pour son poil [1] ».

L'avis des belliqueux prévalut à la fin. Les Dix de la guerre furent élus, pour défendre « la liberté », ou, plus exactement, l'indépendance, car c'est l'indépendance, en ce temps de servitude, qu'on décore encore du nom de liberté [2]. Telle était, dès lors, l'importance de Giovanni des Medici, que, quoique opposant, il entra dans cet office avec Niccolò d'Uzzano [3]. Pour capitaine, les Dix choisirent Pandolfo Malatesti, seigneur de Brescia et de Bergame, dépossédé récemment par Filippo Maria [4], et réfugié auprès de son frère, à Rimini (23 août 1423). Ils lui confièrent la mission de délivrer la *rocca* de Forlì, qui tenait encore pour le jeune Tebaldo des Ordelaffi. Pandolfo exigeait bien dès son début ce qu'on appelait paye entière, une somme de huit mille cinq cents florins, prétention exorbitante sans doute: mais pouvait-on marchander un *condottiere* dont les intérêts personnels garantissaient la fidélité [5] ?

---

[1] Cavalcanti, l. I, c. vii, t. I, p. 16. Cet auteur rapporte les paroles mêmes de Rinaldo ; mais comme on a la preuve qu'en mainte occasion il fait parler les gens à sa guise, le plus sage est de ne retenir que le fait curieux de cette doctrine de Rinaldo, qui rappelle Philippe le Bel, et est contraire à la tendance oligarchique.
[2] Voy. en maint endroit des *Commiss. Rin.*, mais notamment dép. de la Seign., 21 mai 1423, Commiss. XXXVII *Rin.*, I, 439.
[3] Ammirato (XVIII, 1001) donne les noms de ces Dix.
[4] Le 16 mars 1421.
[5] 12, 15 oct. 1423. *Commiss.* XL *Rin.*, I, 528, 531. — Pandolfo amenait avec lui 500 lances. C'est ce qui explique le chiffre si élevé de la solde.

Ce n'est pas tout d'être fidèle ; un général doit aussi être capable, et surtout heureux. Or, du premier coup, Pandolfo manquait au moins de bonheur. Il débutait par un échec au Ponte a Ronco (6 septembre 1423)[1], incident grave avec un adversaire tel qu'Agnolo de la Pergola, qui savait profiter de la victoire. Villes et seigneurs, qui allaient se prononcer pour Florence, se tiennent sur la réserve[2]. Le parti de la paix reprend courage, réclame de nouvelles négociations que ses adversaires n'osent refuser[3]. Rinaldo des Albizzi et Vieri des Guadagni sont envoyés à Ferrare. Quoique fort amis[4], ils représentaient les deux opinions en présence, l'un beau parleur, très ouvert, très optimiste[5], l'autre esprit sec, mais « entendu et de bonne tête[6] ». On leur adjoignit, pour les départager sans doute, Giuliano Davanzati, docteur, dont les sentiments sont restés un mystère[7].

---

[1] Biglia, XIX, 63 ; *Ann. foroliv.*, XXII, 211, 213. Ce ne fut pas à proprement parler une défaite : Neri Capponi, Ammirato, n'en soufflent mot, et les dépêches de Rinaldo réduisent à sa juste mesure l'importance de ce fait d'armes. Voy. *Commiss.* XL *Rin.*, I, 461.

[2] Se sarete forte, non dubito punto ch'ognuno fia dal vostro sanza esserne pregati. (Dép. de Rinaldo, 8 sept. 1423. *Commiss.* XL *Rin.*, I, 473.)

[3] Voy. les paroles énergiques de Rinaldo, 12 oct. 1423. *Commiss.* XL *Rin.*, I, 523.

[4] Rinaldo tutoyait Vieri ; Vieri lui disait *vous*. Le tutoiement cessera plus tard, un peu par plaisanterie, quand Vieri sera nommé des Dix, et il s'en plaindra. Naturellement, le tutoiement est repris Voy. *Commiss.* XLVII *Rin.*, II, 454, 455.

[5] Sai che io sono uomo di tanta grande speranza che con essa forse mi morrò appiccata al collo. (18 oct. 1424. *Commiss.* XL *Rin.*, II, 342.) — Nunquam mendacium erit in ore meo. (*Ibid.*, p. 250.)

[6] Tel est le jugement de Rinaldo, son collègue à Rome pendant cinq mois. (18 nov. 1424. *Commiss.* XLVI *Rin.*, II, 308.) — Spuosi con lungheze di parole, etiam contro la mia natura... (Vieri à Rinaldo, 15 oct. 1424. *Commiss.* XLV *Rin.*, II, 246.)

[7] 29 janv. 1424. Voy. les textes dans *Commiss.* XLI *Rin.*, II, 3, 5.

Ces ouvertures, Agnolo de la Pergola les rendit inutiles, par sa rapide marche en avant. Ayant surpris Imola (1er février 1424), il envoyait prisonnier à Milan le seigneur Luigi des Alidosi[1], et, du coup, s'évanouissait toute espérance de paix[2] : Florence ne pouvait supporter l'ennemi si près de ses frontières. Le 6 mars 1424, le conseil des Deux Cents, par 171 fèves noires contre 24 fèves blanches, adoptait une provision belliqueuse où il était dit de Filippo Maria qu'il avait, comme le chef de sa race, une âme et un corps de vipère, et qu'il causait la ruine du genre humain[3].

Le venin de la vipère, on le craignait partout, au point de déserter la cause de la République. Guidantonio des Manfredi se prononçait pour le duc[4]. Venise, qui l'avait pour allié contre la Hongrie, n'accordait à Rinaldo, enguirlandé d'honneurs, que le libre passage du Pô pour ses compatriotes[5]. Martin V retirait de Bologne son légat Condolmiero, qu'il savait agréable aux Florentins[6], revanche peut-être de leurs bons rapports avec Alfonse d'Aragon, dernier protecteur du vieux

---

[1] Biglia, XIX, 66 ; *Chron. foroliv.*, XIX, 891 ; Griffoni, XVIII, 229 ; *Cron. Bol.*, XVIII, 613 ; Cavalcanti, l. II, c. ix, t. I, p. 48.

[2] Poca speranza avea che il duca volesse venire ad effetto di pace nel modo che per lo marchese s'era scritto ; ora per lo caso sopravenuto d'Imola, nulla speranza n'ha. (Dépêche des amb. 3 févr. 1424. *Commiss.* XLI *Rin.*, II, 14.) Les propositions du duc, les réponses des Florentins prouvent la vérité de ces paroles. Voy. *Ibid.*, p. 39-42, 19 févr. 1424. Le départ des ambassadeurs était fixé au surlendemain. (*Ibid.* p. 42.)

[3] Voy. le texte dans *Commiss.* XLII *Rin.*, II, 47-49.

[4] Poggio, XX, 328 ; Ammirato, XVIII, 1009.

[5] 11 mai 1424. *Commiss.* XLII *Rin.*, II, 60-62.

[6] Poggio, XX, 328 ; *Cron. Bol.*, XVIII, 614 ; Ammirato, XVIII, 1009. Gabriele Condolmiero, Vénitien, cardinal de Sienne, qui fut plus tard pape sous le nom d'Eugène IV, avait plu aux Florentins. Voy. *Commiss.* XXXIX et XLII *Rin.*, I, 443, II, 50, note.

Benoît XIII[1], et des faveurs par eux accordées à ce Braccio de Montone dont il ne pouvait entendre parler « sans devenir pourpre, sans se tordre comme un serpent[2] ». C'est qu'en effet Braccio, déjà pensionné, contractait un engagement de neuf mois, « pour la conservation de notre État, disent les documents, que vous pouvez réputer comme le vôtre propre[3] ». Sa mort, devant Aquila qu'il assiégeait[4], fut une perte, on le vit bien au choix de son successeur. Élu pour mieux s'assurer sans doute l'alliance de sa maison[5], Carlo Malatesti, seigneur de Rimini, se voyait flanqué de son frère Pandolfo, parce qu'on le savait malheureux à la guerre[6].

Malheureux, il l'était, mais surtout malhabile. A la tête de six mille chevaux et de trois mille fantassins, la plus belle armée que, de son aveu, il eût jamais conduite[7], il avait ordre d'assiéger Forli, et Alberico de Barbiano battait la campagne, pour empêcher Agnolo de la Pergola de contrarier le siège. Agnolo déjoua cette tac-

---

[1] En avril 1423, Palla des Strozzi avait été envoyé ambassadeur à Alfonse. Benoît XIII mourait en 1424. (*Commiss.* XLV *Rin.*, II, 96 et n. 5.)

[2] Rinaldo à Fruosino de Verazano, un des Dix. 11 août 1424. *Commiss.* XLV *Rin.*, II, 152.

[3] 14 février 1424. Voy. le texte dans *Commiss.* XLI *Rin.*, II, 5.

[4] Braccio était, depuis 1422, gouverneur des Abruzzes, dans la lutte entre Alfonse et Jeanne. Battu le 2 juin 1424, il était mort le 5. Voy. Boninsegni, p. 20; *Ric.* de Fil. Rinuccini, p. 59; Simoneta, *Hist. de rebus gestis Francisci I Sfortiæ*, R. I. S., XXI, 197; Bonincontri, XXI, 133; *Cron. d'Agobbio*, XXI, 964; *Giorn. napol.*, XXI, 1092; *Vita Brachii*, XIX, 617; Nic. de Borbona, *Cronaca aquilana* dans *Ant. med. œvi*, VI, 873; Ricotti, II, 286-88.

[5] Ammirato (XVIII, 1010) dit en effet que Carlo fut engagé comme général en chef par l'intermédiaire de Pandolfo Malatesti.

[6] Non si partisse dal sign. Carlo, perchè il sign. Carlo era molto usato di perdere (D. Boninsegni, p. 18).

[7] Exercitum asserit nunquam habuisse meliorem. (Paroles de Nic. Barbadori. *Consulte* du 3 août 1424. *Commiss.* XLV *Rin.*, II, 148.)

tique, en assiégeant lui-même Alberico dans Zagonara. Il comptait bien que les Florentins en marche céderaient à la tentation de le dégager[1]. Malatesti tomba sottement dans le piège : « Pour priver l'ennemi d'un succès, dit Machiavel, il lui en procura un plus grand[2] ». Son excuse, si on veut lui en trouver une, c'est que le douteux Alberico annonçait que, non secouru dans la quinzaine, il rendrait Zagonara, et passerait de la solde des Florentins à celle du duc[3].

Une pluie sans fin avait tellement défoncé la route qu'elle se confondait avec les champs. Dans la boue jusqu'aux genoux, mouillés jusqu'aux os, épuisés par une longue marche, les soldats attaquèrent (28 juillet)[4] un ennemi frais et dispos dans d'excellentes positions. Des renforts, partis la veille de Florence, étaient annoncés[5] : l'égoïste soif du pillage n'attendit point ces nouveaux partageants[6]. Mais l'ours à dépecer restait debout, dans toute sa force. Pour ceux qui s'en distribuaient les morceaux d'avance, ce fut un désastre. Capitaine et lieutenants furent faits prisonniers. Les Dix de la guerre avaient donc de la résignation chrétienne à revendre, quand ils louaient Dieu à cette occasion[7]. Assez

---

[1] Voy. *Commiss.* XLV *Rin.*, II, 132 et Machiavel, IV, 54 A, qui explique plus clairement qu'aucun autre auteur cette tactique.

[2] Machiavel, IV, 54 A. Lodovico des Obizzi, *condottiere* sous les ordres de Carlo, avait essayé de le détourner de son dessein. Voy. le discours dans Cavalcanti, l. II, c. xiv, t. I, p. 55.

[3] Cavalcanti, l. II, c. xii, t. I, p. 54.

[4] Les auteurs disent le 27 et Ammirato (XVIII, 1012) le 24; mais la date véritable se trouve dans deux documents écrits au lendemain de la bataille. Voy. une note de Rinaldo (5 août) et une lettre des Dix (20 août). *Commiss.* XLV *Rin.*, II, 142, 143.

[5] *Commiss.* XLV *Rin.*, II, 152. — [6] *Ibid.*, p. 144.

[7] Di tutto sia lodato Iddio. (Dép. du 2 août. On y voit les noms des principaux morts, prisonniers et échappés. *Ibid.*, p. 144.)

habile pour renvoyer les captifs sans rançon, sans conditions, Filippo Maria en était récompensé sur l'heure : Carlo Malatesti, pour s'attacher à sa personne, abandonnait les Florentins, et son exemple trouvait des imitateurs[1].

Florence avait essuyé de plus cruelles défaites; mais tant qu'elle était une démocratie, chacun, plus ou moins, prenait sa part de responsabilité. Au contraire, l'oligarchie, non plus que la monarchie, ne peut supporter les revers. Ses élus, les Dix de la guerre, étaient les seuls coupables : n'avaient-ils pas ordonné aux capitaines, qui voulaient négliger Zagonara, de lui porter secours[2]? Et quel état, désormais, faire des *condottieri*, fussent-ils, de père en fils, les alliés de la commune? « Si votre frère est homme d'armes, écrivait amèrement Rinaldo, ne vous fiez point à lui[3] ». Les mécontents ne se bornaient plus à murmurer. « Maintenant, rassasiez-vous, loups faméliques, s'écriaient-ils avec véhémence; vous auriez crevé de rage, si cette ville avait eu un peu de repos[4] ».

Comme dans tous les malheurs publics, la poésie populaire prenait la parole. Un bouffon de la seigneurie, Antonio de Palagio[5], tonnait en mauvais vers contre

---

[1] Voy. les articles du traité entre Carlo et le duc dans *Commiss.* XLVI *Rin.*, II, 282. Sur la défaite de Zagonara, Lettres des Dix, 30 juillet et 2 août, *Commiss.* XLV, II, 137 et 144; Cavalcanti, l. I, c. v sq.; l. II, c. I sq. et notamment ch. xviii, xx, t. I, p. 11 sq., p. 27, 59, 62-64; *Ric. de Fil.* Rinuccini, p. 60; Neri Capponi, XVIII, 1163; Boninsegni, p. 23; Poggio, XX, 330; Biglia, XIX, 68; Boniacontri, XXI, 133; *Cron. Bol.*, XVIII, 615; *Chron. foroliv.*, XIX, 893; Ammirato, XVIII, 1013.

[2] Ammirato, XVIII, 1012.

[3] 8 nov. 1424. *Commiss.* XLVI *Rin.*, II, 283.

[4] Cavalcanti, l. II, c. xxi, t. I, p. 67.

[5] Antonio de Matteo de Meglio, dit de Palagio, grand ami des Albizzi.

les chefs officiels et passagers du gouvernement, ce qui était une manière de dégager les Albizzi, ses patrons : « Des usuriers, des sodomites, des traîtres auraient un parler plus honnête. Ils veulent se persuader que le blanc est noir. Ne sommes-nous plus Florentins, libres Toscans, miroir et lumière de l'Italie[1]? » Domenico de Prato, qui lui donne la réplique avec plus de talent et non moins de déclamation érudite, gémit sur « le triomphal sénat si abaissé », sur le menu peuple, « qui n'est plus qu'un zéro »; il attaque ceux qui ne craignent ni le peuple ni Dieu, qui font du peuple marchandise et versent son sang; il poursuit de ses invectives la vipère milanaise, le lion de Venise devenu lièvre, Sienne toujours tournée vers les victorieux. « A l'intérieur, chacun me mord, » gémit Florence. « On veut que je vole, et on m'arrache les plumes. Je tombe et personne ne me soutient. On ne pense plus qu'à l'argent. Faisons de l'argent et nous aurons les honneurs[2] ». La poésie reste dans les généralités, c'est son rôle; mais des marchands vont aux faits précis et aux chiffres inexorables : ils n'oublient point qu'en quelques mois les impôts se sont élevés à neuf cent mille florins d'or[3], et qu'il faudra se saigner encore, pour venger la défaite, peut-être pour défendre le territoire.

La guerre était dure, après dix ans de paix; mais nul, même au dehors, n'en contestait la nécessité. Aux

---

écrivit plus tard contre eux, quand ils furent exilés, des vers injurieux et très connus. Alors il était cavalier, héraut ou plutôt bouffon de la seigneurie. Voy. *Commiss.* LIV *Rin.*, III, 545, note.

[1] Voy. le texte dans *Commiss.* XLV *Rin.*, II, 76, 78, où l'on peut lire la pièce entière.

[2] *Ibid.*, p. 79-84, la pièce de Domenico de Prato aussi en entier.

[3] Cambi, *Del.* XX, 162.

premiers jours, on craignait l'invasion[1]. Dans toutes les directions partaient des ambassadeurs, et si l'effet de leurs démarches nous reste inconnu pour la plupart, nous le connaissons pour Rinaldo, envoyé à Martin V. « Sans cette déroute, disait ce pape, je vous aurais donné la paix ». Interrogé s'il laisserait le duc de Milan se rendre maître du monde : « Assurément non », répondait-il[2]. Mais la réponse était aussi jésuitique que la question mal posée : en fait, les lances qu'il refusait avant la défaite[3], il ne les donnait point davantage après. « C'est, disait le cardinal florentin Brancacci, qu'il ne peut entrer en lutte contre Malatesti, détenteur de terres d'église[4] ». « Ses paroles sont parfaites, écrivait de son côté Rinaldo; mais ce qu'il a dans le cœur, Dieu seul le sait[5] ». On s'en doutait tout au moins, puisque, huit jours auparavant, l'ambassadeur avertissait les Dix : « Si le pape vous disait oui, ne le croyez pas[6] ». Abandon d'autant plus grave qu'il était général. Florence, dans sa détresse, ne savait plus qui implorer[7].

Au dedans, parmi les meneurs, régnait la discorde, non sur le but, mais sur les moyens[8]. L'histoire en est

---

[1] Non crediamo omai esser cavalcati, come da parecchi di indietro dubitamo. (20 août 1424. *Commiss.* XLV Rin., II, 164.)
[2] 26 août 1424. *Ibid.*, p. 167.
[3] *Ibid.*, p. 157.
[4] Voy. ce long mais curieux passage, *Ibid.*, p. 150.
[5] 19 août 1424. *Ibid.*, p. 162.
[6] 11 août 1424. *Ibid.*, p. 153.
[7] Ora Iddio ci aiuti, che bisogno ci fa, ch'io non so dove vi possiate ricorrere al presente per li vostri bisogni, senon qui. (Dépêche de Rinaldo, Rome. 11 août. *Ibid.*, p. 153.)
[8] Quelli del cerchio del reggimento l'uno l'apponeva all'altro. (Cavalcanti, l. II, c. xxi, t. I. p. 67.)

instructive autant que curieuse. Le 30 juillet, deux jours après Zagonara, s'assemblent les *consulte*. Le 3 août, est convoqué un grand conseil de *richiesti*. Sur ceux qui restaient à l'écart du gouvernement pèsera ainsi une part de responsabilité[1]. Quels avis se font jour dans ces assemblées ? Avant tout, il faut imposer silence aux mécontents[2], se tenir sur la défensive, plus économique et plus sûre que l'offensive[3], garder les passages donnant accès sur le territoire, et reconstituer les finances, puisqu'en quelques jours a disparu l'épargne d'une année[4]. Il faut imposer à tous des sacrifices, même aux clercs[5]. « Ce n'est pas, dit rudement Rinaldo des Gianfigliazzi, le moment d'écouter les doléances sur la répartition inégale ; que ceux qui peuvent payer payent[6] ». Mais tout le monde n'est point aussi net. Niccolò d'Uzzano, dont on attendait les oracles, ne hasarde que des généralités banales. Il n'a qu'une idée fixe, marcher d'accord avec le pape[7], et il y trouve des

---

[1] Cavalcanti, l. II, c. XXII, t. I, p. 68.

[2] Quod Octo custodie hortentur ad diligenter perscruttandum de iis qui alloquerentur ; cum propter hec malivoli animabuntur. (30 juillet 1424. *Commiss.* XLV *Rin.*, II, 136.)

[3] 3 août 1424. *Ibid.*, p. 148.

[4] Facilius est discere ut preparetur pecunia et passus et loca custodiantur, sed difficilius est opus adimplere. Et quod in uno anno provisum est et ordinatum, in minimo puncto consumptum est. (Bart. Orlandini, *Consulte* du 3 août. *Ibid.*, p. 146, note.)

[5] Cives ad solvendum artentur, et quia multum sunt gravati, providendum est ut concurrant clerici. (Tommaso Bartoli au nom du collège des *buonuomini*. *Consulte* du 2 août. *Ibid.*, p. 145.)

[6] *Consulte* du 3 août. *Ibid.*, p. 145. Cavalcanti (l. II, c. XXIII, t. I, p. 69) transforme ces brèves paroles en un discours qui n'y ressemble guère. Machiavel (IV, 54 B) et Ammirato (XIX, 1045) l'attribuent à Rinaldo des Albizzi, alors à Rome, et ne pouvant obtenir son rappel. Voy. *Commiss.* XLV passim, et notamment 4, 9, 30 sept. 1424, t. II, p. 175, 179, 200.

[7] Cum domino papa omnia agere debemus (3 août *Ibid.*, p. 145).

contradicteurs[1]. Giovanni des Medici se compromet moins encore : « Vivons en bon accord, dit-il, avec le pape et avec tout le monde[2] ». Le moment n'est pas venu, pour cette famille grandissante, de devenir oracle à son tour.

Au demeurant, cette circonspection s'explique. « Oncques n'ai vu, écrivait peu après Vieri Guadagni, gouvernement plus épluché[3] ». Et pourtant il faut lever des impôts. Qui l'osera? L'oligarchie, prudemment, s'en décharge sur une *balie* de vingt citoyens; mais ces gens, quoique triés sur le volet, ne pouvaient l'impossible. Boucs émissaires de l'odieux, ils font adopter par les conseils trois emprunts successifs, montant ensemble à cent cinquante mille florins d'or[4], les retardataires étant menacés de n'avoir aucun bénéfice, d'être faits grands, de n'être entendus devant aucun tribunal[5]. C'est alors que furent imaginés ces deux *monti delle doti*, dont il a été parlé au chapitre précédent[6].

Le vif de la question, le scandale, c'est qu'on demandait de l'argent à ceux qui en avaient[7]. Chacun, dans

[1] Nec papa turbabitur. (Salomone des Strozzi, *Ibid.*, p. 148.)

[2] In benivolentia et gratia domini pape et cujuscunque permanere debemus velle. (*Ibid.*, p. 148.) Notons pour son nom un des opinants de cette importante séance : il s'appelle Galileo de Giovanni Galilei. Il ne dit, du reste, que des généralités sur la fermeté du peuple romain, sur Dieu qui doit soutenir la cause juste. (*Ibid.*, p. 149.)

[3] Io sono arrivato in uno governo tanto squadernato che mai ne vidi niuno più. (Vieri à Rinaldo des Alb. Il venait d'être nommé des Dix de la guerre, en septembre. — 21 oct. 1424. *Ibid.*, p. 208, 256.)

[4] 13 et 14 octobre 1424. 169 voix contre 50 dans le conseil du peuple, 118 contre 50 (probablement les mêmes) dans le conseil de la commune. *Ibid.*, p. 247, n. 1.

[5] Ammirato, XIX, 1024.

[6] Voy. sur les *monti*, chap. précédent, p. 245, note 7.

[7] Veduto il denaro essere mancato a tutti coloro che per insino a quel punto avevano pagato ed erano esclusi in tutto fuori del reggimento, questo

cette aristocratie marchande et mercantile, fut imposé de bien peu, cinq sous par livre[1]; mais ils crièrent comme si on les eût écorchés, se plaignant d'être engagés dans « un labyrinthe sans espoir[2] ». Pour la première fois qu'ils payaient, ils étaient menacés de payer longtemps, si l'on faisait une guerre défensive. Eux qui revendiquaient les bénéfices de l'inégalité sociale, ils en repoussaient les charges, ils réclamaient l'égalité devant l'impôt, qu'ils avaient jusque-là méconnue[3]. Les auteurs le disent, et les documents le confirment : Rinaldo des Albizzi demande plus que jamais à être rappelé de Rome, « pour plusieurs affaires personnelles, écrit-il, et en particulier pour les nouvelles taxes, car si je ne suis pas là comme les autres citoyens, pour voir clair dans ma fortune, je pourrai être ruiné, et n'étant pas allégé de la charge exorbitante[4] qui pèse sur moi, la nécessité me ferait faire des choses d'un mauvais exemple[5] ». Lui, du moins, il consentait à payer quelque peu; d'autres puissants s'y refusaient[6], et l'on parlait, dans les conseils, de les contraindre[7]. Leur campagne de

esaminando che il denaro non era da imporlo a chi non l'aveva. (Cavalcanti, l. III, c. I, t. I, p. 74.)

[1] Ammirato, XIX, 1010. — [2] Cavalcanti, l. III, c. I, t. I, p. 72.
[3] Ammirato, XIX, 1027.
[4] Ingorda posta.
[5] 15 nov. 1424, *Commiss.* XLVI *Rin.*, II, 299. Cf. sa lettre à Vieri, même date, p. 304. La veille du jour où il écrivait cette nouvelle lettre, Rinaldo obtenait conditionnellement des Dix la permission de revenir. 14 nov. p. 315. Le 27, il était à Florence, étant resté auprès du Saint-Siège depuis le 21 juin précédent. *Ibid.*, p. 317.
[6] Et forte aliqui non solvunt potentes, et alii hoc videntes, retrahuntur a solutione. (Paroles de Rinaldo, Conseil de *richiesti*, 9 févr. 1425. *Commiss.* XLVII *Rin.*, II, 322.)
[7] Fiat provisio ut potentes cum penis cogantur solvere, et inhabilibus cum misericordia procedatur. (18 janv. 1425. Paroles d'Andrea Minerbetti au nom des *buonuomini*. *Ibid.*, II, 321.)

dégrèvement n'aboutit point devant les clameurs des gens de petit état.

C'est par des voies détournées qu'ils prirent leur revanche. Ils poussèrent à la rigueur dans la perception, pensant bien qu'odieux à tous l'impôt devrait être aboli. Messagers et sbires des percepteurs reçurent des armes, furent autorisés à tuer qui résisterait, sans que nul magistrat pût connaître des violences faites aux débiteurs de la commune[1]. De là, des désordres graves, coups, blessures, meurtres même[2]. On forma dès lors, et on réalisa, l'année suivante, le dessein de toucher aux statuts, car il semblait insupportable que les formes démocratiques du gouvernement ne permissent pas d'en exclure ses derniers adversaires.

Les hostilités se rouvrirent avec de sombres prévisions. Jusqu'alors on avait dépensé par mois soixante mille florins, sans compter les galères; que quelque difficulté nouvelle éclatât du côté d'Urbino ou de Faenza, et la dépense serait doublée[3]. Avec le comte Oddo, bâtard de Braccio, et Niccolò Piccinino, son tuteur[4], engagés non sans peine, car Martin V les disputait à la

---

[1] Cavalcanti, l. III, c. I, t. I, p. 72.

[2] Capponi (*Stor. di Fir.*, I, 468) toujours favorable à ce gouvernement ne parle que de coups et blessures, mais Machiavel dit formellement : « Di che nacquero molti tristi accidenti per morti e ferite dei cittadini ». (IV, 54 B.)

[3] Paroles de Rinaldo des Albizzi. 5 mai 1425. *Commiss.* XLVII *Rin.*, II, 324.

[4] Piccinino, fils d'un boucher de Pérouse, formé à l'école de Braccio, dont il avait épousé la nièce et qu'il avait remplacé à la tête de ses soldats. (Ricotti, Part. IV, c. I, t. III, p. 5 sq.) Les Florentins l'appelaient *lo Zoppo*, le boiteux. Voy. *Commiss.* XL *Rin.*, I, 524, et les vers d'Antonio de Palagio mis sous le portrait des traîtres peints au palais en 1440, dans les *Testi di lingua inediti*, publiés par Manzi, Rome, 1816. Cf. Machiavel, IV, 54 B; Ammirato, XIX, 1016.

République[1], celle-ci avait pris à sa solde Lodovico des Manfredi, en lui promettant les États de son parent le seigneur de Faenza[2], qui avait préféré à l'alliance florentine l'alliance de Milan. Contraints par les Dix à marcher, malgré la saison, Oddo et Piccinino en route vers la Romagne ne peuvent préserver leur ramassis de pillards d'une leçon méritée, que leur infligent les *contadini* du val de Lamone (1er février 1425). Le jeune et beau bâtard y trouva la mort et une troisième armée s'évanouit[3].

Cet échec, les auteurs l'avouent, mais ils n'avouent point la perfidie qui le répara. Emmené captif par son vainqueur Guidantonio Manfredi, seigneur de Faenza, Piccinino parvint à lui persuader qu'une République, qui ne meurt point, était préférable comme alliée à un duc, que la fièvre pouvait emporter. Le 25 février, Guidantonio se « recommandait » aux Florentins et, du coup, était oubliée la promesse faite à Lodovico. Dans son indignation, Lodovico exhale ses plaintes et attaque les troupes d'un État si peu loyal. On l'invite à venir s'expliquer et on le jette aux *Stinche*, sans que personne, dans les *Consulte*, daigne parler pour lui. Même ses domaines occupés et volés, il devait rester de longues années sous les verrous[4].

A la perfidie s'ajoutent, en ce triste temps, la fai-

---

[1] Voy. sur les négociations avec Martin V, *Commiss.* XLV *Rin.*, II, 159, 174, 194, 242, et sur les efforts pour enrôler des mercenaires, *Commiss.* XLVII *Rin.*, II, 147 sq. A la p. 154 en note, un extrait des *Consulte* à ce sujet.
[2] Guidantonio des Manfredi.
[3] Cavalcanti, l. III, c. ix, II, 14, t. I, p. 100, 105, 111 ; D. Boninsegni, p. 24 ; G. Cambi, *Del.*, XX, 163 ; Machiavel, IV, 56 B ; Ammirato, XIX, 1018.
[4] Sur les faits patents, *Chron. Tarvisin.*, XIV, 852 ; Poggio, XX, 332 ; Machiavel, IV, 56 B ; Ammirato, XIX, 1019. Sur la trahison, *Commiss.* XLVII *Rin.*, II, 326, 348.

blesse, la lâcheté. Les places sont abandonnées presque sans défense par les commissaires qui les détiennent[1]. Les armées marchent de défaite en défaite, et les Génois, à Rapallo, sont plus forts que les Florentins[2]. On ne croit plus au courage, à l'honnêteté. Matteo Castellani et Vieri Guadagni ramènent-ils la flotte des eaux de Gênes vers Porto Pisano pour la ravitailler, ils ont cédé à la peur[3], et ils reçoivent l'ordre, en termes sévères, de repartir sans retard, sous peine de confiscation et de mort[4]. S'ils obéissent, c'est pour rentrer dans le port au premier mauvais temps (1er septembre)[5]. Autres échecs à Anghiari, à la Faggiuola (8, 17 octobre), six en tout depuis la reprise des hostilités[6], et il fallait mentir sur les pertes éprouvées, afin de diminuer chez les amis le découragement, chez les ennemis l'arrogance[7].

Pour comble de disgrâce, Piccinino, le meilleur des

---

[1] Cavalcanti, l. III, c. xxi, t. I, p. 135. Cet auteur cite le trait, d'autant plus saillant, d'un certain Biagio del Melano, qui périt au milieu des flammes, plutôt que de rendre la forteresse de Monte-Petroso.

[2] Morelli, Del., XIX, 65; Poggio, XX, 330; Simoneta, XXI, 203; Stella, XVII, 1292; Folieta, l. X, f° 203 v°.

[3] Lettre de Rinaldo, 8 août 1425. Commiss. XLVII Rin., II, 356.

[4] Voy. le fait et les termes énergiques de cet ordre (1er août 1425) dans Commiss. XLVII Rin., II, 354 et 355, n: 1. L'armée navale repartit le 12 août. Ibid., p. 368. On n'en trouve pas trace dans d'autres lettres écrites aux ambassadeurs. Ibid., p. 554.

[5] Ibid., p. 389.

[6] Commiss. XLVII Rin., II, 425 et note, 440; Morelli, Del. XIX, 68; Ammirato, XIX, 1022. — Commandait pour les Florentins à Anghiari, dans la vallée du Tibre, contre Guido Torello et Agnolo de la Pergola, un ancien ennemi réduit à servir la République de son épée, Bernardino des Ubaldini, dit de la Carda, qui avait épousé une fille naturelle de Guidantonio de Montefeltro. (Commiss. XLVII Rin., II, 443; Cavalcanti, l. III, c. xxvi, t. I, p. 150; Ammirato, XIX, 1022). Pour la défaite d'Anghiari, les auteurs disent le 9; mais une lettre du 9 en parle comme ayant eu lieu la veille. Voy. Commiss. XLVII Rin., II, 425 et note.

[7] Commiss. XLVII Rin., II, 426, 430, 432, 439.

condottieri, et, croyait-on, le plus fidèle, passait, faute de s'entendre avec les Dix[1], au service de Milan, que servait déjà le jeune Francesco Sforza, à vingt-trois ans héritier de son père[2]. Il fut cruel de voir Piccinino revenir aussitôt sur le territoire d'Arezzo, et s'y emparer de divers châteaux[3]. Florence se donna l'inoffensif plaisir de mettre sa tête à prix, de le faire peindre avec les imitateurs de sa défection, attachés chacun par un pied, leur nom inscrit au-dessous[4]; mais c'était par d'autres moyens qu'elle pouvait se relever. De nombreuses faillites augmentaient son désarroi, « faisaient rugir le peuple et ne lui laissaient aucun repos[5] ».

D'où viendrait le salut? Évidemment de quelque forte alliance; mais le terrain se dérobait sous les pieds. L'empereur Sigismond avait trop d'affaires avec les Hussites, les Vénitiens, les Turcs[6]. Le pape Martin V n'entendait qu'à la paix avec Filippo Maria[7]. Restaient les Vénitiens. Il fallait donc s'adresser à eux, contre vent et

---

[1] *Commiss.* XLVII *Rin.*, II, 476-479 pour les détails, à la date du 10 nov. 1425, c'est-à-dire peu de jours après sa défection. Cf. *Commentaria rerum gestarum a Jacopo Piccinino*, R. I. S., XXVI, 1-66.

[2] Neri Capponi, XVIII, 1174; Poggio, XX, 335; Simoneta, XXI, 203; Bonincontri, XXI, 134; Boninsegni, p. 25; L. Bruni, *Comm.*, XIX, 933; Cambi, *Del.*, XX, 165; Cavalcanti, l. III, c. xxvii, t. I, p. 153; Machiavel, IV, 56 B; Ammirato, XIX, 1022; Ricotti, III, 9. Ce dernier (II, 280) raconte la mort de Sforza le père, survenue le 4 janvier 1424 en essayant de sauver son valet qui avait perdu pied dans un gué, et (III, 6) comment Piccinino échappa aux Florentins qui voulaient s'emparer de sa personne.

[3] D. Boninsegni, p. 25.

[4] Simoneta, XXI, 203; Ammirato, XIX, 1023.

[5] Ammirato, XIX, 1024.

[6] Poggio, XX, 336; Pigna, *Storia de' principi d'Este*, l. VI, p. 546.

[7] Rinaldo des Albizzi, qui avait déjà passé cinq mois à la cour pontificale, y était renvoyé en toute hâte avec le vieux et expérimenté Agnolo Pandolfini, et le profond légiste Nello des Martini, de san Gemignano. 4-12 juillet 1425. *Commiss.* XLVII *Rin.*, II, 328-334, et pour la négocia-

marée. « Nous persisterons éternellement, portaient les instructions aux ambassadeurs, pour conserver notre liberté, qui nous est plus chère que la vie. Nous y sacrifierons nos biens, nos fils, nos frères, notre vie, et jusqu'à notre âme[1] ». La constance restait la dernière vertu de ce peuple dégénéré.

Mais la négociation n'était point aisée. Venise en guerre contre Milan se voyait sollicitée par le duc d'un accord contre Florence[2]. Quels orateurs seraient les plus persuasifs? La République envoyait Rinaldo des Albizzi deux fois en 1424[3]; puis Palla Strozzi et Giovanni des Medici. Ce dernier, ayant déjà résidé dans la ville des lagunes, y avait de fortes accointances. Sans se priver de ses services, on lui adjoignait (11 avril 1425) Lorenzo Ridolfi, dépositaire des plus secrètes pensées, chef de l'ambassade, et qui écrivait seul les dépêches[4]. « Avec de belles et humbles paroles », Lorenzo implora un secours sans lequel la sœur vacillante de Venise verrait sa ruine[5]. Qu'après avoir pris Gênes et Brescia, le duc prît encore Florence, où s'arrêterait son ambition? « Les Génois, non aidés de nous, dit-il, ont fait Filippo Maria seigneur; nous, non aidés de vous, nous le ferons roi; vous, ne pouvant plus être aidés de personne, vous le ferez empereur[6] ».

---

tion, les dépêches de ces ambassadeurs *passim*, notamment celles du 8 janvier 1426. *Commiss.* XLVII *Rin.*, p. 525.

[1] Instructions aux amb. 11 juillet 1425. *Ibid.*, p. 332.
[2] Navagero, *Storia della Rep. venez.*, R. I. S., XXIII, 1086.
[3] Mai et septembre. *Commiss.* XLII *Rin.*, II, 47 sq.
[4] *Commiss.* XLVII *Rin.*, II, 332, n. 2.
[5] *Ibid.*, p. 331, n. 2; Sanuto, XXII, 979. Poggio (XX, 336-37) dit aussi que Florence était fort compromise.
[6] Sanuto, XXII, 979; Poggio, XX, 336; Simoneta, XXI, 205; Pigna, t. VI, p. 550.

Ces discours tombaient dans des oreilles disposées à les entendre. Venise n'était point sans motifs d'incliner vers Florence. Le duc avait froissé l'amour-propre de ses voisins en refusant leur médiation, que sollicitaient Palla Strozzi et Lorenzo Ridolfi[1]. Consentait-il à négocier, il ne donnait à ses mandataires aucun pouvoir de conclure[2]. De toutes parts venait le conseil de rechercher contre lui l'alliance toscane : c'était l'avis, peut-être intéressé, des seigneurs de Mantoue, de Ferrare, de Ravenne[3], du fameux Carmagnola, brouillé avec Milan pour ces questions de solde toujours renaissantes[4]. Force fut bien de le croire sincère, quand il eut pensé périr par le poison de son ancien maître[5] : aussitôt Venise le prit à sa solde ; l'impétueux doge Foscari, brusquant le cauteleux Conseil des Dix, rompit avec le contempteur de la foi jurée qui menaçait Vérone, Vicence, Padoue, Trévise, quoique lié, pour cinq ans encore, aux Vénitiens[6].

---

[1] Les Dix aux amb. à Rome, 8 oct. 1425. *Commiss.* XLVII *Rin.*, II, 414. Suit, à la p. 415 le document qui contient cette prétention (du 24 déc. 1424) et p. 417 ses conditions, p. 418 celles des Florentins, enfin p. 419 la déclaration de Venise qui se prononce pour les prétentions de ceux-ci.

[2] Les ambassadeurs à Rome, 14 oct. 1425. *Ibid.*, p. 423.

[3] Navagero, XXIII, 1086; Platina, *Hist. Mantuæ*, R. I. S., XX, 802.

[4] Biglia, XIX, 72; Simoneta, XXI, 201; *Chron. Tarvis.*, XIX, 854; Sanuto, XXII, 978; Pigna, l. VI, p. 549.

[5] Biglia, XIX, 81; Poggio, XX, 338; Ammirato, XIX, 1025.

[6] Les auteurs résument les discours qu'auraient prononcés devant le sénat vénitien Ridolfi, Carmagnola et l'ambassadeur de Milan, mais non contradictoirement, car ces divers orateurs paraissent avoir été introduits l'un après l'autre, en l'absence des autres. Voy. Biglia, XIX, 78-82; Poggio, XX, 337. Machiavel, qui aime assez les discours, supprime ceux-ci (IV, 56 B). Sismondi (V, 404) dit que cette séance eut lieu le 14 décembre, mais l'accord dont il va être question est antérieur de dix jours à cette date, que Navagero (XXIII, 1086) donne à tort pour celle de la conclusion.

Le 4 décembre 1425, fut conclue la ligue[1]. Y entraient, avec Venise et Florence, le marquis de Ferrare, le seigneur de Mantoue, le duc de Savoie, le roi d'Aragon. Quant au pape, il faisait toujours de la paix la condition de son acquiescement[2], et Sienne ne devait donner le sien que deux ans plus tard[3]. Le capitaine général fut Carmagnola[4]. Venise s'engageait à mettre sur pied neuf mille chevaux et huit mille fantassins; Florence, six mille des uns comme des autres. Elle était donc, dès lors, et se reconnaissait inférieure en forces à son alliée[5]; elle en subissait la loi, elle se laissait imposer le marquis de Ferrare pour capitaine particulier[6]. Venise se réservait le droit de conclure, à son heure, une trêve ou la paix. A elle appartiendraient toutes les conquêtes de Lombardie. Quant à celles de Toscane et de Romagne, réservées aux Florentins, c'était un leurre, puisque, en Toscane, ils se regardaient partout comme chez eux, et qu'en Romagne les terres étant d'Église, on n'y pouvait toucher sans sacrilège. Nul autre gain pour eux, par conséquent, que la vengeance; mais, sensibles au plaisir des Dieux, nos marchands l'étaient plus encore aux deux tiers de la dépense, dont ils assumaient la charge, et, faisant valoir l'arithmétique par sa rhéto-

---

[1] Voy. l'instrument dans *Commiss.* XLVII *Rin.*, II, 541-551. Ammirato, (XIX, 1025) est le seul auteur qui donne la date exacte. D. Boninsegni (p. 27), suivi par Capponi (*Stor. di Fir.*, I, 480) dit le 27 janvier, qui est peut-être la date de la séance du sénat vénitien.

[2] Rinaldo à Vieri, 21 oct. 1425. *Commiss.* XLVII *Rin.*, II, 436.

[3] Sienne avait été invitée à adhérer dès le 8 décembre 1425. (*Ibid.*, p. 528, n. 5). Sur son adhésion, Ammirato, XIX, 1046.

[4] Cavalcanti, l. III, c. xxix, t. I, p. 158; Cambi, *Del.*, XX, 168.

[5] Selon Biglia (XIX, 78) Ridolfi l'aurait reconnu dans son discours : « Ne ipse vero florentinam potentiam venetæ æquaverim ».

[6] Cavalcanti, l. III, c. xxix, t. I, p. 158; Cambi, *Del.*, XX, 158.

rique, Lorenzo Ridolfi insistait sur les sacrifices de sa patrie, deux millions de florins dépensés, les joyaux des femmes et des filles vendus¹. Venise aussi était intéressée; seulement elle l'était avec plus de largeur.

Geindre au moment d'ouvrir la danse, c'est une mauvaise entrée de jeu; mais l'orateur n'était qu'un interprète, et Florence murmurait contre la ligue, tout comme le duc de Milan, le seigneur de Lucques, les villes toscanes, que la ligue menaçait². La ratification n'était pas encore chose faite. Au Conseil des Deux Cents, Giovanni Corbinelli, qui n'ose la refuser, demande, au nom du quartier populaire de San-Spirito, que les finances soient mieux gérées à l'avenir, qu'on s'abstienne de tout virement, que soixante-quatre citoyens restent en permanence pendant toute l'année, pour surveiller l'emploi des fonds et la gestion des affaires³. Pietro Bonciani va plus loin. Au nom du quartier de Santa Maria Novella, il déclare que les deux tiers de l'assemblée sont hostiles à la ratification; que, depuis trente-deux mois, Florence a fourni patiemment le nécessaire, mais qu'elle n'a plus ni patience ni argent⁴. Il

---

¹ Discours prêté à Lor. Ridolfi par Biglia, XIX, 78. Sur la ligue, voy. outre l'instrument, cité plus haut, ce même auteur, p. 85; Poggio, XX, 339; Simoneta, XXI, 205; Sanuto, XXII, 982; Navagero, XXIII, 1086; D. Boninsegni, p. 27; Machiavel, IV, 56 B; Ammirato, XIX, 1025.

² Le duc avait essayé d'empêcher la ligue par des négociations directes avec Florence. « Dicendo che cercano di lungare la materia per disfare l'una parte e l'altra ». (Rinaldo à Vieri, *Commiss.* XLVII *Rin.*, II, 436.) Voy. les auteurs cités à la n. 1 de cette page.

³ Quod provisio est necessaria.... Comune fuit extra ordinem, et denarii per malam viam fuerunt conducti.... Quod sexaginta quattuor sint firmi per totum annum; ita quod semper sint informati. Et quod denarii non imponantur pro una causa, et pro altera solvantur. (21 janv. 1426. *Commiss.* XLVIII *Rin.*, II, 552.)

⁴ *Ibid.*

aurait pu ajouter qu'elle était irritée contre « les mauvais citoyens élevés aux dignités[1] ».

La provision fut rejetée; mais ce n'était pas une solution. Il n'était ni facile de se passer de Venise, seule fraîche pour la guerre[2], ni politique de lui manquer de parole, ce qu'on n'avait fait déjà qu'au grand dam du crédit florentin[3]. Que faire donc, sinon revenir sur le vote? En vain Neri Capponi, tout frotté de diplomatie vénitienne, propose-t-il de laisser la sérénissime République s'engager à fond contre Milan, avant de lui avouer la détresse financière. Il faut ou que les Dix donnent leur démission[4], ce qui n'est guère admissible, ou que les Deux Cents viennent à résipiscence, ce qu'on pourra sans doute procurer : les collèges, dans une réunion secrète, décident qu'on ira aux voix de nouveau, et sept ou huit fois, s'il en est besoin[5]. Dans un grand conseil de *richiesti*, Rinaldo des Albizzi avoue publiquement ce dessein[6], sauf à faire sur les actes des Dix une enquête[7], os à ronger pour le populaire, moyen banal, mais toujours commode, d'embrouiller au lieu d'éclaircir. Le 26 janvier 1426, nouveau scrutin des Deux Cents, et, cette fois, grâce à la pression exercée, on recueille

---

[1] Cavalcanti, l. III, c. ix, t. I, p. 159.

[2] Novi Veneti sunt et veniunt in guerram et nos fessi. (*Commiss.* XLVIII Rin., II, 554.)

[3] Dans une précédente ligue, écrit Rinaldo, Florence n'ayant pas voulu payer sa part, Venise avait dû en venir aux représailles. (13 nov. 1425. *Commiss.* XLVII Rin., II, 471.)

[4] Cum renuntiationem petant. (*Commiss.* XLVIII Rin., II, 553.)

[5] Ibid.

[6] Necessarium est ut obtineatur in concilio CC provisio, ut promissa servare possimus, et maxime in hoc principio. (23 janv. 1426. *Ibid.*, p. 553.)

[7] Et habeant Domini ex collegiis et aliis civibus, et examinent et videant gesta per eos. (*Ibid.*)

125 fèves noires pour la provision, contre 62 blanches, si bien que les conseils du peuple et de la commune n'ont plus qu'à emboîter le pas.

Aussitôt, une moitié de l'armée, sous les ordres du marquis de Ferrare, rejoint Carmagnola sous les murs de Brescia, tandis que l'autre, commandée par Niccolò de Tolentino, opérait sur le territoire d'Arezzo[1]. Il fallut des mois au Piémontais pour se rendre entièrement maître de Brescia[2], malgré les intelligences qu'il avait dans la place[3], et le désir des petites gens de vivre sous les lois de Venise, car les seigneurs gibelins tenaient pour le duc dans leurs forteresses et châteaux[4]. Le contingent florentin, quoique grossi des forces de Tolentino, accouru à la rescousse, n'avait joué qu'un rôle secondaire : la République continuait à ne plus briller dans les combats. Peu après, elle échouait piteusement à soutenir les exilés génois contre leur patrie. Tommaso Frescobaldi, qui commandait pour elle, y perdit tout, fors l'honneur, qu'il sauva en préférant les tourments et la mort à l'aveu de ses pratiques avec les habitants de Gênes[5]. C'était évidemment un homme des temps passés.

Cette situation subalterne, humiliée à la guerre, don-

[1] Ammirato, XIX, 1026.
[2] Introduit le 17 mars 1426 dans un quartier de Brescia, Carmagnola n'avait la citadelle que le 20 novembre suivant. Voy. Biglia, XIX, 86, 91; Simoneta, XXI, 205, 208; Poggio, XX, 540, 341; Platina, XX, 804; *Chron. Tarvis.*, XIX, 855, 856; Navagero, XXIII, 1090; Sanuto, XXII, 986; L. Bruni, *Comment.*, XIX, 954; Cavalcanti, l. IV, c. 1, 3, 5-7, t. I, p. 167, 172-175, 179-188; Ammirato, XIX, 1026.
[3] Cela depuis qu'en 1421 il l'avait enlevée, pour le compte du duc de Milan, à Pandolfo Malatesti. Voy. sur ce fait Sismondi, V, 377.
[4] Cavalcanti, l. III, c. xxx, t. I, p. 161.
[5] 4 janv. 1427. Cavalcanti, l. IV, c. iv, t. I, p. 175-178; Morelli, *Del.*, XIX, 78; Serra, *Storia di Genova*, l. VI, c. v, t. III, p. 124. Capolago, 1855. Cet auteur ne donne pas ses autorités, et il se trompe souvent.

nait des ailes au parti déjà ancien de la paix. Il faisait des recrues inespérées. Aux derniers mois de 1425, Rinaldo des Albizzi, jusqu'alors belliqueux, écrivait à son ami Vieri, un des Dix : « Au nom de Dieu, tâchez de donner la paix à votre peuple, et vous serez adorés comme des saints ». Et en *post scriptum* : « Assurément les étoiles combattent pour le duc. Fuyez ce péril, acceptez la paix, qui vous vient chercher au logis [1] ». Des négociations, en effet, étaient ouvertes à Rome, sous les auspices du pape [2] : Martin V s'interposait dans l'intérêt de Filippo Maria épuisé [3]. Il lui savait gré de la restitution tardive d'Imola et de Forlì, par lui occupées deux ans, et il prenait ou feignait de prendre au sérieux ses protestations de n'avoir entrepris la guerre que dans l'intérêt de l'Église [4]. Florence, de son côté, pour mieux soutenir ses prétentions, essayait de gagner le duc de Savoie et de réconcilier Sigismond avec les Vénitiens [5]. Les orateurs qu'elle envoyait en Allemagne s'arrêtaient à Venise, sollicitant le Conseil des Dix de ne pas s'acharner à la guerre, de considérer la pénurie des finances florentines. « Tous les hommes, disaient-ils, sont mortels. Notre Seigneur permettra que, sinon présentement, au moins en peu de temps, la perfidie et l'iniquité soient châtiées [6] ».

---

[1] 21 oct. 1425. *Commiss.* XLVII *Rin.*, II, 436.

[2] Voy. les dépêches (3 déc. 1425) et pièces qui constatent ces négociations, dans *Commiss.* XLVII *Rin.*, II, 495-500.

[3] « Il più salvo rimedio per il duca », dit Cavalcanti. Voy. *Commiss.* L. *Rin.*, III, 157.

[4] Griffoni, XVIII, 231 ; *Ann. foroliv.*, XXII, 214.

[5] Ligue conclue avec le duc de Savoie, 11 juillet 1426. Voy. *Giorn. stor. arch. tosc.*, t. VII, article de M. Lupi, *Delle relazioni fra la Rep. di Fir. e i conti e duchi di Savoia*.

[6] Instruction aux orateurs envoyés à Sigismond. 1er févr. 1426. *Commiss.* XLVIII *Rin.*, II, 562.

L'empereur se prêtait à tout, et ses ambassadeurs rejoignaient à Florence le cardinal Albergati délégué du saint-siège[1]. Quand on le sut prêt à traiter avec Venise[2], à favoriser un accord, une trêve avec Milan[3], les fonds vénitiens montèrent de 2 p. 100. C'est la première fois qu'une mention de ce genre paraît aux documents officiels[4].

Les pourparlers furent longs : on jouait au plus fin[5]. « Des deux côtés, disait Albergati, les prétentions sont aussi opposées que le levant et le couchant[6] ». Florence accusait Venise de se faire la part du lion[7], et maugréait dans son ardeur d'en finir[8]. Filippo Maria n'entendait ni abandonner Gênes, ni rendre ses biens à Carmagnola, et, de la ligue, il exigeait des sacrifices[9]. Les sacrifices, pourtant, c'est lui qui les fait, à la fin. Il ne réclame plus ni les villes de Romagne, premier motif de la guerre, ni les châteaux toscans, ni les villages pris par le duc de Savoie, ni Brescia, dont il cède même aux Vénitiens le territoire[10]. Avec un homme si coulant, la paix allait de soi. Elle fut conclue le 30 décembre 1426[11].

---

[1] Voy. *Giorn. stor. arch. tosc.*, VII, 213. 10 septembre 1426; des dépêches des Dix, 25 sept. *Commiss.* XLIX *Rin.*, III, 6, 7, et de Leon. Bruni envoyé à Rome, 26 oct. Cette dernière est très intéressante et montre le pape jouant vraiment le rôle de médiateur. *Ibid.*, p. 7, 8. Voy. encore les instructions de Rinaldo, en date du 28 oct. *Ibid.*, p. 9-15.

[2] Lettre de Rinaldo, 2 juillet 1426. *Commiss.* XLVIII *Rin.*, II, 604.

[3] Rapport général de Rinaldo. *Ibid.*, p. 609, 611, 612.

[4] Voy. Dép. de Rinaldo, 6 juin 1426. *Ibid.*, II, 593.

[5] Le 9 novembre 1426, Rinaldo écrivait à Niccolò d'Uzzano : « Di pace sapete quanto sempre io ne sono stato desideroso; ma non di trame vane. (*Commiss.* XLIX *Rin.*, III, 31.)

[6] 14 nov. 1426. *Commiss.* XLIX *Rin.*, III, 36.

[7] Les Dix à Marcello Strozzi, amb. à Venise, 17 oct. 1426. *Ibid.*, III, 62.

[8] « Plus le temps marche, écrivaient les Dix à M. Strozzi, et plus on reconnait la nécessité de la paix ». (1er déc. 1426. *Ibid.*, p. 78.)

[9] *Ibid.*, et 15 nov. 1426, p. 38

[10] Les Dix à Rinaldo, 21 déc. 1426. *Ibid.*, p. 115.

[11] Voy. l'instrument dans *Commiss.* XLIX *Rin.*, III, 135-149. Ammirato

Il est vrai que les concessions sont faciles à qui ne les fait que du bout des lèvres. C'est déjà, au début du xv⁰ siècle, la politique du xvi⁰ qui s'annonce, la politique des réserves mentales, celle de Louis XII et de Ferdinand le Catholique après le traité de Grenade, celle de François I⁰ʳ après le traité de Madrid, celle de Charles-Quint, lors de son passage à Paris. Sans doute le duc y fut poussé ; mais on le conseillait suivant son génie. Ses sujets de Milan, plus vite remis que lui de la perte de Brescia, lui vantaient la constance des Florentins dans la défaite, et, caressant l'espoir d'être récompensés par l'autonomie municipale, leur dernier rêve de liberté, ils offraient, si elle leur était rendue, si les courtisans perdaient les droits royaux, d'entretenir dix mille chevaux et autant de fantassins. Peu jaloux de rétablir ce qui était, à ses yeux, presque la République[1], Filippo Maria ne retint de ces suggestions que ce qui lui convenait : il accepta sans donner. Fort de ce noyau d'armée, il le grossit des mercenaires licenciés par les Vénitiens, et, au printemps de 1427, loin d'évacuer les châteaux qu'il avait promis de livrer, il poussa tout à coup ses troupes sur l'État de Mantoue[2].

Nous insisterons peu sur une guerre où Florence ne prit qu'une faible part. Tandis qu'en son nom Cosimo des Medici et Giovanni des Gianfigliazzi protestaient à Rome contre tant de déloyauté, et n'obtenaient du pape, qu'ils

---

le jeune (XIX, 1033) en résume les conditions avec son exactitude ordinaire. Cf. Leon. Bruni, *Comment.*, XIX, 936 ; Navagero, XXIII, 1090 ; Sanuto, XXII, 990 ; Biglia, XIX, 92 ; Simoneta, XXI, 209 ; Poggio, XX, 344 ; Cavalcanti, l. IV, c. x, t. I, p. 203.

[1] Hoc pene modo Remp. fieri, quando in cives sit publicum regimen tributum. (Biglia, XIX, 94.)

[2] Biglia, XIX, 92-94 ; Poggio, XX, 345.

voulaient enrôler dans la ligue, que des exhortations à la concorde[1], les Vénitiens détruisaient sur le Pô la flotte milanaise (21 mai 1427), et Carmagnola, leur capitaine, se faisait battre par Piccinino à Gottolengo (29 mai)[2].

C'est merveille qu'il n'eût pas connu plus souvent la défaite, voyant son autorité contrariée par les trois seigneurs souverains de Mantoue, de Faenza, de Camerino, par le *condottiere* Orsini, par les commissaires des Vénitiens et des Florentins. Il est vrai que le même mal sévissait au camp du duc sous une autre forme, par les querelles qu'il y fomentait lui-même entre ses lieutenants Piccinino, Sforza, Torello, Angelo de la Pergola, pour être certain de n'avoir personne au-dessus de lui, et par le choix qu'il faisait d'un incapable, Carlo Malatesti, dont les subordonnés plus habiles ne pouvaient que supporter mal les commandements[3]. Contre un tel fauteur de zizanies, contre ce Machiavel manqué, le hasard pourra encore être défavorable à Carmagnola[4], mais le succès final est immanquable. Carmagnola l'obtint à Maclodio, non loin de l'Oglio (10 octobre)[5], et ce fut plus tard un des griefs de Venise que, loin de poursuivre

---

[1] Note du 8 avril 1427. *Commiss.* L *Rin.*, III, 157.

[2] Gottolengo est à 12 milles de Milan. Voy. sur ces faits Cavalcanti, l. IV, c. xv, t. I, p. 232; Biglia, XIX, 96, 98; Poggio, XX, 346-347; *Cron. Tarvis.*, XIX, 861; Platina, XX, 806; Sanuto, XXII, 995; Simoneta, XXI, 210; Boninsegni, p. 28; Ammirato, XIX, 1034, 1036. On peut lire dans Sismondi (V, 415) une page intéressante sur la transformation de l'art de la guerre à ce moment-là.

[3] Simoneta, XXI, 213. Carlo Malatesti était fils du seigneur de Pesaro et neveu de l'autre Carlo, seigneur de Rimini, qui avait si mal conduit les Florentins.

[4] Combat de Casalsecco, 12 juillet 1427. Voy. Navagero, XXIII, 1091; *Chron. Tarvis.*, XIX, 862; Simoneta, XXI, 212; Boninsegni, p. 29; Pigna, l. VI, p. 562; Ammirato, XIX, 1057.

[5] Ou Macalò. Les auteurs disent indifféremment Macalaudium, Macalodium, Machalodum.

son avantage en mettant le siège devant Milan, il toléra que ses soldats, par négligence ou par camaraderie, diminuassent le prix de la victoire, en libérant leurs prisonniers[1].

Ses hommes d'armes lui étant ainsi rendus, le duc ne voyait plus dans la défaite que l'humiliation dont il n'avait cure, et une dépense nouvelle pour les équiper. Il aurait donc poursuivi la lutte, si, perdant tout à coup par la mort plusieurs de ses capitaines, il n'eût cru préférable un temps d'arrêt. Dans la lassitude universelle chacun s'y prêta, et Florence, et Venise même, car si résolue qu'elle fût, Venise avait ses embarras[2], et elle se défiait de Carmagnola, chef de ses armées[3]. Impatient du repos, Filippo Maria traitait à part avec le duc de Savoie[4], avec le roi d'Aragon[5]. S'il refusait obstinément aux Génois leur indépendance[6], il cédait complaisamment aux Vénitiens Brescia, Bergame, Crémone, ce qui faisait dire à Marin Sanuto « qu'il y laissait de son poil[7] ».

[1] Biglia, XIX, 102-104; Poggio, XX, 351; Simoneta, XXI, 213; *Chron. Tarvisin.*, XIX, 863; Sanuto, XXII, 998; Navagero, XXIII, 1092; Platina, XX, 808; *Cron. d'Agobbio*, XXI, 966; Boninsegni, p. 29; B. Pitti, p. 138; Pigna, L. VI, p. 563; Ammirato, XIX, 140.

[2] Voy. le détail dans Sismondi, V, 422.

[3] Boninsegni, p. 30.

[4] 2 déc. 1427. Poggio, XX, 352; Simoneta, XXI, 215; Lupi, *Delle relazioni*, etc. *Giorn. arch. tosc.*, t. VII, p. 3, 82 sq; Scarabelli, *Dichiarazione di documenti di storia piemontese*, dans *Arch. stor.*, 1ª ser., t. IV, p. 11-318.

[5] Stella, XVII, 1300.

[6] Légation de Palla Strozzi et Averardo des Medici, 1427-1428, publiée en appendice à Cavalcanti, t. II, p. 313 sq. Voy. p. 324 et presque toutes les pages des 25 premières lettres. L'*archivio storico italiano*, t. XI, 1883, 1er et 2e fascicule, commence la publication du *Diario* de Palla de Noferi Strozzi, nommé en 1423 un des dix de la *Balia* chargés de surveiller la politique envahissante de Filippo Maria Visconti. Palla tenait note, jour par jour, de ce qui se passait au conseil.

[7] Sanuto, XXII, 1000.

L'Adda devint leur frontière, et elle l'est restée tant qu'a vécu leur République. Quant à Florence, tout le profit qu'elle retira de cette ruineuse guerre, ce fut un droit de protection sur quelques amis, et de faire reconnaître comme ses alliés les Fregosi, les Adorni, les Fieschi de Gênes, les seigneurs de Lucques et de Romagne, la commune de Sienne. Elle aurait bien voulu exclure de la paix Paolo Guinigi, seigneur de Lucques, qui, l'ayant poussée à combattre Milan[1], avait, dans son vil besoin d'être toujours l'homme lige de quelqu'un, servi le duc de Milan, comme jadis le roi de Naples, et envoyé en Lombardie son fils Ladislas[2]. Elle n'obtint qu'indirectement que ce voisin peu sûr fût livré à sa vengeance : n'étant compris dans la paix qu'à titre d'allié des Florentins, il perdait tout droit à la protection du dehors, si les Florentins cessaient de le traiter en allié[3].

Conclue le 18 avril 1428, à Ferrare, cette paix ne fut promulguée sur les rives de l'Arno que le 16 mai suivant, preuve suffisante du peu d'enthousiasme qu'elle y excitait[4]. C'est que l'ambition, l'orgueil, n'y trouvaient point leur compte. Mais la nécessité fait loi, et les beaux jours étaient passés où l'oligarchie pouvait par de grands succès faire accepter son despotisme. On l'allait bien voir, quand il s'agirait de conquérir Lucques,

---

[1] Voy. un rapport de Cosimo des Medici envoyé à ce seigneur, 24 mai 1423, dans *Commiss.* XXXVIII *Rin.*, I, 435 note.

[2] Biglia, XIX, 100; Simoneta, XXI, 216; Ammirato, XIX, 1031.

[3] Biglia, XIX, 107; Poggio, XX, 352; Sanuto, XXII, 999; Boninsegni, p. 30; Pigna, l. VI, p. 564; Ammirato le jeune, XIX, 1043.

[4] Sanuto, Pigna, Ammirato donnent la date du 18 avril. Stella dit le 9 mai; Boninsegni et Pitti (p. 138) le 16; mais ils confondent manifestement la conclusion et la promulgation, comme on le voit dans Pitti qui parle, sans doute possible, de cette dernière.

dont la possession eût assuré, au nord-ouest, une frontière sérieuse à l'État florentin. En attendant, la secte dominante n'avait pas trop de toutes ses forces, désormais, pour résister à l'envahissante famille que plus d'un saluait déjà comme on salue le soleil levant.

CHAPITRE II

DÉCADENCE DE L'OLIGARCHIE
LE CATASTO. — LA GUERRE DE LUCQUES

— 1426-1433 —

Nécessité d'affermir la domination de l'oligarchie. — Conciliabule de San Stefano a Ponte (juillet 1426). — Importance de Giovanni des Medici. — Embarras financiers. — Inégalités devant l'impôt. — Fraudes pour y échapper. — Le *catasto* (22 mai 1427). — Résistances dans la ville et sur le territoire. — Révolte de Volterre (1429). — Soumission des Volterrans (5 novembre). — Dessein de conquérir Lucques. — Querelle faite à Paolo Guinigi, seigneur de Lucques. — Agression de Fortebracci (22 novembre). — Délibérations dans les conseils (25 nov). — Mort de Giovanni des Medici. — Alliance des deux partis pour l'entreprise de Lucques. — L'opposition vaincue. — Divisions au camp (1430). — Rivalités des commissaires. — Impuissance de l'armée. — Brigandages des soldats et des chefs. — Accusations contre les commissaires. — Mécontentement général. — Intervention du duc de Milan. — Francesco Sforza en Toscane (juillet). — Guinigi prisonnier des Milanais. — Paix refusée à Lucques par les Florentins. — Ils sont défaits par Piccinino (2 décembre). — Soulèvement de leurs ennemis toscans. — Nouveaux embarras financiers (1431). — Les alliés refroidis. — Défection des *condottieri* (1432). — L'empereur Sigismond à Lucques (juin), à Sienne (10 juillet). — Paix de Ferrare (26 avril 1433).

Tout grave échec au dehors est funeste aux gouvernements non fondés sur une large base populaire. Les mécontents s'en font une arme, et il faut, pour les réduire, ou leur donner des satisfactions, ou les dompter, ou détourner leurs regards vers la revanche. Plus le danger est grand, plus la suite manque dans les idées. Tantôt on resserre le frein, et tantôt on le relâche. C'est le spectacle nullement nouveau, mais toujours instructif, que va nous donner l'oligarchie florentine.

On a vu plus haut[1] qu'inquiète de son établissement et de son œuvre, elle ruminait le dessein de s'affermir par une dernière réforme des statuts, arme à deux tranchants, dont on peut se blesser soi-même autant que blesser les autres. L'heure semblait venue de cette hasardeuse entreprise. Un matin de juillet 1426, les meneurs, au nombre de soixante-dix « ou plus », se réunissent, pour s'entendre, dans l'église de San Stefano *a ponte*[2]. C'était une infraction formelle à la loi, qui ne permettait pas les réunions secrètes si nombreuses. Jadis, quand on voulait l'enfreindre, on s'étudiait à la tourner[3]; désormais, on l'enfreint sans détour et sans gêne : les temps ont marché, et Lorenzo Ridolfi, gonfalonier de justice, ferme résolument les yeux[4].

Rinaldo des Albizzi, « honneur de l'éloquence florentine[5] », prit le premier la parole. C'est lui, sans doute, qui avait eu l'idée de la réunion. Naguère, quand il demandait si ardemment à revenir de Rome, en vue de ses intérêts privés et sans désir des offices[6], il annonçait

---

[1] Chapitre précédent, p. 288.

[2] Cavalcanti, l. III, c. II, t. I, p. 74; Machiavel, IV, 55 A; Ammirato, XIX, 1028. Cela ne fait pas trois autorités : Machiavel et Ammirato n'écrivent sur ce point, comme sur bien d'autres, que d'après Cavalcanti, c'est-à-dire d'après un partisan des Medici. Leurs adversaires n'en disent rien, mais on ne comprendrait pas qu'ils en eussent parlé. Ce n'est donc pas une raison de révoquer les faits en doute, et ainsi le pense, comme nous, M. Cipolla qui les rapporte (p. 460), tout en faisant ses réserves. N'oublions pas que Poggio et la plupart des auteurs de ce temps ne parlent que des guerres.

[3] Notamment pour un conciliabule chez Simone Peruzzi. Voy. plus haut, t. V, p. 83.

[4] C'est le nom de Ridolfi qui donne la date, Cavalcanti, la seule autorité contemporaine qui parle de ce fait, ne donnant jamais de date.

[5] Cavalcanti, t, I, p. 496.

[6] Voy. à ce sujet les dernières dépêches de la Commission XLVI, et notamment les lettres à Vieri des 15 et 19 nov. 1424, t. II, p. 308, 309,

que sa venue serait profitable à la chose publique[1]. Le thème de sa harangue était comme forcé; c'est celui sur lequel brodent les *consulte* de ces mêmes jours : il fallait rabattre l'insolence d'un peuple qui demandait, pour chaque année, quatre têtes des principaux[2], dissoudre les sociétés ou confréries pieuses dont on compare, sans sourciller, les membres aux usuriers et aux sodomites[3], enlever des églises les écritures, les livres de ces compagnies, et les brûler. Ce serait peu d'interdire à l'avenir toute réunion semblable, puisque les rigueurs d'une loi rendue cinq ans plus tôt[4] n'y ont pas fait obstacle : il faudra accentuer ces rigueurs, et surtout murer les portes.

Est-ce tout? Non assurément. Le peuple tient encore trop de place dans l'État. Que dans la seigneurie les quatorze arts mineurs n'aient plus que deux membres sur neuf, c'est bien; mais, dans le conseil du peuple, sans lequel les provisions ne prennent point force de loi, ils peuvent encore, s'ils parviennent à s'entendre, tenir en échec les sept arts majeurs, ce qui est vraiment intolérable. Qu'on les réduise au même nombre, et dès lors, sept contre sept, que pèseraient-ils dans la balance dont l'autre plateau porterait, outre leurs rivaux des

---

313. M. Guasti (II, 321) reconnaît que Rinaldo ne se souciait point d'être prieur.

[1] Per le cose comuni e per le mie private assai utile gitterà la venuta mia. (18 nov. 1424. Lettre à Vieri. *Commiss.* XVLI *Rin.*, II, 309.)

[2] Morelli, *Del.*, XIX, 73.

[3] Quod cum celebratur aliquod scrutinium, prestetur juramentum per scrutinatores de non reddendis fabis usurariis et soldomitis, etc. Addatur quod aliquibus qui in futurum essent de aliqua societate etiam non reddant. (*Consulte* du 12 août 1424. *Commiss.* XLIX *Rin.*, III, 5.)

[4] En septembre ou octobre 1419, Rinaldo Rondinelli étant gonfalonier de justice.

arts majeurs, les grands rétablis dans leurs droits[1]? C'était bien du luxe dans la prudence, car jamais, depuis quarante années, l'apparente majorité des arts mineurs, dans ce suprême refuge des mécontents, n'avait empêché, faute d'être unanime, les actes légitimes ou même abusifs et violents de l'oligarchie.

On attendait l'avis de Niccolò d'Uzzano, le Nestor, le patriarche, l'homme important entre tous[2]. Moins orateur que Rinaldo, il le donna brièvement. Tout ce qu'on fera, dit-il, ne servira de rien, si Giovanni des Medici reste le guide, le soutien, le père des artisans et des petits marchands comme des gros. Au lieu de le traiter, lui et les siens, comme on a fait les Alberti, on l'a laissé grandir: il ne reste donc plus qu'à le détacher des vaincus, qu'à le rattacher aux vainqueurs[3].

Le conseil fut goûté, et Rinaldo reçut mission de gagner Giovanni. Mais quelle apparence que le chef d'un grand parti céderait à d'insidieuses avances et s'irait perdre de gaieté de cœur dans l'oligarchie, où il ne pourrait jamais prendre le premier rang? On a donc pu supposer que Niccolò d'Uzzano, trop âgé pour prendre le taureau par les cornes, n'avait eu pour objet que de détourner les volontés des propositions hardies de Ri-

---

[1] Ce calcul n'apparaît pas dans le discours de Rinaldo, tel que le donne Cavalcanti; mais on le voit dans le résumé qu'en présente Ammirato, XIX, 1029). Ce discours, de quinze pages ne saurait être pris au sérieux dans son texte, quoique G. Capponi (*Stor. di Fir.*, I, 469-474) ait cru devoir le reproduire en entier.

[2] Son importance, visible dans tous les auteurs, se relève en outre des mots suivants de Rinaldo si important lui-même : « Piacciavi raccomandare me a Niccolò d'Uzzano, e a chi vi pare de' vostri compagni ». (Lettre à Vieri, 21 oct. 1525. *Commiss.* XLVII *Rin.*, II, 436.)

[3] Cavalcanti, l. III. c. III, t. I, p. 92; Machiavel, IV, 55 A B; Ammirato, XIX, 1029.

naldo, vers un but chimérique et propre à occuper des enfants[1]. Le vieux renard ne comprenait que la politique d'antan, et il s'y tenait. Comme Maso des Albizzi en 1393, il voulait fermer les bourses aux noms nouveaux, refaire, tous les dix ans, la balie de réorganisation générale, garder ainsi l'arche sainte du pouvoir, imiter « la *donna veneziana* depuis mille ans sur son siège », rendre sa force à la *rossa gallina*, à l'aigle rouge de la *parte* endormie depuis 1378, chasser enfin, si l'on pouvait, la *malescia noce*, la mauvaise noix, c'est-à-dire Giovanni des Medici et ses adhérents[2].

De quelles paroles Giovanni enveloppa-t-il son inévitable refus, c'est ce qu'on ne saurait dire, chacun des auteurs qui les résume lui prêtant celles qu'il juge vraisemblables[3]. Mais il n'importe. De sa part, changer de situation eût été folie. S'il ne commandait qu'à une minorité, il lui commandait seul, et il lui gagnait chaque jour de nouvelles recrues, aux dépens de l'oligarchie, dont les principales familles n'étaient qu'ensemble à la tête de la majorité. Aucune ne se détachait plus sensiblement des autres: Niccolò d'Uzzano, quoique de rang obscur, primait Rinaldo des Albizzi.

Secrètes avaient été ces négociations; mais un secret de soixante-dix personnes s'évente, et Giovanni, en tout cas, n'avait aucune raison de le garder. Il dut, au con-

---

[1] Cette supposition fort vraisemblable est de Gino Capponi. Voy. *Stor. di Fir.*, l, 475.

[2] Voy. un petit poème de Niccolò d'Uzzano, qui fut affiché un jour, en 1426, au palais des seigneurs, et qui a été publié dans l'*Arch. stor.*, 1e ser., t. IV, p. 297-300. Les mots entre guillemets, que nous venons de citer, sont empruntés à ce poème.

[3] Voy. Cavalcanti, l. III, c. v, t. I, p. 94; Machiavel, IV, 55 B; Ammirato, XIX, 1030; G. Capponi, *Stor. di Fir.*, I, 474.

traire, répandre sa réponse, car elle tournait à son honneur : elle le montrait tout ensemble dévoué au peuple, ennemi des sectes, des révolutions. Sa popularité s'en accrut : on le disait « de nature divine, plus qu'humaine[1] ». Ne pouvant s'abstenir de l'appeler au palais, ses adversaires ne l'y appelaient que comme tant d'autres, à titre de *richiesto*. Ses fils Cosimo et Lorenzo, son neveu Averardo[2] l'y poussaient, parfois à son corps défendant, seul moyen pour eux d'y faire triompher leur opinion. Le chef de la famille se refusait, malgré les siens, à y souffler la discorde : il n'y parlait jamais qu'avec modération. On ne pouvait donc le combattre ouvertement; mais on fermait à ses créatures le palais, qu'il en aurait voulu peupler, et il ressentait si vivement le moindre échec dans ces sourdes luttes d'influence, qu'il serait, dit-on, mort de chagrin pour en avoir essuyé un[3]. Tant qu'il vivait, tant que vivait Niccolò d'Uzzano, son rival de prudence, les orages planaient sans éclater; ces deux hommes hors de la scène, la parole, l'action, passeraient aux impatients, aux ardents.

---

[1] Cavalcanti, l. III, c. vi, t. I, p. 96.

[2] Averardo des Medici était fils de Francesco de Bicci, par conséquent neveu de Giovanni de Bicci, nom qu'on donnait alors au chef de toute la famille.

[3] Confession de Niccolò Tinucci, publiée aux documents à la suite de Cavalcanti, t. II, p. 99 sq. Ce Niccolò, notaire des Dix de Balie en mai 1424, comme on le voit dans une lettre de lui (*Commiss.* XLII *Rin.*, 53), coadjuteur du notaire de la seigneurie en 1426 (*Commiss.* XLIX *Rin.*, III, 9), fut, pour ses accointances avec les Medici, soumis à un interrogatoire après l'exil de Cosimo, en 1433. Il raconte le détail de ces intrigues. Son témoignage est précieux, mais nullement impartial ou spontané. On n'en doit donc user qu'avec précaution. Cf. quelques détails supplémentaires dans *Commiss.* XLII *Rin* , II, 53 note, et la page 90 du travail de M. Pellegrini, où cet auteur, trop favorable aux Medici, donne ses raisons pour infirmer le témoignage de Tinucci.

L'action, pour l'heure, allait s'engager sur le terrain des finances. Il n'en était pas de plus défavorable à la défense, et de plus favorable à l'attaque. Les plus zélés amis y devenaient d'amers critiques[1]. Ils ne tenaient pas compte de nécessités inéluctables, de guerres devenues plus dispendieuses en devenant plus lointaines. La guerre des Huit Saints avait coûté deux millions et demi de florins d'or; les trois guerres contre les Visconti sept millions et demi; la dernière contre Filippo Maria, à elle seule, trois millions et demi; l'acquisition de Pise, un million et demi; à quoi il faudrait ajouter d'incessantes petites guerres que Goro Dati néglige dans son bilan[2]. D'une dette de deux cent trente deux mille florins contractée par les Dix de la guerre, on ne put payer que 12 pour 100[3]. Florence dépensait par mois soixante-dix mille florins[4], et elle comptait à peine cent mille habitants, et son territoire ne s'étendait qu'à cinquante ou soixante milles à l'entour !

Or l'*estimo*, qui fournissait l'argent, provoquait les plus vives les plus justes plaintes. Il ne frappait que la richesse immobilière, la moindre chez un peuple de marchands. Chacun, pour échapper aux taxes, s'étudiait donc à avoir surtout des biens meubles[5], ou faisait des décla-

[1] Che gli amici nostri che reggono e sono pur buoni nell'altre cose, vogliano anche qui essere. Or m'avete inteso. (*Lettere di un notaro*, 11 mai 1401, I, 397.) Il s'agit d'impôts frappés « al soprabbondante ». — Quand on réclame, on représente aux répartiteurs « l'onor loro ». (4 août 1401. *Ibid.*, I, 437.)

[2] G. Dati, l. VIII, p. 128, 129; Ammirato, XIX, 1043. Cambi (*Del.*, XX, 162) parle de 900 m. fl. pour la seule guerre de 1424.

[3] Neri Capponi, *Comment*. XVIII, 1164. Cf. Reumont, *Lorenzo de' Medici*, I, 36; Varchi, l. XIII, à la fin.

[4] Morelli, *Del.*, XIX, 73.

[5] Non ti scoprire in molte possessioni. Compera quelle siano a bastanza

rations frauduleuses. On dissimulait son avoir au moyen de dots et d'obligations envers des amis fidèles; on envoyait au dehors ses capitaux; on multipliait les pétitions, les réclamations avec grand tapage; on menaçait de les recommencer auprès des nouveaux prieurs, si les prieurs en exercice refusaient d'y faire droit. Repoussé des uns comme des autres, on prenait le peuple pour juge, afin d'empêcher tout au moins la récidive. Au besoin, restait la suprême ressource de ne pas payer, de réclamer par bandes[1], de se révolter contre la commune[2]. Tels sont les conseils que Giovanni Morelli donne à son fils.

L'excuse en est, chez ces petites gens, victimes désignées de l'impôt, que les riches, les amis du pouvoir, entendaient s'y dérober et s'y dérobaient d'ordinaire. On les ménageait, et ils ne se croyaient jamais assez ménagés. Ainsi, Francesco Datini. Il est grandement en faveur, car son nom se trouve dans toutes les bourses[3], et assez opulent pour entretenir « plusieurs honorés lits » dans sa maison de Prato, où il reçoit, même en son absence, les gens de marque[4], et par deux fois le duc d'Anjou[5]. Il se plaint, nonobstant, et sans relâche, d'être taxé à cinq livres[6]. Il se fait petit, se déclare *contadino*

---

alla vita tua. Non comperare poderi di troppa apparenza; fa che siano da utile e non da mostra. (Morelli, *Cron.*, p. 268. Conseils à son fils.)

[1] Molte brigate e molta gente sono iti a' priori a far grandi doglienze della prestanza mal posta. (Janv. 1496. *Lettere di un notaro*, I, 139.)

[2] Non le pagare; rubellati dal comune... ma non usare parole ingiuriose mai contro il comune nè contro persona: (Morelli, *Cron.*, p. 272-73.)

[3] Voi siete pure in grazia dello stato nostro quanto niuno vostro pari. — Massimamente amato da tutta la città, et nello stato, imborsato in ogni borsa. (*Lettere di un notaro*, 27, 28 mai 1401. I, 408, 410.)

[4] *Ibid.*, I, 288. 23 oct. 1400.

[5] *Ibid.*, II, 157, n. 2, nov. 1409.

[6] Il ne paye que 5 livres en 1384 et encore en 1393. (*Ibid.*, I, 49 et n. 2; 50.)

et d'humble condition[1], ou bien il a des objections effrontées : si je m'étais appauvri, écrit-il aux répartiteurs, vous ne m'auriez pas dégrevé; donc vous ne devez pas me grever parce que je me suis enrichi[2]. Et il finissait par triompher[3]. On avait trouvé, pour exonérer l'oligarchie et ses amis, un merveilleux prétexte, c'est que ceux qui servaient l'Etat de leurs conseils et de leurs personnes, le devaient, moins que les autres, servir de leur argent, puisqu'ils ne pouvaient, ainsi que les marchands éloignés des affaires publiques, veiller à leurs intérêts privés. Comme, en général, ils étaient riches, le poids de l'impôt retombait sur les pauvres[4], à ce point que tel de ceux-ci payait cinquante sous par livre, tel de ceux-là dix seulement[5].

A ce principe, contempteur de l'équité, s'ajoutait une raison pratique, qu'on disait moins haut, mais qui avait bien sa valeur, à savoir que les petites bourses étant les plus nombreuses, c'est sur elles qu'il faut frapper, pour que l'impôt rende beaucoup. De là une invention prodigieuse, dont on trouve pourtant un exemple chez nous, sous le règne de Jean le Bon, l'impôt progressif à re-

[1] *Ibid.*, I, 288. *Contadino*, à vrai dire, signifie habitant du *contado*; on nommait les paysans *lavoratori*. Mais les mots *umile condizione* montrent assez le sens que Datini veut qu'on attache à celui de *contadino*.
[2] *Ibid.*, p. 50.
[3] Pare a me che a voi sia levata dalla mente grave soma ad avere a stare qua a collegio e dire e disdire, e promettre e giurare e sacramentare, e stare nello'nferno diavolo e tra diavoli, per cose vane e vili. (*Ibid.*, I, 428-29. 8 juillet 1404.)
[4] Voy. Canestrini, *Scienza di stato*, p. 97. Cet auteur, qui admire beaucoup trop la science et l'équité financières de ses aïeux, reconnaît pourtant que l'équité restait dans la théorie, et que les vaincus étaient écrasés. Voy. p. 91.
[5] *Consulte* du 5 mai 1425. Paroles de Rinaldo. *Commiss.* XLVII *Rin.*, II, 324.

bours. En 1412, on lève une taxe extraordinaire ou *prestanzone* : quiconque paye pour sa maison au-dessus de dix florins à l'ordinaire, payera deux florins d'or par an à l'extraordinaire. De dix florins à cinq, un florin d'or ; de cinq florins à un, un florin et dix sous. Et le système, bientôt, se généralise : pour une paire de bœufs, de vaches ou d'autres animaux, un florin par an ; pour une seule de ces bêtes, même somme[1]. Comme de juste, ces procédés irritent, provoquent les refus de payer, les déclarations d'impuissance[2]. Le fisc en éveil épluche les livres des marchands[3], se permet les évaluations arbitraires. Rien n'y faisant, on en vient à l'idée de forcer les puissants à plier sous la loi commune ; mais on y échoue plus encore qu'à tout le reste[4], car de patriotisme il n'y en a plus l'ombre, et où serait le prix de la domination, s'il fallait contribuer, comme le premier venu, à nourrir le trésor ? C'est ainsi que s'imposa finalement une évaluation plus exacte des for-

---

[1] Voy. Canestrini (p. 86, 87) qui entre dans les détails. De ces impôts extraordinaires, on en levait à tout moment. Ser Lapo Mazzei en signale un en 1390, d'autres en 1397, en 1401 (*Lettere di un notaro*, I, 174, n. 1, 439, n., 441.) Pompeusement, on les disait levés « pro defensione libertatis ».

[2] Forte aliqui non solvunt potentes, et alii hoc videntes retrahuntur a solutione. Multi sunt etiam qui non solverunt aliquid et non solvunt et pure partem aliquam deberent solvisse, et sic datur suspictio de non solvendo futura onera. (Conseil de *richiesti*, 9 févr. 1425. Paroles de Rinaldo. *Commiss*. XLVII *Rin.*, II, 322.)

[3] Costoro vogliono vedere in tutto i libri di ogni mercatante. La nicissità del comune fa far loro questa disonestà. (*Lettere di un notaro*, 18 mai 1401, I, 403.)

[4] Fiat provisio ut potentes cum penis cogantur solvere. (*Consulte* du 18 janv. 1425. Paroles d'Andrea Minerbetti au nom des *buonuomini*. — Le 27 du même mois, Averardo des Medici, au nom des gonfaloniers, exprime leur impatience du retard apporté à cette mesure. (Voy. les textes dans *Commiss*. XLVII *Rin.*, II, 321.)

tunes privées, pour les atteindre sous toutes les formes où elles se dissimulaient, et, comme conséquence, une répartition moins inique, plus de lumière imposant quelque pudeur.

Tel était, dès 1378, le vœu du peuple soulevé, et Venise pratiquait ce système[1], qu'avait jusqu'alors déclaré impraticable la mauvaise foi de l'oligarchie florentine[2]. Le 6 octobre 1423, la proposition s'en fait jour dans les Conseils et on ne l'y perdra plus de vue[3]. Au lendemain de Zagonara, elle reparaît avec plus d'insistance[4], parce qu'on y voit comme une revanche et un dérivatif[5]. Mais elle rencontre encore des résistances : Niccolò d'Uzzano se fait endormeur. Si la demande est juste, dit-il, les nécessités sont pressantes; il faut donc se borner, sans fixer de date[6], à entretenir l'espoir[7]. Giovanni des Medici, à qui l'histoire fait honneur d'avoir soutenu l'opinion contraire et fondé ainsi la grandeur de sa famille, ne s'avance qu'avec réserve;

---

[1] Niccolò Barbadori parle de ce système en mars 1425. Voy. *Commiss.* XLVII *Rin.*, II, 323. Rinaldo le constate lui aussi : « Et Veneciis forma hec servatur et dicitur civitatem illam pro ceteris melius regi et gubernari ». (*Consulte* du 7 mars 1427 dans *Giorn. arch. tosc.*, IV, 43, Doc. 4.)

[2] G. Capponi, *Stor. di Fir.*, I, 485.

[3] Domini et collegia provideant ut onera ordinentur et sortiantur equalia. (Paroles d'Antonio des Albizzi et de Paolo Rucellai au nom des autres. *Commiss.* XL *Rin.*, I, 522, n. 1.)

[4] Conentur Domini formam dare ne unus ditior et alter miser et pauper fiat. — Procedatur taliter quod unus non ditetur et alius destruatur. (5 août 1424. Paroles de Palla Strozzi et Francesco Machiavelli. *Commiss.* XLV *Rin.*, II, 146, 147.)

[5] Quod equalitas prestantiarum provideatur, ut unite omnes ad solutionem concurrant. (Niccolò Serragli au nom du quartier de San Spirito. *Ibid.*, p. 149.)

[6] C'est ce que demandait Niccolò Barbadori : « Tempus ponatur ad equalitatem onerum, uti ad solvendum onera concurrant ». (*Ibid.*, p. 148.)

[7] Licet sit necessarium equalitati prestantiarum providere, tamen non nunc fieri potest, sed ut detur spes civibus. (*Ibid.*, p. 147.)

il se borne à déclarer nécessaire une égale répartition, laquelle, antérieurement faite, eût prévenu, selon lui, les récents malheurs[1]. Comment n'eût-il pas été tiède? Le désir de ne pas payer davantage, étant fort riche, combattait en lui le soin de sa popularité, et, dans sa haine de l'oligarchie, il ne pouvait lui souhaiter que de mauvaises finances, que des embarras sans cesse croissants. Ne sait-on pas, d'ailleurs, que son fils Cosimo devait plus tard mettre de côté cette réforme, jusqu'au jour où il imagina de s'en faire, comme dit Guicciardini, un bâton contre ses ennemis[2]?

La réforme, au demeurant, n'était point sans portée. En ne frappant que la richesse immobilière, le vieil *estimo* mécontentait l'aristocratie, les anciennes familles; en fixant les taxes d'après le nombre des citoyens, il accablait les pauvres et les irritait. Le but était de lever l'impôt d'après la quantité et la qualité de la richesse[3]. On aurait pu conserver l'ancien nom; mais il rappelait des vexations séculaires : on lui préféra donc un nom nouveau, celui de *catasto* ou *catastro*, qu'importa plus tard en France Catherine des Medici[4]. C'est sous ce nom que, le 20 février 1425, Rinaldo des Albizzi réclame en *consulte* qu'une assiette nouvelle soit donnée à l'impôt, avec le concours des artisans[5]. Les

---

[1] Necessitas est equalitati onerum providere; et si equalitas fuisset, utilius consultum est; et ex equalitate onerum utilius succedet civitati. (*Ibid.*, p. 148.) Voy. son langage dans l'importante *consulte* du 12 mai 1427, *Giorn. arch. tosc.*, IV, 32 et 57, Doc. 7. G. Capponi a donné en note (I, 485), les paroles qui caractérisent l'avis émis par Giovanni.

[2] Voy. Canestrini, p. 98. — [3] *Ibid.*, p. 104.

[4] Quod catastus ordinetur et Domini deputent octo cives, data sorte et portione artificibus qui habeant ordinare catastum, et tempus habeant sex mensium vel unius anni. (*Commiss.* XLVII *Rin.*, II, 323.) Le 15 mars suivant, il revient à la charge (*Ibid.*, p. 324). Le mot de *catasto* est ancien

chefs de l'aristocratie, c'était clair, se mettaient en quête d'une popularité tardive; mais au nom de ses intérêts menacés, la secte, moins politique, jetait les hauts cris : à la prétention de ne point payer de leurs biens puisqu'ils payaient de leurs personnes, ses membres ajoutaient des récriminations contre les richesses des pauvres ou de ceux qu'on tenait pour tels, et qui pouvaient dissimuler, posséder hors du trafic force numéraire échappant à la taxe. La réponse était facile : aux honneurs, véritable récompense, pouvait renoncer qui les trouvait onéreux; jusqu'alors les petites gens avaient tout payé, et si quelques-uns d'entre eux possédaient de l'argent non connu, non taxé, c'est qu'il ne rapportait rien[1].

Sans devenir populaires, les promoteurs de la réforme trouvaient donc dans le peuple un allié. L'intérêt ajourne les rancunes, car les engagements contractés avec la ligue obligeaient Florence à battre monnaie, à faire une répartition égale de l'impôt, pour que personne n'y échappât[2].

Un certain Filippo de Ghiacceto, « homme subtil et fort habile calculateur[3] », coupa court à tous débats,

dans la langue. On le trouve dans les Villani, et souvent dans Boccace. Comme tous ceux de la même racine, il signifiait primitivement charge, monceau. Voy. *Dei vocaboli relativi al censimento pubblico, lezione di Pietro Ferroni*, 8 juin 1824, dans les *Atti della Crusca*, t. III, p. 205. Au quinzième siècle, et même sans doute auparavant, on écrivait quelquefois *catastro*. Voy. lettre de Nicodemo de Pontremoli à Fr. Sforza. Flor. 10 janv. 1458. Arch. sforz., orig., n° 1588, f° 10.

[1] Cavalcanti, l. IV, c. xii, t. I, p. 213-19; Machiavel, IV, 57 A.

[2] Destituti pecuniis sumus; perseverare in tam maxima impensa impossibile est. (Paroles de Rinaldo, 9 févr. 1426. *Commiss.* XLVIII *Rin.*, II, 553).— Vittor erit cui pecunia superabit. Equalitas in distributione requiratur. (Du même, 2 juillet 1426. *Giorn. arch. tosc.*, IV, 40.)

[3] Cavalcanti, t. II, p. 480, append.

en montrant, plume en main, que l'opération fournirait une somme respectable[1]. Dès lors, Niccolò d'Uzzano joint ses efforts à ceux de Rinaldo[2], et, le 22 mai 1427, une provision ordonne à tout citoyen de déclarer son nom et l'âge des personnes de sa famille, l'industrie, art ou métier que chacune d'elles exerçait, les biens meubles et immeubles qu'elles possédaient en quelque partie du monde que ce fût, sans omettre les sommes d'argent, créances, trafics, marchandises, esclaves des deux sexes[3], bœufs, chevaux et troupeaux. Avait-on omis quelque chose, on s'exposait à la confiscation. Des déclarations faites on formait quatre livres, un par quartier. Dix citoyens élus sur soixante tirés au sort, devaient, d'après le taux de 7 pour 100, fixer le chiffre du capital pour chacun, en sorte qu'autant de fois on aurait sept florins de revenu, autant de fois on serait considéré comme ayant cent florins de capital, défalcation faite, néanmoins, des charges qui grevaient ledit capital, obligations, loyers, bêtes de trait ou de somme, nécessaires à l'exploitation, au service, et, en outre, de deux cents florins par chaque bouche à alimenter. Sur ce qui restait, on dut payer dix sous par cent florins, soit un demi pour cent, ou la dixième partie des reve-

---

[1] Cavalcanti qui met ce Filippo en vue lui attribue à tort l'honneur d'avoir inventé le *catasto*, dont on parlait bien avant lui. P. Berti (*Giorn. arch. tosc.*, IV, 34) paraît ne pas ajouter foi à cette assertion; mais il ne faut en rejeter que ce qu'elle a d'exagéré.

[2] Voy. *Consulte* du 7 mars 1427, dans *Giorn. arch. tosc.*, IV, 43, 45, Doc. 4. Giovanni des Medici reste équivoque : « Et si videtur et id fieri posse quod dicitur, detur execucio, set si non apparet fructus certus, avertendum est diligenter ne civitas adducatur ad periculum. » (P. 47.)

[3] Le statut de 1415 avait une rubrique *De sclavis et eorum materia*. Ils devaient être « catholicæ fidei ». L. III, Rub. 186, p. 385. Voy. Capponi, I, 486, note.

nus, à raison de 5 pour 100[1]. S'il arrivait que les défalcations ci-dessus indiquées réduisissent à néant la matière imposable, on n'en était pas moins imposé, au gré des répartiteurs, dont le jugement était sans appel; il n'y avait d'autre appel possible qu'à la revision du *catasto*, qui devait avoir lieu tous les trois ans, et par conséquent il fallait, pour le présent, passer condamnation.

Toute autre imposition était annulée, mais celle-ci fut étendue aux universités des arts, aux *contadini*, aux étrangers habitant le territoire, à toute personne enfin jusque là non soumise aux impôts.

Cette fois, la décision prise ne resta pas lettre morte. Les besoins du fisc étaient trop pressants. La perception fut rigoureuse. Pour éviter la visite des percepteurs, l'absent donnait aux siens mission de payer[2]. La prudence rendait les déclarations sincères[3]; il y avait danger à mentir. Les roueries de Morelli ne sont plus de

[1] Voy. la provision dans Pagnini I, 214. Canestrini (p. 103), en a reproduit le préambule, qui exposait le fâcheux état des choses; Pagnini a discouru longuement sur ce sujet. (t. I, p. 29-32.) Cf. Cavalcanti, l. IV, c. VIII, IX, XII, t. I, p. 196, 198, 213 ; Canestrini, p. 108; Capponi, I, 486.

[2] Ciaio de Pagolo, notaire d'Alamanno Salviati, écrit du camp devant Lucques : « Giuliano n'avisi quello gli ho a mandare per li catasti miei, e che gli facci pagare, acciò il messo non mi vada a casa. » (3° mai 1430. *Commiss.* LIV Rin., III, 502.)

[3] Dans la déclaration que Rinaldo fait de ses biens le 12 juillet 1427, on relève, en fort grand nombre, maisons, boutiques, propriétés à la campagne depuis Bibbiena d'un côté jusqu'à Montefalcone et Bientina de l'autre, plus des fonds au *Monte*, ce qui constituait une fortune vraiment énorme, si les choses eussent eu alors une valeur comparable à celle d'aujourd'hui. Rinaldo, il est vrai, compte tout ce qu'il possède « au nom de ses deux fils Ormanno et Maso ». Il n'oublie pas ses créances envers ses fils et ses frères, leurs dettes et les siennes, les biens indivis entre son frère Luca et lui, enfin ses paires de bœufs. Sa maison se compose de treize bouches, lui, sa femme, ses cinq fils, ses deux filles, sa belle-fille, femme d'Ormanno, les trois enfants de celui-ci, plus six domestiques au logis et un facteur à Montefalcone.(*Commissioni*, t. III, p. 624-641, append. n° IV.)

saison. Par là, le *catasto* perdait son avantage sur l'*estimo;* il n'y a pas d'impôt populaire quand on n'échappe point à travers les mailles du réseau. La taille, en France, était aussi un progrès vers l'équité : que de plaintes pourtant elle a suscitées! Le peuple, joyeux dans le principe[1], fut bientôt dégrisé. Il remarquait que le pouvoir restait libre de fixer la quote-part de chacun, ce qui ouvrait les portes aux abus; les Medici, plus tard, ne l'établirent-ils pas progressive[2]? Il aurait voulu que la loi eût un effet rétroactif, qu'on fît payer aux riches ce qu'ils auraient dû, si le *catasto* eût été antérieurement établi, et la seule parole de Giovanni des Medici lui put faire comprendre l'énormité de sa prétention[3]. Quant aux riches, ceux qui avaient la responsabilité du pouvoir faisaient de nécessité vertu, donnaient l'exemple de la soumission, pour avoir le nerf de la guerre. Niccolò d'Uzzano, qui n'avait jamais payé que seize florins, fut taxé à deux cent cinquante[4]. Les autres, plus libres de leurs doléances, en assourdissaient la ville : ils protestaient contre un accroissement de charges pour eux sans compensation[5].

Ce fut bien pis sur le territoire, où l'on résolut, deux mois plus tard, d'appliquer le *catasto*[6]. Réduit à la

[1] Piacque molto al popolo. (*Ric.* de Fil. Rinuccini, p. 61.)
[2] C'est la *scala*, la *decima scalata*. Voy. Canestrini, p. 93-96, 203 sq.
[3] Cavalcanti, l. IV, c. XII, t. I, p. 218. Voy. le sermon de concorde que cet auteur met dans la bouche de Giovanni. Cf. Machiavel, IV, 57 A.
[4] Cavalcanti, *ibid.*, p. 214, 218.
[5] Le chiffre de cet accroissement varie selon les auteurs. Qui payait 1, dit Cavalcanti, paya 6. (*Ibid.*) — Qui payait 20, dit Jacopo Pitti, paya 300 (*Storie fior.* dans *Arch. stor.*, 1ᵉ ser., t. I, p. 14). D'après Machiavel, qui avait 100 fl. paya 1/2 (IV, 57 A). D'après Canestrini, la quote-part de chacun fut seulement doublée ou triplée.
[6] Le *catasto* est décidé en mai 1427, et le projet d'y soumettre Volterre est, au plus tard, du 19 juillet suivant. Voy. *Commiss.* LIII *Rin.*, III, 173, note.

ville, il n'y pouvait qu'être insuffisant. Il ne donnait que vingt cinq mille cinq cents florins d'or, et les anciens impôts en donnaient vingt mille[1]. Or pour une seule guerre contre la petite localité de Marradi, une de ces nombreuses guerres que, malgré les dimensions de cet ouvrage, nous devons passer sous silence, on levait un quart du *catasto*. Il fallait donc le rendre plus productif, l'étendre aux villes sujettes. L'indignation y fut grande : si elles étaient soumises de fait, on avait jusqu'alors sauvé les apparences. Plutôt que de subir l'inquisition des répartiteurs, Pistoia envoya en bloc aux Florentins la somme à laquelle ils l'avaient taxée[2]. San-Gemignano, Colle, Montepulciano, Castiglione Aretino, d'autres localités encore, ne plièrent point sans des troubles qui trahissaient leur indignation[3].

Volterre, plus forte, attendit la contrainte, qu'osait proposer Niccolò d'Uzzano[4]. Comme les autres cités, elle devait, sous le protectorat florentin, jouir « de la liberté et de la loi suave[5] », ce qui excluait la juridiction. Nous ne sommes soumis, disait-elle, que par notre volonté : c'est librement que nous acceptons de vous un capitaine, que nous élisons un podestat. N'est-il pas vrai que naguère encore la seigneurie, chez vous, se levait pour recevoir nos ambassadeurs[6], et les faisait asseoir à ses côtés[7]?

---

[1] Cambi, *Del.*, XX, 162 sq.
[2] Fioravanti, *Mem. di Pistoia*, c. xxv, dans Inghirami, VIII, 197.
[3] Morelli, *Del.*, XIX, 82.
[4] Cavalcanti, l. V, c. I, t. I, p. 319.
[5] Libertà et lege soave con la excelsa signoria di Firenze. (*Cronichetta volterrana di autore anonimo*, dans *Arch. stor.*, Append. III, 518.)
[6] Cavalcanti, l. V, c. I, t. I, p. 258.
[7] *Commiss.* LIII *Rin.*, III, 186.

Mais l'hypocrite oppression ne restait pas sans réponse : Si l'on appliquait le *catasto* à Volterre, c'était uniquement pour bien connaître l'avoir des Florentins qui y résidaient, et prévenir les fraudes qui se couvraient des immunités volterranes. Se constituant juge et partie, la seigneurie proposa son arbitrage[1]; puis, levant bientôt le masque, elle soutint que le *catasto* était applicable partout où Florence exerçait un simple droit de garde et de protectorat[2]. Enfin, les réclamations persistant, malgré l'argument du lion substitué à ceux du renard, elle jeta aux *Stinche* les dix-huit ambassadeurs de Volterre; elle les y retint six mois; elle ne les relâcha que sur promesse de donner les rôles exigés. La force prima le droit, dit nettement le contemporain, le Florentin Cavalcanti[3]. Partisan des Medici, il montre pourtant Giovanni et son fils Cosimo faisant dans cette affaire un fort laid personnage. Tout d'abord, ils avaient poussé les Volterrans à la résistance, pour s'en faire des amis en entrant dans leur idée; un peu plus tard, ils leur conseillèrent de fournir les rôles, disant que ce serait *pro forma*, et qu'on n'en viendrait pas à l'exécution[4], machiavélique moyen de préparer à leur profit déboires et ressentiments.

De retour dans leur patrie, les ambassadeurs délivrés n'y firent point accepter la condition mise à leur liberté. Soulevé par un des siens[5], le menu peuple de Volterre

---

[1] Instructions à Rinaldo des Albizzi et à Palla Strozzi, 27 oct. 1429. *Commiss.* LIII *Rin.*, III, p. 177.

[2] Neri Capponi dit formellement que tel fut le raisonnement des Florentins. (R. I. S. XVIII, 1163.)

[3] La forza occupò la ragione. (Cavalcanti, l. V, c. i, t. I, p. 259.)

[4] *Cronichetta volterrana. Arch. stor.*, Append. III, 318, 319.

[5] La *Cronichetta volterrana* (*Ibid.*, p. 321) l'appelle Giusto d'Antonino

« court » la ville, enlève les clefs au capitaine, le laisse s'en retourner à Florence, et, en l'absence de toute garnison, occupe les portes, la citadelle. Fallait-il, contre ces rebelles, prendre les armes ou négocier? Non sans hésitation[1] fut résolu l'envoi de deux commissaires, Rinaldo des Albizzi et Palla Strozzi. La lettre de la seigneurie qu'ils avaient mission de remettre, osait parler du bon accueil que les ambassadeurs de Volterre avaient toujours reçu à Florence[2]. Et l'on était au lendemain du jour où dix-huit de ces ambassadeurs avaient été incarcérés pour six mois! On refuserait de croire à tant d'impudence, si l'on n'avait les textes sous les yeux.

L'impudence était sans péril : nul ne prenait parti pour le peuple soulevé de Volterre. Les nobles, ses concitoyens, lui préféraient des maîtres « étrangers [3] ». Sienne et Lucques, sourdes à ses prières[4], n'accordaient

Landini, « non de'minori della città »; Cavalcanti l'appelle Giusto Contugi, et M. Pellegrini le suit (*Sulla Rep. fior. al tempo di Cosimo il vecchio*, p. 17. Pise, 1880, dans les *Annali della R. Scuola normale superiore di Pisa.*)

[1] Voy. les opinions diverses dans la *consulte* du 24 oct. 1429. *Commiss.* LII *Rin.* III, 174.

[2] Vos enim et in conspectu nostro quotiens oratores vestri ad nos venerunt; et in civitate ipsa vestra in cunctis Reip. muneribus libertatem, et honorem et dignitatem vestram nobis volentibus et concedentibus retinuistis. (25 oct. 1429, *Commiss.* LIII *Rin.*, III, 176.) Rinaldo, qui a conservé avec soin les documents de ses nombreuses ambassades, a supprimé ceux de celle-ci. M. Guasti y a très heureusement suppléé par de laborieuses recherches. G. Capponi (I, 490, n. 2) suppose, probablement non sans raison, que Rinaldo voulait oublier et faire oublier ses actes en cette circonstance. Dans une autre occasion encore on a la preuve qu'il avait reçu des Dix une lettre de véhéments reproches, laquelle ne se retrouve pas non plus. Voy. *Commiss.* LIV *Rin.*, III, 470. 12 mars 1430.

[3] Dans la *consulte* du 24 oct., Rinaldo fait la proposition suivante : « Duo digni cives et intelligentes mittantur ad locum tutum ad quem ex Vulterranis civibus majoribus vocentur ». (*Commiss.* LIII *Rin.*, III, 174.)

[4] *Ibid.*, p. 175-76.

de secours qu'à la répression[1]. C'est que le souvenir des *ciompi* ne s'effaçant point, tout mouvement populaire était suspect. Rinaldo et Palla avaient des instructions conciliantes[2], et, pour aider à la conciliation, la force armée, que secondait le seigneur de Piombino, en gardant divers passages[3]. Après avoir affranchi sur leur chemin les villes vassales de Volterre, aussi impatientes du joug volterran que tant d'autres du joug florentin; après avoir vainement tenté un assaut, ils se décidèrent au blocus.

La tactique était bonne. Les nobles, face à face avec le peuple non secouru, s'enhardirent à en jeter le chef par les fenêtres du palais communal, ce qui ramenait chez eux, tête basse, ses partisans déconcertés[4]. La citadelle est livrée aux commissaires, sous condition de respecter les biens et les personnes[5], et ils sont reçus dans la ville avec de lâches applaudissements (5 novembre)[6]. Trois jours plus tard ils repartent, tant la soumission est complète[7], laissant à leur place un capitaine, avec l'ordre d'ériger une *rocca* plus haute et plus forte[8],

---

[1] Le 6 nov. 1429, en annonçant à Sienne la fin de la sédition, la seigneurie remerciait « pro gentibus armorum et pro aliis per communitatem vestram nobis fraterno amore et obsequiosa caritate impensis ». *Commiss.* LIII *Rin.*, t. III, p. 180.)

[2] Ces instructions sont datées du 27 octobre. *Ibid.*, p. 177.

[3] Le 2 novembre la seigneurie l'en remerciait. *Ibid.*, p. 179.

[4] *Cronich. volt. Arch. stor.*, App. III, 321-22.

[5] Les commissaires sont autorisés à accepter ces conditions. 5 nov. *Commiss.* LIII *Rin.*, III, 179.

[6] *Ibid.*, p. 181, 182. *Cronich. volt.*, loc. cit., p. 322; Morelli, *Del.*, XIX, 82; Neri Capponi, XVIII, 1165; Cavalcanti, l. V, c. I, VII, XIV, t. I, p. 258, 276-94; Biglia, XIX, 117; Machiavel, IV, 57 B sq.; Ammirato le jeune, XIX, 1048-52.

[7] *Commiss.* LIII *Rin.*, III, 180.

[8] *Consulte* du 14 novembre 1429. *Ibid.*, p. 184.

pure précaution contre les éventualités de l'avenir. Quand le territoire volterran eut, à son tour, fait sa soumission[1], la tentation était grande de traiter les habitants de Volterre, comme ceux de Prato et de Pistoia, en véritables sujets. Mais la prudence ne le permit pas. En présence de difficultés nouvelles et plus graves, l'oligarchie décida d'en user avec la ville vaincue comme avant sa révolte, de lui rendre les châteaux de son *contado*, et même de ne point exiger que le *catasto*, sujet de la lutte, devînt productif[2]. C'était donc, comme souvent aux choses de ce monde, beaucoup de bruit pour rien.

Ces difficultés, qui détournaient en hâte de Volterre l'attention florentine, venaient de Lucques, d'où soufflait alors le vent. Depuis longtemps la République convoitait cette ville, qui lui eût, au nord-ouest, donné une frontière. Un siècle auparavant, en 1328, on pensait déjà à la conquérir ou à l'acheter, lorsque en fut expulsé Louis le Bavarois[3]. En 1341, ayant, par esprit de marchandage, perdu l'occasion et vu passer Lucques d'acheteur en acheteur, les Florentins, en marché avec Mastino de la Scala, s'étaient vus devancés par les Pisans[4], d'où cette guerre contre Pise où figura le fameux duc d'Athènes. Détournée ensuite de cette affaire par des événements graves, la République y revenait dès qu'elle avait quelque liberté d'esprit. En juillet 1418, Gino Capponi étant gonfalonier de justice, elle avait failli acheter Lucques à Braccio pour cent mille florins. C'était le vœu

---

[1] Du 3 au 8 janvier 1430. *Commiss.* LIII *Rin.*, III, p. 184 note.
[2] 1ᵉʳ sept. 1431. Délibération des conseils du peuple et de la commune, 24 et 25 oct. 1431. *Ibid.*, p. 186, n. 2 ; G. Capponi, I, 490.
[3] Voy. notre tome IV, p. 158, et tout le c. III du livre VIII.
[4] Voy t. IV, p. 228 sq., 243-48.

populaire; mais un Conseil de gens « sages » fit alors rejeter la proposition[1].

Pour réparer cette faute, il fallut plus tard chercher au seigneur de Lucques des querelles d'Allemand, qui feraient penser à celles du loup avec l'agnelet de la fable, si ce n'était faire trop d'honneur à un tyranneau. Non pas que Paolo Guinigi fût un méchant homme. Caractère effacé, sans graves qualités ni grands défauts, il avait, trente années durant, maintenu la paix, créé quelques bonnes institutions économiques, lesquelles subsistaient encore au commencement de notre siècle[2]. Il ne méritait d'autre reproche que d'avoir supprimé la liberté de Lucques, et l'oligarchie florentine ne lui en pouvait faire un crime sans voir la paille dans l'œil de ce voisin. Elle aimait mieux lui réclamer, pour sa contribution comme membre de la ligue, quatorze mille florins qu'il prétendait ne point devoir[3], et elle le menaçait d'exiger l'amende de cinquante mille florins qu'imposait le traité aux contractants non fidèles à leurs obligations. Elle l'accusait, en outre, de ne lui avoir point porté secours dans ses guerres, d'avoir envoyé son fils au duc de Milan, et fourni des vivres aux ennemis sur les côtes génoises. Ce dernier grief manquait de vraisemblance. Guinigi ne venait-il pas de repousser les ouvertures des révoltés de Volterre, et même d'en donner avis aux Florentins[4]? Quant à l'envoi de son héritier en Lombardie, on ne pouvait avoir oublié qu'il l'avait

---

[1] Morelli, *Del.*, XIX, 28-29.
[2] Sismondi, V, 429.
[3] Il alléguait que Braccio était mort à Aquila, avant le terme de son engagement. (Pellegrini, p. 18.)
[4] Cavalcanti, l. V, c. ii, t. I, p. 284.

d'abord offert à la seigneurie, obtenant pour toute réponse ce mot blessant qu'elle « ne sevrait pas les bambins [1] ». Le sentiment de sa faiblesse l'amenant, malgré tout, à réclamer un arbitrage, puis à payer les quatorze mille florins, et à demander humblement qu'on le reçût comme allié [2], Florence trouvait un autre prétexte : *uno avulso, non deficit alter*.

Dans la même *consulte* où, sept jours après la soumisssion de Paolo Guinigi, Giovanni Gianfigliazzi l'en louait au nom des gonfaloniers [3], Giovanni de Tegghia parlait, au contraire, de son inimitié, de sa perversité, de ses crimes, de la punition qu'il était temps de lui infliger, loin de l'admettre dans la ligue [4]. Simone de Filicaia proposait effrontément de lui demander deux cent mille florins [5], et Neri Capponi, qui voulait qu'on négociât avec lui, n'avait d'autre but que de lui soutirer encore de l'argent. C'est son avis qui prévalut [6]. Une demande si peu justifiée devait provoquer la résistance, la guerre, la conquête. Qu'importait la justice? La fin justifie les moyens.

[1] Spoppare bambini (Cavalcanti, l. VI, c. vi, t. I, p. 302). Cette assertion de Cavalcanti est confirmée par les paroles du chroniqueur Morelli, grand partisan de la paix, dans une *consulte* : « Dominus Lucanus male se gexit; sed tamen prius obtulit filium servitiis vestris et Venetorum ; et postea, non recipientibus vobis vel illis, contulit se ad ducem Mediolani. (11 oct. 1429. *Commiss.* LIV *Rin.*, III, 192.)

[2] 1er oct. 1429. Voy. les textes dans *Commiss.* LIV *Rin.*, III, 187-190.

[3] Commendant D. Lucanum de solutione facta per eum pro debito comuni, quanquam hoc tarde fecerit. (7 oct. 1429. *Ibid.*, p. 191.)

[4] *Ibid.*, p. 192.

[5] *Ibid.*, p. 191.

[6] Teneatur pratica per Dominationem cum oratoribus D. Lucani. (*Ibid.*, p. 191.) Le mot d'argent à tirer n'y est pas, mais c'est M. Guasti qui l'ajoute, et il a si profondément étudié les documents de cette période, qu'on peut l'en croire.

Mais négocier, c'est long, et il y a des moyens expéditifs. Sur la frontière lucquoise les Florentins avaient à leur solde un *condottiere* déjà fameux, Niccolò Fortebracci, fils d'une sœur de Braccio[1], qui revenait du nord où il avait combattu Filippo Maria[2]. C'était « un méchant homme qui aimait mieux la fatigue pour faire le mal que le repos pour faire le bien[3] », qui opprimait les sujets comme les ennemis de Florence[4]. Les Dix lui passaient ce qu'ils appelaient « ses mœurs de sauvage[5] », et même, ce qui était bien plus grave, de ne pas entretenir le tiers des hommes qu'il devait avoir sur pied[6]. La circonstance atténuante, c'est qu'il venait d'envahir, de ravager le territoire lucquois (22 novembre 1429).

L'avait-il fait de son propre mouvement? On le crut dans les premiers jours. Sienne, Milan envoyèrent contre lui des protestations; le principal intéressé, Paolo Guinigi, réclama, avec la cessation des hostilités, la confiscation des biens contre l'envahisseur. Mais quand on vit, en *consulte*, la proposition se faire jour de congédier l'ambassade lucquoise[7], d'écrire aux Siennois pour justifier l'entreprise au point de vue de la sécurité des frontières[8], le soupçon vint d'une secrète connivence, de

---

[1] On l'appelait quelquefois Fortebracci de la Stella, du nom de sa mère.

[2] P. Russo, de Sienne, *Historia suorum temporum*, R. I. S., XIX, 27; Bonincontri, XXI, 135.

[3] Cavalcanti, l. VI, c. ıv, t. I, p. 298. Cf. Ricotti, III, 26.

[4] Rinaldo écrit, le 16 janvier 1430 : « Vogliate da lui sapere se essendo egli nostro soldato, gli huomini a noi sottoposti debbano essere sforzati, imprigionati e messi in preda ». (*Commiss.* LIV *Rin.*, III, 314.)

[5] 20 janv. 1430. *Ibid.*, p. 316.

[6] Les Dix à Neri Capponi, Alamanno Salviati et Rinaldo des Albizzi, 22 janv. 1430. *Ibid.*, p. 318.

[7] 9 déc. 1429. *Commiss.* LIV *Rin.*, III, 203.

[8] Justificare la 'mpresa di Lucca non per volontà d'acquistare, ma per

perfides desseins[1], et naturellement il s'égara sur divers: on ne manqua pas d'accuser Rinaldo des Albizzi[2], Averardo et Cosimo des Medici[3], Cosimo surtout, qui passa pour avoir gagné en secret, à prix d'or, tel ou tel des opposants[4]. Tout porte à croire que le coupable fut Neri Capponi : il entretint avec Fortebracci, durant cette guerre, d'étroits rapports, dont se désole Rinaldo; il parlait au nom de son quartier de San Spirito, où il faisait la loi et qui était de tous le plus acharné pour la conquête de Lucques; enfin, il affirmait, sans se dénoncer lui-même, que le *condottiere* avait été poussé en avant[5]. Or, quelques mois plus tard, personne ne le niait plus[6], et les naïfs demandaient seuls qu'on punît l'offenseur, qu'on fît des excuses à l'offensé.

sicurarsi nella nostra libertà e di quella de' nostri fratelli sanesi, le quali il sig. di Lucca per lungo tempo a molte volte s'è ingegnato di fare occupare, com'è pubblico e notorio per tutta Italia. (13 déc. 1429. *Ibid.*, p. 205.)

[1] Boninsegni (p. 32) affirme sans nommer personne ; L. Bruni (XIX, 934) nie (c'est un personnage officiel) ; Poggio (XX, 353) doute, mais il constate le soupçon.

[2] Rite facta est imprehensa Luce, disait Rinaldo, et qui suasit fecit potius pro salute et libertate vestra quam pro acquisitione Luce. (*Commiss.* LIV *Rin.*, III, 509.)

[3] Tinucci (Prima disamina, dans Cavalcanti, append. II, 403, 404) accuse Averardo des Medici et ser Martino de s'être abouchés avec Tommaso Barbadori, gonf. de just., qui aurait agi, sans paraître, par l'intermédiaire de son collègue Nastagio Guiducci, un jour que celui-ci était *proposto*. Il ajoute que Cosimo était favorable et Rinaldo contraire. On peut voir les opinions détaillées de divers dans Pellegrini, p. 20-22.

[4] Alla parte di fare la impresa di Luccha, n'ebbe Tommaso Barbadori denari acciocchè l'acconsentisse, e credo ne sia ancora debitore di Cosimo. (2ª disamina de Tinucci, Cavalcanti, app. II, 412.)

[5] Essendo confortato di cavalcare a' danni del signore di Lucca, a dì 22 di nov. 1429 si partì da Fucecchio. (Neri Capponi, XVIII, 1166.) En *consulte*, Neri disait : « Teneatur pratica per Dominationem cum oratoribus D. Lucani ». (*Commiss.* LIV *Rin.*, III, 191.) Mais son quartier (S. Spirito) est pour la guerre avant tous les autres. (*Ibid.*, p. 194-195.) Et il y donnait l'impulsion.

[6] Voici ce que dit, dans une *consulte* du 21 avril 1430, après l'échec

Ces naïfs, ces honnêtes gens semblèrent d'abord être en nombre. Dans un conseil de *richiesti* tenu trois jours après le scandale (25 novembre), sur vingt-deux membres qui prennent la parole, ils ne sont pas moins de dix-huit. Quatre à peine osent conseiller, si l'on s'excuse, de s'en tenir aux paroles[1], ou même de fermer les yeux pour ne pas voir[2]. Mais, le 1er décembre, cette politique a fait du chemin : il n'est plus question de faire l'aveugle ou le sourd ; il est question d'agir avec les sept cents chevaux de Fortebracci et les seize cents de la commune. Ainsi, dit Piero Bonciani, vous aurez ou le territoire lucquois, ou un traité qui vous permettra de vivre sans inquiétude. — Point de traité, s'écrie Bartolo Bartolini, il faut avoir Lucques! — Le seigneur de Lucques est notre ennemi, disent à leur tour Francesco Viviani et Neri Capponi, n'hésitons pas à le détruire ! — Comme la responsabilité est lourde, on met Dieu de la partie : c'est lui qui a tout fait, selon Giovanni Minerbetti et Niccolò Ritaffè. Désormais, les pacifiques sont rares : par l'organe du vieil Agnolo Pandolfini, ils se réduisent à demander l'ajournement et un nouveau Conseil, à plaider l'inopportunité, à objecter l'hiver et le manque d'alliances[3]. Un seul, Guglielmino Tanaglia, a le courage de

---

de l'entreprise, ser Pagolo Fortini : « Non sunt reprehendendi qui sequuntur ordines et deliberationes publicas circa imprehensas, sed illi sunt reprehendendi qui ante deliberationem publicam operati sunt ». (*Commiss.* LIV *Rin.*, III, 506.) M. Guasti n'hésite pas à penser et nous pensons avec lui que ces paroles font allusion aux instigateurs de Fortebracci.

[1] Non mictat Dominatio nisi verba in ista materia. (*Commiss.* LIV *Rin.*, III, 195.)

[2] Non dentur auxilia D. Lucano, sed respondeatur illi ut ipse respondit Dominationi nostre quando misit filium ad stipendia Ducis Mediolani. Et claudat oculos Dominatio, et fingat se non videre. (*Ibid.*)

[3] *Commiss.* LIV *Rin.*, III, 197. — Neri Capponi entre dans le détail des voies et moyens.

dire qu'il faut s'abstenir d'une entreprise qui n'est ni honnête, ni bonne[1]. Celui-là retardait sur son temps.

Les *consulte*, cependant, succèdent aux *consulte* : il en est tenu deux dans la journée du lendemain. Tout le monde en est excédé, tout le monde pousse à l'action[2]. Aussi bien, les châteaux lucquois, ennemis de Lucques comme les châteaux florentins le sont de Florence, appellent l'envahisseur, le libérateur. On colporte ce mot du doge de Venise à Marcello Strozzi : — Ne saurez-vous pas châtier ce pervers seigneur de Lucques? — Un châtelain de la frontière, Andrea Giugni, écrit qu'on lui envoie des bannières : il a déjà déchiré deux paires de draps pour y faire peindre le lis en sinople[3]. Enhardis par ce concours des passions et des volontés, les prieurs, qui avaient envoyé Astorre Gianni à Fortebracci pour connaître ses desseins, lui envoient Tommaso Franceschi (4 décembre)[4], pour excuser cette première démarche, faite en vue de se décharger[5]. Ils n'ont garde d'infliger un blâme à ce serviteur dévoué, qui a voulu protéger la République contre les rassemblements armés de Guinigi sur le territoire, et ils demandent sans détour à leur *condottiere* combien il a d'hommes, quels châteaux il a pris, quels il espère prendre encore[6].

Est-il assez clair qu'une génération nouvelle se pro-

---

[1] Quia non est honestum nec bonum. (*Commiss.* LIV *Rin.*, III, 197.)

[2] *Ibid.*, p. 199, 200.

[3] Neri Capponi XVIII, 1167 ; Ammirato, XIX, 1053. Au livre des dépenses faites par la commune pour la guerre de Lucques, est noté le coût des peintures pour bannières, boucliers, etc. (*Commiss.* LIV *Rin.*, III, 213, n. 1. A la p. 209, M. Guasti donne un extrait de ce livre.)

[4] Neri Capponi, XVIII, 1167 ; Ammirato, XIX, 1053.

[5] E fu necessario a questa signoria per suo scarco. (Instructions à Tommaso Franceschi. *Commiss.* LIV *Rin.*, III, 201.)

[6] *Ibid.*

duit avec un esprit nouveau, qu'elle prend la direction de l'opinion comme du gouvernement? Les vieux politiques, l'un après l'autre, disparaissent de la scène : Giovanni des Medici meurt cette année même, et Niccolò d'Uzzano n'a plus que trois ans à vivre[1], celui-ci continuateur de Maso des Albizzi, moins une violence devenue inutile, celui-là détourné par sa prudence des ambitions prématurées, mais non des intrigues qui en pouvaient avancer l'heure. Vingt-huit membres de son envahissante famille suivent, aux funérailles, son cadavre découvert, avec les officiers publics et les ambassadeurs étrangers[2]. Lui mort, on croit voir s'accomplir le mélange des partis : l'homme de sa confiance, ser Martino, notaire des *Riformagioni*, est des Dix de la guerre avec Neri Capponi et Alamanno Salviati[3]; il devient un des intimes de Rinaldo des Albizzi[4].

Alliance contre nature, mais alors obligatoire. Il fallait, pour régner, flatter et servir la passion populaire. Spontanément ou provoquée, elle était toute à cette entreprise de Lucques qui fut, dit par trois fois en une page le papetier Vespasiano, la ruine de Florence. On formait des rassemblements dans les rues, et tous, jusqu'aux bambins, « bestialement », sans prévoir dangers ni

---

[1] Voy. sur la mort de Niccolò d'Uzzano une note intéressante de M. Pellegrini, p. 69.

[2] Ses funérailles coûtèrent trois mille florins. Son corps et celui de sa emme reposent sous une belle plaque de marbre au milieu de la sacristie de San Lorenzo. Voy. G. Capponi, *Stor. di Fir.*, I, 492, n. 5. Ces honneurs furent rendus par le peuple bien plus que par la commune. Voy. *Commiss.* LI et LII *Rin.*, III, 167.

[3] Voy. *Commiss.* LIV *Rin.*, III, 207.

[4] Rinaldo parle de lui comme d'un ami : « quello ne pare a Ser Martino e agli altri amici. — Ser Martino e gli altri nostri amici ». (*Ibid.*, p. 347, 381. Cf. p. 328, 339, 342, 345, 349-51, 354, 367.)

conséquences, s'accordaient à demander la destruction du seigneur de Lucques[1], à exiger que Florence « reprît son bien[2] ». Sans doute, les chefs de l'oligarchie ébranlée cédaient moins à l'entraînement qu'au secret dessein de s'affermir par la guerre et la dictature : des contemporains l'ont deviné[3], et les documents semblent le démentir plus qu'ils ne le démentent; ce n'est pas dans les discours officiels ou même dans la plupart des dépêches qu'on dévoile ses pensées de derrière la tête, pour parler comme Pascal; mais à expliquer leur « suite enragée » suffirait la nécessité de céder et de plaire à ceux que l'on commande, ou que l'on aspire à commander.

Le 10 décembre, étaient nommés les Dix de la guerre[4], acte de même portée qu'au vieux temps la chandelle allumée et l'exhibition du *carroccio*. Au nombre de ces officiers se trouvaient, avec Neri Capponi, ser Martino et Alamanno Salviati, dévoués aux Medici, Puccio Pucci,

---

[1] Neri Capponi, XVIII, 1167; Leon. Bruni, *Difesa contro i riprensori del popolo fiorentino nella impresa di Lucca*, p. 27. Lucques 1864; du même, *Comment.*, XIX, 935; Vespasiano de Bisticci, *Vita d'Agnolo Pandolfini*, § 8, *Spicil. Rom.*, I, 388. M. Pellegrini, p. 31, a reproduit ces textes.

[2] Paroles de Giovanni de Tegghia. *Consulte* du 9 déc. *Commiss.* LIV *Rin.*, III, 204.

[3] Tutto si fecie per inducere il popolo sotto il giogo. Il fine fù s'allargò ogni balia in brevissimo tempo. (Morelli, *Del.*, XIX, 87.) — La cupidigia del signoreggiare occupò il biasimo della disonesta impresa. (Cavalcanti, l. VI, c. IV, t. I, p. 300.) On peut voir aux doc. 65, 66, 68 note, 70, 71 72 de M. Pellegrini, d'incessantes *balie* créées pour les questions de guerre et surtout d'argent. La *consulte* du 9 décembre montre les résolutions belliqueuses bien arrêtées. (*Commiss.* LIV *Rin.*, III, 204.) Vespasiano déclare que « M. Rinaldo degli Alb. con la sua setta, erano quelli che confortavano che la impresa si facesse ». (*Vita di Agn. Pandolfini*, § 8, *Spicil. Rom.*, I, 388.)

[4] *Commiss.* LIV *Rin.*, III, 212. De la page 206 à la page 212 le texte de la provision. Elle ne contient que des griefs vagues, sauf celui de l'envoi du fils de Guinigi en Lombardie, grief dont nous avons vu la valeur.

des arts mineurs, grand instrument du jeune Cosimo, devenu chef de la famille[1]. Les conseils approuvèrent, quoique l'opposition y osât encore élever la voix[2], et, le 14, on voulut en outre, pour se mieux couvrir, provoquer un grand vote populaire, ce trompe-l'œil, cet escamotage que nous appelons un plébiscite. Mais au lieu de convoquer le peuple sur la place, comme à l'ordinaire, on le convoqua au palais, ce qui le réduisit à cinq cents personnes[3], probablement bien choisies, car presque toutes étaient animées de la fureur belliqueuse. C'est en vain que Niccolò d'Uzzano et Agnolo Pandolfini tinrent le langage de la prudence; on ne les voulut point ouïr. Ceux qui s'étaient partagé d'avance les terres à conquérir, les emplois lucratifs de vicaires ou de podestats, en traînant à leur suite les moutons de Panurge, toussaient, crachaient, faisaient du bruit[4]. Parmi ceux qui étaient sincères, quelques-uns eurent regret, plus tard, de leur turbulence et de leur vote. En 1447, Angiolo Tucci demandait pardon à la commune de Lucques, s'excusant sur ce que, alors, il était jeune et loin de prévoir les

[1] Voy. la liste des Dix dans Ammirato, XIX, 1057. Dans les listes suivantes, car on renouvelait souvent cet office, c'est la même chose. On y trouve deux fois Cosimo et une fois Lorenzo, son frère, Rinaldo des Albizzi et Palla Strozzi, enfin parmi les vieux et les pacifiques Lorenzo Ridolfi, Agnolo Pandolfini, Niccolò d'Uzzano dans ses derniers jours.

[2] Conseil des Deux Cents, 128 fèves noires, 60 blanches; conseil des Cent trente-un, 88 contre 24; conseil du peuple, 154 contre 48; conseil de la commune, 99 contre 40. Voy. *Commiss.* LIV Rin., III, 206. M. Pellegrini (p. 26) se trompe en donnant le chiffre global, parce qu'il oublie, en faisant l'addition, que les mêmes personnes faisaient nécessairement partie de plusieurs conseils.

[3] 449 selon Morelli (*Del.*, XIX, 86), 498 selon Ammirato (XIX, 1053).

[4] Morelli, *Del.*, XIX, 86. — Un peu plus tard, Lippozzo des Mangioni disait en consulte : « Quando imprehensa Luce facta fuit, illam negantes non intelligebantur, quia tussis aliorum impediebat ». (4 mai 1430. *Commiss.* LIV Rin., III, 508.)

conséquences[1]. Quel crédit pouvaient trouver les pacifiques? N'osant parler de droit ni de justice, ils n'alléguaient que les dangers hypothétiques et lointains d'une entreprise qui semblait facile au début.

Même le début ne fut pourtant point tel qu'on l'espérait. La discorde, ce fléau des peuples en décadence, déchirait le parti dominant, les chefs aux camps, et leurs inspirateurs à la ville. Ils se divisaient sottement en *bracceschi* et *sforzeschi*[2]. Les commissaires à l'armée y vivaient, de leur aveu, les yeux tournés vers Florence bien plus que vers Lucques[3]. On les accusait d'être payés par l'ennemi[4], et bientôt, comme tous ceux qui avaient voulu la guerre, de la prolonger dans leur intérêt[5]. Sous un gouvernement qui ne pouvait avoir de force que par un étroit accord, l'accord était impossible; selon Niccolò d'Uzzano lui-même, « par nature, non par accident[6] ». Les vieilles panacées restaient sans effet: vainement on créa un nouvel office, les conservateurs des lois[7]; vainement on rendit une provision dite des

---

[1] Voy. sa lettre dans *Commiss. LIV Rin.*, III, 211.

[2] Voy. une lettre écrite, le 7 mai 1430, à Averardo par ser Ciaio notaire d'Alamanno Salviati, dans *Commiss. LIV Rin.*, append. III, 503.

[3] Io non vorrei però perdere il proprio per l'appellativo, e non debbo stimare più Lucca che Firenze. (Lettre de Rinaldo à son fils Ormanno, 4 févr. 1430. *Commiss. LIV Rin.*, III, 347.)

[4] Trovandosi certe lettere scritte da legati al signore di Lucca per le quali suspizione si potea prendere di corruttela pecuniaria con alcuni de' nostri concittadini tentata. (L. Bruni, *Difesa*, etc., p. 31, 32.)

[5] Fecioro ordinare l'argine; che tutto fu chagione a dar tempo al ducha che la potesse soccorrere, acciò che la ghuerra si prolunghasse. (1ª disamina de Tinucci, Cavalcanti, app. II, 404.)

[6] Cavalcanti prête ces paroles à Niccolò d'Uzzano : « Noi non siamo nè d'animo nè di vedere l'uno quello che l'altro; anzi siamo in tutto contrarii, e questo è più per natura che per accidente ». (Cavalcanti, l. VII, c. VIII, t. I, p. 383.)

[7] 1429. Voy. *Commiss.* LI et LII *Rin.*, III, 164-172.

« scandaleux[1] ». Le mal était incurable, et le remède de l'avenir pire que le mal.

L'œuvre de violence commença bien, par une violation du droit des gens. Des orateurs de Lucques étant venus à Florence, on les y retint tout le temps de la guerre. « Ils y étaient, écrit Leonardo Bruni, beaucoup plus en sûreté qu'ils n'eussent été à Lucques[2] ». Ironie ou naïveté, un tel langage, chez le chancelier de la seigneurie, accuse un étrange état moral. Chez les chefs à l'armée, commissaires ou *condottieri*, on ne voit qu'impéritie ou brigandage. Rinaldo était commissaire devant Lucques, et Astorre Gianni sous Pietrasanta, non loin de la mer, pour couper aux Lucquois vivres et secours, pour arborer les enseignes de la commune sur tout château dont on ferait la conquête, pour désarmer Guinigi en promettant à ses sujets remise de tout ce qu'ils lui devaient[3]. Certes Rinaldo est homme de courage. Il s'en décerne le brevet, que contresigne Cavalcanti[4]. Devant Collodi, il couche en plein air, dans l'eau jusqu'à mi-jambes, et, comme il disait, « sur un lit de plumes sans plumes[5] »; mais il n'a ni autorité suffisante pour empêcher les désertions[6], ni talent militaire pour conduire le siège. Il faut s'y prendre à plusieurs fois pour enlever

---

[1] Rinaldo, un des nouveaux conservateurs des lois, ne tardait pas à le reconnaître : Facta est lex scandalosorum pro correctione et nichil profuit... Dicitur quod quasi omnes cives sunt inquinati in hac divisione ». (*Commiss.* LIV *Rin.*, III, 506.)

[2] L. Bruni, *Difesa*, etc., p. 32.

[3] 16 déc. 1429. Les commissaires partaient le 18. Voy. le texte de ces instructions dans *Commiss.* LIV *Rin.*, III, 212.

[4] La natura non m' ha fatto pauroso. — S' io avessi la metà virtù che Dio m' ha prestato animo, e' mi parrebbe esser uno uomo da bene. (16, 17 janv. 1430. *Ibid.*, p. 303, 307.) On peut lire à la p. 210 de ce précieux recueil le portrait que Cavalcanti fait de Rinaldo.

[5] 15 janv. 1430. *Ibid.*, p. 291. — [6] 8 janv. 1430. *Ibid.*, p. 273.

cette bicoque que la vanterie soldatesque se flattait d'avoir en deux heures, avec une centaine d'hommes, presque sans armes. « Ce fut une honte! » écrit Rinaldo[1]. Encore lui faut-il partager l'honneur de ce maigre et tardif succès avec deux membres de l'office des Dix, Alamanno Salviati et Neri Capponi[2], dont l'envoi, marque de juste défiance, l'avait blessé[3]. Qu'eût-il dit s'il avait pu soupçonner que Neri, dans ses Commentaires, ne le nommerait même pas en relatant la prise de Collodi[4]? Le fait, c'est que Rinaldo avait mission de s'attaquer aux châteaux c'est-à-dire aux membres, afin d'avoir la tête, tandis que Neri ayant fait prévaloir l'avis de frapper à la tête, duquel il ne devait pas tarder à se départir[5], ne s'en fiait à personne du soin d'y conformer les actes. Son prédécesseur tombait donc en disgrâce, et avec lui ce fanfaron de Fortebracci qui marchait à l'assaut un simple javelot à la main, avec une poignée d'hommes[6], et, perdant tout crédit, se voyait refuser le bâton du commandement[7]. Irrité des reproches qui se

---

[1] 11, 13, 26 janv. 1430. *Comm. LIV Rin.*, III, p. 286, 291, 326 note.

[2] Les Dix aux commissaires, 27 janv. 1430. *Ibid.*, p. 332. Sur l'envoi de Neri et Alamanno, 20 janv. 1430, voy. p. 312 et 315 note, et 2ᵉ disamina de Tinucci, Cavalcanti, app. II, 416. Selon Tinucci, Averardo avait fait envoyer Alamanno pour empêcher Rinaldo de devenir trop grand. Ser Martino ayant objecté que Neri était plus *pratico* : Eh bien ! aurait dit Averardo, qu'ils y aillent tous les deux.

[3] Le 22 juin 1430, les Dix donnaient à Rinaldo les motifs qu'ils avaient eus pour envoyer deux nouveaux commissaires. *Commiss. LIV Rin.*, II., 318.

[4] Voy. Neri Capponi, XVIII, 1168.

[5] *Ibid.*, et p. 1169. Après avoir campé devant Lucques, il assiégeait Pontetetto, puis croyait nécessaire de prendre Pietrasanta et Camaiore. C'était une sorte d'amende honorable qui aurait dû remettre, mais qui ne remit point Rinaldo en faveur.

[6] *Commiss. LIV Rin.*, III, 286.

[7] *Ibid.*, p. 523, n. 2. Fortebracci était engagé à la fin de décembre 1429

mêlaient aux compliments dans les dépêches des Dix[1], Rinaldo se plaignait amèrement de recevoir « un coup de pied entre deux coups de poing[2] ». Avait-il tort ? On ne comprend guère cette politique qui, défiante d'un homme, le double ou le triple, au lieu de le remplacer, et qui prétend, de Florence même, régler, diriger les opérations.

Comme on pouvait s'y attendre, la discorde règne au camp et partout. Rinaldo ne s'entend point avec les deux surveillants incommodes[3]; il reste sourd aux exhortations des Dix[4], il essaye de les alarmer sur l'importance que prend Neri, dans le cas d'une commotion à Florence[5]. Alamanno, qui en est pareillement jaloux[6], se pose en intermédiaire[7]; mais que Rinaldo soit vainqueur à Pontetetto[8], aussitôt il lui retire des troupes, et on lui obéit, parce qu'il est des Dix[9]. Enfin, Neri n'est pas d'accord avec ceux des Dix qui sont restés au

---

jusqu'au 1er avril 1430, avec 700 chevaux et 200 fantassins. Le 14 juin suivant il recevait pour sa solde 24 908 fl. (*Ibid.*, p. 256 et n. 1. Neri Capponi, XVIII, 1168.)

[1] Voy. dép. du 17 janv. 1430. *Commiss. LIV Rin.*, III, 307.

[2] Tralle due pugnie uno calcio. 17 janv. 1430. *Ibid.* p. 307.

[3] Lettre de Tommaso Barbadori, 3 févr. 1430. *Ibid.*, p. 349, note. Rinaldo écrit à Ormanno, en parlant de Neri : « Starebbe meglio a Firenze che qua ». (31 janv. 1430. *Ibid.*, III, 339.) Il y veut aussi renvoyer Salviati, qu'il appelle ironiquement « l'amico ». (Lettres des 5, 6, 10, 12 mars. *Ibid.*, p. 446, 453, 449, 471.)

[4] *Ibid.*, p. 457, 471, 479, 480. Cf. Pellegrini (p. 43) qui analyse les documents des *Commissioni* avec plus de détails qu'on ne peut le faire ici.

[5] Voy. cette curieuse lettre dans *Commiss. LIV Rin.*, III, 339, et dans Pellegrini, p. 44.

[6] Lettre de Rinaldo et Astorre. 10 févr. 1430. *Ibid.*, III, 336.

[7] Andava volteggiando quando dall' un canto e quando dall' altro. Paroles de Rinaldo. *Ibid.*, p. 339.)

[8] 2 mars 1430. *Ibid.*, III, 430.

[9] 4 mars 1430. *Ibid.*, III, 439, 440 et note.

siège de leur office. Il y court incessamment pour les persuader, mais il ne les persuade point, car ils sont tout feu pour la guerre, et lui, qui l'a vue de près, reste, au fond, avec la seigneurie, partisan de la paix[1]. C'est la confusion, c'est l'anarchie, ce camp d'Agramant que décrira plus tard l'Arioste, et l'anarchie porte ses fruits.

De leur aveu, les Florentins sont deux fois plus nombreux que leurs ennemis ; ils ont, en outre, l'avantage des positions[2], et ils n'en savent profiter. Les *condottieri* n'ont plus voix au chapitre. Leurs soldats ont perdu la bravoure, dernière qualité de ces gens de sac et de corde[3]. Tout fait défaut au camp, fer, clous, maréchaux, fantassins, et l'ennemi, qui ne l'ignore pas, s'enhardit aux attaques audacieuses[4]. Pour le vaincre, on ne sait plus qu'user de moyens détournés, qu'ordonner à tout sujet florentin de quitter Lucques; qu'exciter à la désertion les mercenaires de Guinigi; qu'offrir vingt mille florins à qui le livrera lui-même, dix mille pour chacun de ses fils légitimes, cinq mille pour chacun de ses bâtards[5]. Et voilà ce que, alors, on appelle la guerre !

Soyons justes, pourtant : une grande entreprise est

---

[1] *Ibid.*, III, 350, note, 373, n. 2. Voy. dans ses commentaires (XVIII, 1168) le discours qu'il tint là-dessus à Salviati. Sur ce fait à lui personnel, il se trompe de date, sans doute parce qu'il écrit de mémoire longtemps après. Il dit être parti pour Florence le 18 février : or une lettre de Salviati, du 12, annonce que ce départ a eu lieu la veille. (*Ibid.*, p. 373.)

[2] Non est formidandum de hostibus quod possint ledere statum et libertatem vestram, presertim cum sint tot ut nostre gentes sint in duplo. (Lettre de Rinaldo, 3 août 1430. *Ibid.*, III, 511.) In numero di gente vantaggiamo, e i luoghi sono a noi comodi e al nimico avversi. (Les prieurs aux orateurs à Venise. 15 nov. 1430. *Ibid.*, III, 512.)

[3] Lettre de Neri Capponi, 5 août 1430. *Ibid.*, III, 511.

[4] Lettres des 2, 7, 8, 13, 16 mars 1430. *Ibid.*, III, 457 et note, 460-61 et note, 475, 486.

[5] Févr. 1430, *Ibid.*, III, 377.

tentée, mais elle est chimérique, et elle avorte. Filippo Brunelleschi, architecte illustre, mais nullement ingénieur, quoiqu'il se piquât de l'être, avait proposé (décembre 1429) de détourner le cours du Serchio, grossi par les pluies, pour ouvrir dans Lucques une brèche. Rinaldo, Astorre, invités à étudier le projet, s'excusaient prudemment de leur incompétence[1]. Neri Capponi, plus tranchant, déclare que c'est une sottise, qu'on ne fera qu'un marais à grenouilles, et que ses collègues, s'ils ne l'en veulent croire sur parole, n'ont qu'à en venir juger par eux mêmes[2]. Il leur paraît plus simple d'envoyer l'auteur du projet, chargé de l'exécution (2 mars 1430)[3]. Au mois de juin, l'œuvre étant aux trois quarts faite, les Lucquois rompent la digue et inondent les Florentins, ainsi forcés à se retirer vers Camaiore[4]. Le sentiment public fut sévère après coup. « Entreprise d'enfants, dit Morelli, qui fit perdre du temps, du travail, de l'argent, quarante mille florins peut-être, et qui ne produisit que honte et dommage[5] ». — « Ceux qui l'ont voulue, écrit Cavalcanti, ce sont des esprits chimériques, sectateurs d'une géométrie fausse et menteuse[6] ». Vasari pense sans doute que Brunelleschi eût mieux fait de poursuivre la construction du dôme à Santa Maria del

---

[1] 23, 25 déc. 1429. *Commiss. LIV Rin.*, III, 233, 236.
[2] Neri Capponi, *Comment.*, XVIII, 1169.
[3] *Commiss. LIV Rin.*, III, 448. Cette lettre a été aussi publiée par Gaye, *Carteggio inedito d'artisti*, I, 125.
[4] N. Capponi, XVIII, 1169; Biglia, XIX, 128; Poggio, XX, 363; Cavalcanti, l. VI, c. xvii, t. I, p. 527; Machiavel, IV, 61 A; Ammirato, XX, 1061. — Brunelleschi repartit le 12 juin, ayant reçu, pour ces cent jours, 200 livres de salaire. M. Guasti donne les noms et le salaire de ses collaborateurs. Voy. *Commiss. LIV Rin.*, III, 448 note.
[5] Morelli, *Del.*, XIX, 87.
[6] Cavalcanti, l. VI, c. xvii, t. I, p. 527.

Fiore, puisque, dans la vie de ce grand artiste, il garde sur cette aventure un silence prudent.

Incomplet serait le tableau, si l'on taisait les brigandages qui achevaient de déshonorer une armée sans succès et sans vaillance. Les mercenaires, selon leur coutume, pillaient non seulement l'ennemi, mais même l'inoffensif *contadino* : ils se substituaient à lui dans sa demeure, et l'on ne pouvait plus les déloger du nid où ils s'étaient engraissés[1]. Se donner à la seigneurie n'est plus une protection, n'empêche pas les gens d'être « volés comme chiens[2] ». En vain cachent-ils leur avoir dans les entrailles de la terre, la terre est fouillée et livre des trésors. On ne peut faire un pas sans rencontrer des bandes de valets d'armée conduisant des bêtes de somme chargées de butin[3], d'un butin dont la partie nécessaire à la subsistance des populations, les grains, le blé, est revendue à des prix exorbitants[4]. Fortebracci donne l'exemple dans une église soigneusement entourée de fortifications volantes, il concentre et vend par tonneaux le vin qu'il a volé[5]. Quand les voleurs sont de moins haut parage, Rinaldo, dans l'occasion, les fait bâtonner et mettre aux fers[6]. Zèle inutile ! « On dit ici, écrivent les Dix, que quiconque vient au camp y est dépouillé[7] ».

Le pis est que le mal gagne, comme la tache d'huile. Les habitants des lieux exploités, les officiers publics

---

[1] 20, 21 déc. 1429. *Commiss.* LIV *Rin.*, III, 219, 222.
[2] 8 janv. 1430. *Ibid.*, p. 273, 274.
[3] Che mai arei creduto tanta roba ci fosse : solo quella che è suta trovata sotterrata vale un tesoro. (6 janv. 1430. *Ibid.*, p. 269.)
[4] Les Dix à Al. Salviati, 20 janv. 1430. *Ibid.*, III, 316.
[5] Rinaldo à Ormanno, 10 mars 1430. *Ibid.*, III, 462.
[6] 29 janv. 1430, *Ibid.*, III, 336.
[7] 16 janv. 1430, *Ibid.*, III, 308.

eux-mêmes, podestats et autres, imitent les exploiteurs[1]; et les Dix qui flétrissent les brigandages, les commissaires qui les répriment en sont eux-mêmes accusés[2]. Rinaldo était suspect de vouloir s'élever sur les ruines de ses rivaux[3], et il ne passait pas, écrit-il lui-même, « pour jeter son lard aux chiens[4] ». On disait en consulte que « les orateurs lucquois n'avaient pas été assez interrogés pour juger l'infamie de citoyens décriés[5] ». Une provision était rendue pour interdire à tout ambassadeur, officier, commissaire, mandataire de la commune, de rien acquérir ou retenir du butin, et pour leur enjoindre de notifier, dans les quinze jours, aux conservateurs des lois, tout ce qu'ils en auraient entre les mains[6]. C'étaient trop de blessures à la fierté de Rinaldo; il demanda son rappel. « Je suis né dans la ville, écrit-il, j'ai été élevé en citoyen, non en voleur de grands chemins[7] ». Pour lui donner satisfaction, l'on essaya de le défendre, de « rompre l'œuf dans la bouche de qui parlait mal de lui[8] »; mais il tint bon, et il fallut

[1] 25 déc. 1429. *Commiss.* LIV *Rin.*, III, 254-55. Voy. p. 209 le fait de deux podestats voleurs, l'un absous, faute de temps pour instruire, l'autre condamné.

[2] Cavalcanti met dans la bouche de Piccinino les paroles suivantes : « Esaminando la velocità del tempo quanto è breve e festino, attendono più avaccio ad accrescere le loro sostanze che a nimicare le altrui potenze? » (L. VII, c. xxxiii, t. I, p. 447.)

[3] Cavalcanti met cette accusation dans la bouche du grave et vieux Niccolò d'Uzzano. Voy. l. VII, c. viii, t. I, p. 385.

[4] So bene non è tenuto che io getti il lardo ai cani. (5 mars 1430, *Comm.* LIV *Rin.*, III, 445.)

[5] Ad purgationem infamie civium abominatorum. (2 janv. 1430. *Ibid.*, III, 208.)

[6] 21 janv. 1430. *Ibid.*, III, 516, n. 1.

[7] Saccomanno da bosco. (17 janv. 1430. *Ibid.*, III, 507.)

[8] Per francare suo onore e rompere l'uovo in bocca a chi mal parla, ne siamo suti innanzi a nostri signori, e non solamente cerco di purgare

mettre fin à sa longue mission de quatre-vingt-quatorze jours. A partir du 15 avril, il reparut, la tête haute, dans les conseils, prêt à confondre ses calomniateurs[1].

Le second des commissaires primitifs, Astorre Gianni, plus noirci encore par les auteurs, ne le méritait peut-être pas davantage[2]. On l'avait accusé, par la voie des *tamburi*, d'avoir volé au châtelain de Lavenza sa jument et trente-trois florins d'or[3], vol ignoble, parce qu'il était peu considérable, qui lui valut des Dix, si Cavalcanti est véridique, « la plus vilaine lettre du monde, et qu'on avait expédiée par terre et par mer en quadruple exemplaire[4] ». Mais Astorre fut absous sur sa parole[5], et, comme Rinaldo, il prend part aux conseils[6]; enfin, on lui paya son salaire et on le remboursa de ses dépenses[7].

ogni graveza che data gli fusse, ma di punire asprissimamente chi indebitamente ha cerco calunniarlo. (18 janv. 1430. *Ibid.*, III, 311.)

[1] Son innocence paraît probable. Voyez sur ce point la soigneuse discussion de M. Pellegrini (p. 52, 54 sq.) Cet auteur prétend disculper les Medici d'avoir poussé à la disgrâce de Rinaldo, dont les accuse Tinucci, (2ᵉ disamina, dans Cavalcanti, app. II, 417), et il cite des lettres amicales entre eux et Rinaldo ; mais l'hypocrisie était connue, et à l'usage des ambitieux. S'il est certain que Rinaldo demanda son rappel, il semble probable qu'on fit tout pour l'y pousser.

[2] Ils suivent Cavalcanti, alors aux *Stinche*, et mal informé. M. Guasti en donne des preuves. Voy. *Commiss.* LIV *Rin.*, III, 209.

[3] *Ibid.*, p. 209. Cavalcanti (l. VI, c. x-xii, t. I, p. 514-19) accuse Astorre d'une indigne perfidie : il aurait réuni les gens de Seravezza dans l'église, pour les faire prisonniers et les piller. Mais son autorité est unique. Machiavel (IV, 60) et Ammirato (XIX, 1057) ne font que le reproduire.

[4] 2ᵉ disamina de Tinucci dans Cavalcanti, app. II, 415. Cavalcanti publie même la lettre (l. VI, c. xii, t. I, p. 518). S'il ne l'a pas fabriquée, comme tant de discours, elle serait la plus dure qu'on eût jamais écrite, accusant Astorre de manquer d'amour pour sa patrie, et le menaçant, s'il ne revenait, de la colère des Dix qui ne s'apaiserait que par son supplice.

[5] *Commiss.* LIV *Rin.*, III, 209.

[6] Notamment le 24 mai 1430. *Ibid.*, p. 210.

[7] *Ibid.*, p. 209.

Ce n'est pas ainsi qu'on en use avec le voleur contre qui l'on a tonné[1]. Faut-il donc croire que ces deux commissaires, victimes certainement de l'esprit de parti, fussent tout à fait purs ? Non ; les mœurs austères, ou simplement honnêtes, ne sont plus de ce temps. Deux membres de la nouvelle *balie* des Dix, Giovanni Guicciardini et Dino de Gucci, envoyés à leur tour au camp, à titre de commissaires (3 juillet), sont rappelés bientôt et accusés de prévarication[2], de connivence avec les Lucquois assiégés[3]. Quand personne n'obtient plus confiance, il y faut regarà deux fois avant d'affirmer que tel ou tel a mérité mieux.

C'eût été miracle que le mécontentement public ne remontât pas des instruments à l'entreprise même. « Il n'y a pas toujours lieu, dit en consulte Rinaldo Gianfigliazzi, de venger ses injures : nous avons déclaré la guerre au seigneur de Lucques avant d'être remis d'une guerre précédente[4] ». Tout autre, naturellement, est l'appréciation de Rinaldo des Albizzi[5]; mais la parole autorisée de Niccolò d'Uzzano donne le dernier mot du débat. L'entreprise, dit-il, a été mal conduite, quoiqu'il ne fût pas bon de l'avouer sur les places publiques[6]. Nier

[1] Ajoutons que Rinaldo tenait Astorre pour un homme de mérite et beaucoup plus entendu qu'il ne le croyait (*Ibid.*, p. 242). Tinucci parle dans le même sens et assure qu'Astorre fut rappelé par les brigues d'Averardo des Medici. (2ª disamina, dans Cavalcanti, app. II, 414-416.)

[2] 1ª disamina, *Ibid.*, p. 405.

[3] Cavalcanti, l, VI, c. xv, t. I, p. 322.

[4] 21 avril 1430. *Commiss.* LIV *Rin.*, III, 506.

[5] *Ibid.*, p. 505. Quelques jours plus tard (14 mai) il soutient plus nettement la même thèse : « Rite facta est imprehensa Luce... Commendandi sunt Decem in operibus factis, considerato tempore iemis et regionibus asperis. Dominus ille conductus est ad extremum. (*Ibid.*, p. 509.)

[6] *Ibid.*, p. 505.

le mal, ce serait ne pas vouloir du remède. Or le mal quel est-il? C'est, suivant ce vieux chef de l'oligarchie, l'inégalité entre les citoyens. Quant au remède, c'est la justice, c'est de donner les dignités à qui en est digne par ses mérites personnels ou par ceux de sa famille, c'est un pouvoir uni, respecté, imposant la soumission[1]. Si Cosimo des Medici prend, à son tour, la parole, il se borne à dire que Rinaldo a raison et que Niccolò n'a pas tort. La circonspection est encore la loi de sa politique personnelle. Imagine-t-on de faire prêter à chacun le serment de dissiper les scandales, Cosimo est, de tous, le dernier à jurer[2]. Ce n'est pas lui qui diminuera l'impopularité de la guerre. Luca des Albizzi, le propre frère de Rinaldo, tient à constater qu'il y a toujours fait opposition[3]. D'autres veulent qu'on en rende les auteurs pécuniairement responsables[4], et y renoncer commençait à être le vœu public.

Le pourrait-on? C'était douteux, car Lucques avait des alliés que Florence ne pouvait laisser en armes si près de ses murailles. On se flattait bien que Filippo Maria, s'il en était prié, retirerait ses troupes, lui qui, en ce moment même, faisait don à la République de deux lionceaux et offrait le *palio* pour la fête de saint

---

[1] Illud quod movet civitatem est videre aliquos in majori dignitate quam opportet, et alios deprimi. Caput est ut justa fiant, et dentur dignitates vel virtutibus, vel merentibus propter domum et parentes.... Quod unitas dominationis et collegiorum conservat potentiam et reverentiam civium, et hac existente, omnes cives quiescent. (21 avril 1430. *Ibid.*, p. 507.)

[2] Le 27 du même mois. — *Ibid.*, p. 507.

[3] Opposui me alias, ut notum est, huic imprehense. (22 juin 1430. *Ibid.*, p. 509.)

[4] Gugliemo Tanaglia : Bonum esset habere illos qui a principio in hanc imprehensam nos miserunt, et ab eis auxilium pecuniarum requirere, taliter quod sicut in imprehensam miserunt, ita extraherent. — (22 juin 1430. *Ibid.*, p. 509.)

Jean[1]. Mais on n'en pouvait attendre autant de Sienne,
car Sienne redoutait le sort d'Arezzo et de Pise, le sort
dont Lucques était menacée, et ces terribles enfants des
rues[2], qui avaient déjà brouillé Florence avec Martin V,
avivaient ces craintes par leurs chansons, écho du
logis : « Lucques prise, nous aurons Sienne. Garde-toi,
Sienne, car Lucques tremble[3] ».

Sollicités par Paolo Guinigi, les Siennois, cependant,
hésitaient encore à s'engager dans la lutte : un d'eux,
leur orateur à Florence, les y engagea en dépassant ses
pouvoirs. Cet homme hardi, nommé Antonio Petrucci,
obtint du pape les moyens de lever un corps d'armée
dans la Maremme et la rivière de Gênes, reprit au
passage bon nombre de châteaux, renforça la garnison
de Lucques, rejoignit à Milan deux nobles lucquois qui
offraient au duc leur patrie, s'il l'enlevait à Guinigi,
sous couleur de lui porter secours. Sur le refus de Picci
nino, Francesco Sforza ne recula point devant cette
déloyale besogne[4] ; il tenait à rentrer dans la grâce du
maître qui, par deux fois, pour le punir d'un échec
militaire, l'avait voulu assassiner[5].

Avec ce machiavélisme avant la lettre qui lui était
naturel et qui annonce déjà le XVIe siècle, Filippo Maria

---

[1] Morelli, Del., XIX, 88 ; Commiss. LIV Rin., III, 510. 14, 31 juill. 1430.
[2] Male ammaestrati. (Cavalcanti, l. VI, c. xviii, t. I, p. 352.)

> Ave Maria, grazia plena,
> Avuto Lucca, avremo Siena.
> . . . .
> Guarti, Siena,
> Che Lucca triema.

Cavalcanti, l. VI, c. xviii, t. I, p. 352.)
[4] Malavolti, part. III, l. II f° 19 v°; Cavalcanti, l. VI, c. xxiv, t. I, p. 347-53.
[5] Simoneta, XXI, 215.

donna plus d'éclat à leur brouille. Il annonça à toutes les puissances d'Italie que Sforza lui avait demandé son congé pour se rendre dans le royaume de Naples, et qu'à partir de ce moment, il ne répondait plus d'un capitaine qui cessait d'être à lui. Au mois de juillet, Sforza débouche en Toscane, avec six mille hommes, par Pietrasanta; il force les assiégeants de Lucques à se retirer vers Ripafratta, il s'empare de Buggiano, il menace Pescia, puis, ayant brûlé quelques châteaux du val de Nievole, sur le territoire florentin, il revient en arrière et se fortifie sous les murs de Lucques[1]. Petrucci l'a suivi. Sous prétexte que Guinigi était en marché pour vendre à ses ennemis sa capitale, il le surprend dans son lit, le fait prisonnier avec quatre de ses enfants, et l'envoie au duc qui le jette dans les cachots de Pavie, où il devait mourir deux ans plus tard[2]. Ce doux tyran n'avait point, durant trente années, versé une goutte de sang. C'était son infériorité; nul ne le craignait, et nul ne le défendit.

Du coup, les Lucquois se croyaient libres. Ils demandèrent à Florence paix et amitié[3]. Florence n'avait-elle pas dit cent fois qu'elle ne faisait la guerre qu'à leur seigneur, trop proche d'elle et trop lié à Milan? Mais son langage variait selon les circonstances. Devant une ville sans vivres et presque sans défense, elle ne voulait point

---

[1] Biglia, XIX, 130; Poggio, XX, 364; Simoneta, XXI, 217; Boninsegni, p. 33.

[2] Biglia, XX, 131; Poggio, XX, 365; Stella, XVII, 1304; Russo, XX, 34; Neri Capponi, XVIII, 1170; Boninsegni, p. 54; Malavolti, part. III, l. II, f° 20 r°; Tommasi, l. II, c. IX, *Arch. stor.*, 1ª ser., t. X, p. 506; Machiavel, IV, 61 B; Ammirato, XX, 1064-66.

[3] Sept. 1430. Neri Capponi, XVIII, 1170; Biglia, XIX, 131; Ammirato, XX, 1067.

perdre ses avantages. Plus que jamais les conquêtes de Venise l'empêchaient de dormir. Elle offrait à Sforza cinquante mille florins, arrérages d'une vieille dette envers son père, s'il retournait en Lombardie[1]. Elle exigeait, pour se prêter à la paix, que Montecarlo et Pietrasanta, ou Camaiore, lui fussent remises[2], injustes conditions qui eussent mis Lucques comme entre ses mains[3]. Encore rompit-elle bientôt les négociations. Elle se tenait pour si assurée du succès final, que déjà elle pensait à s'arrondir de Sienne, par une de ces perfidies dans le goût du jour. Elle proposa de conquérir cette République pour le compte de Sforza, tandis qu'il pousserait vers le royaume de Naples, promettant de s'entendre avec lui, à son retour. Mais lui, il avait d'autres projets, et il dénonça aux Siennois celui des Florentins. Or, dans ce moment même, les Siennois recevaient de leur déshonnête voisine une ambassade amicale. Ils n'avaient donc plus de ménagements à garder[4].

Ainsi la haine d'Antonio Petrucci avait été clairvoyante, et il devenait justement l'oracle de ses concitoyens. Étant pour lors en Lombardie, il persuada aisément au duc de renouveler la pointe de Sforza. On trouva vite un prétexte : protecteur de Gênes, Filippo Maria enjoignit à sa protégée de faire valoir un traité qu'elle avait avec Lucques, pour réclamer des Florentins la levée du siège. Sur leur refus, Piccinino, moins dégoûté cette fois,

---

[1] Simoneta, XXI, 218; Neri Capponi, XVIII, 1170.
[2] Neri Capponi, XVIII, 1170; Ammirato, XX, 1066.
[3] Iniquissimæ conditiones erant, ut plane constaret civitatem in solitudinem ituram. (Biglia, XIX, 131.)
[4] *Instructions et relations de la Rép. de Sienne, de* 1428 *à* 1431, publiées à la suite de Cavalcanti, append. II, 376; Malavolti, part. III, l. II, ° 20 r°; Ammirato, XX, 1072.

passa en apparence à la solde de Gênes et fondit sur la Toscane, avec une armée forte pour ce temps-là.

Le capitaine des Florentins, Guidantonio de Montefeltro, comte d'Urbino, avait sur lui l'avantage du nombre, par la cavalerie, qui était toujours l'essentiel [1]; mais il passait pour médiocre et mou. Neri Capponi, envoyé à son camp, n'avait en lui que peu de confiance. Fondée ou non, la méfiance était à l'ordre du jour [2]. En tout cas, Piccinino, bien supérieur par les talents, avait l'avantage de troupes fraîches, sûres de leur ravitaillement, car elles communiquaient avec les galères génoises, tandis que l'hiver, l'inondation du Serchio, la disette, une campagne prolongée, faisaient beaucoup souffrir ses adversaires.—Il faut attaquer, disait Montefeltro, ou battre en retraite. Ce n'était point si mal pensé; mais à Florence, Averardo des Medici faisait prévaloir l'expectative. — Je n'ai pas oublié, disait-il, l'affront de Zagonara.

---

[1] Piccinino avait 3000 chevaux et 6000 fantassins; les Florentins 5000 chevaux et 3000 fantassins, selon Boninsegni, p. 34. Ammirato (XX, 1065) donne à Piccinino 2000 chevaux, 4000 fantassins, et aux Florentins 6000 chevaux, 3000 fantassins.

[2] On pourrait citer bien des faits à l'appui. Bernardo Guadagni et Piero Guicciardini, orateurs à Venise, sont accusés de s'être gouvernés avec peu de prudence, d'avoir trop engagé leur patrie. (7 oct. 1430. *Commiss.* LIV *Rin.*, III, 511.) Venise n'a point confiance dans son alliée. « Le cagioni della sua venuta (de Fr. Loredano) mi paiono maxime due : l'una per vedere coll'occhio come voi siate in ordine o possiate esser per a tempo a observare quanto per voi s'è promesso, perchè mi pare pure che dubitino che per voi non si facci quanto fare si debba... l'altra perchè dubitano molto delle vostre divisioni, di che qui si parla largamente; che non par loro che, mentre in questa forma state, dovere potere avere da voi quella buona compagnia che per loro si disidera. Io v'aviso che oramai le mie parole poco o niente gli possono tenere a bada, dove di danari s'abbia a ragionare; et se non vegono facti, alle parole non credono, ma forte se ne turbano. (Dépêche de Francesco Tornabuoni, 14 avril 1431. Documents Pellegrini, p. 68.)

Attaquer serait téméraire, et se retirer, lâche[1]. — Le *condottiere* Fortebracci, quoique jaloux de son chef hiérarchique[2], en confirmait un peu plus tard l'avis, lorsque tendant la main aux commissaires envoyés par les Dix, il leur disait tristement : — Votre sucre vient bien tard pour ce malade. Il n'y a plus de ressources que dans l'audace. En rebroussant chemin, nous aurions l'ennemi à dos, nous courrions à une défaite certaine[3]. —

Résolu, de son côté, à prendre l'offensive, Piccinino en était empêché par le fleuve, qui, dans cette saison des pluies, avait de l'eau. Il fallait connaître les gués, et il ne les connaissait pas. Un parti de fourrageurs florentins les lui montra, en les passant pour lui échapper. Toute son armée suivit ce chemin, et, secondée par une sortie des Lucquois, remporta une complète victoire. Du haut des murs et des toits de Lucques, vieillards et femmes la saluaient de leurs acclamations (2 décembre). Les vainqueurs firent dans la ville une entrée triomphale, traînant captifs presque tous les vaincus, et avec eux l'artillerie, les munitions et les chevaux[4]. Jusqu'à la fin du XVIIIe siècle, les Lucquois

---

[1] *Consulte* du 27 nov. 1430. *Commiss.* LIV *Rin.*, III, 513.

[2] Cavalcanti, l. VII, c. xxiii, t. I, p. 424.

[3] Neri Capponi, XVIII, 1172. Cet auteur appelle ses deux collègues Felice et Alessandro. Ils s'appelaient Felice Brancacci et Alessandro des Alessandri. Voy. *Commiss.* LIV *Rin.*, III, 513.

[4] Boninsegni, p. 55; Poggio, XX, 367; Biglia, XIX, 137; Neri Capponi, XVIII, 1174 ; P. Candido Decembrio, *Vita di Nic. Piccinino*, R. I. S., XX, 1059; Malavolti, part. III, l. II, p. 21 r°; Tommasi, l. III, c. 1. (*Arch. stor.* 1ª ser., t. X, p. 314); Machiavel, IV, 64 B; Ammirato, XX, 1068. — La date du 2 décembre, que donnent les auteurs, n'est pas bien sûre. Il y eut une *consulte*, le 3, sur la défaite déjà connue à Florence. M. Pellegrini (p. 45) dit, sans citer d'autorités, qu'elle eut lieu le 29 novembre. Ce serait alors le jour même de l'arrivée des commissaires, qui durent prendre le temps de se reconnaître. M. Guasti, qui publie des parties de la *consulte*,

devaient célébrer par des fêtes patriotiques l'anniversaire de cet heureux jour¹.

L'événement avait ruiné la politique belliqueuse de Rinaldo des Albizzi. Il voulut bien la soutenir encore en *consulte* (3 décembre) et relever les courages abattus; mais le discrédit de sa parole le réduisit pour un long mois au silence, et, peut-être, de tout ce temps, ne parut-il plus dans les conseils publics², car, avec la fougue de son caractère, on peut douter qu'il eût su s'y contenir. Les choses, du reste, n'en allaient pas mieux. Cosimo des Medici écrivait, d'Ostiglia, à son cousin Averardo : « Nous avons été bien maladroits. Il faudrait que nos gens, à Florence, entendissent ce qu'on dit de nous, la pauvre réputation qu'on nous fait. Si nous ne changeons pas, nous serons traités comme des Juifs (10 décembre)³ ». Propos d'opposant, dira-t-on; mais Lorenzo Ridolfi, lui aussi, et avec plus de précision, constate que les échecs militaires avaient redoublé les discordes intestines, et que les discordes intestines redoublaient l'audace des ennemis (1ᵉʳ janvier 1431)⁴. Ce langage est si bien l'expression de la vérité, que, trois mois plus tard, il n'est plus personne qui ne s'en prenne

parait avoir vu la difficulté, car il ne donne pas de date précise, et il dit : « in que giorni ». (Voy. *Commiss. LIV Rin.*, III, 513, 514.)

¹ Cipolla, p. 464.
² Il reparaît le 15 avril 1431. Voy. Pellegrini, p. 50, n. 2.
³ Voy. le texte dans *Commiss. LIV Rin.*, III, 513. Cette mention des Juifs maltraités vient là assez singulièrement, car dans cette même année 1430, pour soulager le menu peuple qui ne pouvait trouver d'argent, on avait introduit à Florence les Juifs, avec licence de prêter, sous condition de ne prendre, au plus, que 4 deniers par livre et par mois. Voy. Ammirato, XX, 1063.
⁴ Hoc est reprehensio imprehense Lucane vel defensio que parit discordias et lites inter cives, et hec sciunt inimici vestri, et hinc capiunt audaciam contra vos. (*Commiss. LIV Rin.*, III, 514.)

des maux publics à la désunion des citoyens[1]. Florence n'obtient qu'à des conditions fort lourdes le renouvellement de sa ligue[2], et Pise, toujours frémissante, conçoit l'espoir de secouer un joug odieux.

Autour d'elle, sans doute, le moindre château avait une garnison; mais, par défiance des mercenaires, on y envoyait, avec une solde égale au salaire de leurs boutiques, ces artisans qui n'entendaient rien au métier des armes, et que Hawkwood, jadis, renvoyait dédaigneusement à leurs draps[3]. A la tête d'un parti d'exilés pisans, Andrea de Pontedera, qui se disait comte, entreprit de reconquérir ces forteresses. En une seule nuit, quatorze d'entre elles envoyaient leurs clefs à Piccinino. « L'empressement des villains à les livrer, dit Cavalcanti, n'était pas moindre que chez Piccinino le désir de les avoir[4] ». C'étaient, à dire vrai, les plus faibles. Contre les plus fortes il fallait un siège. Pise surtout, dont la possession aurait pu seule assurer tout le reste, Pise était fidèlement gardée par son archevêque, le Florentin Giuliano Ricci[5], qui chassait tout habitant

---

[1] 1ᵉʳ avril 1431. Antonio Ligi : « Civitas nostra nunquam fuit in pejore termino : hujus causa sunt primo divisio intrinseca, unde remedium esset unire cives nostros ». Les autres parlent dans le même sens. Notons au passage ce que dit Giovanni Capponi : « Ego offero me dispositum ad omnia circa unionem ; persona autem mea non est armis propter etatem et propter dissuetudinem ; pecunias non habeo multas et habeo filiam grandem, cui danda est dos. Tamen omnia offero juxta possibilitatem (p. 52) ». Voy. cette longue *consulte* dans les doc. Pellegrini, p. 48-54.

[2] Provision du 10 janvier 1431, dans Pellegrini, append. n° 10, p. 21.

[3] Cavalcanti, l. VII, c. xxxiii, t. I, p. 448. « Allez, disait Hawkwood à Andrea Vettori, allez faire du drap et me laissez gouverner l'armée ».

[4] Cavalcanti, l. VII, c. xxv, t. I, p. 427.

[5] Neveu du précédent archevêque, Pietro Ricci, Giuliano lui avait succédé en 1419. Il mourut en 1461. Voy. Ughelli, *Italia sacra*, t. III, p. 478.

suspect ou inutile, et fermait ses portes aux *contadini* en quête d'un refuge contre les maux de la guerre[1].

Mais Piccinino approchait, et, à son approche, le volcan de Volterre menaçait Florence d'une nouvelle éruption. Réduite à des débris d'armée, abandonnée par Fortebracci qui ne voyait pas jour à se tailler une principauté dans ces contrées, et l'allait chercher à Città di Castello[2], Florence ne pouvait que défendre l'entrée du val d'Arno. Elle ne trouvait pas sans peine un chef militaire. Après avoir essayé Bernardino de la Carda, gendre du comte d'Urbino, et que la mort du pape avait rendu disponible[3], elle lui préférait Micheletto Attendolo de Cotignola, parent de Sforza[4], quoiqu'on ne sût « s'il était homme ou femme[5] », quoiqu'il exigeât les biens, la maison de Guinigi, et, d'emblée, le bâton du commandement, que lui disputait ser Niccolò de Tolentino, arraché au service de Milan[6]. La république ne sut

[1] Biglia, XIX, 148; Russo, XX, 33; Stella, XVII, 1305.

[2] Lettre de la seigneurie à Fr. Tornabuoni, 16 juin 1431. Doc. Pellegrini, n° 56, p. 128. Voy. toute cette lettre, elle est curieuse. Deux lettres de Fortebracci nous font connaître ceux des motifs de la brouille qu'il avouait : la fin de son engagement, la lenteur des payements, ses pertes dans la déroute de Lucques, pour lesquelles il n'obtenait point de compensation. Les Dix se reconnaissent ses débiteurs, puisqu'ils lui offraient 10 m. fl. à Florence et autant en Lombardie. Voy. lettres au doge Foscari et à la Seigneurie florentine, 29 mai. Doc. Pellegrini, n° 50, 51, p. 118-120. — Ses prétentions avaient paru excessives : « Ille videtur sinistrare in reconducendo se, et petit impossibilia », disait Piero Guicciardini en *consulte;* 1er avril. Doc. Pellegrini, n° 21, p. 51.

[3] Sur Bernardino, voy. Boninsegni, p. 41, 42.

[4] Boninsegni, p. 39; Ammirato, XX, 1074; *Commiss.* LV *Rin.*, III, 516. Cet engagement fut toute une affaire, dont on peut voir les embarras dans la *Commiss.* LIV, passim, et surtout vers la p. 500.

[5] Lettre de ser Niccolò Tinucci à Averardo, 13 mai 1431. *Commiss.* LIV *Rin.*, III, 523, note. Tinucci ajoute : « Sicch' io metterei le mani in ogni luogo donde di questo io me ne potesse bene chiarire ».

[6] Voy. Pellegrini, p. 50, et Doc. n°s 43, 52.

choisir entre eux et se décider pour Micheletto[1] qu'après avoir vu la moitié du territoire lucquois enlevée par Piccinino, les châteaux pisans révoltés, Sienne admise ouvertement dans la ligue de Gênes et de Lucques[2], grâce à son capitaine du peuple, cet implacable Petrucci, objet, chez les Florentins, de tant de railleries et d'insultes[3]. Il fallut bien, alors, lui faire amende honorable, en vue de le désarmer. Sans vergogne, les Dix l'appellent sage et vaillant homme, le prient de ne pas tenir compte des ignorants qui ont pu le blesser, le sollicitent de se rendre intermédiaire pour la paix[4], mais ils sentaient bien qu'ils ne pouvaient s'y fier[5]. Ce qui leur donnait quelque confiance, c'était la mort de Martin V, qui avait voulu imposer la paix[6]. Cette mort est notée par les Dix à la marge de leur livre, et comme le pontife avait succombé à une attaque d'apoplexie, ils ne manquent pas d'ajouter que Dieu l'a châtié par la privation

---

[1] On voulait apporter à Michelotto son bâton à Arezzo ; il tint à le recevoir à Florence même, et il l'y reçut le 13 juin 1431, pour un an. (*Ist. fior. anon.*, XIX, 975 ; *Commiss.* LV *Rin.*, III, 518, 529, note.) Cet engagement était fort désiré des Vénitiens. Voy. quatre lettres de Fr. Tornabuoni, orateur à Venise. Doc. Pellegrini, n°s 22, 28, 29, 35.

[2] *Commiss.* LV *Rin.*, p. 517; Ammirato, XX, 1072, mars 1431. M. Guasti (*Commiss.* LIV *Rin.*, III, 208), fait remonter cette ligue à la fin de 1430 ; en ce cas, elle ne fut déclarée que plus tard, puisqu'en mars 1431 les Dix croyaient encore pouvoir la conjurer. Voy. ce qui suit.

[3] Cavalcanti, l. VI, c. xix, t. I, p. 338 ; *Commiss.* LV *Rin.*, III, 516.

[4] Les Dix à Carlo des Ricasoli, ami d'Antonio, 23 décembre 1430. *Commiss.* LV *Rin.*, III, 516.

[5] Di molti luoghi e per molti segni comprendiamo l'animo de' Senesi non rispondere alle parole. (Les Dix aux orateurs à Venise, 9 mars 1431. *Commiss.* LV *Rin.*, III, 517.)

[6] Il avait envoyé en négociateur le card. de Santa-Croce, 17 janv. 1431. La seigneurie aux orateurs à Venise, 18 janv.) On n'avait répondu que par de banales protestations en faveur de la paix. (Conseil du 19 janv. Voy. *Commiss.* LIV *Rin.*, III, 514, 515).

des sacrements[1]. Son successeur, Gabriele Condolmieri, pape sous le nom d'Eugène IV, leur était agréable comme ami et comme Vénitien[2]. Mais c'était à peine une éclaircie dans un ciel chargé d'orages.

A l'intérieur, en effet, le trésor public est vide, et vide aussi l'escarcelle des marchands, qui, jusqu'alors, l'alimentait[3]. Tandis que le *staio* ou mesure de grain montait à 52 sous, les *luoghi* ou titres du *monte* descendaient à 20 pour 100[4]. Il faut les relever, « car le *monte* et la liberté c'est tout un »; il faut exiger que chacun paye ce qu'il doit, réduire les dépenses, et, quand on fait un *catasto*, en réserver la moitié pour le service des intérêts[5]. A merveille! mais on fait, en un jour, jusqu'à trente-six *catasti*[6], quoiqu'une provision récente eût interdit d'en faire plus de deux par mois[7]. De là, jusque chez les membres de la seigneurie, l'irrésistible tentation de fermer les cordons de leur bourse, et l'impuissance du gouvernement à obtenir qu'on les ouvrît[8]. De

[1] Nullumque sacramentum Sancte Matris Ecclesie in ejus infirmitate et obitu habuit vel recepit. (*Commiss.* LIV *Rin.*, III, 515.)

[2] Mars 1431. Boninsegni, p. 36; *Vita Martini V*, R. I. S., t. III, part. II, p. 868; Ammirato, XX, 1070. A cette même marge on lit : « Sator pacis erit universo orbi ». (*Commiss.* LIV *Rin.*, III, 515.)

[3] Burse mercantie, que providerunt huc usque, nunc sunt valde vacue. — Ridolfo Peruzzi dans la *consulte* du 3 juillet 1431. Doc. Pellegrini, n° 58, p. 138.)

[4] Boninsegni, p. 43.

[5] *Consulte* du 3 juillet 1431. Doc. Pellegrini, n° 58, p. 133. Cf. lettre de Giuliano des Medici, 4 févr. 1432. *Ibid.*, n° 93, p. 192. A cette date, le mot de *catasto* commence déjà à devenir synonyme de taxe, d'imposition.

[6] 3 févr. 1432. Doc. Pellegrini, n° 96, p. 198. Voy. sur les *catasti* répétés, le n° 60, p. 140.

[7] 10 janv. 1431. *Ibid.*, Doc. n° 10, p. 26.

[8] De' danari ci è tale manchamento fra per chi non può e chi non vuole.... Non paga se non chi vuole... chi paga, veduti gli altri non pagare

là une pénurie qui achève de ruiner le crédit public[1]. Les emplois, chose rare, n'excitent plus l'ambition. Les citoyens s'en acquittent sans zèle ou s'y dérobent. Quel plaisir de vivre accablé de reproches[2], privé du nécessaire[3], exposé à servir de manteau pour d'indignes tromperies[4] ! « On se pendrait par la gorge au service de la Commune, écrivait Giuliano des Medici, qu'on n'en obtiendrait ni récompense, ni gratitude[5] ».

A l'extérieur, Venise, la dernière alliée, était loin d'être sûre. Ses progrès en terre ferme et l'ambition qu'elle avouait d'en faire de nouveaux, la posaient en rivale, presque en ennemie, alors même que les obstacles qu'elle mettait au développement de la marine des Florentins n'eussent pas provoqué chez ceux-ci de secrets pressentiments. C'était donc à contre cœur qu'ils resserraient avec elle les liens d'une alliance encore nécessaire[6]. Les *condottieri* qu'on appelle du dehors, on ne les retient plus même par les faveurs et les présents[7];

si farà adietro. (11 et 18 août 1431. Lettres d'Alam. Salviati. Doc. Pellegrini, n°' 69, 70, p. 147, 148.) — Et per potere con honestà richiedere gli altri e strignere, s'ingeginino i signori quanto a loro è possibile fare i pagamenti de' loro propii catasti, e questo con ogni reverenzia sia detto. El simile voglino richiedere e' loro collegi et ufici principali a questo fare. (23 juillet 1431. Rapport de la *pratica*, Doc. Pellegrini, n° 66, p.149.) Cf. Lettres de Cosimo (24 sept.) et de Lorenzo des Medici (6 déc.). *Ibid.*, n°' 75, 89, et aussi n°' 102, 111.

[1] Commune perdidit fidem et non credunt mercatores communi. (Sandro Biliotti au nom des Dix. 24 juillet 1431. Pellegrini, p. 53, n. 1.)

[2] Voy. des lettres de reproches aux Doc. Pellegrini, n°' 57, 76, 77, 79, 81, 98.

[3] *Ibid.*, n°' 30, 64, 83, 84, 85, 92, 101.

[4] Averardo se plaint de ce qu'on veut tromper les gens sous le couvert de sa parole. (*Ibid.*, n° 92, p. 190.)

[5] Lettre à Averardo, 5 févr. 1431, dans Pellegrini, p. 54.

[6] Sur cette ligue où entraient aussi les marquis de Montferrat et d'Este, le seigneur de Mantoue, voy. Biglia, XIX, 245, Russo, XX, 33.

[7] Un heaume, un cheval de 2000 fl. (Morelli, *Del.* XIX, 106.)

leur défection, leur trahison est toujours attendue[1], et ils se succèdent comme en une lanterne magique. Bernardino de la Carda déserte pour devenir capitaine des Lucquois. Il faut remplacer Micheletto Attendolo par Niccolò de Tolentino, et Carmagnola, dont les talents étaient un gage de victoire, paye de sa vie les soupçons qu'il inspire aux Vénitiens[2]. Son successeur, Francesco de Gonzaga, est le plus médiocre des capitaines. De père en fils vicaire impérial au pays de Mantoue, il n'a, d'ailleurs, d'autre visée que d'acheter à l'empereur le titre de marquis[3], et la venue en Italie de Sigismond, le pitoyable César, n'y est, pour conduire ou terminer la guerre, qu'un embarras de plus.

Les Florentins lui avaient fait proposer, par un de ses domestiques, leur compatriote, de venir dans leur ville, d'où ils l'auraient conduit à Rome. Comme il avait préféré se rendre à Milan pour y recevoir la couronne de fer[4], il l'y avait reçue en l'absence de tout orateur de la République[5]. Ceux qu'avait blessés son refus ne parlaient de lui qu'avec mépris[6]. N'ayant ni troupes, ni espèces, il n'aura en Italie d'autre appui

---

[1] Sur les faibles services des mercenaires, voy. Pellegrini, p. 55, et notes 1 et 2, l'indication des textes auxquels il renvoie.

[2] Voy. Sanuto, XXII, 1028 ; Poggio, XX, 376 ; Platina, XX, 811 ; *Cron. Bol.*, XVIII, 645 ; Navagero XXIII, 1097 ; Boninsegni, p. 57 ; Cavalcanti, l. VII, c. XLIX, t. I, p. 478 ; Ammirato, XX ; 1080. Cette affaire de la mort de Carmagnola a été éclairée par les documents que Cibrario a trouvés (*Morte del Carmagnola*). Ricotti (III, 31) s'en est servi.

[3] Pigna, l. VI, p. 578.

[4] Lettre de la seigneurie aux électeurs de l'Empire et aux magnats de Hongrie. 20 nov. 1432. *Commiss.* LVI *Rin.*, III, 536-38.

[5] Arrivé à Milan le 22 nov. 1431, il y recevait la couronne le 25. (*Consulte* du 28 févr. 1432. *Ibid.*, p. 534.)

[6] Voy. lettres de Lorenzo des Medici et Alamanno Salviati, 6 et 14 déc. 1431. Doc. Pellegrini, n°ˢ 89, 90, p. 183, 184.

que le duc de Milan. En Allemagne même et en Hongrie nul ne tient plus compte de lui que s'il n'était pas au monde[1]. Point de paix par les mains d'un prince à la discrétion de l'ennemi[2], qu'on ne peut aborder sans témoins, entretenir sans être espionné[3], et dont les lettres mêlent aux bonnes paroles qui viennent de lui les paroles mauvaises qu'il écrit comme sous la dictée[4]. Quoi! il osait reprocher aux Florentins leur ingratitude et les richesses qu'ils avaient emportées de Hongrie! Ils y en avaient apporté bien davantage, et le nombre des leurs enrichis dans ce pays était bien faible au regard de ceux qui y avaient trouvé la ruine[5]. Ces marchands aimaient assez à se poser en victimes[6], et ils l'étaient quelquefois : ils avaient eu copie de lettres impériales ordonnant de les dépouiller dans les États de l'empereur[7].

Sigismond aurait pu être redoutable, s'il avait su, puisqu'il venait uniquement en Italie, comme on disait à Milan, pour la ruine de Florence[8], ne point se mettre à dos le duc de Milan. Mais il avait manœuvré avec tant de bonne grâce tudesque, que ce seigneur, après l'avoir appelé, n'avait voulu ni le recevoir, ni assister à son cou-

---

[1] Uno venuto della Magna e d' Ungheria, persona intendente, dicie che di là se ne fa quel chonto chesse non fusse al mondo, e che di qua non arà altro aiuto che quello del Ducha. (Lettre de Lor. des Med. 5 févr. 1432. Doc. Pellegrini, n° 98, p. 206.) La Beatitudine sua debba esser di buono animo e non far più stima dello Imp. che bisogni, veduto che è sanza danari e sanza genti. (Instructions à Ridolfo Peruzzi, 20 nov. 1432. *Commiss.* LVI *Rin.*, III, 535.)

[2] *Consulte* du 11 oct. 1432. *Ibid.*, p. 535.

[3] Lettre aux électeurs de l'Empire, 20 nov. 1432. *Ibid.*, p. 536.

[4] Lettre à Sigismond, 21 juin 1432. *Ibid.*, p. 534.

[5] Lettre aux électeurs. *Ibid.*, p. 536.

[6] Voy. Lettre à Sigismond, 3 juillet 1432. *Ibid.*, p. 534.

[7] Lettre aux électeurs. *Ibid.*, p. 536; Boninsegni, p. 45.

[8] Lettre aux électeurs. *Commiss.* LVI *Rin.*, III, 537.

ronnement¹. De Parme, où il était resté cinq mois en négociations avec Eugène IV, il se rendait à Lucques, dans les premiers jours de juin², escorté de quelques troupes milanaises qu'il fallait ménager à cause de lui dans les escarmouches de cette triste guerre³, si l'on ne se décidait à l'enfermer dans Lucques⁴. On préféra le voir hors de la Toscane. L'armée florentine lui laissa libre le passage de l'Arno vers Sienne⁵, et il était de bien mauvaise foi ou de bien faible esprit quand il l'accusait de le lui avoir disputé (10 juillet)⁶.

A Sienne, où il séjourna de juillet 1432 à mai 1433⁷, que pouvait-il avec ses huit cents Hongrois et ses six cents Milanais? Moins que jamais il commande le respect. Il invite Florence à lui envoyer deux des Dix de la guerre, et on lui répond, contre toute vérité, que ces officiers ne se déplacent point. Il interdit d'offenser les Siennois, et on l'engage à leur reporter ses exhortations, puisque c'est eux qui sont les agresseurs⁸. Il tend la main, en vrai mendiant impérial, et des trente mille florins qu'il demande, on ne lui en accorde que vingt-cinq⁹. Il sollicite un passeport pour traverser Florence à son retour¹⁰, et, toujours en proie à ses sottes craintes, il

¹ Simoneta, XXI, 222; Poggio, XX, 379.
² Le 31 mai, selon Morelli (*Del.*, XIX, 103); le 5 juin, selon Boninsegni (p. 44). Cf. Ammirato, XX, 1081.
³ Poggio, XX, 379.
⁴ Lettre aux électeurs, *loc. cit.*, p. 537.
⁵ Russo, XX, 40; Poggio, XX, 379.
⁶ Lettre aux électeurs, *loc. cit.*, p. 537.
⁷ Boninsegni, p. 44.
⁸ Lettre aux électeurs, *loc. cit.*, p. 537; Boninsegni, p. 45.
⁹ Neri Capponi, XVIII, 1179; Morelli, *Del.*, XIX, 107. Morelli dit qu'il demandait 300 m. fl; mais c'est évidemment par addition d'un zéro sur le manuscrit ou à l'impression.
¹⁰ Il avait été couronné à Rome le 30 mai.

reprend la voie de mer pour retourner à Bâle, au concile[1]. Déjà les belligérants, las de la guerre, lui avaient préféré, pour arbitres de la paix, le marquis Niccolò d'Este, et son beau-père, Lodovico de Saluzzo (26 avril 1433)[2]. Une blessure de Piccinino, qu'on croyait mortelle, avait rendu Filippo Maria malléable, et les Siennois ne se possédaient plus à l'idée de remettre l'épée au fourreau[3], prêts à payer la paix de cinquante forteresses ou bicoques[4].

A une exception près, Florence imposait ses conditions : retour au *statu quo ante bellum*, donc restitution générale; renonciation du Visconti à toute alliance en Romagne et en Toscane, pour qu'il n'eût plus l'ombre d'un prétexte de se mêler des affaires de ces pays[5]. Mais l'exception était cruelle, car elle portait sur l'objet

---

[1] Eberhard Windeck, *Hist. Imper. Sigismundi*, c. 189, 190, dans Mencken, *Rer. germ. script.*, I, 1245-46. Boninsegni (p. 45) prétend qu'il se rendit à Bâle par la voie de Pérouse, après avoir eu, non loin de Naples, une entrevue avec le roi d'Aragon.

[2] La date est donnée par une lettre d'avis de la seigneurie florentine au pape, en date du 29 avril. *Commiss.* LVI *Rin.*, III, 538. Les négociations pour la paix avaient été ouvertes par Martin V, continuées par Eugène IV dès 1431, la paix proposée par le duc en décembre de cette même année, discutée en *consulte* à Florence. (Doc. Pellegrini, n°° 91, 100 186, 207.) On essaya même de négocier avec l'empereur. Le cardinal de Rouen, Jean de La Rochetaillée étant venu à Florence (8 déc. 1432), il y eut de nombreux voyages tant de Rinaldo des Albizzi et Zanobi Guasconi chargés de l'accompagner à Sienne, que de trois ambassadeurs impériaux à Florence. Voy. Morelli, *Del.* XIX, 107; *Commiss.* LVI *Rin.*, III, 539 n. 1, 540 n. 1 et 2.

[3] Spes data pacis fecit Senenses extolli. (*Consulte* du 13 janv. 1432. *Ibid.*, p. 538.)

[4] Voyez-en la liste, *Ibid.*, p. 542, et sur ces restitutions, Instr. aux amb. 8 févr. 1433; *Ibid.*, 540-566, 585, et Morelli, *Del.*, XIX, 108; Malavolti, part. III, l. II, f°° 23-27.

[5] Voy. les conditions dans *Commiss.* LVI *Rin.*, III, 544. Cf. Neri Capponi, XVIII, 1179; Russo, XX, 45; Poggio, XX, 585; Boninsegni, p. 46; Malavolti, part. III, l. II, f° 27; Ammirato, XX, 1086.

même de la guerre : Lucques devait rester « dans sa liberté, dans la puissance impériale, hors de toute ligue, adhérence ou intelligence avec le Duc de Milan, la bonne paix régnant entre les communes de Florence et de Lucques[1] ». Les chefs de l'oligarchie se hâtèrent d'appliquer sur leur blessure un emplâtre calmant : « au demeurant, disaient-ils, on leur livrait Lucques sans alliances, pieds et poings liés. Ils pouvaient d'ailleurs, après trois ans de guerre, et c'était urgent, reporter leur attention sur les discordes intérieures, qui ne faisaient qu'empirer. La situation inspirait aux bons citoyens des accusations sévères contre les pouvoirs publics. « Nous pouvons, disait en *consulte* Giovanni Guicciardini, manquer d'argent, mais nous manquons surtout d'un bon gouvernement ». Florence était à la veille d'en changer, mais sans autre avantage que le soulagement passager du malade qui se retourne sur son lit de douleur. Comme le disait encore ce même Guicciardini, en des termes tristement prophétiques : « La liberté est un bien précieux ; une fois perdue, on ne la recouvre jamais[2] ».

[1] *Commiss.* LVI *Rin.*, III, 545.
[2] Carissima est libertas, que semel amissa nunquam recuperatur : indigemus pecunia, sed non minus bona gubernatione. (*Consulte* du 5 novembre 1432. *Commiss.* LVI *Rin.*, III, 535.)

CHAPITRE III

DÉCADENCE DE L'OLIGARCHIE
GRANDEUR ET EXIL DE COSIMO DES MEDICI

— 1419-1433 —

ntimité passagère et feinte des Albizzi et des Medici. — Neri Capponi intermédiaire. — Inimitiés latentes. — Ressorts du gouvernement faussés. — L'opposition réfugiée dans les confréries religieuses. — Efforts pour supprimer les confréries (1419-1429). — Loi contre les scandaleux (30 déc. 1429). — Exil et rappel de Neri Capponi (1432). — La loi tombe en désuétude. — Impopularité de Rinaldo des Albizzi. — Cosimo des Medici. — Ses points d'appui. — Ses richesses. — Ses libéralités. — Ses créatures : Averardo des Medici, Puccio Pucci. — Lutte ouverte entre les deux factions. — Seigneurie composée par les Albizzi (1er sept. 1433). — Cosimo incarcéré (7 sept.). — Assemblée à parlement (9 sept.). — Le gouvernement concentré aux mains de la secte dominante. — Les trois condamnations de Cosimo et des siens (7, 11, 29 sept.). — Démarches du dehors pour obtenir sa mise en liberté. — Il sauve sa vie par la corruption. — Son départ pour l'exil (3 oct.). — Honneurs qui lui sont rendus sur sa route. — Accueil qui lui est fait à Venise (11 oct.). — Son rôle de Mécène dans l'exil. — Impuissance du gouvernement oligarchique contre les exilés.

L'histoire intérieure de Florence, dans cette première moitié du quinzième siècle, n'est point plus consolante que son histoire extérieure : elle fait faire de tristes retours sur le rôle et les destins de l'humanité. Mesquine et compliquée, elle n'en doit pas moins être suivie avec attention, si l'on veut saisir à ses origines troublées et impures ce règne des Medici que la légende a fait si glorieux.

On a vu plus haut qu'un intérêt commun dans l'entreprise de Lucques avait momentanément rapproché

Albizzi et Medici[1]. L'hypocrisie naturelle à ce temps avait donné à ce rapprochement contre nature un étrange caractère d'apparente intimité. Rinaldo s'en rapporte à Cosimo de telle ou telle décision à prendre[2], il tutoie Averardo et l'appelle *fratello carissimo*[3], il a un chiffre pour correspondre avec eux[4]. Son fils Ormanno est en correspondance réglée avec ce même Averardo[5], qui se joint à Rinaldo pour écrire à Astorre[6], tandis que Cosimo, éloigné de Florence par crainte de la peste, parle de Rinaldo comme d'un familier[7]. Cette familiarité s'étend aux fauteurs des Medici, aux Pucci[8], à ser Martino, âme de l'office des Dix[9], et qui employait son crédit à resserrer ces liens nouveaux. Toujours on le consultait, toujours on parlait d'agir de concert avec lui[10]; c'est à lui qu'on recommandait ceux qu'il convenait de récompenser[11].

[1] Chap. précéd., p. 332. C'est à M. Guasti que nous sommes redevables de la vérité sur ce point. M. Pellegrini (p. 35-38) s'est attaché à la mettre en lumière.

[2] Il giudizio voglio sia del tuo Cosimo, al quale è noto tutto dello appetito mio. (Rinaldo à Averardo, 24 janv. 1428. *Commiss. Rin.*, app. III, 643.)

[3] Il ne le tutoie pas toujours. Averardo ne lui rend jamais la pareille, à cause de la différence d'âge sans doute. Voy. lettres des 5, 9, 13 mars 1430. *Commiss.* LIV *Rin.*, III, 443, 457, 476.

[4] *Ibid.*, p. 467-68, n. 5.

[5] M. Guasti a trouvé plusieurs lettres d'Ormanno à Averardo dans les papiers des Medici classés sous la rubrique *avanti il principato* et il les publie. *Ibid.*, p. 325 n. 5, et page suiv.

[6] Voy. Doc. Pellegrini, n° 8, p. 19.

[7] *Ibid.*, n° 9, p. 21.

[8] Scrive Averardo a Giovanni di Puccio che ne scrisse a lui in tuo servigio... Ora potrà ser Martino acconciare i fatti tuoi. — Veggio quello t'ha detto Nanni Pucci, ch'è segno di buona amicizia, e anche a me ne scrive. (Rin. à Orm., 2, 20 févr. 1430. *Commiss.* LIV *Rin.*, III, 343, 406.)

[9] Neri mi disse che il tutto dell' uflicio era ser Martino. (Rin. à Orm. 31 janv. 1430. *Ibid.*, p. 339.)

[10] Tutto conferisce con ser Martino come con padre. (Rin. à Orm., 2 févr. 1430. *Ibid.*, p. 343.)

[11] 3 mars 1430. *Ibid.*, p. 432.

Dans une seule missive, Rinaldo ne le nomme pas moins de douze fois[1]. Ces missives, il est vrai, étaient destinées à être produites. D'autres, plus secrètes, parlent de ser Martino comme d'un ami douteux, auquel il ne fallait point laisser entre les mains les lettres qui ne lui étaient pas adressées[2]. C'est là un double jeu qu'il importe de ne pas oublier.

Tant que dura cette alliance hybride et par conséquent éphémère, la haine, qui n'abdique point, s'attacha à Neri Capponi. Neri ne s'était livré à personne; il était donc suspect à tous. L'isolement qui, d'ordinaire, amoindrit les hommes, l'avait grandi. S'il prend pied, disaient les Medici, il aura, pour nous chasser, plus de facilités que personne[3]. Les Albizzi haïssaient en lui le surveillant de leur chef Rinaldo au camp devant Lucques, l'ami de Fortebracci, l'homme qui pouvait compter sur le bras des Cancellieri de Pistoia et des montagnards, leurs clients[4]. Dans la lutte, dont on prévoyait la reprise, Neri, visiblement, se flattait de jouer un rôle très profitable, celui du troisième larron.

Qui deviendrait maître, telle était dès lors, en effet, l'unique question. « Si un citoyen doit devenir prince dans la République, disait Niccolò d'Uzzano, que son

---

[1] Lettre du 2 février, déjà citée.

[2] « Conferisci tutto con ser Martino segretamente, e salva la lettera. — Leggi le mie lettere a ser Martino, ma non glile lasciare. (Rin. à Orm. *Ibid.*, p. 336, 354.)

[3] 2ᵉ disamina de Tinucci, dans Cavalcanti, append., II, 417. Sur les rapports des Albizzi avec Cosimo, voy. Reumont, *Lorenzo il Magnifico*, c. v, t. I, p. 104-136. Leipsig, 1874. Cet ouvrage est écrit en allemand malgré son titre en italien.

[4] Rin. à Orm., 31 janv. 1430. *Commiss.* LIV *Rin.*, III, 339. Maso second fils de Rinaldo, avait épousé une fille de Bandino des Panciatichi, éternels rivaux des Cancellieri. (*Ibid.*, note 5.)

grand âge mettait hors concours, à Rinaldo je préférerais Cosimo[1] ». C'était dans l'ordre : aux violents on préfère les cauteleux, alors surtout que les violents sont versatiles, et c'était le cas de Rinaldo ; le Nestor de l'oligarchie ne lui pardonnait point de l'avoir abandonné, pour se rapprocher des Medici[2]. « Les partis, écrivait Cavalcanti, voulaient s'expulser l'un l'autre, un à un. On en parlait la nuit à table, le jour dans les églises et les sacristies, tantôt de celui-ci, tantôt de celui-là ». Le mal remontait au temps de « l'excellent homme Giovanni des Medici », invulnérable parce qu'il « avait les fèves des artisans et aussi de ceux qui vivaient contents de leurs exercices, soumis aux volontés de la Commune[3] ».

Des deux parts on se flattait, après avoir chassé ses rivaux et fait place nette, de vivre à sa guise, de mener Florence à son gré[4] ; mais l'on se reprochait réciproquement ce but inavoué, on affectait de ne vouloir que le gouvernement des magistrats établis. « De même qu'on ne doit adorer qu'un seul Dieu, disait en *consulte* Lorenzo Ridolfi, de même vous, seigneurs prieurs, vous devez être vénérés par tous les citoyens, et ceux qui se tournent vers d'autres introduisent des idoles ». Giuliano Davanzati déclare que la concorde ne peut résulter que de la soumission des citoyens considérables aux lois, et

[1] Cavalcanti, l. VII, c. vi, t. I, p. 381.
[2] Cavalcanti, l. IX, c ii, t. I, p. 496.
[3] Cavalcanti, l. V, c. i, t. I, p. 256. Gino Capponi, notre contemporain, partisan si déclaré du gouvernement aristocratique, reconnaît que « dès lors (il aurait pu dire « depuis longtemps ») un petit nombre d'hommes valait plus que la République » (*Stor. di Fir.*, I, 509). Ser Lapo Mazzei mentionnait en 1397 « le invidie di Toscana ». (*Lettere di un notaro*, I, 170.)
[4] Cavalcanti, *Ibid.*, p. 257.

de lois propres à imposer cette soumission [1]. Par malheur, ces lois manquaient, et, des magistrats, « aucun, dit Machiavel, ne faisait son office [2] ». Ils n'étaient que des instruments. Le mécanisme gouvernemental était à ce point faussé qu'on pouvait, plusieurs mois à l'avance, annoncer quels noms seraient tirés des bourses. Ser Lapo Mazzei, sans se tromper, prédisait pour six mois les gonfaloniers de justice [3], et un aveugle nommé Benedetto, fort de sa vue intérieure, les désignait pour plusieurs années [4].

Le pis était qu'au sein même de la faction dominante régnait la discorde. L'oligarchie se divisait en deux « sectes », — c'était le mot à la mode, mot tenu pour flétrissant [5], — l'une, fidèle aux traditions du parti, et voulant, avec Niccolò d'Uzzano, un gouvernement étroit; l'autre le préférant plus large, selon la politique de Rinaldo des Albizzi, qui provoquait des conseils nombreux de *richiesti*, cherchait, par le *catasto*, à rendre l'impôt moins inégal [6], et tendait la main aux Medici. Comme c'est Rinaldo qui l'emporte, ceux qui le soutiennent voueraient volontiers Niccolò aux gémonies. Contre lui se déchaîne une « bestiale multitude [7] », la

---

[1] 25 janv. 1429. *Commiss.* LI et LII *Rin.*, III, 164. Notons au passage que, dans cette même séance, Niccolò d'Uzzano et Neri Capponi n'imaginent, pour remédier au mal signalé par tous, que de nommer une *balie*.

[2] Machiavel, IV, 63 B.

[3] Le 16 août 1397, ser Lapo écrivait : « Guido (del Palagio) sera, je pense, gonfalonier de justice aux calendes prochaines ». (*Lettere di un notaro*, I, 183). Et il le fut en effet.

[4] G. Capponi, *Stor. di Fir.*, I, 514.

[5] Dire a uno : tu se' buona persona, se non che tu se' di setta, non è altro che dire : tu se' buono, se non che tu se' cattivo. (*Lettere di un notaro*, 5 avril 1392. I, 23.)

[6] Voy. Cavalcanti, l. I, c. vii, t. I, p. 16.

[7] Cavalcanti, l. I, c. i, t. I, p. 4.

seigneurie « lui tend des pièges, le veut confiner comme contumax et désobéissant[1] », le fait peindre sur les murailles, avec Bartolommeo Valori, en signe d'infamie, et sous les deux portraits on lit cette inscription : « Qui veut guérir la Commune et lui rendre un bon gouvernement, procure la mort de Bartolommeo Valori et de Niccolò d'Uzzano[2] ». Il est donc éternellement vrai que l'ami d'hier, quand on s'en sépare, devient le principal ennemi !

Que pouvait Niccolò, battu en brèche tout ensemble par les partisans de Rinaldo et par ceux de Cosimo[3] ? N'ayant pas la résignation, qui eût été de son âge, de mettre bas les armes, il n'imagine que de fourbir les plus rouillées, de réunir le peuple à parlement, pour en obtenir une *balie*, qui aurait mission de ramener le gouvernement au moindre nombre de personnes possible. Cette tactique surannée, on ne la lui attribue point gratuitement; c'est lui-même qui la préconise en des vers satiriques où il faisait l'invariable appel à la

---

[1] Proposition de Giov. Barbadori, gonf. de justice en mars 1425. Bartolommeo Valori lui fit sentir le danger d'un soulèvement des partisans d'Uzzano, et procura une réconciliation au moins apparente. (*Vita di Bart. Valori*, par Luca della Robbia, traduite par Piero della Stufa. *Arch. stor.*, 1ᵉ sér., t. IV, part. I, p. 248.)

[2] *Vita di B. Valori*, Ibid., p. 269.

[3] M. Pellegrini (p. 13, 16) prétend bien que les partisans des Medici étant encore en minorité devaient s'abstenir de ces querelles; mais d'abord ils devaient sentir leur force, qu'ils allaient si prochainement montrer; ensuite ils ne risquaient rien à faire chorus avec les partisans de Rinaldo ; enfin, dans une pièce de vers satiriques qu'il composa et répandit en 1426, Niccolò d'Uzzano parle plusieurs fois de la *gente nuova*, ce qui ne peut s'entendre que de la clientèle des Medici. Voy. la pièce dans *Arch. stor.* 1ᵉ sér, t. IV, part. I, p. 297. Les vers auxquels nous faisons allusion sont à cette même page. M. Pellegrini les cite dans son travail à la page 15.

concorde, et qui, par ses soins, étaient affichés jusque sur les murs du palais des seigneurs[1].

Ses adversaires montraient plus d'invention. Depuis quelques années, l'esprit d'opposition avait trouvé un refuge inattendu, une arme imprévue. Les arts et leurs *capitudini* n'étant plus une force, il avait élu domicile dans les confréries religieuses, institutions anciennes, toujours vivaces, riches par l'accroissement prodigieux des fortunes privées, et populaires par leurs aumônes, par leurs énormes dépenses[2]. C'est elles qui soulageaient les misères incapables de travail et fournissaient du travail aux autres. C'est elles qui entreprenaient et ordonnaient à grands frais les plus magnifiques, les plus hardies constructions, par exemple la coupole de cette cathédrale reconstruite qu'on finit par appeler « le dôme », tant le dôme de Brunelleschi y paraissait avoir d'importance (1420). C'est à elles qu'on dut les merveilleuses portes de Ghiberti, placées au baptistère en 1421[3]. Mais dans les réunions de leurs membres, à la faveur des œuvres pies, on s'exerçait sans bruit aux conjurations.

Le danger, bientôt connu, avait paru assez grave pour

---

[1]
    E dico che per far la buona borsa,
      Chè voi facciate arruoti allo squittino,
      Col suon del Parlamento alla ricorsa.
    E c' insegnò la buona via,
      La qual ci convien far d'ogni dieci anni
      Sol una volta, e con piena balia,
    Accioche nuova gente sotto i panni
      Non faccia con le fave lor postierra,
      Come più volte han fatto con inganni.

(Vers de Niccolò, dans *Arch. stor.*, loc. cit., p. 498, 499.)

[2] Voy.-en le détail dans Passerini, *Storia degli stabilimenti di beneficenza della città di Firenze.*

[3] D. Boninsegni, p. 17; Ammirato, XVIII, 988.

que, en 1419, on supprimât ces confréries, sous des peines rigoureuses, dans la ville et dans le rayon d'un mille autour de ses murailles. Leurs écritures, leurs livres durent être remis au chancelier de la commune, les meubles vendus, l'argent distribué aux pauvres, les lieux de réunion fermés, et transformés, quand c'était possible, en demeures privées. On obtint du pape que tout prêtre ou religieux qui tenterait de reconstituer pareilles associations, serait privé de ses bénéfices et chassé du domaine[1].

Ces rigueurs ne les ayant point empêchées de renaître, l'année 1426 vit édicter d'autres mesures plus sévères[2]. Enlever le droit de vote à tout membre d'une confrérie, comme on fait pour les usuriers, pour les sodomistes[3], et le droit d'en approuver aucune à la seigneurie qui l'avait de par la loi[4], tels parurent alors être les remèdes efficaces, avec l'inévitable nomination d'une *balie*, appelée à donner majestueusement son coup d'épée dans l'eau. Le point de départ était bon : « Qui veut prier ou se flageller, avait dit Ridolfo Peruzzi, le fasse à son logis[5] ». Mais le reste est si bien conduit, qu'en 1429 tout est à recommencer. « Les haines sont nombreuses

---

[1] Ammirato, 1419, XVIII, 984; *Giorn. degli arch. tosc.*, IV, 36 ; G. Capponi, I, 468.

[2] Voy. les textes dans *Commiss.* XLIX *Rin.*, III, 5.

[3] Quod cum celebratur aliquod scrutinium, prestetur juramentum per scrutinatores de non reddendis fabis usurariis et soldomitis... addatur quod aliquibus qui in futurum essent de aliqua societate etiam non reddant. (Paroles de Rid. Peruzzi. *Consulte* du 12 août 1426. *Ibid.*, p. 5.)

[4] Et ubi in ipsa lege reservatur Dominis et collegiis auctoritas approbandi aliquas societates, amoveatur ista auctoritas et potestas, ut omnes iste societates penitus extirpentur. (Paroles de Rin. des Alb. et Rid. Peruzzi. *Ibid.*, p. 5.)

[5] *Ibid.*

et dangereuses dans notre ville », dit alors Luca des Albizzi. — Qui fait secte, s'écrie Giovanni Morelli, vend sa liberté. Supprimons donc les sectes[1] ».

Et l'année entière se passe à chercher, à expérimenter des remèdes[2]. On imagine d'appeler les citoyens au palais, de leur faire jurer sur les évangiles qu'ils remettront toutes les injures, et, pour que la paix soit durable, de prier Dieu et la Vierge, de faire des aumônes[3]. Le 10 février, on nomme les « conservateurs des lois », quatre par quartier, dont deux des arts majeurs et deux des arts mineurs, pour surveiller et réprimer la violation de ce serment, comme l'intrusion des sectaires dans les offices[4]. Enfin, le 21 novembre, dans l'irritation de l'impuissance, et malgré les endormeurs qui provoquent encore la nomination d'une *balie*, il se trouve une forte majorité pour déclarer que « les médecines douces n'ont fait qu'empirer le mal »[5]; pour décider que chacun, dans les conseils de la seigneurie, écrira les noms de ceux qu'il tient pour « scandaleux », et que sur ceux qui seront ainsi désignés, les prieurs et leurs collèges prononceront aux deux tiers des voix. Il y aura trois séries et neuf degrés de châtiment. Première série, de cent à trois cents florins d'amende. Deuxième série, le *divieto* de un à trois ans. Troisième série, confination à vingt milles, dans les mêmes limites de durée.

Présentée le 19 décembre, la « loi contre les scandaleux[6] » n'était approuvée dans les conseils[7] que le 29 et

---

[1] *Consulte* du 25 janv. 1429. *Commiss.* LI et LII *Rin.*, III, 164, 165.
[2] 19 mars, 2 et 7 juin. *Ibid.*, p. 165.
[3] *Ibid.* — [4] *Ibid.* et Pellegrini, p. 60. — [5] *Ibid.*, p. 168.
[6] « Lex contra scandalosos », lit-on sur les registres.
[7] Conseil du peuple, 139 voix contre 64; conseil de la commune, 100 contre 49. (*Ibid.*, p. 170.)

le 30, violation flagrante de la légalité, qui ne permettait pas de différer plus de deux jours la convocation du conseil du peuple. Après un préambule où s'étalaient, comme dans tous les préambules, les plus beaux sentiments[1], mais qui masquait mal le dessein, avoué en *consulte*, de sévir contre « ceux qui passeraient pour scandaleux *ou feraient quelque chose contre le gouvernement*[2] », la provision disait que la bourse serait refaite de tous les citoyens aptes au conseil des Deux Cents; que ce conseil, deux fois par an, en mars et septembre, se réunirait pour nommer quatre-vingts citoyens, âgés de trente-cinq ans révolus et non frappés du *divieto*, à raison de cinq par gonfalon, c'est-à-dire de vingt par quartier, lesquels, réunis au nombre minimum de soixante-cinq, « supprimeront les sectes et divisions, réprimeront l'audace des puissants, feront rendre justice aux petits comme aux grands, extirperont l'abus qu'on fait de la majorité ou puissance[3] ». Le tout, par une dérogation remarquable aux plus anciens usages, à la majorité plus une des fèves noires, en d'autres termes à

---

[1] *Commiss.* LII *Rin.*, p. 170, 171.

[2] Contro a qualunque tenessero fusse scandaloso o che facesse alcuna cosa contro al presente reggimento. (*Consulte* du 21 nov. 1429. *Commiss* LI et LII *Rin.*, III, 167.)

[3] Quod quilibet eorum qui sic congregati fuerint debeat diligenter considerare.... an cognoscat vel credat esse aliquem civem qui post presentem provisionem violenter usus fuerit vel utatur majoritate, vel, ut vulgo dicitur, *magioranza*. (*Ibid.*, p. 171.) Neri Capponi nomme cette loi « legge che si chiamava delli scandalosi e majorità (XVIII, 1176) ». Le mot de *majorità* ou *maggiorità* ne se trouve pas dans le dictionnaire de la *Crusca*. Tommaseo le donne dans le sien avec un exemple où il est joint à *superiorità*, mais il le déclare inutile, puisqu'on a *maggioranza*. Le vrai sens de *maggioranza*, c'est puissance prépondérante. Voy. à ce mot *Vocabolario degli accademici della Crusca*, Venise, 1780, et *Dizionario della lingua italiana* de Nic. Tommaseo et Bern. Bellini, Turin, 1869. Les exemples abondent de G. Villani, Boccace, Sacchetti.

la majorité absolue[1], manière commode, mais vraiment scandaleuse, d'avoir raison de la majorité légale.

Et l'on ne s'était donné tant de mal que pour enfanter une provision tout ensemble inutile et dangereuse! Inutile, elle l'était, car Florence, jusqu'alors, avait très bien su proscrire les suspects; car de la manière dont on avait composé la *balie*, elle ne pouvait que représenter l'opinion du moment. Dangereuse, la provision ne l'était pas moins, car elle poussait à la délation, à la calomnie contre des ennemis particuliers[2]. Si bien qu'après y être revenus plusieurs fois encore et avoir tenté vainement de la rendre moins révoltante ou plus efficace[3], on finit, au bout de trois ans, par l'abandonner.

Même durant ces trois années on s'en était peu servi, soit qu'elle parût difficilement applicable, soit plutôt que les préoccupations de la guerre en détournassent les esprits[4], car on l'avait appliquée tout au moins à

[1] Guasti, *Commiss.*, etc., III, 172; G. Capponi, *Stor. di Fir.*, I, 509. Ce fut sans doute une innovation de la dernière heure, car, dans toutes les délibérations préparatoires, il est question de la majorité des deux tiers. Voy. *Commiss.* LI et LII *Rin.*, III, 168, 171.

[2] C'est ce qu'a très bien vu M. Pellegrini. Voy. p. 62. — Exemple : Niccolò Fogni a besoin de deux florins pour les donner à une femme de mauvaise vie. Pauvre et mal famé, il les demande à Antonio Peruzzi, qui les lui refuse. Aussitôt, Antonio est dénoncé comme « trattatore di scandali », et mis à la torture. A vrai dire, il finit par prouver son innocence ; le dénonciateur fut promené en ville mitre en tête et mis en prison. Mais le dénoncé n'en avait pas moins eu les membres disloqués. (Cavalcanti, l. XIV, c. v, t. II, p. 109.)

[3] M. Pellegrini (Doc. p. 21) donne des fragments de délibérations des 28 septembre 1430, 28 mars et 30 septembre 1432. Il y en avait eu une autre dans les derniers jours de mars 1430, la première fois que les délégués durent se réunir ; M. Pellegrini n'a pas réussi à la retrouver. Le 24 février, e 18 mars 1431, on demandait qu'elle fût suspendue pour un an. (Doc. Pellegrini, nᵒˢ 15, 19, p. 40, 46.)

[4] C'est ce qu'on peut voir en parcourant les tomes 51 et 52 des *Consulte e pratiche*, à partir de mars 1431.

Neri Capponi, qui n'était ni des exagérés, ni des violents[1]. Aux derniers jours de mars 1432, il était exilé en vertu de la loi des scandaleux, mais pour une faute qu'elle ne prévoyait point, pour avoir, de son chef, noué des pratiques avec Eugène IV, sollicité son appui contre l'empereur et les Siennois, prêts à attaquer séparément la République et le saint siège. Ce zèle patriotique était-il donc punissable? L'initiative personnelle ne pouvait-elle se risquer à de simples suggestions? Pour se montrer si sévère, il fallait l'animosité de Rinaldo des Albizzi contre l'importun commissaire qui l'avait récemment surveillé devant Lucques. Lui seul provoqua la condamnation, et la preuve en est qu'à peine partait-il pour Rome, où l'appelait la dignité de sénateur[2], elle était rapportée. L'exil de Neri n'avait pas duré deux mois[3].

Le plus singulier, c'est que, bien auparavant, Rinaldo, qui avait si fort applaudi à cette provision inique, et qui en devait user contre son ennemi, s'en était vu menacé lui-même. Il l'avait alors flétrie de ce nom : « la loi des scandales, la loi scandaleuse[4] ». C'est, au fond, pour y échapper, qu'il demandait son rappel du camp[5],

---

[1] Ce serait même la seule victime, pendant les trois années que la loi fut en vigueur, s'il fallait en croire M. Pellegrini (p. 62, n. 1). Une seule fois, le 27 mars 1431, on trouve quatre citoyens (Neri Capponi, Giovanni Guicciardini, ser Martino Martini, et Averardo des Medici) mis *a partito*; mais aucun ne fut condamné. (Doc. Pellegrini, n° 20, p. 47.)

[2] A ce moment, Rinaldo était nommé par le pape sénateur de Rome pour le 1er semestre de 1432. Voy. l'indication des sources dans *Commiss.* LVI *Rin.*, III, 531, et le bref de nomination, *Ibid.*, app. VI, p. 646.

[3] Il en avait reçu la nouvelle le 1er avril, il en fut relevé le 28 mai et rentra à Florence le 6 juin. (Neri Capponi, XVIII, 1176. Il s'abstient de toute réflexion.) Cf. Platina, XX, 490.

[4] 11 et 12 mars 1430, *Commiss.* LIV *Rin.*, III, 466, 467, 469.

[5] Venire io per la legge degli scandalosi non mi pare onore di noi.... che

et qu'il menaçait de revenir sans congé, s'il n'en pouvait obtenir un[1]. Ses lettres, prudemment réservées, ne nous révèlent aucun des secrets d'État dont il se prétendait dépositaire, mais quelqu'un d'entre eux, disait-il par manière de menace, finira bien par éclater[2]. A peine de retour, et protégé par sa présence, il se multipliait dans les conseils pour remédier au malaise croissant. Rapporteur d'une « pratique » où il avait pour collègues Lorenzo Ridolfi et Palla Strozzi, il ne sait, du reste, pour rendre le pouvoir fort, comme le voulait Niccolò d'Uzzano, que proposer un nouveau serment d'obéir à la seigneurie, de déposer les haines, d'aider à dissiper les scandales[3]. Telle était la portée de la plus forte tête du parti. D'autres, moins renommés, proposeront des remèdes moins anodins, par exemple, de donner, comme jadis, tous les emplois au sort, sauf ceux des Dix de la guerre et des officiers de la banque[4]. Un certain Bartolommeo Carducci s'annonçait même comme inventeur d'un système de gouvernement, nouveau de toutes pièces[5],

per la legge degli scandoli; non vorrei per niun modo si credessi ch'io cercassi di venire. (Rin. à Orm., 6 et 12 mars 1430. Ibid., p. 453, 467.)

[1] E benchè a me paresse non mi dovere partire di quà per le speranze che ci sono, ec. io non vorrei però perdere il propio per l'appellativo, e non debbo stimare più Lucca che Firenze. (Rin. à Orm. 4 févr. 1430. Ibid., p. 547.)

[2] Nè posso credere che un dì di tante una non ne scoppi. (12 mars 1430. Ibid., p. 467. Cf. p. 469.)

[3] *Consulte* des 25, 26 avril 1430. On en peut voir des passages dans *Commiss. LIV Rin.*, III, 507 et Pellegrini, p. 64.

[4] Doc. Pellegrini, n°' 14, 15, 16, 18, 19, du 21 février au 18 mars 1431, p. 33-46.

[5] Del modo del governo pensato e introdotto per Bartolomeo Carducci, perchè è cosa nuova e disusata e di grande importanza, ci pare che al presente si metta pratica (24 févr. 1431. Rapport de Rinaldo des Alb., Rid. Peruzzi et deux autres. Doc. Pellegrini, n° 15, p. 40). On en disputa dans les *consulte* des 5 et 20 mars suivant : « Veduto ch' ella da nuova

auquel le mystère prêtait de l'importance[1], mais qui, au grand jour, eût crevé sans doute comme une bulle de savon[2]. Tout remède, au surplus, ne pouvait qu'être impuissant. « La racine du mal, comme le disait Giuliano Davanzati, n'était-elle pas dans les cœurs[3] ? »

Pour « ouvrir la racine et y apporter le remède[4] », il aurait fallu un autre homme que Rinaldo, devenu chef de l'oligarchie par la mort de Niccolò d'Uzzano et l'ironie du sort. Fougueux jusque dans l'âge mûr, au point de transformer incontinent en actes ses plus soudaines pensées; d'humeur colère et changeante; se targuant de ne savoir pas feindre, de n'avoir jamais fait partie d'une société secrète[5], et accusé pourtant d'être fertile en ruses de renard; plus honnête qu'on ne le disait, car il ne supportait pas l'injustice, même chez les siens[6], mais ambitieux reconnu, quoiqu'il le voulût cacher à son fils et peut-être à lui-même[7]; trop

---

forma al nostro reggimento, la qual cosa è di grandissima importanza... onde possa nasciare gli effecti salutiferi e buoni ». (*Ibid.*, p. 40, n. 2.)

[1] Per lo praticare come si dice, si verranno a riconosciare et domesticare insieme i cittadini, il che non potrà essere altro che cosa utilissima. (*Consulte* du 5 mars. *Ibid.*, p. 40, n. 2.)

[2] M. Pellegrini (Doc. p. 40, n. 2), suppose que ce système pouvait bien n'être qu'une simple *balie* avec grande autorité pour pacifier les citoyens, leur imposer des charges nouvelles et percevoir les deniers, car tel était en ce moment-là l'objet de toutes les délibérations. Il n'a pas une haute idée de l'inventeur.

[3] Radix istius morbi est in cordibus nostris. (20 févr. 1431. Doc. Pellegrini, n° 14, p. 36.)

[4] Ideo aperienda est (radix), ut medela possit adhiberi. (C'est la suite des paroles de G. Davanzati citées à la note précédente.)

[5] Io non so fingere. (Rin. à Al. Salviati, 6 mars 1429, *Commiss.* LIV Rin., III, 452.) — Ego nunquam fui de societate aliqua, nec tractavi unquam aliquid nisi in hoc palatio. (*Consulte* du 23 avril 1430. *Ibid.*, p. 506.)

[6] Cavalcanti, l. VIII, c. vii, t. I, p. 384, et append. II, 504.

[7] Di poi finita (la commissione) spero per la grazia di Dio tutto mio tempo

impoli et insociable pour se faire aimer comme son
père, dont la popularité posthume était une partie de
sa force[1]; incapable de gouverner les autres, puisqu'il
ne savait se posséder, on le voyait, un jour, pour être
des Dix, rompre avec ses amis et se jeter dans les bras
des Medici[2]; le lendemain, aller sur leurs brisées,
en flattant le peuple et même la populace, aborder
les gens dans la rue et leur dire à brûle-pourpoint : —
Aimerais-tu donc à être sujet d'un citoyen? Il faut
reconquérir notre liberté perdue. Cosimo se fait trop
grand[3]. — Par ces versatilités et ces intempérances,
Rinaldo s'était rendu suspect. Le choix ayant, comme
on sait, remplacé le sort pour les offices, il ne parvint
jamais à être ni des Dix de la guerre[4], ni gonfalonier
de justice[5]. Ce n'est pas ainsi qu'on soutient ou qu'on
relève un parti.

Tout autre était le rival, jeune encore, qu'il grandissait en l'attaquant. Fils aîné de Giovanni des Medici,
Cosmo ou Cosimo, comme on préféra l'appeler par goût
de l'euphonie, n'avait guère plus de quarante ans,
étant né en 1388, le jour de saint Côme, dont il portait

---

mettere a ben morire. (Rin. à Orm. 9 févr. 1430. *Commiss.* LIV *Rin.*, III, 359.)

[1] Egli è stato et è assai utile uomo; ma sovvi dire non l'amano troppo. (Alam. Salviati à Averardo. *Commiss.* LIV *Rin.*, III, 462, note.) Inumano e inconversativo. (Cavalcanti, l. VIII, c. vii, t. I, p. 384.)

[2] Cavalcanti, l. VIII, c. vii, t. I, p. 384.

[3] Cavalcanti, l. IX, c. ii, t. I, p. 496-97. Voy. Pellegrini (p. 71-73), qui reproduit plusieurs passages de Cavalcanti et des lettres de Rinaldo.

[4] Voy. Pellegrini, p. 79.

[5] Son père Maso avait été trois fois gonfalonier (en 1393, 1405, 1414), mais à partir de 1414 jusqu'en 1437 on ne voit pas un seul des Albizzi exercer cette charge importante, tandis qu'elle est accordée à Niccolò d'Uzzano, à Bartolommeo Valori, à Astorre Gianni, à deux des Medici. Il faut croire à l'impopularité croissante de cette despotique famille.

le nom. A vrai dire, jamais il n'avait été jeune. Son extérieur, comme sa parole, annonçait une nature calme[1], un peu lente[2]. Grave, prudent, astucieux, il n'était, selon Francesco Filelfo, qu'un « renard rusé et trompeur[3] ». Libéral et humain par calcul, il recherchait la faveur du peuple[4], sans aimer le peuple, et sans avoir les qualités extérieures qui lui plaisent. Maigre, laid, olivâtre, le nez fortement aquilin et les lèvres épaisses, de manières trop élégantes, il s'étudiait à gagner les cœurs par son affabilité compassée. Peu parleur, parce qu'il parlait médiocrement, il ne savait être persuasif que dans le tête-à-tête. Son esprit s'était formé par l'étude, — le grec même ne lui était pas étranger[5], — et par les voyages, l'éloignement ayant paru propre à protéger sa jeunesse contre l'envie : on l'avait vu au concile de Constance, « où était tout le monde »,

[1] Aspectu et alloquio placidus. (Pii II *Commentarii*, l. IV, p. 96. Francfort, 1614.)

[2] A un poco di tardità la quale molte fiate è in Cosimo da soa natura. (Nicodemo Tranchedini de Pontremoli, à Fr. Sforza, 5 juin 1451. *Arch. Sforz*, orig.: n° 1585, f° 195.) Nous avons déjà cité ce précieux recueil de l'*Archivio sforzesco*, composé de 14 volumes d'originaux, 15 de copies et 2 d'analyses, acquis du marquis savoyard Costa de Beauregard. M. Buser l'a mis à profit pour son ouvrage *Die Beziehungen der Mediceer zu Frankreich während der Jahre 1434-1494 in ihrem Zusammenhang mit den allgemeinen Verhältnissen Italiens*. Leipzig, 1879. Il a même reproduit en appendice un certain nombre de documents, dont quelques-uns se rapportent à notre sujet ; mais nous aurons bien d'autres emprunts à faire à ce recueil.

[3] *Liber de exsilio*, dans Fabroni, *Vita di Cosimo*, Doc., p. 155.

[4] Cosmas verum fassus est popularem multitudinem nihil honesti facere, nisi cogat utilitas aut metus. (*Pii II Comment.*, l. IV, p. 96.)

[5] Machiavel (VII, 104 A) le dit pourtant « senza dottrina ma eloquentissimo ». Pie II, qui l'avait connu, le déclare « alloquio placidus, litteræ in eo plures et græcarum non prorsus ignarus ». (*Comment.*, l. IV, p. 96.) — Fu molte volte a leggere la scrittura santa. (Vespasiano de Bisticci, *Vita di Cosimo*, § 1. *Spicil. Rom.*, I, 324.) Cet auteur ajoute : « Ebbe per precettore Roberto de' Rossi dottissimo in greco ed in latino. » (*Ibid.*) Egli ebbe tanta perizia delle lettere latine.... (*Ibid.* § 2, p. 325.)

puis, pendant deux années, en Allemagne et en France. Depuis son retour, il affectait de se tenir à l'écart du palais et des offices[1]; il fréquentait les hommes de basse condition, dont les habitudes répugnaient aux siennes, et, par là, il excitait les soupçons[2]. Un manuscrit le caractérise en ces termes : « il s'habillait en paysan et vivait en roi[3] ».

Son dessein était manifeste de se faire des partisans. Non pas qu'il sût bien encore ce qu'il pourrait pour la grandeur de sa maison ; mais il était attentif aux circonstances, pour en profiter[4]. Ses largesses faisaient oublier ses dédains, quand il ne parvenait pas à les dissimuler, et lui achetaient dans le commun une affection que son père s'était assurée à moins de frais. Il trouvait aussi un point d'appui dans plus d'une grande famille. Sa femme était fille de Giovanni des Bardi, comte de Vernio, et d'Emilia de Ranieri Pannochieschi, comte d'Elci. Son frère Lorenzo avait épousé une Cavalcanti, qui était, par sa mère, des marquis Malespini de Lunigiana. Ses sœurs lui ralliaient les Giugni et plusieurs des Strozzi[5]. Avec

---

[1] A me pareva non faciessi per noi essere de' dieci a questa volta, si per dar parte ad altri, et anchora perchè mi pare per rispetto delle divisioni nostre i fatti della nostra città non possino andar bene. (Cosimo à Averardo, 21 oct. 1430. Doc. Pellegrini, n° 7, p. 18.) M. Pellegrini (p. 67) nous paraît abuser de ce mot sur les divisions pour en conclure que Cosimo ne devait pas les fomenter. Il suffit de parcourir les lettres, les *consulte* du temps, pour reconnaître que tout le monde avait cette parole à la bouche : les divisions sont la cause des maux de Florence.

[2] Vespasiano de Bisticci, *Vita di Cosimo*, § 2. *Spicil. Rom.*, t. I, p. 326.

[3] Bibl. nat. ms. ital. n° 348, f° 27 r°.

[4] Voy. Machiavel, IV, 64 A ; Gino Capponi, note à M. Guasti, *Comm. Rin.* app. VI, t. III, p. 645, et *Stor. di Fir.*, I, 513 ; II, 74.

[5] Voy. Litta, *Famiglie celebri italiane* ; Cavalcanti, l. IX, c. 1, t. I, p 493, 494. Il faut se tenir en défiance contre Cavalcanti quand il parle de Cosimo. Au début il l'appelle « homme divin, plutôt que mortel ». (L. I, c. 1, t. I, p. 3.) C'est plus tard seulement, qu'éclairé par l'expérience, il en parle tout

lui marchaient pareillement une grande partie des Buondelmonti, et tous ceux des magnats chez qui ne s'effaçait point le souvenir des humiliations passées[1], car oublieux de leurs récentes alliances avec les *ciompi* contre les arts mineurs, ou avec les arts majeurs contre les *ciompi*, leur ambition se bornait, désormais, à renverser les institutions de la République et de la *parte*, à tenir un rang dans la ville sous un maître[2]. Le mot d'ordre que leur donnait Cosimo était de dire que tout allait mal, qu'on mettait la Commune en terre[3]; mais le principal levier de cet homme habile était sa grande fortune et l'usage qu'il en faisait.

La famille des Medici avait en Europe, sous son nom ou sous des noms d'emprunt, seize maisons de commerce ou de banque. Giovanni de Bicci, père de Cosimo, s'était, en outre, personnellement enrichi, grâce à la ferme des gabelles et revenus de la République, qu'il avait obtenue pour une certaine période, grâce surtout au titre de banquier du pape, qui lui avait permis, au temps du concile de Constance, d'embrasser dans ses opérations la plus grande partie de la chrétienté. En mourant, il laissait 178 221 florins d'or, sans compter les créances et les immeubles[4].

---

autrement. Machiavel, qui le suit pour les faits, s'écarte judicieusement de lui dans ces appréciations.

[1] Cavalcanti, l. IX, c. 1, t. I, p. 493.
[2] Voy. G. Capponi, *Stor. di Fir.*, I, 512.
[3] De' governi di qua.... amme e' paiono pieni d'inconvenienti tali che ragionevolmente debbon partorire pericoli e dampni.... Conforto voi al fare costà il possibile per conservatione della reputatione del comune, che qua si fa ciocchè si può per sotterrarla. (Ser Niccolò Tinucci à Averardo, 11 juillet 1431. Doc. Pellegrini, n° 62, p. 145.) Per certo, troppo cattivo governo a mio judicio è quello in che al presente noi ci troviamo. (Ser Nic. Tinucci à Averardo, 26 avril 1431. *Ibid.*, n° 58, p. 88.)
[4] *Osserv. fior.*, II, 6, 7, d'après des notes originales de Lorenzo des Medici, conservées à la Bibl. nat. de Florence.

Un inventaire dressé à la mort de Lorenzo, frère de Cosimo, leur donne à chacun 235 137 florins d'or, et tel sera le large emploi de cette fortune, qu'après vingt ans, en 1469, l'héritage de Piero, fils de Cosimo, ne sera pas sensiblement augmenté[1].

Ce que valent ces chiffres, on ne peut le savoir que par comparaison. Maso des Albizzi, en effet, passait pour avoir acquis des richesses extraordinaires, et bien d'autres en même temps que lui. Or, sur le *catasto*, vers 1430, quatre-vingt-un citoyens sont portés comme payant plus de 50 florins. Dans ce nombre, deux payent 100 florins, trente et un plus de 100, sept plus de 200, deux plus de 300, un plus de 500. C'est Palla Strozzi qui occupe le premier rang; mais il n'a que l'apparence d'un Crésus, étant écrasé de dettes[2]. Giovanni des Medici, non encore remplacé sur les registres par ses héritiers, paye 397 florins, tandis que Niccolò d'Uzzano n'est taxé qu'à 231, Niccolò Barbadori à 123, Averardo des Medici à 76[3]. Notons qu'on payait un dixième par livre de rente[4], et que ce premier *catasto* ne portait que sur les biens personnels.

Un second s'y ajoutait donc sur le trafic, à raison d'un demi pour cent sur le capital, et on calculait 100 de capital pour 7 de gain. Ce second *catasto*, pour cinquante-deux maisons de commerce ou de banque,

---

[1] Piero n'aura, en effet, que 237 989 fl. Voy. ces deux inventaires dans les *Ricordi di Lorenzo de' Medici*, publiés par Roscoë, *Life of Lorenzo de' Medici called the magnificent*, append., t. III, p. 41, 44. Londres, 1800.

[2] Palla devait l'énorme somme de 13 408 fl. Voy. *Lettere di una gentildonna*. Lettre 2, p. 43, n. 1.

[3] Voy. Canestrini, *La scienza di stato*, p. 153-155. Cette liste ne peut être considérée que comme indicative, puisque les Albizzi n'y figurent pas.

[4] Canestrini, p. 151.

formant vingt-deux compagnies, donnait 5501 florins. De ces maisons, la plus importante en payait 428, et c'était celle de Cosimo des Medici, fils et neveux[1]. Entre elle et les autres il y a un écart énorme: les plus imposées ne le sont que de 20, 22, 25, 44 florins[2].

Le premier de sa race, Giovanni de Bicci avait donné l'exemple de libéralités peu ordinaires. Personnellement modéré, il avait donc le désir bien arrêté que « ses arrière-neveux lui dussent cet ombrage ». La vieille église de San Lorenzo, première cathédrale des Florentins, ayant été, en 1417, la proie des flammes, les *popolani* du quartier avaient résolu de la reconstruire. Giovanni était un d'eux, car à la suite de la première grande inondation, les Medici avaient abandonné leurs maisons du *Mercato vecchio* pour la résidence magnifique qu'on appelle aujourd'hui palais Ricciardi. Jugeant les plans trop mesquins, il en ordonna à Brunelleschi de plus grandioses, et Cosimo ne fit, à cet égard, que continuer de subvenir aux dépenses. C'est sur un autre terrain qu'il se montra novateur.

Non content du rôle de Mécène auprès des architectes et des lettrés, il voulut, par l'entreprise de Lucques, épuiser le peuple florentin, pour en devenir le bienfaiteur; c'est du moins ce dont l'accusent certains amis devenus ses ennemis. Ce qui est certain, c'est que par ses largesses il préserve des citoyens nombreux de perdre leurs droits civiques. En payant pour eux ce qu'ils devaient au *monte*, il les faisait rayer des registres et déclarer *netti di specchio*, procédé qui n'était pas à la

[1] Voy. le détail dans Canestrini, p. 157.
[2] *Ibid.*, p. 157, 158. Sur la valeur du florin on peut voir cet auteur, p. 159, et notre 1er vol. à l'appendice, p. 562.

portée de tout le monde, que d'autres lui empruntèrent plus tard, mais dont il avait pris l'onéreuse initiative. On l'accusait aussi d'avoir su, par des prêts d'argent, s'attacher divers *condottieri*, à qui il aurait ensuite dicté leur conduite, insinué au besoin la désertion ou la trahison. Ainsi Micheletto de Cotignola, et surtout Niccolò de Tolentino, à ce point son homme qu'il l'aurait poussé à abandonner Florence pour le duc de Milan, puis plus tard le duc pour Florence[1].

Au premier rang de ses créatures était son cousin Averardo, fils de Francesco de Bicci. Beau-père d'Alamanno Salviati, qui était de la faction des Albizzi, Alamanno feignait avec ceux-ci l'amitié[2]; sans scrupule et propre à l'action[3], il était le loup de la bande dont Cosimo était le renard[4]. Sans en être le théoricien, il avait ses apophtegmes, d'autant plus dangereux qu'il passait aisément de la théorie à la pratique. La guerre, disait-il, s'il faut en croire ses ennemis, avait l'avantage

---

[1] 1ª *disamina* de Tinucci, dans Cavalcanti, append. II, 405. Cf. *Osserv. fior.*, II, 7. Qu'on infirme tant qu'on voudra le témoignage de Tinucci, il est ici parfaitement conforme à la vraisemblance, et, après tout, on ne prête tant qu'aux riches. Fabroni a publié dans ses Documents (p. 19, 28, 51) trois lettres de Cosimo, ann. 1430. Cosimo paraît peu favorable à l'entreprise de Lucques dans les deux dernières; mais elles sont datées de Vérone et d'Ostiglia, où il avait fui la peste, et il repoussait l'honneur d'être des Dix qui l'aurait ramené au foyer du fléau, tandis qu'il accepte d'être ambassadeur à Venise, ce qui l'autorise à rester en bon air. Dans la première lettre (4 févr. 1430) il paraît beaucoup plus porté vers la guerre.

[2] *Commiss.* LIV *Rin.*, III, 338, n. 5.

[3] Cavalcanti, l. III, c. VII, t. I, p. 98.

[4] Fr. Filelfo, *Liber de exsilio*. Il fait d'Averardo, au physique, un portrait trop grotesque pour qu'on s'y puisse arrêter. Leo (t. II, p. 193, note) en a reproduit quelques traits. Au moral il l'appelle « *fur et latro* ». (Fabroni, Doc. p. 155.) Cf. Mich. Bruto, l. I, dans Burmann, t. VIII, part. I, col. 7, et Ammirato, XX, 1028.

d'épuiser le peuple, et, en le conduisant à l'hôpital, de le livrer aux riches Medici. — Tout en ce monde se ramène au grand et à l'utile. On ne peut avoir ces deux choses à Florence qu'en temps de guerre ; qui dit autrement n'y entend rien. — Pour obtenir les honneurs du peuple florentin, il faut agir non sur l'ensemble, mais sur les particuliers[1]. — Commissaire aux camps, il encourait le blâme de Cosimo lui-même[2]. Entendait-il parler de paix, il accourait du fond du Mugello, donnait à souper chaque soir, réclamait hautement qu'on créât de nouveaux Dix, affirmait sans hésiter qu'on aurait Lucques[3]. Cavalcanti distingue entre les deux cousins : quand ils furent exilés, tout le monde, s'il faut l'en croire, regretta Cosimo, et personne Averardo[4].

Après ce lieutenant, Puccio Pucci était le plus en vue, et il ressemblait davantage au maître : il le servait par l'astuce et la dissimulation, renommé entre tous pour sa prudence, sa sagacité, sa dextérité, son peu de répugnance aux plus vilaines besognes[5]. Par ses services il prit peu à peu une si grande place dans le parti, qu'on finit par appeler *puccini* les partisans des Medici[6]. Ces dénominations variaient, et elles ne sont pas toujours intelligibles ; on disait : *parte di Cosimo Medico* et *Uzzani* ; *Buoni* et *Belli* ; *Valacchi* et *uomini da bene*[7].

---

[1] 1ᵃ et 2ᵃ disamina de Tinucci, dans Cavalcanti, append. II, 405, 407, 412.

[2] Voy. Doc. Pellegrini, nᵒˢ 76, 81, p. 165, 171. 3 et 17 oct. 1431.

[3] *Ibid.*, p. 405. C'est Averardo, selon Machiavel (IV, 62 AB), qui aurait accusé Astorre, Rinaldo, Guicciardini.

[4] Cavalcanti, l. IX, c. XIII, XVII, t. I, p. 550, 553.

[5] 1ᵃ disamina de Tinucci, *Ibid.*, append. II, 405 ; Mich. Bruto, *loc. cit.*, col. 7, 10 ; Ammirato, XX, 1038.

[6] Ammirato, XX, 1088.

[7] Les annotateurs de Cavalcanti disent que le mot de *Valacchi* ne se

Mais la plus singulière est assurément celle qui substituait le lieutenant à son capitaine.

La guerre de Lucques durait encore que l'accord n'existait plus entre les factions qu'elle avait rapprochées[1]. Elles se poursuivaient d'accusations réciproques, comme il arrive entre gens qui n'ont point réussi. Alamanno Salviati insinuait que Rinaldo négligeait le siège de Pontetetto, dans son ardeur à revenir en ville pour être de la seigneurie[2], et pourtant Alamanno n'était pas un ennemi. D'autres, plus anciennement hostiles, l'avaient devancé dans cette voie, car Rinaldo, deux mois auparavant, écrivait « qu'il connaissait les langues de Florence, mais qu'il avait les reins solides, faisait son devoir et laissait parler les méchants[3] ». De son côté il n'épargnait point son adversaire, et il s'attaquait, entre amis, à l'honneur même de Cosimo[4]. A ce moment,

---

trouve dans aucun autre auteur et qu'on ne sait à qui le rapporter. Il est bien probable, ne fût-ce qu'à cause de la symétrie dans le texte, qu'il doit s'entendre du parti de Cosimo. Ce doit être un terme de mépris, synonyme d'étrangers. L'aristocratie avait dû, selon son habitude de tous les temps, garder pour elle le titre de gens de bien, honnêtes gens.

[1] M. Pellegrini (p. 74) s'évertue à prouver que les partis n'étaient point tranchés alors comme ils l'avaient été jadis. Leur rapprochement temporaire le trompe. Il n'a raison que sur deux points, c'est que la rivalité de Rinaldo et de Cosimo ne provenait d'aucune inimitié privée (p. 81); ils étaient les représentants de deux principes, ou mieux de deux traditions. C'est ensuite que cette rivalité ne prit point naissance à la mort de Niccolò d'Uzzano, comme le prétend Cavalcanti qui n'en pouvait rien savoir, étant alors aux *Stinche*, où il resta jusqu'en 1440.

[2] Al. Salviati à Averardo, 9 mars 1430. Texte dans *Commiss.* LIV *Rin.* III, 462, note.

[3] Io so oggimai le lingue di Fir. come ellon sonó fatte; che chi guardasse a quello non farebbe mai bene alcuno per lo comune. Io ho hoggimai il dosso duro, e facendo mio debito, poco stimo il parlare dei cattivi. La verità viene una volta a luce. (Rin. à Matteo des Albizzi, 28 janv. 1430. *Ibid.*, p. 331.)

[4] Parmi dobbiate dire a Cosmo che non tema tanto di dire il vero acchi

on n'en était encore qu'aux hostilités indirectes, qu'aux rivalités d'influence, et les deux partis se faisaient équilibre, car, à chaque création d'office, on s'empressait de compter combien l'un ou l'autre y obtenait de membres. La moindre élection les soulevait tous les deux de crainte ou d'espoir[1].

Le premier à jeter son masque fut, comme il était naturel, le fougueux Rinaldo[2]. Abattu d'abord, irrité ensuite des attaques portées contre lui[3], il le fut plus encore quand il vit Cosimo élevé deux fois à l'office des Dix, où lui-même ne put jamais parvenir[4], puis envoyé avec Palla Strozzi à Ferrare, pour conclure la paix. Le choix des seigneurs n'aurait-il pas dû se fixer plutôt sur lui, vétéran de tant de commissions et d'ambassades? S'il était pour lors sénateur à Rome, Rome n'est pas au bout du monde, et il en fût volontiers revenu pour cette charge importante[5]. Les succès d'autrui, même quand ils ne sont pas à leur portée, rendent la plupart des hommes jaloux, et ici il s'agissait d'un rival, d'un honneur qu'on aurait pu lui disputer.

Rinaldo, dès lors, caressa le projet de bannir Cosimo. Conforme à l'ordinaire pratique des factions, ce projet

---

cerca di torgli suo honore. (Ser Nic. Tinucci à Averardo, 26 avril 1430. Doc. Pellegrini, n° 38, p. 88.)

[1] Cavalcanti, l. IX, c. I, t. I, p. 494.

[2] Il magistrato la fa alla usata et peggio ; et credo non arà honore per cagione della sete et della superbia. Cosimo non ci sta o poco ; et a mio parere per cagion del tutto non è bene che la terra sia da' cittadini abandonata. (Al. Salviati à Averardo, 26 août 1431. Doc. Pellegrini, n° 73, p. 161.) — Nous pensons, comme M. Pellegrini (p. 77 n° 2), que les mots *sete* et *superbia* ne peuvent s'entendre que de Rinaldo.

[3] Voy. ses lettres des 17, 28 janv., 9 février 1430, dans *Commiss. LIV Rin.*, III, 307, 328, 359.

[4] Voy. les détails dans Pellegrini, p. 79.

[5] Voy. Pellegrini, p. 78.

avait pris naissance, antérieurement à la guerre de Lucques, dans quelques têtes échauffées. S'il faut en croire Cavalcanti, Niccolò Barbadori l'aurait soumis, dès lors, à Niccolò d'Uzzano, qui, jouant sur le nom de son interlocuteur, lui aurait répondu : — Il vaudrait mieux que tu fusses Barbe d'argent, car, avec la sagesse d'un homme blanchi dans les affaires, tu ne donnerais pas des conseils propres à ruiner la République[1]. — Une autre fois, il disait que commencer, ce serait creuser sa fosse pour s'ensevelir de ses propres mains[2]. Le vieux et grave Agnolo Pandolfini avertissait Rinaldo de prendre garde qu'il pouvait se perdre, et Florence avec lui[3]. Mais les circonstances ayant changé, Rinaldo avait sujet de s'enhardir ; sur son mécontentement privé se greffait le mécontentement public, inévitable résultat d'une guerre humiliante et de ses conséquences désastreuses. Le crédit était ruiné. En février 1433, les deniers du *monte* ne trouvaient pas d'acquéreurs à 18 pour 100, et la nouvelle même de la paix (23 avril) ne relevait point ce taux dérisoire dont les pauvres seuls pouvaient se réjouir[4]. Qui sait si Filippo Maria, grand artisan d'intrigues par toute l'Italie, n'essaya point d'en nouer à Florence? On y voit professeur, dès 1429, Francesco Filelfo, cette mauvaise langue, cette âme vénale qui se vantait de son amitié avec les amis de « l'éminent

---

[1] Cavalcanti, l. VII, c. viii, t. I, p. 382. Cet auteur met dans la bouche de Niccolò d'Uzzano tout un discours qu'a reproduit Machiavel (l. IV, p. 62).

[2] Sempre dannò la novità, e usava dire che il primo che cominciasse farebbe la fossa in ch' egli medesimo si sotterrebbe. (Vespasiano, *Vita di Agn. Pandolfini*, c. ii, *Spicil. Rom.*, t. I.)

[3] Agnolo disse a M. Rinaldo che tenesse a mente che questa sarebbe la sua rovina et quella della città. (*Ibid.*)

[4] Morelli, *Del.*, XIX, 109.

duc de Milan[1] ». Où il voyait briller l'étincelle, Filippo Maria aimait fort à souffler le feu.

L'attaque est ouverte contre Cosimo dès les premiers jours de janvier. Rinaldo critique les négociateurs de la paix, et il affecte de ne nommer que Palla Strozzi[2]. A lui s'associent non seulement Bernardo Guadagni, mais même le fils de Palla Strozzi, qui ne craint pas de faire chorus contre la mission de son père. Quoi donc! hier encore, tout le monde approuvait la participation de la Commune aux pourparlers de Ferrare, et aujourd'hui l'on chante la palinodie! Deux médecins, membres de la Consulte, Giuliano Davanzati et Agnolo Acciajuoli, en sont tout scandalisés[3]. Dès ce moment, l'animosité reparaît entre les deux partis ; elle s'accuse, comme au temps des guelfes et des gibelins, dans les plus petites choses comme dans les plus grandes[4]. Chaque faction redoute la faction rivale. « Il est dangereux de parler, dit Rinaldo, car on écrit tout aux seigneurs[5] ». Cosimo, de plus en plus, se tient éloigné du palais et des hommes en place, dès qu'a expiré le temps

---

[1] Cette intervention de Filippo Maria n'est qu'une hypothèse de M. Agenore Gelli ; mais il la présente et la soutient avec quelque vraisemblance. Voy. *L'esilio di Cosimo de' Medici* dans *Arch. stor.*, t. X, ann. 1882. Tirage à part, p. 24.

[2] Voy. ses paroles dans la *consulte* du 13 janv. 1433. Doc. Pellegrini, n° 113, p. 228.

[3] Mirandum est aliquos qui fuerunt de pratica retractare. Mirandum est tamen quod aliqui de pratica inferiori retractent nunc illa que ipsimet fuerunt principales ad consentiendum. (*Ibid.*, p. 231, 232.)

[4] *Consulte* des 25 janv., 19 mars 1433. *Ibid.*, n°ˢ 114, 116, p. 244, 248. On y dispute, comme d'une chose sérieuse, sur la question de savoir si l'on fermera ou non les portes au nez de l'empereur, et l'on s'y prononce pour ou contre, selon qu'on est avec Cosimo ou avec Rinaldo.

[5] Periculosum est loqui quia omnia scribuntur dominio et captatur odium. (*Consulte* du 21 avril 1433. *Ibid.*, n° 118, p. 245.)

de ses fonctions[1]. Il va même passer plusieurs mois dans le Mugello, afin, c'est lui qui le dit, de rester à l'écart des divisions et disputes[2]. Ses adversaires y voyaient une habile tactique pour endormir les neutres[3]. C'est qu'en effet beaucoup flottaient encore, qui feraient pencher la balance quand ils se prononceraient[4].

Mais les absents ont tort, et, en s'éloignant, Cosimo avait laissé le champ libre aux manœuvres de l'oligarchie. La première condition en était d'avoir pour soi le gonfalonier de justice. Précisément, la bourse d'où l'on en tirait le nom, n'en contenait à ce moment que deux pour le quartier de San Giovanni, qui devait, en septembre 1433, fournir ce magistrat[5]. De ces deux noms l'un était celui de Bernardo Guadagni, gonfalonier de justice vingt-trois ans auparavant[6], d'autant plus dévoué à la secte dominante que son père Migliore avait vu ses maisons brûlées par les *ciompi*, dont les descendants faisaient la force de Cosimo, et que jamais les Guadagni ne s'étaient relevés. Débiteur de l'État, il se trouvait frappé du *divieto;* mais, en payant pour lui, on pouvait le rendre habile à la charge, et on y avait trop d'intérêt pour penser à l'économie[7]. Du moment qu'on voulait qu'il

---

[1] Il était des Dix. Voy. Pellegrini, p. 82, n. 3.

[2] Per levarmi dalle contese e divisioni che erano nella città. (*Ricordi di Cosimo*, dans Fabroni, Doc. p. 96. On les trouve aussi dans Roscoë, app. I, t. III, p. 51.)

[3] I sua avversarii lo ripigliavano in mala parte, dicendo che, tutte queste cose ei le fingeva per addormentare altri. (Vespasiano, *Vita di Cosimo*, § 2. *Spicil. Rom.*, t. I, p. 326.)

[4] Ainsi Nic. Barbadori, hostile alors à Rinaldo, le soutiendra énergiquement en 1434, et des prieurs que Cosimo croyait ses amis le feront emprisonner. Voy. Pellegrini, p. 83, note, qui indique les textes.

[5] Vespasiano, *Vita di Cosimo*, § 3. *Spicil. Rom.*, t. I, p. 327.

[6] En janvier 1411.

[7] Machiavel, IV, 63 B; Ammirato, XX, 1088.

sortît au tirage, il en devait sortir. Des huit prieurs qui lui furent adjoints, deux à peine étaient favorables à Cosimo[1], « quoique tous, écrit Cosimo, fussent mes obligés [2] ».

Comment ferait-on revenir du Mugello l'homme prudent qui y avait cherché un sûr asile? On menaça ses amis, et, rappelé par eux, il revint. Dès le 4 septembre, il était de retour. Le jour même, il alla visiter la seigneurie, tout ensemble pour relever le courage de ceux des prieurs qu'il supposait ses partisans, et pour désarmer les autres par cette marque de déférence. Comme il leur parlait des bruits de « nouveautés » qui couraient par la ville, ils dénièrent à ces bruits tout fondement, et promirent « qu'ils laisseraient Florence comme ils l'avaient trouvée ». Le lendemain, pour confirmer leur dire, ils créèrent une pratique de huit citoyens, deux par quartier, dont étaient Cosimo, Rinaldo et autres personnages de marque, non sans déclarer qu'ils n'entendaient agir que sur leur conseil[3]. Mais quel accord pouvait régner entre les deux rivaux mis en présence? La suite montra bien ce qu'il y avait de sincérité dans l'expédient.

Cosimo avait-il quelque défiance? Il semble n'avoir pas été assidu aux réunions de la pratique, car, quand on eut résolu de s'emparer de lui, le 7 au matin, il

---

[1] Jacopo de Giorgio Berti et Pietro Marchi, exceptés nominativement de la proscription dans la *consulte* du 3 novembre 1434, publiée par Agen. Gelli, *loc. cit.*, p. 67. Ils sont nommés Jacopo Betti Berlinghieri et Bartolommeo Spini dans une note à Cavalcanti (l. IX, c. iv, t. I, p. 500), mais Spini n'était pas un ami, puisqu'il fut exilé quand Cosimo revint. Voy. Ammirato, XX, 1090-91. On peut voir dans Morelli (*Del.*, XIX, 115) les noms des autres membres de cette seigneurie.

[2] *Ricordi di Cosimo*, dans Fabroni, Doc., p. 96.

[3] *Ibid.* Ni Cavalcanti, ni par conséquent Machiavel ou Ammirato ne parlent de cette pratique.

fallut l'envoyer querir. Il obéit aussitôt[1], loin de provoquer, comme il le pouvait, un soulèvement de ses amis[2]. Il aurait pu se souvenir qu'en 1396 on avait par le même procédé mis la main sur Donato Acciajuoli[3]; mais il disait sans doute, comme plus tard le duc de Guise: « On n'oserait ». On osa cependant. Avec les prieurs il trouva la plupart de ses collègues de la pratique. Après un semblant de délibération, l'ordre lui fut donné de monter dans la tour, où le capitaine des *fanti* l'enferma dans un réduit[4]. On l'accusait, dit un ennemi, de dilapidations, de péculat, d'actes d'usure, d'un faux compte de soldats, pour s'en approprier la solde[5]. Mais si quelqu'un des Medici avait mérité ces accusations, c'était Averardo. Cosimo était de ceux qui donnent, non de ceux qui prennent. L'imputation peut, cependant, en avoir été portée contre lui, comme elle l'avait été contre Rinaldo, avec aussi peu de fondement. Les motifs vrais furent le désir de réduire à l'impuissance, si l'on tentait quelques hardies réformes, les amis de Cosimo qui craindraient qu'on ne le mît à mort, et aussi de l'amener à une faillite qui eût tari la source de ses libéralités, de sa faveur dans le peuple, de son crédit au dehors[6].

---

[1] *Ric. di Cos.* Fabr. Doc. p. 96; Cavalcanti, l. IX, c. vii, t. I, p. 507-511.
[2] Voy. *Poggii Epistolæ*, t. II, l. v, ép. 12, Flor. 1832, et Agen. Gelli, loc. cit., p. 30.
[3] Voy. plus haut, l. XI, c. iii, même vol., p. 115.
[4] *Ric. di Cosimo*, dans Fabroni, Doc., p. 96; Cavalcanti, l. IX, c. vii, t. I, p. 507; Machiavel, IV, 64 A; Ammirato, XX, 1089.
[5] Mich. Bruto, l. I, dans Burmann, *Thesaurus antiquitatum et historiarum Italiæ*, t. VIII, part. I, p. 17. Leyde, 1723. Il ne faut pas oublier que Bruto a écrit son *Histoire de Florence* au milieu du seizième siècle, pour complaire à quelques exilés florentins ennemis des Medici, et qu'il prend pour fondement les *disamine* suspectes de Tinucci. Il vivait en 1573. On ne sait s'il était né à Florence ou à Venise.
[6] *Ric. di Cosimo*, Fabroni, Doc., p. 98, 99; Vespasiano, *Vita di Cosimo*,

Que plus d'un voulût le tuer, rien n'est plus croyable. Filelfo, qui ne l'aimait pas, tant s'en faut, en accuse formellement Rinaldo des Albizzi, Giovanni Guicciardini, et « la plupart des autres¹ ». Sur la place, Ormanno, fils de Rinaldo, criait avec ses hommes : « Mort à Cosimo²! » Mais on a bien tort de dire que les morts seuls ne sont pas dangereux : un meurtre pouvait soulever ce parti puissant, cette multitude idolâtre qui, dans ses faubourgs, se frappait la poitrine, versait des larmes, demandait la délivrance du captif³. D'ailleurs, son frère Lorenzo, qui était parvenu à s'échapper, d'autres amis, dont un abbé de Pacciano, réunissaient des hommes d'armes⁴. Niccolò de Tolentino s'avançait avec les siens, de Pise jusqu'à la Lastra, pour le faire relâcher. La crainte de provoquer sa mort leur fit tomber les armes des mains, et Cosimo les en blâme : « J'étais libre, dit-il, si l'on eût poussé plus avant⁵ ». L'aveu a son prix : Cosimo ne croyait donc point lui-même que sa vie eût jamais été en péril.

§ 5, *Spicil. Rom.*, I, 328. M. Pellegrini (p. 85) me paraît avoir bien jugé sur ce point.

¹ Quod de Cosma Medici scire tantopere desideras, is est relegatus ad Patavinos, et id quidem beneficio Pallantis nostri viri clementissimi et optimi. Nam Raynaldus Albizius et Johannes Guicciardinus aliique plerique eum interimendum consulebant. (Filelfo à Aurispa, 13 novembre 1433, Voy. le texte aux documents de la *Vita del Filelfo*, par Carlo de' Rosmini, Milan, 1808, t. I, p. 141. — Benedetto Dei dit même : Si tenne pratica di farlo morire ». Cron. ms. Bibl. nat. de Flor. Sezione Magliabechiana, cl. XXV, 60, dans Gelli, *loc. cit.*, p. 33, note.)

² Cavalcanti, l. IX, c. iv, t. I, p. 500, 501.

³ Cavalcanti, l. IX, c. ix, t. I, p. 518, 519.

⁴ Confession de ser Ciaio et de Francesco de Firenzuola, dans *Liber inquisitionum capitanei et militis D. Lodovici de Ronco Sighifredi de Regio civis Mutinæ*, c. xcii. dans Ag. Gelli, *loc. cit.*, p. 30. Sur l'abbé de Pacciano, voy. le doc. du 8 nov. 1433 dans Gelli, p. 57.

⁵ *Ric. di Cosimo.* Fabroni, Doc. p. 97; Cavalcanti, l. IX, c. xviii, t. I, p. 535.

C'est qu'en effet Rinaldo, cette fois, agissait en politique. Résolu à se débarrasser de Cosimo et d'Averardo, dangereux pour l'oligarchie[1], il ne comprenait dans la proscription ni Alamanno Salviati, son ennemi personnel, ni Neri Capponi, dont il s'était promis de se venger[2].

Le 7 septembre, le jour même de sa nomination, la *balie*, battant le fer pendant qu'il était chaud, confinait Cosimo à Padoue, Averardo à Gênes, chacun pour un an[3]. C'était peu pour de si grands coupables, « perturbateurs de la patrie, disait l'ordre d'exécution envoyé au capitaine du peuple, dévastateurs de l'État, semeurs de scandales ». Il n'a pas dépendu d'eux, poursuivait-on, qu'en 1378 Florence tout entière ne fût brûlée. En 1393, en 1397 et à d'autres dates, ils ont fait preuve d'une pétulance effrénée. En 1426, « transformant leurs sentiments pervers en diabolique nature », ils ont voulu détruire l'institution de la seigneurie. En 1431, ils ont conspiré, ils ont poussé à la guerre de Lucques, qui a presque été la ruine non seulement de Florence, mais de toute l'Italie. Enfin, sous la présente seigneurie[4], Cosimo et Averardo ne passaient-ils pas leurs journées à préparer incendies et dévastations[5]?

---

[1] Averardo pensa être pris à Pise; averti à temps, il put se réfugier à Lucques. Voy. *Liber inquisitionum*, etc., c. LXXXIII, dans Gelli, p. 30.

[2] Col tempo l'acconceremo, se fia piacer di Dio. (Rinaldo à Ormanno, 4 févr. 1430. *Commiss.* LIV *Rin.*, III, 348.)

[3] *Ric. di Cosimo*, Fabroni, Doc., p. 97; Cambi, *Del.*, XX, 183; Boninsegni, p. 47. Voy. dans Gelli, *loc. cit.*, p. 57, la lettre de la seigneurie annonçant au capitaine général la résolution prise.

[4] Et nunc etiam de presenti, et presertim tempore officii presentium dominorum.

[5] Voy. ce doc. dans Fabroni, p. 75-78. M. Pellegrini (p. 86-88) en a reproduit les principaux passages.

Qui veut tuer son chien, dit un proverbe, l'accuse de la rage. On aurait pu dresser contre les meneurs de l'oligarchie un acte d'accusation non moins formidable, et, certainement, mieux établi. C'est une injustice, qui s'est perpétuée dans l'histoire, de rendre les Medici seuls responsables de la guerre de Lucques : ils l'avaient voulue sans doute, mais pas plus que leurs adversaires. En tout cas, ce qui passait les limites de l'absurde, c'était ce reproche de machinations sous la seigneurie en exercice : elle n'occupait le palais que depuis le 1er septembre; Cosimo n'avait reparu que le 4 à Florence, et on l'avait incarcéré le 7. L'accusation n'était donc soutenable que contre Averardo, réputé, il est vrai, son instrument[1]. Mais des esprits irrités ne pèsent point les vraisemblances; ils ne s'attachent qu'à s'assurer gain de cause. Pour qu'on ne pût contester la décision de la *balie*, celle de la seigneurie, prise en conseil de *richiesti* et qui la confirmait[2], il n'était pas inutile d'avoir l'aveu du peuple assemblé à parlement. A cette indigne piperie, on savait bien que viendraient seuls les fidèles, et pour plus de sûreté, Ormanno, les Peruzzi, les Gianfigliazzi occupaient fortement la place avec des hommes d'armes. Ils savaient bien que qui en était maître l'était de Florence[3]. Le 9 septembre au matin, la cloche fut mise en branle. Pas un partisan de Cosimo n'osa se présenter[4]. C'était dans l'ordre : ainsi faisaient toujours les vaincus de la veille

---

[1] M. Pellegrini (p. 89) a réfuté avec un soin jaloux les accusations portées contre Cosimo.

[2] Voy. Ag. Gelli, *loc. cit.*, p. 50. Le 8, ordre était donné de mettre à mort ceux des *richiesti* qui divulgueraient les délibérations. Doc. dans Gelli, p. 49.

[3] Cavalcanti, I. IX, c. viii, t. I, p. 511 ; Boninsegni, p. 47.

[4] *Ric. di Cosimo*, Fabroni, Doc., p. 97.

et ceux du lendemain[1]. Trois cent cinquante personnes, pas plus, avaient répondu à l'appel, ou, pour mieux dire, avaient reçu avis d'y répondre[2].

Les seigneurs étant descendus sur la *ringhiera*, ser Filippo Pieruzzi, notaire des *Riformagioni*, cria à haute voix : — O peuple de Florence, croyez-vous être réunis au nombre des deux tiers? — Assurément, fut-il répondu; nous sommes même davantage. — Êtes-vous contents qu'on fasse des hommes de *balie* pour réformer votre cité? — Oui, oui! — Même invariable réponse à toutes les autres questions posées par le notaire. Lui alors, sur un cahier qu'il avait entre les mains, il lut les noms des deux cents citoyens dont devait se composer la *balie*, et les prieurs, après avoir ordonné qu'ils se réunissent dès le jour suivant, rentrèrent dans leur palais[3].

C'était beaucoup de monde pour faire de bonne besogne; mais la seigneurie n'avait voulu que se couvrir, tout en restant maîtresse[4]. Les mesures prises firent éclater au grand jour la résolution de tout faire par et pour une coterie. Les bourses furent conservées, mais on se réserva d'y ajouter des noms nouveaux, et ce remaniement dut être fait par des membres de la *balie*, ou, à leur défaut, par d'autres amis moins éprouvés. Les prieurs

---

[1] Je ne comprends guère le mot que M. Guasti prête à Niccolò d'Uzzano : « Chi fa parlamento si cava la fossa », non plus que ce qu'il ajoute: « Rinaldo ne devait pas tarder à s'en apercevoir ». (*Lettere di una gentild. fior.*, proemio, p. 11.) Rinaldo réussit dans son assemblée à parlement, comme tout le monde avant et après lui. S'il succomba plus tard, cela tint à d'autres causes plus graves, qui ressortent, j'ose l'espérer, de tout ce récit.

[2] Voy. A. Gelli, *loc. cit.*, p. 30.

[3] Cavalcanti, l. IX, c. vIII, t. I, p. 512. Cet auteur (c. IX, p. 513) donne les noms des membres de la balie.

[4] G. Cambi dit (*Del.*, XX, 183) : « Fecionsi dare la balia al popolo ».

se firent donner le pouvoir de nommer eux-mêmes les Huit de garde, un des derniers offices qu'on tirât encore au sort, et, conjointement avec le capitaine du peuple, les pouvoirs les plus étendus pour faire des perquisitions et procéder au criminel, tandis que deux cents *fanti* nouveaux seraient chargés de garder la place[1]. L'apparence même du tirage au sort fut supprimée pour la désignation des seigneuries subséquentes, et remplacée par une élection que feraient dix *accoppiatori* nommés à cet effet[2]. Les prieurs en charge s'attribuaient à tous des récompenses, des offices, sauf peut-être aux deux qui passaient pour favorables à Cosimo[3]. On n'aurait pu leur accorder des grâces, quand on confinait leur patron, quand on interdisait, sous peine de mort, de le visiter dans sa prison, à moins d'une autorisation des seigneurs et des gonfaloniers, donnée aux deux tiers des voix[4]; quand on portait sa peine à cinq ans, comme celle

---

[1] G. Cambi, *Del.*, XX, 183, 185, 186; Boninsegni, p. 47, 48; Ammirato, XX, 1089, 1090. Nous omettons bien des réformes de détail qu'indiquent ces auteurs.

[2] Ce mot d'*accoppiatori* signifie qui accouple, qui joint deux choses ». Dans le nombre se trouvent Astorre Gianni, qui rentre en grâce, et Bernardo Guadagni, quoiqu'il fût gonfalonier de justice. Boninsegni (p. 48) donne les autres noms.

[3] Le gonfalonier sera un an capitaine de Pise; Donato Sannino deux ans préposé aux magasins de sel; Corso Corsi deux ans provéditeur à la camera; Jacopo Luti un an podestat de Vinci; Piero Marchi un an commandant de la *rocca* de Livourne. A Mariotto Baldovinetti, qui ne pouvait rien obtenir, parce qu'il avait encouru une condamnation, il fut fait remise des 500 écus qu'il devait, et un de ses compères obtint une *rocca*. Bart. Spini lui-même arracha pour un ami la levée de son ban. Jacopo Berlinghieri seul ne reçut aucune satisfaction. (Cambi, *Del.*, XX, 186; Ammirato, XX, 1090.)

[4] 11 septembre. Voy. le Doc. dans A. Gelli, *loc. cit.*, p. 49. En fait, l'autorisation fut accordée à plusieurs personnes de voir le prisonnier; quelquefois la présence du capitaine du palais est imposée. Voy. les documents dans Gelli, p. 50, 51.

d'Averardo, et que, en vue sans doute de les mieux séparer, Averardo recevait la destination de Naples. Son fils Giuliano dut se rendre à Rome ; Lorenzo, frère de Cosimo, à Venise ; Orlando de Guccio des Medici, leur *consorte*, à Ancône[1]. Et ce n'était pas le dernier mot de la proscription. Le 29 du même mois, comme le mécontentement des *cosimeschi* avait exigé une grande surveillance, des rondes ou patrouilles de nuit multipliées[2], on redoubla contre les chefs la durée de leur confination, qui fut portée à dix ans pour Cosimo et Averardo. En outre tous les Medici furent faits grands, et, pour une égale période, *posti a sedere*, c'est-à-dire écartés de la vie publique. Seuls, les fils de Vieri trouvèrent grâce, l'un parce qu'il était l'ami du capitaine de guerre, l'autre sous prétexte qu'il tenait, en ce moment-là, le gonfalon d'une compagnie[3].

Ainsi prévalut la pensée fixe et implacable des meneurs de l'oligarchie ; mais même au sein de cette *balie* où ils ne comptaient que des créatures, ils avaient rencontré des répugnances manifestes. Les débats sur les proscriptions occupèrent plusieurs séances, et ils se

---

[1] Atti della Balia del 1433. Balie, t. XIV (cl. II, dist. 4, n° 8), f° 10 ; *Ric. di Cosimo*, Fabroni, Doc., p. 97, 98 ; Boninsegni, p. 48, Cavalcanti, l. IX, c. xiii, t. I. p. 530.

[2] Cavalcanti prétend bien (l. IX, c. xvii, t. I, p. 533) que nul n'osait souffler mot par crainte du capitaine de garde et de la balie, ou pleins pouvoirs, qu'il avait reçue pour trois mois ; mais il a dit un peu plus haut (c. xii, p. 528) tout le contraire, notamment qu'un certain Francesco de ser Ghino pouvait parcourir la ville « en homme insensé plutôt que prudent », sans être arrêté ni puni.

[3] Atti della balia, *Ibid.*, f° 22 ; *Ric. di Cosimo*, Fabroni, Doc., p. 98, 99 ; Boninsegni, p. 48 ; Morelli, *Del.* XIX, 112 ; Cambi, *Del.*, XX, 183 ; Cavalcanti, l. IX, c. xiii, t. I, p. 530. Il y a un peu de confusion dans les souvenirs que les auteurs et Cosimo lui-même ont conservés de ces trois condamnations. Voy. une confirmation de la dernière sentence dans un doc. du 16 décembre, publié par M. Gelli, p. 55-57.

prolongeaient fort avant dans la nuit. Même, comme on n'obtenait point la pluralité légale des deux tiers, on fit décider, à la troisième séance, qu'il suffirait non plus des deux cents membres de la *balie*, mais des membres présents[1]. On ne pouvait en user plus cavalièrement avec la loi.

Cosimo, cependant, ne partait point pour Padoue; sa détention se prolongeait. Autour de Rinaldo s'agitaient de nouveau les conseils de mort : il faut, disaient les plus ardents, ou ne pas toucher aux personnages considérables, ou s'en affranchir tout à fait[2]. Les Cavalcanti assurent que deux des Huit avaient sollicité Federigo des Malavolti de Sienne, capitaine de la *balie*, d'étrangler Cosimo, en même temps que deux des prieurs de l'empoisonner[3]. Les plus modérés ou les plus craintifs ayant fait écarter cette solution radicale, tout fut perdu, même l'espoir de ruiner le captif. « Beaucoup de seigneurs et d'étrangers, écrit-il lui-même, m'offrirent de l'argent[4]». Du dehors, on vint solliciter sa délivrance. Ambrogio Traversari, le célèbre général des Camaldules, qui se croyait des droits à la reconnaissance de Rinaldo, fit le voyage. Il n'obtint, à vrai dire, que de bonnes paroles ou même des rebuffades[5]; mais de telles démarches, quand

---

[1] Cavalcanti, l. IX, c. xiv, xvi, t. I, p. 531.

[2] Machiavel, IV, 64 B; Ammirato, XX, 1091. Voy. plus haut, p. 391, note 1.

[3] Fabroni, Doc., p. 69 sq., ex tabulario Mediceo (ms. des Medici); Cavalcanti, l. IX, c. xi, t. I, p. 523-25. Au ch. xxiv, cet auteur fabrique un discours de Mariotto Baldovinetti à Rinaldo, où il lui donne le même conseil que le comte de Montefeltro donne au pape Boniface dans la *Divine Comédie* (Inf. XXVII, 110 sq.) et pour lequel Satan envoie le comte dans la Bolgia des frauduleux. Cf. Ammirato, XX, 1089.

[4] *Ric. di Cosimo*. Fabroni, Doc., p. 99.

[5] Amb. Traversari, *Odoeporicon*, p. 42. M. Gelli (p. 33, n. 2) donne ce

elles sont répétées, finissent par produire leur effet. Des ambassadeurs vénitiens offrirent de garder Cosimo prisonnier à Venise, et promirent en son nom qu'il ne ferait rien contre la seigneurie. Le marquis de Ferrare envoyait au capitaine de garde, Lodovico del Ronco de Modène, son sujet, l'ordre de le traiter comme son fils, et de s'enfuir avec lui, s'il lui était remis entre les mains[1]. Sollicitude jusqu'alors sans exemple pour la liberté individuelle ! grâce à ses richesses, à ses relations, ce marchand, fils de marchand, n'était plus un simple citoyen.

Mais il n'avait toujours que du sang de marchand dans les veines. Bien loin d'être un héros, il tremblait pour sa peau. Le jour où le cavalier du capitaine était entré dans son réduit pour lui annoncer sa condamnation, il avait cru qu'on le venait chercher pour mourir, et il était tombé évanoui, « comme chose morte ». Revenu à lui et rassuré, il avait avec effusion remercié Dieu, les hommes, le cavalier lui-même, prié ce dernier de le recommander au capitaine, leur promettant à tous deux monts et merveilles quand il aurait recouvré sa liberté[2], ce qui ne l'empêchait pas, dans sa crainte du poison, de ne manger que du pain, jusqu'au jour où il lui fut permis de faire apporter de chez lui sa nourriture, à condition que Federigo des Malavolti, le capitaine préposé à sa garde, surveillerait la préparation des plats[3]. Cet officier, gagné peut-être par les sollici-

texte. Pignotti qui l'indique (l. IV, c. ix, t. VI, p. 41), renvoie aussi à Silvano Razzi, *Vita di Cosimo*.

[1] *Ric. di Cosimo*, Fabroni, Doc., p. 99. Cf. Amb. Traversari, *Odoeporicon*, p. 43.

[2] Cavalcanti, l. IX, c. xix, t. I, p. 537.

[3] Deliberaverunt quod Cosmo Johannis de Medicis mictantur victualia pro ejus victu ex ipsius domo, dummodo pro majori cautela sibi non dentur,

tations ou l'argent du dehors, finit par entrer dans les intérêts du captif. S'il s'asseyait à sa table, pour le rassurer ou le surveiller, il invitait, sous couleur de le distraire, un certain Farganaccio, gai compagnon et familier du gonfalonier de justice. Un furtif regard, un coup de pied sous la table, avertissent, un beau jour, le capitaine de s'éclipser. En tête-à-tête avec Farganaccio, Cosimo lui persuade d'aller prendre à l'hôpital de Santa-Maria-Nuova, sur un bon qu'il lui remet, onze cents ducats. L'émissaire en gardera cent pour lui et partagera le reste entre le gonfalonier de justice et le capitaine de guerre. Mariotto Baldovinetti reçut en outre, sans que Cosimo en indique la source, huit cents ducats. « Ces gens, écrit-il, auraient pu demander davantage : on leur eût bien donné dix mille florins. Mais ils manquèrent de hardiesse[1] ». Qui reconnaîtrait l'ancienne Florence? qui ne voit que nous sommes dans un monde nouveau?

Le 3 octobre, Cosimo, tiré de sa prison, fut conduit devant la seigneurie[2]. Il ne tremblait plus. Mais tou-

---

neque parentur predicta sine presentia cap. familie palatii dictorum dominorum. (15 septembre. Doc. dans Gelli, p. 50.)

[1] Furono di poco animo. (*Ric. di Cosimo*, Fabr., Doc., p. 99.) Cosimo ne dit pas le moyen employé par lui pour corrompre. C'est Cavalcanti qui nous l'apprend (l. IX, c. II, t. I, p. 525). Machiavel (IV, 64 A) et Ammirato (XX 1089) le répètent, comme c'est leur coutume. M. Gelli a trop de bonne foi pour contester le témoignage de Cosimo sur la vénalité qui le fit libre ; il cite même un passage d'une pratique et un mot d'Ambrogio Traversari qui confirment ou reproduisent ce témoignage : « Ex eo (Cosimo) certius didicimus τὰ χρήματα celerioris ereptionis causam fore, dolentis altius R. P. venalem ». (Ambr. Trav. *Odoeporicon*, p. 43.) Qu'importe après cela, que Guadagni, le gonfalonier, ait été retenu chez lui par la maladie, comme il le prouve par documents? M. Gelli n'avoue-t-il pas lui-même que le gonfalonier avait chargé de voter pour lui justement Mariotto Baldovinetti, un autre des personnages achetés? Voy. Gelli, *loc. cit.*, p. 52, et doc., p. 50.

[2] C'est la date donnée par Ammirato (XX, 1090), exact, en général,

jours prudent, il se fit humble et petit. En quelque lieu qu'on l'envoyât, il assurait la ville, le peuple, la seigneurie de son dévouement; il mettait à leur disposition toutes ses richesses[1]. Comme Ormanno en armes occupait toujours la place, de peur qu'il ne lui fît un mauvais parti, le gonfalonier Guadagni attendit la nuit pour le conduire bien escorté à sa propre demeure; il lui donna à souper, il le fit mener à sa destination par deux des Huit de garde[2]. Dans l'intervalle, plusieurs de ses amis l'avaient vu, exhorté même à plus d'énergie. — Seras-tu assez lâche, lui disaient-ils, pour te soumettre à une condamnation injuste? ne crains rien. Compte sur nos bras. — Mais lui, il les remerciait en pleurant, n'étant point d'avis qu'il fallût réparer « une petite erreur par une erreur grande et cruelle[3] ». Il doutait peut-être de leur fermeté, et sûrement de leur nombre. Il pensait surtout, comme ses ennemis eux-mêmes, que son exil ne serait pas de longue durée[4].

pour la chronologie. Cambi (*Del.*, XX, 183) dit le 28, mais sans vraisemblance.

[1] Machiavel, IV, 64 B; Ammirato, XX, 1090. Naturellement, Cosimo, dans ses *Ricordi*, ne souffle mot de ses protestations sans dignité.

[2] *Ric. di Cosimo*, Fabr., Doc., p. 99; Cambi, *Del.*, XX, 183; Cavalcanti, l. IX, c. XXII, t. I, p. 541-44. Sur toute cette affaire Neri Capponi (XVIII, 1180) n'a que treize lignes. Cosimo n'a pas pour ce contemporain la même importance que pour la postérité.

[3] Cavalcanti, l. IX, c. XXII, t. I, p. 542.

[4] Ego autem ut minus sapio admodum diu Cosmum relegationi obnoxium fore auguror. Nam qua arte se ab interitu vindicavit, eadem relegationis jus omne pessumdabit (Filelfo à Aurispa, 13 nov. 1433, dans Carlo de' Rosmini, *Vita del Filelfo*, t. I, p. 141). Le régime oligarchique des Albizzi paraissait « essere molto debole e di natura da non poter durare ». (Vespasiano, *Vita di Agn. Pandolfini*, c. XII. *Spicil. Rom.*, t. I.) Les votes dans les conseils prouvaient le mécontentement public, comme l'affirme M. Guasti, qui a compulsé en détail les documents commis à sa garde. Voy. *Commiss.* LVI *Rin.*, p. 590.

Sa route vers l'exil parut comme triomphale. Sous les yeux de ses deux surveillants, les gens de la montagne de Pistoia lui offraient des cierges et du blé, comme à un ambassadeur. A Modène, le gouverneur vint le saluer, lui donner une escorte. A sa sortie de cet État, un autre gentilhomme du marquis de Ferrare lui offrait des présents. A Venise, le 11 octobre, il fut reçu avec des honneurs infinis. Il alla remercier le Conseil des Dix de ses bons offices, déclarant qu'il leur devait la vie. On mit à sa disposition la ville et ses revenus, on promit de faire demander par les ambassadeurs de la sérénissime République à Florence que l'exilé fût traité, dans la répartition du *catasto*, avec la même faveur que les citoyens de Venise.

A Padoue, lieu fixé pour sa résidence, il fut entouré comme d'une cour. Chacun, à l'envi, lui faisait ses offres de service[1]. Nul ne pouvait oublier la grande figure de son père dans ces contrées, au temps où ce riche marchand y paraissait seul à l'empereur une garantie suffisante des paiements promis par Florence. Et Cosimo était bien supérieur. Tout en continuant de se faire centre d'un monde d'hommes de trafic et d'affaires, il attirait les hommes de lettres et d'art par ses largesses, par le goût sincère ou affecté qu'il montrait pour leurs travaux, par l'intérêt qu'il prenait à la recherche, à la publication des manuscrits, aux collections dispendieuses des précieux restes de l'antiquité. En 1430, quand il fuyait la peste jusqu'à Vérone, on l'avait vu mener à sa suite Niccolò Niccoli, ce lettré si

---

[1] *Ricordi di Cosimo*, Fabr., Doc., p. 99; Cavalcanti, l. IX, c. xxvii, t. I, p. 552.

habile à découvrir des livres grecs ou latins, et Carlo Marsuppini, érudit d'Arezzo, qui fut plus tard secrétaire de la République. Or ce rôle important de Mécène, personne, dans l'oligarchie florentine, n'avait su le prendre avant lui. Cet exilé offrait à la seigneurie de Venise quinze mille ducats pour ses besoins[1].

Obstinée à porter ses regards en arrière, l'oligarchie n'avait pas senti les différences qu'introduisait dans les conditions sociales la marche du temps. Jadis, bannir un marchand, un banquier, un citoyen, c'était consommer sa ruine. Maintenant que les plus riches avaient établi à l'étranger les solides assises de leur richesse, il servait peu de les bannir et même de les mettre à mort, puisqu'ils laissaient des héritiers. De là, du moins, dans les rigueurs inutiles des tempéraments obligés, bien propres à surprendre, si l'on n'en pénétrait l'instinctive et secrète raison. De là aussi, cette politique nouvelle qui, loin de confisquer, comme autrefois, les biens du banni, tenait à ce qu'il conservât dans Florence des intérêts importants, bon moyen d'obtenir qu'il ménageât ses débiteurs, qu'il s'abstînt de leur couper tout crédit sur les diverses places de l'Europe.

D'autre part, les grands intérêts que Cosimo conservait dans sa patrie expliquent en partie comment la persécution le trouva si humble, et, une fois à l'abri, si bienveillant ou si malléable avec ses persécuteurs. Les lettres conciliantes qu'il leur écrivait[2] lui valurent,

---

[1] Sanuto, XXII, 1036.
[2] Noi abbiamo ricevuto vostre lettere... ci pare che i vostri buoni portamenti e la vostra sincera volontà meriti commendatione et lode... (La Seign. à Cosimo et Lorenzo, 20 janv. 1434. Fabr., Doc., p. 87.) Cosmus

en décembre, deux mois après son départ, l'autorisation de circuler sur tout le territoire vénitien, à condition de ne pas s'approcher à plus de cent soixante-dix milles de Florence[1]. Il en profita pour résider à Venise, au monastère bénédictin de San Giorgio. A ses frais il y fit construire ou tout au moins agrandir et décorer d'ornements et de peintures la bibliothèque par les soins de l'architecte Michelozzo[2]. Il en recueillit de la gloire parmi les profanes, et parmi les moines de prodigues bénédictions.

C'est par ces générosités intelligentes qu'il inspirait le respect de son exil, l'amour de sa personne, et qu'à son nom, déjà si grand, il donnait plus de grandeur encore. Ceux qui persistaient à rester ses ennemis devenaient odieux, d'autant plus qu'on répandait avec soin le bruit qu'ils avaient sérieusement voulu lui donner la mort. La confiance, l'audace étaient, comme le nombre, du côté de ses partisans. Désormais, ils formaient légion, car aux associés, aux agents de sa fortune s'ajoutaient les ambitieux qui espéraient de lui la leur,

---

et Laurentius... eo affectu in patriam sunt, ut illam majore constantia quam antea diligant, nihilque succensere videantur suæ ejectionis auctoribus, immo omnes fratrum loco habeant. (Lettre d'Ambrogio Traversari t Camald., datée de Venise. *Ibid.*, p. 86, 87.)

[1] Antonio de Rabatta et Agnolo Pandolfini, au nom d'une pratique de plus de trente citoyens, répondent aux orateurs de Venise, le 24 novembre 1433, par ces paroles qui permettent déjà de pressentir un prochain retour : « Dei fatti di Cosimo molto maggior piacere faremmo a quella signoria che questo ; pure perchè è cosa che ha da passare per deliberazione di molti, non possiamo rispondere riciso ; ma farenne il possibile ». Voy. texte dans *Commiss. Rin.*, app. III, 587, et dans Pellegrini, p. 93.

[2] Une inscription en son honneur témoigne de son initiative en cette circonstance. Voy. Fabroni, p. 42, et doc., p. 86, où il rapporte l'inscription. Cf. Romanin, l. X, c. vii, t. IV, p. 175, et Cicogna, *Iscrizion venez.* IV, 594.

les misérables qui avaient obtenu ses secours ou qui les sollicitaient, qui attendaient tout au moins du travail. Ainsi s'augmentaient fatalement les embarras de l'oligarchie, et le jour ne pouvait être loin, pour Cosimo d'une éclatante revanche.

CHAPITRE IV

CHUTE DE L'OLIGARCHIE.
RETOUR DE COSIMO DES MEDICI.

— 1434-1435, —

Vanité de la victoire remportée par l'oligarchie. — Opposition croissante jusque parmi les *popolani grassi*. — Politique inconsistante : concessions et condamnations. — Le pape Eugène IV à Florence (1434). — Florence, Venise et le pape battus à Imola par les troupes de Milan (28 août). — Conséquences de la défaite pour la domination de l'oligarchie sous une seigneurie favorable à Cosimo (1er sept.). — Complot oligarchique contre cette seigneurie (24 sept). — Rinaldo des Albizzi et ses amis en armes (26 sept). — Défections dans son parti. — Médiation du pape. — Rinaldo à Santa Maria Novella. — Assemblée à parlement (28 sept). — Rappel des exilés (2 oct). — Condamnation des chefs de l'oligarchie à l'exil. — Rentrée de Cosimo à Florence (7 oct). — Opposition à son pouvoir. — Rigueurs contre les opposants (nov.). — Découragement des ennemis de Cosimo. — Cosimo gonfalonier de justice (1er janvier 1435). — Ses vengeances personnelles. — Recrudescence de rigueurs — Caractère de cette révolution.

C'est l'alpha et l'oméga de la sagesse des partis que de chercher leur salut dans l'extermination de leurs adversaires, et, pour parler comme Tacite, la paix dans la solitude. Vains mirages, le salut et la paix les fuient ; mais la leçon ne profite qu'à ceux qui l'ont reçue, et jamais les pères n'en peuvent assurer le profit à leurs fils. Aucune ville plus que Florence n'avait usé et abusé de l'exil, de la confination, de la mort. Combien de fois n'avait-elle pas édicté ces peines en pure perte ! Et voilà qu'elle s'y reprenait une fois de plus ! Elle allait apprendre qu'on ne manie pas toujours les armes dangereuses sans se blesser cruellement.

La faction cosimesque, exaspérée de l'injustice faite à son chef, enhardie de l'accueil qu'il recevait partout et de la vie princière qu'il menait à Venise, eût été moins à craindre si ce chef calme et froid fût resté à Florence pour la contenir[1]. En face d'elle, la faction oligarchique, ne pouvant croire encore à un retour offensif, se déchire de ses propres mains, s'attaque à Rinaldo, voit en lui, comme naguère en Cosimo, un ambitieux, un usurpateur. Force est donc à Rinaldo de se faire petit, de subordonner, quoi qu'il en coûte à son orgueil, ses sentiments à ceux d'autrui[2]. Mais, d'esprit trop absolu pour céder pleinement, il ne fait que des concessions illusoires. On veut l'égalité? Il fait décider qu'aucun citoyen n'aura plus d'autorité qu'un autre, si ce n'est celle qu'il tient de sa condition[3]. C'était retirer de la main droite ce qu'accordait la main gauche. « Ils n'enlevèrent l'état à personne, dit le naïf Vespasiano, mais ils le donnèrent à tous ceux qui le méritaient[4] ». En d'autres termes, les magnats étaient rappelés à la vie publique[5]. Ce fut un sujet de plainte pour les *popolani grassi*, fidèles à leurs haines invétérées, sans être un sujet de contentement pour les magnats eux-mêmes: aigris d'un passé séculaire, ils portaient ailleurs leur

---

[1] Cavalcanti, l. IX, c. viii, ix, xii, t. I, p. 511, 519, 528.

[2] Hec omnia dico, salvo meliori judicio, cum quo semper me confirmabo (30 déc. 1433). — Tamen multi cives adsunt sapientiores, quorum consilium libenter sequar. (20 août 1434. *Commiss.* LVI *Rin.*, III 589, 591-92.)

[3] Vespasiano, *Vita di Cosimo*, § 5, *Spicil. Rom.*, I, 328.

[4] Vespasiano, *Ibid.*, p. 329.

[5] Voy. le doc. dans Gelli, *loc. cit.*, p. 52.

espoir, vers un maître unique, assez fort de ses profondes racines au sol populaire pour établir et supporter une grandeur[1].

Au surplus, la défiance persistante semblait justifier leur attitude. Les propositions de Rinaldo avaient été repoussées (3 octobre 1433), grâce à Mariotto Baldovinetti, aussi acharné contre lui qu'il l'avait été contre Cosimo[2]: les concessions insignifiantes que, sur son avis, les conseils avaient consenties, ne pouvaient rallier les magnats au gouvernement[3]. De même que les conseils, et à leur exemple, la *balie*, créée pour être un instrument, prétendait à quelque indépendance : elle refusait d'exclure des bourses les suspects, les amis de Cosimo[4], et Rinaldo lui-même n'osait les en retirer[5]. A bout d'expédients, il en revenait à cette panacée ridicule de faire jurer aux citoyens, la main sur les sacrés évangiles, qu'ils s'aimeraient entre eux, et qu'ils se gouverneraient selon la justice[6]. Quand les pouvoirs publics en sont réduits là, on les juge mauvais

[1] Voy. les deux discours que Cavalcanti met dans la bouche de Rinaldo proposant de faire rentrer les magnats dans la vie publique, et la réponse de Mariotto Baldovinetti en dissuadant ses concitoyens. (L. IX, c. xxiii-xxv, t. I, p. 544-550). Machiavel (IV, 64 B) a donné un résumé de ces deux discours.

[2] Voy. chapitre précédent, p. 398, n. 3.

[3] Voy. sur ces concessions le texte du doc. dans Pellegrini, p. 98, n. 1.

[4] On peut lire un résumé des actes de la balie dans Pellegrini (p. 94, 95), qui indique les documents. Cf. Boninsegni, p. 48. Suivant Sismondi (V, 472), ce serait à ce moment, et non sans hésitation, qu'on aurait voulu ramener à une étroite oligarchie un gouvernement « essentiellement populaire ! »

[5] Intra noi è di quelli che amano Cosimo non meno che noi; i quali sono rimasi nelle borse, che a volernelí trarre, sarebbe uno svegliamento di molti pericoli. (Paroles prêtées à Rinaldo par Cavalcanti, l. IX, c. xxiii, t. I, p. 545.)

[6] *Consulte* du 22 mai 1434. *Commiss.* LVI Rin., III, 590.

ou ineptes[1], et ceux qui en louent la bonté[2], n'en peuvent dissimuler la faiblesse, l'inexpérience, le désordre, la mauvaise réputation[3].

L'heure a sonné alors des rigueurs sans règle ni mesure, car partout on voit des ennemis. Sont bannis les trois Pucci, « mes principaux amis », écrit Cosimo[4]. Est mis à mort un Volterran, Ser Giovanni Attaviano, coupable d'avoir prévenu Averardo de la captivité de son cousin, en temps utile pour qu'il se dérobât au même sort[5]. Un certain Silvestro Lapi est condamné pour avoir exhorté Puccio Pucci à prendre patience, et dit que « les affaires allaient bien grâce à Dieu[6] », car de telles paroles ne pouvaient être qu'ironiques. Agnolo Acciajuoli est mis au supplice de la corde et relégué pour dix ans à Cosenza ou plus loin, à son gré, vers le levant[7]. Son crime, c'étaient des lettres « sans importance », prétend Cosimo[8], mais où il prédisait le retour de l'exilé,

[1] Neri Capponi, XVIII, 1182 ; Boninsegni, p. 53 ; Jacopo Pitti, *Ist. fior.*, l. l. (*Arch. stor.*, 1ª ser., t. I, p. 16.)

[2] Vespasiano, *Vita di Cosimo*, § 5, *Vita di Palla Strozzi*, § 9. *Spicil. Rom.*, I, 328, 366.

[3] Stando.... senza ordine nelle cose loro e con poca riputazione.... e per esser nuovo modo di governo non da loro mai esperimentato, non lo seppono governare. (Vespasiano, *Vita di Cosimo*, § 5. *Spicil. Rom.*, I, 328. Cf. *Vita di Agn. Pandolfini*, § 12. *Ibid.*, p. 394.)

[4] *Ric. di Cosimo*, Fabr., Doc., p. 99. Voy. le doc., confirmation de la condamnation de Cosimo, 16 déc. dans Gelli, p. 55-57.

[5] 13 oct., 19 nov. 1433. Voy. l'indication des documents dans Pellegrini, p. 92, n. 5.

[6] Priegoti quanto so e posso che con patientia porti questo pondo d'essere stato cacciato di qui.... Li facti di questa nostra città, gratia di Dio, vanno bene al modo usato. (Propos cités dans l'acte de condamnation. *Atti della balia*, 1434, fᵒˢ 14, 15 dans Pellegrini, p. 97, n. 4.)

[7] Vel ultra versus levantem in quocumque loco voluerit. (Bulletin envoyé au capitaine. Pellegrini, p. 97, n. 4.) Naturellement Agnolo aima mieux se rendre à Céphalonie, où sa famille avait une principauté.

[8] *Ricordi di Cosimo*, Fabroni, Doc., p. 100.

où il montrait croissant chaque jour le nombre de ceux qui en concevaient le désir, où il montrait l'occasion dans quelque guerre prochaine, et l'instrument dans Neri Capponi[1]. Du coup, voilà Neri suspect. Deux mois plus tard, en avril 1434, on découvre ou l'on prétend découvrir un complot qu'il aurait ourdi avec Niccolò Valori et Piero Guicciardini, pour obtenir de Cosimo qu'il fît engager Niccolò de Tolentino à la solde des Vénitiens, et qu'il l'envoyât sous les murs de Florence provocateur d'une révolution[2]. La chose, en soi, n'avait rien d'invraisemblable. Déjà, aux derniers mois de l'année précédente, avait éclaté dans les États pontificaux une guerre propre à redoubler la crainte chez les uns, comme chez les autres l'espoir.

Le favori d'Eugène IV, Giovanni Vitelleschi, évêque

---

[1] Cavalcanti, l. IX, c. xxii, xxviii, t. I, p. 541-57; Boninsegni, p. 48; Cambi, *Del.*, XX, 187; Ammirato, XX, 1092. Vespasiano dit qu'un parent d'Agnolo eut le temps de détruire les papiers qui prouvaient la conjuration. (*Vita di Agnolo Pandolfini*, c. i, *Spicil. Rom.*, t. I.) Le 21 févr. 1434, un certain Mario des Medici est confiné pour dix ans à Rome; cause : propos et actes pour troubler l'État. Voy. le doc. dans Gelli, p. 61.

[2] Revolvere statum Florentie (sentence de Domenico des Lamberteschi, 18 nov. 1434. *Commiss. Rin.*, app. III, 659). Cette sentence est rendue, après le retour de Cosimo, contre un ami de Rinaldo. Il n'est donc pas surprenant qu'on y dise que le complot avait été inventé par les gouverneurs. M. Pellegrini (p. 98) tient pour véritable cette assertion, attendu, dit-il, qu'on n'avait plus lieu de chercher des sujets d'accusation contre Rinaldo, déjà confiné depuis le 2 octobre. Mais il est assez naturel que pour justifier la condamnation d'un de ses amis on rappelle les griefs, communs à tous les deux, qui l'ont déjà fait condamner lui-même. M. Gelli (p. 40) tient au contraire le complot pour réel, parce que, dit-il, on a la condamnation et même les aveux des condamnés. Mais que prouve la condamnation prononcée par des vainqueurs, que prouvent même des aveux qu'arrachait la torture ou la crainte de la torture? Voy. aux doc. de Gelli, p. 62. Le plus prudent, en pareille occasion, c'est, pour la critique, de ne rien affirmer, tout en reconnaissant que la chose, comme nous le disons, n'avait rien d'invraisemblable.

de Recanati, gouverneur de la marche d'Ancône[1], avait, par sa cruauté, par sa perfidie, poussé à la rébellion ceux qu'il gouvernait. Pour les soumettre, il n'y avait de forces que celles de Sforza et de Fortebracci, *condottieri* de Milan, licenciés à la paix, et qui démembraient à l'envi les domaines de saint Pierre, pour s'y tailler une principauté. Venise et Florence avaient gagné au pape Sforza, en lui assurant une solde mensuelle de quatre mille ducats, les titres de marquis de Fermo, de vicaire et gonfalonier de l'Église. Mais Fortebracci, plus ami des combats, avait préféré leur devoir des satisfactions qu'il rêvait peut-être supérieures, et tendre la main à Rome révoltée[2]. Eugène IV, menacé jusque dans son palais, n'avait pu que s'enfuir sous une grêle de traits (5 juin), monter, à Civitavecchia, sur une galère florentine, et se rendre à Florence, où le rejoignirent bon nombre de prélats. Il y devait rester longtemps[3].

Les jours étaient loin où la présence du pape doublait la force de ses hôtes. Ils devaient maintenant le défendre contre la rébellion universelle. Bologne, à son tour, s'était soulevée, avait chassé le légat, imploré l'appui de Filippo Maria. Contre les contingents milanais marchèrent aussitôt ceux de Venise et de Florence, conduits par le vieux Niccolò de Tolentino et l'ancien boulanger de Narni, Stefano, surnommé Gattamelata[4].

---

[1] Ce prélat fut plus tard archevêque de Florence et cardinal. Voy. Ughelli, Ciacconi, et *Ricordi di Cosimo*, Fabr., Doc., p. 101.

[2] Russo, XX, 46; Simoneta, XXI, 226; Flavio Biondo, Déc. III, Œuvres complètes, Bâle, 1531; Machiavel, V, 67 B; Ammirato, XX, 1092; Ricotti, III, 56-59; Sismondi, V, 465.

[3] Neri Capponi, XVIII, 1181; *Cron. bol.*, XVIII, 649; Stella, XVII, 1313; Boninsegni, p. 49; *Ric.* de Fil. Rinuccini, p. 64; Ammirato, XX, 1094.

[4] Ammirato, XX, 1093. Gattamelata était un grand ami de Braccio;

Ayant rejoint à Castelbolognese les troupes ecclésiastiques et l'évêque de Recanati, ces deux chefs avaient, contre Piccinino campé à Imola, la supériorité du nombre; mais ils s'affaiblissaient par leurs divisions et reculaient à offrir la bataille. Contraint à l'accepter par un ennemi que rendait audacieux le manque de vivres (28 août), ils furent défaits. Tolentino resta prisonnier avec quatre mille des siens, seule perte des alliés de l'Église, car, selon l'usage peu meurtrier du temps, on n'avait relevé, dans cette journée, que trente blessés et quatre morts[1].

Cet échec aurait dû laisser froids les chefs de l'oligarchie : ils ne pouvaient regretter ce Niccolò de Tolentino qui avait voulu venir au secours de Cosimo prisonnier, et, de fait, ils le regrettaient si peu que Rinaldo passa pour avoir tenté de l'empoisonner[2], ou conseillé tout au moins à Filippo Maria de ne point lui rendre la liberté[3]. Mais les pouvoirs violents et despotiques supportent mal la défaite, et, en outre, l'oligarchie, froissée de la faveur que marquaient à Cosimo exilé les Vénitiens, tendait à s'éloigner d'eux pour s'allier au duc de Milan[4],

---

frappé d'apoplexie en 1440, il mourut à Padoue en 1443. Venise lui érigea une statue équestre. (Ricotti, III, 72, n. 2.)

[1] *Cron. bol.*, XVIII, 651; L. Bruni, *Comment.*, XIX, 957; Simoneta, XXI, 233; Poggio, XX, 384; Bonincontri, XXI, 142; Neri Capponi, XVIII, 1182; Morelli, *Del.*, XIX, 121; Boninsegni, p. 51; Machiavel, V, 67 B. Ammirato (XX, 1097) raconte cette bataille dans un grand détail. Cf. G. B. Poggio, *Vita di Niccolò Piccinino*, p. 153, Venise, 1572, et Ricotti, III, 37.

[2] Matteo Palmieri, Saint-Antonin disent même que Niccolò mourut empoisonné. Palmieri accuse le duc, Saint-Antonin ne rapporte la chose que comme un on dit. Son corps, rapporté à Florence plus tard, y obtint de splendides funérailles. Son portrait équestre se voit encore à S. M. del Fiore.

[3] Voy. Sentence de Domenico des Lamberteschi et Niccolò Barbadori, 18 nov. 1434. *Commiss. Rin.*, app. III, 663.

[4] Ce n'est pas là, semble-t-il, une accusation en l'air. Le document dit

deux griefs que les mécontents, non sans adresse, savaient exploiter.

Déjà leurs murmures avaient forcé Rinaldo de leur faire une concession pénible et périlleuse : le rétablissement du tirage au sort pour la nomination des prieurs. Une seigneurie favorable aux Medici redevenait possible, et, dans leur impatience de savoir à quoi s'en tenir, les meneurs, contrairement à la loi, avaient procédé au tirage, en août 1434, avant les trois derniers jours de la seigneurie en exercice[1]. Or, une majorité de seigneurs favorable à Cosimo était justement sortie des bourses[2] ; on redoutait d'elle les plus horribles entreprises[3]. S'y résignerait-on ? Mieux valait les prévenir, fût-ce par un complot, par un coup d'État. « Poussé par l'esprit diabolique, n'ayant plus Dieu devant l'esprit, mais l'ennemi du genre humain », dirent plus tard des magistrats cosimesques, Domenico Lamberteschi provoqua Rinaldo à réunir ses principaux amis, Niccolò Barbadori, Ridolfo Peruzzi, Andrea Rondinelli, Papino Gianfigliazzi, Piero Castellani et bien d'autres. Il s'agissait de convoquer à parlement le peuple, — un peuple trié, — d'annuler le tirage, de créer une nouvelle seigneurie à l'élection, et

que les négociations eurent lieu au monastère des Anges et que les ambassadeurs du duc donnèrent une promesse formelle. Voy. sentence de Domenico des Lamberteschi, *Commiss. Rin.* app. III, p. 660.

[1] Le fait est certain, puisque c'est la nouvelle de la défaite d'Imola, arrivée à Florence le 29 août, qui troubla le complot provoqué par l'esprit hostile des nouveaux prieurs déjà tirés au sort.

[2] Machiavel (IV, 65 A) dit et Sismondi (V, 472) répète que tous les prieurs étaient pour Cosimo ; mais ils ont prétendu aussi que tous lui étaient contraires dans la seigneurie qui l'avait condamné. Ammirato (XX, 1099) ne parle que de la majorité légale, des deux tiers, bien entendu. L'unanimité est aussi affirmée dans le Priorista Ridolfi (cod. Riccardiano 3112. Le texte est dans Gelli, p. 43, n. 2.)

[3] Cavalcanti, l. X, c. i, t. I, p. 560.

de confiner les opposants. Le gonfalonier sortant, Donato Velluti, se déclarait prêt à faire sonner la cloche. Il n'y a pas deux noms pour ce dessein, c'était bien un coup d'État[1].

Par malheur, Donato Velluti n'avait ni tête ni discrétion[2], et, au milieu de ces arrangements, éclatait comme un coup de foudre la nouvelle d'Imola, qui compliquait singulièrement les délibérations[3]. Que faire devant cette humiliation nouvelle des armes de la Commune? La venger? tel était résolument l'avis de Rinaldo; mais Palla Strozzi, le plus considérable des Florentins après lui, n'était pas d'avis de risquer le tout pour le tout. Paisible et humain, plus porté aux lettres qu'à l'action, il fit prévaloir l'inertie, sous prétexte de prudence, et par là il rendit impossible toute action décisive au dedans[4]. Qui s'abstenait de frapper au dehors ne pouvait, sans une impopularité extrême, destiner ses coups aux citoyens. Il fallait donc se borner à surveiller de très près les nouveaux seigneurs. On convint qu'au premier bruit d'un acte d'eux contraire à l'ordre de choses établi, chacun

---

[1] Voy. Inquisition contre Donato Velluti, doc. dans A. Gelli, *loc. cit.*, p. 62, et contre Niccolò Barbadori, p. 65.

[2] Più volte Donato disse a noi di fare il parlamento e che farebbe e direbbe; ma noi non ci fidamo di sapere suo, che pare uno non sapessi conducere. Di ciò non ne parlavano con D. Velluti, perchè di lui non si fidavano per lo segreto che nollo sapea tenere. (Confession de Niccolò Barbadori, dans le procès qui lui fut fait, 8 nov. 1434. Texte dans Gelli, p. 65.)

[3] Sed in his occurrit rupta Romagne que fuit causa disturbii dicti parlamenti. (Sentence contre Dom. Lamberteschi et Nic. Barbadori. *Commiss. Rin.*, app. III, 657.)

[4] Da M. Palla Strozzi, huomo piutosto di lettere che da civili discordie, fu persuaso il contrario, e fu conchiuso che sempre sarebbono stati a tempo, onde per allora non si fece altro. (Priorista Ridolfi, texte dans Gelli, p. 43; n. 2.)

prendrait les armes et qu'on se réunirait sur la place San Pulinari, derrière le palais, pour se porter de là partout où il conviendrait[1]. C'est l'éternelle histoire des révolutions. Tel gouvernement qui, dans sa période ascendante, n'a manqué de vigueur ni pour se défendre, ni même pour attaquer, cesse, au déclin, d'avoir foi en ses destinées, se montre hésitant à la répression, et succombe à des périls qui, en d'autres temps, ne l'eussent pas effrayé.

Vaincu par ses amis dans l'intimité de leurs conciliabules, et plus que jamais en butte aux haines dont ne le défendait plus une étroite solidarité avec eux, Rinaldo se retire alors dans sa tente. Il est absent aux « pratiques » tenues du 31 août au 24 septembre[2]. On dirait qu'il a jeté le manche après la cognée, et qu'il laisse tristement à un prochain avenir le soin de lui donner raison.

C'est ainsi que put sans obstacle entrer en charge la seigneurie de septembre. « Tous les bons, dit Cosimo, en furent encouragés; ils comprirent que le temps était venu de s'affranchir d'un mauvais gouvernement dont, en vérité, ils étaient tous mécontents[3] ». Il faut bien que les prieurs se sentissent maîtres d'agir, puisque,

---

[1] Cavalcanti, l. X, c. II, t. I, p. 560 ; Machiavel, IV, 65 AB.

[2] Voy. Pellegrini, p. 106. Cet auteur, ne l'oublions pas, a eu tous les documents entre les mains.

[3] *Ric. di Cosimo*, Fabr. Doc., p. 101. A la page 100 Cosimo donne les noms de ces prieurs, qu'on trouve aussi dans Neri Capponi (XVIII, 1163), Morelli (*Del.*, XIX, 134), et dans tous les prioristes avec quelques variantes des noms patronymiques. Trois seulement sont indiqués comme exerçant un métier : un chaussetier, un changeur, un boucher. Le boucher est indiqué dans les *Ricordi* comme représentant les artisans (per artefici). — Le gonfalonier était de petite naissance, car on donne diversement son nom (tous les prioristes et Cavalcanti, l. X, c. I, t. I, p. 559, l'appellent Niccolò di Cocco di Donato); mais il était riche, et avait été maître teinturier avec Filippo Corsini.

dès le lendemain, Niccolò de Cocco, gonfalonier de justice, jetait son prédécesseur aux *Stinche* pour prévarication sur la paye des soldats, pour avoir acheté des créances d'un seigneur de Lunigiana, afin de devenir lui-même créancier de la Commune, et le faisait condamner à y rester jusqu'à pleine restitution[1]. En même temps, ils s'abouchent avec les amis de Cosimo pour préparer son retour, et ils poussent l'audace jusqu'à lui écrire à lui-même. Par leurs soins, le palais est secrètement garni d'armes, de pain et de vin. Mais ces préparatifs transpirent et confirment ce que certaines indiscrétions font pressentir de leurs desseins[2].

Fort émus, les chefs de l'oligarchie se réunissent chez Matteo Strozzi et décident qu'un habitant par quartier sera chargé de recruter les gens « en faveur du seigneur Rinaldo et des siens », et « de faire par la force ce que ne pouvait la parole ». Signe caractéristique de ces temps troublés, quelques-unes des réunions de ces mécontents qui sont désormais l'opposition, se font sur la place même de la seigneurie, en quelque sorte sous les yeux des seigneurs[3].

---

[1] Platina, *Vita Neri Capponii*, R. I. S. XX, 493; Neri Capponi, XVIII. 1182; Cambi, *Del.*, XX, 192; Cavalcanti, l. X, c. IV, t. I, p. 563. M. Gelli (p. 44, n. 1) indique les registres des Archives où se trouvent les pièces de ce procès.

[2] Cambi, *Del.*, XX, 193; Cavalcanti, l. X, c. VI, t, I, p. 568-70; Machiavel, IV, 65 B; Pignotti, l. IV, c. IX, t. VI, p. 50. — Cavalcanti prétend, et Machiavel le répète après lui, que la nouvelle seigneurie cita à comparaître devant elle Rinaldo et ses amis Peruzzi, Barbadori; mais le moyen employé par eux contre Cosimo les aurait trouvés trop défiants pour qu'on puisse croire qu'il ait été employé. D'ailleurs Morelli (*Del.*, XIX, 121), Boninsegni (p. 53), Neri Capponi (XVIII, 1182), Vespasiano (*Vita di Cosimo*, § 5, *Spicil. Rom.*, I, 329) ne disent rien de semblable.

[3] In circulis super platea Dominorum. (Sentence contre Dom. Lamberteschi. *Comm. Rin.*, app. III, 658.)

Le vendredi 24 septembre, les plans de l'action étaient arrêtés. Vingt-cinq ou trente jeunes gens, portant des armes sous leurs manteaux, devaient se faire livrer une porte du palais par les amis que l'oligarchie comptait encore dans les collèges, ou par un *fante* de Pistoia à qui l'on avait promis de remplir son bonnet de florins[1]. Ridolfo Peruzzi occuperait solidement cette porte, s'emparerait des autres et de la tour, afin qu'on ne pût mettre la cloche en branle, et appeler le peuple à la défense des nouveaux offices. Quatre délégués, désignés par leurs noms, devaient, avec les forces des quartiers, soutenir ce coup de main. Pendant la nuit, on brûlerait les maisons de Piero Guicciardini, Niccolò Valori, Alamanno Salviati, celles des Alessandri et des Medici. Si les seigneurs résistaient, on les renverrait chez eux; au besoin, on les confinerait, on les tuerait avec leur séquelle, et l'on en créerait d'autres[2]. Les *ciompi*, tant honnis, ont fait école, et pour disciples, ils ont leurs vainqueurs.

Le samedi 25 et le dimanche 26, bon nombre de conjurés se tenant en réserve dans l'église de San Piero Maggiore, les autres tentèrent vainement de s'emparer du palais, selon le plan arrêté. Le *fante* de Pistoia, paraît-il, avait averti Neri Capponi, et celui-ci la seigneurie[3].

Il fallait dès lors renoncer à la ruse, recourir à la force, se rassembler sur la place de San Pulinari.

---

[1] Sur ce fait du *fante*, voy. les sources indiquées dans Gelli, p. 45, n. 1.
[2] Sentence de Dom. Lamberteschi, *Commiss. Rin.*, app. III, 657-59; Cambi, *Del.*, XX, 193; Cavalcanti, l. X, c. v, t. I, p. 565-68.
[3] Voy. Gelli, p. 45.

C'était la partie aisée du programme. Mais parviendrait-on à s'emparer d'une porte du palais et de la porte San Giorgio aux remparts? Suffirait-il de rappeler par lettres aux fils de Tolentino qu'ils étaient stipendiés pour défendre la République à l'extérieur, non pour se mêler à ses discordes intestines? Si sur cette injonction ils ne rebroussaient pas chemin, — car déjà ils étaient en marche pour prêter main-forte à la seigneurie, — les conjurés se voyaient contraints de s'affaiblir, pour protéger contre eux, dans le val d'Arno, les approches de Florence. Resterait, enfin, les fils des seigneurs étant pris pour otages, à favoriser le coup de main par l'incendie, selon la théorie consacrée de l'insurrection[1].

Du moment qu'on voulait agir, on retrouvait Rinaldo. Le 26 septembre, il était sur pied, prêt à couper toutes les issues avec les six cents hommes qui avaient répondu à son appel[2]. Il attendait divers renforts du Mugello[3], et, pour soulever la ville, il évoquait les souvenirs de 1378, il accusait la seigneurie de vouloir rétablir le gouvernement populaire[4]. Mais les auxiliaires du dehors étaient lents à venir, et plus encore ceux du dedans : le noyau en était déjà insuffisant, et les abstentions, des défections éclatantes l'empêchaient de s'accroître. Giovanni Guic-

---

[1] Les mêmes.
[2] *Ric. di Cosimo*, Fabr. Doc., p. 101 ; Cavalcanti, *loc. cit.* — Cambi (Del., XX, 194) dit 800 hommes.
[3] Voy. les détails, les noms, les sources dans Gelli, p. 45, et deux documents, inquisitions contre deux fauteurs de Rinaldo, l'un du dehors, l'autre du dedans, p. 62, 63.
[4] A dì 26, si levò in arme la famiglia de' Peruzzi e altri avendo inteso dire che la signoria voleva mettere il governo popolare, ma papa Eugenio che si trovava in Firenze si rimediò. (*Ricordi di Firenze* ajoutés à la chron. ms. de B. Dei, et Priorista Marucelli, codd. magliab. et marucell. dans Gelli, p. 45, n. 3.)

ciardini ne paraissant point, Rinaldo l'envoie querir, et il répond qu'il rendra plus de services en restant chez lui, car il empêchera ainsi son frère Piero de se porter au secours de la seigneurie[1]. Palla Strozzi, qu'Agnolo Pandolfini exhorte à ne point bouger[2], ne répond aux instances de Rinaldo que tardivement, sans armes, suivi de deux hommes à pied, et il profite d'une rude gourmade que lui attire cet insuffisant appareil, pour tourner tête sur queue, pour rentrer au logis[3]. Du côté de la révolte sont bien les Guasconi, les Raffacani, les Arrigucci, quelques-uns des Bardi, des Serragli, des Gianfigliazzi, des Castellani ; mais notons ce mot « quelques-uns » : les familles, en effet, ne marchaient plus unies comme aux anciens temps. Rinaldo n'était pas plus d'accord avec son frère que Giovanni Guicciardini avec le sien : ayant pris femme parmi les Medici[4], Luca des Albizzi se prononçait pour Cosimo et la Seigneurie, avec Niccolò Valori, Nerone Dietisalvi, les Martelli, les Ginori, les Corbinelli, les Minerbetti, les Alessandri, les Pitti, les Capponi, sauf pourtant Neri Capponi et Giannozzo Pitti qui, en hommes prudents, s'étaient retirés sur la riante colline de Bellosguardo, au sud de la ville, et attendaient l'événement

---

[1] Jacopo Pitti, *Ist. fior.*, l. I, *Arch. stor.*, 1ª ser., t. IV, p. 17; Cavalcanti, l. X, c. vii, t. I, p. 573.

[2] Vespasiano, *Vita di Agn. Pandolfini*, § 12, *Spicil. Rom.*, I, 394.

[3] Jacopo Pitti, *Ibid.*, Cavalcanti, *Ibid.*, p. 572. Vespasiano (*Vita di P. Strozzi*, § 9, *Spicil. Rom.*, I, 367) dit qu'il ne vint même pas. Une vie manuscrite de Palla, écrite, ainsi que plusieurs autres de la famille, par Lorenzo Strozzi, frère de Filippo, attribue à une invention de Machiavel ce ridicule jeté sur Palla. L'inventeur, en ce cas, serait Cavalcanti ; mais quelle autorité peut avoir la dénégation d'un Strozzi justifiant un Strozzi? La sentence contre Lamberteschi affirme la retraite de plusieurs : « Videntes populum cum eis non assistere, imo continuo ab eis nonnullos recedere.... » (*Commiss. Rin.*, app. III, 659.)

[4] Voy. Litta, *Famiglie celebri italiane*.

pour se prononcer[1]. Tous ces cosimesques, anciens ou récents, étaient pleins de confiance et d'ardeur. Ils affluaient au palais, sur la place, au débouché des rues, pour parer à tout mouvement offensif, tandis que Rinaldo, trop faible pour agir, attendait, une longue journée, des renforts de l'extérieur[2].

C'était la perte de sa cause. Quoi de plus pitoyable que de se mettre en mouvement pour l'attaque et de ne pas attaquer? L'adversaire est bientôt en défense, les amis fervents deviennent tièdes, et les tièdes se refroidissent tout à fait. Cependant, la seigneurie louvoie encore. Elle charge trois citoyens, des moins engagés dans la lutte, Pagolo Rucellai, Bernardo Giugni, Niccolò Serragli, de protester en son nom qu'elle n'avait rien fait qui motivât une prise d'armes, qu'on lui prêtait à tort le dessein de rappeler Cosimo. Double mensonge, assurément, mais qui portait coup. En effet, Ridolfo Peruzzi n'hésitait point à dire que si Cosimo ne revenait pas, il se tenait, quant à lui, pour content[3], et le pape Eugène IV, qui résidait toujours à Santa Maria Novella, prenait texte de ces déclarations pour se poser en médiateur.

Dans le principe, il dut prendre au sérieux son rôle, ou tout au moins affecter l'impartialité, car les auteurs parlent très diversement de son intervention[4]; mais, en

---

[1] On a vu plus haut (p. 416) que Neri Capponi avait donné un bon avis à la seigneurie. C'était bien se prononcer un peu, mais cela n'excluait point une prudente abstension de la bagarre.

[2] Neri Capponi, XVIII, 1182; Boninsegni, p. 53, 54; Jacopo Pitti, l. I, p. 18; Machiavel, IV, 65 B; Ammirato XX, 1100. Machiavel prétend que les prieurs étaient ahuris, qu'ils ne savaient que faire. C'est bien peu croyable. Ils avaient un but précis, le rappel de Cosimo, et ils voyaient le découragement, les défections dans les rangs de leurs adversaires.

[3] Machiavel, IV, 66 A; Ammirato, XX, 1100.

[4] Vespasiano (*Vita d'Eugenio IV*, § 5; Cf. *Vita di Cosimo*, § 5, Spi-

fait, il avait ses préférences. Il envoya son légat Vitelleschi, « grand ami de Cosimo[1] », successivement à la place San Pulinari et au palais. En inspirant à Rinaldo des craintes pour sa sûreté, Vitelleschi le jeta dans les bras du pape avec son fils Ormanno, ses amis Peruzzi et Barbadori, avec « toute sa bande », s'il faut en croire Cavalcanti. Déjà l'on voyait la tête de colonne à la rue des *Servi*, que la queue était encore à San Pulinari. Sur leur route, vers Santa Maria Novella, ces gens voulaient mettre le feu aux maisons des Martelli, qui essayaient de leur disputer le passage[2]. Piero Cavalcanti retint le bras qui brandissait la torche[3].

A la vue de tout ce monde, Eugène IV versa d'abondantes larmes, et « Rinaldo ne s'aperçut pas que ces larmes et celles du crocodile partaient de la même source[4] ». Il consentit à jurer que lui et les siens ne quitteraient plus Santa Maria Novella, et à envoyer l'ordre partout de poser les armes. Pas n'était besoin de cet ordre : la retraite significative du commandement dans un asile inviolable les faisait tomber de toutes les

---

cit. Rom., I, 329), Naldo Naldi (*Jannotii Manetti vita*, R. I. S. XX, 544) représentent le pape comme fort irrité d'avoir été trompé par la seigneurie. Cavalcanti (l. X, c. xii, t. I, p. 587 ; l. XII, c. ii, t. II, p. 35), Cambi (*Del.*, XX, 196-98) parlent tout autrement. On peut voir ces textes réunis dans Pellegrini (p. 108), qui discute la question. Neri Capponi (XVIII, 1163) prête au pape l'intention d'acquérir Florence ; mais Eugène IV n'était pas assez puissant pour qu'on pût acheter d'un tel prix son concours.

[1] Il quale era molto mio amico. (*Ric. di Cosimo*, Fabr. Doc., p. 101.) Pellegrini (p. 109, n. 2) cite d'autres textes qui confirment ces relations amicales.

[2] Sendo a San Giovanni, e Martelli uscirono fuori e chontrassino loro la via e vennono a battaglia cittadinesca. (Ben. Dei, Chron. ms. dans Gelli, p. 46, n° 2.)

[3] Cavalcanti, l. X, c. xi, t. I, p. 583-84 ; Cambi, *Del.*, XX, 194.

[4] Cavalcanti, l X, c. xii, t. I, p. 586.

mains[1]. Rebelles puisqu'ils n'étaient pas vainqueurs, les amis de l'oligarchie, s'ils pouvaient espérer leur grâce, n'avaient plus qu'à se soumettre. C'est ce qu'ils firent. Sollicités de reprendre les armes, ils répondirent qu'ils resteraient à Santa Maria Novella, l'ayant promis au pape[2]. Ridolfo Peruzzi, quoique en sûreté dans ce couvent, en sortit, le jour d'après, pour aller au palais faire sa soumission, et la seigneurie lui promit qu'il serait plus grand qu'il n'avait jamais été[3] ». A bon entendeur salut.

Beaucoup d'autres l'imitèrent, mais non Rinaldo. De sa fougue obstinée on pouvait donc craindre quelque nouveau coup de tête, et la sagesse commandait de se mettre en mesure. Dans la nuit du 27 au 28 septembre, les prieurs firent venir de la montagne de Pistoia et du Mugello plus de trois mille *fanti* et la compagnie de Tolentino[4] ; ils les établirent fortement sur la place du palais, au *Mercato nuovo*, au *Mercato vecchio*, puis, le 28, ils jouèrent l'invariable comédie de sonner à parlement[5], d'entourer d'hommes d'armes, au pied de la

[1] *Ric. di Cosimo*, Fabr., Doc., p. 101; Cambi, *Del.*, XX, 194; Cavalcanti, t. X, c. x, t. I, p. 580-83; Neri Capponi, XVIII, 1182; Boninsegni, p. 54; Machiavel, IV, 66 A; Ammirato, XX, 1100.

[2] Ancora il lundi andai a S. M. Nov. a Ridolfo e M. Rinaldo dicendo questi signori vogliono fare novità, che fate voi che non venite voi a casa a pigliare l'arme, lor responso qui ci conviene stare perchè al papa è promesso. (Confession de Nic. Barbadori, dans Gelli, p. 66.)

[3] Cavalcanti, l. X, c. ix, t. I, p. 578-80.

[4] *Ric. di Cosimo*, Fabr., Doc., p. 102; Cavalcanti, l. X, c. xiii, t. I, p. 587; Cambi, *Del.*, XX, 195.

[5] Cambi (*Del.*, XX, 195) dit le 29, mais Morelli (*Del.* XIX, 121), Boninsegni (p. 54) et Ammirato (XX, 1101) sont d'accord sur le 28, qui est bien plus probable, car on ne trouve nulle part aucune indication de ce qui se serait passé dans cette journée, si le parlement avait différé de vingt-quatre heures ; et, en pareilles circonstances, les minutes sont précieuses.

ringhiera, un public trié sur le volet[1], d'imposer une nouvelle *balie* de trois cent vingt personnes environ, qui annulait toutes les autres depuis 1393[2]. Le légat Vitelleschi, l'évêque de Tarentaise, l'évêque de Concordia, celui-ci neveu du pape, maître de sa chambre et son trésorier, assistaient les seigneurs : l'hôte de Rinaldo ne tenait plus la balance égale, le Saint-Siège se tournait empressé vers le soleil levant[3]. D'un pouvoir nouveau et prochainement fort il espérait du secours dans ses embarras propres, et le renouvellement de la ligue avec Venise contre le Visconti[4].

Sans scruter ses motifs secrets, la seigneurie reconnaissante envoya (1er octobre) le gonfalonier de justice et un des prieurs porter au pape leurs remercîments. A la tête de l'escorte, composée de quatre cents *fanti* bien armés, marchaient Luca, le frère de Rinaldo, et Neri Capponi, qui jugeait passée l'heure de la réserve. Dans cette conférence, qui n'était pas, d'ailleurs, de pure cérémonie, on tomba aisément d'accord sur le rappel de l'exilé et des siens. Le débat fut plus long pour conjurer les mesures de rigueur[5], mais Eugène IV finit par obtenir

---

[1] Cosimo, intéressé à mentir, dit que tout le peuple y était. (*Ric. di Cos. Fabr.*, Doc., p. 102.)

[2] Voy. 321 noms dans *Ric.* de Fil. Rinuccini (p. 65-71), et 341 dans Cavalcanti (l. X, c. xiv, t. I, p. 589-97). Boninsegni (p. 54) dit 320. Morelli (*Del.*, XIX, 121), Cambi (*Del.*, XX, 195), Ammirato (XX, 1101) 350 ; Jacopo Pitti (l. I, *Arch. stor.*, 1ᵉ ser., I, 18), 380.

[3] Cambi, *Del.*, XX, 195; Boninsegni, p. 54; Machiavel, IV, 66 A; Ammirato, XX, 1101.

[4] Non parva item rebus pontificiis accessio fuit Cosmi et Laurentii Medi ceorum in patriam revocatio... Novi in magistratibus suffecti sunt cives, qui rebus Ecclesiæ Venetorumque consensu maximo studuerunt. (Biondo Flavio, *Historiarum* Dec. III, l. VI, p. 689.)

[5] E sarebbono capitati peggio, se non fosse l'aiuto che hebbono dal papa. (Boninsegni, p. 55.)

des promesses de clémence[1]. Ainsi il n'y eut aucune effusion de sang, ou, comme on disait alors, « aucun scandale[2] ». Jamais Florence n'avait vu le pouvoir passer d'un parti à l'autre avec moins de maux et de commotions.

Tout pourtant n'était pas dit encore, et la preuve qu'on craignait quelque revanche des vaincus de la veille, c'est qu'ayant à soumettre au vote des conseils le rappel des exilés, l'opération eut lieu sous l'œil de bon nombre d'hommes d'armes auxquels commandait un des Medici, et Bartolommeo des Orlandini, qui comptait parmi leurs âmes damnées. La précaution n'était pas inutile, car, jusque sous la pointe du glaive, quelques collèges marquèrent leur opposition (2 octobre)[3]. Tous les membres de la famille un moment proscrite n'en rentrèrent pas moins dans la jouissance de leurs droits; mais pour que cette réparation ne parût pas provenir de l'esprit de coterie, on l'étendit à de plus anciennes victimes, aux infortunés Alberti[4].

Quant aux chefs de l'oligarchie, ils ne pouvaient échapper à leur sort. *Patere legem quam fecisti*. Rinaldo

---

[1] Un peu plus tard, Eugène IV disait que verser le sang, ce serait lui manquer de foi (Ammirato, XX, 1102). Peut-être pensait-il à un jeune membre du collège des *buonuomini*, Bartolommeo des Cresci, qui, ayant essayé de provoquer des troubles contre le parlement et la balie, avait été incarcéré, puis trouvé pendu par une courroie aux barreaux d'une fenêtre. Cavalcanti dit (l. X, c. xv, t. I, p. 598) que la mort n'était point volontaire. Boninsegni (p. 64) et Ammirato (XX, 1102) ne parlent que de suicide.

[2] Cavalcanti, l. X, c. xiii, t. I, p. 588; Cambi, *Del.*, XX, 195.

[3] Cavalcanti, l. X, c. xv, t. I, p. 598. Cosimo prétend qu'il n'y eut que quatre fèves blanches. *Ric. di Cos. Fabr. Doc.*, p. 102.

[4] Provision de la *Balie*, dans Fabroni, Doc., p. 91. Morelli, *Del.*, XIX, 121, Cambi, *Del.*, XX, 196; Boninsegni, p. 55.

avait reçu du pape la promesse qu'il serait respecté[1]; mais nous sommes au siècle des parjures, et c'est celui-là, peut-être, qui causa le déplaisir prêté par quelques auteurs à Eugène IV. Les deux plus grands des Albizzi, Rinaldo et son fils Ormanno, furent confinés pour huit ans à cent milles, sous caution, l'un de quatre mille florins d'or, l'autre de deux mille, le lieu de leur résidence restant à leur choix[2]. Bientôt, au reste, comme pour Cosimo naguères, on aggrava ces peines : la durée en fut portée à dix ans; le père dut résider à Naples, et le fils à Gaëte (3 novembre)[3]. En quittant Florence, — et c'était pour toujours, — Rinaldo reconnaissait, non sans amertume, qu'il ne devait s'en prendre qu'à lui-même, ayant cru que ceux qu'il avait privés de leur patrie pourraient l'y laisser[4]. Sa famille fit souche à Gaëte, à Cesena[5]. Niccolò Barbadori et même Ridolfo Peruzzi, malgré l'amende honorable que celui-ci avait faite, malgré les belles promesses qu'il avait reçues, furent confinés pour trois ans, leurs fils et descendants *posti a sedere*, privés de leurs droits civiques[6].

[1] Cavalcanti, l. X, c. xix, t. I, p. 608.
[2] Voy. le doc. dans *Commiss. Rin.*, app. VIII, t. III, 651-53. — Suivent des actes en date des 12, 20, 28 oct., par lesquels Rinaldo et Ormanno déclarent choisir pour lieu de résidence Jesi, Matelica, Montalbodo (Marche d'Ancône).
[3] *Ibid.*, p. 655. Le doc. ne donne aucun motif. Le 13 novembre, la balie permettait à Rinaldo de se transférer de Naples à Trani. *Ibid.*
[4] Cavalcanti, l. X, c. xix, t. I, p. 608.
[5] Ammirato, XX, 1102.
[6] Neri Capponi, XVIII, 1182; Morelli, *Del.* XIX, 122; Boninsegni, p. 55, 60; L. Bruni, *Comment.*, XIX, 937; Cavalcanti, l. X, c. xvi, t. I, p. 600-603; Filippo des Nerli, *Commentarii de' fatti civili occorsi dentro la città di Firenze dal 1215 al 1537.* Augsbourg, 1728; l. II, p. 43. Cet auteur est sénateur et courtisan détestable des Médici. Il est sec et bref, ne parle guère que de ce qui est ou de ce qu'il croit à leur honneur; Machiavel, IV, 66 B; Ammirato, XX, 1102.

Commencées le 2 octobre, ces condamnations se prolongèrent un mois et plus. On savait, par l'exemple de l'oligarchie, que des pouvoirs nouveaux, s'ils veulent s'affermir, doivent être durs. On le fut sans scrupules, sans miséricorde. Il suffira d'avoir mal parlé du gouvernement pour être enfermé aux *Stinche.* Huit citoyens, pour ce motif, auront ce sort en peu de mois[1]. Et ce n'est là qu'un commencement. La bonté, la douceur des Medici n'est, pour ces premiers temps du moins, qu'une légende, on ne tardera pas à le voir.

Depuis un mois, Cosimo était assailli, à Venise, de lettres, d'exprès, d'amis, de parents, qui le venaient solliciter de se rapprocher de Florence, afin qu'on lui en pût, au premier soulèvement, ouvrir les portes. Lui, toujours circonspect, il avait attendu des invitations formelles de la seigneurie; il ne s'était mis en route que le 29 septembre, sans savoir encore que ses ennemis, pressentant sa venue, avaient pris les armes le 26. Il l'apprit en chemin, et, le 5 octobre, il mettait le pied sur le territoire[2]. La veille, on avait nommé dix *accoppiatori,* dont cinq pris parmi les prieurs, pour procéder, avec la prestidigitation habituelle, aux tirages dans les bourses[3]. Nulle surprise n'était donc à craindre, et le retour fut un triomphe, comme l'avait été le départ.

D'habitudes volontairement modestes, Cosimo ne recherchait point ces démonstrations. Pour les éviter, il passait même devant Pistoia sans y entrer; mais la population accourut en foule, curieuse de le voir,

[1] Boninsegni, p. 61.
[2] *Ric. di Cosimo,* Fabr. Doc., p. 102.
[3] Morelli, *Del.,* XIX, 122; Boninsegni, p. 55.

empressée à le saluer. Le 6, il dînait chez lui à Careggi, et y recevait nombre de Florentins, bons courtisans. Il attendit là que les seigneurs eussent réglé le cérémonial de son entrée. Selon leur vœu et le sien, il se détourna de la *Via Larga*, où la multitude se portait à sa rencontre, longea les murs de la ville, et s'alla cacher dans une auberge obscure jusqu'au lendemain matin[1].

Ces détails, qu'il nous donne lui-même, réduisent à néant la pompeuse fable de sa rentrée à grand fracas, telle que ses panégyristes l'ont accréditée dans leurs écrits. En parlant de lui, on invente, on brouille les temps comme à plaisir. C'est plus tard, quoi qu'en dise Machiavel[2], qu'on s'avisa de le proclamer bienfaiteur du peuple et père de la patrie, de le peindre à fresque sur les murs d'un de ses palais (Poggio a Cajano), rentrant à Florence comme Cicéron à Rome, porté sur les épaules de toute l'Italie[3]. A l'heure du retour il comptait encore trop d'adversaires, il était depuis trop peu de temps le maître pour qu'on pût faire accepter ces magnifiques appellations. Loin de là, en cette même année, un ami des Albizzi écrivait librement sur lui des vers aussi malveillants que bourrés d'incohérentes métaphores. Il l'appelait « inique et perfide tyran, de colombe devenu faucon, tenant sous ses pieds, par la force et la ruse, la seigneurie qu'il abaissera de plus en plus. Que la seigneurie demande assistance et on prendra le loup vivant[4] ».

---

[1] *Ric. di Cosimo*, Fabr. Doc., p. 102, 103.
[2] Machiavel, IV, 66 B.
[3] Pignotti, l. IV, c. ix, t. VI, p. 53 ; G. Capponi, I, 527.
[4] Vers publiés parmi ceux de Burchiello à qui ils ont été attribués, et dans *Commiss. Rin.*, app. VII, t. III, p. 649.

La seigneurie ne demanda point assistance, et celui qu'on appelle ici le loup, ailleurs et plus souvent le renard, ne risquait plus guère d'être pris vivant par ses ennemis. C'est lui, ce sont les prieurs à ses ordres qui prennent vivants les ennemis de la veille, qui en purgent par l'exil le sol florentin, et qui parfois mettront à mort les attardés d'une opposition impuissante.

La seigneurie de septembre avait condamné, confiné trente et un citoyens[1]. La seigneurie de novembre, nommée « à la main » par les *accoppiatori* récemment désignés[2], allait continuer l'œuvre, et, cette fois, sans crainte du lendemain obscur qu'on redoutait tous les deux mois, au renouvellement du principal office : en y faisant nommer par ces commodes *accoppiatori*, on avait toutes garanties contre les caprices du sort[3].

Ces prieurs de novembre étaient des hommes colériques, et leur chef, le gonfalonier Andrea Minerbetti, avait renom d'audacieux, plus que de raisonnable[4]. Dès le lendemain de leur installation, stimulés par une *consulte* tenue le 1ᵉʳ novembre[5], ils convoquaient une pratique de cinquante-huit citoyens, dont Luca des Albizzi, Neri Capponi, Niccolò Valori et Cosimo des

---

[1] 10, 11, 20, 25 oct. Voy. Morelli, *Del.*, XIX, 123.

[2] 29 oct. Feciono e signori a mano. (*Ibid.*, p. 124.) Questi signori sono e primi fatti a mano dagli achopiatori fatti per la balìa dell' anno 1434. (Cambi, *Del.*, XX, 199.)

[3] Ordinatum est quod quidam ex civibus dicti Accopiatores ex imbursationibus civium in officio prioratus certo modo assumerentur, quasi in potestate eorum constituto quis ad officium illud vocaretur. Quod per plures annos secutum est. (S. Antonin, tit. XXII, c. ix, tome III, p. 524.)

[4] Cavalcanti, l. X, c. xx, t. I, p. 611. Cet auteur admire Cosimo, mais blâme l'usage qu'il fit de sa victoire.

[5] Voy. le doc. dans Gelli, p. 66. Tous les jours suivants, les *consulte* se multiplient, et mâchent en quelque sorte les morceaux aux nouveaux prieurs. *Ibid.*, p. 67 et suiv.

Medici, devant qui s'effacent tous ses collègues. Il y paraît bien au désaccord entre les paroles et les actes, lequel est la caractéristique du nouveau maître. Les paroles sonnent clémence : si la culpabilité est certaine des révoltés de San Pulinari, on ne saurait punir tous les coupables; il faut se borner aux chefs, et encore ne frapper qu'avec miséricorde[1]. Mais les actes sont des mesures de compression. Les Huit de garde reçoivent « balie de sang » sur quiconque agira ou parlera contre « les gouverneurs »; et plus d'un malheureux, pour de simples propos, fut frappé de mort ou d'exil entre la rentrée de Cosimo et la fin de l'année[2]. On aggrave les précédentes condamnations. Des lois très fortes sont rendues pour qu'aucun confiné ne puisse échanger des missives[3], être rappelé : le rappel ne sera point prononcé, s'il ne réunit trente-quatre fèves noires sur trente-sept votants dans la seigneurie et ses collèges[4]. A la moindre excursion hors de sa résidence, l'exilé est en rupture de ban, par conséquent rebelle, condamné dans ses biens, lesquels sont vendus à vil prix aux partisans du nouvel ordre de choses. Des familles entières perdent leurs droits civiques : Peruzzi, Rondinelli, Guasconi, Castellini, Corsi, beaucoup des Bardi, des Frescobaldi, des Ricasoli, entrent ou rentrent, d'un trait de plume, dans la catégorie des grands[5].

---

[1] *Commiss. Rin.*, app., VIII, t. III, p. 650-51.
[2] Boninsegni, p. 61; Cavalcanti, l. X, c. xx-xxv, t. I, p. 611-630.
[3] Boninsegni, p. 61.
[4] Cambi, *Del.*, XX, 205; Machiavel, V, 68 B. — Quelques auteurs disent 36, mais les collèges sont en nombre pair, et la seigneurie seule en nombre impair avec son gonfalonier. Le total est donc impair nécessairement.
[5] Boninsegni, p. 61.

Chaque jour des deux derniers mois de l'année et d'une seigneurie introuvable ou plutôt comme on va en trouver beaucoup, est marqué par des condamnations « aux infernales et fétides *Stinche*[1] », à de grosses sommes d'argent[2]. Des femmes folles, des enfants dans les langes ou même encore à naître sont enveloppés dans la proscription[3]. Parmi tant de sentences iniques, aucune ne le parut plus que celle du sexagénaire, de l'inoffensif Palla Strozzi. On ne l'avait point vu sur la place, en 1433, quand fut exilé Cosimo, et il avait été membre de la *balie* qui le rappelait. Il n'en fut pas moins condamné, le 10 novembre, à dix ans de relégation à Padoue, et quoiqu'il dût vivre vingt ans encore, jamais il ne revit sa maison, sa patrie[4]. On ne lui reprochait rien, mais Cosimo, on l'avouait, ne voulait plus l'avoir devant les yeux[5]. Ce n'est pas là, dit judicieusement notre contemporain Gino Capponi, un des actes qui ont pu mériter à Cosimo le titre de protecteur des lettres et de père de la patrie[6].

Qu'on ne s'y trompe pas, en effet, c'est bien lui qui exige ces sacrifices d'hommes. Aux amis qui en expriment le regret, il répond sans vergogne : Mieux

---

[1] Mot de Cavalcanti (l. XII, c. III, t. II, p. 38), qui les connaissait bien pour y avoir été enfermé, d'aucuns disent depuis 1427, jusqu'en 1441, date à laquelle il parle de sa sortie comme récente. (*Seconda storia*, c. I, t. II, p. 155.)

[2] Cavalcanti, l. X, c. xx, t. I, p. 611-614; Ammirato, XX, 1102.

[3] G. Capponi, *Stor. di Fir.*, II, 3.

[4] Cavalcanti, l. X, c. xvi, t. I, p. 600-603; Nerli, l. II, p. 43; Machiavel, IV, 66 B; Ammirato, XX, 1102; Guasti, *Lettere di una gentild.*, proemio, p. 12.

[5] Per non se lo vedere dinanzi. (Vespasiano, *Vita di Palla Strozzi*, § 12. *Spicil. Rom.*, I, 370.)

[6] G. Capponi, *Stor. di Fir.*, II, 4.

vaut cité dévastée que cité perdue[1]. Il n'y mit momentanément un terme que lorsqu'il fut gonfalonier de justice (1er janvier 1435), et il ne le fut que parce qu'il voulait l'être. Durant ces deux mois, il se vante de n'avoir confiné personne, fait de mal à personne, d'avoir même transformé en prison perpétuelle, — clémence très-relative, — la sentence de mort rendue contre Francesco Guadagni et autres qui étaient aux mains du capitaine de la *balie*, d'avoir enfin licencié les *fanti* qui gardaient la place[2]. Ce dernier mot montre assez qu'il se croyait hors d'atteinte, et en état de jouer la mansuétude. Ne prendre la principale charge publique qu'à cette heure était une souveraine marque d'astucieuse habileté.

Déjà il en avait donné d'autre sorte. On l'entendait souvent dire que pour maintenir un état nouveau il faut des hommes nouveaux, et qu'avec sept ou huit aunes de pourpre, on peut, chaque jour, créer de nombreux citoyens[3]. Conséquent à sa maxime, il en crée. Il procède, sur le conseil de Pucci, par faveurs particulières qui rendent ceux qui les reçoivent plus particulièrement obligés, et qu'il éparpille dans une période assez longue; ainsi tout s'est réduit en poussière autour de lui. A ceux qui se déclarent ses partisans, il prodigue l'or pour marier leurs filles et acheter des terres[4]. Il appelle à la

---

[1] Mich. Bruto, l. I, dans Burmann, t. VIII, part, I p. 11; Ammirato, XXI, 4.

[2] *Ric. di Cosimo*, Fabr. Doc., p. 103, 104; Cavalcanti, l. X, c. xxi, t. I, p. 614-620.

[3] Mich. Bruto, l. I, dans Burmann, t. VIII, part. I, p. 11; Ammirato, XXI, 4. « Due canne di rosato », dit Ammirato. Les Florentins portaient un court vêtement de dessus de couleur rouge, ou, sur ce vêtement, une bande rouge, qui fut noire plus tard.

[4] Vespasiano, *Vita di Cosimo*, § 6, *Spicil. Rom.*, I, 329.

vie publique beaucoup de gens des arts mineurs et la plupart des grands[1]. S'il refuse encore à ces derniers l'accès à la seigneurie, ils n'en deviennent pas moins ses créatures, car ils ont obtenu tout, sauf ce point, victoire inespérée de leur impopularité persistante[2]. Où a échoué Rinaldo, Cosimo réussit. Les circonstances le servent, et il sait se servir des circonstances.

Plus de doutes dès lors sur la solidité présente de son pouvoir. Les Vénitiens ont assez foi en sa durée pour prolonger de dix ans leur ligue avec Florence[3]. Agnolo Pandolfini, qui n'avait jamais aimé les Albizzi, qui avait espéré en Cosimo, pour rétablir l'égalité civile, se retire à sa campagne de Signa[4], comprenant bien que, comme dit Voltaire, il n'y avait plus qu'à cultiver son jardin. Ridolfo Peruzzi et son fils étant morts dans Aquila, à deux jours l'un de l'autre[5], leurs *consorti*, leurs parents, *posti a sedere* pour vingt années, se retirent en France, au pays d'Avignon. Avec bien d'autres, ils vont fonder des maisons de commerce sur les bords du Rhône, et principalement à Lyon, où il y eut désormais toute une colonie d'ennemis acharnés des Medici, celle dont Michele Bruto flattait plus tard la passion aigrie en écrivant sa partiale histoire[6]. A

---

[1] Feciono popolani quasi tutti i grandi. (Boninsegni, p. 61.)

[2] Morelli, *Del.*, XIX, 123-125; Cambi, *Del.*, XX, 200, 201; Nerli, *Comment.*, l. II, p. 43.

[3] 25 mai 1435. Cosimo se vante lui-même de ce succès. (*Ric. di Cosimo*, Fabroni, *Doc.*, p. 104.) Cf. Morelli, *Del.*, XIX, 132.

[4] Vespasiano, *Vita di Agnolo Pandolfini*, § 13-15, *Spicil. Rom.*, I, 394-98. Vespasiano exprime plusieurs fois, et avec une certaine énergie, le mécontentement d'Agnolo en présence du nouvel état de choses, et surtout des condamnations multipliées.

[5] 31 août 1435. Cambi, *Del.*, XX, 205; Ammirato, XXI, 4.

[6] Cavalcanti, l. X, c. xx, t. I, p. 611-613; Ammirato, XX, 1102.

Lyon et en Provence, en Lombardie et aux contrées napolitaines il y a encore, de nos jours, quelques-unes de ces familles florentines qui s'y établirent alors[1], mais elles n'y perdirent qu'à la longue le décevant espoir du retour.

Contre ces exilés, quand ils essaient de rompre leur ban, Cosimo est implacable. Rinaldo et Ormanno son fils, Michele Arrigucci, Felice Brancacci et d'autres sont déclarés rebelles, avec toutes les conséquences ruineuses et périlleuses de cette déclaration. Les deux fils de Bernardo Guadagni, ce gonfalonier qui avait chassé Cosimo ou s'était fait l'instrument de son expulsion, avaient été relégués pour dix ans à Barcelone[2]. L'un d'eux, pour s'être laissé prendre à Fermo, avait la tête coupée à Florence, en compagnie de quatre autres malheureux[3]. Bernardo lui-même, qui n'avait point commis cette faute, en porte aussi la peine. Capitaine de Pise, en récompense des services par lui rendus à l'oligarchie, il est rappelé pour passer en jugement, et il meurt en chemin d'une mort si soudaine que Saint-Antonin suppose le poison[4].

Admirons comme il convient ce chef-d'œuvre de l'hypocrisie combinée avec la violence, avec la cruauté implacable! Cosimo s'est vanté, tandis qu'il tenait le gonfalon de justice, d'avoir mis fin aux rigueurs, et, dès qu'il l'a posé, elles recommencent. On pourrait

---

[1] G. Capponi, *Stor. di Fir.*, II, 3.

[2] Ammirato, XXI, 1. Très favorable aux Medici, Ammirato n'en dit pas moins de Cosimo : « il quale deliberato *in ogni modo* d'assicurarsi ».

[3] 4 sept. 1436. Boninsegni, p. 65 ; Cavalcanti, l. X, c. xxv, t. I, p. 629 ; Ammirato, XXI, 7.

[4] In via sive subitanea morte, sive veneno, periit. (Saint-Antonin, Titre XXII, c. ix, t. III, p. 524.)

l'en croire innocent, si l'on ne savait qu'il tenait les ficelles et faisait mouvoir à son gré les pantins politiques. Ici, puisque la postérité se fait des illusions, il faut de la précision dans les détails. Le 16 mai 1435, — Cosimo n'étant plus gonfalonier depuis le 1ᵉʳ mars, — un Espagnol nommé Riccio est pendu, et Bastiano Capponi, son complice, décapité. Quel est donc leur crime? On les accusait d'avoir comploté l'enlèvement du pape, pour le conduire à Lucques, où le duc de Milan l'aurait eu dans sa main[1]. Le 30 juillet suivant, quatre exilés, convaincus de rupture de ban, sont, aux termes de la ligue, réclamés aux Vénitiens et mis à mort[2]. Le 27 septembre, Piero Cappelli, armurier, a le même sort[3]. Le lendemain, un chanoine de San Lorenzo est exposé, la mitre d'infamie en tête, sur les marches de Santa Maria Novella[4] : c'est tout ce qu'on ose contre ce personnage sacré. D'autres clercs, Antonio Peruzzi, chanoine du Dôme, et Fra Niccolò Gianfigliazzi, seront, en décembre 1438, confinés sur de simples soupçons[5], avec Lorenzo de Palla Strozzi, en même temps que Francesco de Tommaso Soderini est jeté aux *Stinche* pour un long emprisonnement[6].

[1] Cambi, *Del.*, XX, 205; Morelli, *Del.*, XIX, 152; Cavalcanti, l. X, c. xxii, t. I, p. 620-23; Ammirato, XXI, 3. Un autre complice supposé (ut in suspicionem venerit lesæ majestatis), l'évêque de Novare, fut privé pour un temps de son évêché. (Ughelli, t. IV, p. 718.) Le pape, alors à Florence, ne pouvait rien refuser à Cosimo. Le secrétaire de cet évêque était Æneas Sylvius, plus tard Pie II.

[2] Ce sont Zanobi Belfradelli, ser-Antonio Pierozzi, Michele de ser Giovanni, Cosimo Barbadori, petit-fils de celui qui avait été décapité 56 ans auparavant, comme ami des Albizzi. (*Ric.* de Rinuccini, p. 72; Boninsegni, p. 65; Cavalcanti, l. X, c. xxiv, t. I, p. 627-29; Ammirato, XXI, 7.)

[3] Cambi, *Del.*, XX, 206; Ammirato, XXI, 4.

[4] Cambi, *Del.*, XX, 206.

[5] Per sospetto allo stato e sicurtà di esso. (Boninsegni, p. 68.)

[6] Boninsegni, p. 68; Cavalcanti, XII, 3, t. I, p. 56-58; Ammirato, XXI, 15.

Nous omettons ceux qui, étant hors d'atteinte, sont condamnés à diverses peines et même au dernier supplice, si l'on parvient à s'emparer d'eux. Ils sont évidemment plus nombreux que ne permettent de le supposer les incomplètes, les capricieuses énumérations des auteurs. Leonardo Bruni, personnage officiel, enclin par conséquent à ménager ceux dont il sert la cause; Vespasiano, un ami, instrument de Cosimo pour organiser les bibliothèques, sont forcés de reconnaître qu'un grand nombre de citoyens partirent pour l'exil, ou, pis encore, furent déclarés rebelles, soumis à la confiscation, destinés à la mort, si l'on pouvait les avoir à Florence[1]. Envers les simples confinés, la persécution ne se lasse point. L'obligation qui leur était, de temps immémorial, imposée de se présenter aux magistrats de leur résidence, ne restait plus, comme autrefois, à l'état de lettre morte. La sanction en était un écrit, un acte passé devant ces magistrats, et qu'on envoyait à la seigneurie florentine[2]. Le confiné, s'il épousait une compatriote, ne pouvait, sans un vote des conseils, retirer du *monte delle doti* la dot de sa fiancée[3]. La mort

---

[1] Infiniti n'ebbeno l'esiglio e bando di rubello. (Vespasiano, *Vita di Cosimo*, § 6, *Spicil. Rom.*, I, 329.) Diversa factio satis magno numero in exsilium agitur. (Leon. Bruni, *Comment.*, XIX, 937.) Les auteurs varient sur le nombre des victimes. Boninsegni dit (p. 55-60) 50, puis 78, puis il en ajoute encore 19. Cavalcanti (X, 16, t. I, p. 600-603) dit aussi 78, mais il brouille tout, comme à l'ordinaire. Morelli (*Del.*, XIX, 124) parle de 45, mais à le lire on voit bien que ce n'est pas un chiffre non susceptible d'être augmenté. Une évaluation définitive semble impossible, car on compte souvent pour un des familles entières, des catégories de citoyens, par exemple tous les prieurs qui ont fait le parlement de 1433. Voy. Ammirato, XX, 1102.

[2] On en peut lire un modèle dans les *Lettere di una gentildonna*, p. 147, note A.

[3] Plus tard, en des temps calmes, en 1465 par exemple, on ne désespérait pas d'obtenir ce vote. (*Ibid.* Lettre 52, p. 465.)

même ne trouvait pas grâce, et le cadavre du proscrit n'obtenait ni funérailles ni coin de terre dans la patrie[1].

Autre signe, et plus marqué encore, d'une vraie tyrannie, les vaincus n'avaient pas même ce droit de railler que Mazarin concédait aux Français. Sur l'ordre donné de remettre ses armes, Niccolò Bordoni se permet d'écrire aux Huit qu'il n'en a d'autres qu'un petit panier de clous et un couteau ébréché, appartenant à sa servante. Il est condamné à mort, avec Andrea Baldesi et Cipriano Mangioni, également coupables de malins propos. Le pape, il est vrai, obtient du podestat une commutation de peine : la confiscation des biens et l'incarcération aux *Stinche* pour cinquante années, c'est-à-dire à perpétuité. Mais les seigneurs cassent comme insuffisante cette sentence plus que suffisamment rigoureuse, rétablissent la peine de mort, et, pour obéir au peuple plus ou moins spontanément soulevé, privent le podestat de sa charge, font décider que ni lui ni ses descendants ne pourront l'exercer jamais[2]. « Cruauté sans exemple, écrit Giovanni Cambi, de condamner deux fois les mêmes hommes! C'est que la tyrannie alors commençait à Florence[3]. » Cambi a la mémoire courte, ou il connaît mal le passé. La moindre étude qu'il en eût faite lui eût montré la tyrannie bien ancienne dans cette soi-disant démocratie. Ce qui est nouveau, c'est que, sous le premier et le plus vanté des Médici, la tyrannie est sans appel, sans vengeance ou représailles

---

[1] *Lettere di una gentild.* Lettre 17, p. 181 et note 2.
[2] Cavalcanti, l. X, c. xxIII, t. I, p. 625-26; Morelli, *Del.*, XIX, 150; Cambi, *Del.*, XX, 205.
[3] Cambi, *Del.*, XX, 204, 205.

possibles, puisqu'elle est fixée en des mains qui ne la lâcheront plus.

Cosimo mentait donc dans ses *Ricordi* si pleins de contre-vérités calculées et si curieux par leurs réticences, quand il y ceignait son front d'une auréole de mansuétude et de miséricorde. Longtemps après la lutte terminée et son pouvoir établi, il sévit avec la persistance, avec le sang-froid qu'il portait en toutes choses. Et il ne faudrait pas dire qu'il cédât à de méchants conseils. Son cousin Averardo, le seul de son entourage qui eût sur son esprit quelque influence, le seul qu'aucun contemporain ne couvre de circonstances atténuantes[1], était mort le 5 décembre 1534, ayant à peine eu le temps de poser son pied sur la terre promise. L'archevêque Saint-Antonin fait donc peu d'honneur à la solidité de son jugement, ou à la dignité de son caractère, quand il écrit que Cosimo « ne parut jamais se venger de ses ennemis que quand la justice l'exigeait[2] ». Comme si la vengeance et la justice pouvaient marcher du même pas! Cosimo est responsable, seul responsable de ces sévérités prolongées et sans mesure, qui paraîtront à tous sans excuse, sauf aux adorateurs du succès.

Ce succès est un fait dont la suite des temps ne permet pas de méconnaître la portée. Il a transformé des marchands en princes, égaux ou supérieurs à tous ceux de l'Italie, et avec lesquels comptent en Europe tous les souverains. On a vu comment cette domination nou-

---

[1] Cambi, *Del.*, XX, 202.

[2] Nec visus est vindictam expetere de adversariis suis, nisi justitia exigente, (Saint-Antonin, tit. XXII, c. IX, t. III, p. 524.) Nerli passe sous silence systématiquement tout ce qui pourrait ternir la gloire de Cosimo. Voy. *Comment.*, l. II, p. 43.

velle avait été préparée de longue date par les fautes des *popolani grassi*, séparant leur cause de celle des *popolani magri*; par le désir qu'a le *popolo minutissimo*, vaincu en 1378, de prendre une revanche qu'il n'attend plus que d'une famille ambitieuse et grandissante; par l'heureuse inspiration qui pousse cette famille à s'appuyer sur ce fondement, mobile en apparence, solide en réalité, pour lutter de richesse avec des rivaux et leur arracher la puissance; par l'adresse et la chance de Giovanni de Bicci et de Cosimo, son fils, qui n'ont pas besoin de faire à leurs soutiens ces concessions où tant de pouvoirs ont trouvé leur perte[1]; enfin par l'exemple de tant de cités italiennes qui vivaient, à l'ombre d'un seul, dans un repos inconnu à la liberté même faussée, dans un repos dont on ne voyait encore que les effets réparateurs. Ainsi, dit-on, le mancenillier, avant de donner la mort, procure quelques moments d'un calme très-doux.

Nous ne pouvons donc pas plus applaudir au triomphe d'un despotisme quasi-monarchique, renouvelé d'Octave Auguste, que regretter la chute d'une oligarchie inique, violente, sans génie, qui n'a eu de beaux jours qu'à son début, alors que tous les gouvernements ont le vent en poupe, parce qu'ils répondent à quelque besoin présent et pressant[2]. Quand les Medici remplacèrent les Albizzi,

[1] Cette absence de concessions résulte de l'examen des faits et surtout des documents. M. Pellegrini a consacré, en vue d'un travail spécial, plus de temps à les examiner que nous n'avons pu faire, et il veut bien nous écrire que c'est son impression comme la nôtre.

[2] Est-il besoin de dire que Sismondi juge très mal la période oligarchique? Voy. son t. VI, p. 24. Il n'y voit que le bien, que la sincérité du gouvernement républicain. Il prétend que les oligarques n'ont jamais usurpé; que le triomphe de Cosimo fut funeste à l'égalité. M. Dantier (II, 64) ne juge pas mieux Cosimo quand il le représente n'aspirant au pouvoir que

Florence, déjà pliée au joug, était prête à le subir, à le désirer même, sous une nouvelle forme. Ses traditions démocratiques, elle ne les voit plus que dans un lointain qui lui ôte tout espoir, toute idée de s'y rattacher. Dès lors, ses citoyens, parlant de riches, grandes et belles choses, prennent les rois, leur pouvoir, leur magnificence pour termes de comparaison[1]. Le prix qu'ils mettent à la richesse n'ayant fait que croître par la suite des temps, le plus opulent d'entre eux se trouve désigné pour monter au faîte, et l'écart énorme que son opulence met entre lui et les autres contribue à l'entourer de prestige, de respect.

Mais si le régime brutalement oligarchique n'est pas, à nos yeux, plus regrettable que le régime hypocritement monarchique n'était désirable, Florence eut-elle raison de changer ? Elle voyait un modèle de l'un à Venise, qui prospérait par l'aristocratie républicaine, et de l'autre à Milan, qui donnait, sous le pouvoir d'un seul, l'illusion de la prospérité. Venise, il est vrai, était unique en son espèce, tandis que par toute l'Italie pullulaient les tyranneaux, imitateurs des Visconti. Mais cela même prouvait la supériorité de Venise, puisqu'elle se maintenait, ferme et en progrès, contre tant de rivaux, de jaloux et d'ennemis. A un autre point de vue, la tyrannie irresponsable d'une aristocratie, plus terrible parce qu'elle peut être de durée, est moins dégradante que la tyrannie d'un seul, responsable uniquement devant le poison ou le poignard.

Dira-t-on que Venise était dans des conditions excep-

---

pour favoriser librement les lettres et les arts, qui avaient bien su se développer sans lui.

[1] Voy. *Lettere di un notaro*, 28 mai 1392, 2 sept. 1394, t. I, p. 28, 69.

tionnellement favorables, séparée du continent par son merveilleux fossé des lagunes, ayant la mer libre pour son expansion au dehors et une retraite inexpugnable si elle échouait dans ses empiètements sur la terre ferme? Sans doute, Florence, ville continentale, avait davantage à compter avec des ennemis, avoués ou dissimulés, qui pouvaient, d'un bond en quelque sorte, arriver jusqu'au pied de ses murailles ; avec des sujets frémissants prêts à favoriser l'invasion ; avec des citoyens aigris par les vexations du présent et les regrets du passé. Sans doute, placée entre Naples et Gênes, qui ne voulaient point lui céder la prépondérance maritime sur la mer tyrrhénienne, elle éprouvait à ne pas borner son trafic aux voies de terre des difficultés dont elle n'avait pas triomphé par l'acquisition de Pise et de Livourne. Mais si la puissance navale manquait à sa grandeur, ce n'était pas une raison déterminante de préférer le pouvoir d'un seul au pouvoir de quelques-uns.

De fortes raisons, en somme, militaient en faveur de ce dernier. D'abord, il existait depuis un demi-siècle; ce qui est bien quelque chose. Puis, il avait eu ses jours de gloire : il s'était fait pardonner l'oppression de la liberté par l'extension du territoire, en contribuant plus que le régime antérieur à transformer la commune en État. Les villes de Toscane n'étaient plus ennemies que par le souvenir sans espoir d'un passé d'indépendance. Habituées à se modeler sur leur métropole, ayant avec elle communauté d'origine, de tendances, de développement, de préjugés, d'oligarchie, elles auraient continué d'emboîter le pas. C'était chose plus facile que de courir les hasards d'une révolution certaine pour un douteux affranchissement.

Le pouvoir d'un seul n'en triompha pas moins par le retour de Cosimo, et si l'on peut croire qu'une autre solution de la crise était possible, on s'explique très-bien ce dénoûment. Venise était unique de son espèce et les tyranneaux formaient légion : or les hommes, presque tous moutons de Panurge, et principalement les moins éclairés, ont une tendance irrésistible à faire ce que fait le grand nombre. Dans ces villes où, par la tyrannie, régnait le bien, si rare alors, de la paix, les vaincus de la démocratie florentine avaient trouvé asile, protection, secours, et jusqu'à des espérances de revanche prochaine. Dans leur patrie même, ils avaient leurs chefs, ces ambitieux Medici que le travail faisait riches, la richesse puissants, la puissance capables de tenir tête, eux seuls, à tant de familles force de l'oligarchie. Leurs qualités et leurs défauts avaient fini par s'incarner en un homme qu'on n'aimait point, mais qu'on ne détestait pas, et qui savait profiter de tous ses avantages. Tel fut dans cette révolution le rôle de l'inévitable hasard. Que Giovanni de Bicci eût été du même caractère que son fils, qui peut dire que la chute de l'oligarchie n'en eût pas été avancée? que Cosimo eût été semblable à son père, qui sait si l'oligarchie ne serait pas, tout au moins quelques années encore, demeurée debout?

Après avoir été Octave, Cosimo sut être Auguste, toutes proportions gardées, bien entendu. Là est la cause non de son succès, mais de la durée de ce succès, c'est-à-dire de ce qui le fit véritable. Son génie, si le mot n'est pas trop fort, consista dans une froide, longue, imperturbable patience, et aussi dans une vue juste, profonde même. Il sut faire sa part au temps et comprendre qu'ayant vaincu par la multitude, il devait régner par l'aristocratie, car la multitude n'est à craindre que dans ses intermittents accès, et l'aristocratie n'est pas moins propre qu'elle à s'avilir sous un maître qui ne lui marchande ni faveurs, ni privilèges.

Il nous est facile, à nous qui savons que l'histoire florentine est sur le point de se confondre pour trois cents ans avec celle des Medici, de déclarer que cette prodigieuse victoire était écrite d'avance au livre des destins; mais les contemporains furent lents à croire définitive cette œuvre laborieuse. Nul parmi eux n'eût osé dire qu'un retour de fortune ne ramènerait pas Rinaldo, comme un retour de fortune avait ramené Cosimo. Non, il n'est pas vrai que ce qui a été ait dû être, et que le hasard, la sagesse n'eussent pu modifier une prétendue fatalité. Si l'historien a beau jeu pour faire le prophète, c'est qu'il prophétise le passé, c'est qu'il est plus commode d'affirmer pédantesquement les faits contingents comme nécessaires que de rechercher patiemment leurs raisons d'être ou de ne pas être. La philosophie de l'histoire a ses lumières, mais douteuses, vacillantes, et elle s'est quelque peu discréditée pour avoir parfois trop prétendu. Les destinées, comme dit le poète, savent trouver leur route; mais entre tant de routes qui s'ouvrent, elles hésitent, elles tâtonnent, et elles ne prennent pas toujours celle où les amenait le fil conducteur du passé.

CHAPITRE V

LE RÉGIME ÉCONOMIQUE
AU QUATORZIÈME ET AU QUINZIÈME SIÈCLE.

L'entrée dans les arts. — Conditions d'admission. Abus et caprices des règlements. — Les courtiers. — Intervention du clergé. — La guerre aux intermédiaires, aux petits. — Le droit de coalition limité aux patrons. — Les grèves. — L'incohérence des règlements sauve quelque chose de la liberté. — La condition des artisans meilleure à Florence qu'ailleurs. — Relations commerciales de ville à ville. — Le régime protecteur à l'intérieur de l'État. — Ses exagérations sous l'oligarchie. — Vues plus larges des arts mineurs. — Apparition passagère de la liberté commerciale. — La législation du transit. — Les assurances, les représailles. — La législation maritime. — Règlements relatifs au crédit. — Le prêt à intérêt et l'usure. — Fluctuations de la doctrine à cet égard. — Le travail et la propriété agricole. — Le petit propriétaire, le colon. — Leurs relations. — Tyrannie des règlements. — La grande propriété encouragée. — Droit de préemption accordé au voisin. — Obligation d'acheter. — La propriété refusée aux étrangers. — La législation des subsistances. — Mesures contre les intermédiaires et les accapareurs. — Contre les disettes. — Les boulangers. — Les marchands de vin. — Les bouchers. — Les marchands de bestiaux. — Protection accordée à la culture. — L'exportation du bétail interdite. — Nécessité du régime protecteur en ces temps-là.

Au moment où prend fin la période oligarchique de cette histoire et où commence la période monarchique, il n'est pas hors de propos d'étudier de près le régime économique de l'État florentin. Ce régime, malgré ses variations, est, en somme, le même sous les Medici que sous les Albizzi, et il est bien digne d'attention, puisqu'on croit voir en Florence le précurseur de l'esprit moderne. Précurseur si l'on veut, mais entre lui et les temps qu'il annonce nous aurons à montrer l'abîme[1].

[1] L'étude de cette matière difficile nous a été facilitée par la publica-

C'est toujours par les arts et métiers qu'il faut commencer, puisqu'ils sont le fondement même de l'État. Nous en avons fait connaître l'organisation, le mécanisme, le jeu ; mais nous en avions dû provisoirement passer sous silence le système économique, qui ne se détermine qu'à la longue, par une suite d'actes inspirés d'un même esprit. En l'abordant à cette heure, en portant notre regard sur tout ce qui y confine, nous ne ferons qu'expliquer mieux cette République singulière, dans ce qu'elle a de moins connu.

Les arts et métiers, on l'a vu, ne s'y modelaient point sur la constitution politique; c'est, au contraire, la constitution politique qui s'était modelée sur celle des arts. Déjà organisés avec leurs statuts et leurs magistrats alors que la commune de Florence en était encore aux tâtonnements pour créer et combiner des institutions communales[1], ils étaient plus tard devenus partie intégrante de ces institutions, rouage gouvernemental[2]. Leur faire une part dans la puissance publique, c'était empêcher qu'ils ne la prissent trop grande ou qu'ils n'en vinssent à la contrarier. Ils se virent chargés de la fondation, de l'entretien des établissements de

---

tion récente d'un ouvrage spécial dont l'auteur a pu interroger à ce point de vue les documents originaux. Aussi invoquerons-nous très souvent son autorité, et même quand nous ne l'invoquons pas, ce travail s'inspire du sien : Dr Robert Pöhlmann, *Die Wirtschaftspolitik der florentiner Renaissance und das Princip der Verkehrfreiheit*. Leipsig, 1878. Voy. l'appréciation de cet ouvrage dans la *Revue historique*, t. XII, janv. 1880, p. 193. On peut consulter aussi avec fruit Banchi, *Gli ordinamenti economici dei comuni toscani nel medio evo e segnatamente del comune di Siena*, et Conrat, *Das florentiner Rechtsbuch, ein System rœm. Privatsrechts aus der Glossatorenzeit*. Berlin, 1883.

[1] Voy. notre tome I, c. iv.
[2] Consulatus artium sunt officia comunis et populi et civitatis Florentie. (*Liber legum artis lane*, 1414, dans Pöhlmann, p. 42.)

bienfaisance[1]. Postérieurement, quand les beaux-arts projetèrent sur Florence une gloire inattendue, ce furent les arts-métiers qui assumèrent la mission de les encourager, de les entretenir par leurs commandes. Se réunissant en armes sous leurs bannières, ils étaient une milice toute prête pour défendre l'État contre les incessants tumultes de la place et des rues[2]. C'eût été facilement l'anarchie, si, dans l'ordre militaire comme dans l'ordre civil, l'intérêt bien entendu ne leur eût imposé la subordination.

Ils ne contestaient point à l'État un droit étendu de surveillance sur le travail. Leurs statuts devaient être approuvés, sous peine de 500 livres d'amende pour l'art délinquant, 200 pour ses consuls, 50 pour le notaire rédacteur[3]. Selon la manie florentine, un office spécial avait été institué pour cet objet, les approbateurs des statuts des arts. Il y avait là les germes d'une tyrannie qui n'était pas restée en germe; mais les arts la supportaient sans peine, à condition de l'exercer au-dessous d'eux. De là l'interdiction aux métiers subalternes de s'élever jamais à la dignité d'arts. De là l'obligation, pour chaque citoyen, d'être inscrit à un art, d'y payer la matricule ou droit d'immatriculation, droit rigoureusement exigé par esprit de despotisme comme par besoin d'argent[4]. Nul n'y échappait, puisqu'il fallait le

---

[1] Voy. Passerini, *Storia degli stabilimenti di beneficenza della città di Firenze*, et plus haut, dans ce même tome VI, p. 368.

[2] Ut ars fulciatur armis. (Statuto dei fabbri.) Que vexilla habent a comuni Florentie et quorum presidio certum est civitatem et comune Florentie defensari. (Doc. de 1292, dans Cantini, I, 105.)

[3] Stat. 1415, l. IV, Rub. 35; Stat. 1321, Rub. 9; Liber legum Palatii artis lane, f° 20, dans Pöhlmann, p. 41 et n. 5.

[4] M. Pöhlmann croit à tort que c'est le besoin d'argent qui fut cause de l'immatriculation des *scioperati*, et qu'elle fut obligatoire. En fait, c'est

payer pour pouvoir réparer sa propre maison, fabriquer à son propre usage une table ou une charrue, préparer son vernis, faire son fromage, tuer un porc pour la fête prochaine, fût-ce de compte à demi avec le voisin[1]. Chose curieuse, cet abus exorbitant et ridicule s'était introduit malgré les statuts des arts, qui ne permettaient aux consuls d'immatriculer personne que sur la décision des Dix de la marchandise[2], et qui accordaient même le droit d'exercer un art sans y être immatriculé[3]. Jamais plus qu'à Florence il n'a été vrai de dire que les règles sont faites pour être violées. Au mal, toutefois, il fallait porter remède, comme on le voit par le document qui nous le fait connaître, car une telle exigence était, y est-il dit, « sans utilité pour les arts et très-dommageable aux sujets[4] ».

eux-mêmes qui, sans exercer aucun art, demandèrent à y être inscrits, parce que c'était le seul moyen d'être quelque chose dans l'État.

[1] Dicendo essere obbligati a pagare la matricola per fare qualche cosa appartenente a tali arti, come è all' arte di legnaiuoli uno per aver fatto uno aratro o una cassa o uno discho; agli ogliandoli per fare cascio da mastrice dicendo fare il pizzicagnolo;... ai vinattieri qualcuno che una volta due o tre l'anno condurrà qualche soma a Firenze... ai beccai per aminazzare due vicini un porco a mezzo o uno agnello o uno castrone per una festa; ai maestri per rassettarsi qualche contadino un poco la casa sua o dell'oste o d'uno vicino o ricoprire un poco il tetto... (*Provvisioni*, 1491, n° 183, f° 3.) Voy. à l'appendice de M. Pöhlmann, n° 2, un curieux tableau statistique de l'immatriculation et de ses tarifs dans les divers temps.

[2] Nullus capi possit ad petitionem consulum pro eo quod diceretur quod debeat se matriculare, nisi prius declaratum fuerit per VI consiliarios mercantie an debeat matriculari necne, et quidquid in contrarium fieret, sit ipso jure nullum. (Stat. 1415, l. IV. Rub. 30.)

[3] Quelibet persona non matricolata in arte vinatteriorum, ipsam artem non exercens continue, possit libere vendere vinum (Stat. 1415, l. IV. Rub. 92.)... Non obstante quod non sint suppositi arti pellizariorum. (*Ibid.*, Rub. 56)... Quilibet possit exercere dictam artem sc.. magistrorum lignaminis vel petre, non obstante quod non sit suppositus dicte arti... nec ipsi arti teneantur inviti subesse. (*Ibid.*, Rub. 66.)

[4] Non si proceda sì subtilmente come s' è introdotto fare con poco utile delle arti e danno assai dei subditi. (*Provvisioni*, 1491, n° 183, f° 3.)

Ainsi du moins, la tyrannie n'était pas immuable : on ne fermait pas les yeux aux leçons de l'expérience. Mais on ne les ouvrait que pour les refermer presque aussitôt. Cette démocratie ne se croyait guère astreinte à l'égalité, à la liberté. Dans les cadres de chaque **art**, la matricule n'était pas exigée de tous ses membres : les fils, les proches parents du maître en étaient dispensés ; ses gendres pareillement : cette dispense faisait même partie de la dot. Ceux qui payaient ne payaient pas également ; l'apprenti ou compagnon devait moins que les gens qui, sans s'être formés dans l'art, tombaient sous sa coupe, et le citoyen moins que l'étranger. Quant à la liberté, elle se restreignait au droit de choisir l'art où l'on entrerait[1], encore n'y entrait-on point sans une sorte d'enquête sur l'aptitude morale[2], bien autrement sévère, à vrai dire, en d'autres pays. Comme ce n'était guère qu'une formalité dérisoire et que personne ne se voyait rejeté, on finit par y substituer l'admission prononcée par les consuls de l'art, à la pluralité des deux tiers, comme dans tous les offices publics. L'art de Calimala exigea même que ses consuls et un conseil de douze marchands déclarassent le postulant « suffisant et digne[3] ». Plus rigoureux encore, l'art des fabricants de cuirasses et d'épées voulut que cette déclaration fût

---

[1] Quod quilibet de civitate, comitatu et districtu Florentie possit et ei liceat exercere artem quam voluerit. (Liber legum artis lane, cod. XII, f° 5. Stat. 1415, l. IV, R. 30).

[2] Pro refrenando malitiam pravorum artificum et ad hoc ut furta que cotidie fiunt cessent. (Stat. 1333, II, Cod. n° 7, R. 15.)

[3] Acciochè alla decta arte non si riceva alcuno il quale non sia da recevere non obstante che volesse pagare l'entratura, ciascuno che alla decta arte di nuovo vorrà venire si debbia deliberare per i consoli col consiglio di XII mercanti... se egli è sufficiente e degno d'esser ricevuto ò no. (Stat. de Calimala, 1339. Cod. V, l. I, R. 87.)

précédée d'un examen technique fait par quatre maîtres qu'auraient désignés les consuls, afin de constater la capacité, l'aptitude au travail[1].

A plus forte raison les juges, les notaires, les médecins, dont l'incapacité aurait nui au public, tandis que celle de l'artisan ne nuisait qu'à son patron. Mais ce besoin de garanties ne fit que croître avec le temps. Le changeur n'en fournirait-il pas, lui qui maniait les fonds publics? Nul ne pourra donc devenir changeur s'il n'est Florentin de naissance, ou si, du moins, il ne possède sur le territoire une propriété de 500 livres, s'il ne supporte depuis vingt ans toutes les charges personnelles, s'il ne peut fournir un cautionnement de 200 florins[2].

Bientôt, ce n'est pas au seuil de l'art seulement que ces précautions sont prises. Théoriquement, il est bien dit qu'après leur admission les membres nouveaux jouissent d'une liberté entière[3]; mais tout autre est la pratique. Dans les arts de Calimala, de la laine, de la soie, les maîtres peuvent forcer facteurs, teinturiers, imprimeurs, apprêteurs, fouleurs à donner caution pour la remise intégrale des draps à eux confiés, comme de tout ce qu'ils recevaient de l'art pour l'exercice de leur industrie. Les teinturiers à leur tour font de même dans leur sphère subordonnée, et aussi les pelletiers, les serruriers, les armuriers. Il y a cependant des protes-

---

[1] Pro bono et idoneo et sufficienti et experto magistro in arte predicta et quod sciat bene lavorare et ipsam artem per se solum bene facere et laboreria dicte artis incipere, facere et complere. (Stat. des *corazai* et *spadai*, 1410-1504. Cod. n° 2, R. 25.)

[2] Stat. de l'art du change, Cod. V, R. 79, 127.

[3] Nulla ars possit interdicere alicui de ipsa arte seu alicui qui non sit de tali arte, quod ipsam artem vel ejus ministerium faceret, quod ars seu aliquis vel aliqui de ipsa arte non habeant facere seu mercari cum eo seu de mercantiis suis nisi pro falsitate. (Stat. 1415, l. IV, R. 51.)

tations : les marchands d'huile, et jusqu'aux cordonniers, quoiqu'ils soient fabricants autant que marchands, condamnent ces précautions comme inutiles, et surtout comme dispendieuses pour ceux qui en étaient l'objet[1].

Et puis, il faut bien protéger les anciens contre les nouveaux, le patron contre l'artisan passé maître, le public contre tous ces hommes qui font partie du public. L'apprenti ne peut passer d'un maître à l'autre, si ce n'est au delà d'un rayon déterminé, prescription qui devait être bien gênante dans un temps où les boutiques de même industrie se groupaient par rues et quartiers[2], tandis que les couvents qui fabriquaient la laine s'établissaient loin les uns des autres, sans doute pour porter le travail et dominer partout[3]. L'artisan passé maître ne pouvait s'installer ou s'associer dans le voisinage de son ancien patron. Il était interdit de s'établir hors ville, d'exporter les matières du travail, de battre la laine depuis la cloche du soir jusqu'à la cloche du matin[4], d'employer pour la fabrication de certains draps la laine d'agneau cardée ou peignée, de teindre en indigo ou en écarlate les draps non français ou anglais, de mêler les fils d'or et d'argent vrai ou faux, pour la fabrication du brocart. On fixait la moindre quantité d'acier qui devait entrer dans un casque, la grandeur et la forme des caisses et des malles, des outils, du peigne

[1] Voy. Pöhlmann, p. 50, qui renvoie aux textes.
[2] Via de' Calzaioli, Corso de' Tintori, etc., comme à Paris, la rue des Lombards, à Bordeaux la rue des Épiciers, les fossés des Tanneurs, et dans vingt petites villes la rue des Marchands. C'est une loi d'affinité naturelle à laquelle purent bien s'ajouter les prescriptions légales.
[3] Stat. fior., l. IV. Tratt. dell' arte della lana, Rub. 45.
[4] Ibid., Tratt. de' consoli, Rub. 54; Pagnini, II, 89, 90. Sez. IV, c. III.

à carder, du seau à laver[1]. On ne permettait pas d'orner les armoires et buffets de pieds qui représentassent la figure du lion, afin que le signe distinctif de la République, en devenant vulgaire, ne parût pas déprécié[2]. C'était une véritable orgie de règlements.

Souvent il faut réfléchir pour deviner les motifs d'une restriction légale, et la réflexion même n'y parvient pas toujours. En principe, l'artisan a le droit, pourvu qu'il paye la matricule, d'exercer tous les métiers relevant de son art; mais en 1438 on lui ôte la faculté de le faire dans le même atelier, dans la même boutique, et on ne lui laisse que deux mois pour se mettre en règle[3]. Dans chaque boutique ne se pouvait vendre qu'un seul genre de marchandises. Pour vendre des marchandises similaires, mais quelque peu différentes, il fallait ouvrir autant de boutiques que de nature d'objets, et par conséquent être riche. En 1477, défense est faite aux drapiers de vendre ou même de donner à teindre, fouler, apprêter des draps qu'ils n'auraient pas faits eux-mêmes[4]. Semblable exigence envers le fabricant d'étoffes de soie, et, en outre, il ne peut faire filer d'autre soie que celle qui appartient à lui ou à ses compagnons[5]. L'art des pelletiers se montre moins rigide : il admet que ses membres pourront vendre, avec la permission de leurs consuls, des fourrures qui ne soient pas leur

---

[1] Pöhlmann, p. 56, 57.
[2] Stat. des legnajuoli, Cod. IV, c. ix. — Nous avons vu, dans les précédents volumes, une foule de règlements pour l'industrie du drap et celle de la soie. On en peut voir d'autres encore dans Pöhlmann, p. 58.
[3] Voy. les détails dans Pöhlmann, p. 60 et n. 2.
[4] 22 janv. 1477. Provvisioni, n° 168, f° 277. On peut lire le texte de cette provision dans Pöhlmann, append. III, p. 149.
[5] 1460, f° 264, dans Pöhlmann, p. 60.

propriété[1]. Les bouchers, si l'on s'en rapporte à certains textes, auraient joui d'un traitement plus favorable et même de la liberté[2]. On verra plus loin le vrai à cet égard, quand nous parlerons des produits du sol et des lois sur l'alimentation.

Pourquoi ces différences? D'abord parce que chaque art était maître chez soi. Ensuite, parce qu'on agissait sans doute suivant les besoins du jour, suivant que s'était manifesté tel ou tel abus, et sous l'impulsion des pouvoirs publics. La République, en effet, se croyait tenue à maintenir dans l'industrie et le trafic des traditions d'honnêteté. Ainsi s'explique le ministère obligatoire des *sensali* ou courtiers, guides des gens inexpérimentés, contrôleurs officiels chargés de faire le relevé exact du prix, de la couleur, des mesures de tout objet vendu. Ils paraissaient si gênants qu'on imaginait mille moyens d'échapper à leur surveillance, et avec assez de succès pour que, en 1459, cette institution fût en pleine décadence, comme tant d'autres, malgré les efforts des pouvoirs pour la relever au moyen de châtiments aggravés ou nouveaux[3].

Un fait certain, c'est que la multiplicité des règlements était regardée comme le salut des arts. C'est ainsi qu'on les fortifiait, qu'on les soutenait, qu'on les relevait. Si quelque obscur métier y échappait encore, on se hâtait de lui en donner[4]. Si les règlements établis

[1] Stat. des vaiai et pelliparii, n° 1, rub. 36.
[2] Tanto per la ragione comune quanto per gli ordini del nostro comune si dispone che ognuno così nel comprare come nel vendere qualunque mercatanzie della sua propria arte sia franco e libero. (1346-1477. Stat. des beccai, n° 1, f° 95.)
[3] Voyez Pöhlmann. p. 93, 94.
[4] Consideranti che gli artefici che si chiamano battilori, sono membro

restaient sans effet, on ne les supprimait que pour leur en substituer d'autres. Malgré mille échecs, la foi dans le moyen restait absolue, et l'on appelait à la rescousse ce clergé que les sceptiques Florentins gouaillaient, bien avant les temps païens de la Renaissance. Les évêques de Florence et de Fiesole enjoignent aux curés de rappeler à leurs paroissiens, les jours de fête, que, selon les statuts de la draperie, on doit filer sur dévidoir. Ils menaceront les récalcitrants d'une excommunication dont nul ne pourra être absous qu'après une rude pénitence et une forte amende aux mains du curé. A vrai dire, cette manière de peser sur la conscience inquiète des pauvres fileuses était blâmée par certains prédicateurs du temps, entre autres par le fameux Fra Giordano de Rivalta, mort en 1311[1]. Le mal était donc bien ancien, et il fut durable : les âmes compatissantes étaient l'exception. Laïque ou cléricale, la soi-disant démocratique Florence n'était pas tendre aux petits[2].

C'étaient des petits que ces humbles intermédiaires qui achètent pour revendre et qu'une fausse économie a pu seule déclarer inutiles. Utiles même à Florence, malgré l'exiguïté du territoire et les argus douaniers qui veillaient aux frontières comme aux portes, on fit

---

della decta arte (speziali e merciai), e che ne' pezzi dell' oro e dell' argento battuto che vendono non è dato alcuna regola di peso e di misura, come comunemente è data a tutte l'altre mercantie.... on fixe la grosseur des morceaux. (Stat. des speziali, 1403. Cod. II, f° 137.)

[1] Voy. sur Fra Giordano notre tome III, p. 466. — E qui disse frate Giordano delle cose sconcie che fanno i mercatanti che fanno scomunicare le feminelle povere, perchè non fanno cosi buon filato che peggiorano poco. — Texte dans Pöhlmann, p. 59, n. 5.

[2] Les rares mesures prises en faveur des petits ne sont jamais que d'insignifiants palliatifs. Voy. un exemple et un texte dans Pöhlmann, p. 64, n. 1.

le possible et même l'impossible pour les décourager, pour les supprimer. On aurait voulu, par exemple, que les gardeurs de moutons de la Maremme et de la Garfagnana en vendissent directement la laine aux fabricants. Défense était faite à ceux-ci d'acheter des laines françaises ou anglaises de quiconque en posséderait déjà dans l'intérieur de la République. Même à l'extérieur, on s'efforçait de supprimer l'intermédiaire entre le pays de production et le Florentin importateur[1].

Envers les apprentis et compagnons, des petits encore, une dureté pire qu'à Venise et à Pise[2]. Dans le principe, ils ne pouvaient, par l'assiduité même au travail, s'élever à la dignité de maître, et lorsque, plus tard, l'interdiction légale eut disparu, ils y parvinrent rarement. C'est de l'antagonisme inévitable entre ces artisans sans espoir et des patrons, des capitalistes intraitables, que naquit le funeste, mais trop naturel mouvement des *ciompi*.

Après leur défaite, la haine, la crainte qu'ils inspiraient hâtèrent les progrès d'une concentration qui fit disparaître en grand nombre les petites industries. Tisserands, teinturiers, apprêteurs de draps, imprimeurs sur drap travaillaient pour leur compte et en leur nom; les gros bonnets de Calimala, de la laine, de la soie leur préférèrent des manœuvres dépendants. Toujours fut refusé aux petits ce qui aurait pu les grandir, les relever, le droit d'association, le droit de s'entendre pour établir des prix uniformes[3]. Les patrons, au contraire, avaient

[1] Voy. Pöhlmann, p. 98, qui indique les sources.
[2] Voy. la preuve pour Venise, dans un texte rapporté par Pöhlmann, p. 63, n. 1. Pour Pise, Breve consulum curie mercatorum, Stat. Pis., III, 130.
[3] Stat. flor. 1415, l. IV, R. 48. — Homines seu consules alicujus artis civitatis, comitatus vel districtus Florentie non possint facere vel fieri

le privilège exclusif de se réunir et de s'unir pour fixer le maximum du salaire. A ces réunions, il est vrai, les métiers pouvaient envoyer deux représentants; mais perdus dans le nombre, n'ayant la parole que pour exposer leurs griefs, ces représentants ne pesaient pas un fétu dans la balance, n'empêchaient pas d'arrêter un tarif des salaires. Tout salaire resté libre paraissait un désordre, un scandale, et l'on y remédiait[1]. Bien plus, on fixait le prix du travail même aux industries qui, comme celle des tailleurs de pourpoints, travaillaient non pour les fabricants, mais pour le public[2].

Plus d'une fois, les artisans florentins avaient tenté de manier l'arme dangereuse de la grève. En 1345, les peigneurs et cardeurs de laine cessaient tout travail, pour obtenir un salaire plus élevé[3]. En 1378, le soulèvement des *ciompi* n'est que la forme la plus aiguë de la grève, la substitution de l'arme offensive à l'arme défensive, la revanche aveugle, furibonde de l'esprit de liberté. Comment n'eussent-ils pas à la longue essayé de secouer le joug, ces gens qui se voyaient fixer jusqu'au jour où ils devraient remettre leur ouvrage, interdire

---

facere conspirationem aliquam, posturam, pactum vel monopolium aut doganam super aut de rebus aut negotiationibus ad artem suam vel alterius certo modo pertinentibus certo modo vel forma seu pretio vendendis vel emendis aut aliquo modo agendis vel contrahendis, quia libere possit et liceat cuilibet emere, vendere et agere prout voluerit et poterit et melius convenerit cum secum contrahentibus de rebus et negotiationibus ante dictis. (*Ibid.*, l. III, R. 88.)

[1] Voy. Pöhlmann, p. 65, 66.

[2] Per porre ordine e regola a pregi di farsetti e quello e quanto decti farsettai possino pigliér per factura d'una farsetta. (Stat. des farsettai, 1490, f° 306.)

[3] A dì 24 di maggio 1345.... i lavoranti di Fir. cioè pettinatori e scardassieri.... incontanente veruno non lavorò.... e anche voleano essere meglio pagati. (Donato Velluti, p. 148.)

auparavant d'en commencer un autre, commander de se pourvoir en abondance, comme s'ils avaient des capitaux; de tous les objets nécessaires à l'exercice de leur métier? D'après les statuts de 1324, les briquetiers, les tailleurs de pierres, les charpentiers devaient, tous les mois, assurer le podestat qu'il y avait, dans la ville et les faubourgs, assez de briques, de chaux, de bois, de pierres, etc., pour tous les besoins. Une enquête était ouverte, pour confirmer leur dire, par leurs consuls assistés d'un cavalier et d'un notaire du podestat. Leurs assertions n'étaient-elles pas trouvées véritables, ils encouraient un châtiment[1].

Ce système de règlements à outrance supprimait-il du moins les abus? Non certes, car on n'ose appliquer ou l'on n'applique pas longtemps des lois trop rigoureuses[2]; car quand on en édicte à tout propos, elles ne sont plus qu'une forme déguisée de l'arbitraire: n'en pouvant faire sur tout, on légifère sur certains points, on en néglige d'autres, si bien que, dans le même art, dans le même métier, on trouve une partie des travailleurs soumis à un tarif, et les autres non[3]. D'ailleurs, il y avait au réseau un autre vice qui permettait de passer à travers des mailles trop grossièrement ourdies: la contradiction des textes qui rappelle, dans l'ordre social, celle dont les casuistes tirent si bon parti dans l'ordre moral. Trop nombreux pour être cohérents, ces textes,

---

[1] Pöhlmann, p. 65, 66, 68.

[2] En 1459, au sujet de l'art de la laine, il est dit : « Al presente, poco se ne fa, o non nullo ; per le quali cose l'arte ne viene in grande declinazione e tutti dì a avvenire più l'un di dell' altro, perchè le cose sono tanto transandate, che non si osserva ordine niuno nell' arte. » (Texte dans Pöhlmann, p. 57, n. 7.)

[3] Pöhlmann, p. 67.

en outre, étaient préparés, mis au jour non pour la généralité des cas, mais pour des cas particuliers.

Il suffira d'un exemple entre mille. D'une foule de textes il semble résulter que les artisans étaient liés au patron et ne pouvaient se délier qu'avec la permission de celui-ci[1]. Pourtant, ils n'étaient pas serfs, d'où la nécessité ou de laisser cette loi à l'état de lettre morte, ou de trouver avec elle des accommodements. Ces accommodements, c'est elle-même qui les fournit : l'artisan est lié, oui, mais pour une semaine, ou bien s'il est débiteur du maître, s'il ne l'a prévenu quatre mois d'avance[2]. On peut donc s'entendre.

De plus, quand l'art de la soie cherche à protéger le maître contre les insolences et les tromperies des apprentis et des compagnons, le texte officiel ajoute qu'il faut aussi empêcher ceux-ci de changer trop souvent de maîtres. Ainsi ils en changeaient, et souvent. Enfin, s'ils ne payent pas ce qu'ils doivent, s'ils laissent l'ouvrage à eux confié, on n'imagine, on ne connaît d'autre moyen de les contraindre, que d'interdire aux autres patrons de les employer, prescription qui dut être souvent violée quand le travail pressait. Un patron a-t-il refusé de laisser partir tel artisan ? le différend est porté devant les consuls de l'art, juges de tous les rapports entre ses membres, juges peu impartiaux sans doute, puisqu'ils appartenaient à

---

[1] Voici un de ces textes : « Nullus battitor, pettinator, vel aliquis laborator seu operator artis lane qui laborare inceperit cum aliquo magistro et supposito dicte artis possit discedere a magistro cui inceperit laborare sine licentia, etc. » (1428. Texte dans Pöhlmann, p. 71, n. 1.)

[2] « Non possit discedere etiam quantumcunque vellet, magistro satisfacere in pecunia numerata... » Et ailleurs : « nec discedat nisi primo sibi serviverit in laborerio vel alio modo, dederit vel eidem satisfecerit de sua propria pecunia. » (Pöhlmann, p. 71 et n. 2.)

la classe dominante, mais qui lui paraissaient l'être trop, puisque les patrons avaient contracté l'engagement réciproque de n'accepter les services d'aucun artisan en brouille avec un d'entre eux[1].

Dans ce droit de coalition, reconnu aux maîtres, refusé aux artisans, était, en somme, la grande iniquité. La reprocherons-nous aux Florentins du moyen âge, alors que chez nous, il y a trente ans à peine, elle était en pleine vigueur? Si l'on y veut regarder de près, on constate que la condition des hommes de travail est plus tolérable à Florence que partout ailleurs dans le même temps. La République blâmait Pise, devenue sujette et laissée sans doute en possession d'une certaine autonomie dans ces matières, de mettre trop d'entraves à l'exercice des métiers[2] : on sentait le danger de diminuer la population des travailleurs, et d'augmenter par là le prix des objets nécessaires ou utiles à la vie. Avec le dehors, la comparaison serait plus avantageuse encore. Dans les anciennes ordonnances des métiers parisiens, dans celles de la Hanse germanique, l'apprentissage n'est pas ouvert à tous comme à Florence, où la durée n'en importe point pour l'obtention de la maîtrise, et n'entre en ligne de compte que pour fixer le chiffre de la matricule à payer. Point de lettres d'apprentissage et d'honorabilité : qui déclare savoir un métier, n'a pas besoin d'en fournir la preuve en travaillant comme compagnon, n'est pas tenu de produire son chef-

---

[1] Voy. Pöhlmann, p. 72.
[2] Di che nasce danno universale et ai privati et al pubblico perchè si toglie commodità per scemare il numero dei venditori, e di manefactori, onde crescono i pregi delle manifacture, e le gabelle si dannificono perchè scema il numero delle bocche. — Suivent les mesures pour remédier à ces inconvénients. (Provvisioni, 1475, n° 167, f° 118.)

d'œuvre, de justifier d'un certain avoir, d'établir qu'il n'est ni serf ni bâtard. Tout ce qu'on osa de plus illibéral en 1414, au fort de la période oligarchique, ce fut l'interdiction aux fils naturels de siéger dans les conseils de leur art, d'y exercer la moindre magistrature[1]. Le point fondamental de tous les statuts des arts, c'est que l'artisan doit remplir les obligations contractées. Était-il libre du moins de ne les point contracter? Théoriquement, oui ; en pratique, non : la faim met le loup hors du bois. Quoi qu'il en soit, le principe était la liberté du contrat entre les contractants.

C'est dans les rapports de ville à ville, au sein même de l'État, que théorie et pratique sont également vicieuses. L'intérêt du fisc faisait maintenir les gabelles des portes; protéger la capitale semblait légitime contre des cités vaincues, conquises, annexées. Le plus singulier, c'est que chacun de ces nouveaux membres conserve des armes contre les autres et contre la tête. Après l'acquisition de Pise, on n'y supprima point les droits élevés qui frappaient les draps florentins et en rendaient l'usage rare. Pour importer du fer de Pise à Pistoia tels étaient les droits, qu'on avait plus d'avantage à le faire venir de Lucques, c'est-à-dire de l'étranger. Pour y remédier, on n'eut point l'idée d'abaisser les droits à l'intérieur; on préféra élever les droits d'exportation vers Lucques[2].

Ce régime de protection était fort ancien en Italie[3];

[1] Voy. Pöhlmann, p. 54.
[2] Voy. Pöhlmann, p. 122, 123.
[3] A Parme, en 1211, le serment du podestat contenait l'obligation non seulement de protéger les marchands de laine et de drap, mais aussi de faire emporter et brûler toutes les marchandises étrangères de ce genre et de punir les vendeurs. (Affò, *Storia di Parma*, III, 325.)

il y régnait sans partage. Mais en ce qui concerne Florence, il ne provenait point d'un sentiment d'infériorité. Loin de là, c'est parce qu'on y fabriquait mieux qu'ailleurs, qu'on n'y croyait pas devoir porter ailleurs les secrets de la fabrication. La preuve en est que notamment pour les brocarts d'or et de soie, cette interdiction n'existait point à l'égard de Venise et de Lucques, où les artisans de la soie n'avaient rien à apprendre des Florentins. C'était donc un système défensif, qu'explique l'embauchage des artisans italiens par divers princes, entre autres par Louis XI, pour acclimater dans leurs États les industries italiennes, au moyen du droit de bourgeoisie et de grands privilèges. Pour se défendre, Florence oubliait les saines théories qu'elle avait entrevues[1]. Presque tous les objets payaient, à l'entrée, 5 pour 100 de leur valeur; à la sortie, les deux tiers pour le transit. N'étaient exempts de toutes ces taxes que les vieux effets mobiliers, les habits déjà portés, les objets nécessaires pour les obsèques des morts; encore pour ceux-ci fallait-il donner caution qu'ils seraient rapportés dans les trois jours[2].

La participation des étrangers au trafic ne pouvait, avec ces idées, être autre chose qu'un privilège. Rien donc de plus arbitraire. On la refusait aux uns, on l'accordait aux autres, sous des formes diverses : tantôt par l'exemption ou la diminution des gabelles, tantôt par la faculté d'établir des colons, d'ouvrir des factoreries,

---

[1] Et plura etiam perducerentur si et in quantum de solutione gabelle talium mercantiarum et diminuendo hujusmodi gabellam provideretur, et sic providendo et faciendo redundaret in magnam utilitatem dicti communis et gabellæ portarum. (Stat. Flor. 1415, l. V, tract. 3, Rub. 14.)

[2] Voy. Pöhlmann, p. 114.

ou par l'exercice même, par l'exercice direct du trafic[1].
La prospérité de l'État paraissant dépendre de celle des
manufactures, on y sacrifiait résolument l'intérêt des
consommateurs.

Un régime de protection, de prohibition même, n'a
rien qui puisse surprendre en ces temps-là: c'est le
premier auquel tout peuple demande sa prospérité commerciale: les bienfaits de la liberté ne peuvent être sentis
que par des peuples avancés dans les voies de la civilisation. Florence, qui passait pour les y précéder tous,
n'entrevit de ce côté que de pâles et intermittentes
lueurs, encore fut-ce au temps de la démocratie. Plus
tard (1393, 1415), sous le dur gouvernement de l'oligarchie, la protection s'exagère: le droit sur l'importation des draps étrangers est de 5 florins d'or pour
toute pièce de 34 mètres[2]. En 1426, se produit cette
doctrine que tout ce qui est tiré de l'étranger doit être
fabriqué dans le pays, afin que les pauvres y trouvent
des moyens d'existence[3]. Pour toute une série de produits, outre les droits habituels d'importation et de
douane, il est perçu un droit protecteur de 50 pour 100,
soit 15 florins d'or pour une valeur de 100 livres[4]. On
trouve même des marchandises qui payent 30 florins[5].

---

[1] Voy. Giuseppe Toniolo, *Dei remoti fattori della potenza economica di Firenze nel medio evo*, p. 100. Milan, 1882.

[2] Voy. Pöhlmann, p. 105 et n. 5.

[3] Si aliqua inhibitio induceretur, multi se ad ipsas artes administrandas accomodabunt, ex quibus plurimam pauperes homines tam civitatis prefate quam ejus comitatus et districtus alimoniam recipient. (Ordini del consolato della naz. fior. Arch. Rif. cl. XI, dist. 4, n° 77, f° 21, dans Pöhlmann, p. 103, n. 1.)

[4] Le florin d'or de ce temps-là est évalué à 3 livres et demie.

[5] Voy. dans Pöhlmann, p. 103, n. 2 et 3, la nature des produits qui payent ces droits exorbitants.

Le transit des marchandises prohibées était chargé, en sus de tous les autres droits, d'un impôt de 3 et demi à 11 et demi pour 100 de leur valeur. On n'était pas arrêté par la crainte de supprimer, d'affaiblir tout au moins le trafic avec l'étranger.

Ces vues, répétons-le, sont celles de l'oligarchie, de la haute bourgeoisie. La petite bourgeoisie, les arts mineurs en avaient d'autres plus justes et plus larges. On n'y demandait point la suppression, la limitation même de la concurrence; on y réclamait seulement que les étrangers subissent leur part des charges publiques, car, en ne pesant que sur le travail indigène, elles lui rendaient la concurrence impossible. C'est ce que montrent les pétitions des arts mineurs: elles ne nous sont point directement parvenues; mais les provisions en reproduisent des fragments étendus, quand les pouvoirs publics ont admis les réclamations des postulants[1]. Encore les arts mineurs ne tenaient-ils pas pour étrangers ceux qui étaient établis depuis vingt ans au moins dans le pays, et qui avait épousé une Florentine[2]. Ils avaient peut-être quelque mérite à se montrer moins exclusifs que les arts majeurs, car les articles à bon marché, principal objet de leur industrie, paraissent avoir été les seuls pour lesquels la concurrence étrangère fût dangereuse: la vente de toutes marchandises dont le prix dépassait 5 livres devait être exempte d'impôts[3].

Dans la condition humiliée que la révolution oligarchique avait faite aux arts mineurs, ils n'avaient guère

---

[1] Voy. à l'appendice IV de Pöhlmann le document de mai 1454, p. 150. Pöhlmann l'analyse fidèlement à la page 111.

[2] Voy. le doc. dans Pöhlmann, append. IV, p. 150, et l'analyse, p. 112.

[3] E da lire cinque in su possa ciascuno mercatare. (*Ibid.*, p. 150.)

plus voix au chapitre ; ils ne pouvaient, en aucun cas, faire triompher leurs vues. Le résultat espéré des droits protecteurs n'avait pas été obtenu : en 1434, des marchands de toile, ou, comme on dirait aujourd'hui, de nouveautés, marquaient la crainte qu'on dût pour longtemps se passer à Florence de diverses marchandises importées jusqu'alors de Lombardie: futaine, bouracan, coton, etc. Pendant près de cinquante ans, les étoffes, les galons de laine ne purent, malgré les droits de douane, tenir bon contre les provenances de l'étranger[1]. On fait le compte de ce qui disparaît ainsi d'espèces : 40 000 florins d'or, chaque année, pour les seuls draps de Perpignan. Va-t-on renoncer à un système condamné? Nullement : on l'exagère, on interdit la sortie des espèces[2]. En 1458, on s'est aperçu que les droits élevés ne servent qu'à provoquer la contrebande sur une large échelle : vite, comme remède, on prohibe les draps italiens, sous ce prétexte que la concurrence étrangère sur le marché nuirait à la bonne renommée des produits indigènes et ne leur permettrait plus de soutenir la lutte au dehors[3]. Et l'on était si convaincu de rendre ainsi à l'art de la laine toute sa prospérité, qu'escomptant les résultats on frappait aussitôt les draps d'un impôt de 4000 florins d'or, comme compensation du monopole[4]. Deux ans plus tard, l'erreur est reconnue : on en met six encore (1466) avant d'avouer, dans un acte public, que les provisions de 1458 ont provoqué un mécontentement général, qu'on manque d'étoffes pour se vêtir, surtout

[1] Provvisioni, 1472, f° 59. Pöhlmann, p. 103, 104.
[2] Provvisioni, 1473. *Ibid.*, p . 107, n. 1.
[3] *Ibid.*, p. 106 et n. 5, 6.
[4] *Ibid.*, p. 107 et n. 3.

de ces étoffes de laine à bon marché que l'étranger fait plus solides et de moindre prix.

Voilà, un moment, l'importation autorisée[1]; mais à peine s'aperçoit-on que sur tel ou tel article la lutte devient possible, sans retard sur cet article reparaît la prohibition[2]. Ici c'est la doctrine des meneurs qui reprend ses avantages; le sentiment public des consommateurs lui est si contraire que, pour se faire accepter, elle impose à l'art de la laine l'obligation de fournir les six cents pièces de drap qui paraissent, à ce moment-là, nécessaires pour la consommation, et, malgré tout, la provision soumise aux conseils n'y passe qu'à de faibles majorités[3]. En 1478, nouvel aveu, fort significatif, de l'infériorité florentine sur ce point : « Considérant qu'on fait très peu d'étoffes de soie et de drap, parce que le droit élevé de sortie en empêche l'exportation, et que les commerçants de Gênes et d'ailleurs en profitent pour exporter dans l'ouest dè l'Europe, en sorte qu'une grande partie du peuple des métiers est dans le besoin,

---

[1] Voy. Pöhlmann, p. 107.

[2] Facto fare più saggi nell' uno luogo e nell' altro (S. Martino e di garbo) di rascie e larghe e strette e fine e mediocri e grosse, si trova che facilmente fare se ne può nella città tali che potranno essere a paragone colle forestieri e ancora vantaggiarle, e quasi a medesimi prezzi dare si potranno in questo principio e in breve tempo al medesimo e anche a minore, quando più manifattori a tale exercitio e a tessere e ad altro si saranno addirizzati... che l'arte della lana in questo membro s'allarghi e tante ne faccia che sieno a sufficienza dell' universale; cognoscendo questo non potersi fare se non prohibendo le forestiere, e strignendo l'arte a farne in sufficienza, seguitando il consiglio dei savi inducti a questo maxime per la experientia de' perpignani. (Provvisioni, 1488, n° 179, f° 164, dans Pöhlm., p. 108, n. 3.)

[3] Conseil des cent, 78 contre 53. Conseil du peuple, 172 contre 76. Conseil de la commune, 119 contre 50. Voy. Pöhlm., p. 109, n. 1. A cette page le même auteur parle encore de difficultés du même genre que rencontra le système prohibitif en 1508-1528 pour l'industrie du cuir.

prend la besace, vit d'aumônes ; considérant que de sages hommes déclarent que si on levait les droits d'exportation pour les étoffes de soie et de laine, les revenus publics augmenteraient, parce qu'on fabriquerait davantage, et qu'une grande partie du peuple y trouverait des moyens d'existence », on ordonnait, pour faire l'épreuve, que, durant les cinq années suivantes, il ne serait plus perçu de droits aux portes de Florence et de Pise, ni en aucun autre lieu du territoire pour l'exportation, et qu'à la douane de ces deux villes on noterait les quantités exportées et importées, pour savoir dans quelle mesure la liberté douanière était profitable[1]. C'est bien la liberté commerciale qui fait son apparition ; malheureusement, les sages mesures de 1478 sont rapportées en 1480, sans alléguer d'autre motif que les besoins du *monte*. Qui peut dire si le vague sentiment du public consommateur aurait fini par prévaloir contre les intérêts et les préjugés des fabricants qui tenaient le haut du pavé ? La question, en somme, est oiseuse, puisque déjà la République florentine touchait à sa fin. Les idées, comme la nature, ne procèdent que par lentes évolutions.

L'incohérence et les vices de ce système économique n'étaient nulle part plus sensibles que dans les règlements relatifs au transit. Ainsi, pour l'art de la laine, était autorisée la circulation en transit des marchandises et outils servant aux manufactures de drap[2] ; mais cette autorisation était refusée aux laines de France et d'Angleterre[3].

[1] Provvisioni, 1478, n° 170, f° 26, dans Pöhlmann, p. 120, 121.
[2] Pöhlmann, p. 112 et n. 2, 3.
[3] Quilibet extrahere volens lanas pro quibus soluta esset gabella communis Florentie pro transitu, seu per lo terzo, exceptis lanis francigenis et seu anglicis de civitate, comitatu, vel districtu Florentie possit et sibi liceat etiam sine licentia. (Lib. legum artis lane, 1436, f° 97. *Ibid.*, n. 4.)

Ces laines, matière première de la draperie florentine, ne pouvaient être réexportées que sur la décision des consuls, prise à la majorité légale des deux tiers des voix. C'était déjà, pour les vendeurs étrangers, une vexation que de dépendre, par ce vote, des acheteurs indigènes. En 1444, on fit pis encore : on défendit toute réexportation des matières premières des arts de la laine et de la soie, sans oser pourtant interdire le transit[1].

Mais les conditions faites au transit détournaient de Florence les marchandises, alors même qu'elle était sur leur chemin. Du royaume de Naples, des États de l'Église, de la Marche on s'acheminait par Pérouse vers Bologne, Ferrare, Milan ou Lucques, au lieu de passer par Cortone et le territoire florentin. C'était un détour de deux journées, l'obligation de payer des droits à l'entrée de treize ou quatorze localités, et pourtant on y avait un avantage considérable : on payait pour les soies 10 livres seulement, au lieu de 43. « Chacun, disent les actes officiels, fuit notre territoire, quoique beaucoup de conducteurs soient des sujets florentins, qui, dans leurs voyages, reverraient volontiers leur maison, leurs affaires. Notre pays est peu fréquenté ; les impôts sur les auberges rendent peu ; l'élévation des droits nous fait perdre tous droits[2] ». Après un tel aveu, il ne restait qu'à dégrever le transit : la taxe ne sera plus que de 30 sous par chargement[3]. La mesure n'était prise que pour

---

[1] *Ibid.*, p. 112, 113.

[2] Provvisioni, 1473, n° 165, f° 106. Pöhlm., p. 118, et n. 2.

[3] Senza alcuna spesa partita o rincrescimento... che venissono o si conducessino per passo e così quelle che si traessino della città, contado o distretto, per condurle ad alcuna delle parti infrascripte, cioè inverso la Marca, etc. (Provvisioni, 1473, n° 165, f° 106. *Ibid.*, p. 119, n. 1.)

un an; elle fut prorogée. Certains groupes de marchandises en profitaient seuls ; elle fut étendue à d'autres[1]. Étaient réputées de transit celles qui ne restaient que dix jours sur le territoire : ce délai est porté à trente jours en 1489, à quarante-cinq en 1491[2], preuve que Florence y gagnait.

La leçon fut pourtant perdue ; on ne dépouille pas aisément le vieil homme. La liberté commerciale en Toscane ne fut jamais que l'exception, l'accident. Alors que la France, longtemps en arrière, supprimait ses douanes intérieures en 1484[3], Florence maintenait les siennes, qui multipliaient les différends, les réclamations par lettres officielles ou ambassades[4]. Si peu profitable aux marchands était cette intervention de l'État, qu'ils aimaient mieux se défendre par voie d'assurance, tantôt en payant au patron plus que la somme à lui due pour le transport, tantôt par une convention entre les partants et les restants : ceux-ci s'engageaient à indemniser les autres de tous les dommages qu'ils pourraient

---

[1] Considerato che ne' tempi passati più volte si sono agevolate le gabelle alle mercatanzie per passo, il che, come s' è veduto per experienzia, a fatto buono profitto al pubblico e privato ... (Provvisioni 1510, n° 201, f° 31.) Une première extension avait eu lieu en 1489, portant sur les fourrures, merceries, étoffes de toile, brocarts d'or, écarlate, cramoisi, camelots, bonnets, livres. Voy. Pöhlmann, p. 119 et n. 4.

[2] *Ibid.*, p. 120 et n. 1.

[3] C'est ce que fait M. Pöhlmann, p. 123. M. Clemente Lupi a montré la persistance des brigandages sur terre et sur mer qui explique le recours à tous les moyens de défense, même aux moins scientifiquement justifiables. Voy. *Delle relazioni fra la Rep. di Firenze e i conti e duchi di Savoia*, ch. XII, dans *Giorn. stor. degli arch. tosc.*, t. VII, p. 188 sq. ann. 1408, 1444, 1447, 1455, doc. 53, 199, 210, 220, et l'étude même de M. Lupi, p. 119 sq.

[4] Les exemples sont nombreux de réclamations officielles adressées à des seigneurs ou princes en faveur de marchands. Voy. *Commiss.* XLI et XLV, *Rin.*, 1424, t. II, p. 10, 256, n. 2.

encourir dans le trajet[1]. La valeur de la garantie était proportionnelle au nombre des assurés. Par malheur, la bonne foi devenait rare, et ces accords étaient gros de difficultés nouvelles, car, pour établir si les plaintes étaient fondées, manquaient souvent les témoins, et contre les plaignants s'élevaient volontiers d'injurieux soupçons. De là des procès avec d'interminables lenteurs.

Le procès perdu, il n'y avait plus d'autre ressource que les fameuses représailles[2]. Ici reparaissait l'État. Il délivrait à l'offensé des lettres qui allaient parfois jusqu'à interdire tout séjour dans le pays mis au ban, toutes relations commerciales avec ceux qui l'habitaient. Mais dans l'exercice du droit conféré de saisie tout n'était pas rose : d'une part, il ne fallait pas dépasser dans ces reprises la valeur des choses volées[3], sous peine de s'exposer soi-même à des représailles: or quoi de plus malaisé qu'une exacte évaluation d'objets dont on ne pouvait guère s'emparer que furtivement ou par un rapide coup de main? D'autre part, il suffisait souvent d'une simple promesse de l'offenseur de rendre justice à l'offensé pour que ce dernier perdît tout droit de représailles[4].

Cette loi du talion, qui prend, à la turque, œil pour œil, dent pour dent, ne disparut point devant les lumières de la Renaissance. Elle reste en vigueur sous les Medici, dans ce quinzième siècle perfide où l'on ne peut

---

[1] Contrat entre deux marchands savoyards et vingt-cinq Florentins. Ceux-ci furent requis de payer conformément à la convention, 1509. Voy. Clem. Lupi, *Giorn. stor. arch. tosc.*, t. VII, p. 299. Doc. 306.

[2] *Giorn. degli arch. tosc.*, t. VII, p. 123-125.

[3] 1408, 1505. *Ibid.*, p. 188, 295. Doc. 33, 283.

[4] 1422, 1474. *Ibid.*, p. 192, 387. Doc. 40, 245, et l'exposition de M. Lupi, p. 136.

plus compter sur la droiture, sur l'équité, sur la parole d'un voisin, ni même d'un allié. Et cette persistance est d'autant plus significative qu'un vote seul pouvait accorder les représailles. Il fallait donc que la politique de haine et de défiance fût au plus profond des entrailles chez les peuples de ces temps-là [1].

Florence ne comprit jamais qu'elle se traînait dans l'ornière, qu'elle faisait fausse route. Malgré quelques lueurs passagères de bon sens, elle ne vit jamais de plus sûre source de prospérité que dans le régime protecteur et prohibitif, que dans l'oppression de la liberté individuelle. On ne peut tout dire; mais on peut prendre des exemples, et, dans le nombre, il en est un bien instructif. C'est seulement en 1406, après l'acquisition de Pise, que la République devint une puissance maritime. Elle avait donc eu tout le temps de mûrir ses idées. Elle n'en conserve pas moins les tyrannies pisanes, et elle y ajoute les siennes. Quiconque, à Pise, ne payait pas l'impôt, devait avoir chez soi une rame, était tenu, à toute réquisition de la Commune, de monter sur les galères ou autres bâtiments, d'accepter le salaire fixé par l'État, sauf recours à une commission d'armateurs et de gens de mer qui sont dans la main de l'État ou en partagent les passions, les intérêts [2]. On déclare bien que les calfats et autres artisans de la marine ne seront pas gênés dans le libre exercice de leurs métiers, mais on ajoute que, s'ils ne répondent pas à l'appel, ils pourront être forcés par le podestat et le capitaine de travailler sur les navires.

---

[1] Voy. R. de Mas Latrie, *Du droit de marque ou droit de représailles au moyen âge.* — Dans la Bibl. de l'École des chartes, 6e série, t. II, p. 529 sq.

[2] Stat. 1415, l. V, tract. 2, rub. 125, et Pöhlmann, p. 69.

Pour décharger les navires, la libre concurrence n'est point admise : les bateliers, à Livourne ou Porto-Pisano, y sont employés à tour de rôle : ils ne peuvent pas plus offrir leurs services que les refuser, et, pour être sûr de leur obéissance, on exige d'eux une caution. Un matelot qui viole son contrat d'engagement ne peut être accepté par aucun capitaine; le patron ou ses agents peuvent s'emparer de lui, le ramener à bord, sans avoir à en répondre, eussent-ils fait couler son sang[1]. Les étrangers, enfin, même demeurant dans le pays, ne sont autorisés à prendre du service sur un bâtiment que par la permission des consuls de mer, accordée à l'unanimité[2]. Législation bien étroite et bien tyrannique; mais celle des peuples modernes, relativement aux personnes, ne brille guère non plus par la largeur et la liberté.

Les marchandises, qui sont plus patientes, n'avaient un sort meilleur que grâce aux inconséquences. Les consuls de mer recevaient le pouvoir de suspendre, de restreindre, dans l'application, le système prohibitif[3]. En 1430, les marchandises importées obtenaient un an de délai pour la réexportation, si elles n'avaient pas changé de propriétaire, si elles étaient venues par la voie de mer[4]. Mais en 1434, ce délai était

---

[1] Voy. Pöhlmann, p. 69, 70.
[2] *Ibid.*, p. 127 et n. 3.
[3] Declarando, ordinando, prohibendo in totum vel in partem rem, mercantias et bona quæ ad ipsam civitatem et territorium adduci vel transire possint et ad quos effectus et sub quibus observantiis, penis, formis, cautelis, et quomodo inde extrahi debeant et etiam illas res, mercantias et bona, quæ nullo modo ad civitatem et territorium adduci possint seu per ipsam conduci vel transferri directe vel indirecte, et sub quibus penis, conditionibus, formis et prejudiciis. (Ordini del consolato della naz. fior. Arch. Rif. cl. XI, dist. 4, n° 77, f° 5.)
[4] Pöhlmann, p. 124 et n. 1.

réduit à six mois : divers propriétaires de marchandises non destinées à la réexportation les laissaient en entrepôt, afin de retarder le payement des droits d'entrée. En 1441, on étend au port de Livourne le privilège pisan, — c'est ainsi qu'on appelait la position exceptionnelle du port de Pise, — pourvu que la réexportation ait lieu dans les deux mois. Puis le délai général est ramené à une année, et l'on renonce à limiter les lieux de réexportation; on accorde même (1464) à la réexportation par terre une réduction d'un tiers. Évidemment, par une circulation plus facile, on provoquait les arrivages dans les ports de la République; mais il aurait fallu ne pas contrarier cet effort par les privilèges accordés au pavillon florentin, par le monopole de l'armement et du chargement des vaisseaux, en réservant à l'État le droit de fixer les tarifs, d'imposer aux navires leur destination, les lieux où ils chargeraient et déchargeraient, le nombre de jours qu'ils y resteraient. Les consuls de mer ne pouvaient autoriser une modification à l'itinéraire qu'avec l'assentiment exprès de la Seigneurie et des collèges. Sur navires étrangers on ne pouvait embarquer des marchandises qu'en payant un droit énorme, et quelques jours seulement après le 15 juin, afin de laisser les navires du pays prendre l'avance. Ceux-ci subissaient-ils un retard? Ceux-là devaient attendre, à moins que ce retard ne dépassât le 31 octobre. Et comme si ce n'était assez de cette protection formidable, les marchandises importées par des étrangers sur navires florentins avaient seules le droit de se protéger par l'assurance; seules elles étaient garanties un an contre les représailles, contre la guerre, et, même après ce délai, pouvaient être réexportées sans les dangers auxquels s'exposaient les autres en prenant la mer[1].

A la longue, il faut bien reconnaître que ce monopole, que ces privilèges ont produit le manque de matières premières, le renchérissement de toutes choses, et supprimé le crédit[2]; il faut bien venir à résipicence. En 1464, on se résigne à laisser tout importateur libre de s'assurer[3]. En 1465, on accorde de nouveau, comme en 1448, le droit d'importer sur tout navire les laines étrangères, on lève même le droit différentiel qui grevait les laines venues sur navires étrangers[4]. L'armement est déclaré un métier libre[5], et l'on condescend jusqu'à accorder six mois de franchise aux marchandises appartenant à des bannis ou à des rebelles[6].

[1] Voy. Pöhlmann, p. 124-127.
[2] Considerato ch' egli è lunghissimo tempo che la nostra città ha facto molte leggi e prohibito... che non cisi possi conducere nè mandare robbe se non per le nostre galee, diche è seguitato e seguita grandissima incomodità, disagi et danni et grande carestia d'ogni cosa al nostro popolo e alla nostra città... E con gran difficoltà se ne truova o può havere... E però si serrano i traffichi e perdonsi gli exercitii del nostro popolo con grandissimo danno delle gabelle e universalmente d'ognuno. (Provvisioni, 1465, n° 157, f° 239. Cette provision a été publiée par Pöhlmann, app. V, p. 151.)
[3] Voy. Pöhlmann, p. 127-129.
[4] Si provvide che dal dì 25 di marzo 1466 innanzi per la via di mare in tutti i nostri porti e terreni possa venire e scaricarsi tutte le mercatantie d'ogni regione che si potessi dire o pensare, e per tutti i navilii che le volessono conducere e per qualunche cittadino o forestiere che avesse aptitudine a conducere, e con quelle gabelle di Pisa e Firenze, pacti e capitoli che e come si usa et observasi al presente delle mercatantie che si conducono per le galee del nostro comune... E tutte le mercatantie che si finissono in Pisa e nella città, contado e districto di Firenze non paghino altra gabella che pagano al presente quelle che ci sono condotte per decte nostre galee. (Ibid.)
[5] Pöhlmann, p. 129.
[6] E che tutte le mercatantie che si conduceranno per la via di mare insu qualunque legno e per qualunque persona di che stato o conditione si sia, etiandio se le dette mercatantie fussino di ribelli o isbanditi, sieno libere e sicure..., per VI mesi dal dì che così li saranno condotte, e non

C'est, semble-t-il, la liberté commerciale dans toute son ampleur[1]. Mais attendons la fin. L'État s'est réservé la construction des navires de commerce[2]. En 1472, il vend à l'encan deux galères qui devaient partir le 1ᵉʳ août pour le Levant, et il défend que, du 1ᵉʳ juillet au 14 août, on charge des marchandises sur tout autre navire pour ces parages[3]. Que restait-il des provisions libérales de 1465? L'étranger qui, confiant aux déclarations y contenues, avait freté des navires pour un port florentin, voyait compromis le fret du retour. Il est vrai qu'en 1480, à titre d'expédient, et pour quatre années, l'État renonce à la construction maritime[4] et reconnaît qu'il peut y avoir avantage « pour quelque temps » à ne pas naviguer sur les bâtiments de la Commune[5]; mais tant de fluctuations, de soubresauts, de contradictions ont chassé la confiance : le trafic n'était possible, d'ordinaire, qu'en violant la loi à ses risques et périls.

Peut-être les détails qui précèdent suffisent-ils à expliquer comment Florence ne devint jamais une puissance maritime; mais nous croirions volontiers qu'il y eut d'autres causes de cette impuissance, par exemple

possino loro esser tolte nè molestate in alcuno modo nè per niuna cagione. (*Ibid.*)

[1] Ognuno s'intenda essere libero, e possino fare intorno al navicare e conducere robbe e mercatantie di qualunque regione come parrà et piacerà loro. E che a veruno non possa essere vietato per alcuno modo il condurre mercatantie o robbe di qualunque ragione per alcuno modo, come è detto di sopra. (*Ibid.*)

[2] Pöhlmann, p. 129.

[3] Provvisioni, 1472, f° 33.

[4] Voy. Pöhlmann, p. 130.

[5] Che accertandosi ciascuno che per qualche tempo non si avesse a navigare con galee del comune e concedendo certi privilegi, come ne' porti liberi si richiede, forse ne seguirebbe il bisogno. (Provvisioni, 1480, n° 172.)

l'avance prise par les Vénitiens, comme par les Génois, et leur vigilante jalousie. En effet, sur d'autres points, où la prospérité florentine fut éclatante, nous ne voyons ni moins d'erreurs, ni moins d'incohérence. C'est cette République marchande qui a créé, simultanément avec Venise, les institutions de crédit, si nécessaires au trafic; jamais pourtant elle n'en devina la merveilleuse élasticité. Il y eut toujours dans sa pratique quelque chose de singulièrement étroit et défiant. L'art de Calimala défendait, sous des peines sévères, de faire crédit pour plus de trois mois, et c'est à peine si, plus tard, il portait ce délai à six mois pour les draps, à huit pour les laines d'outre monts. L'art de la soie n'admettait le crédit qu'entre ses membres, huit mois, puis un an (1429) pour les sommes supérieures à 25 livres. Ainsi des autres arts. Pour délivrer un mandat sur une maison non située au delà de 40 milles, il faut fournir caution. On ne peut envoyer ni fil, ni drap, ni laine dans un rayon de 100 milles, sans payer d'avance, et les payements au comptant n'obtiennent aucun escompte. Forgerons et menuisiers sont tenus de vendre au comptant; les boulangers eux-mêmes, quoique le pain soit de première nécessité, ne peuvent faire crédit au delà de 10 livres. Chaque art décidait par lui-même; mais soit par esprit d'imitation, soit par communauté d'intérêt et de vues, ils aboutissaient souvent aux mêmes décisions. La législation florentine n'est qu'une résultante[1].

Florence ne résolut pas mieux la grosse question du prêt non gratuit. Comment s'en étonner, puisque l'Église

[1] Voy. Pöhlmann, p. 95-97.

qui passe pour l'avoir résolue dans le sens de la négative, ne put mettre d'accord ses augustins et ses dominicains qui la soutenaient, avec ses franciscains qui admettaient qu'on peut prêter à intérêt, tout au moins à l'État[1]? Que Florence ait dépassé sur ce point la doctrine franciscaine, ce n'est pas douteux: Muratori voit dans le prêt à intérêt une des causes primitives et principales de la richesse et de la puissance des Florentins[2], et les preuves abondent. Les livres des Bardi montrent qu'en 1427, pour un capital prêté de 2928 livres, l'intérêt payé fut de 878, soit 30 pour 100[3]. L'orfèvre Oderigo de Credi, qui n'est point pauvre, emprunte 20 livres pour six mois et sept jours: il paye 4 livres, c'est à dire le quart, et il engage en outre sa tunique verte doublée de taffetas[4]. En 1430, quand les portes furent rouvertes aux juifs, bannis pour cause de race et de religion ou plutôt de concurrence; en 1436, quand il leur fut permis d'habiter la ville, ils reçurent licence de prêter, sous condition de ne pas exiger plus de 4 deniers par livre et par mois, soit un intérêt de 20 pour 100, ce qui prouve que, dans les temps antérieurs, ils avaient dû prêter à un taux plus

[1] Voy. Matteo Villani, III, 106, t. XIV, p. 117, 118, et *Osservatore fiorentino*, t. IV, p. 23 sq.

[2] Neque me falli putem, si dixero ad hanc potissimum causam, hoc est ad ejus modi mercatores sive fœneratores referendum esse quod florentina civitas seculis xii° et xiii° adeo caput attollere et supra finitimas eminere, eisque tandem servitutis jugum imponere cœperit. (*Antiq. med. ævi*, I, 888.)

[3] Peruzzi, dans Pöhlmann, p. 81, n. 3.

[4] *Ricordanze d'Oderigo d'Andrea di Credi, orafo, dal 1405 al 1425.* Arch. stor. 1ª ser. t. IV, part. I, p. 92. Il serait curieux de comparer le prix des choses, tel qu'Oderigo le donne pour son temps, avec celui qu'elles avaient au xiii° siècle, tel qu'on le voit à l'appendice de notre Iᵉʳ volume.

élevé [1]. C'étaient, il est vrai, des juifs; mais on est toujours plus ou moins juif dans le trafic. Les chrétiens de Florence devaient même l'être terriblement, puisque les contemporains, écrivains, prédicateurs, rédacteurs officiels des provisions, s'accordent à flétrir les gains déshonnêtes, l'agiotage, l'usure, quand ils parlent des mauvaises mœurs de leur ville [2]. L'État était le premier des usuriers, et ses victimes c'étaient surtout les citoyens.

Que ceux qu'avait ruinés ou appauvris l'usure fussent portés au pouvoir, et ils essayaient pour quelques jours de remédier au mal. Mais comme la plupart le tenaient pour inévitable, si on le combattait absolument en théorie [3], on n'y opposait, dans la pratique, que des palliatifs: le but avoué, c'était que l'emprunteur restât, autant que possible, dans sa position de fortune [4]. On

---

[1] *Ricordanze d'Oderigo*, loc. cit., p. 81, n. 4; Ammirato, XX, 1063; *Osservatore fiorentino*, IV, 23. — Les juifs s'établirent alors dans la rue qui fut appelée de leur nom, au Borgo san Jacopo; mais ils se répandirent dans d'autres rues, car c'est seulement le pape Paul IV qui ordonna qu'ils fussent séparés des chrétiens et enfermés au Ghetto. La paroisse du chanoine Marco Strozzi en était pleine, aussi ce chanoine poussa-t-il le peuple à demander de nouveau leur expulsion (13 août 1495). Elle fut obtenue, mais on les rappela quelques mois plus tard. En cinquante ans, ils avaient, dit-on, gagné plus de cinquante millions de florins. Voy. *Osserv. fior.*, IV, 24-27.

[2] Le faux Dino Compagni écrit : « O iniqui cittadini che tutto il mondo avete corrotto e viziato di mali costumi e falsi guadagni ». (R. I. S. IX, 556.) On lit dans une *Florentine urbis et rei publice descriptio anno 1339 exarata* : « semper ardet ardor habendi ». (Baluze, *Miscell.* éd. Mansi, IV, 117.) — Et dans un *Lamento d'Italia*, 1480 : « Ritorno a te o città di Firenze piena di tante usure e di tanti ingiusti guadagni, che vi siete condotti a consumare l'uno l'altro. »

[3] En 1373, toute dette portant intérêt semble considérée comme usuraire : « Pro pecunia vel frumento vel alia re recipienda pro usuris vel interesse vel aliter ultra sortem ». (*I Capitoli di Firenze*, I, 181.)

[4] Pro conservatione comitatinorum et districtualium, quod ipsi ab

exhortait bénoîtement les usuriers à ne plus faire l'usure[1]. Comme sanction, l'on se bornait à les exclure des fonctions de consul, de juge, d'arbitre d'un art, et l'on avait si peu de confiance dans ce moyen préventif ou répressif, que les statuts prévoyaient le cas d'usure, indiquaient les procédés pour échapper aux censures de l'Église : le débiteur forcé de payer quelque chose en sus du capital (*ultra sortem*), devait écrire qu'il le donnait à titre de cadeau, non d'intérêts[2]. Les plaintes des prêteurs sur les intérêts non servis étaient admises, alors même qu'elles étaient usuraires au premier chef[3].

Il y a néanmoins un moment, dans l'histoire florentine, où l'usure semble avoir été poursuivie avec rigueur. C'est que l'art puissant des changeurs en souffrait ; il ne se proposait rien moins que de la supprimer[4]. Chaque année, il provoquait la réunion de syndics des différents arts avec les prieurs des franciscains et des dominicains, pour arriver à une entente[5]. Chaque année aussi, les consuls de l'art du change, réunis à quinze de leurs prédécesseurs, prononçaient aux deux tiers des voix sur chaque changeur, s'il méritait la note infamante d'usurier.

---

usuris et fraudibus et astutiis fœneratorum non destruantur, sed quantum fieri poterit in eorum substantiis cum justitia conserventur. (Lib. IV, tract. extraord., rub. 141, dans Pöhlmann, p. 87, n. 3.)

[1] Textes dans Pöhlmann, p. 82, n. 2, 3.

[2] Di scrivere per dono quello che si dà per merito. (Stat. di Calimala, rub. 63. Ed. Giudici, append. à la *Storia politica dei municipi italiani*, p. 76.

[3] Voy. Pöhlmann, p. 83.

[4] Ut usurarum pravitas inter homines omnino evanescat. (Stat. des changeurs, n° V, rub. 52.)

[5] Quod cum eis esse debeant ad alias artes et consules aliarum artium, ut fieri faciant syndicum ad remittendum ut supra. (Texte dans Pöhlmann, p. 83, n. 2.)

En ce cas, il était averti, puni, et, à la récidive, chassé de l'art[1]. Sous l'impulsion des changeurs, à partir de 1394, les statuts des arts deviennent implacables contre l'usure[2]. L'usurier, pour toute créance, est condamné à payer à l'art le quart de l'argent qu'il a réclamé en sus du capital. On ne distingue même plus entre l'intérêt et l'usure; on pousse le principe jusqu'à ses dernières conséquences, jusqu'à interdire aux juifs tout prêt à intérêt[3], quoiqu'ils soient regardés comme « des usuriers établis par Dieu contre les non-juifs[4] ». Mais dans le même temps, par une contradiction sans pareille, on fixe à 15 pour 100 le taux de l'intérêt qu'il leur est permis de prendre[5], et en 1430 on le porte, nous l'avons dit, à 20 pour 100. C'était, au demeurant, bien le moins qu'on pût faire, puisque, dix ans plus tôt (1420), on accordait aux banques de prêt le droit de prendre 25 pour 100[6].

Comment l'État se serait-il montré plus logique et plus sévère, lui qui admettait, encourageait, pratiquait les jeux de bourse[7], que réprouvaient des par-

[1] Stat. des changeurs, n° V, rub. 183.
[2] Voy. les indications dans Pöhlmann, p. 84, n. 3, 4.
[3] Nullus Hebræus seu Judæus cujuscunque loci originarius expresse vel tacite, directe vel per obliquum aut sub aliquo colore vel astutia audeat mutuare ad usuras quantascunque aut in fraudem usurarum aliquos contractus usurarios instrumenta vel cartas facere. (Stat. 1415, l. II, rub. 19).
[4] Pöhlmann, p. 84 et n. 7.
[5] Stat. 1415, l. IV, rub. 142.
[6] Ammirato, l. XVIII, p. 988; *Osservatore fior.*, IV, 27; Pöhlmann, p. 87, 88.
[7] Considerando ogni cosa che si può fare per fare trarre il numerato da quelle che non lo girano in mercato per allargarlo essere bene a farlo, e inteso da pratichi cittadini, che dare comodità agli uomini del vendere e comperare a tempo crediti di monte, ajuterebbe tale materia per tanto. (Provvisioni, 1478, n° 170, f° 56.)

ticuliers plus scrupuleux[1], lui qui donnait le mauvais exemple en fait d'usure? S'il empruntait parfois à 5 pour 100, tandis que les emprunts privés étaient bien autrement onéreux[2], il empruntait aussi à bien gros intérêts quand il inscrivait pour 200 ou 300 celui qui prêtait 100, et il n'était pas toujours un bon débiteur. Francesco Datini avait 70 000 florins au *monte* : il veut les retirer et ne le peut qu'à 47 ou 49 pour 100, encore ne put-il ravoir que 10 712 florins[3]. Ne nous lassons pas de le redire : ce manque de suite, ces oscillations seraient inexplicables sans cette instabilité excessive des pouvoirs publics qui permettait, tous les deux mois, d'édicter, de rapporter, de modifier les ordonnances. A chaque instant se trouvait transformée la législation du prêt, tantôt en changeant le taux de l'intérêt, tantôt en frappant sur les banques de prêt un impôt quelquefois écrasant[4].

Vers la fin du quatorzième siècle, cette législation s'était rapprochée du point de vue canonique[5], non par scrupule religieux, mais par une erreur économique assez étrange. On se flattait alors, en détournant les capitaux du prêt à intérêt, de les reporter sur le trafic et l'industrie. On imaginait même, en 1373, un *mons subventionis et ca-*

---

[1] Marco Parenti, setaiuolo, et Alessandra Macinghi-Strozzi, en 1466, regardent comme « non lecito contratto questo vendere el monte, per ricomperallo, abbassando di pregio ». *Lettere di una gentild. fior.*, 7 fév. 1466. Lettre 68, p. 574.)

[2] Goro Dati, VIII, 130.

[3] *Lettere di un notaro*, proemio, p. 139, et t. II, p. 273-310.

[4] Voy. *I Capitoli di Firenze*, I, 424. Les usuriers d'Arezzo ayant cessé de prêter, on supprime la lourde gabelle qui pesait sur eux.

[5] Che le loro mercatantie e traffici alla detta arte appartenenti più largamente possino fare e la loro pecunia nel mestiere della detta arte convertire. (Loi de 1394, p. 84, dans Pöhlmann, p. 85, n. 1).

ritatis, qui devait prêter sur gage, gratuitement[1]. Par la même provision, 172 voix contre 60 décidaient que les usuriers, et aussi les gouvernants qui n'useraient pas contre eux de leur pouvoir, seraient tenus pour excommuniés[2]. Deux années auparavant (1471) 132 voix contre 65 avaient interdit l'usure « aux chrétiens ». C'était la permettre aux juifs[3] et rendre nécessaire le droit de plainte contre l'usure. Mais on dut abuser de ce droit, puisqu'on en entoura l'exercice de difficultés : le plaignant devait déposer une somme en espèces, *de quantitate debiti petita seu usurarii debiti*. Si, dans le délai de quatre semaines, il ne prouvait son dire, ce dépôt servait à éteindre sa dette, et il payait encore à l'État une amende de 100 livres, plus 25 pour 100 (5 sous par livre) de la somme pour laquelle il avait porté plainte[4]. C'est que le manque d'espèces en circulation ne permettait pas de poursuivre les usuriers dans leurs derniers retranchements. Tant de capitaux restaient sans emploi que, de fort bonne heure, on avait cru devoir en interdire les amas inutiles[5].

Mais tous ces expédients partiels et contradictoires

---

[1] Pro convenienti mercede, non pro mutuo, sed pro expensis necessariis, pro locis et ministris, et eo modo et forma prout a sacris theologis intellexerunt fieri posse et debere et absque præ judicio animæ et sine peccato. (Provvisioni, 1475, n°165, f. 1.)

[2] Adeoque fœnus a sacris nostris christianis est detestatum, ut canonum sanctissimis legibus non solum qui fœnerantur, verum etiam qui modo aliquo consentiunt fœnus, quique infra breve tempus cum præsint possintque prohibere quibus fœnerari concessum est ne fœnus exigant et pro viribus non faciant, excommunicati habeantur et sint. (*Ibid.*)

[3] Pöhlmann, p. 89.

[4] Voy. Pöhlmann, p. 85 et n. 3.

[5] 1393. Legge contro il monopolio della pecunia per cui viene proibito di cumulare senza bisogno grandi somme. (Arch. Rif., cl. II, dist. 4, n° 3. Pöhlmann, p. 85, n. 2.)

n'avaient point empêché le mal de s'aggraver. Il faut voir comment, en 1469, les pouvoirs publics le dépeignent : « Depuis plusieurs mois, dans la ville de Florence, ne s'est point fait publiquement l'exercice du prêt, ce qui a été pour les pauvres gens une grande cause d'incommodité et de dommage, car ils ont dû envoyer à Prato ou plus loin leurs gages pour être secourus dans leurs besoins à plus fort intérêt, à 6 deniers par livre. Ceux qui n'ont pas eu de facilité pour envoyer ou aller dans ces lieux-là, ont dû vendre avec de grandes pertes ce qu'ils possédaient. Cet inconvénient augmente chaque jour, au grand dam des pauvres gens. Pour y obvier, les magnifiques seigneurs ayant eu des avis divers sur divers moyens, ont reconnu qu'il déplaît à beaucoup de décider que les juifs puissent prêter dans Florence, principalement parce qu'il n'est pas honnête de permettre que les juifs prêtent et que la Commune perçoive la taxe, ce qu'on voit se faire non pour favoriser le peuple et lui venir en aide, mais par avidité et contrairement à la conscience. Et désirant pourvoir aux besoins du peuple, comme lever tout scrupule, ils estiment nécessaire de décider que les juifs prêtent, mais à 3 deniers par livre, et ne payent aucune taxe à la Commune[1] ».

Cette fois, il est sensible que l'expérience avait porté ses fruits amers. On n'essaya plus d'arrêter le fleuve dans sa course, on se contenta de lui avoir creusé un lit. Les plus ardentes prédications n'y purent rien. C'est à peine si, un moment, le dominicain Savonarola parvint à rétablir les anciennes rigueurs chères à son ordre.

[1] Provvisioni, 1471, n° 163, f° 60. Textes dans Pöhlmann, p. 88, n. 2.

La tourmente apaisée, on revint à des errements plus pratiques. Les pouvoirs publics firent la sourde oreille aux anathèmes de la chaire; ils n'entendirent plus que la voix de l'opinion publique, et l'opinion publique était fixée : l'usure ne la choquait plus[1]. Elle sentait bien, malgré les honnêtes gens à vues courtes, que le prêt à intérêt, fût-il usuraire, était un élément considérable de la prospérité, qu'il servait au trafic, à l'industrie des métiers, plus encore peut-être au travail agricole. Sans doute le travail agricole n'avait pas, pour cette ville de marchands et d'artisans, autant d'importance que le travail urbain, mais il s'y rattachait étroitement, en pourvoyant à l'alimentation, et, si l'on peut dire, au quotidien ravitaillement de Florence. Quelques mots sont donc nécessaires ici sur le régime de la propriété rurale et la condition des *contadini*.

C'est un fait général, au moyen âge, que l'antagonisme entre les villes et les campagnes[2]. Les campagnes ne devaient donc pas compter sur les villes pour les mieux aménager et les fertiliser. Des rivières, des fleuves qu'on n'avait cure d'endiguer dépréciaient singulièrement la propriété dans le *contado*. Pour qu'elle eût

---

[1] Vespasiano, qui en est choqué, reproche à ses concitoyens de ne pas l'être. « Già, già non ci è più chi lo stimi (l'ingiusto guadagno), in tal modo n' hanno fatto abito. Vedi tutti gl' infedeli averla dannata (l'usura), e tu che ai per divino precetto di none isperare nulla come incredolo ed impio, non te ne vuoi ritenere. » Lorenzo Ridolfi a publié un traité *De usuris*, qui se trouve dans le *Trattatus magni universi juris*, t. VII, p. 15. Ven. 1584. Voy. *Arch. stor.* 1ª ser., t. IV, part. I, p. 319, et n. 2. De même pour Milan : « Ô città di Milano piena d'usure, che non fai altro e già l'avete ridotta in consuetudine, e non è più chi la stimi ». (Texte dans Pöhlmann, p. 91, n. 1.)

[2] Voy. Roscher, *OEconomie der Agricultur und Urproductionen*, c. *Land und Stadt*, et Toniolo, *Dei remoti fattori della potenza economica di Firenze*

de la valeur, il aurait fallu qu'elle fût éloignée de ces cours d'eau qui, lorsqu'ils n'étaient pas à sec, se transformaient si vite en torrents, et alors elle aurait couru le risque de manquer d'eau. C'était un cercle vicieux. Elle devait, en outre, être située dans une région où ne manquassent point les bras, pour que la surveillance du travail fût facile, et le transport des produits non onéreux[1]. Comme ce n'était possible qu'à proximité de la capitale, le manque de bras était, à quelque distance, le plus redouté des fléaux. Le laboureur, se sentant précieux, désertait, allait où l'on pouvait le mieux payer. Pour le ramener, pour en appeler d'autres du dehors, on l'exemptait, on exemptait les étrangers de toutes charges pour vingt ans (1415), on garantissait pour dix ans le débiteur des poursuites du créancier à condition de lui payer, chaque année, deux sous par livre[2].

Mais il y avait d'autres difficultés : le propriétaire foncier était souvent si peu riche qu'on le voyait emprunter à ses laboureurs[3]. Le laboureur volait son maître. Pour le tenir en bride, on le forçait à rendre des comptes comparatifs à ceux des années précédentes, à ceux des voisins. On observait s'il était bavard, vantard, menteur, s'il faisait sonner haut sa loyauté, auquel cas il était sage de ne point se fier à lui. N'ayez jamais, écrivait le chroniqueur Morelli, de complaisance envers lui : il la regarderait comme son dû. Vous lui donneriez la moitié de votre bien qu'il ne ferait pas davantage. Il ne faut croire que ce qu'on voit. S'il vous fait des pré-

---

[1] Voy. Morelli, *Cron.*, p. 262.
[2] Ammirato, XVIII, 974.
[3] *Ricordanze* d'Oderigo. *Arch. stor.*, 1ᵉ ser., t. IV, part. I, p. 75 sq.

sents, refusez-les, ou, du moins, ne lui en marquez pas plus d'indulgence[1].

Voilà, dira-t-on, une situation bien mauvaise : n'oublions pas qu'elle était pire ailleurs. Hors de l'Italie l'aristocratie féodale écrasait et méprisait les classes agricoles. Barons, abbés, évêques leur supprimaient toute liberté ou gémissaient de ne le pouvoir à souhait. En Toscane, où dominaient les villes, il y avait moins d'écart entre les paysans et les citadins. A Florence surtout, la haine et la persécution des magnats facilitait encore ce rapprochement[2]. Les hobereaux campagnards étaient forcés d'être tolérables, s'ils voulaient être tolérés[3]. Les *contadini* obtenaient ainsi des statuts, des ordonnances favorables[4]. Les principes du droit romain étaient suivis pour les partages dans les familles, sans en excepter les biens féodaux[5] : or quoi de plus avantageux pour les humbles que le morcellement de la propriété? Ce n'est pas tout. Dès 1289, sont interdites les corvées, interdits les travaux incompatibles avec la liberté des personnes. L'État seul conserve le droit seigneurial de vendre des

---

[1] Morelli, *Cron.*, p. 263.

[2] *I Capitoli di Firenze*, t. I, p. 607, un acte entre Florence et les habitants de Castelcastagnajo dans le Casentino.

[3] Dans un fragment non imprimé de statut (1321) on déclare qu'il ne faut pas que les faibles et les misérables soient opprimés par les magnats et les puissants. (Codex membranaceus statutorum populi florentini nomine potestatis ex publ. rec. ann. 1321, l. I, c. LXVI, arch. Rif., dans Pöhlmann, p. 3, n. 4.)

[4] Voy. *Annali dell' Università toscane*, II, 10, et *Statuto del Val d'Ambra*, 1208, éd. Bonaïni. Pöhlmann, p. 2.

[5] Le statutum usus Pisane civitatis, 1161, publié par Bonaïni (*Statuti inediti della città di Pisa, del XII° al XIV° secolo*, II, 958), interdit, dans la transmission des biens féodaux, d'avantager un fils. Le statut de Mantoue, dans Carlo d'Arco (*Economia politica del municipio di Mantova*, 256) autorise, malgré les défenses de la diète de Roncaglia et les principes du droit féodal, l'aliénation des biens féodaux.

serfs et d'en acheter[1]. Les statuts de 1321 ne permettent d'acquérir des biens féodaux qu'à la condition de délivrer les colons de toute sujétion féodale[2].

Ainsi s'assurait, avec la liberté du sol, celle des personnes. Florence l'a proclamée dans maint document[3]. Mais la liberté, quoi qu'on en dise, n'est pas le remède à tous les maux, ne se suffit point à elle-même. Si elle aide, elle a besoin d'être aidée. A cet égard, tout l'avantage est aux Florentins. En d'autres pays, l'opulence des seigneurs, quand opulence il y a, n'est que le fruit de la sueur des paysans. En Toscane, la prospérité financière des marchands avait de tout autres sources. Elle se répandait en partie sur les campagnes, où ils devenaient propriétaires. Elle permettait d'en améliorer la culture, d'y mieux rémunérer le travail, d'y transformer en tribut l'odieuse corvée. Tout n'était pas bien, mais tout était mieux, et, pour en juger ainsi, il ne manquait aux *contadini* florentins qu'assez de relations pour pouvoir comparer la Toscane à la France ou au reste de l'Europe.

Ils comparaient du moins le présent au passé, et ils eussent été bien injustes de ne pas reconnaître le progrès. En 1440, ils sont des fermiers libres, liés par un simple contrat privé envers le propriétaire, s'ils ne sont propriétaires eux-mêmes, exempts de toute obligation envers

---

[1] Voy. les sources dans Rumohr, *Der Ursprung der Besitzlosigkeit des Colonen im neuern Toskana*, et Pöhlmann, p. 3, 4.

[2] Cod. membranaceus déjà cité, l. I, c. LVI. De non emendis vel aquirendis fidelibus juribus vel servitutibus personalibus vel realibus.

[3] En voici un entre-autres : « Cum libertas qua cujusque voluntas non ex alieno sed ex proprio dependit arbitrio, jure naturali multipliciter decoretur, qua etiam civitates et populi ab oppressionibus defenduntur et ipsorum jura tuentur et augentur in melius, volentes ipsam et ejus species non solum mantenere sed etiam augmentare, etc. » Voy. l'indication des sources florentines dans Rumohr, *loc. cit.*, 68.

484   OBLIGATIONS DU COLON.

le seigneur ou les corporations[1]. N'exagérons rien toutefois : les marchands florentins avaient entendu affranchir les paysans du joug des seigneurs, non de leur joug à eux[2]. Devenus propriétaires fonciers, ainsi que le plus grand nombre des arts[3], ils avaient rendu ou fait rendre des provisions pour protéger le maître contre ses serviteurs, pour s'assurer de leur part certains services[4]. Sur bien des points le colon est assimilé à l'artisan : maximum fixé du salaire; obligation de céder au propriétaire la moitié de la récolte, de se louer, s'il est célibataire, pour des années ou, au moins, à l'année, et non à la journée[5]; interdiction aux autres propriétaires d'employer le colon qui aurait abandonné indûment le sien, et au colon de se retirer, sans le consentement du maître, de la terre qu'il cultive depuis un an[6]; néces-

---

[1] Che tutti i persone ed uomini dei soprascritti luoghi siano assoluti e liberati in perpetuo da qualunque censo, affitto, dono o colta annuale e perpetua che dovessero al detto conte o alla sua corte. (Traités avec Battifolle, 1440.) — Il comune ed uomini e persone di Castelcastagnajo s'intendino essere e siano liberi e finiti d'ogni ficto di grano, di danari ed ogni spesa ordinaria ed extraordinaria e censi e servizii che usati fussino di pagare ai conti di ciascuno a uno così per lo passato come per lo avvenire. (*I Capitoli di Fir.*, I, 607.) Voy. p. 597 sq. les accords avec les localités de Poppi, Fronzole, Quota, Montevecchio, Pratovecchio, San-Leolino, et dans Pöhlmann, p. 4, n. 4, un long passage qui peut être considéré comme la charte des paysans.

[2] Voy. sur les rapports des marchands florentins avec leurs colons, *Ricordanze* d'Oderigo, dans l'*Arch. stor.*, 1ª ser., t. IV, p. 94.

[3] Voy. Statut de Calimala, Cod. V, f° 146.

[4] Provvisioni, 1451, f° 20, Cod. 143 des Registri, Consigli maggiori. On trouve dans Pöhlmann, p. 6, l'indication de ces services ou obligations, et, aux notes, l'indication des sources.

[5] Nullus agricola vel laborator terræ non habens uxorem et non habens proprium prædium vel conductum, audeat locare operas suas ad mercedem vel ad diem in aliquo opere, sed teneatur conducere terram ad annos et annum. (Statuta, 1415, l. IV, rub. 266.)

[6] Nullus laborator possit renuntiare aliquid prædium vel terram quod

sité, à l'expiration du contrat, de demander un congé formel constatant qu'il a bien rempli ses engagements; enfin, conditions analogues à celles qui régissaient, pour les artisans, la résiliation des contrats[1].

Ce qui pouvait consoler le paysan de son mal, c'était le mal d'autrui. Son propriétaire avait lieu, comme lui, de soupirer après la liberté. Non seulement il subissait les charges ordinaires, payement de l'impôt foncier, obligation de construire et d'entretenir des chemins, des ponts, quand la propriété longeait une grande route[2], mais encore la loi exigeait qu'il y eût sur chaque ferme un potager de grandeur déterminée, planté de légumes dont la nature est même indiquée, suivant celle du sol. C'est à peine si l'on a, chez soi, le droit de choisir le lieu où sera établi le potager[3]. Ceux qui ont la culture d'une terre pour une durée de quinze à soixante ans, sont tenus à planter, tous les ans, cinq arbres fruitiers[4]. En 1456, on fixe celles qui devront, dans les Maremmes, être consacrées au pâturage ou à la culture[5]. Dans l'intérêt de l'art de la soie, on avait ordonné de planter des mûriers[6]; bientôt on en porte à cinquante le nombre sur chaque propriété[7].

La liberté peut donc être dans les mots et sur les bannières, elle n'est nulle part dans les actes : tout est fait d'autorité, *pro bono publico et artium et artificum*

---

vel quam laboraverit ab uno anno citra, nisi de consensu domini poderis, sed teneatur terram laborare sub pactis usitatis. (*Ibid.*, rub. 265.)

[1] Voy. Pöhlmann, p. 6-9.
[2] Statuti della grascia, 1378, f° 45.
[3] Provvisioni, n° 165, f° 74.
[4] Stat. 1415, l. V, tract. 4, rub. 75.
[5] Pagnini, II, 34.
[6] Stat. artis mercatorum porte S. M. Cod. I, 1335.
[7] 1440. Cantini, *Saggi storici d'antichità toscane*, III, 138.

civitatis. C'est la formule qui revient toujours aux provisions. La culture à Florence n'est plus, comme en d'autres pays, un simple moyen de subsistance : elle prend presque rang parmi les arts, elle leur est tout au moins assimilée pour une foule de prescriptions tyranniques, prix dont on payait une assimilation réputée honorable, la reconnaissance par l'État ou sa protection [1].

C'est le désir d'une belle et plantureuse culture qui donna naissance, dans cette démocratie, aux grandes propriétés. Le danger n'y était point dans ces *latifundia* qui, au dire de Pline, perdirent l'Italie ancienne ; il était bien plutôt dans le morcellement excessif. C'est pourquoi Florence avait imaginé deux remèdes qui sont certainement la partie la plus originale de sa législation des champs. Elle accordait au voisin d'une propriété foncière le droit de préemption. Le prix, en cas de désaccord, était fixé par deux ou trois arbitres. Le vendeur violait-il, à cet égard, le droit légal de son voisin, celui-ci avait, pendant trois années, le privilège de racheter au prix de vente à l'acheteur qui lui aurait été indûment préféré. Il en résultait qu'on ne pouvait vendre une maison, une terre, sans la permission du voisin : c'est, à la campagne, le triomphe du mur ou du fossé mitoyen [2]. On trouve cette coutume ailleurs qu'à Florence [3] ; mais Florence en avait probablement pris l'initiative, car elle faisait davantage. Dans certains cas, le propriétaire terrier a le droit de forcer son voisin à vendre, si le domaine de ce dernier ne dépasse

---

[1] Voy. l'ouvrage de Pier Crescenzi, *Trattato di agricoltura*, mentionné dans notre t. V, p. 405.

[2] Quicumque habet seu tenet murum communem cum alio, etc. Voy. *Lettere di una gentild.*, p. 70, et n. E, p. 78.

[3] Voy. les preuves dans Pöhlmann, p. 12, n. 2.

pas la valeur de 100 livres et est borné de deux côtés par un domaine plus grand, ou s'il vaut 200 livres et est entouré de trois côtés. Toutefois, ce droit disparaît s'il y a sur la terre dont il s'agit une maison ou cabane d'habitation, et, en outre, il ne peut jamais être exercé par un magnat contre un *popolano*[1]. L'effort est manifeste, mais timide, pour remédier au morcellement excessif : on respecte des propriétés moindres que le moulin de Sans-Souci. C'est par ailleurs qu'on se rattrape aux dépens de la liberté : si le voisin enclavé veut vendre, le voisin enclavant est tenu d'acheter; utile, mais violent correctif à la loi qui partageait les héritages[2], et véritable nid à différends, à procès.

Sous ces réserves, tout Florentin était libre de devenir propriétaire sur un point quelconque du territoire; Milan, moins libérale, ne permettait pas d'acquérir hors du district qu'on habitait, et il en était de même en d'autres pays. Envers l'étranger, Florence rentrait dans le sentier battu : il ne pouvait devenir propriétaire, ni même prendre un bien à ferme pour plus de dix ans[3]. On ne voulait pas que ceux qui échappaient aux charges publiques pussent devenir maîtres du sol, et la preuve que tel était le motif, c'est que le clergé, jouissant des mêmes immunités, tombait sous le coup de la même interdiction[4].

Un moment, on eut l'idée de faire rentrer les étrangers

---

[1] Stat. 1415, l. II, rub. 108. Cette loi se trouve déjà dans le statut du podestat, 1324, l. II, rub. 42; seulement, la limitation de la valeur n'est pas, en 1324, de 100 à 200 l., mais de 60 à 100.

[2] Voy. Pöhlmann, p. 12, 13.

[3] Stat. du podestat, 1324, l. IV, rub. 50; Stat. 1414, l. IV, rub. 4. Cette loi est même plus ancienne; elle remonte à 1276.

[4] Voy. Pöhlmann, p. 14.

dans le droit commun, en les assujettissant à l'impôt et aux corvées. En 1429, pour attirer leurs capitaux à Florence, on leur accorda le droit de se rendre acquéreurs d'immeubles, à la condition de supporter les charges inhérentes aux immeubles et de se laisser inscrire au *catasto*, qu'on venait de créer [1]. Mais le naturel chassé revenait au galop : en 1451, tout contrat de vente d'immeuble, signé d'une personne non soumise aux charges intégrales de la commune, est frappé d'un impôt de 25 pour 100 sur l'évaluation ou le prix d'achat [2]. En 1454, on va plus loin encore : l'interdiction d'avant 1429 est renouvelée, et la politique d'exclusion devient si populaire que 145 voix sur 185 se prononcent en sa faveur, tandis qu'en 1429, la politique large l'avait emporté par 235 voix contre 35. Le principe étroit prévaut définitivement.

Florence put se tromper et se trompa souvent sur les moyens de protéger le sol; mais la nécessité de cette protection ne saurait être contestée. Des guerres continuelles, un terrain presque partout montagneux et exceptionnellement stérile rendaient les produits de l'agriculture insuffisants aux besoins du pays. Même dans les bons temps, ils ne suffisaient à nourrir la métropole que pendant cinq mois, et dès que les transports par mer n'étaient plus libres, il y avait disette, parfois même famine. Sur cent années, trente-trois en moyenne étaient désolées par la disette [3]. Aussi était-ce la préoccupation

---

[1] Provvisioni, 12 févr. 1429, n° 121, f° 5. Le motif est dans le texte. « Advenarum opes quibus locupletatur civitas et publica utilitas augetur, in suam urbem conducere cupientes. »

[2] Provvisioni, n° 143, f° 217.

[3] C'est ce qu'a montré Targioni-Tozzetti dans sa *Chronica Georgica*,

constante des politiques, des conseils[1], car, d'après le droit romain, le gouvernement était responsable. De rares partisans de la liberté commerciale[2] ne parvenaient point à renverser, à ébranler même cette tyrannie, plus sensible et plus criante encore pour la distribution des produits du sol que pour le régime de la propriété.

Quant au trafic des denrées alimentaires, tout était subordonné à la nécessité des approvisionnements. Les Pandectes à la main, Florence considérait le marchand de blé comme un usurier[3]; elle tenait les paysans pour prêts à abuser, comme partout et toujours, du renchérissement des denrées[4]. De là des prescriptions contre les intermédiaires et les accapareurs; d'autres défendaient d'acheter plus de blé, de froment, d'huile, de vin, de moût que la famille n'en pouvait consommer dans un an[5] : l'habitude s'était généralisée de se pourvoir abon-

---

comprenant 316 années. Cf. Domenico Lenzi, *Diario;* Vincenzo Fineschi, *Storia compendiata di alcune antiche carestie e dovizie di grano occorse in Firenze, cavata da un ms. del secolo* xiv°, p. 18. Pöhlmann, p. 17, et n. 3.

[1] Cogitatur de salute et conservatione segetum, nam si perderentur, essemus in summo discrimine. (Lor. Ridolfi, 6 mai 1432. *Consulte e pratiche,* vol. LI, f° 224 v°. Doc. Pellegrini, n° 102, p. 210.) — Circa frumentum magna est difficultas, nam si deficiant victualia, etiam fidelissimi deficerent. (Rid. Peruzzi. *Ibid.*, p. 212.)

[2] Par exemple Domenico Lenzi, l'auteur de ce *Diario* déjà indiqué, et qui remonte au xiv° siècle. Matteo Villani paraît aussi avoir eu de saines idées sur ce point : « Si grandi compere in cosi fatta carestia fanno pericolo di disordinata perdita, e certezza non si può avere di grano che di pelago si aspetta ; ma utilissima cosa è dare larga speranza al popolo ; che si fa con essa aperire i serrati granai dei cittadini, e non con violenza ; chè la violenza fa il serrato occultare, e la carestia tornare in fame : e di questo per isperienza più volte occorsa nella nostra città in LV anni di nostra ricordanza possiamo fare vera fede ». (1363. III, 76. R. I. S. XIV, 206.)

[3] Morremo di fame dappoiche il vogliono questi ladri scannadei grassi che fanno l'endiche del grano. (Lenzi, *loc. cit.*, p. 48.)

[4] Voy. *Lettere di un notaro,* 12 janv. 1397, I, 167.

[5] Stat. 1324, l. V, 14 ; Stat. 1414, l. IV, rub. 165, 183.

damment, soit pour n'avoir rien à craindre de la disette, soit pour n'acheter pas trop cher quand elle serait venue, ou encore pour attendre la hausse et revendre à grand profit[1]. La quantité une fois déterminée que chacun pourra détenir, le surplus devra être apporté au marché et vendu au prix officiel[2]. C'est sur le marché que toutes les céréales doivent être vendues et même déchargées[3], et le nombre des heures où la vente est permise, on le restreint de jour en jour. Dans un rayon de six, puis de neuf milles, les aubergistes reçoivent l'ordre de veiller sur leurs hôtes, afin qu'à cet égard ils ne se mettent pas en contravention[4]. Et ces défenses, explicables peut-être pour les denrées de première nécessité, s'étendent à d'autres, telles que le miel et les légumes, les œufs et les fromages, les poissons et les châtaignes, les bois et les charbons[5].

Qu'on juge par la législation de la boulangerie des contradictions choquantes, abusives, tyranniques où tombaient les Florentins quand ils légiféraient sur les objets de consommation. Quiconque voulait faire du pain en était libre, et de là vient peut-être l'inexplicable mépris où l'on tenait ce métier : la plupart des autres étaient des privilèges. Les étrangers eux-mêmes avaient le droit

---

[1] Faciendo congregationem frumenti et bladi pro revendendo illud postea ad tempus quo pretium ejus excreverit, quæ congregatio vulgariter appellatur endica. (Provvisioni, 1464, rub. 156, f° 109.) — Pro eo tenendo vel reponendo seu de eo endicham faciendo. (Stat. 1415, l. IV, rub. 182.)

[2] Stat. 1414, *ibid*.

[3] Voy. Stat. 1321. Reg. 23, rub. 21, 36 ; Statuti della grascia, 1378, f° 47.

[4] Recto et continuo itinere. (Stat. 1324, l. V, 15 ; Stat. 1415, L. IV, 166, 168.)

[5] Stat, 1415, l. IV, 26, 131.

de cuire et de vendre du pain, de la qualité, du poids, du prix qu'ils voulaient[1]. Mais dans le même temps, les magistrats fixaient le poids du pain, et il était enjoint à chacun de se conformer à l'ordonnance[2]. De très bonne heure on avait limité la quantité de céréales que tout boulanger pourrait acheter chaque jour[3]. C'est qu'il y avait des règles pour les temps d'abondance et pour les temps de disette. Ou plutôt quand revenait la disette, les pouvoirs publics semblaient perdre l'esprit. Ils abrogeaient certaines provisions, il en édictaient de féroces et les laissaient violer. Ils favorisaient l'importation, en supprimant les risques que la loi faisait subir aux importateurs[4], sauf à donner plus tard à la protection

---

[1] Pro uberiore copia panis cocti habenda in civitate liceat unicuique facere panem venalem ejus qualitatis et ponderis pro eo pretio et modo et forma et prout et sicut et quemadmodum sibi placuerit. Qui sic facientes panem qui non sint matricolati in arte fornariorum civitatis Flor. vel panem ad pretium non coquant, non possint inquietari per consules dicte artis fornariorum. (Stat. 1415, l. IV, 186.)

[2] Liceat dictis officialibus (plateæ) constituere pondera panis venalis et insuper quilibet fornarius vel fornaria panatterius vel panatteria panem venalem de grano dicti officiales. — Quilibet fornarius vendat ad dictum pondus et pro eo pretio dando et determinando per officiales jam dictos. (Ibid., rub. 197, 198.)

[3] Stat. dei fornai. Arch. Rif. Cod. I des arch. de la boulangerie, 1345-1526, fº 16. Cf. Stat. 1324, rub. 18 ; Stat. 1415, l. IV, 197.

[4] Ciascuno potea fare e vendere pane senza ordine o di peso o di pregio. (G. Villani, 1347, l. XII, c. LXXII, t. XIII, p. 956.) — Disperato il comune di non poter ottenere quel che non era possibile non ostante la minaccia di tagliar piedi e mani, dovette rinunziare alle sue prescrizioni e dire ai fornai : andate, fate pane, e vendetelo più che potete (1329). — Anche in questo anno gli officiali abbandonarono i loro provvedimenti dicendo ai fornai : Togliete grano e fatene ciò che vi piace (1331). — A rovescio del sistema dei regolamenti furono esortati li speculatori a far venir grano di fuori e poi lo vendessino quello pareva loro (1497). — Restituite ai granajuoli e fornai la libertà di fare come pareva a loro, abbasso il grano di più della metà (1534). (Fabroni dans Pöhlmann, p. 38-40, et Discorso intorno al governo di Firenze dal 1280 al 1292, par un

sa revanche. Le fameux adage, *salus populi suprema lex esto*, devenait temporairement l'unique loi. Rien dans ce désarroi n'atteste une bien grande habileté administrative; et cependant il y a progrès : aux premiers siècles de la République, pour savoir si la disette menaçait, s'il fallait multiplier les achats en vue de l'année courante, les naïfs officiers de l'abondance ne connaissaient qu'un moyen : tous les ans, le 5 février, ils montaient sur la tour d'Or san Michele, ancien grenier aux grains, pour examiner la campagne, et ils se décidaient selon que la verdure frappait plus ou moins leurs yeux[1]. C'est ainsi qu'à l'exemple des sauvages administrent les peuples enfants.

Veut-on jeter un regard sur d'autres métiers du même ordre? La vente du vin au détail était libre, exempte de tout tarif légal[2]. Mais la circulation restait soumise aux mille entraves de la police. Par exemple, aucun *vinattiere* ne devait avoir plus de deux tonneaux, tous les deux d'une capacité déterminée, l'un pour le vin rouge, l'autre pour le vin blanc[3]. Ainsi, la manie de régler jusqu'aux moindres détails n'a point abdiqué, et si la vente du jus de la treille reste libre, c'est que l'impôt énorme de 50 pour 100 dont il est frappé, d'après le prix de vente[4], donne à la concurrence un grand intérêt fiscal.

---

auteur inconnu, dans *Delizie degli erud. tosc.*, IX, 256 et G. Capponi, *Stor. di Fir.*, I, 559, app. II.

[1] Dal verdeggiare più meno della medesima regolavano le loro compre di grano. (Cantini, *Legislazione del foro toscano*, III, 60.)

[2] Liceat cuilibet vendere et vendi facere vinum ad minutum undecunque sit quandoque pretio sibi videbitur solvendo gabellam. (Stat. 1415, l. V, tr. 3, rub. 23.)

[3] Stat. 1415, l. V, tr. 3, rub. 3-5, 28-34; tr. 4, rub. 113.

[4] Voy. Pöhlmann, p. 26, 27.

Les membres de la corporation des bouchers, si importante au moyen âge, ne peuvent acheter des bestiaux que sur les marchés hebdomadaires de la ville et du territoire, et là même il ne leur est licite, non plus qu'aux hôteliers, d'acquérir au delà de ce qu'ils pensent abattre dans la huitaine. Si grande est la préoccupation d'empêcher le trafic de seconde main[1], qu'on interdit d'aller hors de la ville, au-devant de ceux qui y amènent leurs bêtes. Un peu plus tard, ces négociations à l'amiable pourront se nouer dans un rayon de vingt milles, mais le principe sera maintenu plus sévèrement que jamais[2]. Les propriétaires sont tenus d'aller eux-mêmes au marché, de n'y amener que leur propre bétail[3]. Seul, le bétail étranger, conduit par des étrangers, peut être acheté en vue de le revendre, pourvu que ce soit sur le marché public. On le voulait bien approvisionné, d'où un maximum de prix[4] qui pouvait être élevé du 20 au 30 juin par les magistrats compétents, à cause du surcroît de bouchers qui affluaient du dehors pour les fêtes de la Saint-Jean[5]. Mais on accordait faveurs et dispenses aux bouchers qui vendraient à 4 deniers au-dessous des prix officiels[6]. La défiance était à ce point en éveil qu'on avait interdit à tout boucher de s'associer à un marchand de bétail, d'avoir plus d'un compagnon[7],

---

[1] Stat. 1415, l. IV, rub. 101, 105.
[2] Provvisioni, 1504, f° 20.
[3] Statut de la boucherie, Cod. I, rub. 50. — 1346-1477.
[4] Debeat tam venditor quam emtor observare pretia ordinata seu ordinanda per officiales grascie. (Stat. l. IV, rub. 53.) — Pretia convenientia et honesta. (Provvis. 1465, Reg. 157, f° 216.)
[5] 19 févr. 1413. Provvis. Reg. 164, f° 202.
[6] Provvis. 1465, Reg. 157, f° 216.
[7] Volendo porre qualche conveniente freno e regola ai beccai e altri mercatanti di bestiame, si provvide che nessuno possa tenere aperto e far

dérogation grave au principe, qui ne limitait point le nombre des associés, même en dehors de l'art[1].

Plus les précautions étaient vigilantes et rigoureuses, plus la fraude s'ingéniait à les déjouer. Elle cachait les animaux dans les environs du marché, afin qu'on les crût rares et qu'on en offrît un prix plus élevé. Il fallut décréter qu'aucun boucher, qu'aucun marchand de bétail n'habiterait à moins de 500 mètres de la place Santa-Croce, où se tenait ce marché. Les magistrats avaient bien aussi à leur disposition la torture[2], mais les pénalités disproportionnées ont-elles jamais terrifié personne? On réussissait mieux en exigeant un cautionnement très fort des métiers relatifs aux subsistances; mais ici reparaissait l'inévitable arbitraire: les officiers chargés d'imposer les cautionnements en abaissaient le chiffre, tantôt selon la nécessité du jour, tantôt même selon leur caprice[3].

Pas plus que l'importation l'exportation n'était libre pour les produits de la culture, le bétail, les objets de consommation. Elle était interdite hors des frontières, cela va sans dire, et aussi sur le territoire au delà d'un certain rayon autour de Florence[4]. Approvisionner la plus grande ville de l'État était la préoccupation de tous les instants; mais les pouvoirs publics en avaient une autre, non moins sérieuse, celle de conserver le bétail pour la culture. C'est pourquoi des droits élevés rete-

---

tagliare più che uno discho solo nè aver che una sola compagnia al detto exercitio. (Provvis. 1504, f°, 20.)

[1] De forensibus seu aliis quibuscumque arti non suppositis possit quilibet habere socios quos volet. (Provvis., 1374, f° 59.)

[2] Stat. 1415, l. IV, rub. 280.

[3] Voy. l'indication des sources dans Pöhlmann, p. 24, n. 1, 2, 3.

[4] Stat. 1415, loc. cit., rub. 174.

naient les bêtes de labour une fois introduites et qu'on eût ramenées, faute de s'en pouvoir défaire[1]. On alla, dans ce dessein, jusqu'à marquer des limites à la consommation[2], jusqu'à faire en sorte que « l'étranger » y pourvût. En 1385, on obligeait Monte san Savino à n'apporter ses produits que dans les villes et comtés de Florence et d'Arezzo. En 1443, l'art de la boucherie se plaignant de l'exportation secrète des porcs de Volterre et autres lieux vers Bologne et Forlì, ce qui produisait un renchérissement sensible sur le marché florentin, on décida que ceux qui possédaient plus de dix têtes de porcs ne pouvaient les vendre ailleurs, avant de les avoir amenés sur le marché de Florence[3]. Mais en même temps, le régime douanier fermait si bien aux *contadini* l'entrée de ce marché, qu'ils laissaient périr celles de leurs vaches qui ne vêlaient plus, la peau seule étant pour eux de défaite[4]. Obtenaient-ils par exception la permission de les vendre, ils en devaient, dans le courant de l'année, ramener un même nombre de jeunes, et, si elles étaient pleines, leur veaux futurs ne comptaient pas[5]. Autre

---

[1] Voy. Pöhlmann, p. 28, n. 3, 4.

[2] Atteso i magn. signori priori di libertà e gonfalonieri di giustizia de pop. fior. come molti del contado di Fir. per esser circumdati da altri luoghi che contado, e quegli del distretto per esser differente dal contado ricevano per diversità delle gabelle molti sinistri. Ma uno intra gli altri loro molto dannoso è questo che volendo per lavorare la terra buoi, non li possino dal contado di Fir. condurre a luoghi loro, perchè uscendo dal contado ed andando nel distretto, o toccando altro luogo che contado di Fir. che in certi luoghi del contado non si può ire che non se ne tocchi, sono richiesti di pagare quella gabella, che pagar si debbe a cavargli dalla giurisdictione del comune che è di fior. II larg. per bestia. (Provvisioni, 1475, n° 167, f° 65.)

[3] Pöhlmann, p. 32 et n. 7.

[4] Lasciarle morire e trarne solo il cuojo. (Stat. 1415, l. IV, rub. 112.)

[5] Tante dell' altre e giovani quante ne mancassi e più ogni allievo se alcune tali vacche pur facte havessino, sotto le pene ordinate. (*Ibid.*)

vexation : la pauvreté des pâturages en Toscane obligeant le propriétaire à envoyer ses troupeaux au loin[1], notamment dans les Maremmes, il était tenu à ramener tantôt un quart, tantôt un tiers en sus[2]. C'était une surcharge d'impôt bien lourde pour qui, ayant payé des droits à la sortie du territoire florentin, à l'entrée du territoire pisan, en payait autant au retour[3]. La tutelle despotique et oppressive prenait l'homme au berceau, ne le lâchait qu'étendu dans la tombe.

De tout ce qui précède, il résulte que, malgré cette mobilité florentine dont un vers fameux de Dante a fait un axiome de l'histoire, malgré bien des contradictions de détail, Florence est restée fidèle à cette politique restrictive, protectrice, prohibitive, et par conséquent étroite, égoïste, qui est le droit de tout État, comme de tout individu, mais qui, poussée trop loin, devient odieuse, et dénote, en tout cas, une médiocre intelligence de la vérité économique. La comprenait-on mieux ou même aussi bien ailleurs? Assurément non. Les Florentins avaient bien vu que la libre concurrence est un moyen préventif contre l'excessive élévation des prix. Seulement, après avoir essayé de la liberté sur tel ou tel point, ils en revenaient toujours à multiplier les entraves, parce que restreinte à un seul article, contrariée sur tous les autres, n'ayant trop souvent devant elle que deux mois d'existence, et pas même deux mois,

---

[1] Per la strettezza dei nostri luoghi apti a tenere bestiame non si può conservare venendo la vernata. (Provvis. 1478, f° 71.)

[2] Perchè chi conduce il bestiame in Maremma è tenuto di rimettere il quarto più, e per gli altri tempi era obligato di rimettere il terzo più, volendo alle provvisioni antiche ritornare, si provvide... (Provvis. 1504, f° 18.)

[3] Pöhlmann, p. 30.

puisqu'une mauvaise récolte suffisait à tourner du blanc au noir les doctrines d'une éphémère seigneurie, la liberté ne pouvait produire de bons effets.

A un point de vue absolu, la critique moderne doit blâmer; mais il n'y a que du relatif en histoire. L'historien doit comprendre et expliquer. Dans les conditions où se trouvait l'Italie du moyen âge et de la Renaissance, plus de largeur d'esprit eût été impossible : on n'y aurait vu que duperie. Florence eût-elle ouvert ses portes toutes grandes aux produits des voisins, elle n'aurait pas obtenu la réciprocité. L'étranger c'était l'ennemi, et l'on tenait pour étranger quiconque ne vivait pas sous les lois de la République. La ville de la fleur n'était, un historien l'a dit, qu'une grande maison de commerce[1]. Elle voyait dans les autres cités comme autant de maisons rivales. Forcée à en subir la concurrence, elle prenait la concurrence en horreur, et, pour mieux lutter, lui donnait la chasse dans son propre sein. C'est un motif de jalousie commerciale qui la porta si souvent à prendre les armes, à détruire l'indépendance des républiques du voisinage, et l'on peut dire que ce fut une nécessité. Venise, protégée par ses lagunes et dès longtemps maîtresse de la mer, n'agit pas autrement. En 1422, quand le problème se pose dans ses conseils de savoir si elle doit s'allier à Florence contre Milan ou à Milan contre Florence, le sentiment public s'y prononce contre la métropole toscane, dont la défaite, dont la soumission au joug milanais provoquera vers Venise un courant d'émigration parmi les artisans, comme jadis parmi les Lucquois opprimés par Castruc-

---

[1] M. Pasquale Villari, dans le *Politecnico*, t. IV, p. 6.

cio. De même plus tard, au temps d'Alfonse et de Sforza, ce sera encore une politique toute commerciale qui dictera les résolutions de Venise, et, dans une certaine mesure, celles de Naples, de Milan[1].

C'est donc le génie du trafic, compliqué d'impérieuses nécessités fiscales, qui préside à la politique. S'il l'inspire mal, comme nous avons dû le montrer, il est juste d'ajouter que ses erreurs n'avaient pas alors les inconvénients, les dangers qu'elles auraient aujourd'hui. Chaque peuple était accoutumé à ne guère compter que sur lui-même, et ceux qui avaient le plus d'expansion au dehors, comme Florence et Venise, savaient fort bien, dans l'occasion, se résigner à l'isolement, on dirait presque au blocus continental ou maritime. La principale différence entre elles, c'est que la stable aristocratie de Venise suit avec fixité, avec réflexion ses idées, tandis que Florence, toujours instable, même alors qu'elle a cessé d'être une démocratie, change de système autant que de magistrats. Ses maîtres mêmes, quand elle s'en est donné d'héréditaires, laissent les officiers publics, qui administrent sous leurs ordres latents, continuer cette tradition vraiment florentine qui empêche toute tradition de s'établir. S'il s'en établit une pourtant, si l'on parvient à découvrir quelque suite dans cette politique commerciale qui domine les intérêts de tout un peuple, on doit reconnaître que Florence subit une fatalité inéluctable, et qu'elle agit en conséquence, non de propos délibéré, mais comme d'instinct.

---

[1] Voy. Pöhlmann, p. 51-54, ce qu'il dit de la politique protectionniste de Naples et de Milan.

CONCLUSION

Le triomphe de Cosimo des Medici, et, par lui, de sa race ambitieuse, est la limite naturelle de ce long ouvrage. Ce qui m'avait poussé à étudier et à exposer l'histoire de Florence, c'est ce qu'elle contenait d'inconnu ou de peu connu, et, en quelque sorte, d'irritant : les origines, les premiers développements, les institutions, le passage d'une démocratie qu'on admirait ou critiquait de confiance, à une aristocratie que Sismondi, que Gino Capponi vantent avec excès, et de cette aristocratie à une monarchie d'abord honteuse et hypocrite, bientôt effrontée et cynique. Quand on pense que ce respectable Gino Capponi, si utile quand il a en main ses précieux papiers de famille et qu'il arrive à la période oligarchique où apparaissent ses ancêtres, n'a guère consacré plus de cent pages aux temps antérieurs qui m'ont pris trois volumes, on avouera qu'il était possible d'élargir le cadre et de chercher plus de lumière.

Même en Italie, quiconque étudiait cette histoire d'une ville unique, se croyait tenu de la fractionner, de ne la considérer qu'à un point de vue étroitement circonscrit. Tel ne s'occupait que des événements politiques, tel autre que des métiers; celui-ci que des belles-lettres, celui-là que des beaux-arts; un seul avait porté ses recherches du côté des institutions, et quant aux mœurs, aux coutumes, pour s'en faire une idée, il fallait recueillir de droite et de gauche une page, une phrase dans cent ouvrages divers. Les plus approfondis de ces travaux étaient perdus dans des livres tellement détaillés qu'on les consulte plus qu'on ne les lit, et tellement rares que, pour les trouver sans trop chercher, il est prudent de s'acheminer vers Florence. Les plus ingénieuses conjectures, les plus neuves affirmations étaient ensevelies dans l'immense nécropole de ces recueils périodiques qu'on néglige trop dès qu'ils n'ont plus le mérite ou le piquant de l'actualité. C'est ici seulement qu'on a entrepris la rude tâche de mener toutes ces choses de front, afin qu'on pût tout trouver dans le même ouvrage, service dont les Florentins, pour qui il était le moins nécessaire, ont plus d'une fois remercié l'auteur. Désormais, dans leurs études partielles, ils renvoient à cette étude d'ensemble, et ils le font avec confiance, voyant que je n'avance pas un mot sans citer mes autorités.

J'étais maître, évidemment, à mes risques et périls, de chercher la lumière ; je ne l'étais pas de la trouver et de la répandre dans un cadre élargi. J'ose dire, pourtant, que j'y ai réussi plus d'une fois. Il y a surtout un problème, longtemps jugé insoluble, et dont on a vu, dans les précédents volumes, l'incontestable solution. C'est celui des institutions florentines. Seul auparavant, le docte et pénétrant professeur Pasquale Villari l'avait exposé dans quelques articles d'une Revue milanaise, de manière à montrer qu'il voyait clair où tant d'autres, faute de voir goutte, gardaient un prudent silence. J'ai fait un pas de plus. N'ayant pas, comme ce brillant Napolitain, le don précieux de divination, j'ai dépouillé minutieusement les primitives archives de Florence, et, par le rapprochement des actes sur une vaste échelle, je suis parvenu à démonter, puis à remonter les rouages essentiels de la machine, à en constater avec certitude le mécanisme, et, qui plus est, le régulier fonctionnement. On pourra citer tel conseil ou office qui m'a paru être une quantité négligeable : ce ne sont là qu'accessoires ou superfétations, à moins que ce ne soient des rouages nouveaux ajoutés aux anciens dans la suite des temps. Tous ceux, au reste, qui, sans être essentiels, ont quelque importance et ne sont pas une invention de ces Medici auxquels je m'arrête, je les mentionne à leur place, dans l'ordre chronologique, et, grâce aux tables, à l'index, il est toujours facile de les retrouver. Mais quant à la constitution de la démocratie florentine, ce qu'on a bien voulu appeler mon système est la vérité pure ; depuis quelques années qu'il est connu, il n'a pas rencontré la moindre contradiction.

Qu'on me passe, au moment où je pose la plume, cette sorte d'apologie. Peut-être n'était-il pas hors de propos de justifier mon entreprise. Un recueil de fondation récente encore, mais qui, dès son apparition, a fait autorité en histoire, *la Revue historique,* avait posé la question de savoir si, en l'état de nos connaissances sur la République florentine, il n'était pas prématuré d'en aborder l'histoire générale. Après avoir eu sous les yeux mes trois premiers volumes, *la Revue historique* se prononçait favorablement : elle ne contestait pas qu'il y eût intérêt à arrêter les grandes lignes, à poser les problèmes, alors même qu'on ne pourrait les résoudre tous, et en attendant que la découverte de nouveaux documents permît de le faire. Mais cette découverte, il faut le regretter, n'est guère probable pour les temps où elle serait le plus utile, je veux dire pour les premiers siècles de cette histoire. Depuis plus de dix ans que j'ai compulsé ceux que contiennent ces archives de Florence si admirablement ordonnées par des archivistes d'une obligeance ailleurs si rare, je n'ai pas appris qu'à la réserve de quelques publications importantes dont j'ai largement profité, on ait rien mis au jour qui puisse modifier dans une mesure quelconque les faits acquis ou qui semblent l'être. L'écueil de l'historien est et restera toujours, pour les anciennes périodes, la rareté relative des documents, comme pour les plus récentes une abondance qui peut encore presque indéfiniment s'accroître. Je ne puis donc regretter d'avoir apporté si laborieusement ma pierre à l'édifice. Alors même qu'on l'en devrait éliminer plus tard, ce sera l'honneur de ma mémoire qu'on me sache gré d'avoir aplani les voies et le terrain à l'architecte de l'avenir.

Que si l'on me demandait pourquoi je m'arrête ici, au lieu de poursuivre ma marche et d'exposer l'histoire de Florence sous cette famille de trafiquants, en passe de devenir princes, qui ont eu l'heur immérité de détourner sur eux toute l'admiration et presque toute l'attention des siècles postérieurs, je répondrais que lorsqu'on n'a plus devant soi l'espoir de longues années, il ne faut pas embrasser plus qu'on n'est sûr de pouvoir étreindre. Peut-être était-il déjà téméraire, de ma part, en 1871, d'entreprendre une si longue course. Ayant eu la chance de vivre assez pour parvenir au but, je ne dois pas prétendre davantage. Aussi bien, l'histoire que j'ai traitée est complète en ses vicissitudes et sous ses aspects divers. Avec l'avènement des Medici, Florence a fixé ses destinées. Une autre histoire s'inaugure, où la splendeur spontanée des lettres et des arts dissimule mal ce qu'il y a d'odieux dans la domination de ces usurpateurs masqués en Mécènes, qui ne font que continuer à leur profit un mouvement de civilisation bien antérieur à eux et général en Italie. Sous leur règne, les agitations sont redoutables et les péripéties dramatiques, car l'opposition persiste sous le joug, et la solidité du joug rend plus saisissants les efforts pour le briser. Mais cette partie de l'histoire florentine est de beaucoup la mieux connue, et le seul moyen d'en rajeunir le récit serait, à mon sens, d'insister, plus qu'on ne l'a fait si longtemps, sur les ombres fort noires d'un tableau dont on ne montre, d'ordinaire, que le côté brillant.

Je ne renonce point à poursuivre cette tâche nouvelle, si la vie ou les forces ne me font défaut. Je prendrai comme un amer plaisir à conduire mes vieux Florentins, mes compagnons de tant d'années, jusqu'aux dernières convulsions de la liberté inutilement renaissante, jusqu'à la chute tragique de leurs murailles sous les armes de Charles Quint, jusqu'au lugubre sépulcre où les ensevelit alors à jamais le pouvoir absolu. Je ne veux certes pas aller plus loin, car il n'y a plus sous la domination des Medici restaurés par le fer et le feu, qu'un grand-duché de Toscane : les anciens, les nouveaux maîtres de Florence pourraient résider soit à Pise, soit dans toute autre cité du territoire, sans que rien fût changé; l'ancienne métropole n'est plus qu'une résidence princière, une ville morte, dont les destinées ultérieures ont à peu près le même prix, le même intérêt, sauf pour ce qui concerne les beaux-arts, que celles de Colle ou de San Gemignano. Mais je voudrais aller jusque-là. Dans la crainte d'être arrêté en route, j'ajourne à l'heure où j'aurai fini, s'il m'est donné de finir, toute publication sur cette période des Medici, et, en attendant, je poursuis sans relâche ce travail, suprême consolation d'une existence au déclin.

FIN DU TOME VI ET DERNIER.

TABLE DES MATIÈRES

LIVRE XI

CHAPITRE PREMIER

GOUVERNEMENT DE L'OLIGARCHIE. — INTÉRIEUR ET EXTÉRIEUR

Domination transitoire de l'oligarchie. — Son chef, Maso des Albizzi. — Ses lieutenants. — Leur part dans les offices. — Les mécontents. — Leur chef Giovanni des Medici. — Manifestation et exigences des extrêmes du parti vainqueur (15 février 1382). — Contre-manifestation des mécontents (16 février). — Nouvelle échauffourée (10 mars). — Assemblée à parlement. — Nouvelles proscriptions. — Réforme arrachée par les mécontents (19 mars). — Tentative de soulèvement des *ciompi* (25 mai). — Troubles au sujet du tirage au sort (28 août). — Cipriano Alberti gonfalonier de justice. — Dernières convulsions des *ciompi* (29 nov. 1382, 21 juillet 1383). — Affaires de Naples (mai-juillet 1382). — L'oligarchie favorable à Charles III. — Enguerrand de Coucy en Toscane (septembre 1384). — Négociations pour l'achat d'Arezzo. — Coucy dans Arezzo (29 septembre). — La citadelle cédée à Florence par le lieutenant de Charles III (19 octobre). — Arezzo vendu aux Florentins par Coucy (5 novembre). — Soumission des châteaux de l'Arétin. — Sienne contrainte au gouvernement oligarchique (15 déc. 1384-23. mars 1385). — Leçon infligée au comte d'Urbino (avril-juillet 1386). — Mort de Charles III en Hongrie (28 février 1386). — Relations des Florentins avec sa veuve et avec le Saint-Siège. — Proscription des Alberti (30 avril 1387). — Nouvelles mesures restrictives des libertés. — Le *borsellino*. — Participation des arts mineurs réduite de nouveau. 1

CHAPITRE I

**GOUVERNEMENT DE L'OLIGARCHIE
GUERRE CONTRE GIAN GALEAZ VISCONTI**

Gian Galeaz gendre et meurtrier de Bernabò (1385). — Son intervention dans les démêlés de Sienne et de Florence (1388). — Hostilités indirectes. — Négociations. — Préparatifs de guerre (1390). — Campagne en Lombardie. — Hawkwood ramené en Toscane par les intrigues de Gian Galeaz à Sienne. — Traité entre les Florentins et Jean d'Armagnac (16 oct. 1390). — Hawkwood de nouveau en Lombardie pour opérer avec lui sa jonction. — Témérité et défaite d'Armagnac (24 juillet 1391). — Habile retraite d'Hawkwood. — Sa campagne en Toscane contre Jacopo del Verme. — Négociation pour la paix (21 déc.). — La paix conclue (28 janv. 1392). — Embarras financiers. — Mort d'Hawkwood (16 mars 1494). — Rapports douteux entre Florence et Gian Galeaz, duc de Milan. — Ambassade de Maso des Albizzi en France (1396). — Traité d'alliance (29 sept.). — Nouvelle guerre (18 mars 1397). — Campagnes de Toscane et de Lombardie. — Défaite des Milanais à Governolo (28 août 1397). — Trêve imposée par Venise (11 mai 1398). — Occupation de Pise par Gian Galeaz (21 janvier 1399). — Soumission de Sienne et autres villes à Gian Galeaz. — Isolement de Florence. — Son alliance avec Robert, roi des Romains (1401). — Les Allemands en Italie. — Victoire de Jacopo del Verme. — Retour de Robert en Allemagne (15 avril 1402). — Bologne aux mains de Gian Galeaz (26 juin). — Florence menacée. — Mort de Gian Galeaz. (3 sept. 1402).. 51

CHAPITRE III

GOUVERNEMENT INTÉRIEUR DE L'OLIGARCHIE

Trahison des fils de Lapo de Castiglionchio (sept. 1391). — Efforts du parti féodal pour secouer le joug. — Réformes anti-démocratiques de Maso des Albizzi (oct. 1393). — Assemblée à parlement (19 oct.). — Les bourses remaniées. — Le *borsellino*. — Réhabilitation des Magnats. — Les grandes familles dans les arts mineurs. — Tentative populaire de résistance (24 oct.). — Nouvelles persécutions contre les Alberti. — Accroissement de la force publique (27 oct.). — Nouveaux supplices (28 oct.). — Tentative de réforme démocratique par Donato Acciajuoli (janv. 1396). — Conjuration des bourgeois mécontents et des exilés (4 août 1497). — Derniers complots (nov. 1400, 1411, 1412). — Suppression de la balie de réforme (1404). — Procession des pénitents blancs (août 1399). — Les deux processions florentines.. 98

CHAPITRE IV

GOUVERNEMENT DE L'OLIGARCHIE. — L'ACQUISITION DE PISE

Régence de la veuve de Gian Galeaz à Milan. — Florence arme contre elle. — Premiers pourparlers avec Carlo Malatesti pour l'acquisition de Pise (1402).

— Obstacles apportés par le Saint-Siège. — Insistance des Florentins. — Désaccord entre les pouvoirs florentins. — Impopularité de Gabriele-Maria à Pise. — Tentative pour surprendre Pise (15 janv. 1404). — Traité avec Sienne (7 avril). — Alliance de Gabriele Maria avec Bouciquaut, gouverneur de Gênes. — Opposition de Bouciquaut aux projets florentins (18 avril). — Réclamations des Florentins à la cour de France (24 avril). — Marchandises florentines confisquées par Bouciquaut. — Trêve de quatre ans (25 juillet). — Bouciquaut plus favorable aux Florentins. — Gino Capponi à Gênes. — Pourparlers entre Bouciquaut et Gabriele Maria, entre Gabriele Maria et Maso des Albizzi (1405). — Soulèvement des Pisans (22 juillet). — Traité entre les Florentins, Gabriele Maria et Bouciquaut (27 août). — La citadelle de Pise occupée puis perdue par les Florentins (30 août-6 sept). — Leurs projets de vengeance. — Rappel et tyrannie des Gambacorti à Pise. — Succès des Florentins et blocus de Pise (12 avril 1406). — La famine à Pise. — Cruautés des assiégeants. — Inutile appui donné par le duc de Bourgogne aux assiégés. — Pise livrée par Gambacorti (8 oct.). — Entrée des Florentins. — Gino Capponi, capitaine de Pise (17 oct). — Mesures pour assurer la conquête. — Dépopulation et misère de Pise. — Efforts de Florence pour devenir puissance maritime. 123

CHAPITRE V

GOUVERNEMENT DE L'OLIGARCHIE
LE CONCILE DE PISE. — LA GUERRE CONTRE LADISLAS

Embarras du grand schisme. — Les papes compétiteurs refusent de se réunir à Florence. — Ils évitent de se rencontrer. — Grégoire XII à Lucques. — Le concile convoqué à Pise (mars 1409). — Election d'Alexandre V (15 juin). — Rupture de Ladislas de Naples avec les Florentins. — Dévastation de la Toscane par les troupes napolitaines. — Ligue avec le duc d'Anjou. — Courte et inutile expédition du duc. — Rome prise par les alliés (2 janvier 1410). — Election de Jean XXIII (mai). — Retour du duc d'Anjou en Italie. — Défaite de sa flotte (16 mai). — Négociations de Ladislas avec Florence (29 oct). — Traité de paix (31 décembre). — Occupation de Cortone par les Florentins (18 janvier 1410). — Victoire inutile (19 mai 1411) et départ du duc d'Anjou (3 août). — Ladislas entre à Rome (juin 1412). — Ses mauvais procédés, ses menaces contre Florence. — Il est contraint de rentrer dans son royaume. — Négociations pour la paix. — Traité de paix (22 juin 1414). — Mécontentement à Florence. — Mort de Ladislas (6 août). — Joie des Florentins. — Dix ans de paix pour Florence. 169

CHAPITRE VI

GOUVERNEMENT DE L'OLIGARCHIE
INTÉRIEUR. — MŒURS PUBLIQUES ET PRIVÉES

Apogée du gouvernement oligarchique. — Les seigneurs recommandés. — Fortune publique et privée. — Efforts pour créer une marine. — Prospérité du trafic sur terre. — Les Florentins à l'étranger. — Les Scolari. — Gouvernement occulte. — Imitation de Venise. — Les conseils. — Création du conseil des Deux Cents. — Les divers offices. — La seigneurie. — Les Dix de la guerre. — Les collèges. — Les *richiesti*. — Les conseils du peuple et de la commune. — Les capitaines de la *parte*. — Les Huit de garde. — Les Dix de la liberté. — Les Six de la marchandise. — Les consuls des arts. — Autres offices au dedans et au dehors. — Les ambassadeurs. — Décadence florentine sous l'oligarchie. — Mécontentement et défiance. — Les institutions non protectrices des intérêts. — Abaissement de l'esprit public. — Fuite devant la peste. — Relâchement de toute discipline. — La famille. — La femme. — Le mari dans le ménage. — Le père et l'éducation des enfants. — Les employés et serviteurs. — Les amis, les relations. — Les fêtes. — Les sentiments religieux. — Fêtes civiles et religieuses. — La fête de la Saint-Jean.. 197

LIVRE XII

CHAPITRE PREMIER

GOUVERNEMENT DE L'OLIGARCHIE
GUERRE CONTRE FILIPPO MARIA VISCONTI

Pontificat de Martin V (22 avril 1418). — Martin V à Florence (26 février 1419). — Braccio de Montone à Florence. — Mécontentement du pape. — Filippo Maria Visconti, duc de Milan. — Hésitations de la politique florentine à son égard. — Paix entre les deux puissances (8 février 1419). — Le traité violé par l'une et par l'autre. — La guerre résolue (1423). — Premières hostilités (1424). — Florence abandonnée de ses alliés. — Enrôlement et mort de Braccio. — Défaite de Carlo Malatesti et des Florentins à Zagonara (28 juillet). — Explosion du courroux florentin. — Conseils de gouvernement. — Expédients financiers. — Réclamations des riches contre les impôts. — L'armée battue par les paysans du val de Lamone (1er février 1425). — Perfidie des Florentins envers le seigneur de Faenza. — Échecs sur mer et sur terre. — Défection de Piccinino. — Ligue entre Florence et Venise (4 décembre). — Difficultés à Florence sur la ratification (janvier 1426). — Siège et prise de Brescia par Carmagnola (17 mars-20 novembre). — Rôle effacé des Florentins. — Négociations pour la paix. — Traité de paix (30 décembre 1426). — La paix violée par Filippo Maria (1427). — Hostilités en Lombardie. — Victoire de Carmagnola à Maclodio (10 octobre). — Nouveau traité de paix (18 avril 1428).. 265

CHAPITRE II

DÉCADENCE DE L'OLIGARCHIE.
LE CATASTO. — LA GUERRE DE LUCQUES

Nécessité d'affermir la domination de l'oligarchie. — Conciliabule de San Stefano a Ponte (juillet 1426). — Importance de Giovanni des Medici. — Embarras financiers. — Inégalités devant l'impôt. — Fraudes pour y échapper. — Le *catasto* (22 mai 1427). — Résistances dans la ville et sur le territoire. —

Révolte de Volterre (1429). — Soumission des Volterrans (5 novembre). — Dessein de conquérir Lucques. — Querelle faite à Paolo Guinigi, seigneur de Lucques. — Agression de Fortebracci (22 novembre). — Délibérations dans les conseils (25 nov). — Mort de Giovanni des Medici. — Alliance des deux partis pour l'entreprise de Lucques. — L'opposition vaincue. — Divisions au camp (1430). — Rivalités des commissaires. — Impuissance de l'armée. — Brigandages des soldats et des chefs. — Accusations contre les commissaires. — Mécontentement général. — Intervention du duc de Milan. — Francesco Sforza en Toscane (juillet). — Guinigi prisonnier des Milanais. — Paix refusée à Lucques par les Florentins. — Ils sont défaits par Piccinino (2 décembre). — Soulèvement de leurs ennemis toscans. — Nouveaux embarras financiers (1431). — Les alliés refroidis. — Défection des *condottieri* (1432). — L'empereur Sigismond à Lucques (juin), à Sienne (10 juillet). — Paix de Ferrare (26 avril 1433). 305

CHAPITRE III

DÉCADENCE DE L'OLIGARCHIE
GRANDEUR ET EXIL DE COSIMO DES MEDICI

Intimité passagère et feinte des Albizzi et des Medici. — Neri Capponi intermédiaire. — Inimitiés latentes. — Ressorts du gouvernement faussés. — L'opposition réfugiée dans les confréries religieuses. — Efforts pour supprimer les confréries (1419-1429). — Loi contre les scandaleux (30 déc. 1429). — Exil et rappel de Neri Capponi (1432). — La loi tombe en désuétude. — Impopularité de Rinaldo des Albizzi. — Cosimo des Medici. — Ses points d'appui. — Ses richesses. — Ses libéralités. — Ses créatures : Averardo des Medici, Puccio Pucci. — Lutte ouverte entre les deux factions. — Seigneurie composée par les Albizzi (1er sept. 1433). — Cosimo incarcéré (7 sept.). — Assemblée à parlement (9 sept.). — Le gouvernement concentré aux mains de la secte dominante. — Les trois condamnations de Cosimo et des siens (7, 11, 29 sept). — Démarches du dehors pour obtenir sa mise en liberté. — Il sauve sa vie par la corruption. — Son départ pour l'exil (3 oct). — Honneurs qui lui sont rendus sur sa route. — Accueil qui lui est fait à Venise (11 oct.). — Son rôle de Mécène dans l'exil. — Impuissance du gouvernement oligarchique contre les exilés. 362

CHAPITRE IV

CHUTE DE L'OLIGARCHIE. — RETOUR DE COSIMO DES MEDICI

Vanité de la victoire remportée par l'oligarchie. — Opposition croissante jusque parmi les *popolani grassi*. — Politique inconsistante : concessions et condamnations. — Le pape Eugène IV à Florence (1434). — Florence, Venise et le pape battus à Imola par les troupes de Milan (28 août). — Conséquences de la défaite pour la domination de l'oligarchie sous une seigneurie favorable à Cosimo (1er sept.). — Complot oligarchique contre cette seigneurie (24 sept.). — Rinaldo des Albizzi et ses amis en armes (26 sept.). — Défections dans son parti. — Médiation du pape. — Rinaldo à Santa Maria Novella. — Assemblée à parlement (28 sept.). — Rappel des exilés (2 oct.). — Condamnation des chefs de l'oligarchie à l'exil. — Rentrée de Cosimo à Florence (7 oct.). — Opposition à son pouvoir. — Rigueurs contre les opposants (nov.). — Découragement des ennemis de Cosimo. — Cosimo gonfalonier de justice (1er janvier 1435). — Ses vengeances personnelles. — Recrudescence de rigueurs. — Caractère de cette révolution................................. 405

CHAPITRE V

LE RÉGIME ÉCONOMIQUE AU QUATORZIÈME ET AU QUINZIÈME SIÈCLE

L'entrée dans les arts. — Conditions d'admission. — Abus et caprices des règlements. — Les courtiers. — Intervention du clergé. — La guerre aux intermédiaires, aux petits. — Le droit de coalition limité aux patrons. — Les grèves. — L'incohérence des règlements sauve quelque chose de la liberté. — La condition des artisans meilleure à Florence qu'ailleurs. — Relations commerciales de ville à ville. — Le régime protecteur à l'intérieur de l'État. — Ses exagérations sous l'oligarchie. — Vues plus larges des arts mineurs. — Apparition passagère de la liberté commerciale. — La législation du transit. — Les assurances, les représailles. — La législation maritime. — Règlements relatifs au crédit. — Le prêt à intérêt et l'usure. — Fluctuations de la doctrine à cet égard. — Le travail et la propriété agricole. — Le petit propriétaire, le colon. — Leurs relations. — Tyrannie des règlements. — La grande propriété encouragée. — Droit de préemption accordé au voisin. — Obligation d'acheter. — La propriété refusée aux étrangers. — La législation des subsistances. — Mesures contre les intermédiaires et les accapareurs. — Contre les disettes. — Les boulangers. — Les marchands de vin. — Les bouchers. — Les marchands de bestiaux. — Protection accordée à la culture. — L'exportation du bétail interdite. — Nécessité du régime protecteur en ces temps-là.. 442

INDEX ALPHABÉTIQUE

DES NOMS ET DES CHOSES PRINCIPALES

Les noms d'auteurs ou d'ouvrages mentionnés pour la première fois sont en *italiques*. Deux chiffres au même nom d'auteur indiquent deux ouvrages différents de cet auteur.

A

Abruzzes, 21.
Acciajuoli, 203.
Acciajuoli (Agnolo), 113, 387, 408.
Acciajuoli (Antonio), 166.
Acciajuoli (Donato), 106, 111-113, 390.
Acciajuoli (Jacopo), 112.
Acciajuoli (Laudomia), 112.
Acciajuoli (Michele), 112.
Accoppiatori, 395, 425, 427.
Adda, 64, 303.
Adige, 66, 67.
Adimari, 15, 105, 114, 116, 258.
Adimari (Alamanno), 159.
Adimari (Picchio), 115.
Adimari (Pigello), 17.
Adorni, 303.
Adorno (Antonio), 68, 69.
Adriatique, 25, 123.
Agobbio, 37, 103.

Albanie, 276.
Albergati, 299.
Alberti, 4, 5, 42-45, 102, 107-109, 116, 198, 308, 423.
Alberti (Agnolo), 46.
Alberti (Alberto), 101.
Alberti (Benedetto), 35, 42, 43, 45, 107.
Alberti (Bindaccio), 116.
Alberti (Cipriano), 18, 45, 101, 107.
Alberti (Marco), 108.
Alberti (Nerotto), 101.
Alberti (Niccolaio), 102, 108, 109.
Albizzi, 5, 7, 23, 57, 64, 74, 108, 283, 363, 376, 382, 426, 431, 433, 437, 441, 442.
Albizzi (Alberto), 162.
Albizzi (Giovanni), 159.
Albizzi (Luca), 319, 345, 370, 418, 422, 427.
Albizzi (Maso), 4, 57, 75, 76, 100, 101, 111, 114, 127, 130, 131,
140, 148, 189, 190, 192, 193, 198, 205, 309, 332, 363, 376, 380.
Albizzi (Maso de Rinaldo), 319, 364.
Albizzi (Niccolosa), 247.
Albizzi (Rinaldo), 130, 153, 205, 206, 212, 215, 219, 225-227, 241, 276-279, 282, 284, 285, 287, 291, 292, 296, 298, 299, 306, 308, 309, 316, 319, 323, 324, 329, 352, 354, 336-338, 340-345, 351, 360, 363-367, 373-376, 384-389, 391, 392, 394, 397, 406, 407, 411-415, 417-422, 424, 431, 432.
Alderotti, 46.
Alderotti (Buonaccorso), 139.
Alessandri, 416, 418.
Alessandri (Antonio), 194.

Alessandri (Alessandro), 350.
Alexandre V, 174, 175, 177, 180-182, 266.
Alexandrie de Piémont, 64, 76, 124, 271.
Alexandrie d'Égypte, 200.
Alfonse de Naples, 259, 303, 498.
Alidosi (Lucrezia), 275.
Alidosi (Luigi), 279.
Alidosi (Obizo), 12, 14.
Allemagne, 54, 60, 86, 87, 90, 91, 164, 298, 358, 378.
Alpes, 60, 65, 69, 89, 123.
Alpes de Lunigiane, 67.
Alsace, 144.
Altoviti, 116.
Amalfi, 157.
Ambassades, 215.
Ambassadeurs, 217, 225, 226-228.
Amé VII de Savoie, 58.
Amis, 252.
Ammirato, 2, 22, 101, 111.
Ammoniti, 11, 13, 18, 19, 22, 44, 112, 114.
Ammonizione, 9, 16, 46, 105, 116, 221.
Ancône, 25, 179, 410, 424, 463.
Andrea de Pontedera, 352.
Andreis, voy. Troia.
Anghiari, 290.
Angleterre, 54, 118, 203, 463.
Anjou (Duc d'), 20, 23-25, 28, 39, 40, 57, 137, 174, 176, 179-184, 186, 187, 249, 273, 275, 312.
Anjou (Duchesse d'), 25.
Anselmo de Spolète, 243.
Appiano (Gherardo d'), 83, 137, 142.
Appiano (Jacopo d'), 73, 81, 82, 135, 137, 145.
Appiano (Manuele d'), 83

Approbateurs des statuts des arts, 444.
Approvisionnements, 488-495.
Aquila, 280, 431.
Aragon, 54, 173.
Aragon (Roi d'), 200, 254, 266, 273, 274, 279, 294, 302, 360.
Arco (Carlo d'), 482.
Arezzo, 21, 24, 26-32, 35, 54, 78, 122, 125, 179, 185, 198, 291, 297, 346, 354, 402, 495.
Arioste, 339.
Aristote, 250.
Armagnac, 62.
Armagnac (Bernard d'), 62, 76, 77, 81.
Armagnac (Jean d'), 62-65, 76.
Armement, 110.
Arno, 114, 115, 140, 149, 152, 251, 303, 353, 359, 417.
Arrigucci, 418.
Arrigucci (Michele), 432.
Arruoti, voy. Richiesti.
Arts majeurs, 203, 209, 223, 307, 308, 370, 443-456, 458-461, 472, 476, 485.
Arts mineurs, 47, 48, 209, 223, 307, 308, 370, 443-456, 458-461, 472.
Ascoli, 177.
Assise, 85, 123, 177, 191.
Assurances, 465, 466, 470.
Asti, 75.
Astorre, voy. Gianni.
Athènes, 111, 166, 203.
Athènes (Duc d'), 3, 325.
Attaviano (Ser Giovanni), 408.
Attendolo, 353.
Augier (Émile), 206.
Augustins, 473.
Avignon, 23, 74, 170, 201, 266, 431.

Ayala (Mariano d'), 131.
Azincourt, 63, 163.
Azzo (Giovanni d'), 55, 56.

B

Bagno, 154.
Bagno (Comte de), 116.
Bajazet, 133.
Baldesi (Andrea), 435.
Baldovinetti (Mariotto), 395, 397, 399, 407.
Bâle, 175, 360.
Balie, 5, 8-10, 15, 102, 103, 112, 115, 116.
Balzac, 249.
Banchi, 443.
Banquiers, 202, 203.
Barbadori (Cosimo), 433.
Barbadori (Giovanni), 367.
Barbadori (Niccolò), 192, 380, 386, 388, 411, 412, 415, 420, 424.
Barbiano (Alberico de), 79, 93, 124, 125, 147, 178, 268, 280, 281.
Barbiano (Comte de), 21, 59, 60, 78, 79.
Barcelone, 151, 201, 432.
Bardi, 105, 418, 428, 478.
Bardi (Giovanni des), 378.
Bari, 29.
Barletta, 113.
Bartoli, 193.
Bartolini (Bartolo), 330.
Bartolo de Piombino, 158.
Bartolommeo de Michele, 192.
Beccamorti, 238.
Beccanugi (Luigi), 11.
Belfradelli (Zanobi), 433.
Belgrade, 204.
Bellini, 371.
Bellosguardo, 418.
Benedetto, 366.
Benini, 46.
Benoit XIII, 112, 137-139, 143, 170, 171,

INDEX ALPHABÉTIQUE.

173, 175, 265, 266, 280.
Bentivogli, 275.
Bentivoglio, 85, 93.
Benvenuto d'Imola, 244.
Benzoni (Giorgio), 124.
Bergame, 277, 302.
Bergolini, 145.
Berlinghieri, voy. Berti.
Bernabò, 23, 25, 52, 53, 58.
Bernardino de la Carda, 353, 357.
Bernardone, voy. Serres.
Berry (Duc de), 25, 62.
Berti (Jacopo), 389, 395.
Biagio del Melano, 290.
Biancardo (Ugolotto), 80.
Bibbiena, 319.
Bible, 250.
Bientina, 319.
Bigallo, 258.
Biliotti (Sandro), 356.
Biondo (Flavio), 410.
Biseglio, 28.
Bisenzio, 250, 251.
Bisticci, 191.
Blaise de Forgach, 39.
Blois, 153.
Boccace, 238, 371.
Boèce, 250.
Bologne, 23, 28, 31, 34, 55, 57, 59-61, 66, 67, 71, 76, 85, 92, 93, 101, 114, 115, 123, 126-129, 175, 180, 182, 183, 186, 188, 189, 191, 238, 242, 244, 272, 275, 279, 410, 463, 495.
Bonaccorso de Lapo, 8, 56.
Bonciani (Piero), 295, 330.
Boniface VIII, 397.
Boniface IX, 68, 69, 71, 112, 124, 127, 137, 170, 268.
Boninsegni, 181.
Bordoni (Niccolò), 435.
Borgo (à Pise), 155.
Borgoforte, 79.

Borgo san Jacopo, 474.
Borsellino, 47, 104.
Boscoli, 204.
Bosna, 204.
Bossuet, 257.
Bouchers, 450, 493-495.
Bouciquaut, 132-139, 141-143, 152, 153, 163, 170, 171, 182, 195, 272.
Boulangers, 472, 490, 491.
Bourgogne (Duc de), 25, 62, 75, 152.
Bourguignons, 62.
Bourses, 46, 104, 211, 212, 217, 394.
Brabançons, 262.
Bracceschi, 335.
Braccio (Andrea), 178-180, 191, 246, 268, 269, 280, 288, 325, 328, 410.
Braccio (Oddo de), 288.
Brancacci, 284.
Brancacci (Felice), 350, 432.
Brescia, 124, 272, 273, 277, 292, 296, 297, 299, 300, 302.
Brigandages, 341.
Broglio, 84, 85.
Brunelleschi (Filippo), 340, 368, 381.
Brunelleschi (Gabriello), 184, 189, 190.
Bruni (Leonardo), 333.
Bruni (Leonardo), 218, 270, 299, 336, 434.
Bruto (Michele), 390.
Bruto (Michele), 431.
Bude, 205.
Buggiano, 347.
Buondelmonti, 105, 204, 379.
Buondelmonti (Nanni), 116.
Buonuomini, 10, 219, 220, 423.
Burchiello, 426.
Buser, 377.

C

Cafaggiolo, 239.
Caire (Le), 133.
Calimala, 114, 446, 447, 452, 472.
Camaiore, 337, 340, 348.
Cambi, 132.
Cambi (Giovanni), 435.
Camerino, 301.
Camerlingues, 224.
Campofregoso (Tommaso de), 274.
Cancellieri, 364.
Cane, voy. Facino.
Cantini, 485.
Capitaines de la *parte*, 44, 45.
Cappelli (Piero), 433.
Capponi, 418.
Capponi (Bastiano), 269, 433.
Capponi (Gino, l'ancien 4, 138, 139, 145, 148, 149, 151, 154, 155, 158-161, 189-191, 194-206, 208, 229, 254, 273, 325.
Capponi (marquis Gino), 49, 101, 168, 185, 195, 207, 365, 427, 499.
Capponi (Giovanni), 352.
Capraja, 154.
Caracciolo (Jacopo), 27-29.
Caracciolo (Ricciardo), 68, 70.
Carducci (Bartolommeo), 374.
Careggi, 239, 426.
Carlone (Cristofano), 115.
Carmagnola, 272, 293, 297, 299, 301, 302, 357.
Carrare (Francesco de), 53-55, 59, 60, 70, 89, 134, 138, 139, 142.
Carrare (Jacopo de), 91.
Carroccio, 332.

Cartari, 267.
Casale, 179.
Casale (Luigi de), 179.
Casalecchio, 93.
Cascina, 82.
Casentino, 482.
Cassia, 156.
Castel Baldo, 67.
Castel Bolognese, 275, 411.
Castelcastagnajo, 482.
Castel Fiorentino, 26.
Castellani, 418.
Castellani (Berto), 77.
Castellani (Francesco), 209.
Castellani (Matteo), 4, 148, 209, 290.
Castellani (Piero), 412.
Castellani (Vanni), 184, 190, 191.
Castellini, 428.
Castel san Giovanni, 122.
Castiglionchio (Alberto), 11.
Castiglionchio (Lapo), 99.
Castiglionchio (Paolo), 98, 99.
Castiglione Aretino, 521.
Castro (Paolo de), 197.
Castruccio, 96, 193, 497.
Catalan, 274.
Catasto, 316-322, 325, 355, 366, 380, 401, 488.
Catherine de Sienne (Sainte), 57.
Cavalcabò (Andrea), 61.
Cavalcabò (Ugolino), 124.
Cavalcanti, 192.
Cavalcanti (auteur), 209, 229, 322, 340, 343, 352, 365, 378, 383, 384, 386, 396.
Cavalcanti (Famille), 105, 378, 397.
Cavalcanti (Bernardo), 155.
Cavalcanti (Piero), 420.
Cavicciuli, 105, 114.
Cavicciuli (Pigello), 17, 115.

Cavicciuli (Salvestro), 115.
Célibataires, 213.
Cennini, 255.
Ceperano, 186.
Céphalonie, 408.
Ceretti, 63.
Cesaretti, 83.
Cesena, 424.
Chancelier de la Seigneurie, 218.
Charles de Valois, 20, 174.
Charles II de Naples, 20.
Charles III de Naples, 15, 20, 22, 23, 26, 27, 29-31, 37-39, 42, 57.
Charles IV, 81.
Charles V, 20, 62, 132.
Charles-Quint, 158, 165, 300.
Charles VI, 25, 31, 54, 57, 62, 75-77, 81, 132-135, 140-143, 153, 162, 172.
Chiana (val de), 180.
Chianti, 78, 111.
Chieri, 84.
Chioggia, 15.
Chmel, 87.
Ciaio de Pagolo, 519.
Ciaio (Ser), 391.
Cibrario, 357.
Cicéron, 250, 426.
Cicogna, 403.
Cimbres, 69.
Ciompi, 7, 9, 10, 12, 14, 17, 20, 94, 190, 212, 324, 379, 388, 416, 452, 453.
Cipolla, 69.
Città di Castello, 353.
Civitavecchia, 410.
Clément VII, 21, 23, 29, 40, 41.
Clercs, 213, 214.
Cobourg, 107.
Colle, 15, 35, 321.
Collèges, 10, 210, 219, 221.
Collodi, 336, 337.

Cologne (Archev. de), 91.
Colonna (Gian), 201.
Comines, 97, 117, 224.
Compagnie de San Giorgio, 60, 78.
Compagnies, 72.
Comtat Venaissin, 118.
Concile, 169, 172-176, 187.
Conciliabule, 306.
Concordia (Évêque de), 422.
Condolmiero, voy. Eugène IV.
Condotta, 224.
Condottieri, 148.
Confréries, 307, 368, 369.
Conrat, 443.
Conseil de la Commune, 19, 210, 212, 221.
Conseil du Peuple, 19, 210, 213, 221, 307.
Conseil des Cent trente-un, 210, 211.
Conseil des Deux cents, 192, 210, 211, 279, 295, 296, 371.
Conseil des Richiesti, voy. Richiesti.
Conservateurs des lois, 335, 342, 370.
Constance, 175, 182, 190, 195, 265, 377, 379.
Constantinople, 118, 133.
Contadini, 481, 485-489, 495.
Contado, 12, 26, 28, 94, 481.
Conti (*De*), 65.
Corario (Antonio), 232, 242.
Corbinelli, 418
Corbinelli (Bartolommeo), 154, 159.
Corbinelli (Giovanni), 295.
Corbinelli (Tommaso), 155.

INDEX ALPHABÉTIQUE.

Corbizzi, 15, 46.
Corinthe, 166, 203.
Corneille, 181.
Corneille, 172.
Corse, 202, 274.
Corsi, 428.
Corsi (Corso), 395.
Corsini (Cardinal), 74.
Corsini (Filippo), 57, 184, 189, 414.
Corso, 114.
Cortone, 179, 184, 185, 198, 464.
Cosenza, 408.
Cosimo, Voy. Medici.
Cossa (Baldassare), 126, 128, 175, 176, 178, 180-182, 195. Voy. Jean XXIII.
Costa de Beauregard, 377.
Coucy (Enguerrand de), 25, 26, 28-31, 33, 75.
Courtiers, 450.
Covoni, 46.
Covoni (Bettino), 15.
Crema, 124.
Crémone, 124, 302.
Cresci (Bartolommeo), 423.
Crusca, 371.
Cutignola, 147, 353.

D

Dalmatie, 276.
Dante, 244, 496.
Dantier, 437.
Dati (Goro), 51, 74, 126, 140, 166, 202, 214, 260, 311.
Dati (Leonardo), 266.
Datini (Francesco), 120-122, 163, 201, 202, 231, 238, 245, 249, 250, 255, 256, 312, 477.
Datini (Margherita), 250.
Davanzati (Giuliano), 278, 365, 375, 387.

Davanzati (Niccolò), 148.
Davizi (Francesco), 115.
Decima scalata, 320.
Delaville Le Roulx, 68.
Del Bene, 204.
Del Bene (Francesco), 15.
Del Bene (Giovanni), 15.
Diacomello, 199.
Diderot, 257.
Dietisalvi (Nerone), 418.
Dino de Gucci, 344.
Divieto, 9, 16, 211, 370, 371, 388.
Dix de la guerre, 5, 44, 92, 124, 125, 129, 130, 144, 148, 150, 164, 188, 218, 219, 224, 241, 277, 281, 282, 289, 291, 296, 311, 328, 332, 333, 338, 342-344, 353, 354, 359, 363, 374.
Dix de la paix, 224.
Dix de la marchandise, 445.
Dix de liberté, 210, 222.
Dix des prêtres, 223.
Domenico, ingénieur, 131.
Domenico de Prato, 283.
Dominicains, 473, 475.
Dominici (Giovanni),172.
Donatello, 268.
Donzello, 216.
Durazzo (Charles de), Voy. Charles III.
Durrieu, 20, 75.

E

Ecosse, 118.
Edouard III, 25.
Elbe, 83, 179, 180.
Elci. Voy. Pannochieschi.
Empoli, 26.
Esope, 247.

Espagne, 118, 175, 266
Este (Azzo d'), 73.
Este (marquis d'), 77, 188, 356, 360.
Este (Niccolò III d'), 73, 178, 188.
Estimo, 31, 316, 320.
Etienne de Bavière, 58, 60, 92.
Eugène IV, 279, 355, 359, 360, 373, 409, 410, 419, 420, 422-424, 433.
Eugénie (Impératrice), 267.

F

Fabroni, 164, 165.
Facino Cane, 124, 271, 272.
Faenza, 288, 289, 301
Faggiuola (La), 290.
Fallimagini, 255.
Famine, 150, 488.
Fanti, 216.
Farganaccio, 399.
Federighi, 204.
Federigo de Naples, 258.
Feghine, 122.
Femme, 244-247.
Feozzi Casini, 15.
Ferdinand le Catholique 300.
Fermo, 177, 432.
Fermo (marquis de). 410.
Ferrante de Naples 258.
Ferrare, 2, 59, 278, 293, 303, 385, 387.
Ferrare (marquis de), 294, 297, 398, 401, 463.
Ferroni, 317.
Fêtes, 253, 258, 259.
Fibindacci, 237.
Fieschi, 303.
Fiesco (Luca del), 156.
Fiesole (Evêque de), 120.

INDEX ALPHABÉTIQUE.

171, 172, 267, 451.
Filelfo, 377, 382, 386, 391.
Filicaia (Simone de), 327.
Filippo de Ghiacceto, 317, 318.
Filippo Maria, Voy. Visconti.
Finances, 199, 202, 232; 286-288, 299, 311-321, 355, 380, 381, 386.
Finances des Medici, 379, 380.
Fineschi, 260, 489.
Flagellation, 119.
Flamands, 262.
Flandre, 107, 203.
Fogni (Niccolò), 372.
Forgach, 59.
Forlì, 59, 276, 277, 280, 298, 495.
Fortebracci, 328-331, 337, 341, 350, 353, 364, 410.
Foscari, 293, 353.
France, 40, 41, 54, 58, 61, 74, 75, 81, 86, 118, 137, 169, 179, 203, 378, 463.
Franceschi (Tommaso), 331.
Francesco de Firenzuola, 391.
Francesco de Ghino, 396.
Franciscains, 473, 475.
François Ier, 300.
Frascati, 228.
Frate, 217.
Fratricelli, 22.
Frédéric Barberousse, 123.
Fregosi, 303.
Frescobaldi, 105, 428.
Frescobaldi (Tommaso), 297.
Fronzole, 484.

G

Gabbrielli (Francesco des), 103.

Gabriele Maria, 125, 130-132, 134, 138-141, 143, 166, 272.
Gaddi (Francesco), 225.
Gaëte, 424.
Gaëtani (Piero), 145.
Gallicano, 241, 242.
Gambacorti, 145, 151, 154.
Gambacorti (Andrea), 154.
Gambacorti (Chiara), 164.
Gambacorti (Giovanni), 146, 154, 155.
Gambacorti (Piero), 56, 58, 68, 81, 130.
Gambassi, 15.
Gangalandi (Scortichino des), 115.
Gara, 39.
Garde, Voy. Huit.
Garfagnana, 452.
Gargiolli (Andrea), 200.
Gargonza, 34.
Garigliano, 186.
Gattamelata, 410.
Gaultier de Brienne, 3, 325.
Gelli, 231.
Gênes, 2, 57, 68, 71, 75, 118, 132-136, 138, 139, 141-143, 147, 153, 163, 167, 180, 182, 183, 195, 199, 201, 267, 272-274, 290, 292, 297, 299, 302, 303, 346, 348, 349, 354, 392, 439. 470.
Genève (comte de), 21.
Gherardini, 267.
Ghetto, 474.
Ghiberti, 568.
Gianfigliazzi, 393, 418.
Gianfigliazzi (Bertoldo), 269.
Gianfigliazzi (Giovanni), 300, 327.
Gianfigliazzi (Jacopo), 108, 148.
Gianfigliazzi (Niccolò), 33.

Gianfigliazzi (Papino), 412.
Gianfigliazzi (Rinaldo), 64, 65, 106, 285, 344.
Giangaleaz, Voy. Visconti.
Gianni (Astorre), 331, 336, 340, 343, 376, 395.
Gibelins, 22, 29-31, 44.
Giglio, 154.
Ginori, 418.
Giorgi, 56.
Giovanni del Ricco, 8.
Girolami (Barone), 115.
Giugni, 331, 379.
Giugni (Bernardo), 419.
Giusto (Landini ou Contugi), 322, 323.
Gonfaloniers de compagnie, 44, 219.
Gonfaloniers de justice, 44, 48, 104, 217.
Gonzaga (Francesco de), 79, 80, 125, 126, 357.
Gorgona, 154.
Gottolengo, 301.
Gouverneurs (des contrats, douanes, gabelles, portes, sel, vin), 224.
Governolo, 80.
Gozzadini, 85.
Gozzadini, 126.
Grascia, 224.
Grecs, 133.
Grégoire XI, 57.
Grégoire XII, 160, 170, 171, 173, 175, 176, 187, 266.
Grenade, 300.
Greve, 78.
Grigny (Jean de), 195.
Guadagni, 268, 388, 399, 400.
Guadagni (Bernardo), 193, 349, 387, 388, 395, 432.
Guadagni (Francesco), 430.
Guadagni (Migliore), 388.
Guadagni (Vieri), 148,

INDEX ALPHABÉTIQUE.

219, 278, 286, 287, 290, 298.
Gualandi, 164.
Guasconi, 418, 428.
Guasconi (Zanobi), 360.
Guasti, 84.
Guasti, 198, 237, 247, 327, 330.
Guelfes, 39.
Guicciardini, 3, 316.
Guicciardini (Giovanni), 344, 361, 373, 391, 417, 418.
Guicciardini (Niccolò), 269.
Guicciardini (Piero), 349, 353, 409, 416, 418.
Guidi (Geri des), 199.
Guido del Palagio, 69.
Guido Neri, 69.
Guido Tommasi, 69.
Guiducci (Nastagio), 329.
Guinigi (Paolo), 85, 176, 303, 326-328, 330, 331, 333, 339, 346, 347, 353.
Guise, 390.
Guyenne, 133.

H

Hanse, 456.
Hawkwood, 8, 9, 12, 23, 28, 59-61, 63, 64, 66, 67, 72, 73, 352.
Heidelberg, 89.
Henri IV, 154, 186.
Henri VII, 193.
Héraut, 152.
Hérédia, 68.
Hippolyte de Naples, 258.
Höfler, 87.
Hongrie, 37, 58, 42, 54, 74, 117, 133, 204, 276, 279, 358.
Horace, 213.
Huit de garde, 102, 108, 222, 236, 237, 397, 400, 428, 435.
Huit des prêtres, 223.

Huit saints, 125, 173, 223, 311.
Hussites, 291.

I

Iesi, 424.
Immatriculation, 444.
Imola, 59, 276, 298, 411, 412.
Impôt, 213, 214, 311-324.
Inghilese, 204.
Innocent VII, 138, 143, 153, 172.
Instruction, 240, 250.
Isabelle d'Espagne, 267.
Isabelle de France, 52.
Isaïe, 257.
Istrie, 276.
Ivrée, 181.

J

Jacopo de Simone, 15.
Jacopone de Todi, 119.
Janssen, 87.
Jean XXIII, 182-184, 186, 187, 190, 191, 193-195, 266-268. Voy. Cossa.
Jean le Bon, 52, 313.
Jeanne de Naples, 20, 174, 194, 270.
Jérusalem, 133, 180.
Jongleurs, 217.
Juan de Portugal, 199.
Jubilé, 117.
Juges, 223.
Jugurtha, 111.
Juifs, 257, 351, 473, 474, 476, 478, 479.
Justice, 234-236.
Juvénal des Ursins, 58.

K

Königsberg, 133.

L

Laboureurs, voy. Contadini.

Ladislas de Lucques, 303.
Ladislas de Naples, 74, 136, 137, 147, 153, 171, 173-177, 179, 180, 182, 184, 187-195, 207, 266, 268.
Lamberteschi (Domenico), 411, 412.
Lanckmann de Falkenstein, 226.
Lapi (Silvestro), 408.
Lastra, 391.
Laterina, 122.
Lavello, voy. Tartaglia.
Lavenza, 68.
Lecoy de la Marche, 75.
Le Maingre, voy. Bouciquaut.
Lenfant, 170, 182.
Lenzi (Domenico), 489.
Léopold d'Autriche, 91.
Lerici, 195.
Liberté voy. Dix.
Ligi (Antonio), 352.
Ligurie, 132, 139.
Livourne, 82, 134, 135, 141, 143, 163, 198, 272-274, 395, 439, 468, 469.
Lodi, 124.
Lombardie, 45, 58, 60, 62, 65, 86, 123, 134, 192, 267, 272, 294, 303, 348, 353.
Lombards, 62.
Loredano (Francesco), 549.
Lorraine, 144.
Lothaire, 157.
Louis XI, 458.
Louis XII, 300
Louis de Bavière, 325.
Louis de Hongrie, 38.
Loyola (Ignace de), 194.
Lucignano, 34.
Lucques, 26, 28, 40, 67, 73, 76-78, 85, 95, 96, 118, 120, 160, 170, 171, 177, 295, 303, 323, 325-340, 345, 347, 348, 350, 354,

359, 361, 362, 364,
381, 383, 384, 386,
392, 433, 457, 458,
464, 497.
Lunigiana, 67, 123, 272,
378, 415.
Lupi (*Clemente*), 465.
Luti (Jacopo), 395.
Lyon, 431, 432.

M

Machiavel, 101, 111, 114,
192, 208, 218, 281,
366.
Macigni, 204.
Maclodio, 301.
Madrid, 500.
Magalotti (Bese), 43, 46.
Magalotti (Filippo), 42-
44.
Magnats, 19, 48, 198,
308.
Magra, 272, 274.
Mai (*Angelo*), 193.
Majorité, 371.
Majorque, 201,
Malatesti, 175.
Malatesta de Pesaro (Carlo), 79, 80, 96, 125-
128, 130, 178, 180,
188, 280-282, 284.
Malatesta de Rimini (Carlo), 301.
Malatesta (Pandolfo), 3,
267, 277, 278, 297.
Malavolti, 61.
Malavolti (Federigo), 397,
398.
Malespini, 378.
Mancini (Bardo), 43.
Manfredi, 59.
Manfredi (Guidantonio),
279, 289.
Manfredi (Lodovico), 289.
Mangioni (Cipriano), 435.
Mangioni (Lippozzo), 354.
Mannelli, 46.
Mantegazza (Agnese),
130, 135, 141.
Mantouc, 59, 77, 79,

123, 125, 266, 268,
293, 294, 300, 301,
356, 357.
Manzi, 288.
Marabottini, 105.
Marchandise, voy. Dix,
Six.
Marche, voy. Ancône.
Marchi (Pietro), 389, 395.
Marchionne, 18, 21, 25,
33.
Maremmes, 159, 346,
452, 485, 496.
Marguerite de Naples,
39.
Marguerite de Sicile, 20.
Mariage, 244-248.
Marie de Hongrie, 38,
39.
Marine, 166, 167, 199,
200, 201. 467-471.
Marradi, 321.
Marsuppini (Carlo), 218,
402.
Martelli, 418, 420.
Martelli (Domenico), 269.
Martelli (Via de'), 258.
Martin V, 221, 225, 228,
241, 242, 267, 269,
270, 279, 284, 288,
291, 298, 346, 354,
360.
Martini (Nello), 291.
Martino (Ser), 332, 333,
337, 363, 364, 373.
Mas Latrie, 467.
Mastino de la Scala, 325.
Matelica, 424.
Matricule, 444, 446.
Matteo (Ingénieur), 131.
Mazarin, 435.
Mazzei (*Lapo*), 52.
Mazzei (Lapo), 201, 229,
233, 234, 236-238,
242, 245, 247-250,
253, 254, 257, 263,
314, 365, 366.
Mazzuoli, 171.
Medici, 5, 99, 116, 204,
320, 322, 333, 362-
367, 376, 379, 381,
383, 393, 396, 412,

416, 418, 423, 425,
431, 437, 440-442,
492.
Medici (Alamanno), 113.
Medici (Averardo), 226,
244, 310, 313, 329,
337, 349, 351, 363,
373, 380, 382, 390,
392, 393, 396, 408,
436.
Medici (Bastardino), 115.
Medici (Catherine), 316.
Medici (Cosimo), 6, 155,
239, 268, 300, 310,
316, 322, 329, 334,
345, 351, 363, 365,
367, 376-385, 387-
393, 395-399, 401,
402, 404, 406-409,
411, 412, 414, 415,
418-420, 422, 425,
426-437, 440, 441.
Medici (Cosimo, le grand
duc), 112, 158.
Medici (Francesco), 382.
Medici (Giovanni), 6,
268, 276, 277, 286,
292, 308-310, 315,
318, 320, 322, 332,
365, 376, 379-381,
437, 440.
Medici (Giuliano), 356,
396.
Medici (Lorenzo), 6, 310,
354, 378, 380, 391,
396.
Medici (Michele), 106.
Medici (Niccolò), 269.
Medici (Orlando), 396.
Medici (Piero), 380.
Medici (Salvestro), 6,
106.
Medici (Vieri), 6, 106,
107, 396.
Melegnano, 96.
Mellini, 205.
Meloria, 183.
Mercatale, 184.
Mercato nuovo, 8, 14,
421.
Mercato vecchio, 94,
114, 381, 421.

INDEX ALPHABÉTIQUE. 519

Michele de Giovanni, 433.
Michele de Lando, 15.
Micheletto Attendolo, 353, 354, 357.
Micheletto de Cutignola, 382.
Michelotti (Biordo), 79.
Michelotti (Ceccolino), 79.
Michelozzo, 403.
Migliorati (Cosimo), 138.
Milan, 61, 64, 70, 72, 75, 83, 97, 124, 130, 131, 133, 147, 167. 258, 267, 271-275, 279, 289, 291-293, 296, 300, 302, 303, 328, 346, 347, 353, 357, 438, 439, 464, 487, 497, 498.
Milanesi (Simone), 205.
Milanesi (Tommaso), 205.
Mincio, 66, 80.
Minerbetti (famille), 418.
Minerbetti, 2, 119, 181.
Minerbetti (Andrea), 447.
Minerbetti (Giovanni), 330.
Mocenigo (Tommaso), 203.
Modène, 127, 272, 401.
Modigliana (Comte de), 116.
Montaguto, 32.
Montalbodo, 424.
Monte, 11, 71, 166, 202, 232, 246, 319, 355, 381, 386, 463, 477.
Monte delle doti, 245, 246, 286, 434.
Monte Carlo, 348.
Montefalcone, 140, 319.
Montefeltri, 59.
Montefeltro (Antonio), 37.
Montefeltro (Guidantonio), 349.
Montefeltro (Comte de), 397.
Monte Petroso, 290.
Montepulciano, 54, 132, 185, 198, 321.

Monterotondo, 181.
Monte Sansavino, 34, 495.
Montespertoli, 26.
Montevarchi, 122.
Montevecchio, 484.
Montferrat (marquis de), 182, 350.
Montone, 178.
Morelli, 55, 56.
Morelli, 90, 92, 138, 145, 146, 159, 181, 215, 230, 231, 233, 236, 240, 244, 246, 249, 270, 312, 319, 327, 340, 370, 481.
Morello de Ciardo, 12.
Moreni, 231.
Moscone, 11.
Motrone, 95, 96.
Mugello, 239, 383, 388, 389, 417, 421.
Mugnone, 251.
Muller (Giuseppe), 166.
Muratori, 473.
Murenghi (Piero), 147.
Musiciens, 217, 225, 226.

N

Naples, 39, 40, 74, 86, 163, 178, 180, 183, 199, 203, 240, 273, 347, 348, 360, 396, 424, 439, 463, 498.
Napoléon III, 144.
Narni, 410.
Nerli, 424.
Nero (Del), 204.
Neroni (Nerone), 5.
Nerone de Nigi, 206.
Niccolini (Lapo), 4, 206.
Niccola de Lotto, 234.
Niccoli (Niccolò), 401.
Niccolò de Cocco, 414, 415.
Niccolò d'Uzzano, 4, 94, 109, 111, 188, 192, 193, 204, 206, 207, 212, 237, 258, 268,

273, 277, 285, 308, 310, 315, 318, 320, 321, 332, 334, 335, 342, 344, 345, 364-367, 374, 376, 380, 384, 386, 394.
Nicodemo Tranchedini, 240, 377.
Nicolas de Gara, 39.
Nicopolis, 133.
Niem (Théodore de), 174, 182.
Notaire de la Seigneurie, 217, 218.
Novare (Evêque de), 433.

O

Obizi (Giovanni), 28, 32.
Obizi (Lodovico), 281.
Octave Auguste, 437, 440.
Oddo de Braccio, 288, 289.
Oderigo de Credi, 234, 473.
Officiers de condotta, de grascia, de l'honnêteté, de l'abondance, de la tour, des veuves, du dehors, 224.
Offrande de San Giovanni, 221.
Oglio, 64, 301.
Oltrarno, 18.
Ombrie, 269.
Ordelaffi (Giorgio) 275.
Ordelaffi (Tebaldo), 275, 277.
Orient, 166.
Orlandini (Bartolommeo), 423.
Orléans (Duc d'), 52, 62, 75, 77, 81, 138, 152, 153.
Orléans (Charles d'), 62.
Or San Michele, 492.
Orsini (Bertoldo), 151, 144, 145.
Orsini (Paolo), 70, 181, 187.

Orsini (Condottiere), 301.
Ostiglia, 351, 382.
Ottobuono des Terzi, 147, 178.
Ovide, 247.

P

Pacciano (abbé de), 391.
Padoue, 2, 53, 55, 60, 63, 70, 77, 92, 99, 123, 138, 167, 293, 392, 397, 401.
Pagnini, 202.
Palagio (Del), 69, 238, 282, 366.
Palazzuolo, 34.
Palio, 250.
Paléologue (Manuel), 166.
Palio, 260, 263, 345.
Panciatichi (Bandino), 364.
Pandectes, 157, 489.
Pandolfini (Agnolo), 190, 193, 276, 291, 330, 334, 386, 403, 418, 431.
Pannochieschi (Emilia), 378.
Pannochieschi (Ranieri), 378.
Panvinius, 174.
Panzano (Matteo de), 17.
Parenti (Marco), 245, 259, 477.
Paris, 23, 75, 76, 154, 300.
Parlement, 12, 393, 394, 421, 422.
Parme, 147, 359,
Parte, 11, 13, 14, 19, 105, 110, 210, 221, 261.
Pascal, 332.
Patras, 11.
Paul IV, 474.
Pavie, 52, 53, 57, 64, 86, 97, 271, 347.
Pavie (Chartreuse de),
Pazzi, 105.

Pazzi (Gasparre), 147.
Pegolotti, 202.
Peintures, 202.
Pellegrini, 103, 323.
Pénitents, 118-122.
Péra, 133.
Pergola (Agnolo de la), 180, 278-280, 290, 301.
Pero (Ser), 77.
Pérouse, 28, 40, 59, 84, 85, 123, 125, 126, 177, 179, 184, 235, 242, 268, 360, 463.
Peruzzi, 393, 428, 433.
Peruzzi (Antonio), 372, 435.
Peruzzi (Ridolfo), 355, 369, 412, 415, 416, 419-421, 424, 431.
Peruzzi (Simone), 306.
Pesaro, 178.
Pescia, 78, 347.
Peste, 84, 96, 115, 206, 213, 238, 242, 382.
Petrucci (Antonio), 346, 348, 354.
Philippe le Bel, 277.
Philippe VI, 174.
Piccinino (Niccolò), 288-291, 301, 342, 346, 348-350, 352-354, 360, 411.
Pie II, 377, 433.
Piémont, 60, 65, 118.
Pierli, 184.
Pierozzo (Antonio), 433.
Pieruzzi (Filippo), 394.
Pietramala (Château), 32.
Pietramala (Famille), 30, 31.
Pietramala (Marco de), 27.
Pietrasanta, 336, 337, 348.
Pigna, 86.
Pimaccio, 60.
Piombino, 82, 83, 136, 137, 142, 179, 183, 266, 324.
Pippo Spano, 204, 205.
Pise, 22, 28, 56, 67, 68,

73, 79, 81-84, 95, 97, 118, 120, 123, 125-128, 130, 131, 134-136, 140-146, 148-166, 168, 169, 171-174, 176, 179, 180, 185, 187, 198-201, 266, 325, 346, 352, 391, 395, 435, 439, 452, 456, 457, 467, 469,
Pistoia, 15, 67, 118, 120, 181, 219, 238, 256, 267, 321, 325, 364, 401, 416, 421, 457.
Pitt, 107.
Pitti, 418,
Pitti (Buonaccorso), 76, 77, 80, 87-91, 136, 137, 162, 183, 201, 213, 214, 237, 238, 241.
Pitti (Giannozzo), 418.
Platina, 79.
Pline, 487.
Pò, 57, 63, 64, 79, 80, 279, 301.
Podestat, 47.
Poggio a Cajano, 426.
Poggio Bracciolini, 218.
Poggio (G. B.), 411.
Pöhlmann, 443.
Pologne, 118.
Pontassieve, 122.
Ponte a Ronco, 278.
Pontetetto, 337.
Pontremoli, 240, 274.
Pont-Saint-Esprit, 81.
Popolani, 7, 9, 12, 14, 17, 19, 105, 406, 437.
Popoleschi, 105.
Poppi, 484.
Porte alla Croce, 121.
— San Gallo, 115, 188.
— San Giorgio, 417.
— San Marco à Pise, 155.
— San Niccolò, 121.
Portinari, 204.
Porto Pino, 195.

INDEX ALPHABÉTIQUE.

Porto Pisano, 183, 290, 468.
Porto Venere, 195, 198.
Pouille, 180.
Prato, 118, 120, 201, 205, 235, 258, 250, 256, 312, 325.
Pratovecchio, 241, 484.
Préemption, 486.
Prêt à intérêt, 351, 472-480.
Processions, 118-122.
Proposto, 217.
Propriété, 480, 481, 483-487.
Propriétaire, 480-485, 493.
Protection, 457-463.
Provéditeurs, 159.
Provence, 118, 181, 432.
Prusse (Grand maître de), 133.
Prussiens, 144.
Pucci (Puccio), 333, 363, 383, 408, 430.
Pugliesi (Guelfo), 235.

Q

Quaratesi, 267.
Quota, 484.

R

Rabatta (Antonio de), 403.
Raffacani, 418.
Raguse, 172.
Rainuccio de Farnese, 235.
Rambaldi, voy. Benvenuto.
Ramsay (Richard), 25.
Rapallo, 200.
Rasca, 204.
Rascia, 204, 205.
Raspanti, 145.
Ravenne, 293.
Ravenne (Archev. de), 158.
Razzi, 398.
Recanati, 410, 411.

Reccò Guazzi, 15.
Reggio, 147.
Registres baptismaux, 43.
Religion, 253-257.
Renieri (Markos), 174.
Représailles, 466-469.
Reumont, 6, 364.
Rhodes, 46, 68, 107.
Rhône, 431.
Ricasoli, 100, 111, 237, 428.
Ricasoli (Bettino), 105.
Ricasoli Firidolfi, 84.
Ricci, 5, 116.
Ricci (Giovanni), 64, 65.
Ricci (Giuliano), 352.
Ricci (Masino), 115.
Ricci (Pietro), 352.
Ricci (Salvestro), 116.
Ricci (Samminiato), 115.
Ricciardi, 381.
Riccio, 433.
Richard II, 21, 72.
Richiesti, 78, 209, 210, 220, 285, 296, 330, 366, 393.
Ricoveri (Niccolò), 112.
Ridolfi (Lorenzo), 480.
Ridolfi (Lorenzo), 4, 191, 215, 216, 277, 292, 293, 295, 306, 334, 351, 365, 374.
Rimini, 59, 77, 96, 173, 277, 280.
Ringhiera, 209, 219, 394, 422.
Rinuccini, 181.
Rinuccini del Garbo, 46.
Rinuccini (Filippo), 266.
Ripoli, 121.
Ripafratta, 142, 144, 347.
Ritaffè (Bardo), 93.
Ritaffè (Niccolò), 330.
Rivalta (Fra Giordano de), 451.
Robbia (Luca della), 177, 367.
Robert de Wittelsbach, 86-92, 175.
Rochetaillée (Jean de la), 360.
Romagne, 25, 126, 289, 294, 299, 303, 360.
Rome, 86, 111, 171, 175, 177, 180-184, 186, 187, 189, 241, 266, 268, 298, 357, 385, 396, 410, 426.
Ronco (Lodovico del), 398.
Rondinelli, 428.
Rondinelli (Andrea), 412.
Roscher, 480.
Roscoë, 380.
Rose d'or, 267.
Rosmini (Carlo), 391.
Rossi, 15, 105.
Rouen (Card. de), 360.
Rousseau, 107.
Royer-Collard, 3.
Rucellai (Pagolo), 419.
Rumohr, 483.

S

Sacchetti (Novelliere), 371.
Sacchetti (Franco), 56, 57.
Sacchetti (Giannozzo), 57.
Sacchetti (Tommaso), 127.
Saccone (Pier), 27.
Saint-Ange (Pont), 181.
Saint-Antonin, 26, 432, 436.
Saint-Christophe, 255.
Saint-Côme, 376.
Sainte Hélène, 255.
Saint-Jean, 259-263, 345, 346.
Saint-Jean de Jérusalem, 68.
Saint-Paul, 257.
Saint Sépulcre, 201.
Salimbeni, 61.
Salutati (Coluccio), 8, 74, 130, 135, 218.
Saluzzo (Lodovico de), 360.
Salvi (Donato), 172.
Salviati (Alamanno), 319, 332, 333, 337-339,

382, 383, 392, 416.
Salviati (Jacopo), 87, 127, 144, 148, 183, 185, 186.
Salvini (Andrea), 87.
San Donato in Poggio, 122.
San Gemignano, 321.
San Giorgio, voy. Compagnie.
San Giorgio (Couvent), 403.
San Giovanni, 43, 258, 260-262, 388.
Sanguini (Battista), 243.
San Leonino, 484.
San Lorenzo, 17, 381, 433.
San Miniato, 26, 56, 67, 78, 131.
Sannino (Donato), 395.
San Pancrazio, 34.
San Pier Maggiore, 114.
San Piero in grado, 148.
San Pier Scheraggio, 215.
San Pulinari, 414, 416, 420, 428.
San Spirito, 17, 295, 329.
San Stefano a ponte, 306.
Santa Croce, 46, 121, 209, 496.
Santa Croce (Card. de), 354.
Sant'Ambrogio, 17.
Santa Maria del fiore, 114, 259, 262, 340, 411.
Santa Maria in Castello, 142, 144.
Santa Maria Novella, 121, 267, 270, 295, 419-421, 433.
Santa Maria Nuova, 399.
Santa Maria Ughi, 257.
Santissima Annunziata, 255.
Sanuto (Marino), 302.
Sardaigne, 108.
Sarezzanello, 195.
Sarzana, 140-142, 275.
Sasselmi, 204.
Savelli (Paolo), 82.

Savoie (comte de), 21, 58, 294, 298, 299, 302.
Savonarola, 479.
Savone, 170, 171, 173.
Scala, 320.
Scali, 46, 116.
Scali (Francesco), 116.
Scali (Ghino), 101.
Scali (Giorgio), 12, 46.
Scaligeri, 53, 79.
Scandaleux, 336, 370, 373.
Schisme, 23, 169.
Scioperati, 444, 445.
Scolari, 204.
Scrutin secret, 212.
Sectes, 370.
Seigneurie, 215-218, 221.
Sénateur, 61.
Sénèque, 250.
Sensali, 450.
Serbie, 204.
Serchio, 340, 349.
Seravezza, 343.
Serezzana, 68.
Serra, 297.
Serragli, 418.
Serragli (Niccolò), 419.
Serres (Bernard de), 77-79, 93.
Servi, 114, 235.
Serviteurs, 248, 250, 251.
Sesto, 118.
Sforza (Attendolo), 147, 149, 155, 178, 183.
Sforza (Francesco), 147, 269, 291, 410. 498.
Sforza (Francesco le jeune), 291, 301, 346-348.
Sforzeschi, 335.
Shepherd, 52.
Sicile, 147, 163, 180, 187.
Sienne, 28, 32-36, 54, 55, 58, 59, 61, 67, 84, 85, 100, 123, 125, 132, 158, 178-180, 188, 189, 191, 235,

294, 303, 323, 324, 328, 346, 348, 354, 359, 360, 373, 397.
Signa, 431.
Sigismond, 188, 194, 195, 204, 205, 228, 291, 298, 299, 357-359.
Sillano, 154.
Sismondi, 195, 407, 437, 499.
Six de Marchandise, 102, 210, 222, 223.
Six régulateurs des revenus, 223.
Smoniti, 9, 16.
Soana (Comte de), 131.
Soderini (Francesco), 433.
Sodomistes, 369.
Soudan, 133, 140.
Spezzia, 170.
Spini (Bartolommeo), 389, 395.
Spini (Benedetto), 115.
Spolète, 179, 243.
Stabat, 119.
Stace, 244.
Staggia, 35.
Statuts de Florence, 197.
Stinche, 27, 108, 243, 289, 322, 343, 384, 415, 425, 429, 433, 435.
Strozzi, 15, 116, 379.
Strozzi (Alessandra), 201, 231, 237, 239, 244, 245, 247, 257, 259, 477.
Strozzi (Carlo), 8, 11.
Strozzi (Filippo), 240.
Strozzi (Lorenzo), 433.
Strozzi (Marcello), 331.
Strozzi (Marco), 474.
Strozzi (Matteo), 232, 240, 415.
Strozzi (Palla), 4, 292, 293, 302, 323, 324, 334, 374, 380, 385, 387, 413, 418, 429.
Studio, 57.
Stufa (Piero de la), 177, 194, 367.

Stufa (Ugo de la), 130.
Suisses, 74.
Superstitions, 254-257.
Susinana, 15.

T

Tacite, 14, 404.
Tambour aux dénonciations, 48, 343.
Tanaglia, 330.
Tanaro, 272.
Tarentaise (Évêque de), 422.
Targioni-Tozzetti, 488.
Tarlati, 24, 32, 55.
Tarlati (Giantedesco), 55.
Tarlati (Marco), 27, 31, 32.
Tartaglia, 149, 155, 187.
Tegghia (Giovanni de), 327, 333.
Telamone, 136, 183.
Temesvar, 204.
Terzi, voy. Ottobuono.
Teutons, 69.
Tibre, 181, 187, 290.
Tinucci, 310, 329, 337, 343, 344, 353.
Tivoli, 241.
Todi, 177.
Tolentino (Niccolò de), 297, 353, 357, 382, 391, 409-411, 417, 421.
Tolomei, 61.
Tommaseo, 371.
Tonelli, 52.
Toniolo, 459.
Torello (Guido), 290, 301.
Tornabuoni, 105.
Tornaquinci, 105.
Tosinghi, 204.
Tranchedini, voy. Nicodemo.
Trani, 424.
Transit, 458-461, 464, 465.
Traversari, 397.
Trente, 89, 91, 176, 188.
Trévise, 293.

Troia (Comte de), 181.
Tucci (Angiolo), 334.
Turcs, 117, 140, 291.
Turin, 21, 242.

U

Ubaldini, 25, 55, 56, 100.
Ubaldini de la Carda, 290.
Ubaldini (Guasparre), 25.
Ubertini, 24, 116.
Uccello (Paolo), 72.
Umiliati (Luca des), 171.
Urbain VI, 2, 21, 23, 29, 40, 41, 68.
Urbino, 57, 59, 288.
Urbino (comte d'), 37.
Usure, 351, 474-480.
Uzzano (Giovanni d'), 202.
Uzzano, voy. Niccolò.

V

Vada, 147.
Valence, 201.
Valentine, voy. Visconti.
Valori (Bartolommeo), 4, 177, 194, 206, 266, 268, 366, 376.
Valori (Niccolò), 409, 416, 418, 427.
Varadin, 204, 205.
Varano (Ridolfo de), 17, 73, 105.
Vasari, 340.
Velluti (Donato), 413.
Venise, 53, 54, 60, 80, 86, 91, 92, 95, 99, 124, 134, 135, 138, 167, 179, 191, 194, 195, 199, 200, 203, 207, 208, 226-228, 276, 279, 291-302, 315, 331, 348, 349, 354, 356, 382, 399, 401-403, 406, 410, 411, 422, 431, 433, 438, 452, 458, 477, 497, 498.

Venturi (Giovanni), 269.
Vergilio (Marcello), 218.
Verme (Jacopo del), 60, 64-68, 79, 80, 80, 93, 124.
Vernio, voy. Bardi.
Vérone, 2, 53, 55, 167, 293, 382, 401.
Vertus (comte de), voy. Visconti, Giangaleaz.
Vespasiano de Bisticci 193.
Vespasiano, 231, 332, 406, 434.
Vettori (Andrea), 90, 352.
Vicence, 53, 293.
Vico Pisano, 140, 148, 152.
Vignate (Giovanni de), 124.
Villani (Giovanni), 371.
Villani (Matteo), 489.
Villari, 500.
Virgile, 250.
Visconti (Bernabò), 271.
Visconti (Carlo), 53, 62.
Visconti (Catarina), 52, 123, 126, 127.
Visconti (Ettore), 271.
Visconti (Filippo Maria), 52, 271, 273-275, 277, 279, 282, 284, 291-293, 295, 298-300, 302, 325, 326, 345, 346, 348, 358, 360, 361, 386, 387, 410, 411, 422, 433.
Visconti (Galeaz), 52.
Visconti, voy. Gabriele Maria.
Visconti (Giangaleaz), 49, 52, 54-56, 58-61, 63, 67-70, 73-75, 79-83, 85, 87, 89, 90, 92, 93, 95-100, 123, 153, 174, 177, 193, 271.
Visconti (Giovanni Maria), 52, 271.
Visconti (Valentine), 52, 62, 75, 153.

Vitelleschi, 409, 411, 420, 422.
Viterbe, 2, 269.
Viviani (Francesco), 330.
Viviano, 8, 103.
Voleurs, 243, 244.
Volpi, (Bartolo de), 197.
Voltaire, 107, 431.

Volterre, 320-326, 353, 495.

W

Wenceslas, 54, 73, 86, 174, 177.
Windeck, 360.
Worms, 175.

Y

Yriarte, 125.

Z

Zagonara, 281, 282, 285, 315, 349.
Zambeccari, 85.

ERRATA

Page 46, ligne 5, au lieu de *tomeau*, lisez : *tombeau*.
Page 100, dernière ligne des notes, au lieu de *proéminence*, lisez *prééminence*.
Page 176, note 4, ligne 2, au lieu de *sottoscrittai*, lisez *sottoscritti*.
Page 194, dernière ligne des notes, au lieu de *Bartocommeo*, lisez *Bartolommeo*.
Page 216, ligne 19, au lieu de *seigneuires*, lisez : *seigneuries*.
Page 235, ligne 9, au lieu de *suivanets*, lisez : *suivantes*.
Page 239, ligne 12, au lieu de *Cafagiolo*, lisez : *Cafaggiolo*.
Page 394, dernière ligne, au lieu de *moins éprouvés*, lisez : *non moins éprouvés*.

8111. — IMPRIMERIE A. LAHURE,
Rue de Fleurus, 9, à Paris.

www.ingramcontent.com/pod-product-compliance
Lightning Source LLC
Chambersburg PA
CBHW071938240426
43669CB00048B/1831